真我信箋

印度靈性導師拉瑪那尊者的道場生活紀實

Letters from Sri Ramanasramam VOLUMES I, II
& Letters from and Recollections of
Sri Ramanasramam

蘇孋·娜葛瑪（Suri Nagamma） 著
D.S. **夏斯特里**（D.S. Sastri） 英譯
蔡神鑫 譯

目次

第四章 一九四八年

真我憶往

譯序

蔡神鑫

近世印度靈性導師拉瑪那尊者（Sri Ramana Maharshi, 1879-1950）於一九五〇年辭世後，拉瑪那道場出版各類拉瑪那的書籍，琳瑯滿目，其中在拉瑪那與訪客信徒間的對話紀實方面，有三本經典書籍：一是《對話真我》（*Talks with Sri Ramana Maharshi*），二是《日處真我》（*Day by Day with Bhagavan*），三是本書《真我信箋》（*Letters from Sri Ramanasramam*）。三書記錄的對話時間不一，而以本書《真我信箋》涵蓋的期間最長，分列如左：

《對話真我》，一九三五年一月六日至一九三九年四月一日。

《日處真我》，一九四五年三月十六日至一九四七年一月四日。

《真我信箋》，一九四五年十月二十一日至一九五〇年四月十四日。

三書內容的特色，略有不一，《對話真我》記錄尊者與訪客信徒間對生命真我的探討。《日處真我》除了闡述真我之外，旁及尊者的近身側寫及生活點滴。《真我信箋》的作者，是位靈心慧眼的信徒，以寫信給兄長的方式，用樸素的文字、話家常的口吻，敘述尊者在道場的生活起居、行止動靜，及與各界人物互動等情事，內容豐富，摹寫入微，精彩生動，使拉瑪那的生命圖景、音容笑貌，躍然紙上，宛如晤對，而心靈共振，成為一部通俗而極具可讀的尊者言行紀實之鉅構力作。初階的讀者，可從本書入手，較易瞭解聖者拉瑪那其人其事其教誨。

紅桌文化出版社，繼《對話真我》、《日處真我》之後，接續出版本書《真我信箋》，使三大經典對話專書齊全問世，誠乃全球華文讀者一大福音。祈願拉瑪那的恩典，永駐人間，指引世人，慧燈不滅。

出版者註語

拉瑪那尊者逝世後，其寧靜的光輝及無與倫比的教誨，仍吸引著無數尋道者前來他位於南印度的道場。尊者散發神性的光輝、吐出的真理，上主選定了蘇孋·娜葛瑪來記載，她還描繪了一位聖者生活在現代的崇偉樣貌。

她履行職責，致函她的兄長D·S·夏斯特里（Sri D. S. Sastri），計二百七十三封；兄長再將泰盧固文的信箋，翻譯成英文，以利英文讀者閱讀。信函涵蓋了尊者在塵世最後的五年，而特別的是，信函寄出之前，尊者都會先行過目。此期間的載述，沒有任何書籍，能像本書這樣，完整捕捉悟者的生命及上師的話語。無庸置疑的是，這些記錄，將指引無數的尋道者，世世代代。

一九六二年時，拉瑪那道場曾將其中的一百三十五封信，譯成英文，第一卷首度出版。一九七〇年的再版，又增訂了一百零六封信。本書二〇〇六年的版本，又增加一九七八年出版的三十一封信，標題為《真我信箋及真我憶往》（*Letters from and Recollections of Sri Ramanasramam*），其中的二十八封信，也收錄在卷一的書末，使蘇孋·娜葛瑪妙筆描述那段日子廁身尊者左右的所見所聞，有了完整的記錄。[1]

蘇孋·娜葛瑪另有一書：《我在拉瑪那道場的生活》（*My Life at Sri Ramanasramam*），內容屬自傳性質，對真誠的讀者，絕對值得一讀。

1 原註：本書第二卷出版於一九六九年。一九七〇年，一、二卷首度合輯為一冊出版。合輯的兩卷，也都收錄在本版《真我信箋及真我憶往》書中。本書二〇〇六年版《真我信箋》合輯兩卷，實際共計二百七十三封信。

前言

拉瑪那道場是個極為獨特的場所，道場的住民並未收到任何指示要遵守特定的行為規範，他們自行照料起居，盡其所能，吸納道場寧靜的氛圍。

拉瑪那尊者以身作則，教示靜默。日出日落之時，信徒在尊者面前吟唱吠陀經文，其末尾詩句有云：「解脫不以行動、子嗣、財富而致，端在捨棄一切。」因此，道場的住民都奉行探究真我及棄世，致力於靈性的成長。在尊者的足下，他們安靜坐著，吸取靜默的教導。尊者偶爾對信徒講話，也有時對訪客談些靈性上的議題。在這樣的場合裡，有少數信徒記錄尊者的開示，而信徒娜葛瑪，便是其中之一。

娜葛瑪沒有受過什麼教育，只會講母語泰盧固語，不懂其他語言。她早年由於家庭發生變故，被迫獨居，於是有機會閱讀古書，學到一些文學上的知識，她寫散文作詩，寫了幾本書籍。然而，她長住道場之後，捨棄一切，也放棄了寫作。她靜靜坐在尊者足下，日復一日，對於尊者與信徒的談話，內心湧起執筆記錄的想法，這股衝動勢不可遏；當她著手記錄時，她發現這項工作之於她就是一種修行。她開始用泰盧固文記錄，以書信的方式，寄給在馬德拉斯的兄長，因此寫了二百七十三封信，其中首批的七十五封信，於拉瑪那在世時，由道場出版，也在尊者面前朗讀；其餘的一百九十八封信，分作四卷陸續出版。

我有好幾次特殊的機會，反覆閱讀這些信函，但仍參不透尊者話語中隱微的秘意及深邃的智慧，直到決定翻譯本書之後才有所領悟。我也在通覽信函之後，才發現娜葛瑪的辛苦，她是經歷了多大的考驗，同時力圖遵循道場的理念。信函用簡單明瞭的風格來呈現，是一座實實在在的資訊寶庫，值得修道者與一般人詳加閱讀。

幾年前，在道場住民亞瑟·奧斯本（Arthur Osborne）先生的提議與大力相助之下，我開始把信函譯成英文，但由於時間不夠，未能譯就。最近，道場管理人敦促我完成這項工作，我便勉力為之，現在喜見這本書的出版。

D·S·夏斯特里
一九六二年六月一日
於「拉瑪那的所在」
馬德拉斯 維傑雅拉瓦加利路十號

真我信箋

印度靈性導師拉瑪那尊者的道場生活紀實

Letters from Sri Ramanasramam VOLUMES I, II

蘇孋·娜葛瑪（Suri Nagamma）著
D.S. 夏斯特里（D.S. Sastri）英譯
蔡神鑫 譯

第一章 一九四五年

一九四五年十一月二十一日

一 兒子對父親，不勝感激

哥哥，你一再要我寫信，告訴你尊者面前所發生的大事，以及他當場說的話。但是，我怎能勝任呢？反正，從今天開始，我會試著寫寫看；只有尊者的加持，這個困難的任務才能完成。

前天是月圓之日，排燈節的規模盛大，一如往常。今天上午，阿魯那佳拉之神啟程環山繞行，隨侍及師兄姐簇擁前進，一路上有音樂伴奏。一行人抵達道場門口時，道場管理人尼倫伽那南達史瓦米偕同師兄姐走到門口，向阿魯那佳拉之神獻上椰子及樟腦，然後向停在門口的行進隊伍致敬，而祭司們執行對神明的阿拉提（arati）搖燈儀禮。這時尊者正在前往牛舍的路上，剛好看到了這支盛大的隊伍，便在書庫旁邊靠近出水口的平台上坐了下來。道場向阿魯那佳拉之神致敬的阿拉提燈盤，由師兄姐拿到尊者面前，尊者從燈盤上取了些聖灰，塗在自己額頭上，輕聲低語道：「兒子對父親，不勝感激。」因為情篤而深切，他的語氣為之哽咽，而他臉上的表情，印證了古語所說的：「虔愛之極致，乃是真知。」拉瑪那尊者是上主濕婆的兒子；加納帕提．慕尼[2]說過，尊者確定是戰神室建陀的化身。令人驚訝的是，尊者教導我們，萬物都是上主伊濕瓦若的子女，就算是悟者，也應感激伊濕瓦若。

大悟者話中蘊含的深意，我們永遠無法得知。你要我寫點東西，但我怎能傳達他言語的獨特之美，又如何能描述得恰如其分呢？最近我寫的一首詩中提到，尊者說出的每個字語，都是經文。但難道只有尊者的話才是經文嗎？若有能力去瞭解，那麼尊者的每個凝視、步伐、動靜、呼吸，他身上的一切，都饒富深義。難道我有能力去瞭解、解釋這些嗎？不過，我對尊者的恩典，懷抱著無比的信心，我會把所見所聞寫在信裡，而我服侍尊者的心，正如松鼠之於上主羅摩一樣虔誠。[3]

妹字

一九四五年十一月二十二日

二　我之覺知

昨天，一位身著黃袍的孟加拉師父，里希克沙南（Hrishikesanand）來訪。今天上午八時半至十一時，尊者一直在跟他討論靈性上的議題。交談的聲音，滿溢著甜美的靈漿，宛如恆河之水，長流不斷。我的拙筆如何能跟得上這股洪流呢？流淌的靈漿僅能以虔愛才能深飲，我又如何能理解，使其躍然紙上？當尊者談到他

2　加納帕提·慕尼（Ganapati Muni），尊者著名的信徒。

3　「松鼠之於上主羅摩」，出於史詩《羅摩衍那》中的一則故事。上主羅摩欲征伐魔王羅波那，要搭建跨海大橋，上主羅摩的猴子大軍便搬運巨石建造，但有一隻小松鼠，也銜著小石頭前來協助填海造橋，猴子怒其阻礙建造，將他斥逐。上主羅摩見狀，嘉許松鼠雖小，其力雖微，但赤忱不二，積小也能成大。見http://www.bhagavatam-katha.com/ramayana-story-little-squirrel-who-helped-lord-rama/

在馬杜賴瀕死的體驗時，我這對眼睛，無法捕捉他生命的光輝；我這雙耳朵，無法掌握他話語的智慧。人愈是投入描述一個故事，愈是反映傾聽者心智的程度，這是理所當然。

我應該讓你知道更多這位師父的提問，以及尊者答語的詳細內容，但道場為女眾在大廳保留的位子，距離尊者稍遠，而我剛好坐在尊者的背後，無法清楚聽到全部交談的內容，但有一件事情，我確實清楚聽到了。尊者說：「在死亡的情景中，雖然感知麻木了，但我之覺知，昭然其在，我乃了知我們所稱的『我』，就是覺知，不是身體。那個真我的覺知，永不熄滅。它與萬物，並無關聯，乃是真我之耀明；就算身體焚燬不在了，也沒有影響，於是，就在那一天，我清楚悟到『那個』就是『我』。」

他們還談到了許多類似的事情，但我聽不清楚，或記不起來了，所以我寫不了更多。在這次討論之前，還有幾場對談。遺漏了這些數不盡的金言玉語，我深感抱歉。雖然這些日子以來，你一直敦促我動筆，但請諒解我的疏懶。

一九四五年十一月二十三日

三　烏瑪與摩醯首羅天[4]不睦

今天下午，維斯瓦納沙跟其他師兄坐在尊者旁邊。尊者想起一位老婦人，就說到她：（我後來得知，她是穆蘇．克里希那．巴格瓦塔〔Muthu Krishna Bhagavathar〕家的小妹。尊者在蒂魯科盧的阿格拉哈倫鎮時，曾受到巴格瓦塔熱誠供養食物。）「那位好心的婦人，不僅讓我吃了一頓營養的大餐，還塞了一包甜食給我，那是獻給家宅神明的供品，對我說：『我親愛的孩子，好好保管這包東西，裡面有甜點，半路餓了可以吃。』

我在維魯巴沙洞屋時，她來看我兩次，總是說道：『我的好孩子，看看你這個樣子！你的身體珍貴如黃金，但你連一條布巾都不披。』」我看到尊者深情款款，為之語塞，尊者是用這種口吻述說她的母愛的。這個情景，使我想起有句話說，悟者的心，柔軟如奶油，還有那句老話：「虔愛之極致，乃是真知。」

以前，尊者閱讀《阿魯那佳拉往世書》，讀到佛陀讚揚安巴[5]的段落時，他的眼眶泛著淚光，聲音顫抖，於是他把書本放置一旁，默然無語。每當置身充滿慈愛的場景，或讀到流露濃厚虔愛的句子，我們都會看到尊者深受感動。若加以觀察，就能確定「慈愛」與「奉獻」，其實是「真知」的一個面向。

約在一週前，《印度桑達利》（*Hindu Sundari*）雜誌刊載一則故事，標題是〈骰子〉，內文取自《室建陀往世書》（*Skanda Purana*）。文載有一次，帕爾瓦蒂與至上伊濕瓦若[6]受到那拉達的慫恿。那拉達慫恿他們玩骰子，說道：「拉西米[7]跟毗濕奴都在玩骰子。你們怎麼不玩呢？」帕爾瓦蒂聽了興致滿滿，便要濕婆一起玩骰子。濕婆玩輸了，帕爾瓦蒂得意起來，對他語多輕蔑，故事就是這樣。

尊者看完內文後，內心充滿著虔愛，向我問道：「妳讀過這篇故事嗎？」我說：「讀過了，尊者。」時，

4 烏瑪（Uma）是濕婆的妻子，摩醯首羅天（Maheswara，大自在天）是濕婆的別名。

5 安巴（Amba）應是指佛陀的弟子菴摩羅（Amrapali），是當時著名的美人。《阿含經》內《雜阿含經》之《第六二二經》記載當時菴摩羅聽說釋迦摩尼佛在毘舍離國（Vaishali）的芒果園（巴利文：Ambap livana）而去供養。《佛所行讚》內〈菴摩羅女見佛品第二十二〉提到，菴摩羅供養釋迦摩尼佛時，出門與眾侍女陪從，穿著打扮帶花香，儀容好似天女。

6 帕爾瓦蒂（Parvati），別號雪山女神，是濕婆的妻子；至上伊濕瓦若（Parameswra，最勝自在天）在坦米爾語，是指濕婆。

7 拉西米（Lakshmi），亦名吉祥天女，是毗濕奴的妻子。

他帶著感性，用哽咽的語氣，說道：「我們每年在桑克南蒂那天[8]舉行的慶典，跟烏瑪與摩醯首羅天不睦的事件有關。」

你知道嗎？每年這裡都舉行神明結婚的節慶，在節慶期間，若有人在尊者面前談到節慶的活動，尊者總是深情以道：「這是父神與母神的結婚慶典。」你知道，悟者的一生都是大大小小的特殊事件。他們會視場合流露適切的表情。圓智情懷融匯所有了情愫，遍在一切，我們又能說些什麼呢？

四　婚禮

一九四五年十一月二十四日

昨天我寫給你的信上，提及尊者說到父神與母神結婚的節慶。不僅是這樣，無論何時，只要師兄姐把家中新婚的夫婦，帶來向尊者致敬時，他總是以一貫的慈容給予祝福，認真傾聽婚禮上發生的種種。如果在這種場合觀察尊者的表情，你會看到他聽得興致盎然，就跟長輩看著我們小時候用洋娃娃扮家家酒，玩辦婚禮的表情一樣有趣。

普拉芭瓦蒂（Prabhavati）不久前才結婚，大概一年前，她婚前兩年，都在這裡度過。她是個來自馬哈拉施特拉邦的孩子，漂亮又有教養，她想要成為一位偉大的虔愛信徒，就像聖者蜜拉白一樣。她時常唱歌跳舞，說自己永遠都不結婚。她穿上黃袍，在尊者面前，表現得像一個淘氣的小孩。不過尊者知道，她結婚之後，就不會再這麼頑皮了。

最後，她還是結婚了。婚禮後，新娘及新郎的禮服還沒脫下，這對新人就帶著雙方親戚回到這裡，向尊者獻上水果鮮花，跪拜行禮。

在道場待了兩三天後，她跟夫婿即將離去，未來會安頓在夫家。那天上午八時，她偕同夫婿來請求尊者加持。尊者的長椅上，有松鼠在玩耍；廳堂外面的孔雀，在漫步徘徊。這時，廳堂裡的人不多，十分安靜。年輕的夫婿滿懷敬畏，先向尊者跪拜後，退到門邊佇候；這位道場的寶貝孩子，在門邊等候尊者的允許步入廳堂，她低眼垂視，滿懷羞怯，但熱淚盈眶，就像沙恭達羅[9]忍痛要離開康瓦道場時一樣。待尊者點頭示意後，她才上前跪拜行禮。在她跨入門檻時，尊者看著我說道：「就在昨天，她拿了一紙文章，取自《薄伽梵往世書》中上主克里虛那化身的章節，是桑德拉沙·艾耶抄寫的。」我很高興地說道：「下次她來這裡的時候，會抱著小寶寶來。」這時，她在廳堂裡繞行，開始吟唱著讚歌，滿心虔誠，中氣十足，歌聲就像瞿翅羅鳥一樣甜美。尊者顯然深受感動，像仙人康瓦一樣說道：「妳聽過《穆康達摩拉》[10]的讚歌嗎？」我一聽眼眶都濕了。

她一再向尊者跪拜行禮，我也上前祝福她，送她離開道場，才回到廳堂。我不知道你會不會覺得言過其實，但我可以告訴你，我們所讀的《往世書》上的故事，現在就在這裡活生生地重演。

8 桑克南蒂日（Sankaranti day），指在印度占星書上，太陽在十二宮中的首次移動的那天稱為桑克南蒂，約於每年一月中旬。

9 沙恭達羅（Shakuntala），是印度史詩《摩訶婆羅多》（*Mahabharata*）中的人物，載述少女沙恭達羅與國王豆扇陀（Dushyanta）相愛、誤會而分開及最後團圓的故事。

10 《穆康達摩拉》（*Mukundamala*）是梵文的虔愛讚歌詩集，由虔愛派第七位阿爾瓦詩聖（Alvar）古拉塞卡拉（Kulasekhara）編寫。

五　前往史堪德道場

明天是個好日子，尊者與師兄姐要前往史堪德道場聚餐。住在道場內與附近的師兄姐，不分男女，整天忙著安排這趟旅程的事宜。然而，尊者安坐如常，平靜自若。若大家要他去，他就去，若不要他去，他就不去。對他來講，他還要張羅什麼？擔心什麼呢？他所有的東西，不過是水壺、手杖、纏腰布，還有一條披在身上的毛巾而已。只要他想去，就可以馬上動身。商羯羅曾這樣形容聖者：「穿著纏腰布的，最富有無疑。」這個道場、事情、信徒、私人物品，都不過是舞台上演出的道具，為了利益眾生，而尊者還真的需要這些嗎？出於他的大慈大悲，他身處諸眾之中，隨順跟我們一同前去。他只要一念之間，就能飄然遠引，跨越七大洋，不是嗎？記住，他跟我們在一起，那是我們無比的幸運。我會再寫信給你，告訴你明天的事。

一九四五年十一月二十五日

六　服侍聖者

今天一大早，我便前去道場，吟唱吠陀經文。每個人都很忙碌。廚房宛如一幅動態的畫：有人炊煮、有人清理、有人指揮，大家都有工作要忙：羅望子飯（puliyodara）、達迪翁南飯（dadhyonnam）、燉飯（pongal）、炸豆餅（vadai）、炸薯片、炸酥球（puries）、庫圖燉菜（kootu）等許多食物，都要裝進籃子裡，送到山上。道場管理人看起來整晚都沒睡，他是要統籌所有這些麻煩事的人。

一九四五年十一月二十六日

據說，上主克里虛那停止每年由牧羊人執禮的因陀羅神祭祀活動，改為向哥瓦達那山丘[11]禮拜。看著一排排的籃子被送到山上，就好像尊者要我們不要在迦提月[12]時行禮拜餘甘子樹（Amala Tree）的花園祭典，改為禮拜阿魯那佳拉山一樣。

在誦完吠陀經文之後，尊者已沐浴其身，用完早齋，由倫加史瓦米（Rangaswami）隨侍在側，宛如神牛南迪（Nandi）陪伴在上主濕婆身旁。尊者引路，啟程爬上史堪德道場，像在走回家的路。

師兄姐為了儘量不打擾尊者，隨後分成幾個小組前往道場。我和阿樂美露阿姨（尊者的妹妹）跟在後面。一些女眾稍晚才抵達目的地。尊者怡然坐在道場前樹蔭下乘涼，師兄姐圍繞著，一幅仙人道場的情景。這個道場，就像《訶利世系》（*Harivamsam*）中所描述古代的巴達里克道場（Badarikasramam）一樣，只是後者現已不復見。史堪德道場就像巴達里克道場，上演著一場視覺饗宴：泉水從石間渤然而出，宛如沙瑪雅伊濕瓦若（Samyameswara）的晨昏供品；鳥語鳴囀，好像仙人之子吟唱著《沙摩吠陀》的讚歌。現場除了修行者、出家人，還有律師、醫師、工程師、藝術家、新聞記者、詩人、歌手，大多來自馬德拉斯、朋迪切里、維魯普蘭等地。男女老幼，不分尊卑，大家圍坐尊者，注視著他：礦藏豐富的阿魯那佳拉山，是鑲滿珍寶的王座；裝飾天空的雲朵，是潔白的大傘；林樹以無數的枝椏，作為天界的扇子；大自然以柔和的陽光，對他揮動著光芒；而尊者宛如加冕的帝王，散發著榮光。

哥哥，我如何能為你描繪那個圖像呢？悟者寂然寧靜，其沉著的凝眸，來自生命的本源，遍在四方。他

---

11 哥瓦達那山丘（Govardhana Giri）是聖地，位於印度北方邦（Uttar Pradesh）的瑪圖拉（Mathura）區，相傳哥瓦達那山丘是上主克里虛那的化身。

12 迦提月（Karthika）是印度年曆的月分名稱。

的溫和微笑，好像月亮的冷光。他的話語，簡直就是霖雨的甘露，我們坐在那裡，宛如塑像，渾然不知有此身，然後，攝影師來拍照。上午九時三十分後，依照道場每日的行程，有信函、報紙等送來，宛如在城邦大君的宮庭裡。此時，雲層積厚，刮起大風，師兄遞上一件披巾，尊者包裹全身，僅露出臉部。尊者端坐著，看起來就像是尊者母親阿樂葛瑪的化身。這點我跟阿姨所見略同。尊者這個身影，也被拍攝了下來。

尊者有時以靜默來開示。有些人心靈純淨，一定能釋解疑惑。但此時在午餐的時刻，我的心思跑去要準備羅望子米飯或達迪翁南飯，忖思道：全部東西都要供養給聖山嗎？還是有些要留下來？這個疑惑，在中午十一時三十分，便解決了。做飯的伙伴，希望能做點美食給尊者，好讓他能在一個舒適的地方，單獨享用。但尊者會同意嗎？他坐在長椅上，旁邊放著一張桌子，跟大家一起用餐。

用餐過後，他的長椅移置到走廊上，圍著鐵柵欄。師兄姐起初跟他有點距離，不久便坐上前靠近尊者。我和阿樂美露阿姨等女眾坐在毗鄰的房間，隔著窗戶，看到對面的尊者盤腿而坐。然後，他開始說話，告訴我們他在山上的昔日生活情景，母親的到來入住、史堪德道場的興建、用水的供給、食物的供應、猴群王國的規約、孔雀跳舞、他跟蟒蛇與花豹的互動等。在談話的過程中，他看到一位剛到的詩人納格那耶（Naganarya），問道：「你什麼時候來的？」他轉頭向著我，又說道：「他來了。」我說：「是的。」然後，某些往事浮現在他的心頭，他凝注著明亮的眼神，說道：「母親在這裡涅槃，我們扶著她的大體坐在外面，她的臉上沒有明顯死亡的跡象，好像只是一個人端坐著，進入深沉的三摩地，在神聖的舞蹈中看到神性的光輝，就在妳現在所坐的地方。」

他的話語充滿磁性，進入我的耳內，好像聽到維魯琴發出的妙音。我佇立在這個值得找尋的地方，聽到這段值得聆聽的話語。今天這個日子，真是輝煌啊！

古聖者卡皮拉（Kapila）點化母親蒂瓦雅妮（Devayani）證道；聖者德魯瓦（Dhruva）使母親蘇妮塔（Sunita）踏上解脫的道路；而拉瑪那承上啟下，對他敬愛的母親，不僅給予自由幸福的永恆國度，而且還在她的墳上立起聖母林伽，致以尊崇，使她在世上永受讚揚。

從尊者的口中，聽到「母親」這個詞，我欣喜若狂，不禁熱淚盈眶，聽起來，就像女兒在呼喚著媽媽。聖人總是尊敬婦女，視婦女為母親，是「愛」最完美的型態；沒有這樣的本質，就不會有造化。在尊者的母親來到道場之前，道場沒有開伙，尊者的母親一來，就把道場住民餵得飽飽的。尊者的母親率先設灶升火，炊煮食物，直到今天，填飽了無數師兄姐的肚子。

我轉頭想要看這位敬愛的母親的照片，但卻看不到，略感失望之餘，便默默地在內心裡說著：「喔，尊者的母親使女性的光輝普照！我們何其幸運！」這時，各式各樣的佳餚送上來了，半小時後，我們吃完了，又送上炸酥球及燉菜。飽餐之後，我們各自裝整後，便踏上歸途。

尊者目送我們一個接著一個離去。尊者在隨侍的陪同下，從阿魯那佳拉山的王座上走了下來，他抵達山腳下的拉瑪那道場時，正好太陽落在西邊的聖山下。然後，道場課表的吠陀吟唱，照常進行。

願聖者的靈力，被直接耳聞及目擊。
聽哪！它都能真實記錄下來嗎？
有人能做到嗎？
讓至上絕對獨自完成吧。

七　寶藏

一九四五年十一月二十七日

我打開昨天收到的信來讀。徒步前往史堪德道場，無疑是一趟快樂的旅程，但又細想，突然想到一件事。維那柯塔・范卡達拉南（Vinnakota Venkataratnam）有一首歌是這樣寫著：「他餵飽飢餓的人，送他們離去；但不許人看到了悟的道路。他表現得像人，有其執著，也無執著：他指點迷津，但從來無意深究。」

這些話語看來已經成真。只要我們在史堪德道場，他開示了一些話題，餵飽我們，然後叫我們解散。注意！只是這樣，我們就欣喜若狂，在這麼一頭棒喝之下，除去了對身體的認同。那個真實的財富，就是靈漿，就像寶藏，一定被神藏在阿魯那佳拉山的某處。他並未讓我們去尋覓，去找出那個寶藏，而是讓我們在專注準備羅望子飯、達迪翁南飯，讓我們把真正的目的拋到九霄雲外去。

沒有人開口向尊者詢問那個寶藏是什麼。實則，有錯在我。這不是我們真正在討的食物，而是另一種東西：不二的「一」（ekarasa）。據說，若不開口要求，連母親也不會給予什麼。而我們對所求，只是喃喃自語，若我們真的渴求，真的飢渴，難道神不會給我們靈魂的糧食，餵我們吃永恆的真知？神是慈愛之海，我們不知道怎麼祈求，祂又如何能感知呢？祂把寶藏藏在阿魯那佳拉山裡安全的地方，聖山彷彿神的家。聖者的作為，真的很引人注目！他總是望著窗外，凝視著聖山，沒有片刻不知道寶藏的下落。

像我這樣的人，有可能找到這個寶藏嗎？只有在我們做了必要的功德，他才會賜與我們這個寶藏。據說，禮物取決於個人福報，而慧根取決於我們的修為。雖然我們擁有上師這樣的賜與者，但還不能得到寶藏，問題是出於我們的不足。你覺得呢？難道我有說錯嗎？

八　真我本質的服務，乃是無私的服務

一九四五年十一月二十八日

這兩三個月以來，隨侍用藥草油按摩尊者的腿，以舒緩風濕痛。有些關切尊者健康的師兄姐，也加入排班按摩，每回三十分鐘，這又打亂道場的正常行程。

尊者會容忍這些嗎？他總是為別人著想，連對他個人的隨侍也不例外。他對任何事情，永不會說「不」這樣的重話。所以，他會不經意地說：「你們稍待一會兒，我會自己按摩一下，我不也要做些功德嗎？」說著，他便移開他們的手，按摩他自己的腿。

我聽了不禁莞爾，我心中也有那一絲絲的念頭，想要觸摸尊者的聖足，把禮數全都忘了。尊者的話語中帶有特殊的力量！看吧，他也想要積一些功德啊！對於心思細膩的人來講，這話又何其微妙！

就在此時，一位退休的老法官說道：「我的好師父，我想參與按摩上師的腳。」尊者對此答道：「喔，真的嗎？服侍真我，就是服侍上師（Atma-vai guruhu）。你現在七十歲了，你還要服侍我嗎？夠了吧！至少從現在開始，服侍你自己，若你能保持安靜，就很足夠了。」

若仔細思考這些話，那還有什麼比這些話更偉大的教導呢？尊者說，人能保持安靜，就夠了。這對他來講，極為自然，但我們做得到嗎？不論我們如何努力，總是無法達到那個境地。除了受尊者的恩典庇蔭，我們還能做什麼呢？

九　眾生平等

一九四五年十一月二十九日

那是在一年前的事。你知道羅摩強德拉・饒（Ramachandra Rao）這位阿育吠陀醫師嗎？為了幫尊者補身體，他列了一張很長的清單，內含所需的草藥及成份，上呈尊者。尊者就像一個受教的乖孩子，詳細看完清單，還對各式各樣的藥物效能，讚賞有加，最後說道：「我親愛的先生，這些藥是要給誰的？」他輕聲地說：「是要給尊者的。」尊者一聽，就說：「沒錯，你給了我這張長長的清單，但是我哪裡有錢來買呢？這些藥物可能要花十個盧比，但我去向誰要呢？」

有個人環視著道場的物資財產，輕聲說道：「師父，這些東西是誰的呢？」

尊者說：「我知道啊，但是那些是我的嗎？若我要四分之一的安那[13]，我必須向管理人拿。我又怎麼能去向他要呢？如果我在鈴響後馬上去那裡，他會給我一點食物。我也跟大家一起用餐，吃完後就回來這裡，我若遲到了，他們可能不給我飯吃，甚至我來用餐，也是最後一個到的。」

那位可憐的醫師嚇得發抖，雙手合十，說道：「我只是請您過目，那些藥我會自行籌措。」

尊者對此說道：「喔！是嗎？你會拿到那些藥嗎？若這些藥對我是好的，必然對這裡的人也是好的。那麼，你能給我，同時也給他們一份嗎？」

有人說道：「師父，我們為何要這些藥呢？」

尊者答說：「要是勞動的人，都不需要保健的藥物，我這個在這裡只是吃喝的人，又怎麼需要這些東西呢？不，不，不能這樣！」

以前有一次，室利尼瓦沙·饒醫師（Dr. Srinivasa Rao）曾告訴尊者有關對抗療法的醫藥（西醫），能強健身體，並說若尊者能服用，必有益處。尊者說：「是的，很好。你有錢，可以服用，但是我呢？我是個行乞的出家人，怎能吃這麼昂貴的藥品呢？」

醫師說道：「人家給尊者建議的東西，尊者都不肯吃。若尊者肯吃，難道沒有現成的嗎？或許不是藥品，何不吃一些有營養的食物，像牛乳、水果、杏仁呢？」

尊者答道：「好吧，但我是個貧窮困頓的化身，怎付擔得起呢？難道我只是單獨一人嗎？我是大家族的一份子，怎麼可能人人都有水果、牛乳、杏仁可以吃呢？」

尊者不喜歡受特別的待遇。他常對我們說，若有人帶來食物分給大家，而他沒分到，他也不會在意；若食物只單獨給他，不分給大家，他會難過。若他走在路上，有人迎面走來，他不喜歡對方停下來讓路給他，反而他要停下來讓對方先過，他才肯再走。這種眾生平等及捨讓的精神，我們若能學到千分之一，應感萬幸了。

若有人遲鈍如我，不知道尊者的想法，而盡是以食物特別對待，尊者會敬謝不敏，因為忍耐是尊者的本性。若是太超過，尊者也會有反感，說道：「我要怎麼做呢？他們主導，是給飯的，我是吃飯的。他們說什麼，我都要聽，要我吃什麼，我就要吃。你看，這就是師父的生活，你明白嗎？」

這樣，還有什麼警言，更甚於此呢？

13 安那（anna），印度的舊幣，值約十六分之一的盧比。

十　俗世的困擾

一九四五年十一月三十日

有一對來自安得拉邦貢土爾市的老夫婦，約在兩年前來過道場，今次重訪道場，住了兩個月。這位老先生無法離開家及子女太久，最多不能超過兩個月，但卻以這個心態來責怪太太。他趨前向尊者說：「我無法忍受這個家。我告訴我的太太，不要跟我來，但她也來了；還待不到兩個月，她就說：『我們回去吧，家裡還有很多事要做。』我要她自己先回去，但她不肯。我怎麼說，她都不聽我的。尊者，您至少幫我勸她回去，以便我能待在這裡跟您共餐。」

尊者打趣地說：「我親愛的朋友，拋棄了你的家，你要去哪裡呢？你要飛上天嗎？畢竟你還是要待在地球上。無論我們在哪裡，那裡就是我們的家。我也曾離家，說我什麼都不要了，但是你看，現在我卻有這麼大的一個家！我的家比起你的家，大過百倍。你要我勸她回去，但若她來向我說：『師父，我能去哪裡呢？我寧願待在這裡。』那我又要對她說什麼呢？你說你不要你的家，若換成我的立場呢？我能拋棄整個家，遠走高飛嗎？」

廳堂裡的眾人，聽了都會心微笑。老先生坐在地上，說道：「是的，但這對尊者沒差吧？尊者自由自在，不受枷鎖的束縛，所以再大的家族都能承擔得住。」

你也看到尊者談論此事，是何等的幽默。不管他說什麼，對我們都是教導。有些師兄姐，像我這樣，習慣向尊者訴苦，說他的腿痛、胃痛、背痛。有位老兄，曾來說道：「我的視力很不好，都看不大清楚。我請求尊者的恩典，減輕痛苦。」尊者如常頷首為之，稍後那人離去。尊者便說道：「他說他的眼睛有毛病，而我的腿，也有毛病，但我去向誰請求恩典，減輕痛苦呢？」我們聞後，瞿然一驚，啞口無言。

一九四五年十二月一日

十一　塵世俗事是為何義？

我早期在道場時，某天下午約莫三時，有位常來道場的安得拉邦的中年人，向尊者問道：「師父，我每天早晚固定持誦羅摩的聖名一小時，其間思維一個接一個萌起，最後我竟忘了自己要持誦，該怎麼辦？」

尊者說：「這個時候，就要抓住羅摩的聖名。」大家都笑了，真可憐！他委屈道：「我會像這樣的中斷持誦，是因為家庭俗事纏身，對吧？所以，我想要捨棄家庭。」尊者說：「哦，是這樣嗎？那麼家庭俗事是為何義？是內在的，還是外在的？」他說：「是指妻小、親戚。」尊者說道：「這些都屬於俗事嗎？他們對你有什麼影響呢？請先釐清家庭俗事的意義，我們再來思考捨棄的問題。」這個人無法回答，默然無語，顯得沮喪。

尊者滿懷慈悲，眼色溫柔，和藹說道：「假設你離棄妻兒來此，又會成為另一種俗事。假設你要做出家人，你拿的手杖、缽碗這類東西，這也是俗事。為何會這樣呢？因為，俗事是指頭腦生起的俗事。你若能離棄頭腦裡的俗事，不管你身在何處，你都自由自在，沒有差別，也沒有什麼事能困擾你。」

我真的覺得他很可憐！他鼓起勇氣，說道：「是的，就是這樣，師父。如何捨棄頭腦裡的俗事呢？」尊者說道：「就像剛才那樣。你說你在持誦羅摩聖名時，在一連串的思維萌起時，你想起自己忘了羅摩的聖名，這時你要盡量提醒自己，一再抓住羅摩這個聖名不放，那麼其他的思緒，就會漸漸消退下去。至於持誦上主的聖名，有幾個階段：『較之高聲持誦聖名，則低聲持誦為宜，默念為佳，定於聖名最優。』（《教導精義》第六頌）」

十二 「走你的來時路」

一九四五年十二月二日

某個場合，有位安得拉邦的青年前來問道：「師父，我十分渴望解脫，但不知道有什麼方法，這令我十分焦急。我讀遍吠檀多的書，都敘述不同法門，我也參問一些有識之士，每個人都建議不同的方法。我感到困惑，便來找您。請告訴我，哪個法門才對。」

尊者莞爾一笑，說道：「好，那麼去走你的來時路。」

我們一聽都樂了，可是這位可憐的年輕人不知如何回應。他呆立在那裡，直到尊者離開廳堂後，才轉身向旁邊的人，以哀求的口吻說道：「先生，我千里迢迢來這裡，滿懷希望，不惜花費，不顧勞頓，很想要知道解脫的道路。現在卻告訴我，去走我的來時路，這樣對嗎？這不是天大的笑話嗎？」

於是，有人說道：「不，先生，這不是笑話。這是對你的問題，最適切的答覆。尊者教導探究『我是誰』，那是解脫的捷徑。你問他『我』應該走哪條路，他就說『走你的來時路』，意思是，如果你探尋那個『我』所來的路，你將會得到解脫。」

聖者的話，就算是輕鬆的言談之中，都指向真理。於是有人就把《我是誰》這本書送給這位年輕人。他對這樣的詮釋，十分驚訝，於是把尊者的話語奉為教導，向尊者跪拜後離去。

尊者教導我們，通常用幽默或輕鬆的語氣開示，也會寬言慰藉。早期我在道場，每當我想回家，我便會趁廳堂沒有什麼人的時候去找尊者，我向尊者說：「尊者，我想回家，但我害怕回到家後，又會掉入家裡的一團亂。」

尊者回答說：「天都塌下來了，我們還能掉入哪裡呢？」

又有一次，我說道：「師父，我還不能擺脫這些困縛。」尊者答說：「要來的，就讓它來；要去的，就讓它去。何必擔心呢？」

沒錯，若我們能夠了悟到真我，就不會有這些煩惱了。

一九四五年十二月三日

十三　無所求的虔愛

一九四四年八月，有位孟加拉青年，穿著黃袍，名叫欽瑪雅南達（Chinmayananda），是屬於德里印度教寺廟的傳教士，前來這裡。他曾遊歷數個國家，也參訪過奧羅賓多道場，這天，他帶了一封迪里浦．庫瑪．羅伊（Dilip Kumar Roy）的信函來道場。他喜愛虔愛道的音樂，也有一副好歌喉。言談中，得悉他是柴坦雅（Chaitanya）虔愛教派的信徒。他在尊者面前，用梵語及印地語，唱了四五次拜讚歌。以前有位靈修機構的主持人告訴他，除非他能待在定點，否則此生無法開悟。

他想請教尊者對這說法的意見。有一天，他上前靠近尊者，用很一般的口吻問道：「師父，修行者專注於吟唱讚歌，頌揚上主，那他們能在此生開悟嗎？還是應為此目標而待在一處？」尊者說：「不論此人行至何處，都宜心注一處。若心思馳逐，而強制其身於一處，又有何用呢？」

青年又問：「無所求而行虔愛，可能做到嗎？」尊者說：「有，有可能。」

以前，有人也問過尊者同樣的問題，尊者是這樣答覆的：「為什麼會做不到呢？」普哈拉達與那拉達[14]的虔愛奉獻，不也是無所求的虔愛？

我們尊者對阿魯那佳拉所表露的虔愛，正是這類虔愛者的榜樣。他首度謁見聖山時，便說道：「哦，父親！我遵照諭命而來，全然臣服於祢。」看啊！尊者說上主阿魯那佳拉諭命他，他就來了！為何他被諭命？又為何他就來了呢？尊者來了，並且全然臣服。若問及他所為何來，則不置一辭！看尊者用坦米爾文譜寫的《阿魯那佳拉九寶石項鍊》（*Arunachala Navamani Mala*）第七頌的意涵。這篇詩頌由G．那拉辛加．饒（G. Nirasinga Rao）譯成泰盧固文，其意旨是什麼？沒有什麼。尊者不時告誡我們，無所求的虔愛、一心虔愛、全然虔愛等，與真知都是同義詞，並無不同。

一九四五年十二月十二日

十四　傳統上的尊敬

有一天上午，平常交談的主題轉到尊者的母親離家跟他同住，以及她對生活的態度。尊者對我們說：

「母親一開始常來這裡，跟我住了一段長時間。你們都知道，我對飛禽走獸，都是用很尊敬的態度來叫喚牠們，我也用很尊敬的口吻來叫母親。但我發現，我這樣做，讓她有點傷心，於是我不再這樣做，改用以前熟悉的叫法。若事情習慣成自然，改變也會有點彆扭，但是，不管怎麼樣，這些身體上的事情又有什麼要緊呢？」他的談話，流露深情款款，讓我淚盈雙睫。

在尊者快成年前，便已捨棄了世間一切的欲望，滿懷神聖的渴望，奔赴聖山阿魯那佳拉，在那裡他統領著永恆幸福的國度。一個母親擁有如此的殊勝，被這樣的兒子叫喊著「媽」（Amma），這又是何等的鴻福齊天！《吠陀》經書裡說到，第一個禮敬膜拜的是母親，「願母親是你的神。」雖然如此，尊者對於用尊敬的方式來呼叫母親，感到有點不自然，這才是最美的地方。若他這樣呼叫，難道她不會難過嗎？但他只有在喊她為「母親」時，她才心滿意足，而尊者認為，不用為這些小事，傷害母親的感情。

「當我母親仙逝後，我想我脫離了束縛，可以自由自在異地而居，也可以獨自待在隨便的山洞裡，但事實上，現在我受到的束縛更大，甚至無法走出去。」尊者時常這樣說著。對他而言，母親只有一個，但子女卻成千上萬，這豈不是更大的束縛嗎？

我告訴你，有一天，他聽到史堪德道場在整修，他便在中午，偕同隨侍倫加史瓦米前去探訪，未告知任何人，打算看完後悄悄地回來，但結果呢？我們大夥也都去了，興奮而躁動，包圍著他，讓他動彈不得。他被群眾簇擁著，很難脫身，直到晚上八點才回來。

兩週後，修繕的工人告訴他，前往史堪德道場的道路，已整修竣工，請尊者前去視察，尊者說：「我們會過去看看。」那天上午，我們都強烈表達前去的意願。尊者哄我們說：「過幾天，我們再去那邊野餐。」但當天下午五時左右，他照常去散步，走到山路間，卻悄悄地溜往史堪德道場的路上。大夥們一知道這個消息，我們這些善男善女一窩蜂又往山上去了，大家在夜晚來臨時，都拿著火把，提著燈籠。有些人不知道尊

14 普哈拉達（Prahlada）是《往世書》裡的聖潔男孩，虔愛奉獻於毗濕奴。那拉達（Narada）是《往世書》裡的吠陀聖者，以虔愛奉獻毗濕奴而聞名。

者的行事作風而跟隨著上山，這是一回事，但我知悉他的行事作風，認為不應跟著去才對。但我兩度跟著上山又折回，後來終於按奈不住，也就跟著大家上山去了，這就好像猴子的習性，無法改變，不管我們如何加以勸誡，我心思的習性也同樣牢不可拔，不管我如何自制。後來我感到後悔，但那又有何用呢？

其實，當他的子女們，在摸黑的夜晚裡，都上山了，尊者感到不安的是，那裡沒有地方供他們就坐，也沒有東西給他們吃，就是出於他的慈悲，後來他安排了一場在那裡的餐會。他是如何駕馭這個偌大的家庭，而遊刃有餘呢？若他沒有深沉的寧靜，他又如何能在這個龐大的家庭裡，超然物外呢？記住，除卻偉大師父的靈力之外，無物存在。

一九四五年十二月二十九日

十五　耶夏摩之死

星期四的夜晚，二十七日，二時四十五分，宛如尊者母親的耶夏摩（Echamma）逝世，融滙上主於尊者的蓮花足下，我聞訊時，感激之情勝於悲傷。

以前我離開她家，搬到道場旁的住，她總是對我說：「我愛妳，就像我愛我的小孩一樣。我想妳會看到我死亡，但妳去的地方，跟我有段距離。現在，只有我死了，妳才會來我這裡，看這個身體被送去火葬。妳會這樣嗎？」說到這裡，她眼眶泛紅。沒想到這些話，竟然成真。我聽到的消息，不是她病倒了，而是她死了。有句話說：「子女堅硬如磐石，而母親脆弱如薄片。」我很遺憾，這句話對耶夏摩來講，也是真的。

你記得本月二十五日，你和大嫂送她一些衣服，當時她在家裡正忙於為訪客煮飯作菜。當天晚上，她躺在床上，無法起身，要家人給她一些水喝，喝完後，她就安靜躺下，而訪客也走了。我現在要告訴你的詳情細節，是照料她的姪女講的。她喝完水後，便無法說話或進食，一直臥床不起。隔天，這個消息，傳到尊者耳中。二十七日的情況更糟，便發了電報給她的親戚。雖然她已不省人事，但叫喚她時，她尚能微微睜開眼睛。約在下午四時，有位女士想要測試她昏迷不醒的情況有多嚴重，便說道：「今天還沒送飯給尊者。」她一聽到「飯」，就眼睛全張，並帶著質疑的眼神。為了不干擾她的平靜，她的姪女就說：「飯已送了。」她聽到後，便點頭示意。這個就是真誠的嚴守誓言。[15] 這位偉大的母親在她垂死的關頭，仍不忘記對尊者的服侍，你又怎麼說！

就是這樣，當晚八時，她嘴裡呻吟著，斷斷續續，兩眼無神，顯然在死亡的痛苦中。她的姪女前來向尊者稟報這個信息，道場的醫師也趕過去診視，宣告沒有希望了。然後，他們就進行臨終的儀式。我在星期四聽說她病了，想隔天上午來看她，但我在過來道場之前，就聽到這個壞消息。尊者對我說：「喔，她死了？我正等著看她離開這個世間的苦，所以她已經脫離這些苦了。好吧，去了再回來。」

我跟著一些師兄姐到她那裡，當我看到她的容顏依然，我內心十分悲痛。她無疑是位堅強的人，我早年在這裡的時候，她是我唯一的支持者。雖然我違逆了她的心意，搬往另處，每當我身體微恙，而她要帶食物給尊者時，也總是帶一份給我。遵照她生前的吩咐，我用恆河的水，洗淨她的大體，塗抹聖灰，戴上金剛菩提子念珠，然後恭送她前往最後的行程。她的全部親戚，都決定火葬，而不土葬。

15 耶夏摩曾立誓，要終身送飯給尊者。

下午二時半，我向尊者跪拜禮敬，他問道：「她逝世時，情形如何？後事他們辦得如何？」我答道：「他們決定火葬。她的親戚說，她希望骨灰埋在家鄉，並在墳地植一株聖羅勒（tulsi）樹，以供禮拜。」尊者說：「是的，是的，那樣是對的。加納帕提．夏斯特里等人也都這樣處理。」我坐定後。尊者用撫慰的口吻，說道：「我屢次告訴她，不用操心帶食物給我，可以不再帶來，但是不行！她很固執，若不帶飯給我吃，她也不吃飯。甚至今天，因為她的緣故，又有飯送上來給我。」我說：「現在，不會再送飯來了。」尊者說道：「那位穆達利爾老婦人[16]還在這裡。」當他講到這裡時，我內心不勝哀傷。尊者又說道：「每當耶夏摩送飯給我時，我若不當場吃飯，她就跟著挨餓不吃。」這時我淚盈雙睫，說道：「是的，是的。」尊者就轉換話題。一位師姐，三十八年來，以誓言作為她的護身符，並禮敬神明，這樣的俗世一生，現在告終。

另一件有趣的事情是：二十七日的晚上，在我例行誦經繞行廳堂結束後，我上前向尊者鞠躬，發現尊者正雙盤如如不動，雙臂垂於兩側，在甚深的禪定中。尊者的雙眼，灼然有光，好像發射出兩道靈光，我感覺那是宇宙的神靈之光芒落在尊者的身相上。我想要靠近尊者待久一點，但無法忍受那個強烈的光輝，只好鞠躬後回家，心想著當時尊者進入深沉的冥想境地，一定有某些深層的意義。

當天晚上，晚齋過後，克里虛那．畢克修[17]在尊者床邊與尊者短暫交談，然後他和一位友人來到我這裡。我問他道場的事情，他說尊者心神冥會，深入其境，煥然有光，整晚都遙望著遠方，一定是有什麼重大而不尋常的事，而我們也不知道那是什麼。後來我們聽說耶夏摩去世，發現從昨天下午五時後，她處在死亡的痛苦掙扎中，直到晚上九時，消息傳到尊者這裡，她的痛苦才告止息。而她的生命，有個平靜的結束。這時，我們才知道，原來尊者在前一天晚上，運作其超凡的靈光，化解這位偉大信徒生命的苦境。

十六　第一份施捨食物

一九四五年十二月三十日

某日下午，尊者與我們漫談憶往，告訴我們下面這些事：

「在瞿布羅蘇婆羅曼尼伊濕瓦若神廟（Gopura Subrahmanyeswara Temple）裡，有位禁語師父[18]。有天上午，我去千柱廊殿，他跟一位友人也來這裡。他是禁語師父，而我也禁語，所以彼此沒有交談，沒有問候。

「不久，時間到了下午，他向其友人作了手勢，意思是：『我不知道這個男孩是誰，他看起來很疲憊，你去拿點食物給他。』於是，他們拿了些東西來，是煮熟的米飯，飯的米粒大小，都篩選過。米飯底下，有發出酸味的水，還配上一點醬菜，這便是上主阿魯那佳神賜給我的第一份食物。其實，我現在所吃的東西，一點都不覺得可口，所有的菜餚及甜食，都比不上那份施捨的食物。」尊者說道。

「那是尊者第一天到達這裡的地方嗎？」有人問道。

「不，不，是第二天。我把它當作是伊濕瓦若神給我的第一份施捨食物，我吃了給我的米飯、醬菜，也喝了水。那種幸福滿足，我終身難忘。」尊者說道。

「我想尊者還有第一次到鎮上乞食的故事。」一位師兄說道。

16 穆達利爾老婦人，指穆達利爾·佩蒂（Mudaliar Patti），每天送飯給尊者，直到一九四九年身亡，四十年不間斷。詳閱David Godman, ed. *The Power of the Presence, Part Three* (Boulder, Co: Avadhuta Foundation, 2008) pp.56-64

17 克里虛那·畢克修（Krishna Bhikshu），是拉瑪那尊者傳記，泰盧固文版《神的遊戲》（*Sri Ramana Leela*）的作者。

18 禁語師父，指謝夏德里史瓦米（Seshadriswami），見Gabriele Ebert, *Ramana Maharshi: Hits Life*, trans. Victor Ward (Lunchow Verlag: Stuttgart, 2003) p.39

尊者說：「是的，你們一位師姐，她常給我一些食物或其他東西。有一天，她為苦行者安排餐會，要求我跟他們共餐。我向她示意，說我無意共餐，要去乞食。但是我既入座，與他們共餐，也又出去乞食。是的，我想這是神的旨意，就開始了乞食。起初，那位女士不知道我是要出去乞食，或是參加餐會，她便派人尾隨我。當我在街上，走到一間神廟左邊的住家，我站在門口，拍起雙掌，那位女士看到我，因為曾聽說過我，就認出了我，她便叫我進去，說道：『進來，我的孩子，進來。』她給了我一頓豐盛的餐食，說道：『我的孩子，我失去了兒子。我一看到你，就覺得你跟他很像。像這樣請每天來我這裡，我的孩子。』我後來知道，她的名字是穆塔瑪（Muthamma）。」

十七　你怎麼知道你一無所知呢？

一九四五年十二月三十一日

上個月的第一週，某日上午，有位未曾學道的旅人來到道場，在此待了兩三天。他就像俗話說的「吃在客棧，睡在寺廟」，他外出進食，但留宿在這裡。他跟別人一樣，待在這裡幾天，接近尊者，觀視尊者，安享幸福。某日，他要離開道場前，趨前向尊者，用謙遜但遲疑的口吻問道：「師父，這些人坐在這裡提問，而您應答。我看到這樣，也想要提問，但我不知道要問什麼。我如何才能解脫呢？」

尊者慈祥地看著他，面帶微笑，說道：「你怎麼知道你一無所知呢？」

他說道：「我來到這裡後，聽到這些人的提問，以及尊者樂意的回答，但我有個感覺，我是一無所知的。」

「沒有關係，你已經知道你一無所知，這就夠了，那還要去問什麼呢？」尊者說道。

「若是這樣，那又如何能獲得解脫呢？師父。」他問道。

「怎麼不能解脫呢？已經知道自己一無所知，若能探究並知道那個人是誰，這就夠了。若人自覺得遍知一切，那人的自我將越強大。若你能覺知這個你一無所知的事實，反而比較好，還需要什麼嗎？」

他聽了高興地離去。尊者話語的真義，提問者或許知道，或許不知道，但對在這裡的我們而言，這些話語，彷彿是鏗鏘有力的咒語，扣人心弦，在我們的內心深處，引起共鳴。

第二章 一九四六年

十八 花豹與蟒蛇

一九四六年一月一日

之前我聽說尊者在山上的一些事情，現在我就寫信告訴你。

尊者住在維魯巴沙洞屋（Virupaksha Cave）時，鄰近的水池邊，有隻花豹在吼叫，聲音清晰可聞。一些師兄聽了，心生恐懼，拿起木板及鼓製造噪音，要嚇走花豹。那隻豹也喝完了水，吼叫幾聲，就離開了。尊者看著師兄們如此驚恐，便以驚訝的口吻，說道：「為何要害怕呢？那隻豹先吼一聲，表示牠要來這裡，喝完了水後，又吼一聲，表示他要走了。牠走牠的路，不干涉你。有什麼好怕的呢？這座山是這些野獸的家，而我們是客人。本來就這樣，而你把牠們趕走，這豈是對的？」尊者或許有意要舒緩師兄的恐懼，他又接著說：「有些精靈住在這座山，可能他們想來看我，便以各種不同的身相，在這裡來來去去。所以，你們要知道，去打擾他們是不對的。」

從那次事件後，這隻豹時常來那個地方喝水，牠吼叫時，尊者則說：「你來了！花豹在宣示牠來了。」然後又說：「花豹在宣示牠要走了。」尊者就用像這樣的態度，跟所有的野獸相安無事。

有位師兄問尊者，聽說尊者住在山上時，跟蟒蛇很友好，有蛇爬過他的身體，還有蛇爬上他的腿，是否真有此事。尊者答道：「是的，那是真的。有一隻蛇常來我這裡，十分友善，常要爬到我的腿上。牠碰到我的身體時，我感覺癢癢的，便把腿縮了回去，就只是這樣而已。那隻蛇時常來來去去。」

一九四六年一月二日

十九　可否請你傾聽我無語的訴說？

你見過賈格迪斯瓦若・夏斯特里（Jagadiswara Sastri）嗎？他在到場的時候，總是有一隻狗跟著他進入廳堂，那隻狗很聰明。夏斯特里或他的夫人來到尊者的廳堂時，牠也跟進來坐定，像一個乖小孩，人出去時，牠也跟著出去。牠很喜歡待在屋裡，大家用盡辦法阻止牠進入廳堂，都沒有成功。

有一次，這對老夫妻因為要去馬德拉斯待上十五天，便把牠交給某人照料。一開始，前四五天，牠在廳堂裡四處尋覓，走到牠經常走動的地方，不久累了，或許厭倦什麼都沒找到，牠便走到尊者的長椅旁，站在那裡，直瞪著尊者看。

那時我坐在前排，尊者正在看報紙，克里虛那史瓦米（Krishnaswami）跟其他人試圖請牠出去，但都無效，我也加入行列，但牠只是文風不動。我們的嘈雜聲，引起了尊者的注意，便朝這邊看過來，尊者看了狗的表情及我們的騷動一陣子後，把報紙放在一旁，並從狗的默然無語中瞭解狗的語言，於是他向狗揮著手，說道：「哦，是怎麼回事？你在問你的主人去哪裡了嗎？哦，我知道，我明白，他們去馬德拉斯，一個星期後，就會回來。不要害怕，不要擔心，安靜，這樣好嗎？好的，現在出去。」

尊者話還沒講完，那隻狗便轉身出去了。過了不久，尊者對我說道：「妳看到了嗎？那隻狗在問我，主人去哪裡了，何時回來？這裡的人，無論怎麼趕牠走，牠都不走，直到我回答了牠的問題才離開。」

有一次，這位夫人因為她的狗不聽話，就用棍子打牠，把牠關在房間半天。牠被放出來後，就直奔尊者，好像要向尊者訴苦，並且待在道場不願回家，就這樣過了四五天。

尊者安排人來餵食牠，並告誡這位太太說：「妳究竟對這隻狗做了什麼？為什麼牠這麼恨妳？牠來向我抱怨，為什麼呢？妳到底做了什麼？」最後，她在尊者面前認錯，然後對這隻狗好言相勸，這狗才願意回家。

一九四六年一月三日

二〇　松鼠

你知道我們那隻松鼠哥兒跟尊者在一起時，有多麼自由自在嗎？兩三年前，有一群松鼠，其中總是有一隻特別活躍又頑皮的傢伙。有一天，牠來要東西吃，尊者正在閱讀或在做什麼事，於是耽擱一點，沒有即時給牠吃東西。這隻頑皮的傢伙，除非尊者抓著牠，把東西餵進嘴巴，否則牠是不吃的。可能是稍晚餵食，惹牠不高興，牠便咬了尊者的手指，但尊者仍然不餵牠。尊者笑著說：「你這隻頑皮的小東西！你咬了我的手指！我再也不餵你了，走開！」這樣說著，就連著幾天，他沒有餵松鼠。

那個傢伙會安靜下來嗎？不會，牠到處跳來跳去，開始向尊者請求原諒。尊者把核果放在窗臺及長椅上，要牠自己吃。但是不，牠碰也不碰。尊者假裝不在乎，也不去注意牠。於是，牠爬到尊者的腿上，跳到他的身體上來，又爬到他的肩膀，極盡其能事，就是要引起注意。這時，尊者向我們說道：「瞧！這傢伙咬我的手指，在求我原諒牠，也求我不要拒絕用我的手來餵牠。」

他把松鼠趕走幾天後，說道：「頑皮的傢伙！為什麼要咬我的手指呢？現在我不餵你了。那是對你的懲罰。瞧，核果在那裡，把它吃完。」那隻松鼠也不改倔強的脾氣，不願屈服。幾天過後，尊者終於認輸，這是出於他對信徒的慈悲。這件事使我想到，藉著不屈不撓，信徒就能得到解脫。

那隻松鼠並未因此就安靜下來，牠糾集一些伙伴，開始築巢，就在長椅正上方的屋頂下。牠們把樹枝的梗莖、椰子的纖維等，壓成細條。若遇有風吹來，這些東西，便會掉落下來，所以大家都很生氣，要把牠們趕走。尊者認為，廳堂並無足夠的空間，給松鼠築巢，又看到廳堂裡的人要趕走牠們，總是感到不安。在這個場合裡，我們看到尊者的表情，瞭解到他對這些動物的愛惜與深情。

我告訴尊者說我在信上提松鼠的事，他顯然很高興，說道：「這些松鼠的事可多著呢。不久之前，牠們在我上方的橫樑上築巢。牠們有子女、兒孫，形成一個很大的家庭。牠們在長椅上，盡情嬉戲。我離座外出散步時，一些小松鼠便鑽進枕頭底下，我回來後，靠著枕頭就坐，就會壓到牠們。我們不忍心看到這樣，於是（隨侍）瑪德瓦（Madhava）就把他們趕出巢穴，又用木板封起來。如果真的要寫牠們，有很多故事可以寫。」

二一　法與法的內涵有別

一九四六年一月四日

呈獻給尊者的供品[19]，偶爾會有來自蒂魯琴杜爾（Tiruchendur）、馬杜賴（Madurai）、羅摩斯瓦拉姆（Rameswaram）等地的聖灰及硃砂，尊者都極為恭敬地接受，並說道：「看啊！蘇婆羅曼雅（Subrahmanya）從蒂魯琴杜爾來了。看那裡，米娜克希（Meenakshi）從馬杜賴來了。這裡，羅摩林伽神（Ramalingeswara）從羅摩斯瓦拉姆來了。這裡是這個神，那裡是那個神。」

有人帶了聖水來，說道：「這是來自恆河的水，那是來自高塔米河（Gouthami），這是來自高韋里河（Gauvery），那是來自克里虛那河（Krishna）。」每當這樣的水，呈獻上來時，尊者接納之，並說道：「這是母親恆河、那是高塔米、這是高韋里、那是克里虛那維尼。」

起初，我對此感到不解。拉瑪那本身就是永恆存在的化身，他是一切聖水的源頭，他之所在，光輝照耀，就是他自己，而這些人，從各地聖池中帶來聖水給他，好像做了件偉大的事情，這是何等的愚蠢！他們瘋了嗎？我深感不解。

不久前，有人帶來了大海的水，尊者接受了，說道：「現在來的不是大海，而是所有的河流都來到我這裡。這是第一次來，非常好，放這裡就好。」

我聽到這故事，突然想起一則古老的傳說：所有河流、大海、眾神明，都來到聖者們如拉瑪那的蓮花足下，向他們致敬。我當時覺得這些說法太誇大，因為石頭、河流無法走到聖人住的地方。不過，我現在發現，在無人欲求的情況下，所有的這些聖水、聖灰等，都被師兄姐帶來這裡，而尊者都接受，並說道：「都來了。」現在，從這件事中，我能瞭解，在聖者示現下，應對事情的內涵，詳審解讀。若能這樣，就可釐清：法是一回事，而法的內涵，又是另一回事。

既然尊者欣然接受這些聖水，則應解讀為，他接受所有聖水及供品的服侍。這個內在的涵義，我聯想到帶給他海中聖水。你記得當年他住在洞屋時，有隻豹來訪，他說過：「有許多證悟的靈魂，以不同的身相來看我。」

二二　解脫

一九四六年一月八日

幾天前，有位女士來道場。她約在下午三時步入廳堂，坐了下來。她一直都待在那裡，想要起身上前問尊者些什麼，但尊者在看書，沒太注意到她，她便等候著。

尊者一放下書本，她就起身，走向長椅，毫無怯畏或遲疑，說道：「我只有一個欲望，我可以告訴您是什麼嗎？」尊者說：「好。妳要什麼呢？」她說：「我要解脫。」尊者說：「哦，這樣嗎？」她說：「是的，師父，我不要別的，請您給我解脫，那就夠了。」尊者不禁嘴角泛起微笑，說道：「好，好，沒關係，這很

19　供品（prasada，聖食），印度法會上，信徒向神明供養水果、鮮花、食物，或浴神的水等供品。儀式完後，分給信徒這些供品，作為神的恩賜。這些供品，稱為「普拉沙得」（prasada）。供品若是食物，則信徒分食之。若是水，則灑在信徒頭上，或部分喝下。若聖灰，則塗抹在前額上。參閱Cybelle Shattuck著，楊枚寧譯，《印度教的世界》在《世界宗教》系列，（台北市：貓頭鷹出版，1999），90頁。在拉瑪那道場，信徒攜來的供品，大都是水果、甜食等食物，拉瑪那取食些許，其餘當場分給廳堂的全體信徒分食。故此供品（普拉沙得），又可譯為「聖食」。

好。」她說：「若您以後才給我，那不算數，您必須現在馬上就給我。」尊者說：「好。」她說：「您現在就給我嗎？我得要走了。」尊者點頭。

那位女士一離開廳堂後，尊者笑出聲來，對我們說：「她說只要給她解脫，那就夠了，她不要別的。」施巴拉克希嬤嬤（Subbalakshmamma）坐在我旁邊，接著這個話題，和緩地說：「我們來也是為了同樣的目標，我們也不要其他的東西。若您給我們解脫，那就夠了。」

尊者說：「若你捨棄，放棄一切，剩下來的，就只有解脫。哪裡還要別人給你什麼呢？解脫一直都在。那個，如如其在。」「我們不管這些。尊者必須給我們解脫。」說著，她便離開廳堂。

尊者看著在旁的隨侍，說道：「他們說，我應該把解脫給他們。只給予解脫，那就夠了。這本身豈不是一種欲望？若你能捨棄所有的欲望，剩下來的，就只有解脫而已。要去修行，才能拋開一切欲望。」

《摩訶寶石集》（*Maharatnamala*）載述相同的概念：

> 據說，滅盡習性，即是至上絕對，便是解脫。

二三　禮拜牛隻

一九四六年一月十六日

你知道嗎，昨天是動物牛隻節慶的謝牛日[20]，這一天，全國各地的牛，都要加以裝飾，並飼以甜米粥。

昨天上午，道場也是這樣，準備了各式各樣的甜點，串成花環；在牛舍前，用石灰粉塗劃裝飾的線條，做神牛南迪的法會；柱子的四周，都用芭蕉樹加以綑綁；也懸掛著綠葉的花環；沐浴所有的牛隻，在牠們前額塗上硃砂，並在頭上戴上花環，拿牛奶甜米粥餵食牠們。法會儀式的最後，是吟誦祈請文，並剖開椰子。

拉西米是牛群中的王后，可不是？你應該來看看牠是何等的華麗莊嚴！牠的前額塗抹薑黃粉，又用硃砂加以彩飾。牠的頸項及牛角，都掛著用玫瑰及鮮花編成的花環，還有用食物及甜食串成的花環。除此之外，還用芭蕉、甘蔗塊、椰子仁串成環，繞在牠的頭頸。這樣還不夠，照料牠的人，把從家裡帶來一串用類似姆魯咕餅（murukku）的鹹食也編成環，掛在拉西米的脖子上。尼倫伽那南達史瓦米問他那是什麼，他十足驕傲地說，那是他每年的慣例。我看拉西米這樣的裝扮，好像如意神牛[21]，我不勝欣喜，快樂至極。

尊者於九時四十五分離開廳堂，十時來到牛舍，對他的牛群子女賜予祝福。他坐在拉西米旁的椅子上，欣賞牠美麗的裝扮，這時師兄搖著焚燒樟腦的小燈，行阿拉提儀禮，又吟唱著吠陀頌句，諸如「那卡瑪那」（Na Karmana）。有些師兄說，他們要為拉西米拍照，於是牠被帶到牛舍，站在中間，而師兄姐靠在一起，站在旁邊。拉西米站在那裡，抬起頭來，態度優雅。尊者也起身來到拉西米的旁邊，用左手輕拍牠的頭部及身體，並且說道：「站好，請站好，不要動喔。」拉西米輕輕地閉上眼睛，非常安靜，好像牠在三摩地的境地裡。尊者的左手放在牠的背上，右手持著手杖，站在拉西米的旁邊，攝影師也同時拍了兩三張照片。照片

20 謝牛日（Mattu Pongal），指印度為期四天豐收節（pongal，又譯「龐格爾節」）的第三天，感謝公牛耕耘土地，母牛提供牛乳，這一天，人們向牛行禮，沐浴牛身，在牛角上掛美麗飾套，又帶上珠鍊和花環，給牛吃甜米粥。四天豐收節，有特定的節日名稱，分別是：surya，bogi，mattu，kanum。

21 如意神牛（Kamadhenu），又名「葛瑪塔」（Gou Mata），在印度教神話，是所有牛隻的母親，能賜給牠的主人財富、健康、幸福。

看起來，真是十足的莊嚴。另外還拍攝尊者親手拿著水果及甜食餵牠。你下次就可以看到這些照片。看到尊者在牛舍被牛群圍繞，我就想到上主克里虛那在雷普爾的故事22。不僅這樣，在《梵轉往世書》（*Brahma Vaivartha Purana*）上，記述克里虛那是牛隻世界的上主，而蘿達（Radha）是原始本質（Prakriti）。那本《往世書》的開示是，蘿達和瑪陀婆23是原始本質與至上真我，亦即不可分離的一對。尊者站立，身體微傾向左邊，左手放在拉克西米身上，右手持著手杖，看起來好像是一支長笛，他的臉上泛著燦爛的笑容，彷彿是幸福大海的波沫，其慈悲的眼眸，朝向聚集的信徒及成群的牛隻。難怪恩典化身的拉瑪那，會使人聯想到上主克里虛那，交叉著雙腿而站立，腳底平穩，優雅地吹奏著長笛。怎麼說呢，假若尊者就是那個克里虛那，而尊者的手觸摸到拉克西米的身體時，牠雙耳下垂，雙目閉合，不就是忘我地享受著超越塵世的幸福？還是說，牠就是原始本質所化身的蘿達嗎？否則，牠怎麼能瞭解人類的語言呢？

說我們以人類的眼睛，看著眼前的會眾，會發現這是人類眼界以外的世界：牛群、統領牠們的「原始本質」與「至上真我」，這不是誇大其辭。你或許會笑我的愚蠢幻想，但姑且相信我，這種景象委實可愛。每年都有禮拜牛隻的儀式，但是今年，尊者站在拉西米的旁邊，給予我們這個幸運的觀視，只因為師兄姐說，他們要拍一張拉西米的照片。真棒的一天！我寫信給你，因為我喜不自勝！

一九四六年一月十七日

二四　一對鴿子

一九四五年九月或十月的某個上午，有位來自班加羅爾的師兄，名叫范卡達史瓦米·那杜（Venkataswami Naidu），他帶來一對鴿子，送給道場作為供養。尊者知道了，說道：「我們必須保護牠們，不受貓等動物的傷害，對嗎？誰要照顧牠們呢？這需要鳥籠，也必須餵食，這裡誰能做這些？最好是請他把牠們帶走。」

那位師兄說，這一切他都會安排好，並請求收留在道場。說著，他就把這一對鴿子，放在尊者的腿上。尊者非常熱情，引鴿子靠近，說道：「來，來，你們不要回去吧？你們要待在這裡嗎？好，就待在這裡，鳥籠等等就拿來。」就這樣，他慈愛地撫摸著牠們，鴿子十分安靜，閉上眼睛，好像在三摩地，靜靜在那裡，不會走來走去。於是，尊者把牠們擺在腿上，停止撫摸，並用他的慈眼注視著牠們默然靜坐，進入深沉的三摩地。

道場的師兄姐們，花了近一個小時，才將鳥籠帶來。令人驚奇的是，在這整整一個小時內，鴿子在尊者的腿上，動也不動，好像牠們是在三摩地中的一對瑜伽行者。牠們何等幸運啊！這難道不是牠們前世的功德所致，使牠們能夠安坐在大聖者的腿上，又用他的手，從頭到腳，撫摸著牠們、哄牠們、祝福牠們，因而賜與牠們神的幸福嗎？不只這樣，鳥籠送來時，尊者輕拍著牠們，哄騙著牠們進入鳥籠時，說道：「請進去，籠子裡是安全的。」稍後，尊者說道：「《薄伽梵往世書》有一章，述及國王耶篤的談話，說到鴿子是在上師的位階。

22 《往世書》記載，上主克里虛那是毗濕奴的第八個化身，為世天（Vasudeva，蘇婆提婆）及提婆吉（Devaki）所生，後來世天把他帶到雷普爾（Repalle），由難陀·馬哈拉吉（Nanda Mharaj）與耶輸達（Yashoda）夫婦收養照顧。作者在此隱喻拉克西米在拉瑪那道場，被拉瑪那尊者飼養照料。

23 瑪陀婆（Madhava）是克里虛那的本名。

我記得在很久以前，讀過這則故事。」

鴿子還在他腿上的時候，有位師兄上前，問道：「發生什麼事？」尊者心無留戀，但又有擔當地說道：「誰知道呢？牠們來了，就執意要待在這裡。牠們說就只是待在這裡而已，但已經有鳥族在我這裡了，好像現有的還不夠。」

親愛的哥哥，看到這些奇怪的事情，真是十分有趣。傳說古時有位帝王婆羅多捨棄王位，前去苦行，但在命終之時，他一直念念不忘自己的寵物，那頭心愛的麋鹿，於是他的下一世，便成為一隻麋鹿。《吠檀多經書》、《巴羅塔往世書》、《薄伽梵往世書》等，都有類似的故事記載。很久以前，尊者曾經告誡我們：「任何生物來我這裡，都是在消除業障，所以不要阻止牠們。」我看著那些鴿子，我不禁想到，牠們可能是大聖者，在苦行禪定時出了錯，否則牠們怎麼會來到尊者的腿上呢？普通人不可能有如此殊勝的際遇。《薄伽梵往世書》第五篇，有則頌文說，出生在婆羅多國的人，是有福的。因為訶利24以轉世化身到此很多次了，藉著祂的教示、協助、指引，賜福他們。上面敘述的事件，就是在說明這個，不是嗎？你說呢？

一九四六年一月十八日

二五　幼豹

約在一年前，有人養了兩隻幼豹，帶到尊者面前。在廳堂裡，大家輕撫著並餵以牛乳，幼豹不僅自由走動，還受到尊者的歡迎，跑上長椅，呼呼大睡。

道場一位師兄，拍攝了一張少見的團體照。從下午一時至三時，尊者蜷曲在長椅的一端，讓給幼豹足夠的空間。幼豹醒來後，仍在長椅上坐到下午四時，然後在廳堂裡自由走動。尊者照例上山走路之前，有人又拍了幼豹在長椅上以及在長椅邊桌子上的照片。後來這些照片都刊登在《星期日時報》。

令人驚奇的是，幼豹開開心心躺在長椅上，尊者觸摸著，幼豹便進入沉睡，然後松鼠來了，嚙食核果，麻雀也來了，啄食碎米粒，一如往常。往昔，各種動物與鳥兒混處，彼此毫無敵意，大家都覺得這是個仙人的道場。《往世書》裡也有類似的故事，但我們是親眼所見。昨天我向尊者唸這一段鴿子及禮拜牛隻的記事時，尊者說道：「以前時常有類似的事情，但當時又有誰去記錄呢？」

本書泰盧固文版發行後，便朗讀給尊者聽。有個師兄聽到上述故事，對尊者說：「您在帕加阿曼神廟（Pachiamman Koil）時，有隻老虎走過來，有些人害怕便跑走了。這是事實嗎？」尊者說：「是的，是的！我在那裡的時候，倫加史瓦米．艾晏伽（Rangaswami Iyengar）通常是到處走動的。有一天，他感覺外面有異樣，便出去察看，發現矮樹叢裡有隻老虎。他用叫聲要驅趕牠，老虎則回以輕微的吼聲。他聞聲後，恐懼而顫抖，不由自主地起身，拔腿就跑，上氣不接下氣地朝我奔來，還高聲喊叫：『喔，尊者！拉瑪那！拉瑪那！』我剛好出去要做點事，就碰到了他。我問他為何這麼害怕，他哀求地說：『哎呀！老虎，老虎！師父，來，我們要進去廟裡，把門關好，否則牠要來了。您怎麼不來呢？』我笑著說：『我們等一等，再看看。老虎在哪裡？沒有看到啊。』他指著矮樹叢，說道：『就在那堆矮樹叢裡。』我說道：『你在這裡等著，我過去看看。』當我走到那裡時，那裡並沒有老虎。他一直很害怕，我很確定地向他說，那隻動物不會傷

24 訶利（Hari），毗濕奴的別名。

人，無須害怕，但他不肯相信我。另外某日，當我坐在神廟對面水池邊，有隻老虎走過來喝水，毫無畏怯，牠吼了幾聲，看看我，就走了。但艾晏伽看到了這情景，卻躲在廟裡，他很害怕，以為我會受傷。老虎走了後，我進去廟裡，和緩他的恐懼，便說道：『看吧！這隻動物很溫馴，若我們去嚇牠，牠就會攻擊我們，若不嚇牠，牠就不會。』於是，我消除了他的恐懼。之後，我們也沒在那裡久留。」尊者這樣說著。

一九四六年一月二十日

二六　沒有診治的醫療

醫師向尊者的隨侍建議，要給尊者吃富含維他命的食物，俾緩解尊者腿部的疼痛，並且用某種特別的藥膏按摩。隨侍們便追照醫囑，全力服侍尊者。尊者以前會幽默地說：「若有客人來你家，而你不理他，他就會早早離去，若你禮遇他，殷勤款待，他就賴著不走。疾病也是這樣，像現在這樣的態度對待它，它為什麼要走呢？若你不在意，它就會自動消失。」

不久前，有位年輕人，在距離道場約一哩處的山路上，設了個道壇，宣稱能用香灰治病，人們聞訊，為之瘋狂，對吧？患病的人鬼迷心竅，成群結隊去看這位香灰師父，這條路也是他們以前來道場時走的路。我們這個道場有什麼？沒有什麼香灰！沒有什麼魔法鍊墜。他們以前來觀視，然後就走了。在這個時候，若剛好碰到隨侍用藥膏在按摩尊者的腿，尊者就用輕鬆的口吻說：「好極了，這也是個好辦法。大家看到我這樣，就會說：『這位師父會腿痛，還要別人來按摩，他能幫我們什麼？』於是就會遠離我，這樣也好。」

四天前，尊者叫全部的醫師都來他這裡，給他們看報紙的一則新聞，故事是有人因為吃太多的維他命、注射太多的維他命致死。隔天，這則新聞又刊登在另一家的報紙。尊者又給醫師們看這則報導，他好像小孩一樣，這樣說道：「這兩年來，你們要我吃很多維他命，說對我身體有益，這樣還不夠，還要給我打針，看吧，新聞報導的這個人最後怎麼了！」據說，一位偉大的瑜伽行者，在安享幸福時，都像孩童或是瘋子：他洞曉一切，但表現得好像一無所知。若他想要，難道不能治癒所有的疾病嗎？他難道不能治療自己嗎？他把這件事讓給別人，那是因為他從來沒有把這個身體看成是他自己的。

兩三年前，尊者患黃疸病，沒有食慾，只覺得噁心。約有一週或十天，他都吃爆米花之類似的東西。因為耶夏摩與穆達利爾．佩蒂曾立誓，若尊者不吃她們煮的米粥，她們也就不進食，尊者因此把她們帶來的米粥，混著爆米花，囫圇吞棗下去，俾使他們沒有違犯誓言。無論狀況如何，尊者都很照顧師兄姐的感受，無比的寬宏與體貼。他不許別人暗自傷心或難受。

好幾位醫師給尊者開藥治療黃疸病。尊者為了滿足他們，便服用藥劑；為了滿足這些女士，他也吃了她們帶來的食物。吃藥的好處與進食壞處，相互打平，幾個月過後，黃疸症依然。也請了一位馬德拉斯的名醫出診，也是無效。大家來來去去，所有的療法都沒用，尊者隨即用乾薑、吐根酊糖漿及一些阿育吠陀的草藥治療自己，就這樣痊癒了！就讓大家來冒昧請問尊者，這病是怎麼治好的吧！

二七　虔愛的滋味

一九四六年一月二十一日

我昨天寫信給你，提到爆米花混著米粥來吃，我不禁想到另一個故事。耶夏摩煮的東西實在不好吃，蔬菜和調味料的比例都抓得不好，不過對尊者來講，她的虔愛遠勝過菜餚的口味，所以也從來沒抱怨過什麼。不過有人對她的烹飪不敢領教，尊者清晨在廚房幫忙切菜時，便隨口暗示她煮的菜難吃。尊者聽完抱怨後，說道：「我並不覺得。若你們不喜歡，就不要吃，我覺得還不錯，所以我會繼續吃。」

之前有一次，約一週或十天之久，可能因為她不在家或身體微恙，所以她請人代替她送食物來道場。有一天，煮菜的人忘了把她送來的食物端給尊者，端出來的只有道場廚房烹煮的食物。尊者通常會示意大家先開動，自己才吃，那一天，他只是默默地坐著，左手托著下巴，右手垂放在葉盤上。坐在尊者對面的人，面面相覷，連廚房裡的人也開始竊竊私語，不知道是怎麼一回事。突然，他們想起來，耶夏摩送來的食物還沒端出來啊。食物送上來後，他們才說道：「喔，我們忘了。」尊者這才示意大家開動，而他也開始用餐。通常，對尊者來講，有錢人供養精緻調味的甜食及布丁，都沒有師兄姐供養的土花生好吃，這正如上主克里虛那吃著庫切拉[25]拿給他的碎米飯，吃得津津有味。

二八　神性武器

一九四六年一月二十二日

昨天還是前天，一位男孩，年約十八歲，騎著腳踏車，從某地來到這裡。他在廳堂坐了十五分鐘，趨前向尊者問道：「超越唵之後，會融入於哪裡？」

尊者微笑地說：「喔，是這樣嗎？現在你是從哪裡來的？你要去哪裡呢？你要知道的是什麼？真實的你是誰？若你告訴我你是誰，那麼你可以問我關於唵的問題。」

男孩說：「我也不知道。」尊者說：「你確實知道你是存在的，你是如何存在的呢？在此之前，你是在哪裡呢？你的身體，究竟是什麼？首先找出來。若你都瞭解了，你還有疑問的話，就可以問題。為何我們要擔心唵融入在哪裡，若融入後而消失不見了，為何又要擔心再下來會有什麼呢？那你又是如何回來的呢？若你能先找出你的狀況與動靜，我們再考慮其餘的。」尊者說了這麼多，那個男孩，不知如何回應，於是向尊者鞠躬後，便離開了。對抗質問者，還有其他的神性武器嗎？一旦使用了那個武器，質問者就緘默下來。

你或許會問：「對於尊者說『找出你是誰』這個制式的回應，是誰把它稱之為神性武器呢？」兩三年前，一位自誇遍讀宗教群書的出家人，向尊者提出各式各樣的問題，尊者一再給予相同的答覆：「找出你是誰。」那位出家人頑固地問無謂的問題、堅持無謂的論點，尊者以堅定的口吻，問他：「你已經問了我這麼多的問題，也有這麼多的論點了，你怎麼不回答我的問題而加以論述呢？你是誰？先回答我這個問題，然後我會給你適當的回應。首先告訴我，那個在爭論的人是誰？」他無法回答，於是就離開了。

不久以後，我延伸這個觀念，寫了五則〈神聖武器〉（*Divya Asthram*）的頌文，呈閱給尊者，他說道：「很久以前，納耶那在這裡時，卡帕里（Kapali Sastri）也常在這裡。若他們要問我任何問題，都會雙掌合十，然

25 庫切拉（Kuchela），又名蘇達瑪（Sudama），是上主克里虛那的童年同伴。

後說：『師父，師父，若您要揮舞神性武器，我就來問一個問題。』在交談的過程中，若『你是誰』這句話從我口中溜出來，他就會說：『您揮動了您的神性武器，我又能再說什麼呢？』他們把那句話，叫做神性武器，而您稱之為神聖武器。」此後，我也開始用「神性武器」這個詞。說實在的，在那個終極的武器之前，誰不為之謙抑呢？

一九四六年一月二十三日

二九　那是遊戲，這是頌文

早先時候，尊者為了要回應幾位師兄姐的問題，想起《天鵝之歌》（*Hamsa Gita*）裡一則敘述仙人之屬性的偈頌，尊者一時起了詩興，用坦米爾文寫下了這則詩頌。當時，剛好在場的巴拉羅姆．雷迪說道：「也用泰盧固文寫，如何？」尊者就用阿塔維拉迪詩體（Aataveladi），把頌句譯成泰盧固文，但不知是否正確表達了原文的意旨。我低聲建議，可以用另一種詩體提塔之歌（Theta Gita）會比較好。尊者說：「對，可以這樣修改。那是阿塔（Aata），這是提塔（Theta）。」這個說法，卻引起了我的興趣。

下午二時三十分，我再去那裡，尊者已經用提塔之歌體寫好了頌文，拿給我看，並且說道：「看看通順嗎？」雖然頌文並不流暢，但我很高興尊者已經寫了，所以不加深究，我就說道：「不管尊者怎麼寫，對我來講都很好。」「若是像我這樣不夠格的人來寫，有人看了滿意，就可以了。」尊者這麼一說，旁邊的人都笑了，他說他不學無術，所有作家都是大學者！這些話，除了略微批評我們一些以博學自豪的人之外，還有別的嗎？

此事還沒結束，尊者說頌文某處意思不夠完整，某處文法尚有缺失，於是就和巴拉羅姆・雷迪討論了一整天。我昨天上午去道場誦經時，他遞給我一張紙，上面已整齊謄寫了頌文。

我把稿子帶回家看，對於其中某個用字起了質疑，我還起了欲望，把頌文抄錄在道場的筆記簿本上，然後我保存原稿。於是，我用剪刀，把文稿修剪整齊，放入袋子，在上午八時前去道場。

我向尊者跪拜致敬時，尊者就提到我對頌文中所質疑的那個字。他說：「我必須更正，把文稿還給我。若是有人來要，難道我不拿給他嗎？」是的，他能預知我的念頭，我十分驚奇。

以前也發生了許多類似的事例。尊者像個小學生，堅持要我歸還他的文稿。我對自己想修改的欲望感到慚愧，也怕被斥責，但對他揶揄的話語，又覺得好玩；這些情愫，一齊湧現。

我說：「我帶來了，在這裡。」然後交還給他。他接過去，小心翼翼地放置一邊，好像是一件寶藏。昨天整天，他一直在說文法不對。他問我的看法時，我說：「神的聲音有需要合乎文法嗎？」

尊者笑著說：「好吧。」最後，尊者用提塔之歌的詩體寫好文稿，交給我去抄寫，並要我清楚知道，我必須把原稿交還給他。像這樣一樁小事，他跟我們玩了三天，終於用提塔之歌的詩體，寫好了頌文。

「那是阿塔（遊戲），這是提塔（頌文）。」這可能就是他話語的意思。

三〇 憤怒

一九四六年一月二十六日

昨天有一位安得拉邦來的年輕人，他是第一次來道場，他告訴尊者自己的情緒起伏無常，尊者說：「這都是頭腦所致，把它安頓好就是。」這位可憐的男孩說道：「沒錯，師父，但不管我怎麼努力不生氣，但情緒還是一直來。我該怎麼辦呢？」

尊者說：「喔，是這樣嗎？去對那股怒氣生氣，這樣就好了。」廳堂裡的人都笑了出來。一個人如果對世界上的每件事都氣呼呼的，若能自我反省，自問為何沒有對自己的怒氣沖沖而感到憤怒，那他不就能克服所有的憤怒嗎？

兩三年前，有一位師兄趨前向尊者說有人辱罵他，講了五六遍。尊者聽完後，不發一語，無論這位師兄如何以一再訴苦，尊者始終沒有回應，師兄按奈不住，說道：「我受到這樣莫須有的辱罵，十分憤怒，但我無論怎麼遏制，都沒有用。我該怎麼做？」

尊者笑著說：「你該做什麼呢？你也加入他，辱罵你自己。」眾人聽了都笑了。

那位師兄聽不懂其中的深意，說道：「很好，那我該辱罵我自己嗎？」

尊者說：「是啊！他們辱罵的，是你的身體，對嗎？這個身體是我們最大的敵人，裡面住了憤怒及類似的情緒，我們自己應該要對此深惡痛絕。若有人趁我們沒有戒心時來辱罵我們，我們要當作是別人在提醒我們，至少要有這種認知，跟他們一起辱罵這個身體，瞧不起身體。一味的抵制辱罵，有何用呢？那些辱罵我的人，我們應視之為朋友而加以尊敬。有這種朋友是好的。若你朋友只會讚美你，那是你被蒙蔽了。」

一九二四年六月，小偷闖入道場，不僅毆打師兄們，而且擊傷尊者的大腿。事後，他們談到被毆打的情形時，師兄說：「那些壞蛋，他們連尊者也打。」據聞，尊者是這樣說的：「喔，你們都用鮮花來禮敬我，他們是用木棒來禮敬我，那也是禮敬的一種形式。若我接受你們的，那我為何不能也接受他們的呢？」尊者所教導的，是實務的解說，這不就是最好的例子嗎？

一九四六年一月二十七日

三一 裝飾母神安巴

去年九夜節（Navaratri）的第一天，你看到母親神廟[26]神壇的裝飾，在這九天的節慶裡，每天都有不同的裝飾；其中一天的裝飾，是根據《往世書》的記載母神安巴[27]無法忍受跟濕婆離別而外出苦行的故事。道場把安巴的神像裝飾好後，放置在一棵樹的樹蔭下。那一天的晚齋過後，尊者被引領到那個地方，大家請他看裝飾好的神像。

隔天上午，尊者談到母親神廟及神壇的裝飾時，說道：「昨天裝飾的儀式，是在彰顯安巴修持苦行，因為無法忍受離別，她就外出，在這裡苦行。書上描述帕爾瓦蒂（安巴的另名）優雅地坐在一棵樹下苦行，身穿絲綢的沙麗，戴著珠寶及花環。苦行代表在禪定中修煉否定自身及肉體克制，對嗎？據說，安巴為了好

26 瑪絲露布德伊濕瓦若神廟（Shrine of Mathrubhuteswara），或譯母親神廟，是紀念尊者母親而建的神廟。Mathrubhuteswara意思是神化身為母親的形象。

27 安巴（Amba），印度教信徒稱呼為雪山女神蒂爾瓦蒂（Parvati），濕婆的妻子，被供奉為母親女神。閱施勒伯格（Eckard Schleberger）著，范晶晶譯，《印度諸神的世界》（上海：中西書局，2018），90頁。

玩，用手遮住濕婆的雙眼，因此而來贖罪。至上伊濕瓦若（即濕婆）要她去懺悔，她遂離開了丈夫，到一處僻靜的地方苦行，在自我克制中，忘卻她的身體，在苦行中，身體逐漸虛弱。看裝飾安巴的方式，就是在表達這個故事。她的穿著就像一位王后，戴著鑽石、翡翠、黃金做的飾品，身披絲綢沙麗和花環！」

一九四六年一月三十日

三二　阿維雅的歌

一連四天，尊者看完了這幾天印刷廠送來的《神的遊戲》28一書。尊者看到一則阿維雅29詩歌的譯文，說譯文並不正確。譯文是這樣：

「喔，胃啊，一天不給食物，你就不工作了。若一次給你兩天的食物，你也不嫌太多。因為你的緣故，你不知道我有多麼困擾。喔，令人討厭的胃！跟你在一起，那是不可能的。」

尊者說那則譯文並不正確，應該是這樣：

「你甚至一天也不停止進食。為什麼你不兩天進食一次呢？你連一天都不瞭解我的困難。所以，生命個體才會說：『喔，胃啊！跟你在一起，真的很難！』」

像我們這種人，都害怕死亡。為什麼？因為「我們是身體」的概念，尚未了斷。對於了知真我背後真諦的人，身體本身就是負擔。只要我還與身體連結，就不免要吃飯、睡覺。這對安享幸福的人來說，也是一種困擾，正如在盛夏時身上還要穿衣服一樣累贅。在這種情況下，使勁服侍這樣的人，可能就像要他煩惱身上的衣服讓他汗流浹背，你還要他穿上盛裝一樣。那個生命個體在說，跟胃在一起，是件困難的事。但尊者不這麼說，他賦予頌文不同的意義。根據他的說法，那是胃在告訴生命個體，跟你在一起，是件困難的事！看這其中蘊含的美：「喔，生命個體，你甚至片刻都不給我這個胃休息。你不瞭解我的苦惱。跟你生活在一起，是不可能的。」那是意謂生命個體片刻都不會停止呼吸，所以那個胃就說，跟你生活在一起，實在有夠困難！

我在尊者面前誦讀這封信時，一位坦米爾師兄聽完這則頌文的來龍去脈之後，說道：「阿維雅的詩歌，無人不知，但尊者的詮釋，賦予新意，沒有人能夠這麼關切胃的感受，不知道尊者是在什麼脈絡下寫出來的？」尊者微笑地說：「在制檀邏月[30]裡一個滿月的日子，我們吃完了豐盛的佳餚及甜點後，坐在一起。因為當天比較晚開始用餐，所以我們吃完就有點累了。蘇瑪桑德拉史瓦米（Somasundaraswami）唱起阿維雅寫的文巴韻詩[31]，他躺在廳堂裡，滾來滾去，拍撫著他的肚子，我因為好玩，寫了這則文巴韻詩來吟唱。剛才所誦讀的，就是那兩則詩歌的涵義。」

28 *Sri Ramana Leela*一書，是泰盧固文版的拉瑪那傳記，中譯文版書名《神的遊戲》，2018年，紅桌文化出版。

29 阿維雅（Avvaiyar），字義是受尊敬的女士，在坦米爾文的聖典，係指卓越的女詩聖之尊稱總名，被稱為阿維雅的女詩聖，計有三位。

30 制檀邏月（the month of Chitra），是印度年曆及坦米爾年曆全年的第一個月分。

31 文巴體韻詩（Venba），印度坦米爾古詩中一種特殊格律形式的韻詩。

三三　天界的道路——高階的世界

一九四六年一月三十一日

今天上午，尊者看完報紙刊載的一篇文章，敘述太陽與高階世界以外的道路，說道：「他們寫了許多有關太陽與其他行星以外的道路，以及在其之上的極樂世界。其實，所有的這些世界，都跟這個世界一樣，並無特別神奇之處。在這裡，有一首歌曲，從收音機播放出來，上次是馬杜賴的電台，現在是蒂魯吉拉帕利（Tiruchirapalli）電台，若再轉一下，又有邁索爾（Mysore）電台的音樂。這些地方，頃刻之間，都出現在蒂魯瓦納瑪萊（拉瑪那道場所在的城鎮）。這樣的方式，跟其他的世界是一樣的。你只要把心思轉向它們那裡，你就可以在瞬間看到它們。但這又有什麼用呢？你只是從一地到另一地，然後又累又煩，哪裡還有平靜呢？若想要平靜，就必須認識永恆的真理。若不認識，頭腦便不會融入到平靜之中。」

不久以前，有人向尊者問到類似的問題，「大家談到的瓦崑特、凱拉斯[32]、因陀羅界、旃陀羅界等，它們是真實存在嗎？」尊者答道：「當然，你可以確信它們全部都存在。也有個師父，像我這樣，坐在長椅上，弟子圍繞著他；弟子問，師父答。事情大致就像這樣。那又是什麼呢？若有人看到旃陀羅界，他又要看因陀羅界，看到因陀羅界之後，又要看瓦崑特，瓦崑特之後，又要看凱拉斯等。他的頭腦四處遊蕩，哪裡還有平靜可言呢？若要追求平靜，唯一確保的正確方法，就是行探究真我（Self-enquiry）。須先探究真我，則了悟真我，殆屬可能。若了悟到真我，人就能在真我中，看到這些世界。萬物的源頭，是其自己的真我。若能了悟到真我，就會發現萬物無異於那個真我，然後，這些問題，頭腦就不會生起。或許有個瓦崑特或凱拉斯，或許沒有，但事實是你在這裡，不是嗎？你是怎麼在這裡的？你是在哪裡呢？先洞曉這些事情，再去思考其他那些世界。」

三四　書本

一九四六年二月一日

一九四四年，某日上午，有位師兄趨前向尊者，以哀求的語氣，說道：「尊者，我想看書，從中找到一條獲得解脫的道路，但我不識字。我該怎麼做？要怎麼了知道解脫呢？」尊者說：「你不識字又有什麼關係呢？若你能認識你的真我，那就夠了。」他又說：「這裡的人都在讀書，但我沒有辦法這樣，我該怎麼辦呢？」他說道。

尊者把手伸向那位師兄，說道：「你認為書本是在教什麼呢？你看你自己，然後再看我，這就好像要你看鏡中的自己。鏡子所顯示的，只是表面上的。若你把臉洗乾淨，然後再照鏡子，鏡中的臉就是乾淨的；如果沒洗乾淨，鏡子會說這裡還有點髒，回去洗乾淨後再來。書本也是在做同樣的事。若你了悟真我以後，再來讀書，那麼書上的所有東西，都很容易瞭解；若還沒了悟就在讀書，你就會看到書上有許多缺失。有句話說：『先端正你自己，然後再看我。』就是這個意思。首先要看你的真我，你何必去擔心沒學到書本上的東西呢？」

那位師兄聽了很滿意，打起精神後離去。

另一位師兄鼓起勇氣，根據剛才談話的主題，問了同樣的事情，說道：「尊者，您給他的解釋很特別。」尊者答道：「那有什麼特別的？全都是真的。我年輕的時候，哪裡讀了什麼書呢？我從別人那邊學到了什麼？我當時總是入定在三摩地裡。不久後，巴拉尼史瓦米（Palaniswami）經常從各方人士那邊帶來一些書

32 瓦崑特（Vaikunta），傳說是毗濕奴神的駐處；凱拉斯（Kailasa），相傳是濕婆神的駐處。

籍，裡面有吠壇多的作品，他不時拿來閱讀。他對內容常有誤解。他年事已高，沒讀過很多書，但他很想讀這些經典，硬是秉持著宗教的信念來看書。因為他是這樣，我反而顯得一派輕鬆。我拿起書本來看，告訴他書上的內容時，我發現書上所寫的東西，我自己已經體驗過了。我很驚訝，暗忖道：『這究竟是怎麼回事？我的經驗被寫在書上了。』每一本都是。因為書上所寫的東西，我都已經身歷其境了，所以能夠馬上瞭解書上的文字。他二十天才能讀完的書，我兩天就看完了。他會把書歸還，又借了別的書回來。這就是我會知道書本內容的原因。」

其中有一位師兄說道：「西瓦普雷克薩姆·皮萊（Sivaprakasam Pillai）在寫尊者的傳記時，開頭提到尊者時就說：『一位天生的悟者，不知至上絕對的名字。』或許就是這個用意。」尊者說道：「是的，是的，一點也不錯。這就是說為什麼在看書前，人應該先認識自己。認識自己以後，書本上所寫的東西，不過是自己真實體驗的縮影而已。如果不認識真我，只是看書，他就會發現自己有很多不足。」這位師兄說道：「大家怎麼可能像尊者一樣？看書至少還能矯治自己的過錯啊。」尊者說：「這樣說也沒錯，我並不是說看書一無益處。我只是在說，文盲沒有必要以為不識字就無法解脫，因而沮喪。看看他向我提問的時候，是多麼氣餒。如果不把事實解釋清楚，他會一直消沉下去的。」

三五　疾病

一九四六年二月二日

兩年前，我們的大哥來道場的時候，退休法官曼恩·范克達拉曼雅先生（Mr. Manne Venkataramayya）也在這裡。法官好像不久前生病，但尚未完全康復。尊者從一大早到晚間八時三十分，都在聽他敘述病情，尊者聽完後說道：「是的，真是的！這個身體本身，就是個疾病。如果身體患病，那是意味著病上加病。若真的不要新病來煩你，你必須先對原初的疾病，對症下藥，這樣一來，後來生的病（就是原本的病所生的那個病）才不會影響你。若不先治好一開始的病，而去煩惱次要的病，那有什麼用呢？因此，且讓這個新的疾病隨它去吧，先找到對治原初疾病的藥方才是。」

最近發生了一件事情，剛好呼應上面這個故事。維斯瓦納特·婆羅門佳里應師兄姐的要求，在大家的鼓勵下，把梵文的《三叉戟古榮光》（*Trisulapura Mahatmyam*）譯成坦米爾文。他完成翻譯時，尊者剛好身體微恙，他擔心尊者為了要校訂全書會太勉強身體，所以沒有交給尊者，並且準備好付印了。尊者的身體尚未完全康復，有一天看到維斯瓦納特，便問道：「你那本《三叉戟》翻譯到哪裡了？」他無意對尊者說謊，就說已翻譯好了。尊者問道：「那為什麼不拿來給我看呢？」維斯瓦納特答道，因為尊者身體違和，所以沒有拿來。尊者說：「喔，我知道了！我的身體若生病，與我又有何干呢？讓身體自行承受那個麻煩吧。我一點也不擔心，我是自由的。把稿子拿過來，我會整個讀過一遍。如果這個身體需要照料，這些人都會來服侍這個身體。把稿子拿過來吧。」維斯瓦納特別無選擇，只好把稿子拿過來，交給尊者。尊者挑燈夜讀，馬上讀完了。他的身體生病了，但無礙於他的工作。

三六　僅著纏腰布者，有福了

一九四六年二月五日

對了，印刷廠送來的《神的遊戲》一書，尊者斷斷續續把它看完了。昨天，倫加史瓦米詢及書上的事情，他問道：「請問毛巾的故事，有寫在書裡嗎？」因為書裡沒有記載，尊者就告訴我們詳情如下：

「約在四十年前，可能是在一九〇六年，我在帕加阿曼神廟時，身上僅帶一條馬拉雅的毛巾，那是某個人給我的；因為毛巾的材質很薄，兩個月內就磨破了，而且好幾個地方都裂開了。當時巴拉尼史瓦米不在，所以我必須負責炊煮及室內雜務。因為我不時用毛巾擦乾手腳，於是毛巾就有各種的顏色。如果我把毛巾披在身上，毛巾的樣子就一目瞭然，所以我習慣把它揉成一團，放在隨手可拿的地方。這樣又有什麼關係呢？毛巾能派上用場，這就夠了。沐浴完後，我會用毛巾擦乾身體，然後放著晾乾。我總是小心翼翼地把毛巾收好，不讓別人知道這條毛巾的樣子。

「有一天，有個頑皮的小孩，看到我在晾乾毛巾，便說道：『師父，師父，總督說要這條毛巾，他要我來向你拿，請把毛巾給我。』說著說著，他還很頑皮地伸手來拿，我說：『噢，小傢伙，這條毛巾！不可以，我不能給你，走開！』

「只是毛巾磨損得越來越嚴重，可謂千瘡百孔。我不再隨身帶著，以免被謝夏．艾耶（Sesha Iyer）及其他人看到。我通常在沐浴後，晾乾毛巾，然後藏在神廟院內的一棵樹幹的凹洞裡。有一天，我外出，謝夏．艾耶及其他人剛好在找東西，無意間在樹洞內發現那條毛巾，他們看到那條毛巾的樣子，覺得他們疏忽而自責。我回來後，他們向我致上深深的歉意。我問道：『這是怎麼回事？』『這條千瘡百孔的毛巾，是您每天洗澡擦身體用的嗎？我們還說自己虔誠，實在很羞愧！我們連這種事都沒發現。』他們這樣說，還帶來好多捆毛巾。

「這件事之前，還發生了一些事情。我的纏腰布破了。我通常不會向人要求東西，但個人身體的私密處，總是要遮好。哪裡我可以拿到針線來縫補這條纏腰布呢？最後，我拿了一根植物的刺針，上面鑽了個孔，取出纏腰布的絲線，穿進針孔，這樣來縫補，就把破洞縫合起來。我穿上它之前，總是先把它摺好。就像這樣，時間就這樣過去了，我們還需要什麼呢？當時那段日子，就是這樣！」尊者說道。

他很自在地告訴我們這件事，但我們聽了之後，心裡都很不捨。據說，穆魯葛納[33]耳聞這件事後，寫了一則詩頌，頌文的大意是：

「喔，維克達・拉瑪那，穿了一件用刺針縫補的纏腰布。因陀羅神，以千個眼孔的毛巾來服侍他。」

一九四六年二月二十日

三七　在身體上解脫

約在一週前，道場有位新來的訪客，向尊者問：「這個身體還在的時候，可能解脫嗎？」尊者說：「什麼是解脫呢？是誰解脫了呢？除非有困縛，否則怎麼解脫？是誰被困縛了呢？」提問者說：「是我。」尊者說：「你究竟是誰？你是怎麼有困縛的？為什麼呢？你要先知道這個，然後我們再來思考到從身體上解脫的

33 穆魯葛納（Muruganar），是拉瑪那晚期，在道場極受推崇的信徒。撰有《上師語粹》（*Guru Vachaka Kovai*），是有關拉瑪那教誨的權威鉅著。

事。」他無法回答這些問題，只好緘默下來，一會兒就離開了。

他走了以後，尊者慈悲著注視在場的我們，說道：「很多人都在問同一個問題。他們要在這個身體上獲得解脫，還成立了社團。不僅在當今，甚至在古時候，有很多人教導自己的弟子，也編寫一些書籍，談到了回春及類似議題，說能使這個身體刀槍不入，長生不老。他們高談闊論之餘，還做了許多事，也寫了長篇大論，但時間一到，還是死了。這位教導長生不老的上師死了，他的弟子該怎麼辦？眼見如此，但不知道接下來會發生什麼事情。只有探究真我，人才能了知他不是這個身體，因為無欲無求，所以不執著，這樣才能獲得平靜。解脫終究是獲得極致的平靜。因此，一旦把身體視為真實的我，勢必無法平靜；努力使這個身體長生不老的，不會減少困縛，只是徒增束縛。一切皆是虛妄。」

一九四六年二月二十一日

三八　永生者

某日，耶達瓦里·羅摩·夏斯特里（Yadavalli Rama Sastri）來這裡，向尊者問道：「師父，大家都說真我燦爛如千陽，這是真的嗎？」尊者說道：「當然是真的！但真我就算燦爛如千陽，又是如何得知的呢？我們甚至對一個可見的太陽，都無法用肉眼直視，我們又如何去看那一千個太陽呢？那是迥然不同的眼睛，用迥然不同型態的視野在看。等你能用那種眼睛來看，要叫它做什麼，隨你喜歡，千個太陽、千個月亮，你喜歡的名號都行。」

不久之前，有人也問了類似的問題：「據說馬嘶[34]、維毗沙那[35]等人，都是永生者，他們現在仍住在某處。那是真的嗎？」尊者說：「是的，那是真的。你對永生者的觀念是什麼？那些知道永不毀壞之境的人，對他們而言，哪裡還有出生或死亡呢？他們無時無地，都以永生者而駐之。當我們說一個人是永生的，並不是指五大元素組構的身體。梵天紀來了又去，像玩具娃娃的屋子一樣不能長久，這有可能是指會老化腐朽的身體嗎？」

三九　烏瑪

一九四六年二月二十六日

我在提筆寫信前，某個上午，有位師兄談到往世書，他問尊者，帕爾瓦蒂是怎麼得到「烏瑪」這個名稱的。尊者看著我，說道：「圖書室裡，有一本泰盧固文版的《阿魯那佳拉往世書》，這本書還在那裡嗎？」「是的，在圖書室裡，要我去把它拿過來嗎？」我問道。尊者說：「對，對！」我於是立刻到圖書室把書拿來給尊者。

尊者打開書本，說道：「故事在這裡，薩蒂女神是濕婆的妻子、雅利安創造神達剎的女兒，在達剎主持

34 馬嘶（Aswathama），是印度史詩《摩訶婆羅多》中的人物，濕婆的化身，在俱盧戰役中，是俱盧族的勇士。

35 維毗沙多（Vibheeshana），是印度史詩《羅摩衍那》中魔王羅波那的兄弟，協助羅摩及神猴哈奴曼打敗魔王羅波那。

祭祀時，因故受到羞辱而自盡身亡，其後轉世為喜馬拉雅山神及天女美納卡的女兒[36]。她一心要上主濕婆作她的丈夫，為達此目的，她前去苦行。母親美納卡想要阻止她去苦行，便說：『烏（不），瑪（莫作）。』〔噢（孩子呀），不要（苦行）！〕[37]這就是她得到烏瑪名稱的由來。」尊者看完書後，把書交給我。我在翻閱書本時，尊者靜靜地笑著，我不明白原因。過一會兒，尊者告訴我們如下：

「看呀！另有一則故事談到她。縱然美納卡盡其全力勸退帕爾瓦蒂，但她依然前去苦行。喜馬拉雅山神知道勸阻無效，便將她帶到一座僻靜的草寮，那裡是濕婆化身為達克希那穆提的駐在處。喜馬拉雅山神對濕婆說：『我的小孩想要修持苦行，請您多加照顧。』濕婆一看到帕爾瓦蒂，就說道：『這麼小的年紀就要修持苦行嗎？為什麼不跟父親回家呢？』帕爾瓦蒂說：『不，我不回去。』至上伊濕瓦若（亦即濕婆）想要婉轉地說服她打消念頭，便說道：『我已克服了本性，所以能專注在苦行上。待在這裡，會受本性的猖狂肆虐，所以妳還是回去吧。』於是她說道：『喔，上主！您說您已克服了您的本性，但是跟本性沒有關聯的話，又如何苦行呢？您不是也說了嗎，沒有本性，怎麼苦行呢？若不充分瞭解本性，本性還是會佔據思維，縈懷不去。撇除我反駁您的話，若您真的不受本性影響，那麼您為什麼害怕我待在這裡呢？』濕婆聽了這些話，心悅誠服，便說道：『妳真能看透人心，還很會說話，那就留下來吧！』於是送喜馬拉雅山神回家。這則故事，在這本書裡，寫得很詳細。」

我說道：「達莎雅妮（薩蒂的另名）的故事，《薄伽梵往世書》裡也有記載，但書上沒有這段對話。那個故事本身，十分有趣。」尊者笑著說：「對啊，對啊，我在某個地方讀到另一則故事，說欲神（Kama）被燒成灰燼之後，至上伊濕瓦若（濕婆）打扮成一位婆羅門祭司，跟帕爾瓦蒂做愛，並和她結婚。喜馬拉雅山神憂慮這位女婿的種姓階級身分。但他又能怎樣呢？不管他向誰問，他們都推說不知道，也沒有人來向他說個明白，所以他只好保持緘默。後來，帕爾瓦蒂為了好玩，矇住至上伊濕瓦若的眼睛，於是整個世界陷入混亂。後來，至上伊濕瓦若打開他的第三隻眼，才拯救了世界。然後，帕爾瓦蒂知道她犯錯了，便待在那裡，開始修持苦行。最後，她來到阿魯那佳拉這裡，得到阿魯那山神的恩准，獲得了濕婆之身的半體。喜馬拉雅山神知道了這件事，便說道：『喔，是啊！這個女婿，不屬於任何種姓階級，而是屬於我們的階層。』喜馬拉雅山神滿心歡喜，十分快活。這個阿魯那佳拉，是一座山，而喜馬拉雅山神，也是一座山。」

四〇　存在、意識、幸福

一九四六年四月十一日

昨天，約在上午十時至十一時之間，一位帕西族醫師帶來一封信，交給尊者。尊者請師兄讀出來，並且說道：「他在信上，已把問題和答案都寫好了，我還有什麼要說的呢？」因為信函是用英文寫的，我看不懂。讀信的師兄，看著尊者，問道：「信上寫著asthi、bhathi、priyam，那是什麼意思？」尊者說：「Asthi意謂真理，就是在（Is）。Bhathi意謂輝耀，而priyam意謂幸福。那就是存在、意識、幸福的實相（sat-chit-ananda swarupa）。用asthi（在）、bhathi（輝耀）、priyam（幸福）來說存在、意識、幸福。兩組的說法，意思相同。」尊者說道。

36　參考：施勒伯格著，范晶晶譯，前揭書，62，95頁。

37　參考：施勒伯格著，范晶晶譯，前揭書，91頁。

那位師兄問道；「既然真我是無名無相的，那應該要用『真知優越虔愛』（jnana atheetha bhakti）來冥想嗎？」尊者答道：「若說要這樣冥想，這不是意味著有二元嗎？亦即隱含有個冥想之人，以及他所冥想的對象。然而，真我無名無相，那又如何能在無名無相上冥想呢？『真知優越虔愛』意指人自己的真我，無名無相指是個觀照。那個『我』就是其人自己。那個『我』遍在一切，而只有一個『我』，那麼還有什麼要去冥想的呢？是誰在冥想呢？那是遍在一切的『我』，被稱之為在、輝耀、幸福，或存在、意識、幸福。名稱有很多，但那個只有一個。」

一九四六年四月十五日

四一　繞行的真諦

你知道嗎？今天真是美好的日子！尊者教導我們一些很偉大的事情。我平常的習慣是一到這裡，無論是上午或晚間，我先以環繞聖物行走[38]的方式，繞廳堂三圈，再入內向尊者鞠躬禮敬。

今天上午，我照例繞行時，某種塵世外的聲音發自尊者的口中，傳進我的耳朵，像是笛音。我正納悶著怎麼一回事，便抬頭看向窗內尊者的長椅。這時，晨間的陽光，灑落在尊者的身上，顯得格外燦爛。當時室利尼瓦沙·饒醫師用藥膏正在按摩尊者的腿。尊者的臉上，泛起一絲微笑，說：「喔！是娜葛瑪啊！我還以為是別人。」我覺得尊者有話要對我說，於是我一進入廳堂趕緊向尊者頂禮。尊者笑著說：「噢！妳看了別人後，也開始繞行了，是嗎？妳繞行幾遍呢？」尊者問我繞幾遍時，我略感驚訝，就說：「三遍。」「是這樣嗎？別人也會跟著妳做，這樣子會有個問題，因為我已經告訴他們不要繞行了，我現在也向妳說，妳看怎麼樣呢？」「我能說什麼呢？若您勸止我，我就不再這麼做了。」我這樣說著，便坐了下來。尊者看著我，說道：「看，這些人不斷地繞行，沒完沒了。昨天我才告訴他們不要繞了，他們說：『娜葛瑪也在繞行，難道不也要告訴她嗎？』要是有人看到妳繞行廳堂，而新來的人依樣畫葫蘆，那麼他們會像繞行廟宇一樣，在這裡繞行起來。所以，這就我找妳說話的原因。」然後，尊者告訴我們：

「繞行的意義何在？商羯羅[39]寫道：

真實的繞行，乃是觀千萬宇宙環繞著偉大的上主而旋轉，祂是萬物的不動中心。

「同樣的概念，在坦米爾文的《梨布之歌》（*Ribhu Gita*）裡也有詳細載述。」尊者說著，就拿起那本書，讀了起來，並告訴我們如下：

『喔，上主！我到世上各地，對祢繞行，而祢全然遍在各處，那我又如何能完成一圈的繞行呢？我應以不動的世界整體來禮拜祢，這才是對祢唯一的繞行。』頂禮（namaskar）也是這個意思。心思融於真我，乃是對神明的頂禮，而不僅僅是起立、坐下或走到那邊還是這邊的頂禮的舉動。」

室利尼瓦沙·饒醫師說：「您所說的繞行、頂禮等，或許是針對境界高的人，但像我們這些人，難道不

38 原註釋：繞行禮敬（pradakshina），從左向右環繞而行，其右邊始終是所繞行的某人或某物。

39 商羯羅（Sankara，788-820?），印度中世紀吠檀多哲學集大成者、著名的不二一元論哲理大師，是印度哲學思想界劃時代的人物。

需要向上師頂禮嗎？據說，不二一元論的態度是，不應該向上師行禮，雖然其論述是要向三界頂禮。」

尊者說：「是的，是這樣沒錯，不二一元論的態度，並非意謂不應頂禮或膜拜，只是不應過度為之。不二，應是一種心態，而不是用在外在的俗事上。你對萬物，都要一視同仁，但我們吃的東西，能跟狗吃的一樣嗎？一把稻穀可以給一隻鳥吃，但我們能吃嗎？我們吃的食物份量，對大象來講，那個份量夠嗎？所以，你應只在心態上抱持著不二，世上其他事情便應隨順。雖然，對悟者而言，並無苦樂，但是為利益眾生，他凡事皆為。他像是個為了薪水，而被人指令要自行搥胸哭號的人。就是這樣，他不受這個舉動所影響。」

有人問道：「為了錢而搥胸哭號，這是怎麼回事？」尊者答道：「古時候，有這個習俗。若家裡的長者過世了，但家裡無人為亡者哭號，怎麼辦呢？必須有人出來為亡者哭泣，於是就產生了這種職業滿足這種習俗。有一些為了錢而以哭號為職業的孝子孝女，他們哭得比亡者的親戚還淋漓盡致，例如在拜讚及各種的儀式中，他們搥胸而落淚，出於長期的練習，或把洋蔥汁滴入眼睛，而且能夠按照時程，完成儀式。悟者也是以同樣的態度，依照別人的願望而作為，他適時而為，因為他經驗豐富而熟稔，對於一切事物，並不陌生。有誰召喚他，他便前往。不論要他穿著什麼，他都穿。那全是為了利益眾生，他自己則一無所求。他的行動，符合別人對他的要求。因此，人必須充分瞭解到什麼對自己是真正的好，什麼是真正的壞。」

以前，每當尊者對身邊的信徒問道：「為何要這樣做？」或「為何不那樣做呢？」那時我總是很遺憾，自己沒有機會這樣被親切地問過。現在我不只釋懷，我還接受到一個教誨。尊者的聲音像是在對我說：「我圓滿而遍在，妳要怎麼對我繞行呢？難道妳就像到廟裡一樣，把我當成一塊石頭繞呀繞的嗎？」

四二　同體大悲

一九四六年四月二十日

今天上午，尊者即將要外出的時候，一些工人被派去往山上階梯旁的芒果樹下採芒果。他們用竹竿去打落芒果，而不是爬到樹上，把芒果一個一個摘下來。打落芒果時，芒果樹葉掉落滿地。當時尊者正坐在廳堂的長椅上，聽到他們打樹的聲音，便叫隨侍傳話叫他們住手。稍後他照例外出，看到地上成堆的芒果樹葉，不忍見狀，便用嚴厲的聲音對工人說：「好了，夠了！現在，走開！你們採水果，一定要打樹，讓樹葉掉滿地嗎？樹木給我們水果，我們用打它們來回敬嗎？誰叫你們做這工作的？這樣打樹，搞不好還要砍它的根。你們不用再採水果了。走開！」

尊者的聲音，雷霆萬鈞，讓人震耳欲聾，在場的人都嚇得發抖。他們放下手中高舉的竹竿，擺在地上。工人們雙手合十，呆若木雞，啞口無言。我目睹慈悲以憤怒之姿展現的這一幕，內心很震撼，雙眼熱淚隱隱。會這樣對樹葉的掉落如此感傷的人，豈能忍受人類心中的痛苦？尊者拉瑪那，真的是充滿著慈悲靈漿的大海。

尊者路過牛舍回到大廳時，師兄們剛好在把樹葉整理成堆，並向尊者懇求原諒。尊者進入大廳後，說道：「真殘忍呀！看，把樹打了多少遍了！樹葉堆成這麼高！噢！」

尊者住在維魯巴沙洞屋的時候，耶夏摩在家裡懸掛尊者的照片，以及謝夏德里・史瓦米（Seshadri Swami）的照片。她決定用無數嫩葉來供奉。她向尊者報告後，便著手進行。她收集了五萬片樹葉來供養，此時夏季也到了，她在山上到處尋找更多樹葉，再也收集不到了，而她也精疲力竭，便前去向尊者訴苦。尊者說：「若找不到葉子，何不捏妳自己的身體做供養呢？」她說道：「喔，這樣會很痛的！」尊者說道：「捏妳的身體，妳會痛，那麼去剪樹葉，樹木就不會痛嗎？」她聞後，臉色蒼白，問道：「師父，您怎不早先告訴我？」尊者答道：「若妳知道，捏妳的身體，妳會很痛，那麼妳強取它們的葉子，那些樹木難道不會也同樣很痛嗎？這還需要我告訴妳嗎？」

嫩葉不可以從樹上砍取，也記載在《向女神開示的超越之知》（*Jnanachara Vicharapadalam*）裡的〈女神卡蘿特拉讚詩〉（*Devikalottara Stotra*），其言如下：

> 樹根不可拔起，樹葉不可摘取，生物不可傷害，花卉不可採摘。

一九四六年四月二十三日

四三　那個「在」，僅是「一」

今天下午，一位穆斯林年輕人偕同兩三位朋友前來。從他坐下的方式，我感覺到他要問一些問題。一會兒後，他用坦米爾語，問道：「人如何認識阿拉？如何看到祂？」這是他提問的大意。尊者一如往常，說道：「找到那個提問者是誰，就能認識阿拉了。」

那位年輕人又說：「若我觀想這支手杖是阿拉，我就能看到阿拉嗎？我是怎麼去看阿拉的？」尊者說道：「真實、永不毀壞，就是阿拉。若你先在自己身上找到真理，阿拉的真理就會自行示現。」那些話就足以回答他了，於是他跟朋友離去。他們走了不久，尊者就跟身邊的人，說道：「看吧，他要看阿拉！那是能用肉眼去看的嗎？肉眼又怎能看得到呢？」

昨天，一位印度教徒來問尊者：「唵是伊濕瓦若[40]的名字嗎？」尊者說：「唵就是伊濕瓦若，而伊濕瓦若就是唵，這意謂唵本身，就是真我。有人說，真我本身，就是唵。有人說，那是至上大力。或說，它是伊濕瓦若。或說，它是耶穌。或說，它是阿拉。不管它是什麼名字，那個就在那裡，是唯一的。」

四五天前，一位住在道場的師兄，回想到尊者對某人提問的答語，便這樣問尊者：「您說過，幸福也會消融，若是這樣，則冥想、三摩地、心融於一（samadhanam）等，是為何義？」

尊者說道：「消融（laya）的意思是什麼？它不應該只停留在幸福的層次。必定是有個主體在體驗消融。難道你不應該去認識那個嗎？不認識的話，還算是冥想呢？若了解了在體驗的那個，那個便是真我。那個人成為他自身，也就成為冥想了。冥想意謂其人自身的真我，那就是三摩地，也就是心融於一。」

一九四六年四月二十七日

四四　黑牛

牛舍裡的黑牛生病了，牠被綁在鄰近幼牛草棚的一棵樹旁三天了。雖然牠已病了三天，尊者尚未過來看牠。昨天，牠已奄奄一息，從上午開始就這樣，直到下午五時才斷氣。尊者照例在下午四時四十五，來到牛舍的後方。

尊者回程時，轉身朝向那隻黑牛所在之處，駐足在幼牛的草棚旁，看著牠承受著痛苦，約有半晌。尊者

40　伊濕瓦若（Ishwara），印度人對上帝人格化的神明之稱謂。

是仁慈的化身，他的心自然地融為憐憫，他對這隻牛賜與慈視，俾解脫牠的困縛，然後回到廳堂，安坐在長椅上，一如往常。

尊者對牛隻慈視後，牠體內的生命元氣，僅持續了五分鐘。牛隻在等待尊者的慈視，牠一得到後，就離開了身體。據說，人在死亡的時刻，若憶念到神，那個人就會脫離困縛。牛隻在其死亡之際，能夠得到尊者的慈視，而獲解脫，這是何其幸運！尊者多次告訴我們，一些動物雖然病了好多天，但他從未想到要去看牠們，但在少數的情況下，他會突然想起要去探視垂死的動物。他又說，在這樣的情況下，動物會立即平靜地死亡。我剛好目睹這件事。

四五　至上存在的形相

一九四六年五月二日

今天下午，一些安得拉邦人士偕同夫人前來，在尊者面前，待了一陣子，然後離去。其中一人，雙手合十，向尊者問道：「師父，我們先去羅摩斯瓦拉姆等地朝聖，禮拜神明，然後才來這裡。請您告訴我們，至上存在的形相（paratpara rupam），到底是什麼嗎？請讓我們知道。」

尊者帶著微笑，說道：「喔，這樣啊！那都是一樣的。你自己說，你們前去禮拜所有的神明，然後到這裡來。雖然祂是一切的一，但在一切上主的那個，便是至上存在的形相。因為你造訪了那麼多的神廟，你不禁納悶，這些神明的源頭是否有個至高無上的存在。在你尚未看到這些神明之前，會問這個問題嗎？」看著尊者的臉龐，那個至上的存在彷彿在他的臉上跳著舞，他臉上閃耀著幸福的光輝，這些都赫然在目！雖然那位年輕人不瞭解這些話語，但很滿意尊者對他的慈視，所以他們一行人向尊者頂禮後，便離開了。

他們走了之後，尊者對坐在身邊的師兄姐興致勃勃地說道：「看啊，真正的涵義就在他們說的話語之中。Paratpara rupam意謂那個至高無上的至上存在之形相或物象。我們並不知道問題本身的涵義，若能知道問題的涵義，那麼答案就在問題之中。」

一九四六年五月十一日

四六　社會存在的倫理

昨天上午九時四十五分，尊者外出後回到廳堂，一隻養在道場的狗對著另一隻新來的狗狂吠，想要把牠趕走。眾人見狀，便設法安撫這隻道場的狗，尊者用輕鬆的口吻，說道：「每個地方，都是先來的兇晚到的。這隻狗也是一樣，在耍權威。」尊者說著，又看了道場的那隻狗說：「你狂叫個什麼呢？走開。」那隻狗就走開了，好像牠聽懂尊者說的話。

今天上午十時，阿南達那羅延・饒醫師（Dr. Anantanarayana Rao）及其夫人拉瑪芭（Ramabai）從家裡的園子裡摘一些芒果上呈尊者，說：「猴子來偷摘芒果，都快被採光了，所以我們趕快採一些拿來這裡。」尊者笑著說：「喔，是這樣。猴子也跑到那邊去了啊。」然後環視著在場的其他人，又說：「沒錯，猴子拿水果，是一個一個拿，但人類拿水果，是一次全部拿走。要是問他為何如此，他會說，這是他的權利。如果說猴子的行為是小偷，那麼人所做的不就是搶劫了嗎。只是人還不明白這道理，就把猴子趕走了。」

四七　哪一個是車子呢？

一九四六年五月二十八日

我們哥哥的兩個小孩詩瓦娜（Swarna）及慧諦雅（Vidya）要去參觀阿迪·阿南瑪萊（Adi Annamalai）神廟、杜爾甘巴（Durgamba）神廟等地，所以昨天上午，我們獲得尊者允許後，便出發了。因為夏天到了，我擔心這些十歲及十二歲的小孩，不耐在大太陽下走路，所以便安排了一輛牛車。於是，一輛牛車，載著其他同年齡的小孩，還有年紀更小的，也跟著我們一同上路。我們用繞行的方式，環山而行，造訪了全部有趣的地方，約在十一時三十分歸返。我們在下午三時進入廳堂，尊者就問我：「你們是什麼時候回來的？」我說上午十一時三十分，尊者問道：「這些小孩也走了這麼長的路啊？」我告訴他，我們是坐在牛車上繞行的。尊者打趣道：「噢，我知道了。你們是坐牛車去的。那麼，這樣是誰做了功德呢？是車子，或牛，還是小孩呢？」我無法回應。

尊者說道：「這個身體是車子，又有另一輛車來載這車子，而牛是來拉車的！完成了這項工作（繞山而行）之後，人們說：『我們完成了。』每件事情就像這樣。人們從馬德拉斯搭火車來，就說：『我們來了。』這跟身體也一樣，對於個人來說，身體是車子，腳在做走路的工作，而人們卻說：『我走路來的。』那麼真正的我去哪裡呢？那個真我，一無作為，只是使這些行動，運作自如。」他這樣說道，接著又問：「他們至少走了一段路吧？」我說，他們登上喬達摩道場（Gautama Ashram），並行拜讚，但沒再走多遠，因為天氣太熱。「那就很了得了，至少他們走了一段的路。」尊者說道。

你知道，慧諦雅是個淘氣的小孩，她來了之後，就問了很多有關尊者的問題。「尊者爺爺不去別的地方嗎？為什麼不去呢？」她對我的答覆不滿意，於是在二十四日，她自己就去問尊者為什麼不四處走走，而你也知道，尊者很喜歡童言童語。尊者慈祥地看著她，說道：「妳要帶我去妳家嗎？那是妳的想法，是嗎？到處走走，也很好，這些人都會跟我一起去，在路上也會有多人邀請我去他們家坐坐。我如果不去，他們會同意嗎？不會。他們會把我架著去那裡，到時候又會引來很多人。妳能帶他們全部人去嗎？而且不僅是這些人而已，我要是出去，整座阿魯那佳拉山都會動起來，妳哪能它帶去呢？妳看，我被守在這個牢房，就算妳把我帶走，也會有人在路上把我抓回來，把我放在另一間牢房裡。我能怎麼辦呢？告訴我，我又怎麼去呢？這些人會讓我走嗎？妳怎麼說呢？」慧諦雅聽了啞口無言。從此以後，尊者常對人說：「這個孩子，邀請我去她家玩。」

昨天，上午九時四十五分，尊者正要外出，聽到這兩個小孩今天要回去家鄉，並且看到慧諦雅站在門口，便拉著她的手，說道：「孩子，妳也要帶我一起去嗎？把我綁緊，放在牛車上，帶我走吧。」慧諦雅在離去之前，遞上尊者的相片給尊者看，也給大家看。尊者一看到照片，就說道：「妳真的要帶我走，把我綁緊，丟到牛車上。」在場的每個人都很開心，慧諦雅更是樂不可支，笑嘻嘻地說：「對，我要把尊者爺爺帶走。」

是誰呀？又能去哪裡呢？哪一個是牛車呢？哪一個是牢房呢？聖山若自己走動了，有誰能阻擋呢？這些全都是問題呀！

四八　持咒、苦行及其他

一九四六年六月三日

昨天，來了一位虔誠的婆羅門身分的男士。從他的話語以以頸上的菩提子念珠來看，他顯然正在修行真言持咒，他說他以前在維魯巴沙洞屋，曾參見尊者。今天，登訪尊者，他問道：「師父，不斷地持誦五字真言（Panchakshari）或塔拉肯咒（Tarakam），能消除諸如喝酒的罪障嗎？」尊者問：「你究竟想問什麼？」這位婆羅門人士再次針對這個議題，問道：「縱使人犯淫行、偷竊、酗酒等罪，持上述咒音就能洗滌愆尤嗎？還是這些罪仍會在他們身上？」

尊者說：「若無『我在持咒』的感知，那麼其人所犯的罪，不會附著於他。若覺得『我在持咒』，惡習所致的罪，怎能不繫附其身呢？」那位婆羅門人士又問道：「持咒的功德不能滅除惡業嗎？」

尊者說：「一旦有『我在作為』的感知，那個人就必須承受其行為的後果，不管其行為是善或惡，這又怎能用行為來消除呢？當『我在作為』的感知沒有了，萬般事物都無法影響一個人。除非人能了悟到真我，否則『我在作為』的感知不會止息。對於了悟真我之人，何須持咒？何須苦行？由於今世業報的力量，他的生命持續其行程，但他一無所求。今世業報，有其三類：個人意欲、無意欲、出於他人之意欲。對於了悟真我之人，他已無個人的意欲，但其餘的無意欲以及出於他人之意欲的業報，仍然存在。他的一切作為，都是為了別人而已。若為別人而必須由他施作，而他逕自為之，其行事不會影響他。這種人的一言一行，沒有善報或惡報能繫附於他。不過，他們是根據這個塵世可接受的準則，適當為之，此外並無其他。」

雖然尊者告訴提問者，說了悟真我之人，並無個人意欲的業報，僅有了無意欲以及為他人意欲的業報而已，但關於今世業報的議題，尊者的大致見解，可見之於他的著述《真理詩頌四十則》41：

雖說悟者有現世業報，而無今世、過去世業報，但這只是為了回答尚未了悟的人而說的。就好像丈夫死了，有個妻妾沒有守寡一樣；所以說，作為者不在了，三種業報也就不存在了。

《真理詩頌四十則·補篇》三十三頌

一九四六年六月九日

四九　三摩地是什麼

今天下午，尊者花了不少時間跟師兄姐交談，討論許多議題，教導他們不二一元論。有位新來的師兄見狀，便起身問尊者：「師父，您什麼時候入三摩地呢？」師兄姐聽了都笑了，尊者也笑了。一會兒後，尊者說道：「喔，那是你的質疑嗎？我會說個明白。但請你先告訴我，三摩地的意思是什麼？入定是入去哪裡呢？去一座山或一個洞穴？或是去天空？三摩地應該是什麼呢？告訴我。」尊者問道。

這可憐的人，他無言以對，只好安靜地坐了下來，過一會兒，他說道：「據說，除非感知與肢體停止，否則無三摩地可言。您是在什麼時候進入三摩地呢？」

41 《真理詩頌四十則》，是拉瑪那尊者在知名信徒穆魯葛納的敦促下，用坦米爾文所撰述的詩頌，其後又續寫四十則，成為〈補篇〉，合計八十則詩頌，是拉瑪那教誨的精義總覽。全篇詩頌的名稱，在坦米爾版是*Sad-Vidya*，或*Ulladu Narpadu*，後來譯成梵文，名稱為*Sat-Darshanam*，譯成英文，名稱為*Truth Revealed*。詳閱Arthur Osborne, ed. *The Collected Works of Ramana Maharshi*（Boston, MA: Weiser Books, 1997）p.71

尊者說道：「我明白了，這就是你想要知道的。你心裡想：『這是什麼呢？這位師父老是說個不停？他是哪門子的悟者？』這就是你的想法嗎？那個人若不雙盤，雙手合十，停止呼吸，就不是三摩地了，而且旁邊應該有個洞穴，那個人必須進去又出來，然後大家會說：『這就是偉大的師父。』至於我呢，大家會懷疑說：『他老是跟弟子講話，又有每天的例行活動，這是哪門子的師父？』我也無可奈何，以前也有一兩次這種情形。原先在古魯墓廟（Gurumurtham）觀視我的人，後來在史堪德道場看到我跟很多人講話，又有參與尋常的活動，便焦慮地對我說：『師父，師父，請您回到先前的境地，讓我們觀視。』他們的觀感是，我被寵壞了。那我又能怎麼辦呢？那個時候（在古魯墓廟時），我必須那樣過日子，而現在我不得不這樣過日子。事情總是如其然而然，但在他們的眼光看來，不食不語，剛好而已，然後，自然就有聖者的氣質、師父的身分。這就是人的謬見。」

一九四六年七月五日

五〇　萬物是什麼？（如何視萬物為真我）

一位剛來這裡的年輕人，在過去三天裡，一直莫名其妙地用一些問題打擾尊者。尊者對每件事，都很耐心地詳加解釋。今天上午九時，他又開始了：「您說萬物都是其人自己的真我，對嗎？那麼人是怎麼感覺到萬物都是其人自己的真我呢？」尊者以有些不悅的口吻，說道：「萬物是指何義？你是誰呢？若你能告訴我，你是誰，我們再來思考萬物。這幾天來，你已經問了我好多問題，但你還沒有回答我，你是誰。你先告訴我，你是誰，然後再問我，萬物是什麼。那麼我就會答覆你。若你能找出你是誰，就不會有這些問題了。若你不努力，只是一直在想下一個問題要問什麼，那問題就會一直冒出來，沒完沒了。人只有在修持探究真我下，找到真理，才會平靜下來。問東問西，有什麼用處呢？只是徒勞而已。」

這位年輕人又說：「要知道自己的真我，難道不應該有個上師及修行嗎？」尊者說：「為何你想要上師或修行呢？你說你什麼都知道，有個上師要幹嘛呢？要你去做的事，你也不做，要上師有什麼用？只有你遵行上師的指示，上師的協助才有用處。你說到修行，為了什麼目的修行呢？是哪一種修行？究竟有多少的問題呢？理應採行一個法門，到處質疑個不停，有什麼用處呢？你自己吃飯，還是別人吃飯，哪樣你才會填飽肚子呢？浪費時間問東問西，是幹嘛呢？你忘記了你自己，卻上窮碧落下黃泉地尋問：『幸福是什麼？』你必須要先探究『那個到處問的我是誰？』若能探究自己的真我，其他問題會不會萌起了。」

此時，另外有人提出一個問題，問道：「生命個體是如何得到業報的？」尊者說：「先找出那個生命個體是誰，然後再找出業報是怎麼來的。生命個體是如何得到業報的？那個業報跟生命個體是相繫，或是分開的？這些都是頭腦思維。若能夠收斂外馳的心思，這些疑惑便不會萌生。」

五一 瑪德瓦史瓦米之死

一九四六年七月十二日

約在四天前，八日或九日的上午，我在七時三十分，來到尊者面前，當我頂禮完畢起身時，尊者說：「瑪德瓦史瓦米[42]走了。」「去哪裡呢？」我問道。因為他習慣時不時離開道場，走訪各地朝聖，尊者微笑地說：「去哪裡？離開身體，去那個地方。」我十分震驚，問道：「什麼時候？」「前天下午六時。」尊者回答，並看著克里虛那史瓦米，說道：「曾來這裡的阿恰里史瓦米（Acharyaswami）死了，也有人來這裡，後來在別的地方死了。每件事情，都根據命運而發生。長久以來，瑪德瓦史瓦米就有意要自己獨立，不願讓人管束他。他的心願終於實現了。不管怎樣，他是個好人。阿恰里史瓦米在庫姆巴科納姆（Kumbakonam）逝世時，因為當地的修道所沒有人，我只是好玩而問瑪德瓦，他是否可以走一趟，他欣然接受而前往，於是實現了他的心意。看這些事情是這樣的出現！當我在筆記簿上寫泰盧固文的《神性真我》（*Dripada*）及別的馬拉雅姆文的頌文時，他總是唸得很好，就像泰盧固人。他略有泰盧固人的印記，他拿走了筆記簿後，說要不時翻閱。若這本筆記簿還在那裡，告訴他們要帶回來這裡。這跟艾耶史瓦米（Ayyaswami）一樣，他也拿走了一本筆記簿，說看完了後會歸還，但他從此沒回來這裡。這兩件事如出一轍。」說到這裡，尊者換了個話題。某人追隨尊者已有十二個年頭，與尊者如影隨形，而他天性溫順，某天突然在異地身亡，道場的人聞訊無不灑下熱淚。

康猷史瓦米（Kunjuswami）前去視察瑪德瓦史瓦米的葬禮，今天上午八時回到這裡。他向尊者頂禮後，說道：「瑪德瓦史瓦米到處在找尋內心的平靜，但始終無法找到，所以他向人說，他不願再活下去了，便來到庫姆巴科納姆的一個修道所。他突然腹瀉一整天，喝蘇打水時，抱怨呼吸困難，便躺了下來，修道所的人告訴我，他躺下後便不省人事。他們保持著大體，等我抵達，雖然已經過了三天，但大體沒有腐朽，我埋葬了他，就回來這裡，但沒有找到那本筆記簿。」

康猷史瓦米離去後，尊者望著克里虛那史瓦米，說道：「瑪德瓦史瓦米是個好人，這就是他去世而我們會悲傷的道理。我們在他逝世而悲傷之餘，也應該想到我們也會辭世。悟者總是期待，時候到了，將從身體的困縛中解脫，把身體丟棄。

「一個為了賺薪水而背負重物的人，始終渴望抵達目的地的那個時刻。當貨主告訴他，他已到了送達地，可以卸貨了，他便放下重物，感到輕鬆無比。同理，對於帶著分別之見的人而言，這個身體對他是個負擔。他看到別人死了，總是期待輪到他離開身體。所謂生命的這種小東西走了，就需要有四個人來扛這個身體的重負；當生命在身體裡面時，就沒有什麼重負，但生命走了後，這個身體就成了重擔。身體就像這樣，生命元氣夾雜著解脫身體的欲望而存活。全都是這樣，人早晚都要死，沒有人能保有身體，永遠不死。一旦人知道了這個實情，那還有誰要這個暫時的身體呢？他應該會希望有一天能夠拋棄這個負擔，自由自在。」

瑪德瓦史瓦米是馬拉雅利人。他出生在鄰近帕拉克卡德（Palghat）的城鎮，是位修習梵行的學子，約在十五年前，僅二十歲時來此，做為服侍尊者的隨從。一段時間過後，他一直想到去參訪聖地，所以屢次離開這裡又回來。尊者的另一位信徒，阿恰里史瓦米為自己在庫姆巴科納姆設立一個修道所，並任住持，他來這裡又回去，不久就死了。瑪德瓦史瓦米隨後去了那裡，擔任修道所的住持，但不久便逝世了。

42 瑪德瓦史瓦米（Madhavaswami），或又稱瑪德瓦，是拉瑪那尊者的隨侍信徒。

五二　微中至微，巨中至巨

一九四六年七月二十二日

今天上午十時三十分，宋提・羅摩穆提（Sonti Ramamurthi）偕同妻子、兄弟及一些友人前來。此時，有位師兄正在看書，並問尊者說：「書上說，我們吃食物，但食物也在吃我們，怎麼會這樣？說我們吃食物，這是對的，但是說食物吃我們，這究竟是什麼意思？」尊者沉默不語。

羅摩穆提靜靜地等了約莫十分鐘後，告訴尊者，說他來這裡的主要目的，是他的兄長很渴望來看尊者，而他本人約在十年前，也參見過尊者，於是他就循著剛才那位師兄的談話，說道：「一切眾生因食物而出生、維持，及最後被吸收，所以食物被認為是至上絕對（梵），那個至上絕對，遍在一切。萬物都是它的形象，而食物因此被這樣知曉。書上說，食物在吃我們，是這個意思嗎？」尊者說：「是的。」

他告訴尊者有關科學上的一些事情，他的兄長，也講了有關科學的東西，例如原子彈等，全部用英語，但我不懂英語，所以不能瞭解他們的談話。但尊者用泰盧固語回答，我聽了之後，知道是談有關科學的東西。最後，尊者說道：「當然是這樣子，但是無一物能離開人自己的真我，是嗎？萬物都出於真我。沒有人會說自己不存在，就連無神論者都承認自己的存在。所以，不管來的是什麼，一定是來自於他自己的真我，也終究消融於真我。除卻人的真我之外，別無一物。根據《天啟聖典》（*Sruti*）的大旨，真我是微中至微、巨中至巨。」

羅摩穆提問道：「原子與無限，有什麼分別？」尊者說：「都來自身體。」羅摩穆提又問道：「我們看到這個世界，有許多的能量，這是怎麼回事？」尊者說道：「頭腦是主因，就是因為這個頭腦，你才會看到許多不同的能量。能量一出來，其他也就隨之而來。一旦生出念頭，五大元素[43]和五大元素之外的能量，不管是什麼，還有其他物之外的能量等，都賦形而出。若心思消融，那麼其他一切也隨之消融。一切都肇因於頭腦。」

五三　夢幻

一九四六年七月二十八日

不久以前，有位北方人來待了幾天。某日下午三時，他來找尊者，一位坦米爾的師兄替他翻譯，講述他的體驗，是這樣的：「師父，昨天我在旅客的屋子睡覺，您在我的睡境中說話。不久我就醒來，之後您又對我說話。那是什麼？」尊者說：「你在睡覺，不是嗎？那麼你又能跟誰說話呢？」他說：「只有跟我自己。」大家聽了都笑了。

「你說你在睡覺，那怎麼有可能跟一個在睡覺的人對話呢？不，你是說『我在對話』，那就意味著，雖然身體睡著了，但你是清醒的，那麼，就去找出那個『你』是誰。然後，我們就能思考睡眠中的對話。」尊者說道。對方毫無回應。尊者以慈祥的眼光，看著大家，說道：「只有兩件事情：造物及眠息。入睡了，則了無一物；醒來，便萬物畢見。若學會在清醒時眠息，你就能夠觀照，這是確切的真理。」

同此情形，前些時候，蘇巴拉瑪耶（Gurram Subbaramayya）問尊者：「asparsa rupam是什麼意思？」「意思是顯然其在，卻是無形之物。」又問：「chhaya rupam是什麼意思？」尊者說道：「那是指同樣的東西，

43　五元素指：地、火、土、風、空。

看起來像陰影，但若仔細看，卻找不著。叫它是神、鬼、夢、異象、靈感，都隨你。若是有個人在那裡觀看，這就是存在的。若找到那個觀看者是誰，這些東西就都不存在了。那個空無，那個萬物的源頭，就是真我。人若看不到自己的真我，光看其他的事物，又有什麼用呢？」

最近有人告訴尊者，說他有個朋友能看到靈力。這位友人能看到大悟者的靈力，其中是奧羅賓多（Sri Aurobindo）的靈光，能延伸到七化朗[44]的範圍；尊者的靈光範圍，他能看到三哩為止，但看不到延伸多遠，而佛陀及其他人都無法延伸到那麼遠。尊者耐心聽完他的話，微笑地說：「請告訴他，他在看別人靈光的距離之前，先看他自己的靈光。這些靈光的範圍、檢視靈光，到底是什麼呢？若人能深入看他自己的真我，這些愚蠢的觀念就不會升起。對於一個了知自己的人，所有的這些東西，都是微不足道的。」

一九四六年八月六日

五四　純粹虔愛即是真實服務

今天，有位師兄向尊者問道：「師父，當年您住在山上時，那個訶子的故事是怎麼回事？」尊者是這樣說的：「我在維魯沙巴洞屋時，我通常每晚吃一顆訶子幫助排便。有一次，剛好吃完了，巴拉尼史瓦米想去市場一趟，我請他告訴謝夏·艾耶帶一些訶子過來，他說謝夏·艾耶已經前往市場了，屆時會轉告他，話才說完，就有一位跟謝夏·艾耶同村子的師兄來訪。他不時造訪道場，這次他待了一下子，就走了。稍後，巴拉尼史瓦米去了市場，這時那位早上才來訪的師兄又折返，對我說道：『師父，您要一些訶子嗎？』『若你有的話，給我一兩顆。』我這樣說。他放了一個大袋子在我面前，我問他：『這些東西從哪裡拿來的？』他答說：『師父，我來向您觀視後，便坐著牛車去附近的村子辦事。前面有一輛牛車，裝載著幾大袋的訶子，其中一袋破了洞，訶子便掉到地上，我就撿起來拿來這裡，想必有些用途。師父，這些就放在這裡吧。』我拿了兩三維斯[45]的訶子，其餘的就還給他。像這種事情，時常發生。還有很多我記不起來了！

「我母親來這裡，開始炊煮，她常說如果有支鐵杓，該有多好。我說，等等看吧。翌日還是再隔一天，就有人帶了五六支杓子來。跟炊具一樣的事情，也是這樣，母親說如果有這個或那個東西，該有多好，我就說，是這樣嗎？當天或隔天，我們就收到了這樣的東西，不止一個，而是十個。夠了，我覺得這樣就夠了！是誰在照料這些事呢？諸如此事，不勝枚舉。」尊者說道。

「葡萄的事情，又是怎麼回事？」一位師兄問道。尊者答說：「是的，跟訶子的情形一樣。有一天，存放的葡萄沒有了，巴拉尼史瓦米要人去市場買，我說不急無須憂慮，且等等再看。就是這樣。不久，甘伯倫．謝夏雅（Gambhiram Seshayya）的哥哥來，手上提了一個大袋子。問他裡面是什麼，他說：『葡萄。』『什麼！剛才我們正在說沒有葡萄了，你是怎麼知道的？』我問道。他說：『這我怎麼會知道呢？師父，我來這裡前，我感覺不宜兩手空空的來，於是跑到市場。那一天是星期日，店鋪都關了，只有一家店有開，「我要去看尊者，你這裡有什麼東西？」我向開店的老闆問道。他說他這裡只有葡萄，是剛到貨的，所以他就裝了一袋拿給我。我就帶來這裡，這是剛不久的事情，師父，我是突然有這個念頭的。』我們交換這件事的看法

44 化朗（furlong），英國長度單位，一化朗等於201.168公尺，或220碼，或1/8哩。

45 維斯（viss），緬甸的重量單位，一維斯等於1.63公克，或3.6英磅。

之後，發現都是時間上的巧合，但這對艾耶史瓦米而言，這種經驗是十分尋常的。我們有時想到如果有個東西，該有多好，就在此刻，他就感覺要帶那個東西給尊者。若我們問他，『你是怎麼知道的？』他就說：『師父，我怎麼會知道呢？我只是想起來，我應該帶件特別的東西給尊者，於是就帶過來了，只是這樣而已。你們說你們在那個時候，也正在想著同樣的東西，這種奇怪的事情，只有尊者一人知道。』真的，他的心思，一直很純淨，所以我們在這裡想到什麼，就會對映在他的心思上。」

這是在特別告訴我們，我們應該要保持心思純淨，而沒有污垢嗎？艾耶史瓦米的生命，就是這個範例，不是嗎？

五五　專注，乃是唯一上師

一九四六年八月八日

昨天上午，拉邁爾瑜伽士（Yogi Ramiah）問尊者這樣：「師父，有一些賽巴巴[46]的弟子膜拜他的法照，並說那是他們的上師，怎麼會這樣呢？他們是可以把法照當作神來禮拜，但是把它當作上師來禮拜，又能得到什麼呢？」尊者答道：「他們藉此來守住專注。」瑜伽士說：「這樣也很好，我同意，在修行上可達到某個程度的專注。但是，身為上師不是要具備那個專注嗎？」尊者說道：「當然。但畢竟上師（Guru）的意涵只有一個，是指專注（Guri）。」瑜伽士說：「一幅沒有生命的法照，怎能有助於發展深度的專注呢？這須要一位人身上師，教他怎麼實修。也許對尊者而言，不需要人身上師，就能證悟，但對於像我這樣的人，可能嗎？」

尊者說道：「是的，膜拜一幅沒有生命的圖像，專注是有限度的。除非藉著探究而了悟到人之真我，否則那個專注，不會恆久。這就是為什麼古人說，探究必須持續下去，不可以在點化（啟引、啟蒙）後就停止行探究。然而，若停止探究，點化也並非一無是處，迨一段時日後，點化會有一些成果，只是點化不宜虛飾浮誇，否則就像把種子栽種在貧瘠的土壤裡一樣，一切徒然。」

「師父，我不這麼認為，您再怎麼說都不成立。像您這種人身上師的存在是必要的，才有可能會進步。我們怎麼能把上師的地位，讓一幅沒有生命的圖像來取代呢？」他說道。尊者的臉上，帶著微笑，說道：「是的，是的。」他頷首而沉默。哥哥，我所能說的，就是那個微笑以及那個沉默，在閃耀著真知與智慧。這我又如何能描述呢？

五六　神通者

一九四六年八月十日

今天在尊者面前，談到神通人士[47]。有人說說了一堆話，其中說到某人致力於神通，而有所成就。尊者

46 賽巴巴（Sai Baba），指舍地．賽巴巴（Shirdi Saibaba, 1839-1918），印度上師、伊斯蘭教聖者。參閱David Godman, ed. *Be As You Are* (London: Penquin Books, 1985) p.100。

47 原註：神通者乃半神之人，被視為極其潔淨與神聖，據說其特徵，具有八項稱為神通的超自然能力。

耐心聽完冗長的發言後，不耐煩地說：「你說的神通者，他們從某個地方而成就某個東西；為了這個目的，他們從事於修練及苦行，但這不是真正的神通或成就。我們其實是無形的，而擁有這個身體，帶著眼、腿、手、鼻、耳、口等，用它來做了很多事情，不是嗎？我們已經是神通者了。要食物，有食物；要水，有水；要牛乳，有牛乳。難道這些不是神通嗎？我們無時無刻都在體驗這麼多的神通，為何你要嚷嚷著更多的神通呢？我們還需要什麼呢？」

約在兩年前，有位名叫馬魯·蘇伯達（Manu Subedar）的人來這裡觀視尊者，他是印度立法議會的成員以及《智納斯瓦[48]註釋薄伽梵歌》的譯者。在交談中，向尊者問到，為何所有的聖典都寫有關神通者在世的故事，而沒有修行者的故事？是否有別的書籍寫到修行者？尊者說道：「在坦米爾文版的《虔誠者傳》（*Bhakta Vijayam*）裡，有述及智納斯瓦跟他的父親毗陀巴（Vithoba）的對話，那就是神通者與修行者之間的開示，在此對話中，可以知道修行者的境界。」說著，尊者便叫人從道場圖書室拿來一本《虔誠者傳》，自己唸了這部分的文章，並詳加解釋。馬魯·蘇伯達返回住所後，曾來索取那篇對話的紙本，尊者叫人譯成英文後，寄給他。馬魯·蘇伯達把它放在他所譯的第三版智納斯瓦註釋書的附錄裡。最近，我把那篇對話，翻譯成泰盧固文。你記得最後一次滿月的日子，你來這裡，在交談中，尊者說，智納斯瓦是神通者，而毗陀巴是修行者。因此，篇名就叫做《神通者與修行者的對話》（*Siddha-Sadhaka Samvadam*）。

尊者常說：「認識其自己，端正其心，乃是神通，此外無他。其人之心思，若能專注於探究真我，他日必能了悟真理，這就是最佳的神通。」

下面的摘文，我取自尊者手撰《真理詩頌四十則》中，有關神通的文摘：

神通乃是了知那個始終是真實的，其他的神通，不過是夢幻，若從睡夢中醒來，夢境豈能為真？紮根於真理而解脫幻象之人，焉能矇騙？請瞭解。

《真理詩頌四十則》三十五頌[49]

一九四六年八月十一日

五七　上主諭命業行的果實

大約在十個月前，克里虛那．畢克修寫信給我，說他想要把財產送給他的兄長，然後以出家人的身分，周遊全國，俾獲得平靜，但不知道尊者會怎麼說。我轉述信的內容給尊者，尊者首先說：「是這樣嗎？他下定決心了嗎？」過了半晌，他說道：「發生的每件事情，都是個人的因果業報。」

我寫信給他，告訴他這件事。克里虛那．畢克修回函說：「有言『上主諭命業行的果實』，那麼上主扮演什麼角色呢？」我無意這樣向尊者轉述，正考慮怎麼寫信來回覆他。這時，有位師兄向尊者問道：「在『上主諭命業行的果實』中，那個業行的作為者是誰？」尊者說：「作為者是伊濕瓦若（神），祂是根據每個人的業行來分配業行的果實，那就意味著，祂是個有屬性的至上絕對，而真實的至上絕對，是無屬性而不動的。

48 智納斯瓦（Jnaneswara, 1275-1296），十三世紀，印度馬拉地的聖者、詩人，是毗濕奴虔愛派的知名信徒。

49 原書註：《真理詩頌四十則》，係拉瑪那尊者原先用坦米爾文譜寫，篇名是*Ulladu Narpadu*，後來譯成許多語文的版本，篇名不一，有*Unnathi Nalupadhi*、*Sad Vidya*、*Saddarshanam*、*Truth Revealed*等。

只有有屬性的至上絕對，被稱為伊濕瓦若，祂根據其人的業行，而賦予對應的果實，代表祂僅是個媒介，根據人所施作的業行，而給與報應，就是這樣而已。若是沒有伊濕瓦若的至上大力，業報就不會發生，而這就是為什麼會說業行無自主性的道理。」

還有其他的話能回覆克里虛那．畢克修的質疑嗎？所以，我就根據這些話語回函。

維克拉瑪卡[50]穿著他的魔鞋來到梵天的世界，梵天欣然對他說，他可要求一項恩賜。維克拉瑪卡說：「上主，聖典高聲宣稱，說祢創造眾生時，根據他們前世業行的結果，在他們的額頭上寫下他們未來的命運。現在，祢說祢將給我一項恩賜，祢可以抹掉我額頭上已經寫下的命運，然後重寫嗎？或祢可以複寫修正呢？過去究竟發生了什麼？」梵天喜其聰明機靈的質問，笑道：「現在，沒有什麼新的事情可以做了。那個已經出之於我的口而先行諭命的，是根據眾生的業行。我們僅能說：『是的，我們已經給你恩賜了。』就這樣而已，並沒有新的東西要給你。人不知道這個道理，為了從我們這裡得到恩賜，而持苦行。因為你是很聰明的人，已經知道了這個秘密，我實在很高興。」說著，祂致贈維克拉瑪卡一件神性的終極武器後，送他離去。我還記得我年輕的時候，讀過這則故事。

《薄伽梵往世書》第十篇，敘及上主克里虛那勸誡南達[51]，要捨棄對因陀羅神的獻祭，也是同樣的概念。

一九四六年八月十二日

五八　一律平等

去年夏天，廳堂旁搭建了一座竹棚，以便尊者在夜間坐在戶外。香根草編織的草蓆綁在竹棚的西側，尊者的長椅放在靠近草蓆的地方。師兄姐坐在那裡，朝向西方，尊者面向南方而坐，好像是南方相濕婆[52]。我們通常在他的面前，觀視聖足而坐，一側可以看到漂亮的花園，另一側則是遠眺著阿魯那佳拉的峰頂。有誰能道盡我們的幸運呢？

某天下午四時四十五分，尊者去山上走路時，天氣多雲，隨侍便立起草蓆，綁牢固定。尊者回來不到十分鐘，雲便散去，雖然是夕陽，但夏天的暑熱仍在，所以不大舒適。一位名叫維康達瓦斯（Vaikuntavas）的隨侍，不忍看到尊者赤身曝曬在陽光下，便把尊者背後的草蓆緩緩地放下來，他心想尊者不會注意到。當時，大家正在吟誦吠陀經文，尊者也似乎沒有注意到，神情始終平靜。

誦完經文後，尊者以不悅的口吻，說道：「看這些人在做什麼！他們只在我的這一邊，把草蓆放低，可能他們認為別人都不是人！太陽的炎熱不應該只曬到師父一個人，若曬到別人，就沒有關係！只有師父，才是特別的！不管怎樣，他們都在抬高師父威望的地位。可憐的傢伙！或許他們認為，若不這樣照顧，他就不是師父！師父不應該受到風吹日曬光照，不應該走動或講話，他應該收起手腳，坐在長椅上，這就是師父的樣子；而彰顯師父的身分，就是在眾人之中，把我挑選出來，給予特殊的待遇。」

50 維克拉瑪卡（Vikramarka）是印度遠古時代的國王，被視為明君的典範。

51 南達（Nanda），上主克里虛那的養父。

52 南方相濕婆（Dakshinamurthy），音譯達克希那穆提，是多種形相的濕婆神之一，代表最偉大的苦行者。南方指右邊，視為吉祥的方位。南方相濕婆，面向南方，向眾神及信徒傳授經典的精義。參閱施勒伯格著，范晶晶譯，前揭書，71頁。

你看，尊者絲毫不能容忍任何的差別待遇。他堅持平等。那位可憐的隨侍嚇壞了，便趕緊收起草蓆。傍晚的餘暉灑落在尊者的身上，他的雙眼瑩亮。焚香的煙熏繚繞。香熏彷彿與涼風為伴，又宛如被風扇吹起，在尊者足下鞠躬致敬，迴繞在信徒之間。

五九　依照你的意欲

一九四六年八月十三日

早期我在道場的時候，有位吠舍身分[53]的男孩住在這裡，他的頭髮蓬亂，從未整理。有好心的人家給他食物，晚上他睡在阿魯那佳拉神廟。他的母親來道場，要他回家，他便跑到潘達普爾（Pandharpur，馬哈拉施特拉邦的城鎮）。他是她的獨子，他家擁有很多財產。這個男孩，有點像四處行乞的托缽僧，不慕外物。他的母親向尊者訴說她悲慘的故事，並尋求協助，尊者曾一兩次勸說那個男孩，要聽從母親的話，但他不聽，反而跑走了。

上個月，他又來了，獨自一個人坐在廳堂的角落，遠離別人。你可以稱他是修行者。除了他的頭髮不再蓬亂不堪之外，他的舉止及外觀，並沒有甚麼改變。尊者一直在觀察他，男孩始終不說話。過了十五天後，退休後在道場圖書室工作的羅杰格帕拉·艾耶（Rajagopala Iyer）剛好來到廳堂，看到這位吠舍男孩，便向尊者說：「這個男孩，好像是從潘達普爾回來，他的母親曾留下地址，不是嗎？如果他回來這裡，她要我們寫信告訴她。」

尊者說：「是的，他回來了，約在十五天前。我一直在觀察他，他始終沒說話，所以，我又如何問他：『潘達普爾那邊怎麼樣？供品的聖食在哪裡呢？』我們必須隨著別人的心思念頭來看怎麼回應，因此，我們有責任要調適自己。」聰明的人檢視自己的心思，不去忖度他人的心思。尊者卻說，他必須依照別人的欲望及意念來調適自己！看，這是何等偉大的教導！

六〇　節目行程表

一九四六年八月十五日

尼倫伽那南達史瓦米[54]一個月前赴馬杜賴，又轉往馬德拉斯。從馬德拉斯來的多萊史瓦米·艾耶（T. K. Doraiswamy Iyer）上呈了一份九月一日五十周年慶祝會的節目行程表給尊者，那是馬德拉斯一些知名人士商談後擬定的，他恭敬地站在一旁。

擬定的活動節目，從上午七時開始，一直到晚上七時，都有詳列。高等法院法官及一些有名望的人士會致詞。節目表上，還有穆希里·蘇巴拉曼尼亞·艾耶（Musiri Subramania Iyer）及布達普爾·克里希那穆提·夏斯特里（Budalur Krishnamurthy Sastry）的演奏等多項演出。尊者詳細過目後，微笑地說：「喔，有這麼多的

53 吠舍身分（Vaisya），是印度種姓制度四階級之一。四階級指，婆羅門（Brahman，僧侶階級）、剎帝利（Kshatriya，貴族、武士階級）、吠舍（Vaisya，平民階級）、首陀羅（Sudra，奴隸階級）。

54 尼倫伽那南達史瓦米（Niranjananandaswami），是拉瑪那尊者的弟弟，道場信徒稱呼他為「秦南史瓦米」（Chinnaswami），擔任拉瑪那道場的管理人。

節目！我要擔心什麼呢？讓他們去做他們喜歡的事。若能給我時間出去走走，那就夠了。節目表上列有這些大人物要演講！那是什麼呢？要講什麼呢？那個如如其在的，就是靜默而已，而靜默又如何能用言語來詮釋呢？有英語的、有梵語的、有坦米爾語的、有泰盧固語的，喔，一系列的語言，這些大人物將用這麼多的語言來演講啊！好吧！我又要擔心什麼呢！若我不用發言，這也就可以了。」

假若尊者要刪掉節目表上的任何節目，這位師兄也會恭敬地雙手合十順從。尊者說：「喔！我知道了！我之前也沒有要求，現在怎能拒絕呢？去做你們喜歡的事吧，那只是一連串的演講，我會像這樣坐在長椅上，隨你們去做你們喜歡的。」「是的，師父，這是事實。有誰膽敢在您面前演講呢？雖然這樣，這也僅是我們有這麼大的榮幸，能表達我們的喜悅而已。」這樣說著，這位師兄，向尊者鞠躬後，就離去了。

一九四六年八月十六日

六一　一位不知名的信徒

今天道場收到的信函中，有一封信是用英文寫的，是來自捷克斯羅伐克的一位不知名的師兄。尊者看到這封信，很慈祥地告訴我們關於這封信的事，並要人在廳堂裡唸讀出來。信函的大意是：「雖然我的身體距離阿魯那佳拉，迢遙千里，但從靈性的眼光來看，我就在尊者的聖足下。我知道，從年輕的拉瑪那來到蒂魯瓦納瑪萊的時間算起，今年的九月一日，剛好屆滿五十年。我確信這是尊者真正的誕辰，祈請您惠允慶祝這個盛事。我將匍匐在尊者足下，以無盡的虔誠、信念與敬仰，銘記尊者的福音。」

我們聽到這封信的內容後，十分高興。尊者的容顏，洋溢著慈悲，說道：「我們不知道他是誰，他叫什麼名字，是哪裡人。他沒有來過這裡，他是怎麼知道我來這裡已屆滿五十年了？他的信充滿虔敬。從他的信裡看來，他好像讀過我的生平故事，也有所瞭解。道場的師兄姐一直在期待雷達克里虛南（S. Radhakrishnan）博士把文章寄出，但迄今尚未收到，要是收到了，他們有意要把文章刊在首篇。有人向多萊史瓦米·艾耶邀稿，他說：『喔，我不要，我選擇靜默。』D·S·夏斯特里也這樣表示。這封信卻不期而至，事情就這樣發生了。這些人一直在等待其他人寄來的文章，特別是雷達克里虛南博士的文章。你看，真奇怪！捷克斯羅伐克在哪裡呢？蒂魯瓦納瑪萊又在哪裡呢？一個我素昧平生的人，卻寫了這樣的信函，我們又怎麼說呢？」

一九四六年八月十八日

六二　那個字母及那不朽的

幾天前，一些古吉拉特人，曾到孟買，買了一些道場出版的書籍，以及尊者的相片，他們拿來給尊者看，請尊者在上面簽名。尊者問道：「我應該寫什麼名字呢？」他們說：「您的名字。」尊者說：「我哪有什麼名字呢？」他們說：「您的名字是拉瑪那·馬哈希，不是嗎？」尊者笑著說道：「有些人是這樣說的，但我的名字或我的出生地究竟是什麼呢？若我有個名字，我就會寫。」這些古吉拉特人聽了沒有再說什麼，便安靜地離開。

一九四五年一月，你記得你寄了一本有關銀行的書籍來請尊者在書上寫「唵」（Om）或「室利」（Sri）

的字，然後寄回給你，但尊者拒絕了。反而，他給了我一張紙，上面有他寫的一則譯成泰盧固文的詩頌，那則詩頌，是很久以前，他應蘇瑪桑德拉史瓦米的請求，用坦米爾文寫的。我把那張字紙寄給你時，你把它奉為是尊者的教誨，而欣喜若狂。後來，他對這則詩頌，略有修正。其後，在穆魯葛納的請求下，尊者把它譯成一則梵文的偈頌如下：

在本心裡，那個永遠不朽滅的，乃是自身耀明。這怎能摹寫呢？

古吉拉特人今天提出類似的請求，我拒絕他們時，不禁想起了這件事情。

大約十個月前，潘度·拉克希米那拉耶那·夏斯特里（Pantu Lakshminarayana Sastri）來這裡，他是維濟亞納格勒姆（Vizianagaram，在安得拉邦）馬哈拉賈學院的泰盧固文學者，當場以一則詩頌讚美尊者之後，向尊者這樣祈求：「祈請讓我擁有某個東西，以資記念今天的事件，並祝福這個可憐的靈魂。」尊者問道：「我能給你什麼呢？」他說道：「什麼都可以，以教誨的方式，就是一個字母也可以。」「我要怎麼給你那個字母的東西呢？」尊者說道，並看著我。我說：「您若告訴他，那個唵的偈語55，或許是可以的。」夏斯特里問道：「那個偈語是什麼？」我便誦讀了那個偈語。「那個雙關語呢？」尊者問道。我也把它唸了出來。夏斯特里聽了喜出望外，如獲至寶，並將偈語及雙關語抄寫下來。當我告訴他，有關這兩則偈頌的由來後，他十分高興，向尊者鞠躬後，就離去了。當尊者向古吉拉特人說：「我的名字或出生地是什麼呢？」時，我就想起了這些。不僅這樣，我還記得尊者的母親在做家事時，經常吟唱一首讚歌，歌的意思，大概如下：

拉瑪那曼是遼闊的宇宙，沒有名字或身體或工作，超越日月火光，他是輝照之光。

拉瑪那的名字，也像那樣！

六三 滿足

一九四六年八月十九日

尊者吩咐羅杰格帕拉·艾耶，要把最近印刷廠送來的四份坦米爾文《四十則讚頌》（*Chatvarimsat*）修訂紙本，裝訂成冊。下午二時三十分，我到廳堂時，書冊已裝訂好了，只須把書封套上而已。尊者把這本書，展示給大家看，笑著對身旁的維康達瓦斯說：「看吧，我們好好利用這些修訂紙本，我們就可以多拿到四本書，我們還可以從哪裡拿到四本書呢？誰會給我們呢？也只能向書店買，但我們哪裡有錢呢？」我們聽了都會心一笑，維康達瓦斯自己也笑了。

尊者說道：「你們在笑什麼呢？難不成我有一份工作，月入上百元嗎？我哪裡有錢呢？我有什麼獨立自主？我要是口渴，必須向你們討水喝。我去廚房要水喝，他們會說：『噢，這個師父又在對我們耍權威了。』我必須閉嘴。我哪裡獨立了。」

雖然他超然於世間，但他的談話，像這樣溫和反諷之外，還有什麼別的心意呢？我們不只如此，我們還經常隨心所欲，恣意而為。我們要求這個、要求那個，於是成為欲望的奴隸。我們是以要求或命令，而達到

55 唵的偈語（sloka Ekamaksharam），Eka是一個的意思，akshara是指唵的至上聲音，兼有不朽滅的意思，故Ekamaksharam有唵及不朽的雙關意涵。

欲望。對於這些事情，尊者不僅不屑利用權威，更不會用要求的方式取得。另外還有個事例，發生在兩三年前，某日上午，我進入廳堂時，尊者正在答覆克里虛那史瓦米所提的問題，其言如下：

「我住在維魯巴沙洞屋的時候，桑德雷沙．艾耶（Sundaresa Iyer）經常到鎮上去乞食，帶食物給我們，有些時侯，並沒有咖哩或酸辣醬。要吃飯的人很多，但所得到的食物卻有限，那我們怎麼辦呢？我通常把這些東西混成糊狀，注以熱開水，成為好像米粥，然後給每人一杯，我自己也一杯。有時，我們覺得，如果能加點鹽巴，會好一點，但我們哪有錢買鹽巴呢？我們應該去向人要一點。如果我們一開始就去向人要鹽巴，我們就會去向人要扁豆，而我們要了扁豆，我們也就會向人要大米布丁（payasam）。所以，我們認為，我們不應該去向人要任何東西，應該把這樣的米粥吞嚥下去。這樣的進食，我們感到快活極了，因為食物是純淨的，沒有什麼香辣調味料，甚至一點鹽巴也沒有，這樣不僅有益身體的健康，也使內心有莫大的平靜。」

我問：「鹽是會刺激內心躁動的東西嗎？」尊者說：「是的，有什麼好懷疑的？古蘭塔文的經書[56]不是這樣說嗎？等一下，我查出來，再告訴妳。」我說道：「尊者已經這樣說了，難道還不夠嗎？何必要古蘭塔文的經書呢？」

我們不僅沒有捨棄鹽巴，還覺得吃東西一定要來點辣椒，這就是為什麼會在飲食習慣上有許多準則和規範的道理。偉大的靈魂，是為活著而吃，並服務世界，而我們是為吃而活著，二者大相逕庭。若我們是為活著而吃，就無須考慮口味；若是為吃而活著，口味是無止盡的，我們為此受了許多苦，也生了不少煩惱。

六四　繞行真我

一九四六年八月十九日

五月最後一天的下午，那位在維魯巴沙洞屋時，經常外出乞食，帶回食物給尊者的桑德雷沙．艾耶來這裡，向尊者鞠躬。尊者問他，「你用環繞的方式，在繞山而行嗎？」「不。」這位師兄說道。

尊者看著我，說道：「昨天晚間，大家趁著夜光，前去環山繞行，他也去了，但他認為他無法繞完，當大家向我說要去繞行後，他立刻向我繞行起來，我問他為什麼這樣做，他說：『我怕我不能完全走完繞山，所以我環繞尊者而行。』『去繞行你自己，那就是繞行真我。』我說道。」說著，尊者也笑了起來。

有位師兄說道：「那個意思是，他做了維納耶卡[57]曾經做過的事。」另一位師兄問：「那個故事在說什麼？」於是，尊者就開始敘述這個故事：

「很久很久以前，至上伊濕瓦若要給祂的兒子上主蘇婆羅曼雅一個教訓，因為他總自以為是個大聖者。於是至上伊濕瓦若手上拿著水果，偕同雪山女神帕爾瓦蒂，坐在凱拉斯的山頂上。迦納帕提（即前述的維納耶卡）及蘇婆羅曼雅看到水果，便向他們的父親至上伊濕瓦若要水果，至上伊濕瓦若說，他們誰能最先完成繞行整個世界而回來，就把水果給他。蘇婆羅曼雅就自信滿滿而驕傲地認為可贏得賽跑。他立刻騎上他最愛的孔雀坐騎，疾速奔馳，也不時回頭看他的哥哥迦納帕提是否還在後面跟著。可憐的迦納帕提，身上頂個大

56　古蘭塔文的經書（grantha），南印度坦米爾文的聖典經書。

57　維納耶卡（Vinayaka），其另名有象頭神、迦納什（Ganesh）、迦納帕提（Ganapati）。Vinayaka又稱為清除障礙者。蓋人們向象頭神或迦納什祭拜，則舉凡出外旅行、建造房屋、經商貿易、參加考試等，都會克服障礙，逢凶化吉，故他對稱為障礙主（Vighnesvara）或清除障礙者（Vinayaka）。詳閱施勒伯格著，范晶晶譯，前揭書，106頁。

肚子，能快到哪裡呢？何況他的坐騎，只是一隻老鼠。因此，他認為跟蘇婆羅曼雅競賽環繞世界是不利的，於是他去向帕爾瓦蒂和至上伊濕瓦若環繞而行，然後在他們面前鞠躬，聲明他贏了獎賞。他們問他，是否繞完了整個世界，他說：『所有的世界，都涵納在你們裡面，所以我向你們繞行，跟繞行整個世界是一樣的。』至上伊濕瓦若很高興他的回答，便把水果給了他，迦納帕提就坐在那裡享用水果。

「蘇婆羅曼雅滿懷信心，認為自己是贏家，終於完成了繞行整個世界，回到起點，但他發現迦納帕提早就在帕爾瓦蒂和至上伊濕瓦若面前吃水果。他向至上伊濕瓦若要求給他贏得賽跑的水果，至上伊濕瓦若說：『那就是了，你的哥哥正在吃著。』他向他的父親說，這怎麼公平，至上伊濕瓦若就說明了整個事情的原委。這時，蘇婆羅曼雅知道自認為是大聖者的虛榮才導致這個結果，於是向他的雙親鞠躬，請求原諒。故事就這樣，寓意是有如旋風般繞行的自我，必須被摧毀，並且必須融入於真我，這就是真我繞行。」尊者說道。

一九四六年八月二十日

六五　那拉卡阿修羅（惡魔）—光明（排燈節）

羅摩強德拉·艾耶（Ramachandra Iyer）頃自馬德拉斯來訪。某日，他坐在廳堂閱讀一本舊的筆記簿，修訂上面的日期及數字。尊者看了，問他那是什麼。他答說：「是一本尊者用過的舊筆記簿。我在查看上面的數字及日期，把它謄寫在印刷本上。」「拿給我看看。」尊者說著便拿去，翻了幾頁，對我說道：「上面有一些帕迪耶姆韻詩[58]是關於排燈節的，你聽過嗎？」

我說我不曾聽過，他就唸出來，並且釋義如下：「他是那拉卡阿修羅（Narakasura）〔惡魔〕，執著在他是這個身體的觀念，這種對身體的執著，其本身便是那拉卡（Naraka）〔地獄〕。人的生命，若是這樣的執著，縱然他是個大君，也屬於地獄。摧毀對於身體的執著，則我將以真我而自身輝照，那就是光明（Dipavali）。這樣的概念蘊含在那些韻詩裡。」我問道：「這些韻詩有沒有收錄在《努爾·蒂拉圖》[59]這本書裡？尊者說：「這些韻詩，都是隨時靈思湧現而即刻譜寫的，怎麼會收錄在那本書裡呢？」

這本書初版印行後，我們在尊者面前，朗讀這些韻詩。他問道：「妳知道，我為何寫這些詩頌嗎？」我說我不知道，他就說：「是這樣嗎？在一個排燈節的日子，穆魯葛納要我寫些有關排燈節的東西。『為什麼你不寫呢？為什麼要我寫呢？』我問道，他說若我寫，他也就會寫。我同意，於是寫了這些詩頌。我不會無緣無故就寫東西。我所寫的每一則詩頌，背後都有故事。」說著，他給我看這些坦米爾文的詩頌。我釋義如下：

頌釋：他是地獄的國王，說他是這個身體，而身體本身，就是地獄。他是確知那拉卡（惡魔）的那羅延

58 帕迪耶姆格律韻詩（padyam）。泰盧固文的詩歌，有千年的歷史，流衍成若干派別，但其基本皆是抒情的歌曲體裁，此一體裁的詩歌，稱為帕迪耶姆。閱 www.jstor.org>Stable，條項 'Padani-Padyam: The Story of Telugu Poetry-jstor' 作者UAN Murty，2002。

59 原書註：《努爾·蒂拉圖》（*Nool Thirattu*）是書名，內有尊者用坦米爾文寫的詩頌、讚歌及散文。其英譯文，收錄在《拉瑪那尊者著作合輯》（*The Collected Works of Sri Ramana Maharshi*）。這兩本書，均由拉瑪那道場出版。

天（毗濕奴異名），並以智慧之眼識將他摧毀。那是排燈節的吉祥日子[60]。

文巴韻詩：誤信這個有如地獄的房子，而把身體稱之為我，乃是那拉卡（惡魔）。破除妄念，而讓自己以真我而輝照的，乃是光明（排燈節）。

一九四六年八月二十一日

六六　在山上的生活──一些事件

昨天下午，我到廳堂時，較平常稍晚些，我想約在下午三時。尊者應許多師兄姐的要求，講了一些當年住在山上的事情。他敘述他是何時、如何住在維魯巴沙洞屋。他們首先有一個土鍋，可以攜帶食物，然後有個鋁壺，然後有銅盒，然後又有多層的器皿。這些器皿，一個接一個累積起來像這樣，而師兄姐悄悄地開始炊煮，不在意他的抗議。尊者臉上泛起微笑，告訴我們另一件事情。

「有一次，我在維魯巴沙洞屋，剛好倫伽史瓦米．艾晏伽、甘伯倫．謝夏雅及一位吠舍身分人士、一位雷迪身分[61]人士，也在那裡。某日，他們都想要煮點食物，於是很熱心地炊煮。每個人身上都配戴聖線[62]，只有那位雷迪人士例外。『為什麼他沒有呢？』他們不解，於是把一條聖線配戴在他身上，大家玩得很開心，也享受了佳餚。」尊者說道。羅杰格帕拉．艾耶問道：「您在那裡的時候，母親已來了嗎？」「是的，我們在那裡的時候，母親已來了，並說她會煮給自己吃。我們告訴她，她可以在附近的洞穴炊煮。她同意後便開始煮東西，向我說：『維克達拉瑪（尊者幼年本名），今天我煮飯，你就不要吃其他的飯了。』我說：『好。』

但她走了以後，我照常跟別人共食。這個洞屋距離附近的洞穴，有一段路程，她怎會知道我也跟別人共食呢？她煮了飯後，我也吃了那些飯菜。她是真的認為，我除了吃她做的飯之外，我沒有其他的東西可以吃。」尊者繼續說道：「我們的親戚中，有位爺爺，他經常罵每個人，雖然這樣，每個人還是常邀請他來，享受被他罵的話語，感到好玩。那是因為他本性善良，對人並無惡意。我在維魯巴沙洞屋時，他曾來看我，他到了不久，便詼諧地說：『什麼！維克達拉瑪，你成了大師父了！你頭上長了角啦？』那是母親離開這裡，前去迦屍[63]的神廟時所發生的事情。」尊者敘述這些往事時，語調恰如其分，手勢恰到好處，聽來實在令人興味盎然。

60 arakachathurdasi，指排燈節五天慶祝期間的第二個日子。

61 雷迪身分人士（Reddy），雷迪是印度種姓制度上階的身分層級，曾為武士或土地領主、農村富豪。印度史上曾出現雷迪王朝（1325-1448）。

62 佩戴聖線，是印度男孩在啟蒙儀式中，遵照禮儀，沐浴淨，換穿特別的服裝，然後被帶往拜見吠陀經師，這位經師在男孩身上左肩繫上一條三股線組成的聖線，並傳授男孩吠陀經文的第一課。詳閱Cybelle Shattuck著，楊枚寧譯。《印度教的世界》，在《世界宗教》系列，（台北市：貓頭鷹出版社，1999）101-102頁。

63 迦屍城（Kasi），即古代迦屍國首都，昔稱貝拿勒斯，今名瓦拉納西，字義是「光的城市」。相傳五千年前興建。在西元四至六世紀曾為學術中心，十二世紀為王朝都城。

六七　供養

一九四六年八月二十二日

一位長期固定來訪的師兄，一週前來到這裡。他帶著一本坦米爾文的書《聖口字語》（*Thiruvaimozhi*），跟尊者談有關毗濕奴派的傳說，他最近似乎接受點化（啟引），他談到這個話題時，尊者也敘述自己早期的經歷如下：

「當年我在山上的時候，有一些毗濕奴的人士常來看我。你知道，他們有兩個派別：羅摩奴闍北派（Vadakalai）及羅摩奴闍南派（Thenkalai），我總是配合他們流派的觀點來跟他們談話，因為這樣做，對我無損。但他們卻都認為，我跟他們是同一宗派的，要來對我施予點化，我便拒絕了。他們相信，若不經適當地點化，則人不能進入瓦崑特（天堂）。我要求他們，『把那個具有此身而進入瓦崑特的人，指給我看。』根據他們傳衍的宗派，他們不接受融入於神的觀念。他們說：『偉大的毗濕奴存在瓦崑特天堂裡，而解脫的靈魂們環坐在祂的身邊，服侍著祂。』那裡哪有那麼大的空間能容納他們呢？還是他們座位很擠？他們自己都應心裡有數。不只這樣，他們施以點化時，還要有咒語來宣示他們全都臣服於他們的上師。只要有持誦咒語，並供養上師，就可以了。一旦臣服過了，就不管以後做什麼事了。又說在瓦崑特裡，有為他們保留的一席座位。還需要別的嗎？這些都是他們某些人的見解，這只是對供養淺薄的妄念。

「供養（Arpana）意謂心思融入於真我，與之合一，代表習性蕩然無存。這沒有自己精進，沒有神的恩典，是辦不到的。神的力量無法把你抓來塞進祂裡面，除非你完全臣服。但是，我們臣服的問題在哪裡呢？那個我本身是要臣服的，除非人能臣服，否則就是無休止的掙扎。只有一再又一再的掙扎，最後他的努力成功了。一旦成功了，就無須走回頭路，這才是正確的過程。若只是用嘴巴上說供養、供養，有什麼用呢？只是一面說供養，一面把錢交出來。這本《聖口字語》裡的一些讚歌，被某些已經證悟真我的信徒，放在不二一元派的法會中吟唱著。

「那瑪爾瓦爾[64]是這樣的信徒。他吟唱一位母親，用像是譴責的口吻，讚揚她那個已證悟真我的女兒。這些讚歌的大意是，『這個孩子說，我是濕婆、我是毗濕奴、我是梵天、我是因陀羅、我是太陽、我是五元素、我是一切！那是毗濕奴坐在她的頭上，使她這麼說的，否則她不會這樣胡言亂語，那是毗濕奴使她變成這樣。』這就是讚歌的要旨。」有人朗讀那些讚歌，而尊者詳加闡述其意涵。

其後，尊者向我們解說「限定不二論」[65]：「有些信徒唱的是不二一元論，有些詮釋者就會曲解，而用限定不二論來解釋。就是這樣，別無其他。古人的見解，也是這樣，到底限定不二論是什麼意思？那個卓越（Visishta）而最優的，是毗濕奴，那就是伊濕瓦若、永恆濕婆[66]、梵天及一切。那個，只是一而已。但限定不二論者賦予名稱及形相，他們除了認為有同一形相的至上存在，住在同一域界及同一鄰地之外，並不承認有融入於至上存在的境地。他們說供養、供養，除非有個東西叫做『我』，否則怎麼會有供養呢？人若不認識自己，就不可能全然臣服。若你認識了，那麼你將瞭解，剩下的只有一個東西，亦即那個『我』的心思，要自己自願地交付出來，這才是真正的供養。」尊者說道。

64 那瑪爾瓦爾（Nammalwar），西元七、八世紀，南印度坦米爾區域十二位毗濕奴派阿爾瓦爾詩聖之一。

65 限定不二論（Visishtadvaita），是羅摩奴闍（Ramanuja, 1017-1137）提倡的哲學思想，有別於商羯羅的不二一元論。

66 永恆濕婆（Sadasiva），又被稱為「五面最高自在天」，此濕婆身上包含五大基本原則，亦即宇宙的五種運作：創造、維持、毀滅、救贖及解脫。詳見施勒伯格著、范晶晶譯，前揭書75頁。

六八　修行—顯現

一九四六年八月二十三日

昨天，有位來自馬德拉斯的學者，在下午三時起，向尊者這樣質問：「尊者可曾有一段時間在從事修行嗎？」尊者說：「修行？修行什麼呢？為了什麼要修行呢？像這樣坐著，就是修行。我總是像這樣坐著。有時我閉上眼睛，現在我睜開眼睛，只是這樣不同而已！現在的是什麼，以後的也是什麼。以後的那裡是什麼，現在的這裡也是什麼。除卻『我』、真我以外，若還有別的東西，才要修行。對於無視永恆的真我，而迷失在注視短暫虛幻的身體之人，修行是有必要的。對於正視真我，而知萬物皆無異於真我之人，修行並非必須。那麼，修行還為了什麼呢？」

有人問道：「那為何許多聖典都說，若無上師，就無法獲致真知？」尊者說：「是的，對於那些由於心思的運作，又誤信自己即身體的人而言，上師與修行是必要的，由此俾能除去妄念。」另一個人問道：「有人說，冥想神明的人，能經由修行，而使他們喜愛的神或其他的吉兆，具體顯現。那是什麼意思？」尊者說：「那個始終如如其在的，就是顯現。『我』這個人始終是顯現的，那麼，karam是什麼？那個根本的，就是karam。因此，顯現（sakshatkaram）意謂真實、永恆的，自己的真我就是萬物的根本源頭。他們還說，若真我確實存在，根據其意念賦予神形象，並加以觀想，神就會憑空降臨，對人顯像。你捨棄無時不在的真我，從事修行，希望神從某處顯現其自身。他們說，神只是降臨又消失。你棄絕始終存在的真我，致力於短暫的異象、貪求恩賜，因而窮究心思，勞擾不已。若能單純地保持如如其在，那就不會有什麼困擾了。」尊者說道。

雖然尊者的教導，如此清晰，指出「顯現」是美善的境地及正確觀念，並非頭腦可以思議的，但大家不能瞭解這點，我也深感遺憾。正當我這樣想著，有人問道：「那個高尚思維及存在的境地，超越一般人的心智層次，這對尊者這樣的人，是自然而可能的，但對我們這種普通人而又沒有修行，有可能嗎？」尊者說：「當然，那是做得到的。修行是必要的，但修行目的為何呢？他的真我，無時無處，無所不在。所以，無須從他處得到真我。修行只是去除身體及其他妄念，這些都阻礙了人認同真我。這個妄念的萌生，是認為這個身體的物質世界是真實的，而不去正視那個真我。修行僅是為了去除妄念而已，否則，為何要為真我而修行，才能了悟真我呢？了悟到自己的真我時，便不再有別的認知了。」

六九　至上絕對是真實—世界是虛幻

一九四六年八月二十四日

不久之前，道場來了位陌生的訪客，用英語向尊者問了一些問題，因為我不懂英語，所以不知道內容，但尊者用坦米爾語回答。我把所能掌握尊者的答覆，敘述如下。

尊者說：「據說，至上絕對是真實的，而世界是虛幻，又說整個宇宙，都是至上絕對的形象，那麼，問題就來了：這兩句話怎麼接起來呢？在修行的初階，你必須說世界是虛幻的，而沒有別的說法。因為他忘記他是真實、永恆而無所不在的至上絕對，而誤認為他的身體在宇宙之中，那個宇宙充斥著生命短暫的身體，在其妄念下，施作勞動。這時，你必須提醒他，這個世界是不真實且虛幻的。為什麼？因為，他的眼識已忘卻自己的真我，停駐在外在物象的宇宙，而無法返內省思，除非你向他強調，這些外在的物象宇宙並不真實。一旦了知他自己的真我，除了真我之外，無物存在，那麼他就會把整個宇宙都看成是至上絕對。若沒有了他的真我，也就沒有宇宙。真我是萬物的本源，只要那個人昧於自己的真我，把外在的世界看成真實而永恆的，那你就必須告訴他，這些外在的世界，都是虛幻的。你不得不這樣。舉紙張為例：你只看到文字，但沒有人注意到在上面書寫文字的紙張，不管文字有沒有在那裡，紙張總是在那裡。對於那些把文字看成真實的人，你就必須說，那是不真實而虛幻的，因為它寫在紙張上面。智者將紙張與文字看作一體，所以至上絕對與宇宙，也是同理。

「電影也是一樣。銀幕在那裡，影像來來往往，但不影響銀幕。不管影像出現或消失，對銀幕又有什麼差別呢？影像是依附在銀幕上面的。但它們對銀幕有何用呢？人只觀看銀幕上的影像，但不看銀幕，卻因影像裡的故事情節，而悲喜交加。但是觀視銀幕的人，瞭解到所有的形象都是影子，而與銀幕有所分別。看待世界，也是這樣，全都是影子的遊戲。」那位提問者很滿意這個答覆，便告退離去了。

一九四六年八月二十五日

七〇　師父無所不在

前天，幾位歐洲人士帶著你的介紹函，開車來到這裡。同行的還有一位美國女士。昨天上午，他們先在鎮上逛了一圈，並造訪史堪德道場之後，在中午左右，抵達道場。他們安排歸程就緒之後，在下午三時，進入廳堂就坐。那位可憐的美國女士，不習慣在地上盤坐，便在我的旁邊伸直雙腿，朝向尊者的長椅坐在地面。

我感覺這樣有點失禮，但她馬上就要離開，我也就保持緘默。然而，其中一位隨侍，羅杰格帕拉·艾耶忍不住，便很客氣地請她盤腿而坐。尊者看到了，微笑地說：「他們坐在地面上都很困難了，你還要強迫他們盤腿嗎？」「不，不，他們不知道，伸腿朝向尊者很不敬，我只是這樣告訴他們而已。」隨侍師兄說道。「喔，是這樣？這是不敬的，是嗎？那麼，我把雙腿朝向他們，我也是不敬的。你所說的話，也適用在我身上。」尊者以輕鬆的語氣說著，便伸展他的盤腿。大家都笑了，但我們的內心，略感不安，這些外國人，在這裡待了約半小時，然後向尊者辭別後離去。

昨天整天，尊者不時伸直雙腿，又盤了起來，並說這樣一定是不敬的。若他把腿盤起來約十分鐘，就會僵硬，除非他又把腿伸直約至少半小時，否則仍然會僵硬，至於引來的疼痛，就不用說了。今天下午，我進入廳堂時，那裡約有兩三個人。尊者伸直著腿，說道：「我不知道，我可不可以伸直雙腿。他們說這是不禮貌的。」可憐的羅杰格帕拉·艾耶，站在那裡，垂頭喪氣，看起來很懊悔。畢竟，尊者滿懷慈悲！他一如往常，伸直雙腿，而我們都感到很欣慰。他看我坐在廳堂裡，便開始告訴我們阿維雅[67]的故事：

「哲羅[68]的大君，看到桑德拉穆提[69]騎著一隻來自凱拉斯山的白象，正要離去，便在他的馬匹的耳朵，輕

67 阿維雅（Avvaiyar），字義是受尊敬的女士，在坦米爾文聖典中，係指卓越的女詩聖之尊稱總名，被稱為阿維雅的女詩聖，計有三位。

68 哲羅（Chera），印度坦米爾地區的古國。

69 桑德拉穆提（Sundaramurthy，另譯名「美相」），指桑德拉穆提·那衍納爾（Sundaramurthy Nayanar），那衍納爾是信奉濕婆的虔愛派詩聖的尊稱。他與濕婆有相同的友善形象，故同受供奉。

訴五字真言，以便前去凱拉斯。那時，阿維雅正在祭拜上主迦納什[70]，看到兩人前往凱拉斯，就想要趕快完成祭拜，也出發去凱拉斯。迦納什看到了，就說：『婆婆，不用急。妳的祭拜，照常進行，他們抵達之前，我會帶妳到凱拉斯。』於是，祭拜如常進行。迦納什揮著手，說道：『婆婆，閉上妳的眼睛。』就這樣子，當她睜開眼睛，看到自己就坐在凱拉斯山，在雪山女神帕爾瓦蒂和至上伊濕瓦若的面前。桑德拉穆提及哲羅大君抵達時，發現她已在那裡了。他們很訝異，便問她是如何來這裡的。她告訴他們，那是上主迦納什協助她的。他們對於她的虔愛奉獻，而最後獲得賞賜，十分欣慰。

「她年紀很大了，所以面對著至上伊濕瓦若時，她雙腿伸直而坐著，跟我一樣。帕爾瓦蒂無法忍受這樣，她擔心這樣雙腿直向師父是極大的侮辱。於是她虔敬地向至上伊濕瓦若建議，允准她向那婆婆勸說。『喔，不要說，妳不要開口。我們不應該對她說什麼。』至上伊濕瓦若說道。縱使是這樣，帕爾瓦蒂不是祂最好的伴侶嗎？她怎麼能容忍這麼大的羞辱呢？於是她在她的伴侶（指伊濕瓦若）的耳際輕訴這位婆婆的情形。帕爾瓦蒂趨前向這位婆婆說：『老婆婆，老婆婆，妳的雙腿不要伸向至上伊濕瓦若這一邊。』『是這樣嗎？請告訴我哪一邊是沒有至上伊濕瓦若的，那我就轉向那一邊。』阿維雅說道。這樣說著，她就把腿朝向另一邊，而至上伊濕瓦若也就轉到那一邊。她又把腿朝向不同的一邊時，至上伊濕瓦若也同時轉向不同的那一邊。因此，不管她的腿轉到哪一邊，師父總是轉向那一邊。至上伊濕瓦若看著帕爾瓦蒂，說道：『現在妳看到了嗎？妳不聽我的，看，她是怎麼把我轉到這邊或那邊的，這就是我告訴妳，不要開口的道理。』然後，帕爾瓦蒂請求老婆婆原諒她。這跟要求大家不要把雙腿朝向師父是一樣的。哪個地方，是祂不在的呢？」

然後，那位師兄（指羅杰格帕拉·艾耶）說道：「南德奧[71]也有類似的故事嗎？」「是的，也是這樣的。」

尊者說道，並敘述故事如下：

「南德奧始終以神明毗鐸（Vittal）喜歡他甚於別人而洋洋得意。有一次伊耶那德奧（Jnanadeva）及其他人帶他去古拉康巴爾（Gorakumbhar）的家裡，參加宴會。餐宴過後，大家坐一排，彼此交談，其中一人，語帶諷刺地對古拉康巴爾說：『你會製作最好的陶具，不是嗎？現在，請告訴我們，我們這些陶具中，哪個是好的、哪個是壞的？』於是，古拉康巴爾拿著一支測試陶具的木條，一個一個敲著每個人的頭。

「他們都因為尊敬他，而默默把頭低了下來，但輪到南德奧時，他表示憤怒，拒絕接受測試，康巴爾便立刻宣布，他是不成熟的陶具。眾人聽了哄然大笑。可憐的南德奧，怒不可遏，說他們共謀來羞辱他。他於是噙著眼淚，跑去找毗鐸訴苦。『嗯，怎麼了？』師父毗鐸問道。南德奧便敘述原委。『好的，但你告訴我，別人被測試時，他們是怎麼說的？』師父問道。

「南德奧：『用木條測試時，他們都閉上嘴巴，把頭低下來。』

「毗鐸：『那你呢？』

「南德奧：『我像他們那樣嗎？我跟您那麼親近！難道我也要挨打嗎？』

「毗鐸：『這就叫做自我。他們都知道自己的真我，而且心滿意足，但你不是這樣。』

「南德奧：『但您對我很好啊，還有什麼是我不知道的？』

「毗鐸：『不是這樣的。若要知道真理，就必須服侍長者。我是什麼？你跳舞，我就跳舞；你笑，我就

70 迦納什（Ganesar），指象頭神。

71 南德奧（Namadeva, Namdev）全名Shiromani Namadev Maharaj（1270-1350），或譯名「納姆德瓦」，是信奉毗濕奴的瓦卡里（Varkari）的虔愛派詩聖。

笑；你跳，我就跳。若你找到真理，你就不會這樣蹦蹦跳跳了。』

「南德奧：『您說長者，那麼比您年長的，到底還有誰呢？』

「毗鐸：『誰？附近森林裡有間神廟。廟裡有位修行者。去找他，你就會知道真理。』

「南德奧到了森林裡的神廟，他看到一個邋裡邋遢的男子，躺在那裡。『這個傢伙怎麼會是修行者呢？』他心想著，並趨前靠近那個人，看到那個人把腿擱在林伽聖石上。眼前所見，使他不禁發抖起來，便誠惶誠恐地問道：『先生，這樣是什麼意思？您把腿放在神明的頭上！』那個人說：『喔！南德奧，是你嗎？毗鐸要你來的，是嗎？』他大吃一驚，納悶著這位修行者怎麼會知道他的事，於是再問道：『先生，您是修行者，是嗎？怎麼把腿擱在林伽聖石上呢？』『是這樣嗎？我親愛的孩子，我一點都不知道啊，我無法舉起我的腿，你可否幫我把我的腿抬起來，移開那個林伽聖石呢？』他說道。南德奧同意這麼做，便把他的腿抬起來，移到別的地方，但他發現別的地方，也有個林伽聖石，因此，不管他要把腿放在什麼地方，那個地方就有林伽聖石，最後只好把腿放自己身上，自己變成了林伽聖石。那就是說，觸摸聖足，他就悟到了真我之知。南德奧站在那裡，為之恍惚。那位修行者問道：『是的，你現在了悟（真理）了嗎？』南德奧說：『是的，我了悟了。』便在毗索巴克薩（Visobakesar）面前鞠躬致敬，而他就是智納斯瓦[72]的信徒。南德奧返家後，安坐在他的房間內，入定於冥想裡，不再去找毗鐸了。

「幾天過後，毗鐸來找他問道：『南德奧，你最近怎沒來找我？』南德奧說：『喔，上主！哪個地方，是祢有所不在的呢？我在這裡，無時不看到祢。我就是祢，祢就是我。這就是我沒有去找祢的原因。』

『喔，我明白了，這樣很好。』說著，毗鐸就消失了。」

尊者說完了這則故事的同時，也把他的盤腿伸展開來。

七一　不滅的實相

一九四六年八月二十六日

羅杰格帕拉·艾耶在七月底回來，協助安排分發文件及書籍，並看管圖書室的庶務。最初幾天，他在翻尋塵封已久的一堆文件時，發現有一張尊者親筆寫的坦米爾文詩頌及譯成泰盧固文的紙本。

他把這紙上呈給尊者看，但尊者已不記得詩頌是誰寫的，於是叫我看，問我是誰寫的。我細閱之下，發現坦米爾文的詩頌是那拉辛荷·謝提（Narasimha Shetty）在蒂魯丘立（尊者出生地）的孫德倫故居啟用儀式後，所寫的有關蒂魯丘立的事情，而泰盧固文的譯文，則是我寫的。我告訴尊者詳情後，請求允許取得一份紙本，他首肯了。

晚間吟誦吠陀經文後，我在尊者面前鞠躬，正要回家時，尊者問道：「我那張紙本呢？」雖然他允許我的請求把那張紙本帶回去抄寫，隔天再拿回來，但他懷疑我是否會歸還給他，每當我看到他那麼美麗的筆跡，宛如珍珠般的字體在紙上，我不禁想要保存下來。尊者意會到這個，便要我把紙本歸還，以便斷了這個念頭。

那天晚上，我抄寫了泰盧固文的詩頌，並在另一張紙上，用泰盧固語的文字，抄寫坦米爾文的詩頌，以便呈給尊者看，然後我又把它抄寫在道場的筆記簿裡。所以，隔天上午七時三十分，我到道場，向尊者鞠

72 智納斯瓦（Jnaneswar, 1275-1296）。十三世紀印度馬拉地聖者、詩人及哲學家，是毗濕奴派的虔愛信徒，曾將《薄伽梵歌》譯成馬拉地語。

躬後，他又問我：「那份紙本呢？」「是的，師父，我帶來了，我用泰盧固文，寫坦米爾文的詩頌。請您過目，若是正確，我會抄寫下來。」我說道。他看了一遍後，就遞交給我，我便從書架上拿了筆記簿，放在我這裡，直到他從山上散步回來之前，但他並沒有看到我拿了筆記簿。當我正要帶著紙本及袋子出去時，尊者說道：「抄寫好了之後，那份紙本要還給我，我需要那份紙本。」我被三番兩次要求歸還那份紙本，感到羞愧，於是我按捺不住，便說道：「我親自寫了這麼多的文字紙本，我從未自己保留一份，每份紙本，我都交回去，他（指著羅杰格帕拉）可以作我的證人。」當我這樣說時，羅杰格帕拉說：「是的，是的。」我還是忍不住說道：「這就像泰盧固語的諺語：『會吵的孩子有糖吃！』大家都在索求尊者的手稿，若他們有機會拿到手稿，他們都會悄悄地把它留下來，難道我會為了這張小小的紙本被誤導，不知道這個道理嗎？我一點都不會要的，我會立刻直接拿回來。」我愈說愈是哽咽，淚眼涔涔。

我再也不能克制了，便爆發出來，把抄錄詩頌的筆記簿拿給尊者，把紙本交到站在旁邊的羅杰格帕拉·艾耶的手上，並且用顫抖的語調說：「我把紙本給他了。」

尊者滿懷慈悲，口吻柔和地說：「若妳喜歡，妳就留著。」難道我沒有傲氣嗎？「為什麼？字跡都模糊不清了，而且紙張也破損了。」我說道，聲音顫抖。當我要退回坐在我常坐的位置時，尊者和緩以道：「（妳所譜寫的）那則帕迪耶姆韻詩，還在妳那裡嗎？」我屏息說道：「是的。」雖然，在外表上，我毫不在意，但我內在的欲望與念頭，卻把我折磨得七葷八素。

兩三年前，每當尊者譜寫一則詩頌，大家就想搶著要拿到他的手稿。他們抓住機會，一拿到真跡，就把它藏匿起來，被要求歸還時，也不肯交出來。我見此情況，不願在我的內心萌起這樣的欲望，於是我寫了一則泰盧固文的詩頌，用此自許。詩頌云：

您總是以不滅的存在之形相，示現在這個蓮花本心裡。只因為業力習性的遮蔽，就要求手寫的字紙，而無視於實相，難道這是合宜的嗎？

假若在某個時候，得以洗淨雙眼，除去遮蔽，則不滅的實相，將清晰可見；而那個字眼，不會被抹滅，那張字紙（蓮花本心），不會被破損。假如這個不滅的東西，送給高聲喊叫的人，而默然無語的孩童，其眼睛上的遮蔽，也移除了，那就再好不過了。那麼，那個孩童，將會照顧自己。「治療塵世疾病的卓越醫師」之名號，已然在此。現在他會名符其實嗎？等著看吧。不管如何，有件事是，他不斷的在醫治大家，而雙眼的昏昧，逐漸消退中。

一九四六年八月二十七日

七二　教導精義

尊者用泰盧固語的文字，親自手寫馬拉雅姆版的《教導精義》（*Upadesa Saram*），該版本的名稱是《古米・帕圖》（*Kummi Pattu*），一九四四年，我從尊者那裡拿了這本書，並且說我會抄寫下來。我把它抄寫在我的筆記本後，歸還原書給尊者時，有位師兄向尊者這樣說：「尊者寫《教導精義》，只因為穆魯葛納寫了有關上主濕婆的《遊戲》，那是關於濕婆對達魯卡森林（Daruka Vana）裡的苦行者，施予福佑，不是這樣嗎？」

尊者說：「是的，他所寫的，不僅是達魯卡森林裡的苦行者的故事。他想要用一百則詩頌，寫有關上主的所有化身，並套用在我的身上。他為此而採用安迪帕拉（Undeepara）的民俗歌謠，寫了七十則詩頌。快寫完七十則時，他寫了達魯卡森林苦行者的故事，然後請我寫剩下來的三十則詩頌，那是有關教導方面的。『你已經寫了全部了，我還要寫什麼呢？最好是由你自己來寫。』我說道。他堅持由我來寫，並說他對教導這部分，並不瞭解，而尊者可以單獨來寫。那我該怎麼辦呢？我別無選擇只好寫了。寫完這三十則詩頌後，我們就把它命名為Upadesa Undiyar〔《教導精義》坦米爾文版書名〕。詩頌完成後，拉邁爾瑜伽士說，他不懂坦米爾文，要求我用泰盧固文來寫，所以我就寫了雙語版的。後來，納耶那[73]說：『梵文的呢？』我表同意，也就用梵文寫了這些詩頌〔書名是Upadesa Saram〕。我用三種語文，寫了這些詩頌後，康猷史瓦米、羅摩克里希那（Ramakrishna）等人，也要求我用馬拉雅姆文來寫，因此，我就採《古米·帕圖》的風格，用馬拉雅姆文，也寫了這些詩頌。」

「所以原先是坦米爾文，其次是泰盧固文，再來是梵文，最後是馬拉雅姆文的版本，是這樣嗎？」我問道，而尊者說：「是的。」我繼續問道：「納耶那一看到《教導精義》的頌文，便在上面約略寫了頌註嗎？」「是的，當時他住在芒果樹洞，我寫了頌文送去給他，他告訴他身邊的人，說：『就像這樣的一則頌文，我們能寫得出來嗎？』於是他在一個日蝕的日子，寫了一則簡略的頌註，於一九二八年一併出版。」尊者說道。

然後，我問道：「《真理詩頌四十則》是怎麼寫出來的？」「在穆魯葛納的敦促下，我用坦米爾文也寫了那篇詩頌。當時，拉邁爾瑜伽士也在那裡。他請我用泰盧固文，起碼寫個大要，於是我用散文寫了。後來，瑪德瓦說：『馬拉雅姆文的呢？』我說好的，就用那個語言，按照韻腳的聲律來寫，那樣有點像希什瑪里克（seesamalika）格律的韻詩。另外，我也用泰盧固文寫了這篇詩頌。妳喜歡的話，可以把它抄下來。」尊者說道。

「為何尊者沒有寫梵文的。」我問道。尊者說：「當時，納耶那、拉克希瑪那・薩瑪（Lakshmana Sarma）等人都在那裡，我留給他們來寫，我想我為什麼要操心呢，於是就不去說了。」我問道：「當時，納耶那有寫梵文的《真理詩頌四十則》嗎？」尊者說：「沒有，當時在寫這篇詩頌時，納耶那曾給我們一些建議，但穆魯葛納跟我已對詩頌的編排都就緒了，而他自己並沒有寫頌文。後來，他去了西爾西（Sirsi，在卡納塔卡邦）。他在那裡的時候，維斯瓦納坦（Viswanathan）及卡帕里前去跟他待了一陣子。這個時候，拉克希瑪那・薩瑪為《真理詩頌四十則》寫了些頌文，寄給納耶那，經適當編輯後，寄了回來。當時納耶那看到那些詩頌，便說他自己也可以寫頌文，不須修訂頌句，於是原文又寄回。後來，他經由維斯瓦納坦及卡帕里的協助，寫了確實符合坦米爾文版的頌文，並寄來這裡。但納耶那所寫的頌文，仍然是他先前出版的《存在觀視》（*Sad Darshanam*）的頌文。事情的發生，總是如如其是，我們又能奈何呢？為了配合梵語的譯文，卡帕里用英文及梵文寫了頌註，然後維斯瓦納坦把它譯成坦米爾文。」

「那個〈補篇〉又是怎麼寫出來的？」我問道。「我寫這篇，並沒有什麼特殊的原因。有人要一則詩頌，我便寫一則，所寫的總合起來，就當作〈補篇〉。最初出版時，只有三十則頌文。後來，成為四十則。這些詩頌，有的甚至只寫了第一句。後來，我用泰盧固文來寫。其次用馬拉雅姆文來寫。一些頌句，是出自於古代大人物的手筆，而另一些頌句是拉克希瑪那・薩姆按照我寫的散文而寫的。」尊者說道。「有些頌文，也是尊者寫的嗎？」我問道。「我寫了兩三則。」尊者說道。「尊者一定也寫了泰盧固文的詩頌。」我說道。「是的，一定也寫了一些。妳喜歡的話，可以看那些手稿，妳就會知道詳情。」尊者說道。

73 納耶那（Nayana），是拉瑪那對加納帕提・慕尼（Ganapati Muni）暱稱。

七三　那個「我」，就是心思本身

一九四六年八月二十八日

今天上午，一位安得拉邦的人士，向尊者問道：「師父，您說最重要的事，就是去探究並找出我是誰，但這又如何去找呢？是我們持咒，說『我是誰？我是誰？』或我們應該要持誦『不是這個』（Neti）嗎？我想知道確實的方法。」等了半晌後，尊者說：「到底是要找出什麼？是誰在尋找呢？那一定是有個人在尋找，是嗎？那個人是誰？那個人又是從哪裡跑出來的？那就是首先要找出來的東西。」

提問者又問：「難道不需要修什麼法來找出那個我是誰嗎？修什麼比較有用呢？」「沒錯，你就是要找出那個，要是你問去哪裡找，我們會說，往內在看：它是什麼樣子、怎麼萌生、從哪裡萌生的，那就是你必須正視並加以探究的。」尊者說道。那位提問者又問：「若問這個我的萌生處，古人就說，在內心裡，那要怎麼看到呢？」

「是的，我們必須去看這個內心本身。如果你正視，頭腦就會完全隱沒。持咒『我是誰？我是誰？』，或覆誦『不是這個』的字語，是無用的。」尊者說道。提問者說自己就是做不到，尊者答道：「是的，沒錯，那很困難，我們始終存在，並且無處不在。這個身體、身邊的東西，都在我們左右，跟它們在一起不難，難的是把它們丟掉。我們覺得難以分辨什麼是內在本有的，什麼是外來的。看，真是悲哀！」尊者說道。

不久之前，一位孟加拉青年問了類似的問題，尊者很詳細地對他解說，但他的疑惑尚未澄清，又問道：「您說真我無時無地不在。但那個『我』究竟在哪裡呢？」

尊者微笑答道：「我說真我無時無地不在，而你卻問那個『我』在哪裡，這就好像你在蒂魯瓦納瑪萊，卻在問：『蒂魯瓦納瑪萊在哪裡』？你無所不在時，又要去哪裡找尋你呢？真正的妄見是，你認為自己就是這個身體。如果擺脫了這個錯誤的想法，最後留存下來的，就是你的真我了。你應該找尋沒有跟你在一起的東西，那個始終與你同在的，哪有必要去找尋呢？那個『我在』之知，始終在那裡，叫它阿特曼或至上阿特曼，或隨你喜歡。人應該擺脫『我是這個身體』的觀念，『我』就是真我，不須他尋。真我，是遍在一切的。」

我引述尊者在《真理詩頌四十則》的文字佐證如下：

若無真我，何來時間與空間呢？若我們是身體，我們必然受限於時空。但我們是身體嗎？我們是一，我們就是現在、過去、永遠，這裡、那裡、遍在。因此我們是存在，了無時間與空間。

《真理詩頌四十則》十六頌

一九四六年九月八日

七四　五十週年慶祝活動

有些朋友要我寫九月一日五十週年的慶祝活動，所以我就寫了這封信。縱然是積極參與這個慶典的人，都不能記得所有事情，事實是，我身為一個弱勢性別，又只能當個旁觀者，有可能知道一切，瞭解全部的情況嗎？然而，我要勇於提筆。《薄伽梵往世書》作者的說過：「我將從智者那裡的所見所知及所聞，盡可能詳予敘明。」這話長記我心。

莫約在慶典開始的二十天前，道場管理人從馬德拉斯回來。他出門迄今約有一個月，也去了一趟馬德拉斯。他到馬德拉斯不久就跟幾位師兄姐見面，共同籌劃慶典活動，所以直到他回到蒂魯瓦納瑪萊之前，活動的諸多準備事宜，尚未明朗。我並不知道，在別的地方，還有人為英文版的紀念文集在工作，至於在廳堂裡的相關人員，對慶典活動不顯得熱烈。尊者為了滿足師兄姐的要求，表面上翻尋一些舊存的文錄，以便把梵文的詩頌都挑出來，譯成英文。道場管理人一抵達道場，慶典的準備工作就如火如荼的展開。沒有人知道辦公室裡在商議什麼事宜，或誰建議什麼，但是他們在山邊緊鄰廳堂的地方，搭起一片大遮棚。克里虛那史瓦米因為體弱而疲憊不堪，約有月餘，但搭設遮棚的工作一開動，他就忘了疲憊，精力大增。他勤奮而積極，爬上梯子，釘縫棕櫚葉片的工作。會場活動的棚屋豎立起來了，他們說地面要鋪上水泥，他便在地面注水，打樁立起柱子，施作各項雜工，似乎是個巨人，孔武有力。據說，神猴哈奴曼本身安靜得像一隻鳥，把尾巴收捲起來，但一聽到要搭建橋樑，他便渾身起勁，施作所有的工務。這就是在說明某句話，說當事情來的時候，神的信徒受到鼓舞，會施作各項工作，以利別人。

你記得，你約在二十天前來拿走了室利·秦塔·迪克希杜魯（Sri Chinta Dikshitulu）的歌譜及散文，以及我的〈戈比〉（*Gobbi*）歌譜，說五十週年慶之前，你會把它們印出來。後來，穆魯葛納及其他師兄姐，寫了一些讚歌及詩頌，也送來這裡要印製。卡帕里·夏斯特里用梵文寫的《拉瑪那之歌》（*Sri Ramana Gita*）的註釋，道場收到了印妥的紙本。英文的邀請卡，上面印有五十顆燙金的星星，分送給信眾。

五十年前，在上主克里虛那（黑天）誕辰日的前一天，尊者來到阿拉耶尼那魯神廟（Araiyaninallur），當天是星期日。九夜節的第八天，星期一，他在基盧（Kilur）這個地方，穆蘇克里希那·巴格瓦塔（Muthukrishna Bhagavathar）家裡，享用一頓盛餐之後，便在隔天，九夜節的最後一天，星期二上午，步入阿魯那佳拉神廟。從那一天到現在，眾人皆知，他從未離開這個地方。那一天正是一八九六年九月一日。為了使其他地區的人，也能慶祝這個事件，便根據格里曆（即陽曆）訂在九月一日為五十週年慶的日子。

依照印度的傳統，上主克里虛那誕辰日之後的那一天，應該是五十週年慶的日子。我們不知道上天的旨意為何，但今年的克里虛那誕辰日，剛好是星期一（一九四六年八月十九日），而隔天是星期二。按照坦米爾的習俗，羅摩史瓦米·艾耶跟其他人，就說那一天應該要慶祝，於是他和其他師兄姐用坦米爾文寫了一些讚歌及詩頌，又加以吟唱。室利·桑巴希瓦·饒（Sri Sambasiva Rao）說，按照泰盧固的習俗，九夜節應慶祝到星期三，所以五十週年應落在二十一日，說著他就從《薄伽梵往世書》中摘寫一則古老的偈頌及一則韻詩，其開頭是「服侍您的蓮花聖足」，並置於尊者面前；另外有位人士，譜寫一些韻詩、讚歌及散文，並加以朗讀。偈頌的吟誦，一直持續到兩天之前。

二十三日起有鐵路罷工，我不知道這些師兄姐是怎麼來的。有些人在二十九日，已先到卡特帕迪（Katpadi），有些人是坐公車或貨車來的。在夏杜提（Chathurthi，陰曆的第四天）的日子，道場的廟裡，有祭拜象頭神的法會。在遮棚的另一邊，架設一座棚屋，看起來像婚禮的大廳，被稱為「慶典廳」（Jubilee Hall）。有人說，若有綠葉的花環，繫在長椅的四周，加以裝飾，會很好看。

晚間九時前，所有要致詞的來賓都搭車前來，慶祝活動將在翌日上午開始。我們都在商討事宜，直至夜晚，然後回去就寢。我們照常在上午五時前來，「南卡瑪那」的偈語，已經在吟誦了，似乎比原先的時程早了一小時。道場的梵行學生，把法會要用的東西放在尊者的面前，向他鞠躬後，拿到道場的廟裡。我們對自己的不甚關心而感自責之餘，便跑到棚屋去，驚見那裡裝飾得美侖美奐，整個遮棚都用摺層的紅布繫綁，上面又有芒果樹的綠葉、花卉等飾物。巴羅達（Baroda）城邦的王妃，剛送來銀色蕾絲的沙麗綢緞，裝飾在廟裡的女神。所有的沙麗，鋪在命名為「慶典廳」的棚屋北側的石椅上，使其賦予神殿的造形，在陽光照射下，銀絲的沙麗顯得光彩奪目。我向其中一位師兄問道，沙麗是否是用來裝飾女神的，他說只有在裝飾尊者的長椅之後，才可以這樣裝飾。另一位師兄說，這個構想很好。前一天晚間九時前，尚未施工裝飾，但在翌日上午五時，所有的裝飾工程就完成了，所以我們可以斷定，師兄姐整夜沒睡。我們不知道，師兄姐如何在深夜抵達這裡，一大早就都帶著行李分成小組坐定。

尊者在上午六時三十分，已浴身並吃完早齋，朝向阿魯那佳拉聖山走去。他回來的時候，克里虛那史瓦米已在石椅上鋪好手工紡織的純棉布，並把新買的一塊布，上面有紡紗車輪及三色旗幟的圖案，包覆在座位上；說這樣看起來實在很吸引人，並非誇大其詞，因為它很簡約，又因為旗幟象徵我們國家的榮耀，在各式各樣的裝飾中，顯得十分堂皇。值得注意的是，九月的這一天，同樣也是賈瓦哈拉爾·尼赫魯（Jawaharlal Nehru）成為印度總理的日子。

到了上午七時，尊者身著他平常的纏腰布，帶著燦爛的笑容，坐在長椅上，祝福他的信徒。他慈悲而寬宏的觀視，使得全體信徒，非常興奮。在那個日子裡，能看到他，實在是莫大的幸運。在古代，蟻垤仙人、廣博仙人（毗耶娑）及其他偉大的作者告訴我們，神如何不斷地化身轉世為羅摩及克里虛那（黑天）等形象降生，建立法則。「為了把法則、公義建立在堅固的基礎上，我代代出世。」（《薄伽梵歌》四章八節）今天，我們何等幸運，能有同樣的福份。拉瑪那至上真我，乃轉世原人、宇宙上師，駐於阿魯那佳拉聖地，已有五十年，並且以其觀視，淨化人的靈魂。對於赤忱不二而服侍他的人，他都以靜默的教誨，除去他們生命的桎梏，給予解脫。我們的責任，就是服侍他，而不是把寶貴的時光，浪費在微末的瑣事上。這個五十週年慶本身，就是在宣稱五十個年頭迄今，他是位居崇高地位的上師。許多師兄姐都說，這是個黃金的時代，或是一個嶄新的年代。這些日子來，許許多多幸運的人，獲得了尊者的恩典、暢飲清淨的靈漿，成為受到福佑的人。直到現在，我尚不能打開雙眼，去知道尊者的真實偉大之全幅盛況。有很多人像我這樣，無法知道這個仁慈的化身，給了我們各種的場合去服侍他，而在所有的這些場合中，我認為五十週年的慶典，是最偉大的。甚至現在，我都不知道，如何去服侍這位偉大的聖者、如何向他祈禱、如何對他禮拜。當他是遍在、全知，而不可思議，並以人身來到這裡，我們又能給出什麼東西滿足他呢？真正對他的禮拜，乃是在靜默中，但這樣的禮拜方式，超過我的能力所及，我總是待在那裡，有個距離，不斷地希望能觸摸他塵世的聖足，獲得解脫，並以此來滿足自己。他應該跟我們住在一起，像這麼長久，以便對真知的尋道者，給予恩典的福佑，並以其仁慈及祝福，拯救他們的靈魂，除此之外，我們還要祈求什麼呢？

我將在另一封信上，敘述上午七時至晚上七時十五分之間，道場所發生的事情。

一九四六年九月九日

七五　五十週年慶典

昨天我寫給你的信函，是有關五十週年慶祝活動的概述。這封信，則是當天從上午七時到下午七時十五分所有活動的綜述。

上午七時十五分，行程開始，由烏瑪女士跟其他已婚婦女，拿著牛奶壺，吟唱讚歌，把壺放在尊者聖足前。然後，一些師兄姐朗誦散文、讚歌、詩頌詩，分別是用梵文、坦米爾文、泰盧固文、康納達文、英文及烏爾都文寫的。這些讚詩的吟誦，間或稍息，一直到下午二時為止。上午八時三十分到九時三十分，有布達普爾·克里希那穆提·夏斯特里的音樂演奏，於九時四十五分至十時休息。十時十五分開始，在母親神廟有法會及搖著燈火的阿拉提儀行。十一時，道場居民從阿魯那佳拉神廟帶來聖食，以虔誠的心，放在尊者面前。然後，從上午十一時至中午十二時，活動休息。

師兄姐懇請尊者照例休息到下午二時，但是他會同意嗎？他一吃完飯後，便坐在長椅上，一如往常。有些人為了觀視他，遠道而來，可能因為時間不夠，會悵然離去，但尊者不在意身體的不適，他的慈愛及恩典滿溢，不按照往常一樣去休息，讓他們觀視。

許多師兄姐回到家後，以為下午二時以前，尊者不會出來接受觀視。但我吃完飯回來時，尊者早已坐在棚屋下的長椅，光輝四射，被師兄姐環繞著。

頌詞一則又一則的朗誦著，你無法把這位偉大的聖者跟任何帝王或神明相比。那是因為若你前去觀視帝王，會有很多的阻礙，而且還要有很多人的推薦引見。至於觀視神明，若你去瓦崑特、迦耶（Jaya）及毗迦耶（Vijaya）等地，在大門口前，他們說時間不對，要你走開。若你去凱拉斯，也會遭濕婆的侍者這樣對待。但是這裡就是不同，這裡有個準則，沒有誰在任何時間會被阻撓觀視，甚至動物及鳥兒都不會被阻擋。誰能等同這個偉大的仁慈化身呢！他獨自跟祂自己平行。

下午二時，人們開始聚集，擠得水泄不通。志工安靜地引導他們就坐。慶典廳呈現出帝王的宮庭覲見的模樣。二時準點，呈獻慶祝紀念品，然後婆羅門學者，拿著滿水的水壺前來，吟誦著吠陀經文，再來就是朗讀來自印地普拉查爾·薩巴（Prachar Sabha，弘揚印地語的教育機構）的一篇散文；會場裝置擴音器，雅利安吠舍社（Arya Vysya Samajam）的代表，用泰盧固語致詞。穆尼史瓦米·切提兄弟企業（Mumiswamy Chetty

Brothers）的代表，用坦米爾語致詞。然後，開始講演。

大會主席是馬德拉斯高等法院法官，庫普史瓦米・艾耶（C. S. Kuppuswami Iyer），他用英語宣布大會開始後，S・雷達克里希南執筆的一篇散文，由T・K・多萊史瓦米・艾耶朗讀，那篇散文，是郵寄剛到的。

然後，史瓦米・拉傑史瓦拉南達（Swami Rajeswarananda）及瑪哈德凡博士（Dr. T.M.P. Mahadevan）用英語致詞，切蘭姆（M. S. Chellam）及歐曼都爾・拉瑪史瓦米・雷迪爾（Omandur Ramaswami Reddiar）〔後來他擔任馬德拉斯邦的首相〕用坦米爾語致詞，K・K・艾拉瓦坦・艾耶（K. K. Iravatham Iyer）用馬拉雅姆語致詞，R・S・范卡達拉瑪・夏斯特里（R. S. Venkatarama Sastry）用梵語朗讀一些讚頌並致詞。康猷史瓦米吟唱一些讚歌。這些演講的內容，都應妥為記錄，但我怎麼能夠知曉全部的語言，全數筆錄下來呢？

到了大會主席作總結時，已經是下午四時四十五分了。在此期間，印度新聞局的代表，拍攝一些照片，準備用來製作五十週年慶典活動的影片，這時約有四十五分鐘的休息時間。五時整，阿南瑪萊・皮萊（Annamalai Pillai）代表蒂魯瓦納瑪萊的居民致謝詞，然後是穆希利・蘇婆羅瑪尼亞・艾耶的音樂演奏，再來便是吟唱吠陀經文。大會在下午七時十五分結束。結束之前，約在下午六時，一位馴象師牽領著一隻全身裝飾的大象，讓大象在尊者面前跪拜。那隻象通常被看管在千柱殿的柱廊裡，柱廊底下有個地窖，尊者早年在阿魯那佳拉神廟時，在那裡待了一陣子。因此，待在柱廊裡的大象，向那個柱廊裡的帝王致敬，十分合宜。

你可能會問，大家前來向他跪拜致敬，祈求協助及指引，那麼尊者會有什麼信息給他們呢？在這樣的場合裡，我用泰盧固文，寫了一則詩頌，大意是：「他以觀者在那裡觀視一切，不受影響，沒有屬性，是唵的化身。」同此情況，他在那裡，如如不動，攝入在他的真我裡，其觀視及聽聞，始終平靜。那就是他給予我們無價而偉大的信息。那雙瑩亮的眼眸，閃耀出恩典及慈祥，直入一切生靈的內心，賜予他們平安的福佑。

無語的太陽，以其輝耀的光芒，照遍四方，摧毀無明的黑暗。然而，超越心思及言語的寧靜，又如何能廣為宣述呢？

一九四六年十二月十三日

七六　大節慶

上個月二十八日，那天是迦喇底迦月（Karthika，坦米爾年曆第八個月）的第五天（Suddhe Panchami），阿魯那佳拉伊濕瓦若神廟，舉行升旗典禮，揭開大節慶（Brahmotsava）的序幕。這個節慶的第十天夜晚，在阿魯那佳拉聖山的山頂，點燃聖火。今年這個儀式是在本月的第七天舉行。每年的十天節慶期間，整個城鎮聚集著各地的朝聖者，熙熙攘攘，十分熱鬧，通常他們都會前來觀視尊者，而排燈節是二十七星宿中昴宿（Karthika Nakshatra）的日子。群眾在四五天前，便開始聚集，尊者通常坐在母親神廟前的棚屋裡，以利民眾前來觀視。然而，今年民眾認為尊者最好是坐在慶典廳[74]裡，故有必要略施工事，於是在四周紮起草蓆，防止雨水潑及。尊者在大節慶的三天後，便移到慶典廳，比起以前，提早了兩三天。當天傾盆大雨，前來的民眾，多數是窮人，老弱婦孺都有。

第十天的晚上，慶祝聖火燃亮，大家在凌晨二時陸續出發環山繞行，回到道場時，全身都濕透了。為了方便民眾觀視，尊者往常是把廳裡的其中一個門關閉，而把他靠坐的長椅，擺在門戶的跨越處。我們想現在也可以那樣擺放。尊者說道：「為什麼要那樣？這裡沒有什麼問題。」

整個晚上，都是狂風驟雨，我的時鐘停了，因此醒來時，不知道正確的時間。沐浴後整夜沒睡，想著要早點到道場。這時道路上靜悄悄的，沒有行人走動，我心想或許太早了，便想休息一陣子，於是打盹了。突然之間，我好像在夢中聽到群眾的聲音，就迷迷糊糊起床。這時雨停了，由於風吹得很強勁，雲也消散了，夜光透過窗戶，灑落在房間裡。我心想可能會晚到，所以急急忙忙地出門，只看到從山上下來的湍急的細流，汩汩作響。路上都是濕的，我趕緊進入廳堂，看見道場的時鐘，指的是上午四時三十分。尊者不在廳堂，我向人問尊者在哪裡，「在棚屋裡。」我喊著說：「在棚屋，就在這個又風又雨的天氣！」我到那裡，看見尊者坐在長椅上，身上連一件單薄的衣服也沒有。他的臉龐宛如滿月，帶著微笑，輝照四射，洋溢著慈愛與幸福的氛圍；焚香熏煙，聞之甘甜，瀰漫在整個現場，彷彿是天上喜林苑（Nandavana）裡檀香樹的香氣。《往世書》說，某處有個乳海，海上有座白色的島嶼（Sweta Dwipa），島上有摩訶毗濕奴的住所，所有天上的神靈都圍繞著祂，向祂禮敬，安享著福佑與幸福。對我來講，廳堂四周地面的積雨，似乎是乳海；慶典廳裡，燈火通明，看起來像白色的島嶼；這位拉瑪那至上真我，坐在長椅上，就是摩訶毗濕奴，而環繞在他身邊，向他禮敬的信徒，則是天上的神靈。我眼見及此，內心的幸福喜悅之情，為之澎湃不已。

我趨前，滿懷著這些想法，尊者臉上泛起微笑，而我不知道為什麼。我向他鞠躬起身後，他說：「吠陀經文的吟誦都過了。」兩個月前，五十週年慶典的活動行程中，有關吠陀經文的吟誦，表訂的時間比平常早一個小時，所以當我們按照平常的時間來到那裡時，經文的吟誦都已經過了。我心想尊者臉上的微笑，是表示這次在時間上，也是同樣的情況。我對於自己的疏忽，感到慚愧之餘，向尊者問道：「您整個晚上都待在

74 原註：為了五十週年慶祝活動，在舊廳的北邊，所搭建的竹棚茅屋。

這裡嗎？」尊者答說：「不是的，每年這天從上午二時起，人一團接著一團前來。所以，我在上午二時，就來這裡。不過因為下雨，他們現在還沒有到。」「他們晚到些，對您會比較好。」有位師兄這麼說。大家都笑了。

我們都坐在那裡吟誦經文時，羅摩史瓦米・皮萊和庫普史瓦米・艾耶來了，站在長椅前面。「怎麼了？是要吟誦經文嗎？」尊者問道。「是的，沐浴的時間還沒到，我們要吟誦《德瓦羅》（*Thevaram*，三位坦米爾詩聖譜寫的讚頌上主濕婆的詩頌）。」皮萊說道。尊者首肯，於是他們吟誦起來。不久，吟誦完了，羅摩史瓦米走過來，說他沐浴的時間到了。皮萊說，他要吟誦瑪尼迦瓦吒迦爾[75]詩聖寫的《蒂魯凡巴瓦》（*Thiruvembavai*）。「那篇詩頌有二十則頌文，我怎麼能等到誦完整個詩頌呢？現在就要去了。」尊者說道，並按摩他的腿，準備起身。「我們待會兒就停下來吧。」皮萊說著，便起頭用「阿南瑪列揚」[76]吟誦一則頌文，涵義是這樣：「喔！女伴！正如向上主阿魯那佳拉蓮花聖足鞠躬禮敬的神靈，其頭冠上寶石的亮光，被上主蓮花聖足的光輝掩蓋，而為之暗淡無光，同此情況，上升太陽的光芒，驅散了（宇宙的）黑暗，使星辰的閃爍之光，為之朦朧不清。在此時刻，讓我們歌頌讚美上主的聖足，讓我們沐浴而徜徉在充滿鮮花的水池裡，並歌頌讚美那個蓮花聖足。」

這則頌文，吟誦完畢時，尊者剛好把他的雙足踏在地面，以便前去沐浴。正當吟誦的頌文終止在「讓我沐浴！起來吧！」尊者剛好從長椅上起身，說道：「是的，我起來了，要去沐浴了。」大家都笑了。

雖然至上真我，在宇宙中，顯化為尊者的形相，既非男性，也非女性，但是尊者在禮拜上主阿魯那佳拉伊濕瓦若時，以一個女子對其丈夫的情懷對上主表述，我對此感到無比的驕傲。瑪尼迦瓦吒迦爾吟唱讚歌時，似乎是以女子的情懷對著上主，而尊者譜寫他的《永結真我的婚姻花環》時，也是懷著相同的女子情愫。你看到尊著給了女性情懷何等崇高的地位！

去年，我寫了一系列的信函給你，正好是在排燈節之後，上主阿魯那佳拉的遊行隊伍來到道場前，往聖山去繞行，而上主的神靈在說，孩兒對父親，不勝感激。這些信函，在幾天之前，已付印了。

一九四六年十二月十九日

七七 真我：其形相及行動

前天，有位安得拉邦的人士前來，遞交一封信給尊者，信上的問題是這樣：「有人說，悟者在睡眠時，是在真我形相的心思（Atmakaravritti）裡，但也有人說不是這樣。您的看法是什麼？」尊者答說：「醒著時，先學會在真我的境地裡，以後就會有充分的時間去思索在睡境時，到底是怎麼回事。那個在醒境時的他，不也是在睡境時的他嗎？現在你是在真我形相的心思裡，或是在至上絕對形相的心思裡？先告訴我那個。」

「師父，我不是要質問我自己，而是在探究悟者。」提問者說道。「喔！是這樣嗎？好吧，但是提問的人是你，所以首先要去知道你自己，悟者自會照顧他們自己。我們不瞭解自己，卻要去探究悟者，質問他們是在真我形相的心思裡，或是在至上絕對形相的心思裡，這對我們，又有何干呢？若我們能知道我們自己，那

75 瑪尼迦瓦吒伽爾（Manikkavachakar），九世紀坦米爾詩人，是信奉濕婆的虔愛派知名信徒。著有《聖諭》（*Tiruvasakam*），是讚頌濕婆的詩集。

76 阿南瑪列揚（Annamalaiyan），亦即阿魯那佳拉伊濕瓦若（Arunachalaswara）的別稱。

麼這種問題，就不會提起。」尊者答道。「師父，這個問題，不是我自己的，是一位朋友要我帶過來的。」提問者說道。

尊者說道：「是嗎？朋友問了這個問題，我們要怎麼答覆呢？說到心思（vritti），不就隱含著二元的意思了，對嗎？，但是那個『在』，如如其是，僅是一而已。然後，問題來了：『若沒有至上存在的意識，怎麼會有從過去到現在及未來的行動呢？』這就是我們要賦予它某種概念名稱的道理，諸如無限形相的心思（Akhandakaravritti）、真我形相的心思（Atmakaravritti）或至上絕對形相的心思（Brahmakaravritti）等，正如我們說，河流是海的形相樣貌。所有的河流，落入海洋，匯流其中，失其形相，與海洋合為一體。就是這樣，若說河流是海的形相，那又有什麼意義呢？難道海洋有任何形相，例如有多深、有多重嗎？同理，人們只是說，悟者有無限形相的心思，或真我形相的心思，但其實，全都是同一件事。所有的說法，都在回答提問者，但悟者看來，所有的事物，都是『一』而已。」

有人問：「至上絕對的悟者（Brahmavid）、至上絕對優異的悟者（Brahmvidvara）、至上絕對最佳的悟者（Brahmavidvareeya）、至上絕對最殊勝的悟者（Brahmavidvarishta）等，他們全都有純淨的心思嗎？」尊者答道：「不管你說是至上絕對最殊勝的悟者、至上絕對的悟者，或是至上絕對本身，他們全都是一樣的。就像至上絕對，意謂至上絕對其本身。我們說這四種類之上，有個純淨心思，但事實上，對他們來講，並無心思這樣的東西。習性本身，就是心思。若無習性，則無心思。那個『在』，就是存在，存在就是至上絕對。那是自身耀明的，那是阿特曼，那是真我。把名稱賦予那些智者，像至上絕對的悟者、至上絕對最佳的悟者、至上絕對最殊勝的悟者等，他們都是經由探究真我，了悟真理，而堅定守在真我的真知上。至於他們每天的行動，就被說成是在真我形相的心思裡，或是在無限形相的心思裡。」

七八　安達瓦尼的罪

一九四六年十二月二十日

今天上午九時，接到一通電報，告知我們羅摩那塔·婆羅門佳里[77]，別名是安達瓦尼（Andavane），昨天晚上在馬德拉斯逝世了。我正要步入廳堂時，有人告訴我這件事。尊者在維魯巴沙洞屋時，羅摩那塔就加入了尊者信徒的行列，當時他很年輕，此後他從未離開尊者，除了一年中約有十五天短暫的空檔外。這位堅定的師兄，同時是終身的梵行學者，為了治療疾病去馬德拉斯，但在十五天後，就聽到這項噩耗。我進入廳堂時感到悲傷，他的去世跟前些時候瑪德瓦史瓦米的情形一樣，我對他離開骷髏般的身體，而無太多的痛苦時，反而感到慶幸。尊者對我說：「我們的羅摩那塔走了。」先前瑪德瓦史瓦米去世時，尊者對我說：「瑪德瓦史瓦米走了。」我問，「去哪裡？」尊者答說：「去哪裡？那裡啊。離開他這裡的身體。」所以這一次我不再問去哪裡？只是答說：「是的，我聽說了。」

下午三時，有兩位女士，是烏瑪和阿拉姆（Alamu），她們吟唱坦米爾的詩頌〈拉瑪那的體悟〉（*Ramana Anubhuti*），尊者有感而發，對我說道：「看！這些詩頌是羅摩那塔寫的，另外有一首帶著複誦詞的歌，叫〈蒂魯修里那塔奈·肯迪尼〉（*Thiruchulinathanai Kandene*），也是他寫的。這裡有一則有趣的往事。我們住在維魯巴沙洞屋時，在一個滿月的日子，我們去環山繞行。當時，吉登伯勒姆（Chidambaram，在泰米爾納德邦）的蘇婆羅曼耶·艾耶（Subramanya Iyer）在這裡，那天月光皎潔，我們興致高昂。他們聚集開會決定每個人要

77 羅摩那塔·婆羅門佳里（Ramanatha Brahmachari）在《日處真我》（*Day by Day with Bhagavan*）書中的另一個名字是羅摩那塔·迪克悉塔爾（Ramanatha Dikshitar）。

用不同的主題，講述一段內容。蘇婆羅曼耶·艾耶被推舉為會議的主席。首先第一個講述的人，就是羅摩那塔，他選的主題是『至上真我駐在人類本心的洞穴：上主舞王（Nataraja，化身為舞者的濕婆之稱號）在吉登伯勒姆，與拉瑪那在維魯巴沙洞屋之相似處。』會議主席允許他講半小時，但他都沒講到相似處的重點。當主席說時間到了，羅摩那塔說：『請再給我半小時。』那是個大夥在徒步行進間的聚會。『再給一點時間，先生，一點點的時間。』他一直講個不停，主席終於斷然停止他再講下去，這時他已整整用了三個小時，你應該看看他當天是何等的興高采烈。後來，他把講述的要點，總結成四節詩頌的讚歌，標題是〈蒂魯修里那塔奈·肯迪尼〉。因為『安達瓦尼』這個字，屢次出現在這首讚歌裡，後來羅摩那塔本人，就被叫做『安達瓦尼』。普拉那瓦南達·史瓦米（Pranavananda Swami）想要把這首讚歌，譯成泰盧固文，但還沒有譯好。」

「喔！那就是他叫做『安達尼瓦』的原因。」我說道，並唸讀這首讚歌。雖然這首讚歌，沒什麼文學價值，但他真誠用心譜寫，聽起來也很悅耳。歌詞的大意是這樣：

「我看到蒂魯丘立那坦[78]，而無法轉身回頭，便呆立在那裡，他是在吉登伯勒姆跳舞的上主，護佑著無助的人，憐憫他們。同樣的蒂魯丘立那坦，在神聖的蒂魯瓦納瑪萊山丘上，於維魯巴沙洞屋裡，自身顯化為神。

「生命個體，在稱為身體聖殿（Kayapuri）的城鎮上，行不義的統治，以感官作為他的部屬，以我執作為他的宰相。

「不久之後，生命個體拿起神的恩典之劍，將我執的宰相斬首。

「砍斷宰相的首級之後，生命個體跟神站在一起，而神在稱為『本心住處』（Daharalaya）的洞穴裡跳舞。

「他就是這個蒂魯丘立那坦，我看見他，待在那裡，無法離去。」

78 原註：蒂魯丘立（Thiruchuli），位於南印度，是拉瑪那尊者的出生地，據說也有「吉祥」（Srikara）及至上（Omkara）之義。

第三章　一九四七年

一九四七年一月二十四日

七九　唵這個聲音—不朽滅的

不久之前，我從道場返家，那是個某日晚上，約在下午五時，我聽到兩位年輕人彼此交談。其中一人說：「我曾大膽向尊者提問，問越過唵這個聲音之後，還存留的是什麼。他無法回答，就閉上眼睛睡著了。他的模樣全是這樣。」

雖然一開始，我對他們蔑視我的上師感到不悅，隨即便對他們的愚昧感到好奇，便用溫和的口吻說道：「先生，你在譴責你的長輩嗎?首先，我們要知道唵這個聲音是什麼。然後再去問唵之後，存留的是什麼，不是嗎？」那位年輕人答道：「我不知道，所以我問他，但他為什麼不好好回答呢？」我說：「請不要這麼沒有耐心。若你有耐心地再問他，你就會知道了。」他們便走了，隔天他們出現在聽堂。不出乎意料，有人這樣問了尊者：「師父，據說阿這個音（Akara）、烏這個音（Ukara）、瑪這個音（Makara）組構成唵這個聲音（Omkaram）。這三個字，是什麼意思?唵這個聲音的具象是什麼?」

尊者答道：「唵這個聲音，其本身就是至上絕對。至上絕對是無名無相的純粹『存在』。就是那個，而被叫做唵這個聲音。阿、烏、瑪或存在、意識、幸福等，這兩種組合的任何三個，都是至上絕對。唵這個聲音，超越言語及心思，僅能體驗，而無法以口語描述，人無法說它的實相是什麼。」這個回答，適切澄清了昨天晚上質問他的那兩位年輕人。

類似這樣，經常有人來問尊者，「唵的形相是什麼？看起來是什麼樣子？」尊者對於這類問題的回答是：「根據《薄伽梵歌》的說法，『那個至上而永恆的，就是唵的形相』。至於問到如何知道呢？是那個真我，就是唵。那個不滅的，就是唵這個聲音。至於是如何知道的呢？只有在唵自異於真我時，這個問題才會提起，但二者其實無異，皆為一體。那個在，只有一個，那就是存在，而存在就是真我。除卻真我之外，並無他物。妥當的做法，便是去探究而了知那個真我是什麼，並駐止於真我。」

一九四七年一月二十五日

八〇　維魯巴沙洞屋的生活軼事

當年尊者住在維魯巴沙洞屋時，通常是瓦蘇德瓦·夏斯特里（Vasudeva Sastri）照料洞屋的日常雜務。前幾天，他來道場，坐在尊者面前。尊者問候他的近況是否平安之後，告訴我們，說夏斯特里是發起慶祝尊者生日的人，有位師兄說：「是老虎來的時候，害怕而躲起來的那個人嗎？」「沒錯，就是他。」尊者答道。「我們住在維魯巴沙洞屋的時候，有一天晚上，我們都坐在前面的走廊上，有隻老虎出現在低窪的地方。我們把燈籠放在走廊的欄杆上，認為有了燈光，老虎就不會走過來。但夏斯特里非常害怕，於是跑進洞屋裡，並要我們也要進去，但我們拒絕。他進入洞屋後，把門上的鐵門扣上，在裡面想要嚇走老虎。他像勇武的戰士，說著：『看！你（指老虎）若走過來，就給我小心一點，看我怎麼對付你。是啊！你想怎樣！尊者在這裡，你給我小心。』這些誇張的言語姿態，都是在洞屋裡面做的，就好像鬱多羅在《摩訶婆羅多》的行為。那個故事是，毗羅吒國王的兒子鬱多羅跟阿周那一同出征，鬱多羅誇說自己很勇敢，但面對敵人時，就逃之夭夭。最後，阿周那打贏了戰爭。那隻老虎，徘徊了一下子，然後自己走了。這時，夏斯特里冒險地走出來，他真的是個非常勇敢的男人。」尊者說道。

夏斯特里延續這個話題，說道：「不僅是這件事，還有一次，在大白天裡，尊者跟我坐在洞屋外的石塊上，在低窪處，有隻老虎和花豹在一起玩，尊者微笑看著這兩隻動物友好的互動，我心裡十分害怕，敦促尊者回到洞屋裡，但他很堅定地坐在那裡，不動如山。至於我呢，我去洞屋的遮蔽處。兩隻動物，彼此玩了一陣子，並望著看尊者，跟寵物沒有兩樣，毫無畏怯或凶猛的樣子，便走開了，一隻朝山上去，另一隻往山下走。當我從洞屋出來，問道：『師父，這兩隻靠您那麼近，在那邊玩，難道您都不害怕嗎？』尊者微笑地說：『為什麼要害怕？我看到牠們，我知道過一陣子後，牠們有一隻會上山去，另一隻會下山去，牠們就這樣了。假若我們害怕，而叫著：『噢！老虎！』牠們也會害怕，而喊著：『噢！有人！』然後衝過來，把我們咬死。若我們不心生恐懼，牠們也就沒有恐懼，而能自由、安全地走動。」夏斯特里又說道：「儘管尊者說了這麼多。我還是很害怕。」

尊者於是接著敘述這件事：「我的心臟停止跳動時，就是夏斯特里抱著我而哭泣。某日，我跟瓦蘇等人，前去帕加阿曼神廟神廟前的水池洗澡，我歸途中走捷徑，當我們行至龜形巨石時，我感到疲憊而暈眩，便坐在石塊上，我那次的經歷已記載在我的傳記79裡，而你們也知道了。」

夏斯特里就這個話題，說道：「是的，當時大家站在稍遠的地方哭泣，我突然抱住了他，那時我是單身漢，可以自由地這麼做，沒有別的人可以觸摸師父的身體。他在那個狀況，約有十分鐘後，就恢復意識，我高興得跳起來。『為什麼要哭呢？你們想我死了嗎？我若要死，我不會先跟你們講嗎？』尊者這樣說，是在安慰我們。」

79 原註：「突然之間，我眼前的景象消失，一幅亮白的簾幕，遮蔽了我的視線，我能直覺到這個漸進的過程。開始時，我能看到部分的景色，但後來便被展延的簾幕遮住，就好像在主體鏡內抽出一張幻燈片。我一感知到這樣，便停下腳步，以免跌倒。當意識清楚了，我才走路。第二次我感到昏暗及暈眩時，便倚靠在一塊岩石邊，直到意識清楚，然後第三次，我覺得比較安全了，就在石塊上坐下。那時，亮白的簾幕完全遮蔽了我的視線，我的頭腦暈眩，血流及呼吸停止了，皮膚變成艷藍色，那是死亡時常見的膚色，會越來越暗黑。瓦蘇德瓦·夏斯特里認為我死了，就把我抱在他的懷裡，大聲哭泣，哀悼我的死亡。他的身體顫抖著，那時我清楚感覺到他的擁抱及身體的震動，也聽到他的哭泣聲，並知曉這一切。我也看到我的皮膚在逐漸變色，我的心跳及呼吸停頓，以及我的身體在逐漸冰冷。但是，在那個狀況下，我一貫的『真我耀明』之勢流，仍然持續著，一如往常。我對我身體的現況，一點都不害怕，也不感到悲傷。我閉目盤腿坐在石塊邊，而不是靠著石塊。身體沒有血流及呼吸在運作，但身體依然維持著那個坐姿，這樣持續約十至十五分鐘，然後，我突然感覺有一股衝擊的力量，貫穿全身。血流恢復了，力量十足，呼吸也恢復有力，全身的氣孔，大量出汗，皮膚恢復了生命的顏色。我睜開眼睛，就這樣起身說道：『我們走吧。』我們一行人，返抵維魯巴沙洞屋，安然無恙。那是我身體的血流及呼吸停頓的唯一情況。」後來，為了修正最近有關這個事件的記載，尊者又說道：「我並沒有刻意要這樣，也不希望去看瀕死的身體。我也沒有說，若不告知別人，我就不離開這個身體。這些情形，都是我通常無意間提到的，那只是在當時，認為是很重要的部分。」

八一　濕婆信徒桑德拉穆提

一九四七年一月二十六日

昨天，尊者閱讀《蒂魯丘立往世書》，於是談到桑德拉穆提參訪這個聖地的相關事件：「虔誠的桑德拉穆提，出生在阿拉拉·桑德拉（Aalaala Sundara）地區，散發著上主濕婆的身影，頭頂帶著月光，在他的朝聖行旅中，獲得喀拉拉國王切拉曼·斐路摩·奈那（Cheramam Perumal Nainar）的友誼。然後，他們連袂前往馬杜賴朝聖。潘地亞（Pandyan）國王及其女婿朱羅（Chola）國王，熱烈歡迎他們，並奉為上賓，深表榮幸。桑德拉穆提禮拜神明桑德伊濕瓦若，祂是女神米娜克西的丈夫，並以其詩才吟讚神明。他在哲羅（Chera）國王的陪伴下，拜訪南部蒂魯庫特拉蘭姆（Thirukuttralam）、蒂魯內爾維利（Thirunelveli）及羅摩斯瓦拉姆等聖祠。他從那裡，前去參訪錫蘭蒂魯凱德伊濕瓦若（Thirukkedeswara）的聖祠，並頂禮膜拜。在那裡，他想起斯里蘇拉普蘭姆（Thrisulapuram，亦即蒂魯丘立）是救贖之城，於是前去該地，當他們兩人抵達城市時，群眾看見兩人，堂皇燦爛，好像日月同時出現。桑德拉穆提很高興觀視上主布米那塔，並用讚歌，加以禮敬，開頭唱著『烏那烏伊爾·普哈萊』（Unaiuyir puhalai），不勝虔誠之情。他決定待在那個聖地一段時間，於是住在康汀耶（Kowndinya）河畔的一座靈修院。

「他待在那裡時，某天晚上，夢見濕婆，手中拿著一顆球（球象徵王位），頭上戴著王冠，是個十分俊俏的青年，嘟著嘴微笑，並且說道：『我們待在喬提瓦納（Jyotivana，亦即迦梨女神〔Kaleswara〕）。』一聽到這樣，桑德拉穆提便從夢中醒來，興奮極了，追憶起上主的示現，何其仁慈，賜他恩寵，又很喜悅地向哲羅國王，敘述這個異象。於是他滿懷虔愛，對迦梨女神吟唱〈蒂瓦拉·帕提肯〉（*Thevara Pathikam*）讚歌，開頭的字語是『唐達爾·阿廸妥札努姆（Thondar adithozhalum）』。

「從那裡啟程，他們去參訪遠方的聖地蒂魯普納瓦伊爾（Thiruppunavayil），在啟程時，迦梨女神便出現在桑德拉穆提的夢裡，而安巴（母神）喬裝成一對婆羅門身分的夫婦前來。桑德拉穆提問他們：『你們是誰？從哪裡來的？』他們回答：『這些以後再說吧，請先給我們食物，我們餓了。』桑德拉穆提應允，並備妥食物，就要去找這對夫婦，送給他們吃，但他們卻杳然不見了。尋遍鎮上的大街小巷，都找不到他們。他們只好回到靈修院，卻發現已煮好的食物竟然消失不見，而盛裝食物的葉片，被丟棄在院子裡。桑德拉穆提，不勝驚奇，呼喊著：『啊！這真神奇呀！這除了宇宙上主的遊戲之外，還能有什麼呢？』正當他得此結論時，他聽到一個隱微的聲音：『你們不來我們住在喬提瓦納的地方，而執意要去哪裡呢？』桑德拉穆提不知道喬提瓦納在哪裡，也不知道如何前往。這個隱微的聲音又說道：『我們會騎著神牛南廸前往，你們可以跟隨著足跡而來。』

「桑德拉穆提在當地的信徒陪伴下，便跟隨著足跡，一路前去。但突然間，足跡消失不見了，當他正佇立在那裡，不知所措時，又聽到隱微的聲音說道：『仔細看著。』他們小心翼翼隨著足跡而行，他看到一個特別的地方，到處都是濕婆的林伽聖石，沒有其他的空間可以踏足前進，他們只好駐足在那裡，百思不解。突然，他看到一條狹窄的走道，他們便走了上去，走著走著，最後他們驚見了迦梨女神廟。他們要在神廟前的聖池浴身，正當他們想要步入聖池時，突然之間，神廟及塔樓，都消失不見了。桑德拉穆提，大為驚奇，便吟唱讚歌，頌揚上主，表達意念：『這是我在浴身之前，沒來禮拜祢的神廟的結果嗎？』頃刻之間，出現一大片亮光，神廟的塔頂在望，而廟宇及周邊的圍牆，巍然可見。他欣喜若狂，參見神明，向祂禮拜，吟唱讚歌，稱頌著祂，然後繼續他的朝聖之旅。這是個奇妙的故事。還有很多關於他的故事。」尊者說道。

我先前印出的信函，主題是〈師父無所不在〉（本書信函第七十則），函中所提到的那個人，就是同一個桑德拉穆提。他的故事，詳載在梵文的作品，如《濕婆信徒雅拉薩姆》（*Siva Bhaktha Vilasam*）、《烏帕瑪尼亞信徒雅拉薩姆》（*Upamanya Bhaktha Vilasam*）；泰盧固文的作品，如《潘廸塔拉廸亞·查里特拉》（*Panditharadhya Charitra*），以及詩人帕拉庫提·蘇瑪那塔（Palakurthi Somanatha）的《巴薩瓦往世書》（*Basava Puranam*）。

尊者以前曾經告訴我們，說桑德拉穆提對於上主的虔愛，有如他之於朋友；正如瑪尼迦瓦吒迦爾之於他的摯愛者，阿帕爾（Appar）之於他的僕人，桑班德（Sambandar）之於他的兒子。

八二　桑德拉穆提服侍的束縛

一九四七年一月二十七日

昨天聽了尊者講述桑德拉穆提的故事，那則故事我在給你的信中有提到，之後我就很想聽這位虔愛信徒早年的軼聞，所以提早在今天上午七時三十分去找尊者。尊者已經從山上回來，正在看書。那時，廳堂裡，沒有很多人。我向他敬禮後，問他那是什麼書。他答說：「《培里耶往世書》[80]，我正在看桑德拉穆提年輕時的故事。」「故事很有趣，是嗎？」我問道。「是的。妳想看嗎？」尊者問道。「我想看這本書，但我的坦米爾文不夠好。」我答道。「沒有關係，我簡短敘述故事給你聽。」尊者說道，帶著微笑，敘述故事如下：

「桑德拉穆提出生在蒂魯穆那帕提（Thirumunaippadi）邦國的聖地蒂魯納瓦魯爾（Tirunavalur）。他屬於濕婆婆羅門的種姓，稱為阿迪·濕婆派（Adi Saivam），在濕婆的祭司，稱為查達耶那爾（Chadayanar）、又稱濕婆阿闍黎（Sivacharya），而他的妻子是伊莎伊耶妮維爾（Isaijneniyar）。他的雙親把他取名為納比耶魯拉（Nambiyarurar）。有一天，他在街上玩玩具的馬車，當地的君王，名叫納拉辛格·穆尼亞爾（Narasinga Muniyar）看到他，覺得很投緣，就要求他的父親，其身分是濕婆阿闍黎，讓他擁有這個男孩。父親首肯，這位男孩就被君王扶養，成為他的養子。雖然是這樣，在婆羅門種姓的習俗，是要嚴謹恪遵聖線儀式及吠陀教導，所以他對各種聖典經文，都十分熟稔。

「當他長大成年後，他被安排跟一位親戚查坦加維·濕婆阿闍黎的女兒成婚，而婚宴邀請函廣發親朋好友。桑德拉穆提在結婚日前一天，如常準備婚禮事宜。結婚當天一大早，他作為新郎，衣飾得體，騎在馬背上，跟著親戚，前往在普土爾（Puttur）的新娘父親的家。抵達新娘的家，他便下馬，坐在結婚禮堂的新郎座位上，遵行習俗。禮堂的音樂，高聲作響，等待新娘的蒞臨。

「就在這個時候，上主濕婆喬裝成一位年老的婆羅門來到結婚禮堂，高聲宣布：『你們大家都要聽我說的話。』眾人並無異議，那位老人便對男孩說：『看這裡，你跟我之間，有一項協定。你得先履行約定，才能結婚。』男孩答道：『若是協定，那就這樣，但請先告訴我，那個協定是什麼？』那位年老的婆羅門向眾人說：『各位先生，這個男孩是我的僕人，我有服侍的契約，雖然有利於我，但是他的祖父簽訂的。』桑德拉穆提答道：『喔！瘋子，夠了！這是我們首次聽到一位婆羅門竟然是另一位婆羅門的僕人。走開！』這位婆羅門答道：『我不是瘋子，也不是惡魔，你的話也不能激怒我。你對我一點都不瞭解。停止這種幼稚的言論，服侍我吧。』然後，桑德拉穆提說道：『把契約拿給我看。』『看了契約之後，你又是誰，能作決定嗎？』

80 《培里耶往事書》（*Peria Puranam*），其義為偉大往事書，又名*Tiruttontarpuranam*。敘述六十三位濕婆虔愛派師聖的生平之詩頌。十二世紀，Sekkizhar編輯，是公認濕婆虔愛派詩頌之集大成。

老人說道，『若這裡的人看到契約，並認為是真實的，那你就必須服侍我。』桑德拉穆提非常生氣，撲向老人，想要從他身上掏出契約，但是那位婆羅門拔腿就跑，而男孩緊追著他，最後拿到了契約，把它撕碎。那位老人又抓住男孩，大聲喊叫著，這時婚禮的來賓，一陣騷動，把他們架開，並且向那位婆羅門說：『你說的協定，在這個世上，從未聽過。喔！你這愛吵架的老頭！你是從哪裡來的？』那位婆羅門說道：『我是蒂魯維內那魯爾（Thiruvennainallur，亦即蒂魯納瓦魯爾）村鎮的人，難道你不認為這個男孩納比耶魯拉從我手中拿到契約，撕成碎片，就已經是確認了他對我的服侍嗎？』桑德拉（Sundarar，亦即桑德拉穆提）答道：『若你真的是蒂魯維內那魯爾的居民，那我們就在這裡看看你的話是否為真，可以嗎？』那位婆羅門答道：『可以的，跟我來，我將在婆羅門的委員會面前，提出原始契約，並聲明你是我的僕人。』於是，那位婆羅門帶領前去，而桑德拉穆提及其他的婆羅門身分的人士也跟隨著他。

「他們一到另一個城鎮的婆羅門評議委員會，那位精明的婆羅門老人便提出訴求，說男孩納比耶魯拉撕毀了有利於他的服侍契約。委員們說：『我們從未聽過有婆羅門是另一位婆羅門的僕人。』那位婆羅門答道：『不，我的案子，並不是荒謬的申訴。那個男孩所撕毀的契約，是他的祖父要履行的服侍契約，契約上的效力是他及其後代，都是我的僕人。』委員們問桑德拉穆提：『你能用撕毀你祖父所履行的契約來贏得這個案子嗎？你要怎麼說？』他答道：『喔！有德之人呀，學了這麼多的吠陀經典！你們都知道，我是個阿迪·濕婆派者，縱使這位婆羅門老人能聲明我是他的僕人，也請你們能在心證之外，考慮到一點神奇的情事。但我又如何能對這樣的事實陳述，說出口來呢？』委員們向老婆羅門說：『你首先必須向我們證明，他是你的僕人。要裁定本案，必須要具備有三項要件：習俗、書寫的證據及口頭的證據，難道你沒有這三項要件之一嗎？』那位婆羅門答道：『先生！他所撕毀的，只是契約的複本，原本的契約在我這裡。』委員們要求他拿出原本的契約，並確保他拿出來後，不會被桑德拉穆提撕毀。那位老人，便從腰際的摺布夾層中拿出契約，給大家看。這時，有位鎮上的官員剛好來到這裡，便請他唸讀這份契約。他在委員們面前鞠躬致意，打開原始文件，為了使大家都聽得到，他高聲朗讀如下：『我，依照種姓，屬於阿廸．濕婆派，名字是阿魯拉爾（Arurar），住在蒂魯維內那魯爾城鎮，很樂意履行這份服侍契約，並且出於我自己的自由意志，將由我及我的後代子孫履行對住在蒂魯維內那魯爾的瘋子（pitthan）的服侍。阿魯拉爾（簽名）。』

「當場的評議委員們見證了契約，他們也確認了文件上的簽署。委員們要求桑德拉穆提證實契約上的簽名是他祖父的。有個自稱是婆羅門身分的人，說道：『先生，他只是個男孩，他又如何能證明那是他祖父的簽名呢？若是還有其他的文件，上面有他祖父的簽名，則可送來加以比較看看。』大家都同意這項意見。桑德拉穆提的親戚便去尋找，找到了一紙文件，上面有他祖父的簽名。評議委員們比對兩份文件的簽名後，確認兩份文件的簽名是一致的。他們告訴桑德拉穆提說：『孩子！你無法逃避了，你輸了。依照這位老人的指令，你是要服侍的。』桑德拉穆提對此大感驚愕，並說他願意服從判定，若命運是註定這樣。大家對男孩感到同情，而對那位婆羅門老人仍有一些疑慮，於是質問他，說道：『先生！這紙契約上說，你是這個村鎮的人，你能否指出你祖先的房子及財產在哪裡？』那位婆羅門假裝很驚訝，說道：『什麼！你們都是在這個鎮上，也都是飽學多聞的耆老，難道你們當中沒有人知道我的房子嗎？你們的話，有多奇怪呀！跟我來吧！』說著，他便帶頭前去，而他們跟隨在後，當他們全都看到神明微服進入鎮上一間叫做『蒂魯瓦魯爾．杜萊（Thiruvarul Thurai）』的濕婆神廟時，大家都呆若木雞。

「桑德拉穆提心想，『那位要我服侍他的婆羅門，進入我的上主至上伊濕瓦若的神廟，這是何其神奇呀！』他這樣想著，便趕緊跟上婆羅門的腳步，滿懷期待，進入神廟，並且大呼：『喔，婆羅門！』頃刻之間，上主濕婆示現，而女神帕爾瓦蒂為伴，坐在聖牛上，並說道：『我的孩子！你是阿拉拉．桑德拉（Aalaala Sundara），我的首席侍從。你出生在這裡，是由於一個詛咒的結果。你祈求我把你當作我的所有，不論你在何處，甚至在這段詛咒的期間，因此，我使你在這裡作為我的僕人。』

就這樣，尊者向我們敘述桑德拉穆提早年的故事。他又繼續說道：

「桑德拉穆提一聽到上主的這些話，欣喜若狂，好像幼牛聽到母牛的呼喚。他雙手合十，跪拜在祂面前，喜極而泣，不勝激情，以顫抖的聲音，說道：『喔，上主！祢對卑微的我，是何等的慈悲，請緊緊抱住我，就像貓抱著牠的小貓，使我成為祢的所有。這是何等慈悲的恩寵！』並且對祂加以讚頌。偉大的上主欣然說道：『我的孩子！因為你曾經跟我爭吵，你將被命名為范．堂丹（Van Thondan），從此以後，你對我的服侍是，用詩頌的鮮花來禮拜我；譜寫我的詩頌，並加以吟唱。』桑德拉穆提雙手合十，說道：『喔，上主！祢喬裝一位婆羅門而來，對我提出申訴，而我跟祢抗辯，不知道祢的偉大，祢是偉大的至上，讓我憶起我的過往，拯救了我，以免沉淪而溺斃在俗世的行徑裡，我又如何能知曉祢那無盡的崇偉，而加以吟唱呢？』上主伊濕瓦若說：『你已經叫我是瘋子了，所以，就當作瘋子來吟唱吧。』說著，祂便消失不見了。桑德拉穆提立刻唱著：『室利．帕廸肯』（Sri Padikam），開頭的頌語是『皮塔（瘋子）．皮萊．蘇廸（Pittha pirai sudi）』。他的故事，充滿了這麼多奇怪的經歷。」尊者說道。

我問道：「他的名字，叫做桑德拉穆提，是因為他憶起他的過往的原因嗎？」「是的，是的！在他的故事裡，找不到其他的原因！」尊者答道。

八三　本質

一九四七年一月二十八日

今天下午三時，有位英國人，用英語向尊者問某些事情，裡面多次出現「本質」（Nature）的字語。尊者的答覆如下：

「假若人知道自己的本質，便不會提起這些問題。除非他知道了，否則他會一再提起這些問題。在此之前，他會誤認為，那些非屬天然本質的事物，是天然的。我們必須瞭解到，真正的境地，乃是始終在那裡，而且一直都在。我們屏棄了在那裡的那個，而希求不在那裡的那個，因而受苦。凡是來來去去的，都是不真實的。真我始終在其本質的位置上。一旦我們不了知那個真理，我們就受苦。」

「我們在哪裡可以看到這個真我？我們又如何認識真我呢？」這是下一個問題。

「我們在哪裡可以看到真我？這個問題，就好像你待在拉瑪那道場，而在問拉瑪那道場在哪裡。真我無時無刻，不在你的生命裡，而且遍在各處，若認為它在遙遠的某處，想要去尋找它，這就好像在行潘杜倫伽的拜讚儀式。這個拜讚儀式，從夜晚首刻（下午六時至九時）開始，信徒腳上繫著響鈴，房子的中庭立起一柱銅燈。信徒圍著燈柱繞行，隨音調的韻律而起舞，喊著：『潘達爾普爾[81]，好遙遠啊！潘達爾普爾，好遙遠啊！來吧！前進！』但是，他們繞圈而行，其實接近潘達爾普爾，連半碼也沒有。到了夜晚三刻（上午十二時至三時）他們抵達了，就開始唱著：『看呀！那裡是潘達爾普爾，這裡是潘達爾普爾，看呀，看呀！』

81 潘達爾普爾（Pandarpur），是馬哈拉施拉邦著名的朝聖城鎮。城內的神廟，主祀神明毗陀巴（Vithoba），毗陀巴即是內文所述的神明潘度倫伽（Panduranga）。

在夜晚的首刻時，他們繞著那個柱燈而行，到了現在夜晚三刻，他們也同樣繞著那個柱燈而行。這時，天色破曉，他們唱著，『我們到達了潘達爾普爾，這裡是潘達爾普爾。』這樣唱著，就向柱燈敬禮，完成了拜讚儀式。剛才那個問題就跟這個拜讚儀式一樣。我們一直繞圈子，在尋找真我，說道：『真我在哪裡呢？它在何處？』直到最後，真知的悟明來到，而我們說，『這是真我，這是我。』我們應該獲取那個悟明的了知。一旦了知，縱使悟者雜處於世上，行走其間，都了無執著。一旦你的腳，穿上了鞋子，你走在任何有石頭或尖銳物的路上，就不會感覺疼痛，不管那裡是山嶽或土堆，你行走其上，都了無畏懼或毫不在意。同理，對於獲致真知洞識之人，萬物皆屬自然。還有什麼事物，是自外於他的真我呢？

「那個本質的境地，是在這個世界的觀念消退之後，才能被知曉。」「但是，它又如何消退呢？」又是另一個問題。尊者答道：「若心思消退，則整個世界隨之消退。心思是這一切的根本。若它能消退，那個本質之境，將自身呈現，而那個真我會時時刻刻自行宣稱為『我—我』。它是自身耀明的！它就在這裡，全都是『那個』。我們只是在那裡面而已。既然已經處在其中，又何必去尋找呢？古人說：

把眼識收攝在真知裡，人將會以至上絕對來觀看這個世界。

「據說，純然覺知（Chidakasa，覺知虛空）本身，就是真我實相，而我們藉心思之佐助來觀視。」「若心思消退，我們如何觀看呢？」有人這樣問。尊者說道：「若用天空來說明，則有三種不同的質性：覺之虛空、心思虛空（chittakasa）、元素虛空（bhuthakasa）。本質的境界，叫做純粹覺知，而萌生於純粹覺知的『我』之感知，乃是心思虛空；當心思虛空擴展，並取五大元素之形相，則化為元素虛空。畢竟，心思是身體的一部分，不是嗎？當心思虛空，也就是覺知到小我的存在時，那個『我』便看不見覺知虛空，眼中只看到元素虛空，這個情況，就叫做意念虛空（mano akasa）。若離卻了意念虛空，而看到純粹覺知，這就叫做全然覺知（chinmaya）[82]。心思消退，意謂萬物紛呈的觀念消失，而萬物一體的觀念顯現。若臻及此境，則萬物都是天生自然的。」

根據這個觀念，尊者撰述他的《真理詩頌四十則》，其中第十四則頌文云：「若說有第一人稱『我』，則就有第二、第三人稱『你』及『他』。若知曉第一人稱的真實本質，則『我』的感知，為之消失，『你』及『他』，亦同時俱滅，而只有『一』朗現輝照，成為終極實相的自然之境。」

一九四七年一月二十九日

八四　誰是拉瑪那？

本月七日，一位尊者的信徒，名叫克里希那史瓦米博士（Dr. T. N. Krishnaswamy），在馬德拉斯慶祝尊者的誕辰。當場有位學者在演講中提到，曾在某處讀到詩聖巴塔帕達（Bhattapada）將在蒂魯丘立出世為拉瑪那。於是道場的師兄姐就開始找尋這說法的出處，尊者本人說道：「納耶那（即卡瓦耶肯塔·加納帕提·慕尼）說，室建陀（亦即上主蘇婆羅曼雅）最先出世為巴塔帕達，其次出世為桑班達（Sambandha，亦即蒂魯

82 原註：刪除字母ta，則心思變成覺知。Ta表示與世界有關聯，此正如無顏色的寶石，在朱槿花旁凡映出色彩。摘自商羯羅的著作：*Sadacharanusandhanam*。

智親〔Thirujnanasambandhar〕），第三次出世為拉瑪那。商羯羅在《美麗的波浪》（*Soundarya Lahari*）中所稱呼的『達羅毗荼的詩人』（dravida sisuhu），就是指桑班達，不是嗎？因此，桑班達一定比當代商羯羅的巴塔帕達還早些出世。但納耶那說，桑班達比巴塔帕達晚出世。二者的說法，並不一致。上述兩種說法，是哪一種說法主導了前面那位學者的言論，尚不可知。」

這些話使我們感到詫異，我們都搞糊塗了。於是我說道：「為何要討論這些事呢？我們可以問尊者本人。難道尊者不知道他是誰嗎？縱使他現在不告訴我們，當年他待在山上，安姆里塔那塔．雅廷德拉（Amritanatha Yatindra）寫《誰是拉瑪那》讚歌時，他自己對此也有所回應。」尊者答道：「是的，是的。」他的臉上泛起同意的微笑。約半晌後，說道：「安姆里塔那塔是很特殊的人，他對各種事物，都感興趣。我待在山上時，他常來跟我在一起。有一天，我外出回來時，他用馬拉雅姆文譜寫一篇問《誰是拉瑪那》的詩頌，放在那裡，人就出去了。我不知道是誰寫的，拿起來看，才知道是他寫的。他回來之前，我用馬拉雅姆文另寫一篇詩頌回應，寫在他的詩頌的下面，然後把那張字紙放回去。他喜歡把超自然的靈力歸因於我。他用馬拉雅姆文，寫我的傳記時，也是這樣。納耶那把他所寫的，讀出來給他聽，他聽了後，便把所寫的紙張撕掉，說道：『夠了！夠了！』那也是他提出這個詢問『誰是』的原因。他要把一些超自然的靈力，歸屬於我，例如『訶利（Hari）』、『雅提（Yathi）』、『瓦拉魯希（Vararuchi）』或『伊莎．古魯（Isa Guru）』等。我在那篇回應的詩頌裡，表達了我的態度。但那又能怎麼樣呢？那是無法回答的。那些詩頌，也有泰盧固語的譯文，不是嗎？」

「是的，是有的，難道尊者自己的說法，不足以讓我們確認尊者就是至上真我本身嗎？」我說道。尊者微笑著，然後默然無語。

我把《神的遊戲》(*Ramana Leela*)書中，那篇馬拉雅姆文的詩頌，譯成散文如下：

安姆里塔那塔問：「在阿魯那佳拉山洞的這位拉瑪那是誰？他以慈悲的寶藏而聞名。他是瓦拉魯希或是伊莎·古魯？或是訶利？或是雅提德拉？我渴望知道上師的超自然靈力。」

尊者答：「阿魯那佳拉·拉瑪那是至上真我本身。他以意識而遊戲其間，那是自訶利以降，存在於萬物生靈的本心裡。若你能打開真知之眼，看到真理，便能洞曉大明。」

一九四七年一月三十日

八五　達羅毗荼的詩人

昨天，尊者說商羯羅在《美麗的波浪》裡吟唱桑班達，並用「達羅毗荼的詩人」的稱號來說他，不是嗎？昨天晚上，我拿出《美麗的波浪》的泰盧固文頌釋，看到一則偈頌，是商羯羅寫有關桑班達的，頌文如下：

「喔，聖山的女兒，我幻想著，祢的本心湧現出詩情乳海，無疑使祢的乳房流出乳汁；喝了祢的恩典所給予的這些乳汁，達羅毗荼[83]的孩子，將成為偉大的詩者。」

---

83 達羅毗荼(Dravida)，是南印度以達羅毗荼語為母語的種族。達羅毗荼人佔印度人口約百分之二十五，其人口也分布在斯里蘭卡、孟加拉國、尼泊爾、巴基斯坦、伊朗東南部等地。在印度坦米爾納德邦的坦米爾人，也有達羅毗荼族的分支。本文中的桑班達，出生在坦米爾納德邦的希爾卡利鎮(Sirkali)，是達羅毗荼族的所在地區。

泰盧固文的頌釋裡所陳述的「達羅毗荼的詩人」頌文字語，即意指商羯羅本人。翌日，我向尊者談及此事，尊者答道：「泰盧固文的註釋者，一定是講錯了。坦米爾文的《美麗的波浪》說，達羅毗荼的詩人這個詞，是指桑班達，而非商羯羅。」於是，他叫人去拿坦米爾文的書來，唸讀有關桑班達接受「達羅毗荼詩人」稱號的緣由，並向我們解說如下：

「桑班達出生在西爾卡利鎮（Sirkali，在坦米爾納德邦）一個正統婆羅門身分的家庭，是希瓦帕達·荷里達耶爾（Sivapada Hridayar）及其妻子芭格瓦蒂雅爾（Bhagawatiyar）所生。雙親把他命名為阿魯達耶·皮拉亞爾（Aludaya Pillayar）。有一天，父親帶他去蒂魯托尼·阿帕爾神廟（Thiruttoni Appar Koil），他浸泡在聖池時，不斷持頌著「阿格瑪夏那真言」（aghamarshana mantram）。小孩在池裡看不到父親，便心生恐懼，難過了起來。他四處張望，看不到父親，遏抑不住悲傷，便看著廟宇的神轎而嚎啕大哭，喊著：『父親！母親！』這時，雪山女神帕爾瓦蒂與上主濕婆出現在天空，坐在聖牛上，看到了這個小孩。濕婆指示帕爾瓦蒂給男孩一杯她的珍貴的母奶，母奶中含有濕婆的真知。帕爾瓦蒂就給了他，男孩喝了奶後，就不悲傷了，而這對神明夫婦，也消失不見。

「桑班達喝了真知之奶，感覺十分滿意及快樂之後，坐在聖池邊緣，嘴角還流著奶汁，這時，他的父親浴身後出來，看到男孩的模樣，便揮動著手杖，很生氣地說：『誰給了你喝奶的？你可以喝陌生人給你的奶嗎？告訴我，那個人是誰？不然的話，我要打你。』桑班達立即吟唱十則坦米爾文的詩頌。第一則詩頌的大意是：『那個人帶著神聖的耳環，那個人騎著聖牛，那個人的頭頂上有潔白的月亮。那個人的身體，用火葬場的灰燼塗黑了全身。那個小偷，偷走了我的心。當梵天手持著吠陀經書在苦行時，他來向創造主梵天祝福。並且，他高坐在布拉瑪普利（Brahmapuri）的神聖座位上。他是我父，就在那裡。她是我母，給我奶喝，就在那裡！』這樣說著，他描述親眼所見濕婆及帕爾瓦蒂的形貌，以及給他奶喝的是誰，同時也指著廟宇的神轎。

「詩頌清楚表述，給小孩奶喝的，就是帕爾瓦蒂及上主濕婆。從那天開始，人們聚攏過來，而男孩的詩才，一瀉千里，沛然莫禦。這就是商羯羅吟唱『塔瓦·史丹耶姆·曼伊』（Theva Stanyam Manye）的原因。因此，詩頌的註釋家確認『達羅毗荼的詩人』字語，指的是桑班達一人而已。納耶那也在《拉瑪那之歌》裡，寫他是『達羅毗荼的詩人』。」

八六　智納·桑班達穆提

一九四七年二月一日

尊者唸讀坦米爾文版《美麗的波浪》頌釋，並告訴我們「達羅毗荼的詩人」指的就是桑班達本人之後，有關這個主題，在廳堂裡連續討論了兩三天。某日，有位師兄就這個主題，向尊者問道：「桑班達的本名是，阿魯達耶·皮拉亞爾，不是嗎？何時他又有另一個名字，叫做智納·桑班達穆提（Jnana Sambandhamurthy，另譯名「智親」）呢？為何會這樣？」尊者答道：「他喝了女神給他的奶之後，就有了智納桑班達（其義為接觸真知），因此他得到智納·桑班達穆提·那衍納爾[84]的名字，那個意思是，他成為一個沒有一般師徒關係的智者或悟者。於是從那天以後，鄰近地區的人們，就用這個名字來稱呼他，其緣由在

84 那衍納爾（Nayanar），指六世紀至八世紀，坦米爾納德邦有六十三位施聖的尊稱總名，皆奉祀濕婆。

此。」

我說道：「尊者也是在沒有上師的情況下，得到真知的，不是嗎？」「是的！是的！這就是為什麼克里虛那亞（Krishnaya，《神的遊戲》的作者）會說我跟桑班達有很多地方類似。」尊者說道。

「《神的遊戲》書中，敘述桑班達來到蒂魯瓦納瑪萊時，森林裡的部落族群劫奪了他的財物，他是位有智慧及真知的人，他到底有什麼財物呢？」我問道。「喔！那個！他遵行虔愛法門，不是嗎？因此，他有黃金鈴鐺與珍珠裝飾的轎子，以及一些跟伊濕瓦若神有關的象徵性物品。他也有一所靈修院，以及院內所需的財物。」尊者說道。「哦，是這樣？他是在什麼時候，擁有這些東西的？」

尊者以充滿深情的語調，答道：「從他得到智納·桑班達這個名字開始，亦即從他的孩童時期開始，他總是不斷地吟唱詩頌，並前往朝聖。首先，他參訪的聖地，叫蒂魯科拉卡（Thirukolakka）。他進入那裡的神廟，用他的小手，打著節拍，吟唱詩頌，讚美上主。神明看到他打拍子吟唱，十分高興，便給與他一對黃金的鈴鐺。從那天起，不管他走到哪裡，或吟唱什麼，那對黃金鈴鐺，總不離手。後來，他參訪吉登伯勒姆及其他聖地，然後來到一處朝聖的中心，叫做瑪倫帕提（Maranpadi），當時，那裡並無火車，那個地方的主祀神明看到這個小男孩，徒步前來參訪，內心不勝憐憫，於是祂造化出一輛珍珠轎子、一把珍珠雨傘，及其他適合雲遊僧使用的鑲以珍珠的隨身物品，而把這些東西，放在廟裡；並且出現在當地婆羅門祭司及桑班達的夢境中，告訴婆羅門祭司說：『這些東西，給予桑班達，以示榮耀。』也告訴桑班達說：『婆羅門祭司會給你這些東西，你就接受。』既然是神明的禮物，他就不能拒絕，所以桑班達用繞行的方式，以虔誠的禮敬而接受，然後坐上轎子。從那時起，不管他到哪裡去，他總是坐著轎子。一些隨侍人員漸漸地跟他在一起，而一座靈修院也設立起來。不過，他前往聖地時，不論什麼時候，他一看到神廟的塔樓時，便從轎子下來，從那個下轎處，徒步到廟裡。當阿魯那吉里（Arunagiri）神廟在望，他便從蒂魯科盧一路步行到那裡。」

有位坦米爾的師兄說，那次的參訪，《培里耶往世書》裡，並沒有清楚敘述。對此，尊者的答覆如下：

「不，那次的參訪，並不是記載在《培里耶往世書》，而是敘述在烏帕曼尤（Upamanyu）用梵文寫的《濕婆虔愛儀行》（*Sivabhaktivilasam*）裡。桑班達在阿拉肯達那魯爾（Arakandanallur）禮拜毗拉特伊濕瓦若（Virateswara），並以其詩頌贏得神明的歡心，然後他又用同樣的方式，禮拜阿圖里爾那特伊濕瓦若（Athulyanatheswara）。從那裡他望見阿魯那吉里神廟的廟頂，由於極度的喜悅而吟唱詩頌，並在那個地點，立起阿魯那佳拉伊濕瓦若的神像。當他坐在那裡的廊柱殿時，神明阿魯那佳拉伊濕瓦若，首次在他面前，顯發為一道光，然後化現為一個婆羅門身分的老人。桑班達不知道那位婆羅門老人是誰。那位婆羅門手上提著一個花籃。桑班達莫明其妙地就被那個婆羅門吸引，就像被磁鐵吸住一樣。他立刻合十問道：『您從哪裡來的？』『我剛從阿魯那佳拉來，我的家鄉在這裡附近。』那位婆羅門答道。桑班達驚訝地問道：『阿魯那佳拉！您來這裡有多久了？』婆羅門淡淡地答道：『有多久了？每天上午我來這裡採集花卉，編成花環給上主阿魯那佳拉，下午回去。』桑班達十分驚奇，說道：『是這樣？但大家都說阿魯那佳拉離這裡很遠呢？』那位婆羅門老人說道：『誰這樣對你說的？你一下子就可到那裡了，那有什麼了不起的？』桑班達聽了，便渴望去參訪阿魯那佳拉，說道：『若是這樣，我可以徒步走到嗎？』那位老人答道：『哈！像我這樣的老人，可以每天去那裡又回到這裡，難道你這個年輕小伙子做不到嗎？你到底在說什麼呢？』

「桑班達滿腔熱血，問道：『先生，若是這樣，請帶我跟您一起去。』於是就和他的跟隨者，即刻上路，婆羅門走在前頭，一隊人群跟在後面。突然之間，那位婆羅門消失不見了。正當這些人不知所措，四處尋找的時候，有一群獵人包圍著他們，劫奪他們的轎子、雨傘、黃金鈴鐺、珍珠與其他值錢的東西，及他們的糧食，甚至連身上所穿的衣服也被劫走，大家只好身著一條纏腰布。他們不知道何去何從，那時天氣炎熱，四下又無屋舍，正值吃飯的時間，大家肚子又飢餓，他們怎麼辦呢？這時，桑班達向神明禱告。『喔！上主，為什麼我要受這樣的考驗呢？發生什麼事，我都不在意！但跟隨我的這些人，為什麼他們要碰到這樣嚴厲的考驗呢？』神明聽到這些話，便示現祂的真實形相，說道：『我的孩子，這些獵人，也是我的侍從。他們劫奪你們的所有東西，使你們沒有壯觀的陣容，也沒有虛華浮飾之物，那就是前去禮拜上主阿魯那佳拉最佳的方式。你抵達那裡時，你們所有的財物，全部都會歸還給你們。現在中午了，你可用完餐後，繼續前進。』說著，祂就消失了。

「瞬間，附近的空地上，立起了一個大帳蓬，帳蓬內的一些婆羅門出來邀請桑班達及跟隨他的人進去帳蓬裡面，並以盛餐招待他們，有各式各樣的美味佳餚，以及檀香醬及蒟醬；而跟著大家一起接受招待的桑班達，其本人是受到上主的款待。大家休息一陣子後，帳蓬內有位婆羅門起身，說道：『先生，我們前去阿魯那吉里神廟好嗎？』桑班達雀躍不已，便和他的團體跟著一位婆羅門一同前往。但是，當桑班達等人，一啟程上路，帳蓬及蓬內的人們，卻消失不見了。桑班達對此奇異的情景，大為驚奇。當他們一行人抵達那裡時，領頭前往阿魯那佳拉的婆羅門也消失不見了；突然之間，帳蓬和蓬內的人們，以及先前從四方八面前來劫奪他們財物的獵人，及被洗劫後所歸還的財物等，全都消失不見。桑班達喜極而泣，讚嘆上主偉大的仁慈，在那裡停留了幾天，以詩頌的花卉來禮敬祂，然後繼續他的行程。桑班達對上主虔誠服侍，上主出於對桑班達的慈愛，神明乃示現，邀請他來到這座聖山。」

這樣說著，尊者表面平靜，但他滿腔虔愛，聲音微微顫抖，深情款款。

八七　神的力量

一九四七年一月二日

今天下午二時三十分，我到廳堂，尊者已經在那裡，閱讀某人呈上的一張紙，我坐在那裡，等待尊者要說什麼。尊者微笑著，把紙折起來，說道：「若人認為，自己與薄伽梵（神的尊稱）有所不同，則都會有些事。若人認為，並無不同，則都不會有這些事。」

若我們說，我們與薄伽梵並無不同，這樣就可以了嗎？在他認為他與薄伽梵，並無不同之前，難道他不須要去探究他是誰，或他的源頭是什麼嗎？為何尊者要這樣說呢？我心想尊者為何要這樣誤導我們呢？但我始終鼓不起勇氣來問他。我不知道尊者是否感覺到我的錯誤信息，但是不管怎麼樣，他自己又說了下面的話：

「人在了知其自己與薄伽梵，並無不同之前，他必先屏棄所有這些不真實的屬性，而這些屬性確實不是他的。人若不能屏棄這些質素，便無法認知真理。萬物的源頭，是一股神的力量。除非我們掌握到那股力量，否則這些所有的其他質素都無法能被屏棄，而修行有其必要，就是要掌握那股力量。」

我聽到這些話，我深受鼓舞，便說道：「所以，是有一股力量？」尊者答道：「是的，有一股力量。那股力量，叫做真我的覺知（swasphurana）。」我用顫抖的聲音，說道：「尊者曾隨口說過，若我們能認為，我們與神，並無不同，那就可以了。但只有在我們能掌握那股力量時，我們才能屏棄這些不真實的屬性。那股力量，是神的力量或是真我的覺知。不管它是什麼，難道我們不都應該知道嗎？不管我們怎麼努力，我們都無法知道。」

我從未在別人面前，這樣大膽地質問尊者，今天在交談中，我內心激情湧動，話語自然脫口而出，不禁淚盈雙睫，於是我把臉朝向牆壁。稍後，坐在我身邊的一位女士告訴我，說尊者也淚光隱隱。他的謙遜，又是何等溫柔的心啊！

尊者有時常說：「悟者與哭泣者同哭泣，與歡笑者同歡笑，與嬉戲者同嬉戲，與歌唱者同歌唱，並與歌曲同在，他有什麼損失的呢？他的示現，有如一面潔淨透明的鏡子，正確反映出我們的形相。我們在人生中，扮演各種角色，而從我們的行為中，獲取果報。那面鏡子或架設鏡子的支架，怎麼會受到影響呢？無物能影響到它，因為它只是支撐。在這個世上的行為者，亦即所有行動的作為者，必須自己決定唱什麼樣的歌，做什麼樣的行動，才是為了世界的福利，什麼才符合經文的教導，什麼是實際的行事。」這就是尊者常說的話。這是一項務實的闡述。

八八　睡眠及真實境地

一九四七年二月四日

今天下午，有人呈上一張紙給尊者，上面有一道問題。問題的大意是：「睡眠時，這個世界，到底是怎麼回事？悟者的睡眠，是什麼境地？」

尊者感到詫異，答道：「喔！這是你想要知道的嗎？你在睡眠時，你要知道你的身體是怎麼回事，並且是在什麼境地嗎？你睡眠時，你忘記你在這裡、在床墊上、當下的情況，而你東想西想著在某處做某事。這只有在你醒來時，才會知道你在這裡。然而，在你的睡境與醒境裡，你始終是存在的。你的身體，在你睡眠時，顯然並無知覺，也沒有任何活動。因此，在睡眠的情況裡，你並不是這個身體。那麼，在睡眠的過程中，你又要執著什麼呢？這裡一定有個某物在支撐著這些行程的往來。你躺下來，以便睡覺，而你做了夢，接著又睡了，一無所知，十分平順，那是很舒服的睡眠，所以你承認，在你的睡境，你是在那裡的，然而你卻說，你在那個境裡，一無覺知。那個是真實的，你說你不知道，但那個不真實而流動的，你卻說你知道。然而，其實你知道真實的是什麼。這些流動的東西，讓它們來了又去，觸及不到你。你都不認識你自己，卻要問這個世界到底是怎麼回事？悟者在睡境時，是什麼體驗？若你先知道你到底是怎麼回事，這個世界就會知道它自己。你問及悟者的這些事，他們在任何的境地或情況下，也都是相同的。在他們的日常起居，諸如吃飯走動，悟者的行為，都是為了別人，沒有一項行動，是為他們自己的。我已多次告訴過你們，正如有些人的職業，是為了賺錢而哭泣，悟者也是為了別人，但他了無執著，絲毫不受到別人的影響。」

另一位師兄接著這個話題，問道：「師父，您說必須要知道真實的境地，而冥想是必要的。但是，首先什麼是冥想？」「冥想意謂至上絕對。」尊者答道，接著又說：「冥想意謂至上絕對，為了要驅除心思所造的邪魔，據說必須有某些宗教上的修練，而持行這方面的冥想。你不斷地持行，那些邪魔，就會消失；而且，它們消失之後，冥想本身，將會貞固，成為至上絕對。所謂的苦行，也是指同樣的事。當你問如何去除這些習性，他們便說：『去做苦行。』但苦行的報酬是什麼？據說，『苦行本身，就是報酬。』苦行意味了知真我的實相。那個真實的，就是實相、就是阿特曼、至上真我，就是至上絕對，就是一切。當然，在語意上，你必須說：『持行冥想。』若你能了知那個真正在冥想者是誰，那麼這些疑惑，就不會萌起了。」同樣的觀念，也載述在尊者的《教導精義》裡：

了悟那僅存的真我，而「我」杳然無跡，那就是偉大的苦行。拉瑪那如是吟唱。

《教導精義》三十頌

八九　達克希那穆提的化身

一九四七年二月七日

尊者把《達克希那穆提（或譯「南方相濕婆」）讚頌》（*Dakshinamurthy Stotram*）翻譯成坦米爾文，並加以註釋。尊者總結原始故事中有關達克希那穆提的化身，寫了篇序文，又另外把讚頌裡的九則頌文分成三部分，分別是世界、觀者、被觀者。

第一部分有三：（1）Viswam Darpanam，（2）Bijasyanthariva,（3）Yasyaiva Sphuranum，是關於世界的起源。第二部分有三：（1）Nanachhidra，（2）Rahugrastha，（3）Deham Pranam，是關於觀者。最後第三部分有三：（1）Balyadishwapi，（2）Viswam Pasyathi，（3）Bhurambhamsi，是關於光，而藉此萬物得以觀見。最終的偈頌是Sarvathmatvam，意思是整個宇宙融入於至上絕對。

最近，我把這篇序文，譯成泰盧固文，尊者看了譯文，微笑地說道：「我在序文裡，簡短敘述的，僅是《讚頌》裡講的生平故事，但真實的故事，有趣多了。故事好像是這樣：

「梵天要求沙那卡、沙那庫瑪拉、薩南達那、沙那特蘇雅塔[85]，這些他心思所造者，請他們來協助他的創造任務，但他們對此任務，都不感興趣，拒絕協助。他們的身邊圍繞著諸多天神、聖者及隨侍，居留在天庭樂園的南達那森林（Nandana Vana），心想誰能傳授他們至上的智慧。這時，那羅達（Narada，吠陀經書的聖者）出現，說道：『除了梵天自己之外，誰還能傳授至上真知呢？來吧，我們去找他。』他們都同意，於是前往薩特亞域界（Satya Loka），那是梵天的住所地。他們看到辯才天女（Saraswathi，梵天的妻子）在彈維納琴，而梵天坐在她的面前，欣賞音樂，跟著打拍子。他們看到這個景象，不禁納悶，心想一個如此投入在妻子彈奏音樂的人，怎能教導他們靈性的精髓呢？那羅達便說道：『來吧！我們去瓦崑特，那是毗濕奴的住所地。』他們就去了。那時上主（指毗濕奴）待在內室裡，但那羅達是位有特權的人物，說他自己先進去瞧瞧再回來，於是直入上主的住所，不久，他出來了。大家問他看了怎麼樣。他告訴他們說：『那個梵天坐在稍微離開他妻子彈維納琴的地方，但是這裡，吉祥天女（Lakshmi，毗濕奴的妻子）坐在上主的長椅上，在按摩他的腳。這更糟糕，一個受到配偶的魅眼所迷的居家男子，如何能協助我們學習真知呢？看看這麼輝煌的宮殿及這個城市！這是不好的。我們去找上主濕婆的協助吧。』

「他們前往喜瑪佳拉（Himachala），看到凱拉斯山（Mount Kailas，或譯「大雪山」），他們滿懷希望而登山。但是到了那裡，看到濕婆處在一群同伴中，半個身體跟他的妻子分享，跳著天庭的舞蹈。毗濕奴是打著鼓，梵天是隨著舞蹈而打著拍子。他們都渴望尋求靈性的指導，但看了這些景象，大為驚訝，心想著，『噢！他也在追女人！梵天誠然跟他的妻子坐得很近，但沒有肢體接觸。毗濕奴雖然跟他的妻子有肢體接觸，但僅是按摩他的腳而已。但是，濕婆確實保有雪山女神（Parvati，或譯「帕爾瓦蒂」，濕婆的妻子）是他身體的一

85 沙那卡（Sanaka）、沙那庫瑪拉（Sanakumara）、薩南達那（Sanandana）及沙那特蘇雅塔（Sanatsujata），分別是步行之神、苦行之神、詛咒之神、尊敬之神，在《往世書》裡，是指四位仙人，為梵天最先創生的心思，亦是梵天的四個兒子。

部分。這更是糟糕透了。夠了，夠了。』於是，大家都離開了。濕婆知曉此事，為他們感到抱歉，便說道：『他們的妄念，何其深重！他們認為三位主神，都沒有靈性的智慧，只是因為當時看到受到妻子的服侍。這樣，還有誰能教導靈性的真知給這些熱誠的信徒呢？』濕婆這樣想著，便請雪山女神離開，表示他自己要修持苦行，於是仁慈的上主，裝扮成一位青年，是為達克希那穆提，以教導之姿，坐在瑪旁雍錯湖畔北邊的一棵榕樹下，其地點就在這些失望的信徒，要歸返家鄉的路上。我在某個地方，讀到這則故事。」尊者說道。

「這個故事，實在很精彩。尊者何不寫在導讀裡呢？」我說道。

「我也不知道！我想沒有必要在導讀裡敘述達克希那穆提生平的這些細節。我只是寫了必要的八則頌文。」尊者答道。

在深入探究之下，發現這則故事，寫在《濕婆奧秘》（*Siva Rahasya*）的第十篇第二章裡，標題是〈達克希那穆提的化身〉。有位師兄，耳聞及此，便問道：「化身意謂達克希那穆提的出生嗎？」

「對他來講，哪裡還有出生的問題呢？那是濕婆的五種形相之一，它的意思是，他以靜默的姿勢，面向南方而坐著。那個想要成為有相、無相的，都是在表徵其內在的意涵而已。在《達克希那穆提八頌》（*Dakshinamurthy Ashtaka*）裡，有描述形相嗎？難道不是想要成為有相、無相的嗎？所謂『室利．達克希那穆提』：室利，意謂虛幻的力量；達克希那，一個意思是充足的，另一個意思是在身體右邊的心裡；穆提，意謂無相，不過，這裡也可能有許多的註釋。不是嗎？」尊者說道。

同一位師兄問道：「《薄伽梵往世書》裡，描述沙那卡等人，始終都是五歲的男孩，但這裡的《讚頌》說，『年老的弟子及年輕的上師』。那是怎麼回事？」

「悟者始終長春，對他們而言，並無年輕或年老的問題。『年老』及『弟子』意味著沙那卡等人，在實際的年齡上是年老的。雖然他們年紀大了，但看起來，依然年輕。」尊者說道。

我把尊者所寫的導讀，翻譯如下：

「沙那卡、薩南達那、沙那庫瑪拉、沙那特蘇雅塔，都是梵天的心思所生出的四個兒子，他們知道他們的出世，是為了擴大創造世界，但他們都不感興趣，只想尋求真理與真知，於是四處尋訪上師。上主濕婆對於這些熱誠的尋道者，深為憐憫，便以達克希那穆提之身，用沉思手印（chinmudra，拇指與食指相扣，其餘三指自然放鬆）的姿態，靜坐在一棵榕樹下。沙那卡等人，看到了他，立刻被他吸引，有如鐵塊吸住磁鐵，並且即刻了悟真我。對於那些無法知道靜默及（達克希那穆提的）原始形相之人，商羯羅在這篇〈讚頌〉裡，綜述這項普世真理，並且對於具有上根之尋道者，他的詮釋是，化解證悟真理三個障礙（世界、觀者及被觀者）的至上大力，誠然無異於吾人自身的真我，而萬物終究融解於吾人之真我裡。」

九〇　悟者的心思，就是至上絕對本身

一九四七年

今天上午七時三十分，我前去廳堂，裡面一片寂靜，焚香的煙薰，從窗口飄出，正表示尊者在裡面。我步入廳堂，向尊者鞠躬，然後就坐。習慣倚靠在枕頭的尊者，直身盤腿端坐，此刻他目不轉睛，眼眸出塵，而廳堂滿室光輝，突然，有人問道：「師父，悟者有心思嗎？或沒有？」

尊者對他，投以慈祥的目光，說道：「若無心思，則無了知至上絕對這個問題。唯有心思存在，才有

了知的可能。心思總是以某種支撐在運作。無心思，則無支撐。只有跟那個支撐有所聯結，我們才說那個人是悟者。若無那個支撐，我們又如何說某人是悟者呢？但是，若無心思，那個支撐是在如何運作的？情況又並非如此。這就是說，悟者的心思本身，就是至上絕對。悟者始終觀視著至上絕對。若無心思，則如何能觀視？這就是說，悟者的心思，乃是至上絕對相（Brahmakara）及渾然一體相（akhandakara），但實際上，他的心思本身，就是至上絕對。正如無明知人，不知其內在的至上絕對，僅知其外在的心思（事物），而悟者的身體，雖然以其外在的心思而走動，但他始終知其內在的至上絕對。那個至上絕對，遍在一切。心思一旦落在至上絕對裡，那就叫這個心思為『至上絕對相』，這就像在說河流入海。所有的河流，一旦落入海洋，那就是一大片汪洋。這樣一來，難道你能區別這片汪洋，而說『這是恆河，這是哥達米河（Goutami），這條河這麼長，這條河這麼寬等嗎？』心思也是這樣。」

某個人，說道：「他們說，純淨（satvam），乃是至上絕對，而躁動（rajas）及昏暗（tamas）是表象，是這樣嗎？」尊者答道：「是的！Sat是存在，而存在是純淨的，它是本質的東西，而心思的微妙走作，因為觸及躁動及昏暗，乃創造了萬相世界。它僅是由於接觸到躁動及昏暗，心思便觀視這個表象的世界，而受到迷惑。若你除去那個接觸，則純淨將以清明及無垢而輝照，那就叫做清明的純淨（Suddhasatva）。這個接觸，無法去除，除非你以極精微的心思，加以探究，並拒絕那個接觸。所有的習性，必須消退，而心思必須極為精微，意即精微而極其精微，他們說是一粒原子中的原子（anoraneeyam）。它必須成為極為微小的原子。若它消退成原子中的原子，則它萌起出巨大中的至大（manato maheeyam），說它是心思在觀視，或心思獲取力量，隨你怎麼說它。不管你說它是什麼，當我們眠息心思，它的一切活動消退在本心裡，那時我還看到什麼？了無一物，為什麼？因為心思消退了。我們從眠息中醒來，一旦醒起，心思就在那裡，存在及至上絕對，就在那裡。一旦醒來的心思，繫著於屬性，則一切的活動，躍然而起。若你屏棄那些心思的妄作，則至上絕對遍在呈現，自身耀明而自證，那就是『我』。然後，萬物顯得無所不在（thanmayam）。看吠檀多的術語，他們說至上絕對之悟者、至上絕對最殊勝之悟者等，又說他成為至上絕對本身（Brahmaiva Bhavati）。他就是至上絕對。這就是我們說悟者的心思本身，就是至上絕對。」

有人問道：「他們說，悟者對待眾人，絕對平等，是嗎？」尊者答道：「是的！悟者如何持身立己呢？」

友善、仁愛、快樂、出離的這些狀態，成為他們的本性。對善良者，施與慈愛；對無助者，施與仁德；歡喜善舉、寬恕惡行，凡此皆是悟者天生的性格。

《帕坦加利瑜伽經》一章三十三節

九一　幻象

一九四七年二月九日

昨天向尊者提問的那位師兄，今天下午又問到幻象：「師父，人類心思上所呈現的無數萬物，似乎真實，但屬幻象，不是嗎？若能全數屏棄，幻象便會消失。」

尊者答道：「若我與伊濕瓦若是分別兩個不同的主體，這樣的概念，仍在的話，幻象變會存續呈現。

一旦屏棄幻象，而個人了知他就是伊濕瓦若，就會瞭解，幻象並不是自外於他自己的真我，而分別存在的某物。伊濕瓦若之存在，無須幻象，也與幻象有別，但無伊濕瓦若，勢無幻象。」「因此，那個幻象變成純虛幻的，不是嗎？」提問者問道。尊者答道：「是的！它等於那個；除非個己存在，否則他怎麼能了知伊濕瓦若呢？除非幻象存在，否則並無個己可言。一旦人能夠了知他是誰、謬妄的效應等，則幻象的荒謬，不會影響他，叫它是純虛幻或什麼，隨你喜歡。這是最基本的事情。」

另外有人就這個話題，問道：「他們說生命個體受到幻象的謬妄效應，例如狹隘的眼光及知識，然而伊濕瓦若有其全幅的眼光及知識，以及其他的特徵。若生命個體屏棄所執著的狹隘眼光及知識，以及其他特徵，則伊濕瓦若與生命個體，成為一體，二而一也。但是，難道伊濕瓦若不應也屏棄祂的特殊本性，例如全幅的眼光及知識嗎？他們都是虛幻的，不是嗎？」

「這是你所質疑的嗎？首先，屏棄你狹隘的眼光及類似的特徵，然後自然有充分的時間來思考到伊濕瓦若的全幅眼光、知識等。你為何要憂慮伊濕瓦若呢？祂會自理自己。難道祂沒有跟我們具有同樣的能力嗎？為何我們要擔心祂是否擁有全幅眼光及知識呢？若我們能管好我們自己，那才是真正的大事。」

提問者又問道：「但是，首先我們必須找到一位上師，能給我們足夠的修練，然後使我們能夠擺脫這些質性（gunas），我們不該這樣嗎？」

「若我們懷有熱誠，想要擺脫這些質性，那還找不到上師嗎？首先，我們必須渴望，熱切地想要擺脫。一旦我們有了這些，上師自然就會出現來找我們，或他會有某種運作吸引你到他那裡去。上師始終很警覺地在看著我們。伊濕瓦若會把上師呈現出來給我們看。除了父親之外，還有誰會照顧他小孩的福祉呢？他始終跟我們在一起，在我們左右，他保護著我們，正如一隻鳥，用牠的翅膀作為遮護，保護著牠的蛋。只是，我們對他，必須要有全心誠意的信心。」尊者說道。

有位師兄，名叫商卡拉瑪（Sankaramma），平時不敢向尊者提問，他小聲地說著，我所聽到的話是這樣：「但是，師父！上師的教導，對修行是必要的，不是嗎？」尊者答道：「喔！是這樣？但是，每天都有給教導啊！那些有需要的人，就會得到。」另外有人說道：「但是，尊者必須祝福我們，讓我們都能接受到教導，這就是我們的祈求。」「那個祝福，始終都在那裡。」尊者答道。

九二　注視

一九四七年二月十日

今天中午，三位法國女士，從朋廸切里（Pondicherry）前來這裡。一位是總督的夫人，另一位是秘書的夫人，第三位是相關人士。他們用完餐，略為休息後，於下午二時三十分，來到廳堂。其中兩位女士無法盤坐在地面上，於是面對著尊者，坐在窗臺上，第三位女士則設法坐在地面。她們約在下午三時，辭別尊者而離去。當我看到她們，我不禁回憶起一位美國女士來訪道場的事情。當時她坐在地上，雙腿伸直，又被道場的人勸說不要這樣，尊者又如何用阿維雅與南德奧的故事來訓誡他們。我在很久之前，曾寫過這些事情給你。現在，我要簡略地再寫兩件事情。

約在十個月前，一位歐洲女士偕同另一位歐洲男士，名叫佛里曼（Frydman），來到這裡，待了約二十天。她因為西方生活方式的關係，不習慣在地面上盤腿而坐，所以她因為無法就坐，受了很多苦頭，縱使坐了下來，她要起身站起來，也很困難。那位男士總是攙扶著她的手，協助她起身。有一天，約在上午八時，我到廳堂，看到他們兩人坐在前排規劃給女眾坐的地方，使得坐在旁邊的其他婦女感到很尷尬，於是我向他示意坐稍遠一點，他即刻移位。尊者頗為生氣，盯著我看，但當時我不知道為什麼。我站在長椅旁，跟人說話。佛里曼突然起身，也協助她站起來。她留著眼淚，捨不得離開尊者。尊者如常頷首，表示同意。他們走了不久後，尊者看著我，說道：「很遺憾他們走了。」我感覺我犯了大過，說道：「我很抱歉，我不知道他們要走了。」尊者感覺到我已知道我的錯誤，並已悔過，於是說道：「不，不是那樣。若他們坐在地面，會很辛苦，這就是很多人來這裡，急著離去。他們不習慣盤坐，他們又能怎樣呢？真是遺憾。」

以前有位年邁的女士，某日上午，跟她的親戚來這裡。除了她之外，他們都向尊者頂禮致敬，然後坐下，但她依然站著。隨侍克里虛那史瓦米請她坐下，但她不肯，她的親戚叫她過來，她也不肯。我也勸她去到她親戚那邊坐下，但她也不理會。有個人就勸告她，說道：「為什麼妳不聽這裡大家的話呢？」我望著她的親戚，想要知道她頑固的原因是什麼。他們說，她雙眼幾乎全盲，所以要上前靠得很近，才能看到尊者。我起身牽著她的手，帶她走到尊者就坐的長椅旁邊。她用她的手掌遮住她的眼睛，用力地看著尊者，說道：「師父！我無法看清楚，請祝福我，以便我能在內心裡看到您。」尊者滿心溫柔，點頭示意，說：「好的。」

不久，他們離去，尊者告訴我們，「那位年老的女士看不清楚，所以害怕靠近過來看我。她又能怎麼樣呢？她只是站在那裡而已。那些失明的人，頭腦就是他們的眼睛。他們只有一個眼識，那就是頭腦，而不是看到許多東西而分散注意。只有心思，必須加以專注。若能辦到，他們就勝過我們。」這是何等溫和又撫慰人心的教誨！

九三　在上師面前修行

一九四七年二月十二日

今天下午三時，我來到廳堂，尊者空閒者，正在答覆一些師兄姐的提問。其中一道問題是：「師父，他們說，在薄伽梵您面前持咒與苦行，會比平常效益更為宏大。若是這樣，如果在您面前做惡，將會是怎樣？」尊者答道：「若是善有善報，那麼必定惡有惡報。若在貝拿勒斯送了一頭牛作為禮物，捐贈者做了很大的功德，那麼殺死一頭牛，結果也是罪大惡極。你說在聖地做了一件小小的善事，會有極大的福報，那麼一樁惡行，必定同樣地會產生極大的傷害。只要認為自己是作為者，就必定要面臨行為所帶來的善報或惡報。」

「我們一直想去除不好的習慣，但習性的力量，實在很強大，我們該怎麼辦呢？」那個人又問道。「一定要有人為的努力來消除習性。好的同修、好的聯繫、好的行事、一切好的修行，缺一不可，才能消除習性。一直致力於此，心思會成熟，神賜予恩典，最後滅盡習性，終底於成，這就叫人為的努力（purushakaram）。若你自己不努力，又怎能期待神會降恩於你呢？」尊者說道。

另外一個人，就這個話題，說道：「據說，整個宇宙都是神的遊戲（chidvilasam），而且萬物都是至上絕對的現象（Brahmamayam）。那麼為什麼我們要說，必須要去除壞的習慣及壞的行事呢？」尊者答道：「為什麼？讓我告訴你。就拿人的身體來說，體內有了創傷，若你輕忽它，以為僅是身體的小地方，它就會引起整個身體的痛苦。若不好好醫治它，醫師一定前來，動刀割除感染的部位，清除不潔的血液。若有疾患的部分，不加以割除，它就會潰爛。

「若手術後，不加以包紮，就會形成膿包。這些現象，跟行為一樣。壞的習慣及壞的行為，就好像身體上的創傷，若人不去除它，他就會掉入深淵之中，因此，每個疾患，都須給與適當的治療。」

「尊者，您說必須修行，以便去除諸多不好的東西，但心思本身並無覺性，也不能有所作為；真我乃如如不動，也因此沒有作為。這麼說來，人又要如何修行呢？」有人問道。尊者答道：「喔！但是，現在你又怎麼能夠說話了？」「師父，我不明白，這就是我要請您指點的地方。」他說道。尊者答道：「好吧！聽清楚了。無覺性的心思，能夠藉著接觸如如不動的真我（覺性），而成就一切。若沒有真我協助，無覺性的心思便無法成就任何事情。真我不動如山，若沒有得到心思的佐助，也無法成就任何事情，兩者是彼此依賴而不可分的關係。這就是以前的人從各種觀點切入討論而來結論：心思（頭腦）是真我—無覺性—組成（chit-jada-atmakam）。我們必須說，真我結合無覺性，而產生行動。」

尊者在其《真理詩頌四十則》，有關覺性與無覺性之間的那個「結」（chit-jada-granthi），寫得極好，其二十四頌如下：

> 身體不會說「我」；真我尚未萌生。二者之間，「我」的感知在全身升起，不管叫它做什麼，那就是覺性跟無覺性二者之間的結。那個結，也是困縛。

一九四七年二月十三日

九四　本心—頂輪

尊者在不同的場合，用坦米爾文所寫的詩頌，分散在多本不同的筆記簿裡，很久以前，我們就想要把它收集在一個本子裡，但我們把這件事耽擱了。四五天前，我把此事告訴尼倫伽那南達·史瓦米。我拿了一本筆記簿，很認真地抄寫，雖然我的坦米爾文所知有限。

我問尊者，那些詩頌是寫在哪些簿本上。他說道：「一定是在那些大本子上，有編號一、二、三，去看看。」又說道：「有人向我要詩頌，我就寫在小張紙上，交給他們，他們通常就拿走了。有些詩頌是寫在這些簿本上，有些沒有。若全部都寫在上面，詩頌的數量會很多。我以前在山上時，寫了很多，有些則丟掉了。誰有耐心保存這些詩頌呢？若妳要的話，現在妳可以收集起來。」我對於神的心聲而以詩頌表述，竟然沒有好好保存而浪費掉，感到痛心。我拿起本子的第一冊，發現詩頌的標題是〈尊者的詩文〉。我便問他，那些是什麼詩頌，他答道：

「當年我在維魯巴沙洞屋時，納耶那（即慕尼）曾帶著一位名叫阿魯那佳拉的男孩到那裡，他在學校是讀到最高的年級。納耶那跟我在交談時，那男孩坐在附近的矮樹叢邊。他似乎耳聞到我們談話的內容，便用英文寫了九則詩頌，敘述我們談話的大意。這些詩頌，寫得很好，我就用阿哈瓦（ahaval）的格律，把它們譯成坦米爾文。它們讀起來，很像泰盧固文雙關語的格律。詩頌的內容如下：

> 從尊者臉上的太陽，放射出他話語的光芒，賦予加納帕提·夏斯特里臉上月亮的光輝與力量，轉而照亮著我們這些人的臉龐。

「還有一件事。加納帕提·夏斯特里時常說，頂輪是萬物之源頭，亦即中心，而本心乃是頂輪的支撐，不是這樣嗎？本心賦予光於頂輪。我常說，本心是萬物的源頭，而本心湧出的力量，輝照在頂輪裡。詩頌總結這個概念，以雙重的意涵表述，亦即本心是太陽、光的球體，而頂輪是月亮。」

一九四七年二月十五日

九五　泰盧固文的文巴體詩頌

上個月，《棄世者》（*Thyagi*）雜誌刊出一篇評論，是最近印行的坦米爾文的往世書，叫做〈蒂魯丘立〉。在評論中，他們從一本叫做《蒂魯丘立．文巴．安達廸》（*Thiruchuli Venba Andadhi*）的書中，摘出三則詩頌，作為互相比較。道場管理人鼓勵我要去讀這篇評論，於是約在十天前，我從尊者那裡，拿到這本雜誌。

文巴是指具有雙重涵義的詩體。因為它是讚美布米那塔（Bhuminatha，亦即濕婆），所以聞其吟唱，極為愉悅。我坐在廳堂裡，認真看著這份雜誌。尊者感覺我似乎無法瞭解箇中涵義，所以向我敘述這三則詩頌的大意，如下：「布米那塔是神明在蒂魯丘立神廟的名字，而莎哈雅．瓦孋（Sahaya Valli）是女神的名字，這篇地方性的往世書，是收錄在《室建陀往世書》裡面，在標題為〈三叉戟古榮光〉的下面。

「喔，布米那塔！天上諸神都讚美祢是一位獨立自主的英雄，咸認為祢憑藉自己的力量，無須協助，便打敗阿修羅三兄弟[86]，贏得勝利。但祢是半女大自在天[87]，乃半身男性、半身女性的雌雄同體。假若祢沒有得到女神莎哈雅．瓦孋的協助，祢還能在與阿修羅三兄弟的戰鬥中，獲得勝利嗎？祢身體左邊是她的。若無她的協助，祢能拉直祢的弓嗎？那就是意義所在。

「當祢是山嶽的形相時，祢如如不動，若沒有薩克提（Sakti，能量、大力）女神的協助，這樣又怎能贏得勝利呢？因此，說祢是獨立自主、無須協助的英雄，這話並不正確。若無我們的莎哈雅·瓦孋的協助，祢是無法成就任何事情。這又是另一層的意義。在那些頌文中，有許多特殊的意涵在裡面。」尊者說著，虔愛至極，深情忘我。

翌日，雜誌的編輯寄來《文巴·安達廸》一書已收到，我在下午二時三十分，前去道場，尊者告訴我，那本書已收到了。

當我拿起那本書來看時，尊者笑著說：「納耶那（即慕尼）用梵文譜寫文巴詩頌，但韻腳不協調。他發現比起雅利安·維里塔（arya vritta）語體的詩頌，更加困難時，就放棄了。他自己說，那是蘇克拉詩韻格律（Sukla Chandas）。拉克希瑪那·薩瑪先用文巴詩體，譜寫梵文的《真理詩頌四十則》，但是韻腳和屬格都不對。我僅修正曼加拉偈頌（mangala sloka），那拉辛加·饒（Narasinga Rao）用泰盧固文來譜寫，但也寫不好。」「這可能是在泰盧固文裡，並沒有合適的韻腳。」我這樣表示。尊者說：「是啊！是這樣的。它比較困難，我可以譜寫，但我不這樣寫。」我略感惋惜地向尊者問道：「尊者也都沒有用泰盧固文來譜寫嗎？」他答道：「我若告訴妳屬格，妳自己就可以寫了，何必要我來寫呢？」「但是，我連最基本的詩韻格律都不懂，我又怎能知道這些特殊的種種詩體呢？您說過，納耶那都沒辦法譜寫。若是這樣，那還有誰能寫呢？尊者自己一定要寫。尊者用經文的格式，所譜寫的東西，很討人喜歡，不是嗎？懇請您寫點東西，惠賜我們。」我

86 阿修羅三兄弟（Tripurasuras），指三個名為Tarakasha、Vidyumali及Kamalaksha的阿修羅兄弟。

87 雌雄同體的濕婆（Ardhanareeswara），另名「半女大自在天」，指男女合身的濕婆形相。男性代表空間的被動元素，女性代表時間的主動元素。兩元素看似對立，實則一體。形相的右邊是男身，左邊是女身，二者融為一體。全身有四隻手臂，分別拿著法器，右手持三叉戟和輪盤，左手持鏡子和蓮花。詳見施勒伯格著，范晶晶譯，前揭書，76頁。

熱切地請求他，他卻不發一語，保持沉默。我很沮喪，便拿著書本回家了。

我有三天沒來聽堂，第四天，我到這裡時，尊者給了我幾張小紙片，說道：「幾天前，我們談到泰盧固文的文巴體詩頌，隔天，我就用泰盧固文寫了三則頌句，然後又譯成坦米爾文。看吧！這些詩頌要用桑卡拉巴拉納的拉格聲調88很慢很慢地吟唱。」

「在同一則頌文中，您應該給我們更多的頌句。」我向他請求。他答道：「這樣就夠了，在泰盧固文裡，並沒有合適的詩韻格律。如果寫了，會給人笑話的！甚至要寫個合適的主題，都沒辦法。那些都是很普通的語詞。」「尊者的話語，不須要任何特別的主題，凡是從他的口中出來的話語，都是主題，那是屬於吠陀的。若是泰盧固文沒有合適的韻腳，那麼尊者何不創造一個呢？」我說道。

穆魯葛納支持我的說法，並說道：「若尊者像這樣，不時譜寫，那麼在適當的時候，就會斐然成冊，若泰盧固文能夠取得嶄新的韻腳，那不是極大的收穫嗎？」尊者沒有回應。我抄寫了這三則文巴體的詩頌，俾此存錄。

一九四七年二月二十日

九六　真我五詩頌

我之前寫的最後一封有關泰盧固文的文巴體詩頌時，我覺得尊者若能寫更多的詩頌，當然更好，但我應該保持安靜，不宜要求他寫，除非時機到了，詩頌自行呈現出來。十六日下午，我到廳堂，尊者正在跟師兄姐談文巴詩體的押韻，他看到我，便開始解釋坦米爾文與泰盧固文兩者不同的詩韻格律，說道：「有一次，古海·那瑪斯瓦雅·史瓦米（Guha Namasivaya Swamy）決意要以每天一則的速度，譜寫文巴詩頌，這樣一年就有三百六十則。他就這樣寫了，有的詩頌遺失，而保留下來的詩頌，由他的信徒印製出來。有些詩頌，現在還看得到。」「若尊者也這樣譜寫詩頌，豈不大有裨益於世界？」師兄說道。「我不知道為什麼，但我的心思，拒絕往這方向走。我要怎麼做呢？」尊者答道。「但是尊者寫的詩頌不多，若能譜寫更多的詩頌，而能構建相關性的詩韻格律，那將是我們語文上嶄新的寶藏！」我說道。

「這樣是很好的，但我是學者嗎？假若都去寫這些，那個人就必須研究《薄伽梵往世書》（*Bhagavatam*）、《巴拉塔姆》（*Bharatam*）等所有文獻。但是，我憑什麼來寫這些？有什麼東西好讓我寫的？」他問道。

「不管尊者寫什麼，本身就是一件令人感興趣的事情。」我答道。

他回答說：「妳寫了這麼多的詩頌，難道還不夠嗎？若妳要的話，給我《佩達·巴拉·錫克夏》[89]或《蘇拉克夏那精義》（*Sulakshana Saram*），我就告訴妳詩頌的屬格，這樣妳或許就能自己譜寫了。」我說道：「我不要寫，若尊者有寫的話，我就會讀，否則不要。」他笑了，並保持沉默。

我出去外面，在陽台的前坐下，開始寫點東西。但你要知道，尊者滿懷仁慈，我一離開廳堂，他就譜寫一則文巴詩頌，當場讀給師兄姐聽。晚間他外出，看到我，就說道：「這裡有一則文巴詩頌，是我剛寫好的，妳可以看看。」我喜出望外，看了後就把它收存起來。尊者把這則詩頌，翻譯成為坦米爾文，並向穆魯

88 桑卡拉巴拉納拉格（Sankarabharana raga）是印度一種古典的卡納提（Carnatic）音樂。

89 《佩達·巴拉·錫克夏》（*Pedda Bala Siksha*），是泰盧固文的百科全書，適合兒童和成人閱讀，本書涵蓋文學、藝術、文化、道德、遊戲、神話及科學。直到一九六〇年代，一直被認為是學生學校課程的一部分。

葛納說：「我能精讀泰盧固文嗎？這就是為什麼我避免用泰盧固文來寫。但她一直要求。我提出一些不同的看法，但她不同意。因此，我只好寫了。」

「在這種情況下，尊者的話語，註定會應驗。」穆魯葛納說道。那時是下午六時，我正要回家，說隔天我會把詩頌抄寫下來。翌日，上午八時，我到廳堂，一看到他，尊者就說：「昨天晚上，我譜寫了另外的詩頌，全部有五則，可以叫做《阿特曼五詩頌》（*Atma Panchakam*）！但是商羯羅用相同的名稱，已寫了詩頌。因此，我們就叫它們是《真我五詩頌》（*Ekatma Panchakam*），我已在詩頌上編了號碼。妳或許可以修訂，並抄寫下來。」

我聽從指示抄寫這些詩頌。一些師兄姐看了，也來抄寫，並且很高興拿到詩頌。今天下午，一位女士，在廳堂吟唱《真我五詩頌》，當她唱到第三則，起頭是'thanalo thanuvunda'時，尊者看著我，說道：「看吧，我在維魯巴沙洞屋時，當時電影尚未普及，而我已舉出電影的例子。在商羯羅的時代，是沒有電影的，因此他舉的例子是'viswam Darpana drisyamana nagar'，假若他的時代有電影，他就不會舉這個例子了。我們現在很容易用電影做例子來說明。」

九七　出生

一九四七年二月二十四日

昨天一位師姐，給尊者看她的筆記本，上面有她抄寫的五則《真我五詩頌》。尊者看到筆記本上有他譜寫的兩則詩頌，是對師兄姐首度為他慶祝生日所寫的，於是告訴我們這件事情，如下：

「我在維魯巴沙洞屋時，某次我生日，可能是在一九一二年，我身邊的一些人，堅持要在那裡炊煮食物並用餐慶祝。我勸他們不要，但他們抗議，說道：『我們烹煮我們的食物，在這裡吃，對師父又有何傷呢？』我因此就隨他們意。他們立刻買了一些鍋碗瓢盆，那些鍋碗到現在還在這裡。剛開始是少少的東西，結果變成這些全部的家當及雜七雜八的東西，每件東西，都自然來到，我們要它停下來，也沒辦法。我跟他講了很久，但他們不聽。大家煮完菜、用完餐了，那時常跟我在一起的伊史瓦羅史瓦米（Iswaraswamy）就說：『師父！今天是您的生日，請譜寫兩則詩頌，我也譜寫兩則。』這樣，我當時就作了兩則詩頌。我看到筆記本上的詩頌，是這樣寫著：

一、要慶祝生日，首先須認清你從何出生。我們到達永恆生命的境地的那一天，才是我們真正的生日，那個境地，不為出生與死亡所及。

二、最好在每年一次的生日裡，我們應該哀嘆，我們有了此身，並淪落在這個世界。不如此思維，我們卻用盛宴來慶祝。歡慶生日，就好像裝飾一具屍體。智慧存在於了悟真我，融入其中。

「這是這些詩頌的大意。在瑪拉巴爾[90]某地區的人們，有個習俗。孩童在屋裡出生就哭泣，若有人死亡，便大肆慶祝。人離卻其真實的境地，在這個世上出生，真的要哀傷，不要把生日當作慶祝的場合。」我問道：「伊史瓦羅史瓦米寫了什麼詩頌？」「喔！他呀！他寫的是，讚美我是神的化身之類的東西，全都是

90 瑪拉巴爾（Malabar），指瑪拉巴爾海岸（Malabar Coast），在印度西南海岸，位於喀拉拉邦及卡那塔卡邦的西部海岸。

這樣。當時那些日子，他很閒。他常譜寫一則詩頌，而我回敬他一則。這樣下來，我們寫了很多詩頌，但沒有人想要保存。當時，我們大都各自獨處，並沒有什麼炊煮食物的設備。誰要待在那裡呢？現在，各種設備都齊全了，而有很多人來跟我們聚在一起，並坐在這裡。但是，當時那些日子，那裡又有什麼呢？若有人來，他們不過是待一下子，就走了。這就是當時的全部情況。」

我祈請尊者給我一份那些生日詩頌的泰盧固語譯文。他於是寫了一份給我。

九八　真我

一九四七年二月二十五日

今天上午，一位古吉拉特（Gujarati）的女士，偕同丈夫及小孩，從孟買來到這裡。她是中年人，從她的舉止看來，是位有教養的女士。丈夫身著卡達爾（khaddar）長衫，看起來是位國會議員。他們的行為舉止，似乎是受尊敬的人物。他們沐浴完後，於上午十時，一同到廳堂。從他們的態度看來，他們想要問一些問題。約在十五分鐘左右，他們提問如下：

女士：「尊者，人如何找到真我？」

尊者：「為何妳要獲致真我？」

女士：「為了平靜。」

尊者：「好的，是這樣嗎？那麼，有個叫平靜的，是在那裡嗎？」

女士：「是，有的。」

尊者：「好吧，妳知道妳應該要獲得平靜，妳是怎麼知道的？要知道平靜存在，妳必須在某個時段，已有了體驗。人只有在知道甘蔗是甜的，他才會想要品嚐更多的甜味。同理，妳必須已經有平靜的體驗，並且偶或體驗著平靜，否則妳為何要渴求平靜呢？事實上，我們發現每個人都同樣地在渴求平靜，或某種的平安，因此，很顯然的，平靜是真實的東西，是實相，隨妳喜歡叫它作『清淨』（Shanti）、『靈魂』、『至上阿特曼』或『真我』都行。我們都要它，不是嗎？」

女士：「是的，但如何實現呢？」

尊者：「妳想要得到的，是平靜本身。若人所追尋的，是他已經擁有的，那我還有什麼話可說呢？若那個東西是必須從某處拿到，那就要努力。頭腦及思緒運作，往來妳及妳的真我之間，妳要做的是擺脫它。」

女士：「隱居獨處，是修行所必要的嗎？或我們只要屏棄世上一切的歡娛，就可以了？」

尊者只就問題的第二個部分回答，說道：「棄世意謂內在的棄世，而非外在的。」然就保持沉默。

此時，齋堂響起用晚齋的鈴聲。

這位女士有個龐大的家庭，她最後問題的前面部分，尊者又怎麼能回答呢？她受過教育，也有教養。尊者通常對在家居士，也講同樣的話，而鈴聲在此際適時響起。畢竟，內在或心思上的棄世，是容易的嗎？這就是何以尊者只回答說，棄世意謂內在的棄世，而非外在的。或許她的下一個問題是，「何謂內在的棄世？」要是沒有被晚齋的鈴聲打斷，尊者可能會答覆。我回到我獨居的住處，你看到神安排每個人的事宜，都很恰當而合宜。

難道尊者問過我：「為什麼妳獨自一人生活呢？」或他向誰這樣說過？從不這樣。若你問為什麼，那是因為對我生命的情況而言，這是很合宜的。

九九　上師的形相

一九四七年二月二十六日

今天下午，一位坦米爾青年上前問尊者：「師父，昨天下午，您向古吉拉特的女士說，棄世意謂內在的棄世。我們如何實現呢？內在的棄世是什麼？」

尊者：「內在的棄世，意謂一切的習性，必須止息。若你問我，『如何實現？』我的答覆是『它是藉由修行而實現的。』」

問：「修行必須有位上師，不是嗎？」

尊者：「是的！上師是須要的。」

問：「如何確定一位合適的上師呢？上師的真實形相是什麼？」

尊者：「他能跟你的心靈契合的，就是合適的上師。若你問如何確定這位上師是誰，他的形相為何，則他應具有平靜、耐心、寬恕等美德，足以吸引他人；甚至僅是一瞥，就像磁石被他吸引，並且有一視同仁的襟懷。他擁有這些美德，就是一位真正的上師。若人想要知道上師的真實形相，他必須先知道他自己真實的形相。若不能先知道自己真實的形相，他焉能知道上師的真實形相呢？若你要認知上師真實的形相，你必須先把整個宇宙當作上師的形相來看待。人對一切生靈，必須有上師的觀念，這跟神的觀念是一樣的，你必須把萬物都當作神來看待。人若不知道他自己的真我，又怎能認知伊濕瓦若神的形相，或上師的形相呢？你又如何能確定他們呢？因此，首先要知道你自己的實相。」

問：「縱使知道了這個，難道上師是不須要的嗎？」

尊者：「所言甚是。這個世界，有許多偉人存在。跟你心心相印的，你就可以視之為上師。你對他有信心的，他就是你的上師。」

那位年輕人，似乎並不滿意。他列舉了當今偉人的名單，說道：「他有那個缺點，他有這個缺點，這樣，他們又怎能被視為上師呢？」

尊者對於自責自省之人，有無盡的寬容。但對於專挑人毛病的人，無法容忍。他帶著不耐煩的口吻，說道：「喔！你是要去知道你自己的真我的，但你卻去挑剔別人的毛病。若你能修正你自己的過錯，也就可以了。那些人能自理自己的毛病，看起來好像若不能先得到你的認證，他們就不能得到拯救，那真是可悲！他們都在等待你的認證，你是個偉大的人物。除非你認可他們，否則他們就無法拯救嗎？你在這裡，指責他們。在別的地方，你也會指責我們，你什麼都知道，而我們一無所知，我們必須服從你。是的！我們將這樣做，你去宣布，說：『我去了拉瑪那道場，我問尊者一些問題，他無法正確回答，所以他什麼都不知道。』」

那位年輕人想要繼續追問，但另一位師兄制止了他。尊者看到了，說道：「你為什麼要制止他呢？讓我們都保持沉默，隨他高興去說個夠。他是個聰明人，我們必須低調一點。他一到這裡，我已經觀察他了。他本來坐在角落，帶著所有的問題，細心分類，並彙集起來，就是這樣。自從他來，一天一天地接近這裡，直到最後，他相當地接近這裡，便開始提問。昨天，他聽到女士問我的問題，便決定炫耀他的知識，於是傾囊而出。那裡全部的東西，都要出來，不是嗎？他要去尋找整個世界，並為他自己來確定上師真實的形相。

他似乎尚未找到符合他的條件的上師。達塔特雷耶[91]是宇宙的上師，他不是嗎？而他說整個世界，都是他的上師。若你看到邪惡的事，你就不應該這樣去做，所以，他說邪惡也是他的上師。若你看到美好的事，你就要效法去做，所以，他說美好也是他的上師。他說美好與邪惡，都是他的上師。有一次，他向一個獵人詢問路途要走哪條路，那位獵人在專心射空中的鳥，忽視了他的詢問。達塔特雷耶便向他行禮，說『你是我的上師！雖然殺害鳥是不好的，但對於你的目標，專注在射出弓箭，而忽視我的詢問，卻是好的。這樣，就教導了我要保持專心一致，固定在伊濕瓦若上。因此，你是我的上師。』他以同樣的態度，把萬物看成他的上師，直到最後，他說他的身體本身，就是上師。因為睡覺時，知覺並不在那裡，而身體也不存在，所以不要把靈魂（真我）跟它們混淆了，此亦即身體就是靈魂（真我）的感知（dehatmabhavana）。因此那個也是他的上師。當他把整個世界都視為上師時，整個世界也禮敬他為上師，這跟伊濕瓦若是一樣的。視整個宇宙為伊濕瓦若的他，其本身就是被伊濕瓦若的宇宙所禮拜。此亦即『你的認知，就成為你自己』（yadbhavam tadbhavathi）。我們是什麼，這個世界就是什麼。這裡有座大花園，杜鵑會為果子而找尋芒果樹，而烏鴉會找尋苦楝樹，蜜蜂會找尋花卉，以便收集蜂蜜，而蒼蠅會找尋糞便，他若找尋小塊聖石，便會撿拾起來，而推開其他的石頭。那塊小聖石，在一堆普通的石頭裡面。那個善良的，會被認知，因為邪惡的，也同在一起。光會輝照，因為黑暗同時存在。若有幻象存在，則伊濕瓦若便在那裡。他若找尋精髓，則他在千百之中找到良品，便會滿足。他拒絕了九十九件，而接受一見良品，認為單此一件，便可征服世界，遂感滿足。他的目光總是在那個單一的良品上。」尊者說了這些，餘音迴響之餘，默然平靜。

整個廳堂，瀰漫著莊嚴的寧靜，時鐘敲響四點鐘，就好像原始的孔雀來到阿魯那佳拉·拉瑪那的蓮花聖足下，對他滅除惡魔蘇拉帕得瑪（Surapadma）行禮致敬，並讚美他；此時，道場的孔雀從北邊步入廳堂，高聲啼叫，宣示牠的蒞臨，尊者回應牠的啼叫，說著：「來！來！」並把目光轉向那邊。

一九四七年三月十二日

一〇〇　沒有浪費

最近尊者譜寫生日詩頌及《真我五詩頌》，不是嗎？他把這些詩頌，寫在一張粗糙的小紙片上，墨汁沾透在上面，而我覺得心痛，因為神的字跡，看起來像一串珍珠，竟書寫在粗糙紙上，於是我對他說：「詩頌最好寫在筆記簿上。」「沒有關係，」他答道：「若寫在筆記簿裡，有人認出是我寫的，就會把筆記簿拿走。現在就不怕會這樣了。身為師父，他是大家的共同資產。」他並沒有接受我的建議。

今天上午，我要略加修訂生日詩頌的文字，便在廳堂裡尋找一張小的空白紙，以便謄寫下來，並黏貼在我的筆記簿裡，但在廳堂裡，卻遍尋不著。我沒有耐心回家去拿紙，所以就毫不遲延、也無惶恐地向尊者說，我要去辦公室拿。我到了那裡，他們取出一些很好的紙張，我拿了一張，又說若能給尊者一些紙張，那有多好。「那妳就拿去吧。」他們說道，並給了我四張。我拿去給尊者，向他說他可用這些紙來書寫，以便事後可黏貼在簿本上。我又問這些紙是否要放在書架上。他說：「這些紙從哪裡來的？妳從辦公室裡拿來的嗎？」我說：「是的。」然後他說：「為何我要這些紙呢？妳要的話，妳就自己留下來。我從報紙撕下一小

91　達塔特雷耶（Dattatreya），神話中的一位婆羅門，被尊奉為毗濕奴的化身，或印度教三相神（毗濕奴、濕婆、梵天）的化身。詳閱施勒伯格著，范晶晶譯，前揭書，42-43頁。

片紙，小心保存，就可以寫在上面，何必要這麼好的紙張呢？」我無法回應，只好把紙放在書架上。

上午九時，郵件送來，並整理之後，尊者閱讀報紙，他看到報紙上，約有四吋的空白，便對摺報紙，把它撕了下來。他對著我微笑，但我不明白為什麼。他撕下紙後摺好，放在書架上，說道：「看吧，我會用這張紙來書寫。我能從什麼地方拿到紙呢？我能到什麼地方去拿紙呢？我用這張紙來寫，不是很好嗎？」我答道：「這對我們是一項教悔誨，尊者總是在教導我們，但我們並沒有學到。」尊者默然微笑。

有時候，這裡的人，收到寄來的書，便用紙張把書本包好，帶到廳堂來。尊者把包裝的紙張摺好，對隨侍說：「看著，小心保管好，我們也可用來包其他的書本，若我們有需要，我們從哪裡可以拿到這種紙呢？所以現在所拿的，是平白得到的。」道場每天的來函，辦公室都會拿給尊者過目。向你這樣的公務員，都會把紙摺好，在一面寫字，餘處留下空白；尊者就會把沒寫字的部分撕下，保存起來。迴紋針也是這樣，看完報紙後，取下別針，交給隨侍，說道：「這些東西，我們需要時就有用，否則就被丟掉了，我們要留著使用，何必去拿新的呢？那是要用買的，我們去哪裡拿錢呢？」

住在山上時，尊者所用的湯杓、湯匙、杯子等，都是親自用椰子殼製作出來的。直到最近，他還做椰子殼的杯子和湯匙，並加以磨光，有如象牙般，並向隨侍說：「看著，好好保管這些，需要時會有用的。我們又如何能拿到銀的和金的東西呢？這些就是我們的銀杯和金湯匙，又不會燙手傷到。它們不像金屬用具那樣會弄髒，使用起來很愉快。」不僅這樣，他吃馬拉雅姆甜粥時，就只用這些餐具。

道場收到巴達維亞（Batavia）或卡瑪拉（kamala）橙橘時，橘皮不丟棄，用來製作酸甜醬及醬菜，也拿來用在湯裡，或做類似的使用，此外，用餐時，殘粥剩飯，都不可丟棄。他以身作則，做給我們看，就是連一個有用的東西，都不可浪費。

若有人送來玫瑰花，尊者拿著玫瑰按壓在眼睛上，放在時鐘的上面，或玫瑰乾枯而花瓣掉落，便吃著花瓣，也給身邊的人吃。有一次，某人送來玫瑰花環，通常都拿來裝飾母親神廟的神像，事後僧侶把玫瑰花環跟其他的花卉，一起丟到垃圾筒。尊者看到了，對他們很生氣，等他們離去後，便把這些花瓣收集起來，摻雜在大米布丁裡，成為美味可口的甜食。他上山時，若在路上剛好看到合用的樹葉，就跟隨侍一同摘取些，告訴他們怎麼烹煮，做出美味的佳餚。他喜歡的食材是不用什麼花費的，或不太昂貴。這些事情，看似稀鬆平常，但我們細想，便會發現是很好的教誨，其箇中意涵是，我們可以在小小的作為上，過著舒適的生活。

一九四七年三月二十八日

一〇一　心思的妄念與平靜

昨天，一位安得拉邦的年輕人來道場，從他的外表看來，他似乎心思單純。今天上午，他向尊者問道：「師父，十個月前，我為了觀視您而來。現在我渴望再度觀視，所以立即前來這裡，毫無耽擱，以後若有這樣的渴望，我可以隨時來嗎？」

尊者答道：「無論什麼事，會發生的，就會發生。所有發生的事情，都是我們所應得的。為什麼要事前操心它呢？」

他又問道：「以後不管什麼時候，若我有這樣的渴望，我都可以來嗎？或我應該遏止這個渴望。」

「若你的念頭去不思及未來，事情便會自行發生。」尊者答道。

問：「我片刻都無法遏止這個渴望。這是在欺騙自己嗎？」

尊者微笑看著我，說道：「看來不久前，他曾來這裡，現在又有了這個渴望，所以立刻就來了。他在問我，未來若有這樣的渴望，可否前來這裡。」

那位年輕人插話，說道：「無論什麼時候，我一有想見尊者的渴望欲念，我就一刻也無法遏制，我只是在問，這是否是頭腦的妄念。」

我說：「想要觀視一位大人物的欲念，怎麼可能是頭腦的妄念呢？被控制及壓抑的妄念，何其多也，難道唯獨你這個欲念，就是妄念嗎？」他沒有進一步提問。

廳堂裡，有一些安得拉邦的朝聖訪客，已在這裡。其中一人起身問道：「師父，靈魂如何能平靜？」尊者笑著回答：「什麼！什麼是靈魂的平靜？」「不，不，我的意思，是指頭腦。」「喔！是指頭腦！若習性受到制止，則頭腦就會平靜下來。為了這樣，人必須探究並了知自己是誰。若不能探究那個平靜是什麼，而僅僅說『我要平靜，我要平靜！』那怎麼能得到平靜呢？首先，務必要認識並了知那個已然存在的是什麼。」

其中有位學者，他問道：「在某些地方，生活本身，就很艱困；在這樣的地方，人又如何修行呢？」

尊者答道：「那個地方，是在你的內在裡。你並不是處在那個地方。當你是遍在各地的，哪裡還有什麼某地是艱困的而別處不是艱困的，這樣的問題呢？一切都是在你自己的內在裡。它們怎能使你感到艱困呢？」「但在某些地方，我們一點都得不到平靜。」他持異議說道，而尊者答道：「那個已然存在的，就是平靜，那是你天生自然的境地，你無法去認識你的天生自然的境地。你被妄見所誤導，那個妄見是不真實的，使你對沒有平靜，感到遺憾。若你能了知你的真我，任何地方都同樣適合修行。」

一〇二　母親阿樂葛瑪

一九四七年四月三日

某日，在尊者面前，談到一些古老的讚歌。尊者說道：「母親時常吟唱〈達克希那提讚頌〉以及其吠檀多的讚歌。這些讚歌，義蘊豐富，現在沒有人理會，但若加以編輯出版，會是美事一樁。」

我耳聞及此，不禁想到一些古老而富有哲理的泰盧固語讚歌，覺得這些讚歌，若加以編輯出版，對我們女士的靈性，會很有裨益，於是就此寫了一篇文章。文章裡，我提到〈薄餅歌〉92，歌意顯示出尊者對母親的卓越教導，而此讚歌也被視為是諸讚歌中之佼佼者。當我告訴尊者，我打算把這篇文章，送到泰盧固語的《格里哈拉克希米》93雜誌時，他要我唸給他聽。尊者聽了後，說道：「這首讚歌的背後，有一則很長的故事。」在我的請求下，他很樂意地敘述這則故事如下：

「在早期的日子，母親來跟我同住在維魯巴沙洞屋時，那裡並無炊煮食物，若耶夏摩或別人帶食物來給她，她通常吃完之後，清洗碗盤，然後就去睡覺了，當時就是這樣。有一天，她看我沒有什麼特別的東西可吃，而我喜歡吃雙片的阿帕拉姆薄餅，她心想為我製作一些這種薄餅，這該是個好主意。因為她製作薄餅，相當有經驗，沒有什麼困難，於是在我不知情的情況下，她請老婦人穆達利爾、耶夏摩等人備妥食材。某天晚上，她外出，說要去村子裡。我想知道她要去哪裡，所以她離開的時候，我站在外在的樹下，靜靜地等她。她以為我什麼都不知道。她去了幾個鐘頭後，收集所需要的東西，放在一個大的錫盆裡就回來了。我閉

92 原註：薄餅在坦米爾語是Appalam，在馬拉雅姆語是Poppadam，在泰盧固語是Appadam，是用黑麥粉調製而油炸，成為薄片的圓形脆餅。

93《格里哈拉希米》（*Grihalakshmi*）印度女性雜誌，一九二八年創刊。

著眼睛，假裝什麼都不知道。她小心翼翼地把東西收藏起來，直到訪客都走了。天黑之後，我用完餐，躺下假裝就寢。她不慌不忙地拿出擀麵棍、木頭椅子、蓬鬆的麵粉及一塊麵團，開始製作阿帕拉姆薄餅，大約做了兩三百個。她無法全程單獨一個人製作，我對這項製作過程，也很瞭解。於是她輕聲地對我說，『我的孩子，請幫我一下。』我等到機會了。我若太寬容，她還會做別的其他事情，所以，我要及時制止，便說道：『妳已捨棄一切了，所以來這裡，不是嗎？為何要這樣呢？妳應該隨遇而安。我不幫妳，縱使妳做了，我也不吃。妳自己做，妳自己吃。』她又一直叫我幫忙，我覺得跟她爭論沒用，就說：『好吧，妳做這些薄餅，我做別種的。』於是我就唱起這首〈薄餅歌〉來，她通常唱著米歌、湯歌及其他這類的歌，都帶有吠檀多的涵義，但沒有人寫薄餅歌，所以我覺得我應該寫一首。她很喜歡歌曲，所以她覺得她能學別的歌。她製作薄餅完成時，我的歌也寫好了。『我吃這首薄餅（指薄餅歌），妳吃妳做的。』我這樣告訴她。這件事發生在一九一四年或一九一五年的某個時候。」

「好長的一則故事！我要簡短地寫在這篇文章裡，恐怕都辦不到。」我說道。

「為什麼要寫在那篇文章裡呢？」尊者問道。我說我會把故事全文寫在（給我哥哥的）《信箋》裡，尊者同意。然後，他想起一些事情，說道：「〈薄餅歌〉寫完後不久，有一天我們去環山繞行，有人說：『師父！請告訴我們《薄餅歌》的涵義。』於是我開始解說：拿有五元素的身體（thanugani pancha kosa kshetramunnada）這個語詞來說，在《薄伽梵歌》及其他吠檀多文獻裡，有關五身層[94]方面，有很多權威的說法，而我都把它們引述進來說明。同時，每一個字語，都有許多權威的說法，我也全都拿來解釋其意涵及重要性。我們走完環山繞行，回到維魯巴沙洞屋，坐下來時，我還一直在解說個不停。吠檀多的一切精義，都包含在那首歌裡。若適當地加以詮釋注疏，會衍生出一大本書來。」

我說：「當時尊者在解說時，若有人把它全都記錄下來，不知該有多好。還有誰比尊者更能解釋的！甚至現在，為什麼沒有人把它記錄下來呢？」

「那樣就相當好了！」他笑著說道。我聽完了所有解說的開示後，說道：「我不滿意我所寫的那篇文章，所以我不送去《格里哈拉希米》雜誌了。」尊者說：「妳自行決定吧。」然後又說道：「雖然我勸諫我的母親，但她慢慢地開始炊煮食物。首先是蔬菜，然後是湯及其他等。後來，我們搬到史堪德道場，她總是走遍整個山丘，收集食材，並說：『他喜歡這種蔬菜、那個水果。』對於我的勸阻，她充耳不聞。有一次，她從這裡去林間，她的沙麗長衫捲入一株有刺的矮樹叢裡，後來那條山路才清理了所有的灌木叢。她說她不會離開我去到別的地方。若她去別的地方，她怕會死在那裡。她很堅持自己應該死在我的懷裡。當阿樂美露（尊者的妹妹）在瑪那馬杜萊（Manamadurai）附近的村鎮，蓋了一間新房，請求母親前去看那間房子。妹妹說若媽媽能進到屋裡，那就夠了，但她始終沒去。她所以拒絕，是因為她怕到了那裡就病倒。當時那裡沒有火車可以載她回來這裡，她可能無法死在兒子的懷裡。她常說：『甚至你把我死去的身體丟棄在這些有針刺的矮樹叢裡，我都不在意，但我一定要在你的懷抱裡結束生命。』」當尊者在說這些話時，他的聲音顫抖，不勝深情。我聽了眼眶都濕了，我說道：「棄世的人都應該要那麼堅定。」「是的，是的！」他說著，並沉

94　五身層（Pancha kosa kshetra），指生命個體由五個層次不同性質的能量，包覆而環套著阿特曼（真我），形成五層身套，有肉身層（物質）、氣身層（能量元氣）、意身層（心思意念）、識身層（知識、體驗）、樂身層（幸福、無識無知）等。五身層或譯「五蘊」，參閱孫晶，《印度六派哲學》（台北市：大元書局，2011）77頁。或譯「五藏」，指食味所成身、生氣所成身、意所成身、識所成身、妙樂所成身，參閱（日本）木村泰賢著，釋依觀譯，《梵我思辨》（新北市：台灣商務印書館，2016）75，310頁。

默下來。因為母親說：「就算你把我的身體丟棄在這些帶刺的矮樹叢裡。」現在，我們看到埋葬她的地方，立了一座神廟紀念她，讓國王及帝王前來禮敬，並不為過。

一〇三　人為的努力

一九四七年四月四日

有位經常出入道場的師兄，在兩三天前來訪。他一到就在廳堂裡張望著，我料想他是要問尊者一些問題。今天下午，他靠近尊者而坐，慢慢地開始提問：「師父！在這個廳堂裡的每個人，都瞑目而坐。他們都有成果了嗎？」「當然！每個人都按照他的思維，得到成果。」尊者幽默地答道。

問：「《瓦西斯塔瑜伽經》[95]也是同樣這麼說的。在這本書裡的某處述及，人為的努力，乃是一切力量的來源；但在另處，又說那都是神的恩典。到底哪一個才是正確的，似乎並不清楚。」

尊者：「是的。他們說神不外乎是前世的業力。根據經書開示，今世的業行，便是人為的努力，而前世與今世的業力相遇，就像公羊的頭碰頭互鬥，弱者將被淘汰。那就是他們說人應該增強人為的努力。若問到業的源頭是什麼，他們就說，這個問題不應被提起，因為它永遠沒有答案，就像種子與樹，哪一個先？這樣的問題，只是為了爭論而已，無法最終確定什麼是什麼。這就是為什麼我要說，先找出你是誰。人若問：『我是誰？我怎麼會有這個生命的惡業？』然後，就會了悟到真我，而擺脫惡業，獲得平靜。甚至為什麼要獲得平靜呢？為那個（真我），已然如如其在了。」

在《瓦西斯塔瑜伽經》第二篇〈最後解脫之方法〉（*Mumukshu Vyavahara*）中，有則頌文蘊含著這個意旨：

我是誰？這個惡業是怎麼來到今世而存在的？如此探究，便是所知的「探究法門」。藉著探究，乃了知真理，而了知帶來駐在真我的平靜，然後隨著心思安詳，則一切愁苦，為之滅息。

一九四七年四月五日

一〇四　靈修院的住持

昨天那位向尊者提問，而說到個人的人為努力的師兄，今天向尊者說到有關尊者的病體健康、醫師診治及隨侍看護之類的事，又說：「師父，我們無法讓自己的身體保持健康，所以要把身體託付給醫師及隨侍來照料。我們都無法掌控身體了，談論改革世界，究竟有何用呢？」

你知道嗎？這五六個月以來，尊者都不准別人碰觸到他的腿，也不准誰用油膏來按摩，只有他自己認為有必要時，才由自己來按摩。因此，他並沒有立刻答覆那位師兄的問話。然而，今天晚上，當師兄姐都聚集在現場時，他開始用油膏按摩腿，看著那位提問者，微笑地說道：「我們都是我們自己的醫師、自己的隨侍。」那位提問者又說道：「若我們不像尊者那樣有力量，能夠來照料自己的工作，我們該怎麼辦？」尊者的答覆是，「若我們有力量吃東西，那為何我們沒有力量去做這些事呢？」那位提問者無法說什麼，便低著

95《瓦西斯塔瑜伽經》（*Yoga Vasishtam*），是上主羅摩與上師瓦西斯塔（另名「極裕仙人」）的對話論集。上師瓦西斯塔用簡短的故事，向羅摩闡述至上真理，羅摩於是澈悟生命真我。

頭，沉默下來。這時，郵件送來，尊者看了信函後，就開始敘述如下：

「從前有位出家人，渴望成為一所靈修院96的住持。你知道他必須擁有信徒，他很努力地以他的功力去招徠一些信徒。但前來的人，很快就發現他的知識有限，就離開了，沒有人留下來。他怎麼辦呢？有一天，他要去一個城市。在那裡，他必須保持他有住持的身分地位，但是他沒有信徒。『不可以讓人知道。』他心裡盤算著。他把整包的衣服頂在頭上，想把這包東西，趁四下無人時，先放置在某人家裡，然後假裝去到那裡。他在那個地方，徘徊了一陣子，當他要踏進人家的房子時，屋前總是有些人在那裡。可憐的傢伙！他怎麼辦呢？那時天色晚了，他很疲憊。最後，他發現有間房子，屋前沒有人，而屋門是敞開的。真是鬆了一口氣，他就把那包東西放在屋內的某個角落，然後坐在屋前的陽台。過一會兒後，屋子的女主人出來，問他是誰。『我！我是某地的靈修院住持，我因公來這個城市，我聽說妳是位很好的在家居士，因此我請我的信徒把我的東西先放在妳的屋子裡，想跟妳借一宿，明天凌晨就走。他把東西放好了嗎？』『先生，沒有人來過呀！』她說道。『不，請再查看看，我要他把東西放在這裡，然後去市場，買點東西，請費心看看是否在屋子的某個角落。』他說道。女主人便查看整個屋子，果然有包東西放在某個角落，於是女主人和她丈夫便歡迎他，給他吃飯，並讓他睡在房間裡。那時很晚了，他們問道：『先生，您的信徒怎麼還沒來呢？』他說：『或許是那個沒有用的信徒，在市場吃了東西，又到處亂逛去了。你們去睡吧！他來了，我會給他開門。』

『這時，那對夫婦已識破這位出家人真正的身分，他們想看看還有什麼笑話，便回房睡覺，然後，那位出家人開始假裝起來，他把門開了又關上，製造聲音，好讓屋裡的人聽到，一會兒後，他大聲說著：『為什麼！你去了這麼久？給我小心一點，若你再這樣，我將把你打到瘀青。以後要當心！』然後他再變音，用哀求的聲音，說道：『師父，師父，請原諒我，我不敢再犯了。』他又回復原來的聲音，說道：『好吧，過來按摩我的腿。這裡，不，是那裡。你的拳頭搥輕一點。是的，再搥多一點。』這樣說著，他按摩自己的腿，然後說道：『夠了，很晚了，去睡吧。』說著，他就睡覺了。房間的牆壁上有一個洞，那對夫婦在那裡透著洞看了整場鬧劇。隔天凌晨，那位出家人把昨晚的表演再重複一遍，說道：『你這懶惰蟲！公雞都啼了。快去到那家、這家，做這個、那個，再回來。』說著，他開門，假裝送他出去，然後回到床上。這一幕，那對夫婦也都看到了。上午他打包他的東西，放在屋裡的角落之後，到附近的水池洗澡，這時，那對夫婦就去把那包東西藏了起來。這位出家人回來後，遍尋不著那包東西，於是他向夫婦問道：『我的那包東西呢？』夫婦答道：『先生，您的信徒說你要他把那包東西交給您，就來這裡拿走了，就是昨天晚上按摩幫您按摩腿的同一個人。他一定在這裡附近，師父，請找找看。』當場，他能怎麼辦呢？他只好閉上嘴巴，打道回府了。」

一〇五　規律的睡眠、飲食及活動

一九四七年四月六日

昨天，一位師兄問尊者：「師父，人必須持行冥想，以便探究真我。我打坐時，卻睡著了，該怎麼辦？有什麼解決的方法嗎？」尊者答道：「你在醒境時，先要保持清醒，然後我們才思及睡境。我們甚至在醒境時，都在做白日夢。我們在醒境時，務必要小心防備，不要落入白日夢。我們所看到發生在自己傷上的種種，都是一場夢。我們必須從這個夢幻的世界中醒來。」

96 原註：靈修院（mutt），指獨立的寺院。

提問者說道：「要能如此儆醒，修行是必要的。無論何時，我採取某些行法，而設法修持時，總是沉入睡眠。尊者可否惠示如何克服這種昏睡嗎？」

尊者答道：「在遮蔽與紛馳中，最先的遮蔽是沉睡，我們必須盡全力不要屈服，我們必須檢討為何會沉睡，並且對於我們的食物、活動等，要有所規範，才不至於昏睡。但是一旦昏昏欲睡，想要停止這種感覺，是辦不到的。吃得很飽，難道不會使人昏昏欲睡嗎？這時靜坐冥想，就會低著頭打盹，這恐怕要把頭髮綁在牆壁的釘子上，才能保持清醒。除非打盹時，就醒了過來，否則這樣冥想有什麼用呢？我小時候沉睡的經驗，眾人皆知。在學校上課時，我為了防止沉睡，就用一條線綁在牆壁的釘子上，那條線又綁住我的頭髮。我一打盹，那條線就緊拉著我，我就醒來了，不然的話，老師會扭我的耳朵，把我叫醒。」尊者說著，自己也笑了。

「這是尊者為了教導我們編造的故事嗎？」穆魯葛納問道。

「不，不！那是真實的。我經常這樣做，因為我怕老師會由於我沒在聽他講課而懲罰我。在那個時候，情況就是這樣。早期我來這裡時，當我閉上眼睛入定，我幾乎不知道是白天或夜晚。當我睜開眼睛，我總是分不清是晚上或白天。我沒有進食，也無睡眠。若身體有活動，就需要食物。若進食，那就需要睡眠。若無活動，就無需睡眠，只要少量的食物，便可維持生命，這些通常都是我的體驗。每當我瞑目後睜開眼睛，總是有人遞給我一大杯流質的食物，就這樣而已。但是，有一件事，除非人入定而心思專注，毫無走作，否則不可能同時棄絕睡眠和食物。當身體和心思有一般的生命活動，若不吃不睡，身體是會暈眩的。因此，我們必須說，適量的食物及活動，對提昇性靈，是十分必要的。偉大的人物，都把睡眠儘量縮短，才不致浪費時光，有時間從事無私而良善的舉措。有人說，晚上十時就寢，凌晨二時起床，這是健康的。那意思是睡四小時就夠了。也有人說，睡四小時，是不夠的，應該睡六小時。這等於在說，睡眠與進食，都不宜過量。若你完全不吃或不睡，那麼你的頭腦就會被導向不吃或不睡那一邊去了。因此，就修行來講，做每一件事，都要適量。」尊者說道。

這就是《薄伽梵歌》第六章十六、十七節所記載的：

持行瑜伽之人，不宜過量飲食，不宜過度禁食，亦不宜耽溺於睡眠，不宜過度不寐。他飲食與娛樂有節、從事活動有節、睡眠與清醒有節，則瑜伽滅除他所有的痛苦。

一〇六　始終如一的奉獻

一九四七年四月七日

我昨天寫給你的信上，說到尊者告訴我們，有關適量的睡眠、飲食及活動等。他以身作則，於各方面都在教示我們，他不喝牛乳，現在每天早齋，僅吃一塊伊底利米糕（iddli），並說人若坐著不動，不需要吃兩塊，他的午餐也是這樣。他把咖哩等混在一起，每餐的食量，僅是一手掌大。他甚至不向我們這樣，分別吃著每道不同的餐食，他是把蔬菜、醬料、湯等，跟米飯揉成一團來吃。有一天，在交談中，他說道：「吃米飯時，若只跟一道菜來吃，會比跟許多道的菜來吃，還更可口。為什麼要有這麼多道的菜餚呢？以前，我們都只吃一道菜餚而已。現在，我們卻要放棄以前那樣，我住在山上時，大家總是帶來米、水果及甜食。不管他們帶什麼東西來，我頂多只吃三根手指頭撐起來的分量而已。並且，不管他們帶什麼來，我通常只吃一部分，而整天的食量，不會超過一個手掌大。這種進食的方式，使我很自在。現在他們張開葉片，有好多樣的東西在上面，因為我不能浪費，所以從此我就吃過量了。」

睡眠也是一樣。遇到特殊的場合，例如慶祝誕辰活動及大法會期間，那些學生在梵天穆赫特（Brahma Muhurtham，日出前兩小時的時段）之前，還沒吟唱吠陀經文，就已因為前晚的準備工作而疲憊不堪，但尊者照常起床，準備就緒。若他身體微恙，而隨侍要他多睡一會兒，他的回答是，「在梵天穆赫特的時刻，還在睡覺，那是什麼意思？你要睡，你就去睡。」

在達努瑪薩姆（Dhanurmasam，十二月至一月）的月分裡，一大早在阿魯拉佳伊濕瓦若神廟就有法會，那時尊者就已起床在這裡了，而要來吟唱坦米爾經文的人，可能要花點時間起床準備，然後趕來這裡，但尊者早已就緒，準備要接見他們。當然，他的行動，也受到一些限制。據說，這些規範的限制，都是為了修行者，而不是為了悟者。但是，悟者同樣遵守這些規範，是為了世界的幸福。他們永不會從了無執著的頂峰而掉落下來。忠誠奉獻於原則、決心等，並無逾越宇宙自然法則，這對他們而言，正常不過了。他們的行動，對我們都是教誨。

一〇七　祝福

一九四七年四月八日

最近，大哥的小孩，夏斯特里（Sastri）和穆提（Murthi）寫信給尊者如下：「向長命的（Chiranjeevi）

爺爺（Thathayya）合十鞠躬：您可以惠賜任何真言給我們嗎？若蒙恩賜，祈請即時書寫，寄給我們。您的孫子，夏斯特里和穆提。」

當我說道：「他們寫『長命的爺爺』，這像話嗎？」（Chiranjeevi意謂「長命」，是長輩用來對晚輩說的）。桑德雷沙·艾耶說道：「他們寫的正確。還有誰能比尊者萬壽無疆呢？他們向永世存在的爺爺鞠躬致敬，他們要他祝福他們，以便獲得所需。這又有什麼不對呢？」尊者微笑說道：「我年輕的時候，寫一封類似的信函，給我伯父的兒子羅摩史瓦米。我以前讀書時，曾在丁廸古爾（Dindigul），跟他們在一起。放假期間，我回到蒂魯丘立，我想寫封信給羅摩史瓦米。在信上我不知道怎麼稱呼他，我看到我父親寫給他的信函，對羅摩史瓦米都寫著『祝福』（aseervadams），所以我寫給他的信，也用『祝福』來對堂兄。他年紀比我大，但我不知道用『合十鞠躬』（namaskarams）來表述，我以為對所有的人都用那個字。後來，他來笑我，我才知道這個錯誤。」

有位師兄說：「我認為尊者跟羅摩史瓦米很熟稔。」尊者答道：「是的。在蒂魯丘立的孫德倫故居[97]裡，現在掛有一幅我的肖像，在那裡有一張簡易床，我父親通常睡在那張床上。除了羅摩史瓦米和我之外，沒有人可以自由地躺在上面。當父親不在鎮上，我們兩人就一起睡在上面。沒有人能像羅摩史瓦米那樣，跟父親極為熟稔，因為他沒有媽媽，而我對此事，因為天生就無所謂。父親是仰之彌高的人物。」

97 孫德倫故居（Sundara Mandiram），是拉瑪那尊者在蒂魯丘立出生地的住宅，後來拉瑪那母親出售，以清償債務。道場信徒認為出生的房屋是聖地，應由道場擁有，乃於一九四四年由拉瑪那道場買回。道場本擬命名為「拉瑪那故居」，但尊者認為當地人皆極尊敬父親孫德倫·艾耶（Sundaram Iyer），應命名為「孫德倫故居」，故就此命名。詳閱Krishna Bhikshu, *Sri Raman Lella*, ed. and trans. Pingal Suryal Sundaram (Tiruvanamalai: Sri Ramansramam, 2006) pp.316-317。

那位師兄說道：「那位羅摩史瓦米曾經來過這裡嗎？」尊者說道：「他很久以前來過。對他來講，他要出門是很困難的。到他那裡的人，似乎對他談到我。當維斯瓦那特（Viswanath）離家跑到我這裡來，說他不要結婚之後，羅摩史瓦米屢次延後前來這裡，維斯瓦那特是羅摩史瓦米的兒子。他想要把維斯瓦那特帶回去，畢竟這是他的兒子的事，他不會延遲來這裡的。維斯瓦那特接到一封信，信上說他會來，但他並沒有通知我這個信息，維斯瓦那特地遞給我這封信，信上說：『丁廸古爾的山開始移動了。』

「我看了這封信，就知道他的意思。第二天羅摩史瓦米就到這裡來了。最近他寫信給我，開頭寫著：『向師父合十鞠躬』；他寫道：『師父要祝福我』，意思是我年輕時，他就接受了我的祝福。那個時候，不管是誰有這樣的期待，好像就會成為這樣，而我也寫了些東西，事情就是這樣而已。」

一〇八　一則教誨

一九四七年四月九日

昨天上午，一組安得拉邦人來這裡，他們抵達後約十分鐘，便開始向尊者提問。

問：「尊者常教導我們要去認識我們自己。還請尊者能仁慈教導我們，如何認識我們自己，並祝福我們。」

尊者的答覆：「仁慈始終在那裡，你應該問一些不存在那裡的東西，而不是問一些已經存在那裡的東西。你應全心全意相信，仁慈是在那裡了。就是這樣。」

另一個人問：「這裡每天在持誦吠陀經文，他們唱誦：thasya sikhaya madhye paramatma vyavasthithaha。其中sikhaya madhye（在頂端的中間）是什麼意思？」

尊者的答覆：「Sikhaya madhy意思是在火的頂端的中間，而不是在吠陀的一綹毛髮裡，其義是至上真我（Paramatma）駐在攪動吠陀而產生的真知之火的中央。」

問：「尊者通常是什麼樣的坐姿？」

尊者：「什麼樣的坐姿？在本心的坐姿。不管什麼地方，只要是舒適的，那就是我的坐姿，那叫做簡單而舒適的坐姿（sukhasana），亦即快樂的坐姿。本心的坐姿，是平安而給人快樂的，只要坐在裡面，就不需要有其他的坐姿。」

另一個人問：「《薄伽梵歌》說：『捨棄所有的法則，在我裡面尋找庇護。』（sarva dharman parithyajya mamekam saranam vraja）其中的sarva dharam是在說什麼樣的法則（dharmas）？」

尊者：「Sarva dharam意思是『生命的所有法則』，Parithyajya意思是『捨棄那些法則』，Mamekam意思是『我，唯一真我（Ekaswarupa）』，Saranam vraja意思是『當作庇護』。」

問：「《拉瑪那之歌》裡，說到hridaya granthi bhedanam，那是什麼意思？」

答：「那是我所說的『離去』、『存在』、『滅絕一切習性』、『滅除自我』、『我』、『滅除個體你』、『滅除心思』等名稱，全都意指同樣的東西。滅除心思就是hridaya granthi bhedanam，而jnanam這個字，也指的是相同的東西。有些術語，是為了瞭解而使用的。」

尊者與訪客的對談剛開始時，隨侍感覺廳堂悶熱，便開了風扇，尊者制止他，問道：「為什麼要這樣？」並轉向旁邊的人，說道：「看看這裡！許多人在問，成為悟者之後，人如何處身行事。為了回答這個問題，以前他們常引用陶工的轉盤作例子比喻。當轉盤一直在旋轉，陶壺融入其旋轉，但陶壺製成而轉盤的開關已關閉，那個轉盤並未停止旋轉，還要轉動一陣子。現在我們可以援引電風扇作例子。我們關閉電風扇的開關，但風扇並未停止，還要轉動一陣子，同理，人成為悟者之後，他仍未停止其身體的活動，如果這些活動是他注定尚待完成的。」

這時，突然有個八個月大的嬰兒，在我的背後，牙牙學語地說著：「爺爺（thatha），爺爺！」尊者聽到了，便抬頭問那是誰。我說：「我們的小孩嫚格拉姆（Mangalam）。」尊者很喜歡嬰兒。他說道：「是她嗎？我以為她是個大女孩。她已經能說『爺爺，爺爺』了嗎？」嬰兒仍一直在叫著：「爺爺，爺爺！」尊者對旁邊的人，說道：「看看這樣的神奇！小孩開始說的話語'Thatha'，是指'than than'。'Thanthan'是『它在其自身』的意思。這跟我們的心思也是一樣的。『我』這個字，自動地最先出來，然後才說出『你』、『他』等。這跟小孩先說thatha（爺爺），然後才說其他的話是一樣的。『我』（aham）的感知先出來，然後其他的感知，隨之而起。」

這時的時間接近九點，（隨侍）克里虛那史瓦米打開收音機，要校準時間。時鐘敲響九點後，收音機最後說出「祝福大家」。尊者笑著說：「收音機的播音員說『祝福大家』，好像他跟大家是分開的，難道他不也是大家當中之一員嗎？這等同於他也在向他自己問候，但大家卻不知道那樣，這實在很奇怪。」

一〇九　絕對臣服

一九四七年四月十日

今天上午，一位安得拉邦的年輕人，遞交一封信給尊者。信上寫著：「師父，他們說只要全心專注地祈求神的庇護，而無雜念，便能得到一切。這個意思是說，坐在某處，整天冥想著神明，屏棄一切其他思維，甚至包括維持身體所需的食物等，是這樣嗎？這是否意味著，人若生病，不必考慮醫藥及治療，只要把人的健康或疾病等，信託給神明保佑，就可以了，是這樣嗎？根據《薄伽梵歌》中對『堅守真知之人』（sthitha prajna）的定義：

其人捨棄一切欲望，了無憂慮而行動，擺脫「我」及「我的」之感知，他乃獲得平靜。

第二章第七十一節

「它的意思是屏棄一切欲望。因此，我們是否應該虔誠專一信神，並冥想之，至於接受食物、水等，全憑神的恩典，而無須要求，是這樣嗎？或者，我們仍應稍加用力？尊者，請解釋『堅守真知之人』的奧義。」

尊者看完整封信後，對旁邊的人，說道：「看！『專注在我身臣服』（Ananya saranagathi）無疑是指了無執著於思維，但並不意味著要捨棄食物及水等的思維，那是對維持身體的基本東西，不是嗎？他問：『我應該只吃神指引的食物，而無要求嗎？或我應稍加用力？』好吧！讓我們自然而然地拿到我們所需要的食物來吃，但是縱使這樣，那是誰在吃呢？假設有人把食物塞到我嘴裡，難道我不應該吃嗎？那樣就不是用力嗎？他問：『我若生病，我應該要服藥，或不要作為，而把我的身體和疾病交在神的手上嗎？』所謂的

Kshudvyadeh aaharam有兩個意思，一個是飢餓（shuth），好比疾病一樣，所以把疾病叫做飢餓，而把醫藥叫做必須要給與的食物；另一個意思是，好比醫藥之於疾病（vyadhi）、食物之於飢餓，都必須要給與的。

「商羯羅撰述的《修行五要》（*Sadhana Panchaka*）是這麼寫的：kshudvyadhischa chikitsyatam pratidinam bhikshoushadham bhudyatam，意思是說為了治療叫做飢餓的這種疾病，就要把食物當作救濟品拿來吃。但是，人起碼要走出去行乞。假若所有的人都是瞑目靜坐，說有食物來時，我們才吃，那麼這個世界要如何運作呢？因此，人必須遵從習俗，去做點事，但是不要去感覺是他自己在做事。那個我在做事的感覺，就是困縛。所以，務必要找到一個方去，去克服這樣的感覺，而不是去質疑生病時是否要服藥、飢餓時是否要進食，像這樣的質疑，會沒完沒了。甚至會質疑『痛苦時，我會呻吟嗎？吐氣後，我會吸氣嗎？』這種事也會出現。不妨把它叫做伊濕瓦若或業行，那是某個執作者根據每個生命體的心思之發展，在這個事情上行其一切。若執作者被付以責任，事情會自然遂行。

「我們在地面上行走，走路的時候，我們會去考慮走一步後或停下來後，再提起另一隻腳嗎？難道步行不是自然行之嗎？這跟我們呼吸的事情是一樣的。吸氣或呼氣，都不用特別著力。這個生命上的事情也是一樣。我們能夠任憑一己的喜好而放棄任何事情嗎？有很多事情，都在我們不知不覺中，自然而為。完全臣服於神，意謂屏棄所有的思維，而專注心思於祂。若能專注於祂，則其他思維消失。若能把心思、言語及身體的活動都融入於神，則我們生命裡的一切重擔都在祂的身上。《薄伽梵歌》裡，上主克里虛那告訴阿周那：

> 禮拜我的人，心無旁騖，始終和諧，我將確保其安全，並照顧其所需。
>
> 第十一章第二十二節

「阿周那必須作戰，所以克里虛那說：『把一切的重擔都放在我的身上，你去履行你的職責。你僅是工具，我將看照一切，沒有什麼能困擾你。』但是，在臣服於神之前，人必須知道那屏臣服者是誰。除非屏棄一切的思維，否則人無法臣服。當一切的思維都不在了，所留存的便只有真我。所以臣服，僅是臣服於其人的真我。從虔愛奉獻的角度來說，臣服就是必須重擔丟給神。若用業（karma）的角度來說，臣服就是，人在了知真我之前，都要履行業報。不論是哪個，結果都一樣。臣服意味著探究並了知其人自己的真我，然後安住真我。這樣的話，離卻於真我，尚有何物可言？」

那個年輕人說道：「那個法門是什麼？」尊者答道：「《薄伽梵歌》述及幾個法門。你在問的是持行冥想，若你無法冥想，可行虔愛奉獻或瑜伽，或無心念的行動。書上敘述了很多，但必須遵行其中一個法門。人自己的真我，已然存在那裡。事情的發生自然會按照其人前世所留存的心識印記（samskaras）來運作。

「『我』是作為者的感知，其本身就是困縛。若藉著探究，而擺脫這個感知，則這些問題都不會提起。我身臣服，不只是瞑目而坐，若大家都像這樣坐著，他們又如何能跟得上這個世界呢？」當尊者說到這裡時，齋堂的鈴聲響起。「鈴聲響了，難道我們不去嗎？」尊者起身，並微笑地說著。

一一〇　夢境異象

一九四七年四月十七日

前天上午，約在八時或九時左右，一位出身中等家庭而熟悉阿育吠陀療法的長者到尊者面前跪拜，向尊者說道：「師父，這個東西治痰是很好的，請收下。」他要給尊者一些藥物，在旁的隨侍欲上前回絕，但尊者加以制止，收下藥物，並向隨侍說道：「看，以前我住山上，他總是經常給我一些藥物。讓他給我藥物，他或許有些夢境。」那位老人聽了十分高興，說道：「現在，我沒有什麼夢境。師父，通常每年這個時候，您都會生太多的痰，不是嗎？所以，我帶來了這個東西。」說完，他向尊者鞠躬後，就離開了。

他走了不久後，一位坐在尊者旁邊的師兄問道：「您說的夢境，到底是什麼？」尊者答道：「喔，那個啊！當年我住在山上時，有一天晚上，我無意間向巴拉尼史瓦米問，他有沒有萊姆水果，他說『沒有。』『若是這樣，也沒關係。』我說道。那個老人在當晚就夢見我向他要萊姆水果，隔天上午，我出門時，他就已經站在那裡，對我說：『師父，請拿這個萊姆水果！』『昨天，我問他（巴拉尼史瓦米）是否有萊姆水果，而你又怎麼知道這件事呢？』我問道。他回答說：『您在我的夢中出現，向我說您要萊姆，所以現在我就帶來了。』並且把水果放在我的手上。這件事就是這樣發生的。」師兄問道：「尊者出現在他的夢境裡，是否真有其事？」尊者微笑答道：「我不知道，誰知道呢？他是這樣說的，這就是全部實情。」

另一位師兄問道：「南比亞（K. K. Nambiar）把筆記簿帶來這裡的事情，也類似這樣，不是嗎？」尊者答道：「是的，也是這樣。當時瑪德瓦在這裡，我告訴他，從櫃子裡拿出一本黑色封面的長型筆記簿，以便我能用馬拉雅姆文書寫一則《拉瑪那之歌》的註釋，並且抄寫在那本筆記簿裡。他說他會去拿過來，但是忘了，約過了四五天，這個時候，南比亞來到我這裡，給我一本筆記簿，大小尺寸的樣式，正是我所要的。我問他，他怎麼會帶來這本大小尺寸的樣式正是我所要的筆記簿，他說：『尊者在我的夢境中出現，向我要一本筆記簿，並描述本子的頁碼及長寬尺寸等，我就去店鋪買，看到有一本大小尺寸正是我在夢中您所描述的，所以我就帶來這裡。』話剛說完，瑪德瓦來了，我向他說道：『你看，這裡有一本筆記簿，你要拿給我的，你沒有拿來嗎？』他十分驚訝，也還記得我告訴他的本子樣式，於是從櫃子裡拿出那本筆記簿，發現大小尺寸，完全一樣。那本筆記簿，正好可用來寫《拉瑪那之歌》的頌文及註釋。不久，我在筆記簿上，寫好了這些東西後，南比亞來拿走，說要把它印出來，但同時他又猶豫著是否要把內有尊者字跡的筆記簿送到印刷廠，於是他另外抄寫了一份，送到印刷廠，而自己保留著原本的筆記簿。現在那本筆記簿，一定還在他那裡。羅杰格帕拉也曾做過同樣的事，當時我們的墨水用完了，我向這裡的人說要補充墨水，講了一兩次。隔天，他從別處某個地方回來這裡，就帶來了一大瓶的墨水。我問他，他怎麼知道這裡需要墨水。他說尊者出現在他的夢境裡，告訴他需要墨水，『所以就帶來了。』他說道。像這種事情，都是一而再地發生。」尊者說道。

那位師兄說道：「他們說尊者自己告訴他們的，這是事實嗎？」尊者答道：「我怎麼知道呢？他們是這樣說的，就是這樣了。」那位師兄又說道：「若是這樣，這裡所需要的東西，他們都能在夢境裡看到，豈不十分驚奇？」尊者頷首，沉默無語。

一一一　神的觀視

一九四七年四月十八日

今天上午八時，尊者注視著一位走進廳堂的老人，向我問道：「妳知道他是誰嗎？」我說：「我不知道。」「他是我表妹的丈夫。表妹跟我一起是吃母親的母奶長大的，這件事有寫在我的傳記裡。」尊者說道。（他的名字是馬拉瑪杜萊．羅摩史瓦米．艾耶〔Manamadurai Ramaswamy Iyer〕）「她的名字是什麼？」我問道。「米娜克西。」尊者說道。我說我常看到這位先生，但不知道他的身分關係是什麼，於是向坐在旁邊的師兄姐問是否認識他，他說道：「怎麼了？我跟他很熟。那位女士逝世時，尊者還去探望她。」「是這樣嗎？」我略感訝異，向尊者問道。尊者這樣答道：「是的，她的情形，跟納耶那在蒂魯沃蒂尤爾[98]的情形一樣。我靠近她，觸摸她時，她嚇一跳，說『是誰在觸碰我？』就只是這樣而已，隨後她就醒來了。後來她在生命的最後一刻是冒著汗。」

我問：「她當場是否向人說到這個體驗？」尊者說道：「我們問過別人，但那個時候，她的情況是無法說話的。」我說：「那就意味著您用您的觀視，祝福了她，情況跟納耶那是一樣的。吃您母親的母奶這種福報，會平白失掉嗎？」「是的，說的也是。母親把她的母奶給我們兩個，我吃母親的母奶，直到五歲。我父親看見，就會責備她，說：『孩子這麼大了，怎麼還在吃奶？』所以，我總是等到他外出不在家時，我才吃奶。母親有很多的奶水。」尊者說道。

一位師兄問道：「為什麼尊者稱呼加納帕提．夏斯特里為『納耶那』〔納耶那是父親的意思〕呢？」尊者說：「原因是這樣。我一向都很尊敬地稱呼所有的人。況且，他年紀比我大，因此我常尊稱他為加納帕提．夏斯特里．加魯[99]。他覺得很不自在，不知道有多少次求我不要這樣稱呼他，並說道：『難道我不是您的信徒嗎？您應該用普通的名字叫我，不然這樣很不公平。』我並不在意他的抗議。終於有一天，他堅持我要放棄用正式的名字稱呼他，而應改用一個普通的名字。你知道，他的弟子都叫他『納耶那』，所以我就以此為理由，說我也跟別人一樣，叫他『納耶那』。他對此表示同意，因為『納耶那』意謂小孩，而弟子可以當作自己的小孩來稱呼。我同意這樣，是因為『納耶那』也意謂父親，我就不必顧慮太多了。不過，我仍然用尊敬的口吻來稱呼他，不管什麼時候，我要他來這裡，或去那裡，他都照辦，但因為我一直把他當作長者，很客氣地跟他說話，他始終覺得不好意思。」尊者說道。

我說道：「您說米娜克西當時的情況，使得她無法向人訴說她所領受的觀視，這說得通。但是，納耶那是有告訴過別人，有關他所領受的觀視，不是嗎？在吠檀多的語言裡，若兩個人同時有相同的體驗時，那應該怎麼說呢？」尊者微笑地說道：「那就叫做神的觀視（divya darshanas）。」

98 納耶那（即慕尼）在蒂魯沃蒂尤爾（Tiruvottiyur）的情形：指一九〇八年慕尼前往蒂魯沃蒂尤爾的象頭神廟持行噤語的苦行十八天。在第十八天時，慕尼平躺，但仍清醒，突然看見拉瑪那尊者前來，坐在他旁邊。慕尼驚奇，擬起身探詢，拉瑪那用手按著他的頭，要他躺下，慕尼頓感有如觸電，認為這是上師加持恩典。因為拉瑪那一生從未離開過蒂魯瓦納瑪萊，此事令慕尼大感驚奇，拉瑪那對此一事件，於一九二九年十月十七日，敘述他自己的體驗：「某日我躺下來，突然身體升起來，越來越高，身邊景物皆消失，然後身體又降下，景物恢復可見，我腦中的念頭是，我在蒂魯沃蒂尤爾，走進象頭神廟，跟人談話，做了什麼事等，我已記不清楚，突然我又醒來，身體仍然躺在維魯巴沙洞屋裡。我立即把這件事，告訴巴拉尼史瓦米。慕尼發現拉瑪那所描述的景象，正是跟他在象頭神廟裡的情形，一模一樣。詳閱B. V. Narasimha Swami, *Self-Redization* (Tirumanamala: Sri Ramanasramam, 2013) pp.91-92。

99 加魯（Garu）是泰盧固文中，對親近的長者尊稱結尾，像印地文中的吉（-ji），如帕帕吉（Papaji）。

一一二　白孔雀

一九四七年四月二十日

本月十二日，某人帶來一隻白孔雀，說是巴羅達城邦的王后要送給道場的禮物。尊者看了那隻白孔雀，說道：「這裡有十或十二隻有顏色的孔雀，不是就夠了嗎？牠們可能會跟這隻白孔雀打架，因為牠是另一種的孔雀。此外，還要對牠加以保護，以免被貓攻擊，為什麼要帶來呢？最好把牠送回原地方。」那個人不管這些，留下白孔雀就走了。因此叫交給克里虛那史瓦米去照顧牠，而其他的人來協助他。

某日下午，我到道場，尊者正在向旁邊的師兄姐說到孔雀。「看！一位火柴盒製造商，帶來了一隻小鹿，叫做瓦利（Valli），也像這樣，他放在那裡就走了。小鹿常在道場走來走去。我們把扁豆糊摻雜碎米，放在盤子上，牠把扁豆糊全都吃完，而穀粒也都不會外溢出來，弄得滿地都是碎米。不久後，牠跟著羊群去林間，大家知道牠是道場養的，都會把牠帶回來這裡，從此以後，牠就會自己回來了。所以我們讓牠自由走動。有一天，一些潘恰瑪人[100]打斷了牠的腿，想要殺牠來吃，有個人知道牠是屬於道場的，心生憐憫，便一路上抱著牠，把牠帶回來，這真是有福氣。我們餵牠吃奶，但不順利，過了幾天，牠在我的腿上斷氣了。阿南瑪萊史瓦米跟我，把牠安葬在山的那邊，靠近臺階的地方。」

我對此感到驚訝，說道：「我們在這裡，親眼看到古人說的印度神明下凡化身，也來救贖動物以及鳥類。」有時孔雀跑到某處，克里虛那史瓦米便去把牠抓回來，尊者一手放在牠的頭上，另一手來回輕撫到牠的心臟處，說著：「你這頑皮的傢伙，你跑到哪裡去了？你若跑得那麼遠，我們要怎麼照顧你呢？下次不要這樣了。這裡附近有野獸，為何不待在這裡呢？」他這樣勸誘著牠。

從此以後，牠不再跑到道場外面，知道要在道場裡的幾個籠子附近走走，尊者看了，常說：「現在牠倒像個道場管理人了。」今天下午二時三十分，我到那裡去。收音機正開著，電風扇也在轉動，孔雀蹲在收音機旁，閉著眼睛，好像入定了。有個人看到這樣，就說道：「看，牠這麼仔細在收聽。」尊者說道：「是的，孔雀很喜歡音樂，特別是笛子所吹出來的音樂。」

「雖然這隻孔雀是白色的，但另外一種才是漂亮。」有人這樣說。尊者指著孔雀，說道：「如果真如你所說，牠也有牠自己的美。孔雀有很多美麗的顏色，這隻白色的孔雀沒有其他顏色，代表純淨的我，沒有屬性。看，在吠檀多也會用白孔雀來舉例。即便如此，孔雀一出生，並沒有很多顏色，只有一種顏色，是長大後，才有很多顏色，當羽毛長大，就會長出很多偽眼孔。看這些偽眼這麼多又斑斕！我們的心思也像這樣，剛出生時，並無乖張固執，後來才有許許多多的活動及觀念，就像孔雀的顏色一樣。」

一九四七年四月二十四日

一一三　哪一個是腳，哪一個是頭？

今天下午三時，一位師兄站在尊者長椅旁，說道：「師父，我只有一個欲望，就是把我的頭，頂著尊者的腳，行頂禮致敬。尊者一定要惠允我。」「喔！那是個欲望嗎？但是哪個是腳、哪個是頭呢？」尊者問道。師兄沒有回應，過了半晌，尊者說道：「個己我所融入之處，就是那個腳。」「那是在什麼地方呢？」那位師兄問道。「什麼地方？它在你自己裡面，那個『我』、『我』的感知，亦即自我，就是頭。當自我作為的感

100 潘恰瑪人（Panchama），印度種姓制度最低層的賤民。

（aham vritti）融入，那就是上師的腳。」

「據說，虔愛（bhakti）應該好像母親、父親、上師及神一樣，但是若個己我已經消融，那又如何用虔愛來敬奉他們呢？」他問道。尊者說道：「個己我消融，究為何義？其義是使那個虔愛伸展開來。萬物皆來自人之真我，因此若人在其真我裡，則人有其力量，加以擴拓而展及萬物。」

那位師兄說道：「人在其自身消融了我，是意味著他帶著覺智（buddhi），以屏棄肉身及其他的身層，然後又把覺智屏棄掉嗎？」尊者答道：「若你屏棄了覺智，你能到哪裡去哪？那個如如其在的覺智，乃是其人自己的境地之了知。要除去或屏棄前已述及的各種質素，則覺智的運用，必須像教鞭一樣。覺智涉及兩個部分：不潔的及潔淨的。若是關於內在機制的運作，就被說是不潔的，這是所謂的心思及內在機制的東西。若覺智當作教鞭，用來驅除那些不潔的東西，而給予真我輝照的啟發，亦即『我』，則是所謂潔淨的覺智。若能掌握到那個，而屏棄其他的，則那個便以其自身，而如是其在。」

進一步的提問是：「據說，那個覺智必須使之與真我合一，那是怎麼回事？」尊者答道：「那個東西不是從外面來的，又怎能使之與真我合一呢？它是在人之內在。對真我的感知，或真我的影子，則是覺智。若那個平靜的覺智被了知，則人便駐在於他的真我，有人說那樣就是「覺智」，有人說那是「至上大力」，也有人說那是「我在」（aham）。不管是什麼名稱，必須牢牢掌握，俾以去除來自外在的一切事物。

一九四七年五月十五日

今天下午，一位來自蒂魯吉拉帕利的年輕人，寫了封信上呈尊者。信的內容大意是，這個國家裡，有無數的人挨餓，各地又動盪不安，其艱困愁苦，不忍卒睹，尊者務必要規劃方案，紓解他們的困苦，而像尊者這樣的耆老，更不宜袖手旁觀，置之不理。

尊者看了信函，用不以為然的眼光看著他，說道：「這就是你要的嗎？你說你看到他人的艱困而痛苦，表示你跟他們不一樣，你是安好且快樂的嗎？」「不，我也或多或少承受著痛苦。」這位年輕人說。「啊！這就是問題所在。你不知道你自己的幸福，但你卻憂慮別人。我們能要每個人都一樣嗎？若大家都坐轎子，那麼誰來扛轎呢？若每個人都是國王，那麼去說誰是國王，又有何意義呢？有些人被認為富有，那僅是因為有人貧窮。會被視為悟者，那也僅因為有無明之人。因為有了光，才知道有黑暗。知曉幸福，因為有痛苦存在。因此，提供協助，是有可能做到的，但要想讓人人都快樂，那是不可能的。這個國家的一些領導人正致力於此，他們說事業未竟全功，故他們會繼續教化人民。為什麼這樣呢？一個又一個的領導人物，致力於此，這裡一定有一股至上大力在引領著他們。若我們將重擔交給那股力量，秉持信心迅赴事功，而無愁苦，事情將會遂然而行。有些人訴求反對殺生，若不聽從其言，他們就說將絕食至死。『我們將自殺，或者我們將放棄生命。』有人說，若眾人不停止殺生，就要自殺；難道自殺本身，不就是在殺害生命嗎？他們認為，自殺只是離開身體，但身體不是真我的一部分嗎？真我始終在那裡，無時無刻，遍在各地。不去看那個真實恆在的真我，反而去把身體看成真實的我，那才是自殺。還有什麼謀殺，莫此為甚呢？能以真知及智慧，看他自己的真我之人，將不為任何發生的矛盾衝突，有所動搖。他將把世上的苦樂，看成只是舞台上的行動；

在他的眼光裡，這整個世界，只是個舞台。在舞台上，同樣是那個人，曾穿上國王的服裝，但在另一時間，穿著大臣的，其次是僕從、清潔工、理髮師等服飾，分別在不同場合，各行其事。但是，若他覺知於他自己的真我，而了然自己並非所扮演之人，就不會對他在每個場合所表演的諸多生命的興衰起伏，感到愁苦不堪。同樣的情況，世界乃是伊濕瓦若神的舞台，在那個舞台上，你是個演員。你或許能竭盡你所能，但你無法使每個人都一樣。在過去，沒有人能做到這樣，在未來也不可能辦到。」

那位年輕人說道：「就是因為這樣，這個世界，沒有和平可言。我對此非常不滿。」尊者答道：「看，你已來到你問題的開端，與其對這個世界沒有和平，感到憂慮，不如去探究並找到如何在這個世界上得到平靜。若你放棄那個探究，而憂愁於世界缺少和平，那有何用呢？若你的內心是平靜的，整個世界便是和平的。告訴我，你有那個平靜嗎？」那個人說：「沒有。」「啊！那就對了。你沒有平靜，你不知道怎麼去確保那個平靜。若你不設法得到平靜，卻想要去確保世界的和平，那就好像一個沒有食物而在乞食的人，說他要去餵食別人。這也好像是一個跛子在說，『若有人把我撐起來，難道我不能痛毆小偷嗎？』」

一九四七年五月十六日

一一五　那個至上大力，乃是一

就像昨天那位年輕人一樣，一位北印度男士上呈一紙信函，上面都是問題，主要在質問尊者為何不設法增進世界的福祉。尊者看完信後，看著旁邊的人，說道：「昨天我們也碰到相同的提問。這些訴求世界福祉的人，要是能先致力於他自身的福利，那也就夠了。他不去探究自己是誰、瞭解真我，卻想要改革這個世界。他必需先找出有這個念頭的那個人是誰，但卻一味地說要改革這個世界。這就好像那個跛子的事例一樣。」

那位提問者說道：「師父，像您這樣的悟者，怎能老是靜坐不動呢？世界動盪不安，您難道不應該要協助建立和平嗎？」尊者答道：「是的，是應該要去做的，但你怎麼知道悟者沒有在提供協助呢？他們如如其在，這本身就是在協助這個世界，但在外表看來，好像他們一無作為。假設有位富人，在夢境裡，夢見他在行乞、做苦工、在街上打掃，然後他醒來後，知道他不是那樣的人，而其尊嚴如是依然，了知他是位富人。同理，一位悟者，可能因其今世業報，而有任何行事，但他保持有尊嚴的超然，了無執著，他的至上大力，運作在諸多的事為上，但對於他致力其事的成功或失敗，不會感到快樂或痛苦。那是因為他把世界全看作至上絕對，所以對他而言，無一事物是快樂或不快樂的。當他不認為他是在他的身體上，也不認為他是在這個人裡面，或者這是個世界時，他又怎麼會有高興或悲傷的感覺呢？因此，有此一說：『若其人獲致悟者的眼識，則當下他所觀視的萬物，全是至上絕對，』那麼還有什麼餘地有『我在作為』的感知呢？於是他們瞭解，萬物皆透過某個至上大力在進行運作，就是這樣了。」尊者說道。

另外有個人說道：「聽說悟者有能力能降災及賜福，但您說他們一無作為，怎麼是這樣呢？」尊者答道：「好的。是誰在說他們沒有能力呢？只是他們並不感覺他們是一物，而至上大力或伊濕瓦若是另一物。那股力量，只是一個，他們十分清楚，他們是因為那股力量而有所行動，但他們並沒有自己是作為者的感知。他們之存在而示現，此一事實，對於世界大有裨益。他們的所有行事，皆根據他們的今世業報而為。就是這樣了。」

一一六　今世業報

一九四七年五月十七日

今天上午九時，一位師兄對尊者這樣說道：「師父，昨天您說悟者皆根據他們的今世業報而有如此行事，但據說悟者是完全沒有業報的！」

尊者以輕鬆的口吻說道：「若沒有業報，怎麼有身體呢？又怎麼會有各種的行事呢？悟者的諸多行事，其本身就叫做今世業報。聖書載述，從梵天一直到永恆濕婆、羅摩、克里虛那（黑天）等其他的轉世化身等，也都有今世業報。

為了保護善良、摧毀行惡者，為了堅定建立公義，我世世代代降生。

《薄伽梵歌》第四章第八節

「正如這則頌句所云，伊濕瓦若具有形相，當好人的美德及壞人的罪惡混雜在一起，而形成今世業報時，祂必須樹立起法則，那就叫做為了別人的業行（parechcha prarabdha），而身體本身，便是今世業報。那個身體之出生，其目的便是在履行其業報。」

昨天那位提問者說道：「在《薄伽梵歌》裡，行動瑜伽有其重要的地位。」「喔！是這樣嗎？行動瑜伽不是指單獨一項，那別的呢？若你能透徹瞭解，你將知曉行動瑜伽的真實奧祕，只是你不做而已。」尊者說道。

我是供品、我是獻祭、我是供養、火供藥草、真言，也是乳酪油、火及火供。

《薄伽梵歌》第九章第十六節

「上主克里虛那在說這些之前，在《薄伽梵歌》也說道：

這些行動不會困住我，喔，達南耶亞[101]，巍然崇高，無執著於行動。

《薄伽梵歌》第九章第九節

此外，又說：

他中立而坐，不為屬性所撼動，屹立不搖，說道：「那些屬性在運轉。」

《薄伽梵歌》第十四章第二十三節

以及

歡樂與痛苦，平等看待，自我節制。對他而言，一團泥土、石塊及黃金，同然也。愛與不愛，一也。在受責難與譏笑之中，堅定不移。

《薄伽梵歌》第十四章第二十四節

101 達南耶亞（Dhananjaya），指《薄伽梵歌》裡的人物阿周那（Arjuna）。

又說道：

毀譽一也、友敵一也。屏棄一切承擔，據說他已跨越所有的屬性。

《薄伽梵歌》第十六章第二十五節

「所載述的就是這樣，大聖者上面所說的，乃是指了悟的靈魂。不管他們外在的形相為何，所有的人，諸如門徒、虔愛奉獻者、昧於道者、罪人等四類，都受到悟者恩典的保護。門徒敬奉他們為上師，進而辨識真理，獲致解脫、虔愛奉獻者，以神的形相來膜拜他們，並從罪惡中解脫。昧於道者聆聽上師的教導，萌生熱誠，成為信徒。罪人們聽到一些來來去去的人訴說聖者的故事，也從們的罪惡中解脫。這四類的人，都受到悟者恩典的庇佑。」尊者說道。

有人說道：「您說壞人從他們的罪惡中解脫，那是聽別人說的，還是他們自己說的？」尊者說道：「他們是罪人，是別人說的，不是嗎？他們又是如何談論好人的呢？」

昨天那位提問者問道：「您說罪人將得到解脫，那是指他們身體上的或頭腦裡的病痛？」

尊者答道：「那只是指頭腦；心思正確，才有幸福可言，若心思不正確，則不管是什麼，絕無平靜可言。心思是否臻及成熟，取決於其人的資質程度。一個不可知論者，可成為信仰者；一個信仰者，可成為虔愛奉獻者；一個虔愛奉獻者，可成為慕道者；一個慕道者，可成為悟道者。這都只涉及心思。若涉及身體，那有何用呢？心思快樂了，何止身體會快樂，整個世界都會快樂起來。所以，我們應該設法讓自己快樂。但是人做不到，除非他在探究真我中找到自己。若不是這樣，只是想要改革這世界，那就好像用皮革覆蓋世界，以免走路時踢到石頭或尖銳物會痛苦，然而這想法，只要穿上皮鞋，便可輕易辦到。撐起一把傘，便可避免日曬，難道你要用布來覆蓋大地來免於日曬嗎？若人能瞭解他的位置，並待在自己的真我，那麼會發生的事情，就會發生；不會發生的事情，也就不發生。至上大力在這個世界，只是一而已。若我們認為我們有別於至上大力，那就會萌起這些苦惱。」

一一七　在夢中看見獅子

一九四七年五月十八日

今天下午三時，開始有另外一連串的提問。有人問：「據說，至上絕對，乃是存在、意識、幸福之實相，那是什麼意思？」尊者答：「是的，那是這樣的，那個，只是存在而已，而那個被稱之為至上絕對。存在的光輝，就是意識，存在的本質，就是幸福，二者皆無異於存在。三者合起來，就是為人所知的存在、意識、幸福。這與生命個體中，關於薩埵（satvam）、哥拉（ghora）、賈達姆（jadam）等的屬性是相同的。哥拉意謂羅闍（rajas，躁動），賈達姆意謂答摩（tamas，遲鈍、昏暗），此二者都是薩埵（純淨、明光）的一部分。若除去此二者，則所存留的，便只是薩埵而已，那就是真理之所在，永恆而潔淨，可稱之為真我（阿曼）、至上絕對、至上大力，或任何你喜歡的名稱。若你了知那是你自己，那麼萬物便為之明亮，萬物皆是幸福。」

那位提問者說道：「古人說要了知真實的境地，則修行、聽聞、冥思、心注一處等，都是絕對必要的，並且要持行至終點。」

尊者答道：「那些持行，只是對驅除外在的事物，是必要的，同時也只是修行的目的而已，但不是針對了悟真我。人自己的真我，始終就在那裡，而且遍在四處。聽聞等持行，僅是用來驅除外在的影響，若把它們視為是很重要的事，則會導致『我是什麼』的感知之衍生，例如『我是個學者』、『我是位大人物』等，那就是俗世人生了。這樣，以後就很難擺脫了，它比野蠻的大象還要龐大，不會輕易屈服的。」

「對於那隻野蠻的大象，據說上師的恩典，就好像是大象在夢境中看到獅子。」那位提問者又說道。

尊者說道：「確實這樣，若象在其夢境中看到獅子，牠驚醒後，那天就不會再睡覺了，因為害怕獅子又在睡夢中出現。同此情況，人的一生有如在夢境中，除了上師的恩典之外，還有聽聞、冥思、心注一處等，都類似於在夢境中看到獅子。當他們一直做這些夢，醒來又入睡，一段時間過後，他們或許在某天，會強烈感受到上師的恩典，這有如在夢中驚見獅子一樣，於是他們在驀然驚訝之餘，獲得真知，然後，就不再做夢了。他們不僅全然覺醒，而且沒有夢幻人生的餘地，並保持警覺，直到獲得那個真理及真實之知。這些見到獅子的夢境，都是不可避免的，而且必須加以體驗。」

那位提問者聽了略感驚訝，說道：「難道聽聞等持行、上師的恩典，都類似在做夢嗎？」

「是的，就是這樣。對於一個了知真理的人而言，萬事萬物有如一場夢幻。那個如如其在，而現在你說的真理，又是什麼呢？你在睡覺時，無法控制這個身體。你用不同的靈體，跑到各地去，做了很多事情。那個時候，萬事萬物，似乎是真實的，而你做了很多事，好像你是個執作者。這些都只有在你醒來後，你才知道你叫做凡基爾還是普利爾[102]，而你所經驗的夢境，是不真實的，那只是一場夢幻而已。不僅這樣，有時在夜晚，你吃了甜食，如萊杜球（laddu，球狀甜食）或杰里比甜圈（jilebi，蜜糖炸線圈）之後，就去睡覺。在睡夢中，你到處走動，得不到食物，餓得要死。但當你驚醒時，你可能打嗝，這時你才知道整件事情，都是一場夢。但在睡夢時，你可曾記得你的飲食過量嗎？若另一個人，他因飢餓，而去睡覺，在睡夢中，他享受一頓盛餐，有萊杜球及杰里比甜圈等，那時他會記得他是因為餓著肚子去睡覺的嗎？不，他醒來後，會發現他餓得實在要命。『喔，神啊，這是虛幻的，這只是夢。』他心想著。就是這樣，你存在於醒境及夢境，也存在於睡境裡。若你能知曉，你的境地一直都是存在的，就能瞭解其他的都有如一場夢。當你能知道這樣，『上師有別於你』的感知就消失了。但是，這個了悟的啟發是因為上師的恩典而來的，那麼上師的恩典，就有如夢境中的獅子，那個夢境必須極為強烈，烙印在其人的心思上。只有這樣，醒悟才會出現，就待適當的時機。若修行時，能堅定不移，則假以時日，或有好的結果出現。就是這樣了。」尊者說完後，顯現出莊嚴的靜默。

廳堂裡的人都沉醉在尊者的開示裡，時鐘敲響四點鐘，這時才回神過來，而尊者的聲音，仍在我的耳際回響著。我回神後，心想著我這一生不知何時才能得到上師恩典的夢中獅子，能將之烙印在我的心坎裡。

102 凡基爾（Venkiah）還是普利爾（Pulliah）都是當地常見的男孩名。

一一八　國王在哪裡？王國在哪裡？

一九四七年五月十九是

今天下午，對話中談到古書《商羯羅傳》（*Sankara Vijayam*），尊者問一位師兄，在諸多有關商羯羅的生平傳記書中，吠德亞楞耶（Vidyaranya）寫的《商羯羅傳》是最佳的版本，這是否是事實。「他是位偉大的學者，所以他的書被大家奉為權威。」那位師兄說道。

尊者微笑地說道：「是的，他的心智力量很強大，你知道他是室利．吠德亞103教派的偉大信奉者。因此，他要在亨比市（Hampi，在卡那塔卡邦）以曼荼羅壇城的形狀來建立一個城市，但未能完成。他說未來有個帝王將統治這個國家，而以曼荼羅壇城的形狀，建立一個城市。當時我住在山上，我將此事告訴納耶那，他的看法很奇特，他這樣表示：『chakrakriti sona saila vapusham, sri shodasarnatmakam，這些頌句出現在商羯羅所寫的《阿魯那佳拉八讚頌》（*Arunachala Ashtaka Stotram*）裡。這些頌句除了在《阿魯那佳拉往世書》（*Arunachala Purana*）之外，它述及這座山以曼荼羅壇城的形狀而聞名。因此，無須尋求他處，我們很幸運，得到這個地方，具有曼荼羅壇城的形狀了，而拉瑪那尊者就是帝王（Chakravarthi），若環山而建造十間房屋，這就是偉大的帝國，商羯羅一定會只在意這個。』納耶那說道。接著他草擬整個行政團隊，說道：『這個人是總理，那個人是財政大臣，他是這個，他是那個。』他在這裡的時候，總是很逗趣。大家圍坐在一起，說道：『今天我們的宮廷104裡，有沒有什麼點心？』然後，他們擬定一個行事的程序，來炊煮及進食。他們總是執行那個程序，好像在治理一個帝國。這是桑德拉山（Sundaresan），那是卡耶南姆（Kalyanam），有像嗎？喔！每個人以前都很活潑，很搞笑。他們認為他們是偉大的戰士。」尊者說道。

「這些事情，是在什麼時候？」希瓦南達（Sivanandam）問道。「當時，我們都在維魯巴沙洞屋。納耶那在紙上草擬計畫，建造城市，在那個草圖上，為我安排一個特別的位置，然後，他規劃方案，治理帝國。沒有國王，沒有王國，然而就擬妥方案。就像那樣，方案備妥了，國王在哪裡呢？王國在哪裡呢？」尊者問道。舒巴·饒（Subba Rao）是納耶那的門徒，說道：「什麼？怎麼沒有國王？他就在我們的正對面。只是這位國王，穿著纏腰布，還需要什麼呢？房子不是環山而建造了嗎？尊者就坐的地方，不是就像國王的宮廷嗎？這裡的整個行政團隊，不是就像國王的家臣嗎？普通的王國跟這個，只是有些不同而已。就是這樣了。」

「好哦，納耶那也常說，城邦大君（Maharaja）與大悟者（Mahajnani）的地位是一樣的。昔時占星師預測佛陀，若不成為帝王，便是一位充滿智慧與真知的出家人。於是他的父親，防止他外出到任何地方，要把他看管在王宮裡，便用盡宮廷裡一切的歡樂及奢華，引誘他留下來。最後，他藉口外出，看到世間的苦難，於是他逃離王國，成為出家人。這裡有兩個帝國的其中一個，物質的或靈性的。」尊者說道。

一九四七年五月二十一日

一一九　心注一處

昨天上午八時，賽耶德博士（Dr. Syed）來訪見尊者。他是雅利安社協會（Arya Vignana Sangha）的志

---

103 室利·吠德亞（Sri Vidya）是指印度怛特羅（Tantric）的宗教流派，主祀女神三城之主（Lalita-Tripurasundari）。

104 宮廷（Durbar），音譯「杜爾巴」，源自波斯語，原意指「波斯統治者的宮廷」，在印度和尼泊爾，則指土邦王侯的宮廷。

工，也是尊者的信徒，問道：「尊者說整個世界是真我的實相，若是這樣，為何我們看到這個世界有這麼多的苦難？」

尊者面容愉悅，說道：「那個叫做幻象，在《吠檀多如意寶珠》（*Vedanta Chintamani*）裡，敘述幻象有五種方式。一位名叫尼耶加那（Nijaguna）的瑜伽行者，用康納達語（Canarese）寫了那本書，書中的吠檀多教義寫得極好，可謂吠檀多文字的權威之作。這本書有坦米爾文的翻譯。幻象的五個名稱是，遲鈍（Tamas）、虛幻（Maya）、迷妄（Moham）、無知（Aridya）、無常（Anitya）。遲鈍是遮覆在生命的真知；虛幻使人就世上的形相，顯示成另一相、迷妄使人視以為真實，亦即產生幻覺，把珍珠母看成是銀做的；無知是糟蹋了智慧；無常是短暫的，有別於永恆及真實；幻象對真我帶來的干擾，可用電影圖像投射在銀幕上來作說明。若幻象不除去，那就說這整個世界是不真實的（mithya）。真我有如銀幕，正如你知道圖像是依附在銀幕上，否則不能存在，所以在藉著探究真我而能了知所呈見的世界實無異於真我之前，我們必須說這全都不是真實的。但是，一旦實相被了知，整個宇宙就獨以真我而呈現。因此，當那個人說世界是不真實的，然後就要接著說，世界只是真我的實相而已。畢竟，觀念才是重要的。若觀念改變了，世界的苦難，就不會使我們憂愁。難道海水的波浪有別於海洋嗎？為何有那些波浪呢？若這樣問，我們又能給什麼答覆呢？世界的苦難，就像這樣，像波浪來來去去，若我們發現它們誠然無異於真我，這個憂愁，就不會存在。」

那位師兄，以哀嘆的口吻說道：「不管尊者如何教導我們，我們總是不能瞭解。」「人們說無法知道那個遍在的真我，我又能如何呢？甚至一個小孩都會說：『我在（這裡），我做（這個），以及這是我的。』所以，每個人瞭解『我』這個東西，始終是存在的。只要是『我』在這裡，就有感覺你是這個身體、他是凡卡南、這是拉瑪那等。去知道始終昭明而在的那個，乃是自己的真我，這還須要拿著蠟燭去尋找嗎？真我實相無異於我們自己，也存在於我們自己裡面，若說我們不知道，那就好像在說，『我不知道我自己。』」尊者說道。

「那是意味著藉由聽聞及冥思而開悟之人，看見眼觀的世界盡是幻象，他們最後將藉著心注一處（nididhyasa）而發現真我實相。」那位師兄說道。

「是的，那是這樣的。Nidi意謂真我實相，nididhyasa是在聽聞及冥思上師的教導之協助下，熱切地專注在真我的持行上。那是意謂精誠不二而專注地冥想在那個上面。冥想一段時日後，他融入其內，然後自身輝耀，那個是始終在那裡的。若能如實觀物，則便無任何苦難。去看自己始終存在的真我，為何會有那麼多的問題呢？」尊者說道。

一二〇　無聲持咒的真義

一九四七年五月二十三日

今天上午八時，一位身著赭色長袍的人，問道：「師父，為了控制心思，哪一種的持咒比較好？是行冥想真言的無聲持咒（ajapa），或者行『唵』的持咒？請告訴我哪一種有用？」尊者答覆如下：「你對於無聲持咒的觀念是什麼？若你出聲複誦『我是祂、我是祂』（soham, soham），那就是無聲持咒嗎？無聲持咒意謂不出口發聲，而知道那個咒語在自發性地持行。人不明白咒語的意涵，卻在口頭上一直複誦『我是祂，我是祂』字語，還用手指或念珠數算計次。在開始持咒之前，先行瑜伽呼吸法，意即先行調息，控制呼吸，然後持誦真言。呼吸行法意謂先閉口，不是嗎？若能屏住呼吸，身體裡五大元素，就會受到拘束，能受控制，而所留存的，便是真實的真我，而那個真我，其本身就會一直複誦著『我、我』（aham, aham），那就是無聲持咒。瞭解了這種無聲持咒，又怎能說口頭持誦是無聲持咒呢？真我的持咒，乃是自發性而長流不斷的，其情景有如酥油之流液，不絕如縷，這就是無聲持咒，就是蓋亞曲神咒（Gayatri），就是一切。在人生啟蒙禮[105]的儀行時程，所教導的呼吸行法，有安甘亞薩、卡倫亞薩等[106]屏住呼吸的儀式行法，而人們要瞭解無聲持咒，卻要求有些適當的搭配手法。人不深思及此，卻奢言無聲持咒。『唵』的持咒，也是同一情況。『唵』，遍在各地，而自身圓滿。人怎能用聲音去持行那個字的咒語呢？格言有云：『唵』，渾然也，為原始之至上絕對。昧於這項基本的道理，卻寫了許多厚大的書籍，不斷地在說每個名稱都要加以複誦，例如在脈輪中的海底輪或其他脈輪等，要持誦『迦納什』（即象頭神）好幾千遍、持誦梵天名稱，好幾千遍、持誦毗濕奴及永恆濕婆的名稱，好幾千遍等。若你知道是誰在持咒，你也會知道那個咒語是什麼。若你探究而設法找出那個持咒的人是誰，那個咒語本身，便成為真我。」

另外有個人問道：「難道用口頭持咒，都一無是處嗎？」「誰說沒有？那也是使心思純淨的方法。不斷地持咒，黽勉行之，臻及成熟，不久將會導向正確的道路上。所致力於持行的，不論是好的或不好的，都不會平白虛擲。這只有在觀察其人成長的階段時，才會對每個人說他的差別何在，以及優缺點是什麼。」尊者說道。他（尊者）的《教導精義》一書，在這個主題上，有其權威性。

一二一　為何要有秘密呢？

一九四七年五月二十八日

尊者在見場的時候，經常有人帶來水果及甜食，放在他的面前。有時他在用餐時，這些東西就放在葉片上，有時拿到廳堂裡，並要尊者在大家的面前吃這些東西。東西若是新來的訪客帶來的，那就還好，若是老師兄帶來的，尊者就會責怪，說道：「為什麼要帶這麼多東西來呢？供食的時間已經過了，難道也要焚燒樟腦[107]嗎？」或者說：「若我被要求吃這些東西，而不照做的話，難道我的師父身分會喪失嗎？」若帶東西的人，是道場的住民，他就稍加力道責備，說道：「為什麼要這樣呢？何不去留意你到底來這裡的目的是什麼呢？」約在一年前，我確定是某個上午，在早齋的時間，我帶了油炸的高粱（jowar），拿去給在廚房工作的人，我並沒有多說什麼。那是什麼東西呢？我一進入廳堂，尊者就抱怨地說道：「我已吃遍各類的穀物，為何你們還要拿這些東西來呢？」從此以後，我就再也不敢把家裡做好的東西，帶來給道場。最近你送我一些無花果及其他的水果，我私下拿給尊者的隨侍，因為如果我在大庭廣眾下給他們，恐怕尊者又要說話了，他們會等待適當的時機，拿給尊者。當時，尊者並沒有講什麼話，但你知道四五天後，發生什麼事嗎？我到道場時，約在下午二時三十分，廳堂裡，只有隨侍在那裡，並沒有其他的人。一些松鼠在尊者的長椅上爬來爬

105 人生啟蒙禮（upanayanam）儀行，指印度婆羅門階級的家庭，為祝福男孩進入學校或梵行學習階段之啟蒙儀式。男孩依照禮儀沐浴淨身，換穿特別的服裝，前往拜見經師，這位經師在男孩身上綁上掛於左肩的一條聖線，並授以蓋亞曲神咒。詳閱Cybelle Shattuck著，楊枚寧譯，前揭書，101-102頁。

106 安甘亞薩（anganyasa）指吟唱真言時，五隻手指頭，分別搓揉著姆指，最後雙手互相搓捺的儀式。卡倫亞薩（Karanyasa）指吟唱真言時，又手觸摸著身體不同的部位的儀式。

107 燒樟腦是對神明的禮敬。

去，暗示著索求食物，尊者的罐子裡，空無食物，於是說道：「抱歉，裡面沒有了。」然後朝向我，說道：「腰果沒有了，牠們不喜歡粉末狀的堅果。我該怎麼辦呢？」我用探詢的眼神看著隨侍。他們說櫥櫃裡也沒有腰果了。松鼠不停地在騷動。我想我必須做點什麼事，但是，如果我去市場買，我又怕尊者說話。

當天晚上，有人要到鎮上，我拿錢給他，請他帶一．五公斤的腰果來。那個人買到後，並未即時給我，而是在隔天上午九時才拿給我，我不敢當面拿給尊者，所以放在一個袋子裡，趁著尊者在上午九時二十分外出時，我交給隨侍克里虛那史瓦米。我不知道當天中午有什麼事情。我在下午二時三十分前去道場，待到下午四時。沒有走漏事蹟，這讓我大大鬆了口氣，便回家了。晚間六時，我回到道場，坐在廳堂裡較遠的地方。吠陀經文誦畢，克里虛那史瓦米把我拿給他的腰果倒入罐子裡。尊者看到了，就問他腰果是誰給的。他說，「娜葛瑪。」「什麼時候給的？」尊者問道。「在上午九時四十五分，尊者外出時給的。」隨侍說道。

「是這樣嗎？為何不當面給我呢？為何要私底下進行呢？因為我想她怕我會生氣，像這種胡鬧的事，都還沒斷絕。不久之前，或許是她要蘇布拉西米（Subbulakshmi）帶腰果來，從窗戶偷偷地交給薩亞南達（Satyananda），然後溜走。另外，她藉口說是阿太（Athai，尊者妹妹）要拿的。她認為我對這種事不會說什麼，於是她就加在她的身上。這些都是這裡的人的愚蠢舉動。為何要沉溺在這些事情上，而不看管自己，到底來這裡的目的是什麼呢？他們想要騙師父，卻不知道那是在騙自己。在這裡待了這麼多年了，這種缺點，還是這樣子。難道他們是為了這個目的而來這裡的嗎？」尊者的聲音，雷霆萬鈞。

我坐在那裡，為之震懾，渾身鎮住，有如塑像。我從未告訴蘇布拉克西嬤嬤什麼，也不知道她給了腰果。但我不敢開口陳述實情，然而我想起我來這裡的目的。我認為上師恩典的夢中獅子就像這樣子。時鐘敲響半個鐘頭的時刻，我矍然之餘，看著時鐘，指著下午六時三十分，正是婦女必須離開到場的時間，大家便緩緩地散去。我勉強起身，向尊者鞠躬。他用銳利的眼神注視著我，慍色與憫情，兼而有之。我無法直視這位巍然莊嚴的人物，所以沒有抬起頭來。我回到家後，便去睡覺了。隔天早上，我醒來時，天清氣朗，我瞭解到被責備的原因，那是一項訓誡，不僅僅是腰果的事情，更是我忘記了我來道場的目的，就是要獲得真知。像這樣的忘記，先前一定很多次的例子，所以我誠心祈求尊者寬恕我。

我起床後，迅速完成晨間例行的事宜後，前去道場。我一步入廳堂，尊者就滿臉微笑，問起我的事情。事情終於澄清了，我並沒有告知蘇布拉克西嬤嬤，而是阿樂美露·阿太她自己拿腰果委託蘇布拉克西嬤嬤，要給松鼠吃的，因為阿樂美露·阿太慶祝她丈夫滿六十歲後，尚剩餘一些腰果。「原來是這樣！那這件事就完全不同了。雖然是這樣，但是為何要有秘密呢？不管怎麼樣，事情全都過去了。」尊者這樣說著，並切換話題，設法用慰藉的言語，撫平整件事情。但是直到現在，我仍然無法忘記這句話：

> 人受到欲望、行動及諸多愁苦所困縛。他們不瞭解人生短暫。因此，要清醒！清醒！

這些古人的話語，值得牢記在心。至於對我而言，尊者講述的話語及投注的眼神，似乎帶著一種感情在表示，這個小孩不曉得時光飛逝，正在浪費她的光陰在芝麻小事上。這樣的情懷，深深印記在我的心坎裡。哥哥！我又如何能將整樁事情詳盡闡述！畢竟，尊者是位真知的施與者！

一二二　一本書的供養

一九四七年六月五日

前天夜晚，我從你在馬德拉斯的住家離別後，於昨天上午七時抵達道場。雖然我離開道場才四天，但感覺像四個世紀，所以我出了火車站，便直奔道場。尊者正在吃早齋，我在他面前跪拜後起身，他說道：「妳回來了呢，這麼快？」我說：「是的。」並告訴他，泰盧固文的《書信集》（*Lekhalu*）的書印好了，我帶來了十本，其餘的印刷廠會直接送到道場來。尊者淡淡地說：「好的。」

我沐浴完後，帶著一堆書，來到道場辦公室，但道場管理人不在那裡。

所以我想也可以拿給尊者看，於是帶著那些書來到廳堂。按照規定，我必須先去辦公室拿書，然後到那裡，但我要先給尊者看的意念籠罩在我的心裡。不管怎麼樣，我趁著道場管理人不在辦公室的良機，就先到廳堂去了。尊者正在看報紙，似乎沒注意到我。我怕把書直接交給他不妥，於是把書放在他旁邊的凳子上。在供養一本書時，通常是根據作者的能力，用鮮花、水果和禮物來供奉那位被供奉者，但你知道有句諺語說：「神，巍峨如高山，你能用像山這麼高的鮮花來供養給祂嗎？」對尊者來說，我們又能拿什麼來敬拜他呢？甚至這樣，若我供奉一般的供品，例如神聖的綠葉、鮮花、水果、水等，我恐怕尊者會責備我，就像最近他曾責備我那樣。所以，我僅用雙手合十，像他禮敬。你知道嗎？後來又有多麼美妙的事情發生了。當我彎下身來，伏地頂禮時，一位師兄帶來一群婆羅門人士前來，捧著一盤滿是鮮花水果、清香、檳榔、檳榔葉等的供品，就放在書的旁邊，當我伏地頂禮起身後，看到那些供品，事極巧合，我萬分欣喜。他們站在那裡，齊聲吟誦吠陀偈頌，開頭是nakarmana naprajaya dhanena。吟誦完畢，我們都向尊者鞠躬致敬。克里虛那史瓦米給他們供養的聖食，然後送他們離去。尊者把報紙放置一旁，很輕鬆地告訴我：「今天是他年滿六十，好像是這樣。」「是這樣嗎？」我說道。不管怎麼樣，雖然我沒帶什麼東西來，但我很滿足，因為沒想到別人帶了鮮花素果來填補我的空缺。

克里虛那史瓦米把書留在那裡，而沒拿走，所以我就把它面交給尊者，尊者翻閱後，說道：「這些書送到辦公室，蓋上辦公室印記後，再拿給我。」我打開一本，給尊者看書上他的照片底下，印刷廠的人忘了印上名字。「喔！有個失誤，但不要緊。名字融入在形相裡，把這些書送到辦公室去吧。」尊者說道。我把書拿到辦公室，交給道場管理人尼倫伽那南達史瓦米後，就回來了。上午九時後，莫納史瓦米（Mounaswamy），帶了兩本給尊者，尊者看了後，問是否是一本給他（尊者），一本給娜葛瑪。並向旁邊的信徒說道：「請給她一本。這是她寫的書，是她的兄長印刷的。她自己也帶來了一些，我們從中拿了一本給她，這就好像用粗糖做的象頭神象，在法會後，捏取一小部份，做為聖食。水果的供品送來給我們後，難道我們不給他們聖食嗎？」

一九四七年六月二十日

一二三　手掌上的施捨物

四或五天前，瑪德瓦史瓦米的筆記簿找到了。尊者翻閱那本筆記簿時，發現一則坦米爾文的詩頌，那是他很久以前寫的，那是馬拉雅姆的原文。當他在抄寫成坦米爾文時，他告訴我們這則頌文的大意：「獲致真知後，便不再理會這個身體了，正如拿取食物之後，不管放置食物的葉子多美，葉片都要丟棄，所以，獲致真知之後，其人渴切等待著拋棄身體的時間到來。這就是這則頌句的要旨。」

一位師兄問道：「尊者寫這則詩頌的原因是什麼？」「有一本坦米爾文的書，叫做《普雷布林加里拉》（*Prabhulingalila*），裡面有一則四行的頌句，也表達同樣的觀念，我曾看過，所以我想最好用較短的兩行頌句來寫。」尊者說道。然後，他用坦米爾文寫了這則詩頌，並進一步告訴我們如下：「葉片用過的比喻，被許多人援用，不管葉片接縫得如何美好，只有在餐食結束之前是有用處的。餐後，還有什麼可顧慮的呢？葉片立即要被丟棄。富人把食物放置在用黃金花飾鑲嵌的銀盤上；我們有神給予的雙手，還需要這些東西嗎？

「我住在山上的時候，有人拿了一個銀製的盤子，要我盛食物吃，我把它退回，說我不需要。食物既然可以用手拿取來吃，何必要銀盤及金盤呢？我沒有從葉片上取食，已有一段長時間了。若有人給我食物，我通常伸出我的手掌，食物放在上面，我就吃了。只是最近我才開始用葉片來吃東西。」

另一個人問道：「因為這樣，加納帕提·慕尼讚揚您說karathamarasena supartravata嗎？」尊者答道：「是的，既然有雙手，為何要這些東西呢？當年那些日子，可真是快活無比。我外去乞食，通常都是用雙掌接受施捨食物，然後沿街一路上吃著。食物吃完了，我就舔著我的手，不作他想。我向人要東西時，總是很羞怯。因為那個手掌上的施捨物（karathala bhiksha），一向是很可喜的，在我身旁的這一邊和那一邊，常有些大學者，有時政府的大官也在那裡，但我管他們是誰呢？對一個窮人來說，外去乞食，可能是羞恥的，但對於一個已經征服自我，成為唯一不二者，那是心志昂揚、興高采烈的。在這種情況下，我外出乞食，拍著雙手，大家就說：『師父來了。』並懷著敬畏及虔誠的心，給我施捨物。那些不認識我的人，總是說：『你身強體壯，孔武有力，與其像個乞丐這樣外出，何不找個工作，做個勞工呢？』我覺得好玩，但當時我是噤語的師父，不能說話。我總是笑笑著走開，認為那是普通人通常會講的話，他們講得越多，我就感覺越起勁，那真是很好玩。

「在《瓦西斯塔瑜伽經》裡，有個故事，說巴格拉塔（Bhagiratha）把恆河帶到大地來之前的事情。他是位帝王，但帝國對他的持行探究真我是很大的障礙。他聽從上師的勸告，藉口說要供養，就把他的財富及其他所有物都要捨棄，但沒有人要來接收這個帝國，於是他就請鄰國的國王來接收。這位國王是他的敵人，一直伺機要併吞他的王國。於是他把王國當作禮物送給這位鄰國的國王。現在尚有一事待辦，就是離開這個國度。他在深夜，喬裝離去。在別的國家裡，他白天躲起來，不使別人認出，夜晚才出去乞食。終於他對於自己心智的成熟、擺脫自我，深具信心。於是他回到自己的母國來，在大街小巷乞食。既然無人認出他，有一天他就來到王宮，宮廷的守衛認出了他，便誠惶誠恐地向他敬禮，並向當時的國王報告，國王急急忙忙地趕來，請求他把王國拿回去，但巴格拉塔不同意。『你到底要不要施捨我呢？』他問道。既然別無選擇，他們就給了他施捨物，他也很高興地離開了。後來，他在別的國家，又做了國王。因為當地的國王逝世，而他接受當地人民的特別請求。這個故事，敘述在《瓦西斯塔瑜伽經》裡。原先的王國，對他似乎是個負擔，但後來並沒有困擾他日後成為一位悟者。我要說的是，別人怎能知道乞食的快樂呢？乞食或者拿取葉片上的食物吃完後，丟棄葉片，這有什麼了不起的事。若是一位帝王外出乞食，那麼就那伴乞食的行事上而言，便有其偉大之處。現在，這裡的乞食意味著你必須要有炸豆餅及大米布丁。幾個月前，還要有其他的一些東西，甚至想參加禮拜聖足法會，還要金錢，除非事先繳交規費，否則他們拒絕參拜者在取食之前給予一匙水（upastaranam）。乞食的獨特意義，現在竟然淪落到這個地步。」尊者說道。

棲居在林間，掌中取食。無睹於財富女神，視之如敝屣。身著纏腰布者，誠然幸運。

一二四　啟蒙禮

一九四七年六月二十一日

兩三天前的一個上午，有若干人士偕同一位剛完成啟蒙禮的男孩前來，向尊者跪拜後離去。他們走了不久，某位師兄向尊者問及啟蒙禮的意義，尊者敘述如下：

「啟蒙禮的意義，不是只把三股棉線圍繞在頸項，而是指人不僅有兩隻眼睛，還有第三隻眼，那是智慧之眼。打開那隻眼睛，並認知你自己的實相。那就是這樣教導的。啟蒙禮意味著另外的眼睛，他們說眼睛必須打開，而為了這個目的，他們傳授呼吸控制行法的訓練，這個訓練之後，他們授與啟引至上絕對，給予這個男孩一個托鉢，並告訴他去乞食，而乞食的第一個對象，就是母親。在父親授與蓋亞曲神咒後，母親給他三把米的施捨物，使男孩能夠冥思父親的教導。他被期待能藉著乞食而填飽肚子、待在上師的家裡接受訓練，俾打開智慧之眼，了悟他的真我，那就是啟蒙禮的意義。現在的行事，都忘了這些。啟蒙禮只是把手捺住鼻子，假裝在控制呼吸，而授與蓋亞曲神咒，只是父親在兒子耳際竊竊私語時，用一條新的腰布，覆蓋在父子兩人。乞食只是在托鉢裡裝滿錢。當授與教導的父親和執事的僧侶都不瞭解啟蒙禮的真義時，他們又能給那個男孩有甚麼樣的啟蒙教導呢？不僅這樣，跟上師在一起，經過一段充分的時間，接受所需的知識之後，上師通常把男孩送回給他的雙親，觀察他的心思是否還受困在俗務裡，或者已轉向要出家。他在自己的家裡，待上一陣子後，男孩通常會踏上貝拿勒斯的朝聖之旅，了無俗世的欲望，並心懷全然棄世。那個時候，有待婚女兒的家長會勸告男孩不要去貝拿勒斯，並願意把女孩嫁給他。若男孩有強烈的棄世心念，會毅然前去朝聖，而不理會婚姻的提請。若有別於此者，則返家接受婚姻的安排。這些現象，現在已忘得一乾二淨了。時下之赴貝拿勒斯朝聖，則是年輕男子身著銀色滾邊的絲綢腰巾、眼睛塗抹黑色、前額顯示種姓身分的標記、雙腳彩繪著黃色及紅色的塗料、全身抹上檀香乳膏、頸項掛著花環裝飾、頭上還撐著一把傘、腳上穿著木製涼鞋，而他步履曼妙，伴以音樂，當女孩的兄長前來表示他的妹妹願結連理，並要他接受這項提婚時，他就說：『我要一支腕錶，我要一輛摩托車，我要這個，我要那個。若你給了，我就結婚，否則免談。』新娘的雙親唯恐婚姻落空，就百依百順。然後，他們要負責拍攝相片、婚宴，並獻上衣服及其他的東西。時下今日，乞食是拿盧比去填滿托缽，貝拿勒斯的朝聖是榨取嫁妝。」

一二五　強迫的晚齋

一九四七年六月二十七日

今天下午三時，有位埃桑耶靈修院（Eesanya Mutt）的信徒前來，向尊者鞠躬。尊者一看到他，就說道：「收到一封電報，說柯比魯爾（Kovilur）靈修院的師父死了，是納特薩史瓦米（Natesa Swami）去世了嗎？」「是的，兩天前。先前我們知道他生病了。」他說道。有個人問道：「納特薩史瓦米是誰？」「在柯比魯爾靈修院逝世的死者，原先是埃桑耶靈修院的住持，當柯比魯爾的管理人去世後，納特薩便被找來擔任靈修院的住持，這是一所極重要的吠檀多的靈修院。雖然他的學識不高，但是位很好的修行者，所以大家推舉他。這大概是二十年前的事了。」尊者說道。

「他是不是那位把尊者帶上牛車的人嗎？」我問道。「不，那個人是靈修院的人，是在納特薩之前。他並不喜歡那個人。他是個性格強硬的人。」尊者說道。「那件事是發生在什麼時候？」有人問道。「當時我還在維魯巴沙洞屋，在我來到蒂魯瓦納瑪萊之後約四五年的時候。那是樁有趣的事件。有一天，巴拉尼史瓦米和我環山繞行，來到一間神廟附近，時約下午八時，而我們都疲倦了，我便在蘇婆羅曼雅神廟裡，躺了下來。巴拉尼去公共旅棧拿點食物來，而他（那位靈修院的住持）正好來到神廟，通常他的身邊總是有一些門徒，其中一位門徒看到了我，便向他們說有人在此。這樣也就罷了，他們從神廟要回去的時候，他帶著十位門徒，圍著我站立，他就說道：『起來，師父，我們該走了。』當時我在守噤語，只好示意我不願跟他們去。他是個會聽從我的人嗎？『把他抬起來，抬走。』他向他的門徒說道。既沒有選擇的餘地，我只好起身。當我走到外面時，有一輛牛車就在那裡等候，『上車，師父。』他說道。我拒絕，並示意我寧願走路，也請他自己上牛車。他不理會我的拒絕，反而向他的門徒叫道：『你們在看什麼？把師父抬起來，放在車上。」他們有十個人，而我孤立無援，我能怎麼辦呢？他們就把我抬起來，放在車上，一聲不吭，我被載往靈修院去了。他為我準備一大張的葉片，上面有各種食物，以表示最大的敬意，並對我說道：『請常常待在這裡。』巴拉尼史瓦米回到神廟得悉我的消息後，趕到靈修院來。他來了之後，我便設法逃離那裡了。這是我來蒂魯瓦納瑪萊之後，頭一遭上了牛車。從此以後，凡是有新的訪客到他們的靈修院，他們會派車子來，要把我帶去他們的地方，我若一同意，恐怕這種邀請會沒完沒了，所以我一再拒絕，堅不上車，他們終於不派車子來。不過，這不是他們唯一的麻煩。有時他們邀請我，而我不去，我也會在環山繞行之餘，走訪靈修院，他則會進來，說要煮一些食物，在用餐時，他總是為我準備一大張的葉片，坐在我旁邊，一再地告訴廚師要款待我。有些時日，他在靈修院裡，無法跟門徒一起用餐，但我一到靈修院時，他便坐在我旁邊用餐，而我又怎能吃那葉片上成堆的食物呢？我通常對各類食物淺嚐少許，剩下來的，門徒全都給混在一起，而院裡的人便拿來吃，就說：『這是師父的聖食。』我知道這樣後，就不再從葉片上取食了。我若想要在靈修院那裡吃飯的時候，我就會待在帕加阿曼神廟或者附近另處，一聽到供養食物的鈴聲響起，我便前去靈修院，待在大門入口處旁，乞求供食。他們總是帶來食物，放在我的手上，我就用手拿著吃，不須要葉片。所供養的食物，沒有摻鹽巴，因為這是濕婆的神廟。雖然這樣，但我毫不在意，我要的只是填飽肚子，而靈修院的住持待在樓上，他有時並不知道這樣。有一天，他偶然看到了，『誰給師父沒有摻鹽巴的食物？』他生氣地詰問。後來，他知道了詳情，但也就隨順不再堅持。最近剛去世的住持，並不是這樣子。他是位祥和而平易近人的人，他總是坐在我旁邊，跟大家在一起，招待我適量的餐食，跟大家一樣。」

「尊者曾一度在那裡講道，沒有嗎？」有人問道。「是的。」他答道。「某天，那位剛去世的住持，對院裡的人講道時，我剛好去那裡，他們極禮遇我，要我就坐。『請繼續講。』我說道。『師父在場，我還能講道嗎？請師父務必講點什麼。』他答道。這樣說著，他就拿一本《薄伽梵歌精義》（*Gita Saram*），要他的門徒唸讀出來，請我加以解說。當時沒有辦法推辭，我就講述了一段。」

「羅摩強德拉·艾耶的祖父，有一次曾請尊者到他的住處，似乎有這件事。」那位提問者說道。「那是很久以前的事，好像是在一八九六年。當時我待在瞿布羅蘇婆羅曼尼伊濕瓦若神廟，他每天總是來看我，跟我坐一會兒，然後離去。我當時是在噤語中，所以彼此沒交談或請益。雖然這樣，他極為虔誠。有一天，他邀請某人到他家裡用餐，在中午用餐時前，他偕同另一個人來我這裡，兩人各站在我的兩側，他們說道：『師父起來，請跟我們走。』『為什麼呢？』我示意著。他們向我說明來意，我回絕了。但是他們會就這樣走開嗎？他們抓著我的手臂強把我拉起來，他們還打算架著我的胳膀，把我帶著走。他高大有力，挺著個大肚皮，而那時的我既瘦且弱，在他面前，我甚麼都不是。他的朋友，更是孔武有力。我又能怎樣呢？我若再抗拒，我怕他們會把我夾在他們的臂膀下帶走。我知道他們是帶著極虔誠的心來邀請我，所以，爭論也沒用，我就跟他們走了。從大門入口到廳堂，他們很恭敬地引導我，鋪開一大片的芭蕉葉，招待我一頓極為豐盛的餐食，然後送我回去，那是我唯一在這裡的家宅，取食於葉片上的一次。」

一九四七年六月二十八日

二二六　一知半解的問題

幾天前，毗耶舍會社（Vysya Sangam）在本鎮上集會，一些來自安得拉邦的知名毗耶舍社員前來與會。兩天前上午，他們來到道場，其中一位高層人員，向尊者這樣述說：「師父，神化為人身，那個生命個體的痛苦，對神會有影響嗎？」

尊者並未立即回答，只是沉默。提問者過一會兒又問道：「師父，您會答覆我嗎？」「是誰在問這個問題？」尊者說道。「一個生命個體。」他說道。誰是那個生命個體？他看起來像什麼？他從哪裡生出來？他在哪裡消逝？若你探究後找到答案，那個被認為是生命個體的，將會發現自己就是神，就會知道生命個體的痛苦體驗，是否會影響到神。先知道這些，那就沒有什麼困擾了。」

「這就是我們所無法知道的。」提問者說道。「去知道人的真我，是不用費力去探究的。你在睡覺時，是存在的，只是那時你眼觀的世上諸物是不看見的。當你醒來後，你就觀見萬物了。但是，那時你存在，而現在也存在（在睡覺時及醒來時）。在醒境時，那個來到你身上的東西，必須屏棄。」尊者說道。

「我們如何屏棄呢？」另一人問道。「若你能駐止於你的在，則自然會屏棄。你生命的本質，乃是止於其在。若你能如實地正視實相，則非真實的，將遠離而去。」尊者說道。

「有什麼行法，可以看到那個？」提問者問道。「探究『我是誰？』及『我的真實境地是什麼？』。」尊者說道。「我如何探究呢？」提問者問道。尊者沉默。

那位提問者等待回應，一會兒後說道：「是的，這是個行法。」他不顧隨侍的制止，觸摸了尊者的腳，然後跟毗耶舍會社的成員離去。他們離去後，尊者向坐在他旁邊的人們說：「他們不知道我答覆的話嗎？他們是在測試我。當他們觸摸了我的腳後，他們知道此行的任務已完成了，那他們還需要什麼呢？」

一位富有的雷迪人士[108]，來自內洛爾（Nellore），剛好在場，他說道：「喜樂（Ananda）被稱為真我（Atma）。喜樂乃是了無悲苦。若是這樣，當生命個體體驗喜樂時，他就是了無悲苦了嗎？」尊者答道：「有苦，必有樂。只有在知苦的情況下，才有知樂的情形。不知苦，焉能得樂呢？一旦有個知曉的人在那裡，則二者將存在，而那個如如其在，乃是在苦與樂之上。縱然是這樣，實相（vastu）仍是以喜樂為人所知，因為如如其在（Sat），是在存在與不存在之上，真知是在知識與無明之上，智慧是在學知與非學知知上，其他諸物亦然，所以還要說什麼呢？」尊者說道。在《真理詩頌四十則》第十則頌文，也述及同樣的觀念。

108 雷迪人士（Reddy），印度種姓前衛階級的族群，主要居住在安得拉邦、泰倫加納邦，操泰盧固語。

一二七　以鮮花供養

一九四七年六月三十日

最近一位住在拉瑪那社區（Ramana Nagar，在蒂魯瓦納瑪萊，道場附近）頗富有的女士，每天從她家的花園，拿著一籃子的茉莉花，分送給在廳堂裡每位已婚的婦女。尊者對此觀察了四或五天，不發一語，而她依然如故。有一天，她把花擺在凳子上，向尊者鞠躬後起身，尊者看著旁邊的人，說道：「看，她帶了東西，可能是鮮花。但要做什麼呢？」

她惶恐地說，這些花不是要給尊者的，是要給已婚婦女的，於是就開始分送給她們。「喔，若是這樣，也可以送到她們的家裡，何必在這裡呢？若有人這樣送花來這裡，別人也會照做。新來的人看到，會以為必須送花，他們就會去買花帶來這裡。這樣就會引起麻煩，而我不碰觸花，在某些地方，通常是獻上花環，因此，很多人帶著花來，但我不允許對足上或頭部做供養。為什麼我們要有這種儀式呢？」尊者說道。

她誠惶誠恐地說道：「不，我不會再把花帶來了。」尊者說道：「好的，那很好。」並看著旁邊的人，繼續述說如下：「你們知道有一天在慶祝誕辰上，發生了什麼事嗎？你們有位師兄拿了一本書，書名叫做《向神獻花》（*Pushpanjali*），並說要唸出來。我說：『好。』他就站在稍為後面的地方，開始唸。他好像把花卉藏匿在大腿的地方，當他快唸完了時，一束花滑落在大腿上，一問之下，才知道這是他刻意所為。他這樣做，因為他知道若事先告訴我，我不會同意。那怎麼辦呢？或許他認為若不這樣做，就不算供養。」

早期我在這裡的時候，在拉克西米賜福的法會日（Varalakshmi Puja Day），有一兩位已婚婦女把花放在尊者的腳上，向他鞠躬，請求准許獻上供養後離去。隔年後，又這樣行事，尊者很生氣瞪著她們，說道：「又來了，一次接著一次，就這樣開始了，為何要這樣呢？這是我一開始沒說話而不加以制止的後果。這樣夠了吧。」

尊者不僅對他自己，甚至對神明的法會，都譴責信徒用樹葉或鮮花來行使。我在先前寫給你的信函中，曾說到耶夏摩用十萬片樹葉來做法會的事。這裡又有一樁事例。尊者在環山繞行的那段日子，信徒逐漸前來同行。某個上午，他們在喬達摩道場（Gowtama Ashram）附近紮營，一些男男女女炊煮並用餐結束，也休息完了，準備啟程，以便在日落前抵達拉瑪那道場。有位師姐，名叫拉克西嬤嬤（Lakshmamma），她出生在蒂魯丘立，是尊者童年時的朋友，跟尊者說話無拘束。那裡焚場附近的樹上盛開著茉莉花及藍雪花（tangedu），她隨即摘採一些，放在籃子裡。尊者看到了，微笑地說道：「拉克西嬤嬤，妳在做什麼呢？」她說：「我在摘花。」「喔，這樣子。那是妳的工作嗎？摘花無妨，但為什麼要摘這麼多呢？」尊者問道。「為了法會使用。」她說道。「喔，若是沒有法會，妳就不會摘這麼多的花了，是嗎？」尊者說道。「我也不知道，這些樹盛開著這些花，所以我就去摘下來。」她說道。「我知道了。在妳看來，樹若不盛開花朵，就不美好，而妳使它光禿禿的。妳看到樹上的花長得很美，但妳不要別人也來看花。妳曾澆水，使樹成長，不是嗎？所以你可以自由地摘光所有的花，讓它們光禿禿的，以便別人看不到花。這就是妳供養唯一得到的福利，是這樣嗎？」尊者說道。

一二八　灌頂的禮拜

一九四七年七月三日

昨天，一位偶爾前來道場的師兄，在尊者談及住在山上時，向尊者問道：「當年尊者住在山上時，好像有人用椰子水淋濕尊者，行灌頂禮，是否真有其事？」尊者笑著說：「是的，當時我在維魯巴沙洞屋，一些女士從北部來這裡，我瞑目坐在羅望子樹下的平台上，沒有注意到她們的到訪，心想她們一會兒就會離開，突然有個東西裂開的聲音，我就睜開眼睛，看到椰子水在我的頭頂上流下來。有位女士在行灌頂的禮拜，我能怎樣呢？當時我在守噤語，不能說話，也沒有毛巾來擦拭水滴，所以只好讓身上的水自行乾掉。不只是這樣，還有點燃樟腦、把水澆在頭上、聖池、聖食等一些瑣碎的儀行，若要制止這些事情，那可真是一件大工程。」

約在四五年前，我自己也看過類似的事情。尊者的沐浴間，有個小孔，可以將水流出，小孔底下有水溝，用來排水。他在沐浴時，有些師兄姐便聚集在那個地方，把排出的水，撒在他們的頭上，拭洗他們的眼睛，甚用來作宗教儀式的啜飲，這種情形，悄悄地沒被發現有段時日了。但過了一陣子後，便有人開始帶著瓶罐及桶子來收集水，不久那裡就有人在排隊。那樣自然就會有些騷動噪音，傳到尊者的耳朵。他探問究竟，知到了原委，便告訴隨侍，說道：「喔！那就那件事嗎？我聽到吵雜聲時，還以為是其他的什麼事。真愚蠢啊！若你不去制止，我就在外面的水龍頭旁洗澡，若是那樣，你們可以省得為我燒水，而他們也不必這麼麻煩等候那些水了。我到底要什麼呢？只有兩樣東西，毛巾和纏腰布。我可以洗澡，然後在水龍頭洗滌這些，那就大功告成了。若不用水龍頭，還有山泉水及水池，為何要這樣麻煩呢？你說呢？」尊者告訴隨侍這些話後，隨侍一五一十陳述給道場管理人，於是下了禁令，任何人在沐浴的時間都不得到浴室的旁邊。

當時也發生過另一件事。尊者通常在午前用餐，然後在炙陽下前去山上散步。他回來時，走到廳堂旁的一個平台，隨侍會拿盛著水的木碗澆水在他的腳上，他清洗雙腳後，便進入廳堂，這時有些人會躲藏在附近，等到尊者進入廳堂後，便收集洗過腳的水，撒在他們的頭上，一旦追查下去，就會東窗事發，不是嗎，尊者似乎也知道這件事。某日下午，他從窗戶看到一位年老的信徒，站了很久，把這種水灑在頭上。他逮住機會，說道：「又來了！你看！我稍不注意，就無法無天了。不管他們在這個道場待了多久，也不管他們聽了我的話有多少次，這些荒唐事，都不會停止。他們在搞什麼呢？從此以後，我不再洗我的腳了，你知道嗎？」於是他很嚴厲地責備他們，那位師兄嚇壞了，便羞愧地趕緊到尊者面前，請求原諒。

尊者除了像這樣責備他之外，從翌日起，拒絕在那裡洗腳，儘管隨侍請求他按照原來的習慣。當時，我在鎮上，並未及時知曉此事。四天過後，有人在道場安排一項乞食活動，邀我用餐，餐後我待在那裡。尊者照例從山上走了下來，當時我在修行上有些疑惑，我想趁他回來廳堂時，可以輕鬆地向他請教。我站在廳堂外在西邊的地方，那是我通常請教尊者而解疑惑的方式。你知道就在這個時候，發生了什麼事嗎？尊者並未朝向東邊去，一如往常，反而朝我站立的地方走過來，我惶恐地移步到旁邊，他看著我，面露慍色，我恐懼而發抖，我不知道他為什麼這樣看我。他走到窗戶邊的轉角處時，隨侍想要給他水來洗腳，他大聲說道：「不。」隨侍說：「您在大太陽下一陣子了。」他說：「那又怎麼樣？若我們要把腳洗乾淨，就有很多人要在這裡等著拿水。這事太超過了。若你要乾淨，你洗你自己的腳。」尊者說著，就步入廳堂。

我不知道，我到底犯了什麼錯，使尊者這樣生氣，於是沒有請教尊者以解疑惑，就離開了。晚間，我打聽後，才知道先前事情的原委，也就在這個時候之後，我的心情才稍為平靜下來。

一二九　聖水及聖食

一九四七年七月六日

很久以前，當道場沒有很多人的時候，有位隨侍，常等待尊者用完餐後，就直接在尊者取食的葉片上用餐。後來道場的居民及師兄姐開始索取那些葉片。只要彼此爭取葉片的索求，不致演變成嚴重的事況，尊者大致上不太注意這種事。葉片的前面也放置一個盤子，給尊者洗手用。當尊者洗完手後離開，那些水也被視為聖水而被人拿走。後來，道場居民的這兩件行事，流行到道場之外，擴延至拉瑪那社區來。

有一天，某位很富有的師兄的母親，在午餐時刻前來，站在尊者旁邊。尊者看著她，說道：「何不坐下來用餐呢？」她不就坐，尊者知道她的意圖，但不動聲色，好像他一無所悉。在另一邊，有另一位師兄的孫女，年約八歲，手捧著一個大杯子。尊者也注意到了，便說道：「為何也站著呢？坐下來用餐。」「不。」她說道。「那麼妳為何來這裡呢？那個杯子是要做什麼的？」尊者問道。畢竟她是個未成熟的小孩，不知道那是要守秘密的，於是說道：「祖母要我來拿聖水。」尊者無法按捺他的怒氣，便說道：「我知道了，就是這件事，這個小孩在等聖水，那位女士在等葉片，就是這樣，不是嗎？」當他用命令的語氣問話時，他旁邊的人就說道：「是的。」尊者說：「我注意到這種荒謬的事，已有一陣子了。他們認為我在廳堂裡，閉目而坐，什麼都不知道。這些日子來，我不願去干預這種事，但他們似乎沒有節制，剩下來的聖水及聖食，他們都拿去當作自己的！看！以後我不會在盤子上洗手了，也不在這裡的任何地方洗手。我離開時不再把葉片留下來。我會帶走，把它丟掉。瞭解嗎？你們都在一起做這種事。這就是唯一的懲罰。」這樣說著，又再三斥責了一陣子。尊者吃完飯後，便把葉片摺起來，拿在手上就出去了。不論有多少人懇求他，他也不給葉片，逕自上山去，繞過轉角處之後，才把葉片丟掉，然後在那個地方洗手。最後，道場居民向他保證，再也不會做這種不被允許的事了。他說道：「每個人都把用過的葉片丟掉，為何我的葉片要留下來呢？」在一九四三年時，每個人用完餐後，都把葉片拿去丟掉，這項規矩，是在這樁事件發生之後，才改成這樣的。

在所有道場的人都立誓，他們會把尊者的葉片跟他們自己的葉片，一起全都拿去丟掉之後，這時尊者才勉強把葉片留在那裡。但直至今日，他仍在朝向廳堂的石階外面附近洗手。若有人請他在盤子上洗手，他就說：「你會給每人一個盤子來洗手嗎？若是人家沒有，為何我要有呢？」他這樣說，我們又能給他什麼回應呢？

一九四七年七月八日

一三〇　手觸碰頭，以示祝福

有些人或許這樣說道：「從妳最近所寫的三四封信函來看，很顯然地，尊者不僅反對碰觸腳、灌頂以及剩餘聖水、聖食等的不當行事，他實際上還譴責這些舉動。然而，在《上師之歌》及其他聖書裡，述及汲取上師濯足之水等類似行為，是認許的宗教儀行，而有些長者，從其修行中，已接受這樣的儀行，那又要如何解釋呢？」尊者在其崇高的境地，瞭然於真我與宇宙為一體，毫無上師門徒的分殊之見，因此，他無須這些儀行，而力主這些儀行，不過是意味著那些人未能屏棄身體乃真我的觀念，只不過古人為了滿足這些人，才訂定這些儀行。那麼，或許可問道：「若是這樣，為何在人對他有這些舉動時，毫不在意，但後來才加以譴責呢？」當有一兩個人，偶爾為之，他或許不甚在意，只是對於他們未能克服身體是真我的觀念，感到遺憾而已，但他們的行為，成為常行時，尊者怎能不表反對呢？他或許對於人未能脫離身體即真我的感知，而感到哀憐，然而，在他所持的不同意見中，有很多極深微思維的影子，對我們來講，那是無法精準描述的。

有些書述及尊者曾把聖灰給予西瓦普雷克薩姆·皮萊及一些師兄，我們也曾從一些人的口中耳聞其事。雖然這樣，但當尊者身邊沒有很多人的時候，他屢次告訴我們，他自由隨興地與人相處，若他們有任何要求，他也會不吝給予。甚至現在，若他在吃某樣東西，而我們這些長期的信徒在側，他也會分一點給我們。當年他住在山上時，時常有食物不夠的情況，他就將現成的食物混合一起，做成大小同樣的小飯丸，然後分給每個人吃，這對信徒來說，自然會認為那是經由上師的手而給予信徒的聖食，就是這樣而已。我從未聽過尊者親口說，他給予這些東西，是在把上師的恩典布施給信徒，或者他以前曾這樣施作過。

最近有位師兄聽到這種傳聞，向尊者問道：「我聽說尊者對信徒，用手觸碰頭，以施福佑，這是真的嗎？」「怎麼可能呢？我從長椅上起身，或者跟人交談，或者到處走走，我的手可能無意間觸碰到他們的頭，而他們就認為我是以手碰頭，施與福佑。若有人跟我較熟稔，我或許會輕輕地拍著她們，就只這樣而已。我從未刻意用手去觸碰別人的頭，說這是要賜福。我喜歡以自然的方式跟人往來，他們或許會把我的舉動，視為恩典。只是因為這樣，就變成了我用手觸碰別人的頭，是在賜福。」尊者說道。

大約在十或十五天前，一位苦行者來到這裡，待了幾天。某日，他很謙遜地走到尊者面前，說道：「師父，我祈禱您在用餐的時候，您能給我一點食物，作為聖食。」「把你所吃的食物，全部都當作上主的聖食，那麼它就成為神的聖食。難道我們吃的食物，不全都是薄伽梵（神）的聖食嗎？祂是從哪裡來的？若你深入事物的根本，而知道真理，你就會知道萬物都是薄伽梵的聖食。」尊者說道。

一三一 《探究精粹》

一九四七年七月十日

尊者在三十年前，用坦米爾文寫的書，書名《探究真我》（*Vichara Sagara Sara Sangraha*），由阿魯那佳拉·穆達利爾（Arunachala Mudaliar）印刷出版，書上並沒有尊者的名字，此書的作者，遂成為佚名。最近有人從圖書室拿了一本馬拉雅姆文的《探究之海》[109]，剛好尊者從外面回來，這本書便上呈尊者過目，尊者因而想起以前曾寫過《探究真我》，於是探詢這本書的印刷文本在哪裡，經四處找尋後，發現書本的紙張有很多皺褶。有位師兄抄寫這本書，打算重刷再版，尊者要他增列有關無執著的旗標，作為例示。那位師兄就問那個例示的涵義為何，尊者微笑地說道：「其意義是，對於悟者，用無執著的旗標；對於未悟者，用執著的旗標，好像綁在他們的前面，那麼看到旗標，就能分辨出誰是悟者，誰是未悟者。對於未悟者而言，由於他們的心裡或身體有疾病所致，因而縱使沒有執著，但也是短暫而已。那個有執著的旗標會出來站在他們的面前，而無執著的旗標，不會移動。還有什麼標誌，是悟者需要的呢？」

有人問道：「尊者是何原因而寫這本書？」尊者答道：「苦行者尼夏拉達斯（Sadhu Nischaladas）用印地語寫了《探究之海》。那本書的內容，充滿著開示。阿魯那佳拉·穆達利爾帶來那本書的坦米爾文譯本，就說：『這本書太複雜了。請你擷取精要，另外寫一本小書。』因為他很堅持，而我認為這樣對修行者也有助益，於是我就寫了，而他也隨即出版了。那是大約三十年前的事了。」「為何書上沒有尊者的名字？」那位

109 《探究之海》（*Vichara Sagaram*，英文名為*Ocean of Enquiry*）是一本小冊子，原文是印地語，記載上師與門徒討論真我之知的解脫之道。

師兄繼續問道。「我怕每個人都把書帶來，要我寫篇精簡的概要，所以我自己就不署名了。」尊者說道。「恐怕還有一些佚名的文章，若能印出來，那該有多好。」我說道。「是這樣嗎？妳沒有別的事要做嗎？」尊者說後，保持沉默。

尊者對那本書的書名，不甚滿意，於是最近把書名改為《探究精粹》。當大家想要把尊者的名字附加在書上，並送到出版社出版時，我覺得若由尊者用泰盧固文另寫一本會更佳，但我怕他不會同意，所以一直沒說話。牟尼（Mouni，亦即室利尼瓦沙．饒）要羅杰格帕拉．艾耶去懇請尊者用泰盧固文也寫一本，以便同時出版，他同時鼓勵我，說道：「娜葛瑪，妳何不也去向尊者祈求呢？」於是我去祈請尊者來寫。偶爾他會辯說：「難道我是個泰盧固文的學者嗎？為何妳不寫呢？為什麼要我寫？」不管怎樣，他充滿仁慈，最後他自己把文字譯成泰盧固文，回應了我們的請求。不久之後，這兩種語文的版本都會出版，那是散文的體裁，每個句子，都像聖書的經文。

一九四七年七月十二日

一三二　外邦的住民

阿文德．包斯（Arvind Bose）來自孟加拉，是長期跟著尊者學習的師兄，育有一子一女。兒子是身強體壯的年輕人，在年滿十八歲之前，突然去世。包斯哀慟欲絕，不時來向尊者請教問題，以平息痛苦。今天，他也問了一些問題，在那個提問裡，顯然充滿著他的悲痛。尊者一如往常，要他深入探究真我，找出答案。

但他尚不滿意，尊者就說道：「好吧，我告訴你一則在《探究之海》書中的故事，請注意聽。」說著，他對我們敘述這則故事如下：

「兩位年輕人，一位名叫羅摩，一個叫克里希那，向他們的雙親說，要到外邦去讀書深造，然後賺大錢。過了一段時日，其中一人死亡，另一人讀書順利，也賺了錢，生活快樂。不久，那位存活者，告訴一位正要返回他的家鄉的商人，請轉告他的父親，他現在很有錢，也很快樂，而另一位跟他前來這裡的友人死亡了。這位商人卻張冠李戴，把信息錯誤傳遞，他告訴存活者的父親，說他的兒子死了，也告訴死亡者的父親，說他的兒子賺了大錢，生活快樂。那位死亡者的雙親，聽了非常高興，認為他的兒子不久將要回來，但那位存活者的雙親，聽到消息，卻十分悲痛。事實上，雙方的父母他們都沒有親眼看到兒子，只是根據聽到的消息，就感受到快樂和痛苦。就是這樣。這只有在他們親赴外邦，才能知曉真實的情況。我們的狀態也差不多：我們相信心思告訴我們的各種事物，而妄想那個不存在的東西，是真實存在的；那個真實存在的東西，是不存在的。若我們不要相信心思，而能進入本心，去看內在的兒子，那麼就不須要去看外在的小孩了。」

約在一年前，有一位孟買總督的夫人來這裡。她是位善良的女子，育有幾個小孩。她的丈夫待在外邦，不管她是如何的勇敢，難道她就不會感受到丈夫不在身邊嗎？我們都認為，她來此參見尊者，是希望得到內心的平靜。因此，你知道發生了什麼事嗎？她聽說穆魯葛納寫了一些有關尊者的坦米爾文讚歌及詩頌，於是透過友人，請尊者選取一些佳作，譯成英文。

時間約在下午二時三十分，我剛好到那裡，尊者似乎淡然表示，「我怎麼知道呢？最好去問穆魯葛納。」他翻閱著一本書，並在幾個頁面上做記號後，拿給桑德雷沙．艾耶看。我坐定後，很驚訝他是這樣的仁慈。

尊者看著我，說道：「那位夫人要我從穆魯葛納的書中，挑選一些讚歌，譯成英文。在他的書《（拉瑪那）讚頌集》（*Sannidhi Mruai*）中有個章節叫做〈布林加桑德沙姆〉（*Bringasandesam*），我在那些地方，都做了記號。所述事例的情況，是指那個女傑，以及那個英雄，而心思是女傑，拉瑪那是英雄。蜜蜂（穩定的心智）是指女僕。作記號的讚歌，其大意是，女傑告訴她的女僕說：『我的拉瑪那不見了，去尋找他，把他帶來。』女僕說：『喔，女主人，妳的拉瑪那，就在妳自己的真我裡，我到哪裡去尋找他呢？若不論什麼時候，端上來的食物是熱騰騰的，妳就說：『喔，我的拉瑪那，我的上主，就在我的內心裡。難道他不會被這個熱燙到嗎？現在妳要我去哪裡尋找他呢？當妳的上主，就在妳自己的內在裡，我又如何去尋找他呢？屏棄那個妄念吧，跟妳內在的上主在一起，就會平靜。』這是這些讚歌的大意，我在書上把它做記號，可能對她有用處。可憐的女士！她的丈夫在哪裡，他一無所悉，她的心是不安的，所以，我們應該告訴她，要調適她的心態。我覺得這些詩頌對她是適當的。」

在此同時，那位夫人來了，洛可瑪（Lokamma）唱起那些讚歌，桑德雷沙·艾耶用英語解說大意。她感到十分滿意。我們認為尊者藉此機會在教導我們，若有人住在外邦，我們不應憂苦，而應把心思導向內在，以便真我的實相，能無時無刻跟我們在一起。

一九四七年七月十八日

前天的下午，一位坦米爾青年前來向尊者問道：「師父，今天我躺下來持行冥想時，卻睡著了。有個人，我不能說出是誰，出現在我睡境裡，他看著我，用很肯定的語氣說：『神以十四個頭顱，化身為伽爾基[110]降世，他在某個地方，被扶養長大。』我來這裡是想尊者能告訴我，現在化身轉世的伽爾基在哪裡？」

「原來是這回事，那你何不去問出現在你夢中的當事人呢？他出現的時候，你就應該問他。現在又遺落了什麼呢？你繼續去冥想，等他回來告訴你吧。」尊者說道。那位年輕人無法瞭解箇中涵義，問道：「我若冥想，他會真的回來，給我這些訊息嗎？」「你或許能夠或不能知道那個化身神人的地方，但你不放棄冥想，持續下去，你將會領悟到真理。那麼你就不會再有任何疑惑了。」尊者說道。

另一個人，抓住這個機會，問道：「據說，神住在永恆的世界裡，這是真的嗎？」尊者答道：「若我們是在暫時的世界，那麼他就可能是在永恆的世界。我們是在暫時的世界裡嗎？若這個是真的，那麼那個也是真的；若我們不是真實的，那麼世界在哪裡呢？時間又在哪裡呢？」

就在這個時候，有個年僅四歲的男孩，帶著一台玩具汽車，走進廳堂。尊者瞧見了，便說道：「看吧，與其說車子帶著我們，不如說我們帶著車子，那樣才對。」他笑了起來，環視著我們，說道：「看吧，這也可以當作一個例子。我們都說：『我坐在汽車裡』、『汽車帶著我們』、『我們進入汽車』、『汽車把我們帶到這裡』。那輛車子，沒有生命，若不去駕駛它，它會走動嗎？不會的。那是誰在駕駛？我們。這個世界，也是這樣子。若我們不存在的話，世界在哪裡呢？這裡必定有某個人，在看這個世界的美麗景物，並且知曉它，那個觀看者是誰？他是無所不在的。那麼，暫時的到底是什麼呢？永恆的又是什麼呢？若人能藉著探究

110 伽爾基（Kalki），毗濕婆的第十個化身為白馬，形相是馬頭神。閱施勒伯格著，范晶晶譯，前揭書，61頁。

真我，而知曉真理，那麼就沒有什麼問題了。」尊者在頌句有如經文般的《真理詩頌四十則》的第十九則，敘述此義。

一三四　真知之見

一九四七年七月二十日

尊者每當想到要寫些東西，或者有人請求他寫，他習慣把頌文、詩句及散文寫在小張紙上。他寫的東西，有很多都遺失了，但只要能找到的，我們都小心收集起來。我想要用白紙訂成一本小冊子，然後把這些字紙貼在上面。我把這件事告訴尊者，但他總是說：「為什麼要這麼麻煩？」

昨天下午，我想要黏貼這些字紙，所以我請求他惠允。他說道：「為什麼要這樣呢？若這些字紙集中在一個地方，別人看到這全是師父的文字，就會拿走，而我們又不能說什麼。師父是大家的公共財。這些字紙，最好是分散在各處。」於是，我瞭解到尊者不願意的真正原因，所以就打消了這個念頭。

在此同時，一位毛毛躁躁的年輕人，最近來這裡，他向尊者問道：「師父，悟者好像是除了有外在知見（bahyadrishti）之外，他還有真知之見（jnanadrishti）。能否請您給我這種真知之見？或者告訴我，哪裡有人可以給我？」尊者答道：「獲得真知之見，必須要靠自己的努力，不是別人給你的。」那位師兄說：「聽說，若上師願意，他就可以給人。」尊者答道：「上師僅能說：『若你遵行這個法門，你就能得到真知之見。』但是，那是誰在遵行法門呢？上師是悟者，只是個指引，而走路（亦即修行）必須由門徒自己來走。」那位年輕人聽了後，很失望地走了。

過了不久，一位年僅五六歲的小師姐，住在拉瑪那社區，從她家的園子帶了兩個水果來給尊者。她先前不時帶著甜食和水果來給尊者。在這種場合中，尊者總是說：「為何要帶這些東西呢？」但他照樣把東西吃了。昨天，他不吃而把東西退回去，說道：「把這些水果拿回去，切成小塊，分給大家吃，就說『這個是給尊者的，這個是給尊者的。』你們也吃一點，尊者就在每個人的裡面。為何每天要把水果帶來這裡呢？我告訴妳不要這樣，把水果拿給妳們那邊的每個人。尊者是在每個人裡面的。請回去吧。」那位女孩很失望地走了。尊者看著我，說道：「孩子們樂在其中。若說要給尊者東西，他們知道他們會從尊者那邊拿點東西回去。我住在山上的時候，一些小男生和小女生，放假時常來我這裡，他們習慣帶幾包甜食、餅乾之類的東西，來向父母要錢。我常跟他們坐在一起吃東西。」

「所以，您也享受美食，就像孩童小克里虛那[111]那樣。」我說道。「若他們說會帶東西來給尊者，他們知道會帶點東西回去。這種事情，偶爾為之，倒也無妨。但為何要天天這樣呢？若大家都把東西吃了，不也等於是我吃了一樣嗎？」尊者說道。尊者把他如何在大家的生命裡，解說得這麼清楚，我聽了十分欣悅。

你知道嗎？有件事情發生在一週或十天前。某天上午的早齋，有人分發給尊者的橘子多過於分給其他人的。尊者看到了，便完全不碰橘子。四五天前，師兄姐們請求尊者拿顆橘子吃，尊者說：「你們全把橘子吃了，不也可以嗎？」師兄姐說：「若尊者不吃，只有我們吃，難道我們不會感到不安嗎？這就是我們要請您原諒我們的原因。」尊者說道：「要原諒什麼呢？我不喜歡吃太多的橘子。」師兄姐又說：「這些橘子有益

111 原文為Bala Gopala，是指上主克里虛那（黑天）幼童的形相。

尊者的健康。」他答道：「看，大約有一百個人在吃早齋，我是透過這麼多的嘴巴在吃東西，這不就夠了嗎？難道要只透過這個嘴巴來吃東西嗎？」

這就是真知之見，誰能把真知之見給予別人呢？

一三五 聽聞、冥思這類的修行

一九四七年七月十九日

昨天，有兩位來自庫姆巴科納姆的學者來訪。今天上午九時，他們來到尊者面前，說道：「師父，我們要離去，祈請您賜福，使我們的心思能沒入或消融在清淨裡。」尊者頷首，一如往常。他們離去後，尊者看著羅摩強德拉·艾耶，說道：「清淨是原始的狀態。人若能拒絕外在的東西，那麼剩下來的，便是清淨。這樣一來，哪裡還有消融或沒入可言呢？只有那些外在的東西，是必須要揚棄的。若人的心思成熟，只要對他說真我本身就是清靜，那他即刻得到真知。對於心思尚未成熟之人，才會講到聽聞及冥思，而心思成熟者，不需要這些。若有人在遠方，詢問如何找到拉瑪那尊者，我們就必須告訴他，怎麼搭火車，走哪條路。若他來到蒂魯瓦納瑪萊，抵達拉瑪那道場，步入廳堂，那我們只要告訴他，那個人在那裡，這就可以了，他不必再往前走了。」

「聽聞與冥思的行法，不是記述在吠檀多嗎？」某人問道。尊者答道：「是的，但有件事情，那不只是指外在的聽聞、冥思，同時也是指內在的聽聞、冥思。這都是在某人的心思成熟後，才會有的，而能夠在內在聽聞（antara sravana）的人，就不會有所疑惑。」

若有人問到內在聽聞是什麼，尊者通常這麼說：「內在聽聞，代表在本心裡的真我之知，始終輝照，而有『我—我』之感知。得到在本心裡的那個感知，就是冥思，而駐於其上，如如其是，就是心注一處。」

就這個主題，尊者曾撰述相關的頌文，值得加以瞭解。頌文不僅述及真我輝照（Atma sphurana），也談到如何確保輝照。確保意謂駐止於其人自己的真我。

至上絕對以真我之狀態，閃耀輝照在本心之穴的中央，始終宣示著「我在，我在」。經由探詢真我，使心思融入其中，或者藉由控制呼吸，使心思自身融解，其人乃成為了悟真我者。

一三六　靜默的態度

一九四七年九月三日

今天下午三時，我來到尊者的面前，有一群人環坐在尊者的身邊，我加入他們的討論。尊者隨口開示商羯羅在《達克希那穆提讚頌》112裡的三個部分。他說道：「商羯羅想要吟唱讚美達克希那穆提，但達克希那穆提是靜默的化身，問題是如何描述無聲的靜默呢？於是他分析靜默的三個屬性，即是創造、維持、消融，然後向達克希那穆提致敬。達克希那穆提是這三個屬性的化身，而這三個屬性並無任何可辨識的特徵或顯著

112 原註：《南方相濕婆讚頌》（*Dakshinamurthy Stotram*）。達克希那穆提（另譯名為「南方相濕婆」）是濕婆以年輕人的形相而化身轉世，教導靜默。拉瑪那尊者被認定為就是南方相濕婆。

的標誌，那麼還有什麼可以頌揚靜默呢？」

有位師兄，就這個主題說道：「丹達帕尼·史瓦米（Dandapani Swami）幾年前曾經告訴我們，說在一個濕婆節[113]的日子，師兄姐環坐在尊者身邊，說：『尊者今天一定要向我們解說《達克希那穆提八頌》的涵義。』然而，尊者默然靜坐，面帶微笑，時間過了一陣子後，師兄姐離去時，認為尊者始終靜默無語，這就已教導了他們靜默是這些頌文的真正涵義。這件事是真的嗎？」

尊者（微笑）：「是的，那是真的。」

我（有點驚訝）：「所以那個涵義是，尊者給了個靜默無語的解說嗎？」

尊者：「是的，那是個靜默無語的解說。」

另一位師兄：「靜默意謂駐止於真我，不是嗎？」

尊者：「是的，它是這樣的。若不駐止於真我，則何來靜默呢？」

師兄：「這就是我要問的。若完全靜默無語，但同時並沒有覺知真我而駐於其上，那樣算是靜默嗎？」

尊者：「要怎麼得到真實的靜默呢？有些人說，他們持行靜默不語，但同時又在紙張或石版上寫字。這樣豈不是心思的另一種形式的活動嗎？」

另一位師兄：「噤語無言，難道沒有益處嗎？」

尊者：「一個人或許因噤語無言，得以避免外在世界的困擾，但他不應認為，這就能終止一切。真實的靜默，誠然是無止盡的語言，並沒有所謂得到靜默這種事，因為靜默始終存在，你必須要做的是，排除遮覆在靜默上面的俗世縛網。這並沒有獲致靜默的問題。」

我們在討論的時候，有個人說，有家廣播公司想要錄下尊者的聲音。尊者聽到便笑了，說道：「喔！真的嗎？但是我的聲音是無聲的，不是嗎？他們又怎能錄下無聲的靜默呢？那個如如其在，乃是靜默。誰能錄下來呢？」

師兄姐安靜地坐著，相視無語，廳堂裡，一片寂靜。拉瑪那尊者，乃南方相濕婆（達克希那穆提）的化身，面向南方[114]，以靜默之姿，安然靜坐。他的軀體，乃是活生生的形象，輝照著真我的光芒。今天實在是值得紀念的日子。

一九四七年九月六日

一三七 三境之外

上個月，我的兄嫂在這裡時，《探究真我》泰盧固文的校樣稿收到了，下午尊者校對後，把文稿交給我，我的兄嫂讀了文稿後，問我swapnatyanta nivritti的意思是什麼？我解釋後，自己也沒有把握，無法令她滿意。尊者看到了，便問道：「是怎麼回事？文字上有錯誤嗎？」

我答說：「不是的，她在問swapnatyanta nivritti是什麼意思。」

尊者和藹地說：「意思是絕對的無夢之睡眠。」

我問道：「悟者是不做夢的，這是真的嗎？」

113 原註：濕婆節（Mahasivarathri），指偉大的濕婆之夜（在每年的二月）。

114 原註：「南方相濕婆（達克希那穆提）」名字的其中一個意思是「面向南方」。上師是靈性的北極，因此傳統上是面向南方。

尊者：「他沒有夢境。」

我的兄嫂仍然不甚滿意這個回答，但大家都在談論其他的事情，我們只好把這個議題擱下。但在晚間，她又說道：「《瓦西斯塔瑜伽經》[115]述及悟者看起來有所行動，但這些行動，一點都不會影響到他。我們應該去問尊者，到底這句話的意思是什麼。」

上午去道場時，碰巧尊者正針對這個問題，向桑德雷沙·艾耶解說。兄嫂很高興趁這個機會，又問道：「尊者說swapnatyanta nivritti的意思是絕對的無夢之睡眠，那是意味著悟者絲毫都沒有做夢嗎？」

尊者：「對悟者來說，不僅是夢境，甚至三境全部，都是不真實的。悟者的真實境地，乃是三境全屬不存在。」

我問道：「醒境也等於是夢境嗎？」

尊者：「是的，但是，夢境歷時短暫，醒境為時較長，只有這個不同而已。」

我：「深沉的睡眠也是個夢嗎？」

尊者：「不，深沉的睡眠是一項事實，當時並無心思活動，怎麼會是夢呢？然而，它是心思空白的情境，一無所知，因此也應該要加以拒絕。」

我堅持地說：「但是，深沉的睡眠，不也是一種夢境嗎？」

尊者：「有些人在語意上或許會這樣說，但其實並無二致，短或長的時程，僅是對夢境或醒境來講。有些人或許會說：『我們已活得很久了，而且這些房子及所有物，對我們來講，都極為明顯確定，這一切絕不可能是夢。』但我們也要知道，夢在進行時，似乎為時很長久，那只有在你醒來後，你才會知道夢境為時短暫。同理，人獲致了悟之後，這個生命就會顯得在瞬息之間。無夢之睡眠，是一無所知的，因此在純淨覺知之下，它應被加以拒絕。」

我的兄嫂這時插話，說道：「據說在深睡中的幸福，也可在三摩地[116]裡體驗到。若是這樣，那麼深睡是一無所知的說法，又怎能與覺知相提並論呢？」

尊者：「這就是深睡也必須加以拒絕的道理。深眠有其幸福，固屬事實，但人並無覺知，那個幸福感是在人醒來後，才說他睡得很香甜。三摩地意味體驗這個幸福，而同時保持覺知。」

我：「所以它的意思是指在醒時，或是有意識的睡眠？」

尊者：「是的，就是那樣。」

我的兄嫂提出一項令她困惑的同性質的問題：「瓦西斯塔說過，一位悟者，在別人看來，有其行動，但他絲毫不受行動的影響，那是因為觀念上的差異，或者悟者真的不受影響呢？」

尊者：「他真的不受影響。」

我的兄嫂：「人們說到在夢中及醒時，看到喜愛的景物，那麼，它們到底是什麼？」

尊者：「對悟者而言，它們都是一樣的。」

然而，她堅持地說：「可是在尊者的傳記裡，曾記載加納帕提·慕尼在蒂魯沃特尤，看到尊者，而尊者當時是身在蒂魯瓦納瑪萊，就在同一個時間，尊者感覺受到禮敬。像這種事情，又怎麼解釋呢？」

尊者語帶神秘答道：「這種事情，我已說過了，就是所謂神的觀視。」

---

115 原註：《瓦西斯塔瑜伽經》(*Yoga Vasishtam*)，是瓦西斯塔·馬哈希（Vasishta Maharshi）所著的瑜伽之書。

116 原註：三摩地（samadhi），意謂冥想於一物，而思維全然融解，亦即那是至上之靈性（瑜伽行法第八及最後的階段）。

然後，他保持沉默，表示無意再進一步談論下去。

一三八　三摩地

一九四七年九月八日

今天上午，一位歐洲人士，坐在尊者面前，透過翻譯，說道：「根據《蛙氏奧義書》的記載，除非體驗到三摩地，亦即瑜伽行法第八及最後階段，否則不管如何持行冥想及苦行，都不能獲致解脫，是這樣嗎？」

尊者：「這正確地瞭解，它們都是一樣的。不論你稱它是冥想或苦行，或融入或任何其他等，皆無二致。那個如如其在，穩定而持續，有如油之流往，就是苦行、冥想及融入。存在於其人自己的真我，就是三摩地。」

問者：「但是《蛙氏奧義書》也說，獲致解脫之前，必須有三摩地的體驗。」

尊者：「誰說不是這樣呢？不僅《蛙氏奧義書》，其他的古書也都有記載。只是，真正的三摩地，端在知曉你的真我。長時間靜坐不動，有如無生命之物，究有何用呢？假設你手上長了個癤塊，施以麻醉手術，而你不覺有痛，那並不意味你在三摩地裡。道理是一樣的。人必須知道三摩地是什麼，若不能了知真我，焉能知道三摩地呢？了知真我，自然就會知道三摩地。」

這個時候，一位坦米爾的師兄翻閱《蒂魯瓦卡肯》117詩集，開始吟唱著〈追尋之歌〉，歌詞結束時，有段文字：「喔，伊濕瓦若118，祢想要逃走，但我很快就把祢抓住。所以祢能去哪裡呢？而祢又怎能逃開我呢？」

尊者面帶微笑，評論道：「所以，似乎是祂要逃走，而他們趕緊把祂抓住！祂能跑到哪裡去呢？難道祂不是無所不在的嗎？祂到底是誰？這些話都不過是虛飾的言語而已。這本書還有一組十則詩頌的讚歌，其中一則是，『喔，我的上主！祢使我的心，成為祢的住處。祢把祢自己送給我，而把我帶進祢的裡面，作為回報。上主，我們哪一個，比較聰明呢？若祢把祢自己送給我，我則享受無盡的幸福。縱使出於祢對我有無止盡的慈悲，而祢使我的身體成為祢的廟宇，但是把我交給祢，對祢究竟有何用嗎？我又能對祢有什麼回報呢？現在，我自己根本一無所有。』看這些頌文，何其美哉！這樣，哪裡還有『我』這個執作者呢？又到底做了什麼呢？且不管這是虔愛奉獻，或是探究真我，或是三摩地。」

一三九　止於你之所在

一九四七年九月十日

今天上午九時四十五分，正當尊者起身，要去晨間步行時，一位安得拉邦的年輕人走到尊者的長椅前，說道：「師父，我來這裡，是因為我要修持苦行，但我不知道哪裡比較合適，我願意到您所指示的任何地方。」

尊者沒有答覆，彎下身來，搓揉他的腿部及膝蓋，一如通常他準備要去散步之前的動作，這是因為他的

117《蒂魯瓦卡肯》（*Tiruvachakam*），九世紀濕婆虔愛派詩聖瑪尼迦瓦吒迦爾（Manikkavachagar），用坦米爾文字的讚美詩頌。

118 原註：伊濕瓦若（Ishwara），指人格化的神明。

關節炎毛病的關係。他面容微笑而安詳，我們也當然在旁等待他要說什麼話。一會兒後，他帶著散步時在旁待命的隨侍，並看著那位年輕人，說道：「我怎麼能知道你修持苦行的地方在哪裡呢？最佳的地方，就是你的所在之處。」尊者微笑著，便走開了。

年輕人一頭霧水，他說道：「這些話的意思是什麼？我想他是位長者，會告訴我一些聖地，我可以待在那裡。現在，我這樣接近他的長椅，難道是說我要待在長椅旁邊的這裡嗎？這是我前來這裡，要得到的答覆嗎？這真是個笑話嗎？」

有位師兄把他帶出廳堂，並解說道：「有時尊者說某些東西，語氣輕鬆，但有很深的涵義在裡面。當『我』的感知萌起，那裡就有其人之真我。苦行意謂知道真我之所在，而駐於其上。為了知道這個，必先知道他是誰。若能了知其真我，那麼他待在哪裡，又有什麼關係呢？這就是他所說的意思。」這位師兄於是安撫了那位年輕人，並送他離去。

同樣的情形，昨天有人問道：「師父，我們如何找到真我呢？」

「你就在真我裡了，因此找到它，有何困難呢？」尊者答道。

「您說我在真我裡，但是真我究竟在哪裡呢？」提問者追問道。

「若你駐於此心，而有耐心地找尋，你就會找到。」這是答覆。

提問者還是不滿意，甚至好奇地問道，在他的內心裡，並無空間，可以讓他駐於其上。

尊者轉向另一位坐在那邊的師兄姐，微笑地說道：「看看他在擔憂真我在哪裡，我又如何告訴他呢？那個如如其在的，就是真我，遍在各處，當我告訴他說那叫做本心，他卻說那裡沒有空間可供他駐於其上，那我能怎麼辦呢？心裡充斥著不必要的習性[119]，而說此心沒有空間，就好像身在一個有如斯里蘭卡這麼大的屋子裡，卻抱怨沒有空間可以就坐。若把所有的垃圾都丟棄，那還沒有空間嗎？這個身體，就是垃圾。這些人就好比有個人用不必要的垃圾，把他屋裡的所有房間堵塞得透不過氣來，卻又埋怨他無法容身。同理，他的內心裡充斥著各式各樣的概念思維，然後又說沒有空間給真我駐於其內。若能將所有的妄念及謬見，掃除淨盡，那麼所存留的，便有豐碩之感，而那就是真我。這時，也就沒有分別的『我』了，那是個了無自我的境地。這樣，還有什麼空間或佔據空間的問題呢？不去找尋真我，一直在說：『沒有空間！沒有空間！』這就好像你閉上眼睛，在說：『沒有太陽！沒有太陽！』在這種情況下，他又能如何呢？」

一九四七年九月十一日

一四〇 唯一而遍在的真我

昨天，一位苦行者前來，坐在廳堂裡。他似乎很想跟尊者談話，但又猶豫。過了一會兒，他趨前向尊者說道：「師父，據說真我是遍在的，那是否意味著真我也存在死人的身上嗎？」

尊者欣然以道：「喔！這是你想要知道的嗎？這個問題是死者在問的，或者是你在問的？」

「是我在問的。」苦行者說道。

尊者：「你睡覺時，是否會問你是存在的或不存在的嗎？這只有在你醒來後，你才會說你是存在的。夢境亦然，那個真我是存在的。其實並沒有死的或活的身體這回事。那個不會動的，我們就說是死的，那個會

119 原註：習性（vasana）：往昔之善惡行為，存留在心裡的潛在印象，因此產生歡樂及痛苦。

動的，我們就說是活的。在夢境裡，你看到很多身體，有活的也有死的。醒來後，他們都不存在了。同理，這整個世界上，活動的生物及不動的非生物，皆是不存在的。死亡意味自我之消融，而出生意味自我之萌起。所謂出生與死亡，是指自我，而不是指你。不管自我之感在不在，你都是存在的。你就是它的源頭，但不是指自我之感。解脫意味找到這些生與死的源頭，並在自我之感這個根源上，加以剷除。那就是解脫，其義是帶著全然的覺知而死。人若這樣而死亡，則他將同時而重生，並在當下以我在而輝照，此即『我—我』。這樣而出生的人，他了無疑惑。」

昨天晚上，吟誦完吠陀經文後，一位四五天前來這裡的歐洲青年，向尊者問了一些問題。尊者照例反問：「你是誰？是誰在問這些問題？」這位年輕人沒有得到其他的解答，最後便反問尊者喜歡《薄伽梵歌》書中的哪一則頌文，尊者說他全部都喜歡。這位年輕人又不放棄質問，到底哪些頌文是最重要的。尊者告訴他，第十章第二十則頌文，內容是：「我是真我，喔！古達凱夏[120]，位於萬物之本心裡。我是萬物之開端、中間及終了。」

這位提問者聽了很滿意，在離去時，說道：「師父，這個不真實的我，由於亟需工作，不得不去奔波。我祈求您，惠予勸告這個不真實的我，融入於真實的我。」

尊者微笑著，答道：「若有好多個我，那麼或許需要有這種勸告。一個我是要求勸告，另一個我是在行勸告，而又有一個我是在聽勸告。但是，並沒有那麼多的我，其實，只有一個真我，而萬物都在那個真我裡。」

一四一　真我之顯化呈現

有位師兄，不久前來過，並在尊者面前，聽聞了許多不同主題的對話。今天下午，他趨向尊者，很有禮貌地問道：「師父，據說伊濕瓦若是靈魂的反映，呈現作頭腦思維，這成為生命個體，個人的靈魂，思維機制的反映。請問這是什麼意思？」

尊者答道：「真我（阿特曼）所反映的意識，叫做伊濕瓦若，而伊濕瓦若透過思維機制所反映的，叫做生命個體。就是這樣。」

師兄：「好的，師父，那麼chidabhasa（心靈光輝）是什麼？」

尊者：「Chidabhasa是真我呈現為心思輝照之感知。一成為三，三成為五，五成為許多；亦即那個純淨真我（satra，薩埵）呈現為一，經由接觸而成為三（薩埵〔純淨〕、羅闍〔躁動〕及答摩〔遲鈍〕），又經由三而有五元素[121]，再經由那些五而衍成整個宇宙。就是這樣，乃產生妄見，而認為這個身體是真實的我。空（akasa，乙太）這個字語，分作三個類別來解釋，就像反映在靈魂層面：純淨意識的無垠世界、心思意識之無垠世界、物質之無垠世界。心靈（chitta）分成三個面向，名為心思、直覺及我者，被稱為內在機制（antahkarana，內具）；機制（karanam）意謂近乎器官機制（upakaranam）。腿、手等器官，則稱為外在機制（bahyakarana，外具）。身體內部的感知是屬於內在機制。那個真我的感知，或者輝耀的心靈，是與這些

120　原註：古達凱夏（Gudakesa），《薄伽梵歌》中重要人物阿周那（Arjuna）的別名。

121　五元素，指地、水、火、風、空等，形成宇宙萬有的粗大基本元素。參閱孫晶《印度六派哲學》（台北市：大元書局，2011）145頁。

內在機制共同運作，被稱為個人靈魂或者生命個體。當純淨意識的實體之反映，亦即心思意識看到物象世界，那就叫做心思的世界，但當心思意識看到純淨意識的實體本身，則叫做全然覺知（chinmaya），這就是何以要說『在人而言，心思乃是困縛與解脫二者之原因』的道理。那個心思製造了許多幻象。」

提問者：「幻象要如何消失的？」

尊者：「假若上述的隱微真相，被探究真我而知曉，則紛紜的萬象，為之分解，而成為五，五成為三，三成為一。假設你患頭痛，而你服藥祛除頭痛，你就會在本來的狀態。頭痛有如幻象，而身體是真我。頭痛消失，是服用那帖叫做探究真我的藥方。」

提問者：「人人都能掌握到探究真我這個法門嗎？」

尊者：「只有心智成熟之人才可能掌握，而不成熟者無法做到，這是事實。對於後者，有低聲持咒或持誦聖名、膜拜肖像、呼吸控制、觀想光柱等行法，並且相關的瑜伽、靈修及宗教的儀式奉行等，也都有載述。人藉著修行逐漸成熟，然後行探究真我的法門，了悟到真我。對於這個世界，要屏除不成熟之妄見，必須聽聞，自己並非身體。若你說你是一切，無所不在，這就夠了。古人說，應該告訴心智不成熟者，他們必須知道那個超越的觀者經由探究，深入五大元素，並以持誦『不是這個、不是這個』，屏棄幻象。說完這個之後，古人又指出，正如黃金飾物無異於黃金，所以你自己的本質就是真我。因此必須這樣說，這個世界是真實的。

「人看到各式各類的金飾，各有不同，但金匠會認為彼此有差異嗎？他只細看那個黃金的精微本質。同理，對於悟者來講，萬物之呈現，就是祂自己的真我。商羯羅的開示，也是這樣。但是人不瞭解，卻說他是虛無主義者，說他認為世界只是虛妄。這些都是無稽之談，正如同你看到石雕的狗，你知道那僅是個石頭，並沒有狗。若你不知道那是石頭，而僅看到狗，那麼對你來講，並沒有石頭存在。你存在，萬物皆存在。你不存在，萬物皆不存在。若說並沒有狗，只有石頭存在，這並不代表在你看到石頭時，那隻狗逃走了。

「有一則故事談到這個。有個人要去看國王的宮殿，於是出發前往宮殿。現在，有兩隻石狗，擺在宮殿大門兩側，那人遠遠地看著狗石雕，以為是真的，便害怕走過去靠近它們。有位聖者路過，看到這個情況，便一路帶著他，向他說：『先生，不用害怕。』這人上前走近，才看清沒有狗，而他原先認為是狗的，僅是石雕而已。

「同理，你若能看見世界，就看不到真我。若看到真我，便無睹於世界。一個好的上師，就像那位聖者。一位洞悉真理的悟者，知道自己並非身體的事實。但尚有一事，除非此人把死亡看得近在眼前，隨時會發生，否則他不會明覺真我。這個意思是，自我必須死亡、必須消滅，連帶其內在的習性，也一併要消滅。若自我因此而滅亡，真我將輝耀。在高階的靈性層面上，這樣的人了無生死。」講到這裡，尊者停止開示。

一九四七年九月十三日

一四二　簡樸

最近，阿文德·包斯從班加羅爾來此，帶來一些昂貴的鉛筆供養尊者。他回答尊者的問候之後，便離開回到稱為「瑪哈斯坦」（Mahasthan）的住宅區。

他離去後，尊者仔細檢視這些鉛筆，試寫了一下，讚美品質極優，然後把鉛筆交給克里虛那史瓦米，說道：「請好好保管。我們自己的鉛筆一定放在什麼地方，請找找看，找到拿一枝給我。」克里虛那史瓦米把那些鉛筆收起來，並打開擺在旁邊桌上的木盒，找了一下，發現裡面有一枝鉛筆，便拿給尊者。

尊者把那枝鉛筆，轉了這邊，又轉到那邊，檢查了一下，說道：「怎麼是這枝呢？這枝是達瓦拉吉·穆達利爾給的。我們自己的鉛筆一定在那裡，拿給我並且把這枝也保存好。」克里虛那史瓦米找遍了每個地方，但都找不到。「看看會不會在廳堂裡。」尊者說道。有人就過去那邊找，回來後說沒找到。「喔！真可憐，那是我們自己的鉛筆，對吧。再仔細找看看。」尊者說道。達瓦拉吉·穆達利爾剛好在那裡，說道：「尊者，擔心什麼呢？難道這些鉛筆不全都是您的嗎？」尊者微笑地說：「那些不是我的，你給了我這枝，包斯帶來了另外的一些。我們要是不很留心，別人就會拿走。你知道，師父是所有人的公共財。要是你給的鉛筆丟掉了，你會很傷心，因為你花了好多錢買來給我。若筆是我們自己的，那麼放哪裡就無所謂了。那枝筆所費甚微，不過也要半個安那[122]，也不是買來的，那是有人在某處看到帶來的，所以，那是我們的。至於其他的筆，我們應對捐贈人負責。這枝筆沒有人會質問，這就是我要這枝筆的道理，而其他的筆，那是給重要人士用的。為何我們要用那樣的鉛筆呢？難道我們要參加考試或在辦公室工作嗎？就我們寫字來說，那枝鉛筆，就夠用了。」說著，他就找了一番，終於找到了那枝筆。

不久以前，有一樁類似的事例。某些富人帶來銀製的杯子、盤子及湯匙，很恭敬地放在他面前，說道：「尊者，您吃流質的食物時，請使用這些東西。」尊者檢視這些東西後，便遞交給隨侍。隨侍要把這些東西放在廳堂裡的櫥櫃時，他反對並說道：「為什麼要放那裡呢？放在辦公室裡。」「這些東西是要給尊者用的，不是嗎？」有位師兄問道：「尊者，那些杯子，是什麼東西呢？」「喔！那些杯子是用椰子殼做的，平滑而良好。那是我們的杯子及湯匙，是我們自己的，拿來使用，綽綽有餘，請把銀製的東西，小心地放在別的地方。」尊者說道。「那些銀製的東西，不是尊者的嗎？」那位師兄問道。尊者笑著說道：「是的，它們是我的，但請告訴我，我們為何要這些奢華的東西呢？這些都很昂貴，假使我們不注意，或許會被人偷走。所以我們必須要防備，但那是師父的工作嗎？不僅這樣，有人或許會想，『畢竟他是個棄世的出家人，所以向他索求，他會不給嗎？』於是就向他要了，這樣又不可能拒絕，然而把東西給了出去，那些贈送者可能會不高興，因為東西是要送給尊者而已。你看，為什麼要搞得這麼麻煩呢？若我們使用我們自己的杯子，那麼就不管我們要怎麼用或者拿來做什麼了。」這樣說著，他回絕了銀製的東西，把他自己的杯子拿出來給大家看。

約在同一個時間，一位師兄攜來一枝銀製手把的手杖，要送給尊者。尊者把這枝手杖轉過來這邊看看、那邊看看，檢視了一下後，向這位師兄說道：「很好，一枝很好的手杖，請小心使用。」他說道：「但是這枝手杖不是給我使用的，我帶來是想尊者可以使用。」尊者高聲說道：「真是立意良善！一枝這麼好的手杖，又有銀手把，應該給像你這樣的官員來使用，為何給我呢？看，我有我自己的手杖，這就夠了」尊者作此結論。

「等您的手杖舊了，就可以用這枝，不是嗎？」另一位師兄問道。「我為什麼要有這麼昂貴的東西呢？一根木棍削修一下，很快就可以製成一枝手杖了。當年我在山上時，我常常削木作成手杖，磨平並加工修整，所費不超過一個派沙[123]的錢。有些人拿走了那些手杖，那些都是我們自己的，我們為什麼要這些奢華的東西呢？那些便宜的手杖，我們很合用。」這樣說著，尊者把手杖退回給那位師兄。

尊者通常都不使用昂貴的東西，他所喜歡的東西，甚至不超過一個派沙的錢。

122 安那（anna），印度舊幣，值約十六分之一盧比。

123 派沙（paisa），印度輔幣的單位，值約一百分之一盧比。

一四三　母親的禮物

一九四七年九月十四日

上個月，尼倫伽那南達史瓦米送了一頭在道場出生、養育的牛到馬杜賴的米娜克西[124]神廟，作為禮物。當地的人將之命名為巴沙瓦（Basava），並把牠精心裝飾，又拍攝一張牠跟伴隨在旁的室利·桑巴希瓦·艾耶（Sri Sambasiva Iyer）的合照。桑巴希瓦·艾耶回來道場時，除了帶那張照片之外，也帶回神廟主事者給他習俗上的銀色滾邊披巾，以及一些聖灰、聖食[125]等。

從八月十五日開始，由於訪客眾多，尊者整天都在慶典廳[126]，桑巴希瓦·艾耶來到尊者面前，把披巾、聖灰等物，放在大托盤上，呈給尊者。在他旁邊的婆羅門祭司，吟誦真言，而我們全體在尊者面前跪拜行禮，然後起身。尊者看著我，說道：「我們的牛送到米娜克西神廟，妳知道嗎？」我說：「是的，我知道，當天送去的時候，我看到牛隻塗抹著薑黃粉、硃砂。我是問看管牛隻的人，才知道這件事。」

尊者很恭敬地拿著托盤，把聖灰及硃砂塗抹在自己的額頭上，說道：「看，這是米娜克西的禮物。」他說話時，言語顫抖。桑巴希瓦·艾耶把披巾覆蓋在尊者的雙腳上，尊者深為感動，很虔誠地把披巾拾起，交給隨侍，隨侍把披巾批在長椅背後，尊者很小心地用手整理披巾後，朝向我們這邊看，說道：「母親米娜克西送了這個來，它是母親的禮物。」他情緒激昂而哽咽，無法再講下去，於是沉默無語。他的雙眸，有喜悅的淚光，他的身體，不動如山，我見此景象，似乎感覺到身為大自然的她（女神），已然寧謐寂靜。當年尊者住在蒂魯丘立，還是孩童時，碰到有人怒斥他，他就跑到神廟來哭泣，坐在莎哈耶姆巴（Sahayamba）神像的後面。只有他知道母親女神是如何的安慰他，並且給他的希望。

三年前，一位道場的醫師說，手工搗碎的米，有益尊者健康，因此道場的居民，祈請尊者食用這種特別為他烹煮的米食。尊者問他們，這種米是否也可一併分給大家吃，他們說辦不到，因為這種米的數量有限。尊者因此拒絕食用，如何勸說都無效。最後，他們說，他們可以用搗碎的米，每天獻給廟裡的神明，因為這必須單獨炊煮，而尊者可同時也取食一些這種米。「既然這樣，那就可以。我拿來吃，那是因為這是母親的聖食。」尊者說道。從那天起，他們就單獨分開炊煮手工搗米，供奉給廟裡的神明之後，也拿給尊者食用，剩餘的再分給他身邊的人

去年夏天，羅摩史瓦米·艾耶的兒子結婚，剛好婚禮在這裡舉行。當天，艾耶看到大家的葉片上是白色的米飯，而尊者葉片上的米飯是紅色的，他就問起原因，尊者微笑地說：「這是母親的聖食，有何不好嗎？這是特別獻給母親而炊煮的。」然後，他敘述箇中原委。有一次，他又說道：「這是母親的禮物，我接受，只因為是這個關係。」

對於自稱不去參訪神廟及諸如此事之人士，這豈非是項偉大的教導。

124 米娜克西（Meenakshi），是雪山女神帕爾瓦蒂的化身，也是馬杜賴城市的守護者。

125 原註：聖灰、硃砂是法會後，分給信徒，或塗抹在額頭上，表示福佑。聖食（prasad）指鮮花或食物，供獻給神明。

126 慶典廳（Jubilee Hall），一九四六年九月一日，各界慶祝拉瑪那在蒂魯瓦納瑪萊五十週年，在道場舉辦盛大慶典，道場乃在舊廳北側搭建竹棚茅屋，供節慶活動使用，稱為「慶典廳」。後來，訪客日眾，舊廳不敷容納訪客，拉瑪那也常到慶典廳，接受觀視。詳閱蔡神鑫，《真我與我》（台北市：紅桌文化，2018）74頁。

一四四　心思平靜，即是解脫

一九四七年九月十六日

前天，一位安得拉邦女士，偕同丈夫，來到尊者面前，問道：「師父，我聽聞一些吠檀多的講道，也持行冥想。有時在冥想時，感到幸福，不禁掉下淚來，但有時沒有這種情形，為何會那樣？」

尊者微笑地說：「幸福這件事，始終在那裡，不是那種來來去去的。那個來來去去的，是心思在走作，不必擔。」

那位女士：「幸福感來臨的片刻，身體為之震顫，而那個感覺就消失了。我覺得十分沮喪，渴望再度有那樣的體驗。為什麼會這樣？」

尊者：「你承認那個『你』，既存在於有幸福感的時候，也存在於沒有幸福感的時候，若你能適切地了知那個『你』，則那些體驗，就不必太在意了。」

另一位提問者：「要去瞭解那個幸福，那裡勢必要有某個要去掌握的東西，不是嗎？」

尊者：「若要掌握某物，則必然是二元性質。但是，那個「在」（Is），只是唯一的真我，而非屬二元。因此，到底是誰在掌握那個誰呢？要掌握的，又到底是什麼東西呢？」

沒有人回應，尊者和藹地說道：「內在的習性，十分強大，怎麼辦呢？」

有個年輕人進來，坐定後，上呈一張字紙給尊者。

尊者看了後，說道：「看，這張字紙上寫著：『心思平靜，就是解脫嗎？』答案就在問題本身裡，還有什麼要說的呢？他一定是知道心思是什麼之後，才來問的。」

有個人便向這位年輕人問道：「你知道心思（chitta）的意思，是嗎？」

年輕人說：「Chitta意謂頭腦（心思，mind）。」

尊者：「是的，但那是什麼呢？你的問題本身，在說心思平靜，即是解脫。」

年輕人：「頭腦有時平靜，有時雜念紛馳。我們要如何防止呢？」

尊者：「紛馳是指誰的頭腦呢？是誰在問這個問題呢？」

年輕人：「紛馳是我的頭腦，提問者是我本人。」

尊者：「是的，確實是如此，有個『我』這個東西。不時可體驗到平靜，那麼必須承認有個東西，叫做平靜；並且，那個叫做欲望的感覺，也是屬於心思的。若排除了欲望，則心思就不會走作；若無走作，則可保持平靜。要獲致那個如如其在的，則是無須努力的。只有要排除一切的欲望時，才須要努力。當心思走作時，心思必須從走作的事物上幡然轉向，若能這樣，則才會有平靜。那就是阿特曼、真我，那就是解脫、那就是真我。」

> 躁動不安的心思，馳逐在諸事物上，如欲制止，人應該不斷地專注真我。
>
> 《薄伽梵歌》第六章第二十六節

一四五　阿魯那佳拉

一九四七年九月二十日

四或五年前，一些師兄姐要我跟他們一同環山繞行，我得到尊者的允許後，便前去繞行。我們抵達阿迪·阿南瑪萊時，開始下雨，於是我們就在路邊一間小小的靈修院避雨。我問那裡的修行者：「這間靈修院是誰的？」「它是瑪尼迦瓦吒迦爾[127]的。」他說道。我又詢及這間靈修院是在什麼情況下興建的，他敘述了許多故事。他所說的事情，我不十分清楚。雖然我傾聽所言，並無追問詳情。我是希望以後可以從尊者那裡得知一些資訊。

昨天，我等待機會向尊者請教這方面的事情，但他忙於閱讀〈迦梨女神之榮光〉（*Kaleswara Mahatmyam*）文中有關桑德拉穆提的故事。這篇〈迦梨女神之榮光〉是《梵維瓦塔往世書》（*Brahmavaivartha Puranam*）中的篇章。他唸讀了一段桑德拉穆提前去迦梨女神廟，但尚未進入神廟的部分。桑德拉穆提先到神廟對面的加賈·普希卡里尼水池（Gaja Pushkarini Tank）浴身，當他浴身完畢，從水池出來時，發現神廟消失不見了。桑德拉穆提於是吟唱一些讚歌，表達他未能先到神廟觀謁上主而逕自浴身的歉疚，神廟因此又呈現出來。尊者又唸讀了部分內容後，論道：「萬物呈現在他眼前的，首先是一泓大水，別無其他，然後是一片光明。」

有位師兄問道：「聽說，阿魯那佳拉也是光的形相。」「是的，它是這樣的，在人的視野裡，它是泥土及石塊的形相，但其真實形相，乃是光。」尊者說道。我抓住這個機會，便問道：「在阿迪·阿南瑪萊的地方，有間靈修院，其名為瑪尼迦瓦吒迦爾。靈修院如此命名，是什麼原因？」

「喔，那個啊！他好像也是來蒂魯瓦納瑪萊朝聖。他站在某個特定的地方，向阿魯那吉里致意而吟唱讚歌：『蒂魯維姆帕吠（Tiruvempavai）』及『阿馬奈』（Ammanai），因此靈修院在此建立，以資紀念。你一定聽過〈蒂魯維姆帕吠〉的讚歌，有二十節句。安都爾（Andal）唱三十節句的歌，讚美上主克里虛那，而穆魯葛納用同樣的旋律，吟唱讚歌，來讚美我。」尊者說道。

師兄：「這座山是如何得到阿那瑪萊（Annamalai）這個名稱的？」

尊者：「梵天及毗濕奴所未能抵達之處，叫做阿那瑪萊，其義是光之化身，那是超越字語或心思的。阿那（Anna）意謂不能達到的。這就是名稱的由來。」

師兄：「但是，這座山有其形狀及樣貌。」

尊者：「當梵天及毗濕奴看到這座山時，它是呈現一支光柱，包覆著整個宇宙。後來才成為一座山，這就是伊濕瓦若的粗身（sthula sariram），而光本身是細身（sukshma sariram），那個超越所有的這些身的，就是實相。精細的意思是，耀明之光，充塞著整個宇宙（Tejas）。」

師兄：「桑德拉穆提也是這樣看嗎？」

尊者：「是的，首先是一泓大水，接著是遍處光耀，最後用人的肉眼看，那是一間神廟。聖人觀物，總是以神性之眼。因此，對他們來講，萬物皆以光或至上絕對（梵）來呈現。」

娜葛瑪：「我確信尊者曾寫過一則詩頌，關於阿魯那佳拉林伽的萌生或呈現，那是真的嗎？」

尊者：「是的，我曾在維克拉瑪（Vikrama）年曆，濕婆節的日子，寫下這則詩頌，我或許也寫了泰盧固文的。」

娜葛瑪：「是的，在泰盧固文的詩頌上，述及林伽出現在阿陀羅星宿（Arudra star）之日的達努瑪薩姆

127 瑪尼迦瓦吒迦爾（Manikkavachakar），九世紀印度南部地區坦米爾詩聖，其讚頌濕婆的詩集成為濕婆虔愛派重要的作品。

的月分裡，又述及毗濕奴與諸神皆來禮敬濕婆，而濕婆以神恩慈視祂們，那是在昆巴的月分裡。這個故事的原始來歷，究竟是什麼？節慶的活動與基栗底柯（Krithika）星宿有何關聯？」

尊者：「喔！那個啊！梵天跟毗濕奴在互爭誰較偉大。在基栗底柯星宿之日的迦剌底迦月裡，一根輝耀的柱子出現在他們之間，為記念這件事，每年的那一天就有燈光的慶祝活動。你知道，梵天與毗濕奴，想要探尋那根柱子的來龍去脈，但徒勞無功，也感疲憊了；沮喪之餘，他們在某處會合，向至上主祈禱，當時上主濕婆在柱子裡，便出現在他們面前，慈悲祝福他們。在他們的懇請下，祂（濕婆）同意在他們可到達的範圍內，祂會以山丘及林伽（在廟裡）的形相，供他們禮拜。祂又告訴他們，若禮拜祂，祂會在日後，現身為樓陀羅（Rudra），竭盡一切來協助他們。說完後，祂就消失了。從那個時候起，在達努斯月（Dhanus）阿陀羅星宿之日，梵天與毗濕奴便開始禮拜林伽，那是根據伊濕瓦若（指濕婆）所許諾而呈現的。他們年復一年，持續著禮拜，就在昆巴月的下半月，於第十三天至第十四天的子夜時刻，濕婆從那個林伽顯現出來，受到訶利（毗濕奴別名）及諸神的禮拜。因此，那一天叫做濕婆節（Sivarathri），記載在《林伽往世書》（*Linga Puranam*）及《濕婆往世書》（*Siva Puranam*）裡。對林伽的禮拜，似乎是從那個時候開始的。《室建陀往世書》斷言，阿魯那佳拉是第一個林伽所顯化呈現之物。」

一九四七年九月二十一日

一四六 瑪尼迦瓦吒迦爾

自從尊者告訴我有關瑪尼迦瓦吒迦爾靈修院建立的可能緣由，我就很渴望想知道他的出生及成就等故事。當遇到機會時，我便問道：「據說，瑪尼迦瓦吒迦爾吟唱的《蒂魯瓦卡肯》是那塔拉賈穆提（Natarajamurthy）寫的。這是真的嗎？他是出生在何處？」

尊者：「是的，那是真的。那則故事，可以在《哈拉夏之榮光》（*Halasya Mahatmyam*）裡找到。妳不知道嗎？」

娜葛瑪：「這裡沒有泰盧固文版的《哈拉夏之榮光》，所以我不知道。」

尊者：「我明白了。這樣的話，我把講這則故事簡單講一下。」說著，尊者便敘述如下：

「瑪尼迦瓦吒迦爾，出生在潘地亞（Pandya）領地的一個村鎮，叫做瓦達沃爾（Vadavur），因為這樣，人們稱他為瓦達沃拉爾（Vadavurar）。他年幼很早就上學，讀了所有宗教的書籍，因此很有學問，成為信奉濕婆的知名之士，而他對待眾生的慈悲情懷，也卓有名聲，潘地亞的國王，久聞其名，召喚他來，聘他做國王的首相，授予『南方首席婆羅門』的稱號。雖然他執行首相的職務，十分熟練而莊嚴，但他對物質的享受，一無所欲。他的心思總是專注在靈性上。他認為要獲得真知，上師的恩典是絕對必要的。因此他不斷致力於探究真知。

「有一次，潘地亞的國王命令首相前去採購一些優良的馬匹，帶回給他。因為瑪尼迦瓦吒迦爾原先已在尋找上師，於是認為這是絕佳的機會，便帶著隨員及採購所需的黃金，啟程前往。他一心要找尋上師，便一路上參訪所有的神廟，這樣他來到一個叫做蒂魯柏倫杜萊（Tiruperundurai）的村子。至上伊濕瓦若（指濕婆）

知悉瑪尼迦瓦吒迦爾的心智相當成熟，便喬裝成一位學校教師；在此之前，他坐在廟旁街道的台階上，教導村裡貧窮的孩童，時間約有一年，他每天輪流在他的學生家裡用餐，僅食煮熟的綠色蔬菜。他渴望地等待瑪尼迦瓦吒迦爾的到來。當瑪尼迦瓦吒迦爾蒞臨時，伊濕瓦若扮成悟道聖者的模樣，有許多修行者圍繞在他身邊，他端坐在神廟院內的一顆黃莧樹下。瓦達沃拉爾（即瑪尼迦瓦吒迦爾）進入神廟，觀謁廟內的上主後，環著廟宇繞行，看到悟道的聖者在那裡，他為之驚矍，淚光隱隱，內心澎湃，喜不自勝。他當場高舉雙臂過頭致敬，伏地拜倒在這位上師的聖足前，好像一棵拔根倒地的樹。起身後，他懇切說道，他是個卑微人物，祈請收受他為門徒。伊濕瓦若是專程下凡來加惠於他的，於是僅僅投以慈視，便瞬即啟引了他的真知，那個啟引深入在他的內心裡，給了他無法形容的快樂。他雙掌合十，喜極而泣，用繞行的方式，步行在上師的四周，以示禮敬；他又脫下身上的官服及飾物，放在上師的旁邊，僅著一條纏腰布，站立在上師的面前。他想要唱歌讚美上師，於是吟唱一些有如珠寶般的虔愛讚歌。伊濕瓦若十分高興，稱呼他為瑪尼迦瓦吒迦爾，要他在那裡禮拜祂，然後祂就消失不見。

「瑪尼迦瓦吒迦爾深信加惠於他的人，就是伊濕瓦若上主本尊，瑪尼迦瓦吒迦爾不禁悲從中來，倒在地上哭泣，說道：『喔，我的上主！為什麼祢在這裡離開我呢？』村子的人對此十分驚訝，便四處找尋那位曾在這裡教書的學校老師，但始終都找不到。這時他們才曉得那是一場上主的遊戲。瑪尼迦瓦吒迦爾恢復平靜後，決意要遵行伊濕瓦若的指示，便把他的隨員遣回馬杜賴，將所帶來的黃金布施給神廟，然後獨自待在那裡。

「國王聽說這件事後，立即派令給瑪尼迦瓦吒迦爾，要他回來馬杜賴。但是當時他沒有馬，又怎能回到國王那裡呢？若他要買馬，哪裡來的錢呢？他一時不知所措，便向上主濕婆禱告，祈求協助。當天晚上，濕婆出現在他的夢境裡，給了他一顆無價的寶石，並向他說：『把這顆寶石給國王，並告訴他馬匹將在室羅伐拏（Sravana）月的穆拉（Moola）星宿之日來到。』這個景象，使他矍然而醒，而上主沒有在那裡，然而瑪尼迦瓦吒迦爾對於呈現的異象，十分欣喜，便穿上官服，前往馬杜賴。他把寶石交給國王，並告以馬匹到來的吉祥時間，便惦念地等待那個日子。但他並沒有恢復他的官職，雖然他身在馬杜賴，但心在蒂魯柏倫杜萊，他一心只在等待時間的到來。此時，潘地亞的國王派了他的偵探前去蒂魯柏倫杜萊察訪，發現那裡並無國王所要的馬匹，而採購馬匹所需的錢，全都花在廟宇的修建上。於是國王立刻命令他入獄，使他經歷一連串的審判，以及監獄生活的諸多苦厄。

「在此同時，一如原先的規劃，在穆拉星宿的日子，伊濕瓦若喬裝成一位馬販，把森林裡的胡狼化為馬群，帶來國王這裡。國王看了，十分驚訝，收受了這群馬匹，並依馬棚看管人的建議，把這群馬收容在原本養馬的地方，跟其他的馬關在一起。國王對馬販，深致謝意，送了一些禮物給他，並送走了他，也把瑪尼迦瓦吒迦爾從獄中釋放出來，並對他深致歉意。當天晚上，那些馬群變回原來的胡狼，在馬棚裡殺死其他的馬匹，加以啃食，並在城裡大肆破壞，然後逃逸無蹤。國王得知後，大為震怒，斥責瑪尼迦瓦吒迦爾是個騙子，又把他逮捕入獄。不久，依照伊濕瓦若的諭命，吠迦以（Vaigai）河的河水暴漲，馬杜賴整個城市被淹沒。國王見及此，於是召集全民，命令他們加高河岸的堤防。國王下令每個市民都必須承擔指定的工作，並威脅他們，說沒有履行分派的工作，將會有嚴重的後果。

「這時，馬杜賴有個老婦人，名叫『皮圖瓦妮·阿美雅爾』（Pittuvani Ammaiyar），她是虔誠的濕婆信徒，一個人獨居，每天做皮圖甜餅（pittu，圓錐形的甜食）販賣，賴以為生，她找不到人替她做河邊堤防的分派工事，也沒錢雇人來做。因此，她很焦慮，大聲呼叫著：『伊濕瓦若！我該怎麼辦？』伊濕瓦若看到了她的無助，便喬裝成一名苦力，肩負著一把鏟子前來，叫喊著：『奶奶！奶奶！你要幫手嗎？』她說道：『是啊！但是我手上沒有半毛錢可給你。怎麼辦呢？』這位苦力說道：『我不需要錢，若你給我一些皮圖甜餅吃，我就滿意了，我會去做河邊堤防分派的工事。』

「她欣然同意這項要求，便開始製作甜餅，但成品都是破碎的，不能完全成型，她感到奇怪，只好把全部的甜餅碎片都給了苦力，他盡其所能全都吃了，離開的時候說他會去做加高堤岸的工事。但是令人訝異的是，老婦人作甜餅給苦力了，但她作甜食的麵團材料，卻還在那裡，未曾動用過，而那位苦力來到做工的地方，卻不工作，竟然懶洋洋地躺在那裡，阻礙別人的工作。

「國王前來巡視工事的進度，發現分派給阿美雅圖的工事，無人在做。經詢問後，隨從告訴國王，說那位苦力全是一派胡言。國王生氣了，叫喚苦力過來，說道：『你不去做指派的工事，卻躺在那裡，還唱著歌。』說著，便拿起手中的木杖棒打苦力的背部。那個棒打，不僅彈回而打到國王自己，還打到那裡的所有眾生，大家因此都受到痛楚，國王立刻就知道，被他棒打的那個人，就是喬裝苦力的上主伊濕瓦若。國王站在那裡，呆若木雞，而上主伊濕瓦若隨即消失。不久，有一道聲音從空中傳來，說道：『喔，國王！瑪尼迦瓦吒迦爾是我心愛的弟子。我做這些事，都在向你顯示他的偉大，務要尋求他的庇護。』國王聞聲後，便去訪視瑪尼迦瓦吒迦爾，順道去皮圖瓦妮家探望她。當時，她已坐在天庭的馬車，在前往凱拉斯山的路上。國王大為驚奇，便向她禮敬，並從那裡直奔到瑪尼迦瓦吒迦爾這裡，伏地跪拜在他的腳下。瑪尼迦瓦吒迦爾極為尊重地扶起國王，問候他的安好。國王懇切說道：『請寬恕我，並請你治理這個王國。』瑪尼迦瓦吒迦爾看著國王，和藹地說道：『阿爸！（親密的稱呼），因為我已答應服侍上主，我再也沒有治理王國的問題了。敬請不要誤會我。請以人民的幸福為念，你自己治理這個王國吧。這樣你就沒有什麼憂慮的了。』這樣說著，他穿上出家修行的衣服，吟唱著頌揚濕婆的讚歌，前往參訪聖地。還有一些故事，類似這樣。」

娜葛瑪：「《蒂魯瓦卡肯》是寫於何時？」

尊者：「不，他並沒有撰寫，他只是一路上走著，吟唱他的讚歌。」

娜葛瑪：「那麼，《蒂魯瓦卡肯》是怎麼寫出來的？」

尊者：「喔，那個啊！他一路走來，從某地至某地，直到來到吉登伯勒姆。他觀看舞王（Nataraja，音譯「那塔拉賈」，指濕婆）跳舞時，便吟唱著沁人心脾的讚歌，並且待留在那裡，舞王為了使人們知道瑪尼迦瓦吒迦爾的偉大，並賜福給收集讚歌諸人，於是喬裝成一位婆羅門身分者，在夜晚的時候到瑪尼迦瓦吒迦爾的屋子。他受到親切的接待，詢及來訪的目的時，上主（舞王）面帶微笑，並以極親密的口吻問道：『你在朝聖之旅的路途上，一路唱著讚歌，直到這裡也是這樣，我是否可以聽這些歌嗎？我很久就想來聆聽，但一直找不出空閒的時間來，這就是今晚我來這裡的原因。我想你不會介意吧，你可否吟唱嗎？你還記得全部的讚歌嗎？』『不用去擔心睡覺，我會唱出我所能記得的全部讚歌。請聽著。』這樣說著，瑪尼迦瓦吒迦爾開始忘我地吟唱起來。喬裝成婆羅門的上主就坐下來，把讚歌寫在棕櫚葉片上，而瑪尼迦瓦吒迦爾在消魂之境，一點也不知道那位婆羅門記載了這些讚歌。他一直唱著，一心在神，渾然忘我，最後默然寂靜，此時這位婆羅門老人悄然消失。

「天色破曉時，一位僧侶來到舞王神廟，一如往常要祭拜，他打開廟門，發現舞王神像前面的門階上擺著一本棕櫚葉的書，打開書來瀏覽時，看到書上不僅寫著『蒂魯瓦卡肯』的字樣，而且載明撰寫者就是瑪尼迦瓦吒迦爾，並在下面署名『蒂魯吉特拉巴拉姆』（Tituchitrabalam，亦即吉登伯勒姆）。上主舞王的印鑑也蓋在簽名的底下。於是，全廟裡的僧侶們聚集在一起，大為驚奇，傳話給瑪尼迦瓦吒迦爾，並把《蒂魯瓦卡肯》及上主舞王的簽署拿給他看，要他說明這些詩頌的來龍去脈。「瑪尼迦瓦吒迦爾並未說什麼，但要他們跟他一起，前往舞王神廟。他面對著上主神像，說道：『各位先生，只有我們面前的上主能回答你們的問題。祂才是答覆者。』說完後，他融入於上主。」

尊者敘述這則故事至此，語塞而哽咽，無法再講下去，留下滿室寧靜，渾然忘我。

一九四七年九月二十五日

一四七　遍在

昨天下午，尊者在閱讀一本馬拉雅姆文的書籍，旁邊的人問他，那本書是否就是《瓦西斯塔瑜伽經》，尊者說是的。有位學者在那裡，就開始談起《瓦西斯塔瑜伽經》裡的故事，並說道：「師父，若干束縛有礙於獲致了悟，不是嗎？」

尊者側倚在長椅上，隨即直身端坐，說道：「是的，確實這樣。這些束縛，有過去的、未來的及現在的。」

「關於過去的束縛，在《奧義書》及《世天冥思》（*Vasudeva Mananam*）裡有一則故事。一位婆羅門身分的人士，有個大家庭，他得到一頭母牛，於是販賣牛乳、凝乳、奶油養家。他整天張羅秣料、綠草、棉籽等，來飼養母牛，因此他把他的真情鍾愛都放在母牛身上，而母牛也會身亡。他因而孤單而且厭倦了家居生活，於是決意棄世出家，開始在證道上師的門下，持行禱告及冥想。

「一段日子過後，上師叫喚他來，向他說：『你已持行靈修有些日子了，你覺得有什麼助益嗎？』那位婆羅門略述了他上面的家居生活後，說道：『師父，當時我熱愛那頭母牛，因為牠是我的家庭生活的主要依靠。雖然牠死了很久，但我在專注於冥想時，牠不時浮現在我的腦海裡。我該怎麼辦呢？』上師知道，這是過去的束縛所致，於是說道：『我親愛的朋友，至上絕對據說是asti，bhati，及priyam。Asti是遍在，bhati是亮光，而priyam是愛。那頭母牛是你所愛之物，那麼牠也就是你的至上絕對。牠有其名字、有其形相，所以你要捨棄你心中的名字、形相及母牛的種種，若能這樣做，那麼剩下來的，便是至上絕對了。因此，捨棄名相，持行冥想吧。』

「那個婆羅門人士，於是捨棄名與相，持行冥想，獲致了悟。名字與形相，就是過去的束縛。其實，那個『在』，乃是唯一，它是遍在而宇宙性的。我們說，『這裡有張桌子』、『那裡有隻鳥』、『那裡有個人』等，這樣的不同，只是指名字和形相而已，但是，那個『在』，是無時無地不在的。那就是所知的遍在，要去看存在的某物，則需要有個人在看，亦即那個觀看者。那個在觀看的心智，就是亮光。這裡必定有個人在說，『我看它，我聽它，我要它。』那就是愛，這三個是生命自然的質性，亦即自然的真我。它們也被稱為存在、意識、幸福。」

另一位師兄問道：「若愛是自然的質性。那麼，不管那個東西是什麼，它必然是存在的。這樣的話，為何我們看到老虎或蟒蛇時，它就不存在了？」

尊者答道：「我們或許對牠們，並沒有什麼愛，但每個生命都會愛其同種的生物，不是嗎？老虎愛老虎，蟒蛇愛蟒蛇；小偷也愛小偷，放蕩者愛放蕩者。因此，愛是始終存在的。在你面前，有圖像呈現在銀幕上，那個銀幕是遍在，使圖像呈現的，是亮光及愛。帶著名字與形相的圖像來來去去，若能不為它們所惑而屏棄之，則始終存在的銀幕，如如其在。我們在黑暗中，有微光的協助，才看到銀幕上的圖像。若黑暗被輝耀的大光驅散，則還能看到圖像嗎？這整個地方，都會是耀明而光亮的。同理，你用被稱為心思的微光來看世界，你就會看到充斥著五顏六色，但你用被稱為了悟真我的大光來看，你將會發現，只有一個持續無間的宇宙之光，別無其他。」

一四八　諸多束縛

一九四七年九月二十六日

有位師兄，昨天上午聆聽尊者談論過去的束縛之全部內容，今天前來，坐在尊者的旁邊。

這位師兄說道：「昨天，尊者很樂意告訴我們有關過去的束縛，但是並沒有談到任何現在及未來的束縛。」

「是這樣的，」尊者說道，「那是室利·吠德亞楞耶在《十五論》[128]中並未詳細說明有關未來的束縛，以及如何從那裡解脫的辦法。」

「我不曾讀過《十五論》。」師兄說道。

「那麼，我來告訴你。」尊者說著，便詳述如下：

「現在的束縛，據說有四種：第一種是強大的物欲，第二種是無法掌握上師的教導，第三種是曲解上師的教導，第四種是自我感覺『我精通吠陀』、『我是學者』、『我是修行者』等。這四種情態被叫做現在的束縛。若問如何克服，第一種應以平靜、抑制心思不良習性、出離及漠視外物等而克服之。第二種應以重複聽聞上師的教導而克服之。第三種應以冥思而克服之。第四種應以心注一處的冥想而克服之。若能如此，則障礙可除，而尋道者便能確信他們本身就是真我的實相。

「至於第四種束縛，他們的起心動念，旁人不知那是邪惡的。這個又如何能被發現呢？尋道者理應瞭解，其人現時的行動為何，若自認為是出於仁慈及憐憫而為，那是未來的困縛；若他執意而為，那就是他不曉得那些行動是未來束縛的致因。若他能知曉而思及之，然後以非作為者及出塵的態度而為，則其所欲之實現不會影響到他，而他因此可以如此而為。這樣的話，雖然他同樣會受到束縛，但幾次的再世之後，就能完全擺脫那些束縛。未來的束縛會導致再次出世，這是聖典經文權威性的載述，例如世天有一次的再世，毋神巴拉塔（Bharata）有三次的再世，而其他人有更多次的再世。因此，尋道者必須注意這三種束縛，小心避開，若不避開，無疑會有更多的來世。『無論何人，若能擺脫這三種束縛，則他必能得到解脫。』吠德亞楞耶這樣說。這些開示，也都記載在《世天冥思》裡，除此之外，那本書也載述一些相關的故事，其中巴爾朱瓦（Bharjuva）及供獸祭（Yajnapasu）的故事特別有趣，而阿修羅瓦沙那（Asura Vasana），也很有趣。這些束縛的每個面向，都分別載述故事，用來解說。你不曾讀過嗎？」

「我年輕時讀過，但不知道內容有這麼重要。我會重讀，尊者。」

這樣說著，那位師兄辭別尊者。

128 《般查達希》（*Panchadasi*），是不二一元論吠檀多的一本小書，內容簡要，作者吠德亞楞耶（Vidyaranya，原先其名為瑪陀婆闍黎〔Madhavacharya〕），寫於十四世紀。書名中的Pancha是五的意思，dasi是十的意思。內文共十五章，分為三部份，係至上絕對的三個面向：存在、意識、幸福，又作《十五論》。

一四九　布林達森林

一九四七年九月二十八日

今天上午，一名北印度人士，寫了下面的字條，上呈尊者。

「若我能觀視到上主克里虛那在布林達森林[129]裡的真實形相，則我能找到力量來排除我所有的苦惱嗎？我想要看到祂，並把我的所有苦惱都告訴祂。」

尊者答道：「是的，那有什麼困難呢，這是可以做到的。看到祂之後，我們全部的負擔都移轉到祂身上了。現在也是，何必擔心呢？把一切的負擔都丟給祂，祂會看顧的。」

提問者：「若要看到上主克里虛那的真實形相，就要去布林達森林行冥想嗎？或者在哪裡都可以看到？」

尊者：「人應該了悟其自己的真我，若能做到，其人身之所在，皆是布林達森林。他無須四處奔走，而懸念著布林達森林是在某處。若他們有意前往，或許可以去，但那不是絕對必要的。

> 阿周那，我是真我，位在萬物的本心裡。我是萬物的開端、中間及終了。
>
> 《薄伽梵歌》第十章第二十節

「他身之所在，那裡就是布林達森林。若其人探究他是誰、他是什麼，而找到真相，則其人便成為他的真我。真實的臣服，使內心的一切欲望都消融於其人的真我裡。臣服之後，我們的負擔，都是祂的了。」

一位僧侶，也是論師，也在現場，問道：「《薄伽梵歌》第十三章第十節說：Vivikta desa sevitvam aratir janasamsadi。請問，vivikta desa的意思是什麼？」

尊者答道：「vivikta desa是指只有至上真我，別無其他。Aratir janasamsadi是指無染於五感知。大多數人，都被五感知宰制。Vivikta desa是指在那個境地裡，這些五感官止息不活動。」

提問者問道：「尊者所說vivikta desa這個境地，我認為是直覺體驗（aparoksha，直證）的境地。若是這樣，那麼這個直覺體驗的境地，只能在遵行教導，例如致力於修行的情況下，才能獲致，這樣才能使感知止息。這樣說，是否正確？」

尊者答道：「是的，沒錯，《世天冥思》及其他書中，也談到修行者在上師的協助下，經由聽聞及冥思，得到概念上的了知，然後藉著靈修，臻及其心性成熟，而獲得直覺體驗（直證）的真知。《探索之海》述及：『直覺體驗，始終存在，其唯一的障礙，是概念上的所知。』這必須用靈性上的修行，來除去障礙。在這裡無所謂獲致直覺體驗的問題。聽聞之類的方法，並無二致，對於了知其直覺或除去障礙，都是必要的。能夠克服三面向的障礙之人，有如無風之地的明光，或如無波之境的汪洋，二者皆為真。若覺知其身內在的真我，便如無風之地的明光。若覺知真我遍在一切，則有如無波之汪洋。」

129 布林達森林（Brindavanam），是上主克里虛那童年時經常逗留的地方。

一五〇 簡樸的生活

一九四七年十月十八日

最近，由於飲食有些不適應，尊者的健康微恙。一位富有的師姐，名叫卡瑪拉·拉妮（Kamala Rani），某日上午，送了昂貴的蔬菜及甜葡萄調製的湯來道場，請求尊者食用。東西送來時，正好尊者剛要用餐，所以尊者就接受了。

翌日，她又備妥同樣的東西，送到道場來。但是這一次，尊者看著他的隨侍，說道：「為何每天送來呢？請告訴她，以後不要再送來了。」

然而，那位女士，隔天照樣送來。

「你看！」尊者說道：「又送來了，她並未停止送來，我一開始，就應該說『不』。我收了東西，那是我的錯。」

師兄說道：「目前尊者身體衰弱，她送這些東西來，可能是因為用葡萄調製的湯，對尊者的健康有益處。」

「哦！」尊者喊道：「是這樣嗎？你有權代表她說話嗎？」

「我不是那樣。尊者，我是因為這些東西有益健康，我才這樣說。」

「或許是吧。」尊者答道：「但是這些東西是給有錢人的，不是給我們的。」

「那位師姐說，那些東西是她自己準備好送過來的。」這位師兄又說。

「那也無妨，」尊者答道，「若是這樣，還請你能夠知道，她是否能為坐在這裡所有的人準備同樣的東西，供給大家。」

「為什麼要給大家呢？」師兄問道。

「那麼，為什麼要單獨給我呢？」尊者說道。

「若是單獨給尊者，那就可以做到。但是，準備這麼昂貴的食物給每個人，怎麼可能呢？」師兄說道。

尊者說道：「是的，就是這樣，每個人都這樣說：『我只單獨為尊者做東西。』但是，若那個東西對尊者好，難道對其他的人不也是好的嗎？若能這樣準備食物，那就可以帶來碎米，做成米粥，那麼一百個人都可食用了，何必單獨為我花費這麼昂貴的東西呢？」

「我們是擔心尊者的身體健康。」

尊者答道：「那是沒有關係的，但是，你的意思是說，若沒有食用葡萄及昂貴蔬菜調製的湯，就不能維持健康嗎？若是這樣的話，那麼有錢人應該都是健康良好才對，那為什麼他們比別人還更不健康而又多病呢？貧窮的人，吃酸米粥而心滿意足，那是其他的食物無法提供的。在往昔的日子，我們在夏天煮飯，通常有個鍋子，裡面放了剩飯，加上水、少許酪乳、少許米粥、乾薑及檸檬葉，靜置一旁後，會帶點酸而清涼。我們每個人捏一點鹽巴，放入湯汁裡，用大口的杯子喝，大家痛快無比，不管怎樣，大家都沒有任何疾病。甚至現在，若我能夠喝上兩杯這樣的水，我的病全部都會不藥而癒，但是沒有人能為我準備這種東西。『是的！是的！我們又如何能給師父這種酸奶粥呢？』他們這樣說。怎麼辦呢？做這種湯，花費是一個盧比，若有那個錢，買來小米，磨成細粉，可做成有益健康又富營養的米粥，可以吃一個月。這樣的錢，花在一頓餐食上，可維持一個人一個月的生活。我當時住在山上時，經常吃這類的東西，我感到非常滿足。現在，誰能做這種東西呢？葡萄汁、番茄湯等都送來給我，我是需要這些東西嗎？請告訴她，明天起不要送這種湯來了。」

這件事情就在此停止。尊者曾經告訴我們好多次，說他住在山上時，幾天下來都吃木橘（一種木蘋果），而能維持體力。尊者要是不能跟他身邊的人分享食物，就不喜歡這樣進食。

一五一　身為師父

一九四七年十月二十二日

最近尊者的身體，顯得很瘦削，一些師兄姐說，這是由於他的飲食營養不足所致。有位孟加拉的女士聽到後，便帶來一些切片的芭樂，撒上鹽巴和紅椒粉，向尊者懇求地說道：「尊者，您越來越瘦，吃這種食物很好，懇請接受我的供奉。」

尊者微笑地說道：「是誰瘦了？妳或是我？」

她說是尊者瘦了。

尊者：「好吧，量體重看看，究竟是誰瘦了，還不知道呢。若妳喜歡，妳可以吃這些水果。為何要給我吃呢？沒有關係，妳今天既然帶來了，但是以後請不要再帶來。」尊者說著，就拿了幾片來吃，並且向他的隨侍說：「看她那麼瘦，請拿幾片給她，並且分發給大家。」

其中有位師兄姐，冒昧地向尊者直言：「尊者，您最近每天的食量大為減少，這是不好的。」

「喔！」尊者說道，「誰向你說這樣？我是就我所需要的份量在進食。我吃得太多而發胖，究竟有何好處呢？身體太胖，人會得很多的病，你知道嗎？你吃得越多，疾病的力量就會越大。若你只吃所需的，就能避免疾病。」

「為什麼不喝胡椒水及酪乳呢？」另一位師兄姐說道。

尊者說道：「為什麼？若你觀察提供餐食時，你就會明白。一個大桶子盛裝著酪乳，裡面放著一根湯杓，提到齋堂來。舀出酪乳給我時，是滿滿的一湯杓，但給下一個人，舀出的酪乳，卻只有半湯杓，我看了就反感，就覺得我不該喝超過半個湯杓。」

「為什麼連水果汁也不喝呢？」師兄姐問道。

尊者說道：「又來了，每個人都在講同樣的事。這些東西，怎麼可能全都給我呢？」

「尊者，您說的意思是什麼？我們有許多水果啊，為什麼說這是不可能的呢？您一坐下來，供奉的東西，自然就可以接受了。」

尊者說道：「原來是這樣！若我說這樣的供奉，就可以接受，那是意味著不理會我身邊的人嗎？」

師兄姐說道：「確實，若那麼多的水果，都接受的話，那麼對別人也同樣要分給這麼多的水果。」

尊者說道：「大家都很好，但是，我們哪裡有財力來給大家這麼多的水果呢？這裡給師父的水果，是一種供品，等一下會收走，鎖在庫房，鑰匙在庫房管理人手上，誰能去過問他呢？同樣的情形，各種不同的東西，都歸某個人或別人掌管，而我一無所有，這是身為靈性教師的後果！」尊者微笑地說著。

約在十五天前，有人帶來青椒。尊者曾經有一種小藥丸，是把青椒、訶子、醋酸、鹽巴及一些成分，磨粉混合而成，今天希瓦南達來請詢，是否可以拿這種藥丸給尊者，因為有助於治療尊者的痰症，而尊者在寒冷的氣候時，也經常服用。正因為這十五天來，希瓦南達並未問及這種藥丸，今天才提請，尊者聽了，就笑著說道：「我就知道你今天會記得這種藥丸。是的，是的，你在等待我是否會向你要這種藥丸，所以你在試探我。若我向你要，你就會說：『那是什麼東西？師父開始要求各種東西了，我們要煩惱了。』他們認為，他們向我禮敬一次之後，我以後就要做他們要我做的任何事了。人家說靈性教師的身分是一種很幸福的事。但是你看，這就是靈性教師的情況。書上所寫的靈性教師，不是寫得很美好嗎？」

「尊者說的話，有點不尋常。」一位師兄說道。

尊者微笑地答道：「有什麼不尋常呢？這都是事實。『師父坐在長椅，上面鋪著軟墊，他還有什麼要煩惱的呢？』那都是人們想的，但是你知道我們的困難嗎？這就是我為什麼要說最好有本大書，寫上靈性教師的事情。若是把去年在這裡所發生的所有事情，都寫下來，成為一本書，那麼那本書內容的龐大，就會像《摩訶婆羅多》[130]那樣！若有人願意去寫，現在就可以寫了！」他說道。

「誰會去寫呢？」一位師兄說道。

尊者說道：「有何不可呢？若書上記載這些事情，所有的人就會明白靈性教師只有說：『是的，是的』跟『好的，好的』。而已。寫這些事情，還有什麼困難呢？」

這樣說著，尊者看著我，露出微笑，說道：「怎麼？若妳想寫，妳可以寫啊！」

一五二　專心注目

一九四七年十月二十四日

昨天，一隻猴媽媽跟牠的幼猴，站在尊者的長椅旁邊的窗戶上，尊者正在閱讀，並未注意到猴子。過了一會兒，猴子發出叫聲，一位隨侍喝斥驅趕，但牠不肯走。這時，尊者抬頭看著，說道：「且慢！牠來這裡，是帶牠的幼猴來給尊者看。難道人不帶自己的小孩給大家看嗎？對牠來講，牠的小孩，同樣是可愛的。看那隻小猴子，多麼幼小。」這樣說著，尊者朝向牠，口吻甜美地說道：「哈囉！你帶了你的小孩來嗎？很好呀！」然後拿一根芭蕉給牠，打發牠離開。

你聽說過，去年獨立紀念日猴子的事嗎？在十一日或十二日的前幾天，當時尊者坐在慶典廳裡，一群猴子喧囂而來要水果，隨侍克里虛那史瓦米呵斥著，要趕走牠們，尊者於是說道：「記得，八月十五日對牠們來講，也是獨立紀念日。那一天，你要給牠們一頓美食，而不是驅趕牠們。」

十四日當天，一些道場居民正忙於準備豎立旗幟，這群猴子，來了又來，有個僕人前去驅趕牠們。尊者看到這情景，不禁笑著說道：「請不要趕牠們，牠們畢竟也獨立了，不是嗎？你必須給牠們孟加拉穀粒、扁豆、乾米，餵飽牠們。驅趕牠們，妥當嗎？」僕人說道：「不過今天又不是紀念日呀！」尊者笑著說道：「所以，這樣就是了，不是嗎？當你在準備慶祝事宜，難道牠們不也要準備牠們自己的嗎？這就是為什麼牠們也要忙起來，你沒有看到嗎？」

你知道當場猴子發生了什麼事嗎？有一位隨侍坐在那裡，旁邊放著一個籃子，用來接收師兄姐供奉給尊者的水果。那位隨侍，不時閉目打盹或在聽收音機。一些猴子便伺機接近，扒走了水果，這時尊者說道：「這些隨侍沉入在冥想中，猴子們就過來看管隨侍的工作，總是要人來看管工作呀！隨侍把水果放進籃子

130 《摩訶婆羅多》（*Mahabharatham*），是印度偉大的史詩。載述婆羅多族的兩支後代，俱盧族和般度族爭奪王權的故事，內容龐大，全書分十八篇，計八萬多詩頌。

裡，猴子把水果放進肚子裡，差別就是這個而已。當人們聽收音機的音樂，而渾然忘我時，猴子們正享受著水果的甜美汁液。那樣也很好呀！不是嗎？」若猴子來的時候，正好隨侍不在，尊者就對稍後才回來的隨侍說道：「你看，剛才你們都不在，所以猴子來看管你們的工作了，他們實在是在協助你們。所以你們可稍微休息一下。當年我在山上時，牠們常來跟我作伴。現在你們驅趕牠們，但在當時那些日子，牠們可是自己一個帝國呢。」

有時候，這些有如戰士的猴子，在朝往尊者的路上，拍打新來訪客的手，把手中的水果攫取而去。有時，訪客帶在身邊的水果也被劫走，那些水果是尊者的隨侍分發給他們的聖食131，尊者看到了，就會說：「牠們拿走了牠們的那一份水果，何必跟牠們生氣呢？牠們一看到哪裡有水果，一眨眼間，大夥一擁而上，就拿走了。牠們專注在水果，這就是吠檀多用猴子的眼視來解說專心注目（lakshya drishti）的道理。上師投以注視的瞬間，弟子就應知曉，否則門徒無法臻及目標。」

一五三　證悟後的存在

一九四七年十月二十六日

今天上午，誦完吠陀經文後，幾天前來道場的一位男士，向尊者問道：「師父，據說悟者日常之間，皆有其行事，但其實他一無所為。這是如何解釋呢？」

尊者：「如何解釋？有一則故事，與此有關。有兩個朋友，外出商旅，在某地同榻而眠。其中一位夢見他與另一同伴連袂遊歷許多地方，做了許多事情。隔天起床後，另一友人沒說什麼，因為他睡得很好，但第一位友人問這個朋友，關於當晚他們一起看到的各種地方，但第二位友人說他沒有看到什麼，因為他並沒有像別人一樣做夢，他僅僅說：『我沒有去哪裡，我只是在這裡。』其實，兩個人都沒有去哪裡，但第一個人確有外出的幻念。同理，視此身為真實，並視夢中的身體為不真實者，這個身體似乎就顯得真實，但嚴格說來，無一事物能夠影響到悟者。」

另一位師兄論道：「據說，悟者的眼睛似乎是在觀物，但其實他一無所觀。」

尊者：「是的，悟者的眼睛好像是已死的山羊的眼睛，總是張開不閉合，雖然目光閃亮，但一無所視。別人看起來，牠們好像在看東西。但是，這是甚麼意思呢？」

師兄又接著說：「也有人說，對這樣的悟者而言，並無空間與時間的制約或限制。」

尊者：「沒錯。確實是沒有制約或限制這種事，但是不禁要質疑的是，每天的日常活動是怎麼進行的，也有一種說法是，仍有隱微的限制，但此身命終而解脫（videha mukti）後，就沒有限制了，它就好像在水上劃一道線，劃下時隱約有一條線痕，但瞬即消失不見。

那位師兄說：「對於解脫的悟者，若是這樣，他們的身體脫落後，就沒有賦形的屬性（upadhi）了，但尊者自己曾經說過，在這座山上，仍有一些解脫的精靈，若他們已經沒有屬性了，那麼他們又怎麼能維持其存在呢？」

尊者引述經文如下：

131 印度的習俗，信徒供養水果或鮮花給神明或聖人作為聖食（供品），其中部分的聖食會發還給信徒。

獲致全然解脫之悟者，在其身體脫落後，融入於宇宙，有如牛乳融於牛乳，油融於油，水融於水。

就較低階的精靈而言，因為某些心識印記仍未滅盡，所以他們以自己所喜歡的形相，駐留在這個世界，但最後融入之。

《寶鬘辨》第五六七頌

那位師兄說：「為何會出現這樣的差異呢？」

尊者：「出現這樣的差異，是因為他們心思所欲的力量所致。」

一五四　無執著、真知、無欲

一九四七年十月二十八日

最近我閱讀《世天冥思》一書，昨天讀到〈無執著、真知、無欲〉章節，述及若獲致了悟，則能解脫，甚至沒有無執著（vairagya，離欲）及無欲（uparati，止息）可言。我問尊者，這怎麼可能呢？因為根據古人的說法，悟者是無執著的。

尊者答道：「無執著確實是悟者的徵狀，但那本書也說，所覺知的執著，僅是對身體而言，而不是對真我。那個執著對此身在世的解脫者之圓滿幸福是障礙，但不是對此身命終的解脫者而言。了悟本身，至為重要。若說獲致了悟，便能解脫，甚至沒有無執著及無欲可言，那是指此身命終之解脫的情況來講的。但是，這也不能說，其人了無執著並且滅息欲望了，而仍無法得到解脫，這樣就是在虛擲生命，畢竟無執著與無欲能使其人來到天界。《世天冥思》這本書，也都有這樣的開示。」

我又問，在沒有無執著及無欲的情況下，人又如何能獲致了悟。

尊者解釋道：「無執著、真知、無欲三者，不是彼此分開的。獲致了悟後，其人或許於外在方面，仍有執取，但其內在方面，必須無執著。然而這對此身在世的解脫者來講，是其安享全然幸福的阻礙；由於昔世業力的結果，他的行動，仍帶著內在的習性，不過，嚴格說來，這種執取不致影響他。這就是在說昔日業力的道理。」

我又問尊者，這是否意味著甚至獲致了悟真知之後，其人因為昔日業力強大，而無法屏棄其內在習性，故務必要滅盡其內在習性之後，他才能臻及穩定的平靜。

尊者答道：「沒錯，若固守在無執著、真知、無欲，那是了悟的高階境地，意味著他是此身在世的解脫者。如果排除那些視了悟真我為最要緊的人，他們由於今世業報，而有行動，好像有所執著，但他們仍能保持覺知，原因是這種執取的行動，不會影響他們。這就是在《瓦西斯塔瑜伽經》裡所說的，在第三階段，要滅盡習性，並且摧毀心思的道理。若論及來到第四階段後，是否仍須要有第五或第六階段，則此書語焉不詳。不過，只要有疑惑，則須要釋疑。一切的疑惑，皆消解不見，乃是了悟。」

我問道：「對於悟者而言，若有某個程度的了無執著，則在此程度內，他有平靜嗎？若在那個程度內，他的執著滋長，也會逐漸喪失平靜嗎？」

尊者說道：「是，就是這個意思。」這樣說著，他又默然不語了。

一五五　其他語言的知識

一九四七年十月二十九日

今天下午二時三十分，尊者閱讀一本馬拉雅姆文的書，並向坐在他旁邊的師兄說話，那位師兄問道：「尊者在年輕時，曾經學習閱讀馬拉雅姆文嗎？」

尊者答道：「沒有，當年我待在古魯墓廟時，巴拉尼史瓦米跟我在一起，他有一本《靈性羅摩衍那》（*Adhyatma Ramayanam*），經常高聲朗讀。每個識字的馬拉雅人都會讀那本書。「因此，雖然他不曉得如何正確地讀，而有許多錯誤，但他畢竟很努力地朗讀一番。當時我在噤語，通常只是旁聽，後來我們移至棕櫚莊園，我拿起那本書，發現它是用馬拉雅姆文寫的，因為我已經聽過了書內的文字，所以我很快就學會讀寫了。」

「您是什麼時候學泰盧固文的？」有個人問道。

尊者說道：「我在維魯巴沙洞屋的時候，甘伯倫・謝夏雅和幾個人要我用泰盧固文寫些詩頌，於是我就把梵文逐字翻譯成泰盧固文，這樣我就學習了泰盧固文。因此我在一九〇〇這一年，慢慢地在學習泰盧固文。」

我問他何時學習天城體[132]文字。

尊者說道，「也是在同一個時候，穆圖拉瑪・迪克希塔（Muthurama Dikshitar）等人經常來我這裡，他們有一些天城體文字的書籍，我常藉著抄寫，來學習這種文字。」

有個人說道：「我們聽說，納耶那來您這裡的時候，您才學泰盧固文的。」

尊者說道：「不是這樣，我很早就學泰盧固文了，但是他來我這裡後，我才能說流利的泰盧固語。就是這樣。」

另一個人說道：「我們聽說，您在少年時期，就學泰盧固文了。」

尊者說道：「那個時候，我還不會讀寫泰盧固文，我祖父的弟弟會泰盧固文，他在小床上，經常要我陪他在身邊，然後教我泰盧固文的字母，就是這樣。我只有在寫詩頌的時候，才學泰盧固文。後來，當我寫《教導精義》時，拉邁爾瑜伽士要泰盧固文版的，於是我用接近坦米爾文的音韻，寫了泰盧固文的詩頌對句，我拿給納耶那看，他說那不是正確的泰盧固文詩頌，便教導我泰盧固文詩頌的音韻。我用坦米爾文把詩頌寫下來，並加以修正。我又拿給納耶那看，他說文字正確，可以付印。後來，巴拉羅姆·雷迪給了我一本《蘇拉克夏那精義》，我從裡面學習其他頌文的音韻，抄寫了兩頁的紙張，黏貼在我們的泰盧固語的入門讀本裡，那樣就足夠我學習用了。現在，若有人讀這則頌文，我很快就會知道音韻在哪裡，若有錯誤，也會知道在哪裡。我是這樣來學習一種語言又一種語言，但我並不是刻意去學語言。」尊者說道。

一九四七年十月三十日

一五六 第四境

今天上午，一位坦米爾青年向尊者問道：「師父，據說若無生命個體及神，就無世界，這是什麼意思？」

尊者告訴：「是的，世界、生命個體、神，是三個質性的呈現。」

「人格神的伊濕瓦若，也是在這三個質性裡嗎？」青年問道。

132 天城體文字（nagari，devanagari）是古印度梵語及印地語的書寫體，源自於婆羅米文。

尊者說道：「當然，在這個組合中，良善（薩埵）是人格神（伊濕瓦若），活動（羅闍）是生命個體，而笨重（答摩）是世界。據說，真我是純淨的良善。」

在場有位孟加拉青年，問道：「師父，據說三摩地[133]有兩種，獨存無分別[134]及自然俱生無分別[135]，其性質為何？」

尊者慈祥地看著他，說道：「其人自然常在冥想裡，安享其冥想的幸福，不論他外在的工作為何，或所思為何，他都不會喪失他的三摩地，這個就叫做自然俱生無分別三摩地。此外，有兩種情況：一是滅盡，一是消融。滅盡是自然俱生無分別，消融是獨存無分別。其人在消融的三摩地時，必須不時控制回復的心思，若心思已滅盡，就不會復萌，這時心思有如燒燬的種子。無論其人所持行的為何，這些都只是次要的，他們不會從高階境地滑落下來；但其人在獨存無分別的三摩地，那就不是成就者[136]，他們僅是修行者[137]。其人在自然俱生無分別之境，有如無風之地的明光，或無波濤之汪洋，亦即了無走作。他們除了自身之外，別無他物。若不能臻及此境，萬物顯得有別於他們自身。」

兩天前，一位年輕人，身著赭色長袍，是羅摩克里希那教團的人，問道：「第四境（turiyavastha）的意思是什麼？」

尊者答道：「並沒有第四境可言，真我本身，就是第四境。」

「那麼，為何有人說第四境，以及所謂超越第四境呢？」提問者問道。

尊者答道：「只有一個境地而已，可稱為第四境或超越第四境，或隨你喜歡。醒境、夢境及深睡之境，這三境更迭往來，有如銀幕上的景象，都是心思概念，而超越這三境的，乃是真實、永恆，是為真我，那個境地，就稱為第四境，一般人的說法是第四境或者超越第四境等，但嚴格說來，只有一境而已。」

一五七　四海之內皆兄弟

一九四七年十一月十九日

長久以來，吟誦吠陀經文總是在小小的廳堂裡，所以有時空間不夠，人一多就必須往外面坐，現在慶典廳[138]已搭建好了，晚間的經文吟誦，可移到這裡來進行。就在場地的變動之後，巴羅達城邦的王后送給道場一隻白孔雀。

白孔雀初來的幾天，因為很幼小，尊者很憐惜地看著牠。晚上牠睡在尊者的舊廳裡。夏天的時候，晚上尊者睡在舊廳外面的慶典廳，因此，晨間的吠陀吟誦，就在那裡進行。但是，現在冬天來了，晚間隨侍請尊者回到舊廳來，而孔雀在廳裡的橫樑上棲息，結果是到了早上，樑下的牆面，顯得污穢不堪，使得晨間的吟誦很不方便，有些人就不得不坐在外面。這樣的情況，令隨侍很厭惡，便向尊者抱怨。尊者說道：「為何你要厭惡呢？何不做個籠子收容白孔雀，放在慶典廳裡？」一位師兄得知後，便立刻做了個籠子。

籠子放在慶典廳裡，就在尊者石椅旁邊，那裡就自然成了白孔雀的家。當天白孔雀要移到慶典廳時，在

133　原註：三摩地（samadhi）指心思融解之境地，主體與客體之區別，泯然不存。

134　原註：獨存無分別三摩地（kevala nirvikalpa samadhi），指其境地了無思維，獨存覺知，帶著習性的心思，因其人一時之靜坐而強制平靜。迨及異時，他又恢復心思，行其世間活動。

135　原註：自然俱生無分別三摩地（sahaja nirvikalpa samadhi），其人甚至在日常的活動中，仍保持純淨覺知之境。

136　原註：指帶著半神性（emi-divine）之人，極度的純淨與神聖，據說擁有八項特別的神通異能，稱成就者（Siddhis）。

137　原註：修行者，指勵行修練，以期成為成就者。

138　原註：慶典廳（Golden Jubilee Hall）緊鄰在舊廳（old hall）旁，是一間寬敞的茅草覆頂的開放式棚屋，面向聖山。尊者坐在棚屋西端的石椅上，朝向北方。

舊廳裡就寢的尊者便堅持自己也要移到慶典廳裡去，但因為夜間天氣寒冷，睡在寬敞的大廳，恐不利尊者的健康。一位師兄姐向尊者表達這樣的憂慮，尊者笑著說道：「孔雀遠到而來，讓客人睡外面，我們睡裡面，這樣何禮之有？假設有個親戚來到你家，你睡在屋內，而他睡在外面陽台，這樣妥當嗎？假使可以的話，我們必須讓他睡裡面或其他地方，而我們去睡在外面的陽台，」他轉向隨侍，說道：「若你怕外面冷，那你可以睡在裡面。」

那位隨侍說道：「睡在外面，對尊者的健康不好。必要的話，我們隨侍其中一位去跟孔雀作伴。」

「夠了！夠了！」尊者說道：「難道那樣不會對你的健康也不好嗎？若你要的話，你可以睡裡面。」不管他們如何懇求，尊者十分堅決，當晚就睡在外面的慶典廳裡。

隔天下午，約在四時四十五分，尊者外出散步，隨侍就把尊者的東西，從慶典廳搬回舊廳，並安排晚間的吠陀吟誦在這裡進行。尊者回來後，看到這樣，便說道：「這就是我不喜歡的了，把孔雀當作籠子裡的囚犯，放在外面，而我們都在裡面。不僅這樣，那是因為這個廳堂太小，不敷容納，所以才移到外面的慶典廳來吟誦吠陀經文。難不成這個廳堂，現在變大了嗎？難道我們又要讓部分的人在裡面，而部分的人被迫在外面嗎？為什麼要這樣呢？若每件事都能在慶典廳裡進行，那麼孔雀不會感到寂寞，而我們也會有足夠的空間。從明天起，必須要這樣安排。要是動我這裡的座位，我就不坐在這裡。你們看著辦！」這樣說著，尊者用餐完後，把他的床鋪換過來，並睡在那裡，跟孔雀作伴。

次日，尊者回到舊廳就坐，但在下午外出，他看到孔雀的籠子，對隨侍又說道：「沒有關係，我回來之前，你要安排好在慶典廳裡吟誦吠陀的事宜，否則我會在這裡，鋪上我的毛巾，一個人坐在這裡。若你覺得把我的座位，從這個廳換到那個廳，很吃力的話，我就整天坐在這個慶典廳裡，這隨你喜歡。畢竟，我夫復何求呢？這條毛巾對我就足夠了。」

尊者散步回來時，他的座位已搬到慶典廳了。就是在這件事之後，舊廳的活動向外延伸，而尊者一直就待在那裡。對尊者來講，對待前來他身邊的眾生如鍾愛的親戚，這是他的作為，但對我們來講，我們做得到嗎？

一九四七年十一月二十一日

一五八　憶起及遺忘

今天下午三時，白孔雀來到尊者的面前，並且開始在我們眾人之間走動。一位師兄看牠很溫馴，便說道：「這隻孔雀似乎知道牠的前世，否則怎能在我們這些人之間自由走動呢？」

尊者說道：「這就是為什麼麼這裡很多人在說，瑪德瓦（尊者長期的隨侍，最近去世）以這樣的形相來到這裡。」

那位師兄問道：「若是這樣，牠能夠知道牠的最後一世是什麼嗎？」

尊者：「怎麼能知道呢？沒有人能夠知道自己的前世，人們忘記了，但那個遺忘是好的。在這一世裡，我們有時對過往所發生的事情，苦惱不堪，若我們知道我們的前世種種，那我們怎麼能承受得了呢？知曉前世的真相，意味著了知你自己的真我。若能了知之，則今世與前生都只是視之為心思及其欲望的現象而已。在《瓦西斯塔瑜伽經》裡，載及這種所創生的許多殊形異相。當加迪（Gadhi，《瓦西斯塔瑜伽經》書中人物）

要克里虛那顯示他的幻身時，他展示了無數的形相。拉瓦那·馬哈拉吉（Lavana Maharaja）的故事也像那樣，而蘇克拉（Sukra）的故事，更為有趣。據說，蘇克拉在三摩地時，不知道他的身體已經腐壞而無存了，在此期間，他歷經幾次轉世，最後他出世為一名婆羅門，同時在須彌山過著刻苦簡約的生活。他的父親俾魯古（Bhrugu）及死神卡拉（Kala）以人身的形相來到他這裡，告訴他所有他出世及再世所發生的事情，於是蘇克拉在他們兩人陪伴下，看到自己原本的身體，並且得到死神的准許，進入那個身體。在別的故事中，說到一個人夢中出現的事物，另一個人在醒境裡可以看到。在這些故事中，哪個才是真實的呢？」尊者又說道。

那位師兄說道：「在夢中出現的事物，怎能被另一人在醒境中看到呢？」

尊者說道：「怎麼不能呢？所看的，也是一種夢幻，雖然二者不同類。好比圖像顯示在銀幕上，萬物之呈現，乃是心思之創生。在這個不真實的世界裡，有如玩偶的遊戲，最好是忘掉一切，不要去記得你是那個玩偶或那個圖像。」

師兄：「根據這個物質的世界，我們必須說：『這是我的。』難道我們無須這樣嗎？」

尊者答道：「是的，確實。我們必須這樣說。但是，僅止於此，不須要去惦念著我們是全部這些，而陷入由此引申來的苦樂之中。我們坐在馬車裡，難道我們要認為我們是馬車嗎？舉太陽為例，它映照在一個小鍋盆的水上、在大河流上、鏡子上，它的形象在那裡，只因為是這樣，難道就要認為太陽就是全部這些嗎？我們也是同樣這個道裡。若認為我們是個身體，則一切的苦惱都會引生起來。若屏棄這樣的想法，那麼就像太陽一樣，我們輝照在每個地方，無所不在。」

師兄：「就是這樣，尊者說最佳的修持，乃是遵行『我是誰』的探究真我，不是嗎？」

尊者：「是的，但是《瓦西斯塔瑜伽經》述及瓦西斯塔告訴羅摩，說若其人資質不足，則不宜向他講述探究真我的法門；而其他的一些書籍，也說到靈修必須要持行好幾世，或者在上師的指導下，至少須歷十二年之久。我若說靈修須持行好幾世，恐怕大家會聞之畏卻，所以我就告訴他們，『你生命的內在，已然解脫了，你要做的，只是屏除加諸在你身上的外在之物。』靈修只是做這件事。雖然如此，古人會那樣說，也不是沒有道理。若告訴人，說他是梵天神，而他已解脫了，他可能就不再修行，因為他認為他已具備條件，無須再做什麼了。這就是不宜把吠檀多的東西直接告訴靈性不成熟之人的道理，此外別無其他的理由。」尊者微笑以道。

一位最近剛來道場的師兄，就這個主題，說道：「在商羯羅的頌文裡，有句『就像鏡子裡的城市，反映在真我裡的是宇宙。』這段話在說，世界是虛構而不真實的，這是針對一般人講的，並不是說給悟者聽的。不是這樣嗎？」

尊者答道：「是的，在悟者的眼裡，萬物都是至上絕對，而未悟者一無所見，不論如何曉喻他們。所以，所有的經文都是為一般人而寫的。」

一五九　探究真我之法門

一九四七年十一月二十九日

今天下午，一位師兄向尊者問道：「師父，探究『我是誰』是獲致了悟唯一的方法嗎？」

尊者回答他，說道：「探究不是唯一的方法，若其人持誦聖名，以名相而修行，或者堅定意志，修持任何這類的行法，則其人最後成為『那』（THAT）。每個人所持行的行法，若根據其資質能力而為，則比起其他異類的行法為佳。有些人距離蒂魯瓦納瑪萊很遙遠，有些人很近，有些人就在蒂魯瓦納瑪萊，但也有人進入尊者的廳堂。對於來到這裡的人，當他步入廳堂之際，告訴他『這位是馬哈希（大悟者）』，他們立刻就知道，這樣就夠了。但是，對於其他的人，則必須告訴他們走哪條路、搭哪班火車、如何換車、轉到哪條路。同理，所採行的特殊行法，必須根據修行者的資質能力。這些行法，並不是在知曉人之真我，而是在去除物欲。若能屏棄一切，則所留存的，便是其人之『在』（IS）了。那個始終如如其在的，就是真我，而萬物皆自真我而萌生。人若能了悟其自己的真我，則能如是知曉。若人無此真知，則在此世上，所觀見的萬物，皆顯得似乎為真實。假設某人在此廳堂睡覺，夢到他往赴某地，迷失了路，遊蕩在各村鎮間，跋涉於山嶽丘陵，幾天以來，這段時間都在尋路，沒有食物及水，他吃了許多苦頭，詢問一些人後，終於找對了地方。他來到這裡，步入這個廳堂，鬆了一口氣，他打開眼睛，為之驚訝不已。所有發生的事情，為時極短暫，但只有在他醒來之後，他才知道他未曾遠赴外地。我們現在的生命，也像是這樣。一旦打開真知之眼，就會發現，他始終都在他自己的真我裡。」

提問者進一步問道：「據說所有的靈性修行，都融入在探究真我的法門裡，這是真的嗎？」

尊者答道：「是的，『我是誰』的探究，乃是吠檀多教導的開端及結束。據說，只有具備四項靈修能力之人，才適合吠檀多的探究。四項靈修中，首先是真我與非真我之知，那代表知曉真我永在，非真我即為不真實。如何能夠知曉呢？這又是另一個問題。行探究自身本質的『我是誰』，有可能知曉。通常對於剛開始靈修之人，建議採此行法，但一般來講，他們都沒有信心，所以他們用盡了一切行法後，最後才採行探究真我。人在年輕時，先學字母A、B、C、D、E等，若告訴他，這些字母是全部教育的基礎，不用攻讀學士或碩士學位，這種建議有人會聽嗎？只有在讀過書、考試之後，人才會知道所學的全部，都盡在那些基本字母A、B、C等裡，難道經書不是盡在基本的A、B、C裡嗎？就是這樣，用心學遍了所有的經書後，才能知曉其中的道理。萬物的道理，都是一樣的。諸多河流，有的筆直，有的蜿蜒，但終究沒入大海。同理，所有的行法，都融入在探究真我的法門，正如同所有的言語，都沒入靜默。靜默意味著無止盡的言語，而不是空白的意思。它是人的言語，認同真我，乃真我之耀明。萬物皆在真我裡。在泰米爾納德邦，有位偉人譜寫一首讚歌，加以吟唱，其意旨是：『我們有如銀幕，而整個世界的呈現，就像銀幕上的圖像。全然的靜默，無所不在。』正如有句話說：『從圓滿之中取其圓滿，而圓滿依然存在。』[139]對悟者而言，萬物皆同然也。甚至他所觀之物，與他未觀之物，都是同樣的美好。」

這樣說著，尊者又沉默了下來。

139 原註：「從圓滿之中取其圓滿，而圓滿依然存在。」（om purnamadah purnamidam purnath purnam udachyate）無形的至上絕對（Brahman，梵），本其圓滿，無所不在；肉身的生命個體，也充滿著至上絕對的真知及對世界的覺知。前者無分別的（nirvikalpa）至上絕對，萌生後者有分別的（savikalpa）至上絕對，而世界全然圓滿。

一六〇　聖火

一九四七年十一月二十九日

在阿魯那佳拉山上點燃聖火時，那是相當值得觀賞的。道場裡，在尊者的面前，也同時燃起小油燈，並且供品的聖食，分發給師兄姐，而〈永結真我的婚姻花環〉及其他讚歌，齊聲吟唱。

今年很特別，因為沒有下雨，活動進行很順利。下午三時以後，師兄姐在道場開始準備慶祝活動的事宜。在慶典廳裡，地面鋪上石灰與米粒粉裝飾的花卉圖案，屋頂四周懸掛著芒果葉的花綵。在這個節慶裡，群眾為了燈火節，紛紛來到城裡，他們通常在上午環山繞行之餘，前來參訪道場，但是到了晚間，是道場的居民在道場慶祝活動，並無群眾。

今天的夜晚，尊者外出，前去牛舍。隨侍在空地上，面向山的頂峰，放置他的長椅，鋪上坐褥，旁邊放了一張凳子上面擺著尊者隨身使用的東西。長椅的正對面，擺放一張高腳凳，上面放置一個大的淺鐵盤，倒入酥油，中央有燭蕊，四周撒遍鮮花及花環。正當這些佈置事宜接近完工，尊者偕同隨侍，從牛舍走了過來，宛如上主濕婆菈臨現場。在此同時，群眾圍聚起來，尊者就坐在長椅上，大家在他面前跪拜致敬。然後，我們排列就坐，男眾在尊者右邊，女眾在尊者左邊，沿著石階，朝向聖山。尊者前面的空地，擺滿了東西，不僅有師兄姐帶來的一籃一籃的水果，還有許多器皿，上面盛放著各式的甜食及物品。當師兄姐把帶來的酥油注入鐵盤，滿溢而出時，便將樟腦置於燭蕊上。點燃柱香的芬芳氣息，飄散四周，憑添了神聖的氛圍。

尊者慈祥安坐著，看著所有的信眾，並向身邊的人，講述排燈節的意義。他也指出山上正確的燈火位置。稍後，就開始吟誦吠陀經文。

吠陀經文誦畢，太陽下山。環繞在廳堂四周的陶盤上的小燈火點燃了，花環上五顏六色的小電燈也開啟了，每個人都引頸企盼著山頂上點燃聖火，隨侍遞給尊者一付望眼鏡，他也想要眺望聖山。當他專心凝視著山頂時，我們都注目在他那神性的臉龐，因為那個面容，正是阿魯那佳拉的反應。

隨著阿魯那佳拉神廟裡燃放鞭炮，山頂上的烽火點燃了，瞬息之間，面對著尊者，點亮了長駐無間的光明，婆羅門祭司起身吟誦真言‘na karmana naprajaya dhanena’，並點燃樟腦、分發聖灰及硃砂，然後所有的師兄姐就坐。尊者取食水果及甜點後，其餘的便分送給師兄姐。其後，師兄姐迅速分成兩組，一組吟唱〈永結真我的婚姻花環〉讚歌，令一組接著連番複唱著‘Arunachala Siva’，然後，吟誦梵語的詩頌，起頭是‘Karunapurnasudhabhde’，以及坦米爾語同樣的詩頌。

尊者手托著下巴，微倚著枕頭，這是他的特定姿態。他的面容顯示出映照著真我的光輝，那是他的默然寂靜及深沉冥思之迴光煥發。月亮從東邊升起，月光灑落在他的臉龐，好像在他的身上找尋月色。我朝東而坐，背靠著杏樹，若我望向西邊，我有阿魯那佳拉的火光，若我望向前方，我有皎潔的月光，若我望向右邊，我有尊者臉龐輝照的明光。真是美不勝收啊！那天晚上，我感覺到我有三個面向的光！我渾身的幸福感，無法形容，於是不由自主地閉上雙眼。

聽到晚齋的鈴聲，我睜開眼睛，尊者對我凝神注目，那個注目，使我不勝承載，我不禁低頭下來。尊者微笑著，步入齋堂，師兄姐尾隨其後。

用餐完後，得到尊者的允許，師兄姐前去環山繞行。以後我會將這部分，寫信給你。

一六一　窮人捐獻的微薄之物

一九四七年十一月三十日

我之前寫信給你，說到排燈節當晚，山頂點燃聖火，而我們在尊者的允許下，前去環山繞行。在此之前，這項繞行，都是在節慶之前做的，但是這一次，我們是在晚間啟程。

我們的內心有尊者，眼前有山上聖火的亮光，而圓月皎潔，我們便徒步啟行。早期曾跟尊者一起環山繞行的師兄姐，開始述說他們的經驗：「尊者常坐在這裡」、「我們常在這裡煮東西」、「那件事是在這裡發生的」、「在那裡，尊者告訴我們這個」。他們述說著這些事情，我們聽得入迷，所以不覺得徒步的疲憊。但是，我們必須回去，趕上晨間五時的吠陀吟誦，所以要在破曉前歸返，於是在凌晨三時，我們回到道場。

現在，我要告訴你，那天晚上，那些師兄姐向我們述說的一些事情，如下：

我們一行人來到烏那瑪萊水池（Unnamalai Tank）時，一位師兄說道：「當年尊者繞行時，他通常在這裡坐一會兒，以便落後的人能趕上來，所以我們就坐在這裡，等一會兒。」於是，我們就在那個地方，坐一陣子。

「尊者不再環山繞行了，那是多久以前的事？」我問道。

「一直到一九二六年，尊者還在環山繞行，那是個令人興奮的經驗。」一位老師兄康猶史瓦米說道。

「何不說說當年那些日子的事情呢？」我們問道。康猶史瓦米首肯，便向我們述說如下：

「有一天，我們都很想要跟尊者一起去環山繞行，我們向他報告後，他表同意，我們就在午餐後的下午啟程。尊者繞行時，通常都步伐緩慢，師姐維娜瑪（Venamma）聽說尊者出發了，心想她能及時趕得上一行人，於是帶了個大籃子的食物前往。

「我們行經索那水池（Sona Thirtham）時，尊者看到維娜瑪在不遠處要走過來。他說道：『你們看，維娜瑪要來了，一定是有人告訴她，要她帶一籃子的食物來。不管我怎麼反對，你們總是不願放棄這些東西。你看她來了，頭上還頂著重物。好吧，這就算是對她的懲罰。』

「這樣說著，他就加快腳步而行。他走得這麼快，她能趕得上嗎？我們看吧。她一路上著急而氣喘地疾走，並沒有停下來，而尊者一直快步前進，直到我們經過喬達摩道場（Gautamasram）時，他才回頭看。他看到她也快步疾走，這時他的心融化了，便領我們到路上附近的一處芒果園。

「我們站在其中一棵樹的樹蔭下，尊者說道：『我們在這裡停下來，這裡有口水井，若是沒有的話，這裡附近就找不到水了。我希望她不要跟來，但她不肯。她又累又喘，真的很可惜啊！』說著，他就坐了下來。

「維娜瑪找不到我們的落腳處，於是來到樹林間，焦急地喊說：『尊者去哪裡了呢？這裡找不到尊者的半點身影。』當尊者聽到她的聲音，便哈哈大笑，她也就追上我們的腳程，找到了我們，跟我們會合。大夥吃完她帶來的食物後，我們又上路了，而維娜瑪就跟我們在一起。自從那天起，我們就把那棵樹，命名為維娜瑪的芒果樹。

「尊者常告訴我們，他有時在晚上出發去環山繞行，天色破曉前回來。這樣的啟程繞行，是很尋常的事。但有的時候，我們在上午出發，帶著炊煮的器皿，於中午時刻在索那水池或喬達摩道場，或在帕加阿曼神廟吃午餐，休息後，於晚間返回道場。以前道場的規模還沒擴大到現在這樣，我們總是很悠哉地繞行，有時花上兩天、三天，甚至一週的時間，並在路上紮營。

「有一次，我們在上午出發繞行，打算在晚間回來。中途我們停在喬達摩道場，燒煮食物，用餐後略事休息，把剩下的牛奶、糖、酪乳打包好，再啟程上路。當我們走到阿迪·阿南瑪萊這個地方時，尊者開始加快腳步，走離馬路，我們想他大概要避開在大馬路上的民眾，於是我們跟著他走。

「沿著小徑，走了約半個化朗140，我們來到一泓水池，有一位老人，坐在水池邊的一棵樹下，手上拿著一個小鍋子。這位老人每次得知尊者環山繞行，便在路上等候尊者到來，並帶食物給尊者吃。尊者因為剛才在路上沒看到老人，恐怕跟他失之交臂，所以尊者改道而行。

「尊者一看到他，便叫他的名字，跟他暢談一番。這位老農夫在尊者面前，跪拜致敬後，起身合十，不發一語。尊者說道：『怎麼了？這些天來，我怎麼沒看到你？稻穀和牛隻都好嗎？小孩好嗎？』然後，『鍋子裡的東西是什麼？』尊者問道。

「老人支吾其詞，說道：『沒有什麼特別的東西。師父，我知道您要來，我想跟往常一樣，帶點東西來給你，但我家裡沒有什麼東西。我問我的老婆，她說：「煮鍋裡有足夠的食物，你可以拿給他們。」我一時無法決定怎麼做，於是拿了一些食物放在這個小鍋子。只有這些東西拿來給您，我感到很不好意思，於是我坐在這裡。』

「尊者聽了，顯然很高興，喊說：『喔！煮好的食物，是嗎？那是最好的了，何必不好意思呢？太好！給我吧。』老人還在猶豫，尊者便從老人的手中把鍋子拿過來，坐在樹下，並告訴同行的其他人說，卸下身上帶來的物品。我們就把東西卸下來，尊者從裡面拿出炊煮的器皿，有一個大的開口鍋子，鍋邊鍍錫，尊者把食物倒入鍋子，加了很多水，用手攪拌成糊狀，然後，從我們還剩餘的東西中，拿出一些萊姆，壓擠出汁液，滴入糊狀食物，又倒入酪乳，使整個食物成為液體流質，最後摻入一些鹽巴、乾薑粉，然後舀出一大杯的流質食物，喝了下去，說道：『這就美味可口了！』他看了我們，說道：『你們把糖加在剩下的牛奶，喝下去吧，我們的行李會減輕很多。我有了這個食物了，還需要什麼牛奶呢？對我來講，在這個大熱天裡，這是上等的食品，也很營養，而且裡面有許多很好的成分。但是，你們不喜歡，所以就喝牛奶吧。請把我的份給我，把有糖的給這位老人。』

「於是，我們把糖加在牛奶裡，給了老人，剩下來的，我們就喝了。同時，尊者跟老人話家常，並喝了兩三杯流質食物，直說有如靈漿聖品，然後告訴老人，說道：『我飽了，我想今晚我不能再吃了。把這些剩餘的帶回家。』說著，就把剩下來的食物，給了老人，老人視之為聖品，收了下來，他喜極而泣，擦拭著雙眼，告別我們，回到他的茅屋。」

我說道：「直到最近，那位老人不時常來探望尊者，毗耶娑（廣博仙人）在《薄伽梵往世書》裡，敘述柯其拉[141]把破碎的米獻給上主克里虛那的事蹟，十分精采生動。假若他看到這位上主如此仁慈的行誼，那他的撰述又會是何等的精采生輝呢！」

一九四七年十一月三十日

一六二　牛車上的睡眠者

一路上，聽著康猶史瓦米說故事，我們一行人越過了阿迪·阿南瑪萊這個地方，來到維塔瓦南姆的神廟柱廊（Vetavalam Mandapam），他問我們是否聽過為何尊者要寫《真理詩頌四十則·補篇》中的第三十一則頌文。我們都說沒聽過。康猶史瓦米就述說這件事情，如下：

140 化朗（furling），長度單位，一化朗約等於二〇一·一公尺。

141 柯其拉（Kuchela），又名蘇達瑪（Sudama），是上主克里虛那幼年的同伴。

「有一天晚上，我們跟尊者一同環山繞行，就在這裡，有兩三輛載滿人的牛車經過，車裡的人都睡著了，他們的腿伸到車外來，毫不在意。尊者指著他們，向我們說道：『你們看到了嗎？那個就好像自然的境地（sahaja nishta）。對悟者而言，身體上的我是眠息的，醒、睡、夢三境，並無分別，例如，牛車在行駛，牛車上的人睡著了，這就像悟者身體的運作；假若牛車駛抵目的地，停了下來，那個人繼續在睡覺，並沒下車，而牛車解軛，他也一直睡下去。這就像悟者的眠息。身體於他是牛車，在行駛中，他靜止不動；或者不下車，繼續睡覺。』後來，這個概念就寫在上面說的詩頌裡，也有一段泰盧固散文。」142

他一直述說著，我們一路步行，走到轉彎處，朝向伊桑耶靈修院（Isanya Mutt）。康猶史瓦米又繼續說下去：「有些時候，環山繞行的途中，突然會遇到傾盆大雨，跟尊者在一起的人會跑去躲雨，但尊者一人不慌不忙，步履從容，不受到下雨的影響。有一次，在這裡的轉彎處，突然雨下得很大，我們都跑到伊桑耶靈修院去，但尊者的步行，一如常態，他走到靈修院時，全身都淋濕了，但他照例不去靈修院，因為靈修院的人會挽留他，使他受到不必要的耽擱。他會沿著山邊，走到城裡的平房區那邊，坐在前面的狹窄走廊上。除了他身邊的一兩位隨侍外，其餘的人都向他跪拜禮敬後，繼續踏上路程。這樣是因為假使大家成群結隊的話，城裡的人會知道我們在環山繞行，他們會圍聚過來，向尊者行禮或做什麼，所以尊者送走了其他的人後，他就圍上披巾，走小路回到道場。雖然這樣，也有少數人認出他，會向他呈獻東西給他吃。若他在晚間去繞行，走到城鎮附近，他就會要求我們不要吟唱或大聲說話，以免打擾人家的睡眠。」

康猶史瓦米說完這些往事後，時間已在深夜二時，而我們也來到了城鎮，萬籟俱寂，一片沉靜，他又開始向我們述說一些往事：

「另外有一次，時值夏天，晚齋過後，我們啟程環山繞行。時間約在現在的夜裡兩點，月光皎潔，我們走到了這個地方。全鎮裡的人都睡了，非常安靜。因為在夏天，屋子的窗戶都是打開的，所有的店鋪關門上鎖，只有看守員在街道巡邏。尊者指著四周，對我們說：『你看到全鎮是多麼平靜嗎？街道、房屋、燈光在那裡，除了看守員之外，大家都睡了，因此一片寧靜。但是，天色一破曉，每個人都起床，到處都活躍起來了，這就好像是「有分別的三摩地」。你看到那些大大小小的房子嗎？窗戶是敞開的，但觀物之人是眠息的，這就好像是「第四境」，這可以說跟悟者的境地一樣，可拿這個來作例子。看起來眼睛好像是在觀視，但他們平靜地眠息。』」

聽完了這個故事後，我們也回到家了。隔天，尊者從身邊的人得知我們環山繞行的詳情後，說道：「我聽說你們去環山繞行，一路上很歡樂，我很羨慕你們。但當時我無法像現在這樣去繞行。」他笑著，又說：「若有很多人跟著我繞行，我通常會穿越林間，找小路走，若是我單獨繞行，我就會沿著山腳下的道路走。」

「聽說環山繞行，有三條路徑？」一位師兄姐問道。

「是的，一條是大路，另一條是山腳下的道路，再另外一條是林間小路。」尊者說道。

「所以，尊者通常是在這些路上行走嗎？」師兄姐問道。

「為何只在這些路上行走呢？」尊者說道，「我甚至可以說，這座山上，沒有一個地方是我沒有踏足過的。這座山裡，有許多阿育吠陀的藥草植物，這就是有人說這座山是仙人的駐地的原因。不久以前，一位地質學家來這裡，發現這座山很古老了，他回國後，寫信給我們，要我們送一些石頭給他，作為樣本。道場寄

142 原註：對悟者而言，在此身軀上，他是眠息的。諸境如活動、三摩地、沉睡，分別以牛車的行駛、停駛、牛車解軛來比喻。牛車解軛意指在牛車上睡覺的旅人。（譯文）

了過去，他收到後，把這些石頭跟其他山脈（像喜馬拉雅山）的石頭互相比較，發現阿魯那佳拉的石頭較古老。他本人特地寫信來告訴我們這些。」

一九四七年十二月三日

一六三　六種三摩地

今天上午，一位師兄向尊者問道：「師父，據說有些人保持在無念的覺知中（無分別三摩地）為時很久，他在這段期間，有吃東西嗎？」

尊者問道：「那怎麼可能呢？睡著了，怎麼吃？」

「不吃，但在那段無分別的三摩地裡，心思到底是還在或不在？」提問者問道。

「為什麼心思不應在那裡呢？在睡眠中，那個如如其在的，也是在那裡。現在，你看，從中午十二時到下午二時，我們把廳堂的門關上，並在裡面睡覺，那也是三摩地，那真的是個很好的三摩地方式。又有誰知道心思是否還在那裡呢？」尊者說道。

提問者又問道：「但對於在全然覺知（自然俱生三摩地）的人來說，其心思又是怎麼樣呢？」

尊者答道：「就是這樣的疑惑，聖者瓦西斯塔向羅摩講述『聖者與獵人』的故事，以釋明第四境的涵義。從前有位聖者，在叢林裡，結跏趺坐，雙眼睜開，但是處於深沉的入定中。有個獵人用弓箭射擊一隻鹿，那隻鹿跑到聖者前面，鑽進旁邊的草叢裡躲起來。獵人窮追在後，卻找不著，他向聖者問，鹿跑去哪裡。『朋友，我不知道。』聖者說道。獵人說：『先生，牠跑到你的前面來，而你雙眼睜開得很大，怎麼你沒看到呢？』聖者心想，若不好好回應他，他恐怕不會安靜地離開。於是聖者說道：『我親愛的朋友，我們都沉醉在真我裡，我們始終都在第四境，我們並沒有醒或夢或深睡諸境。萬物對我們來說，都是一樣的，這三境是自我的徵象，而我們是沒有自我的。自我本身，就是心思，那是在這個世上一切行事的致因，而那個自我，在很久之前，就離我們而去了，因此，不管我們的眼睛是開或閉，都沒有關係的。我們對身邊發生的事，並無察覺。既然這樣，我又怎能告訴你那隻鹿呢？』獵人聽了後，覺得簡直是鬼扯，就離開了。

「或許這樣問比較好，『若沒有我，又如何說話呢？』當你完全瞭解在『我』出現之前的那個，後來會成為我們自己生命的本質，這就叫做心思的消滅；而那個無心念的覺知，或者覺知的其他徵狀等，都是屬於沒入（消融），而不是消滅，只要心思還有沒入及萌出，就只是靈修過程的一種境地而已。」尊者說道。

另一位師兄接著說道：「據說，三摩地有若干種類，諸如有分別的（Savikalpa，沒入在思維裡）及無分別的（Nirvikalpa，了無思維），能請尊者說明嗎？」於是，尊者這樣解說：

「好的。商羯羅在他的《寶鬘辨》及《真我與非真我之分辨》（*Drigdrisyaviveka*）裡述及六種三摩地。這六種分成兩類，名為有分別及無分別。前者再分為兩個，名為關於所觀之物（Drisyanuviddha）及關於聲音（Sabdanuviddha）。而這兩個又細分為如下：

一、內在觀物之有分別三摩地（Antar Drisyanuviddha Savikalpa Samadhi）：把內在心思所欲之物，視為自己的真我，而冥想之。

二、內在聲音之有分別三摩地（Antar Sabdanuviddha Savikalpa Samadhi）：知曉真我乃是無可捉摸、自身耀明、存在意識幸福，非二元。

三、內在之無分別三摩地（Antar Nirvikalpa Samadhi）：陶醉在上面兩境地上，獲致真我的殊勝感，並屏棄這兩境地，而如如不動，有如一束永恆無間之光在無風之地。

四、外在觀物之有分別三摩地（Bahya Drisyanuviddha Savikalpa Samadhi）：真我存乎內心，故能漠然捨棄世上諸名相的有形物，而冥想於底蘊的實相。

五、外在聲音之有分別三摩地（Bahya Sabdanuviddha Savikapla Samadhi）：無時不知曉並覺知於以存在、意識、幸福而呈現之物，乃是宇宙之至上絕對。

六、外在之無分別三摩地（Bahya Nirvikalpa Samadhi）：基於上面兩境地的體驗，進而克服一切的欲望，而能保持靜止不動，有如無波濤的汪洋。

「持續修練這六種三摩地，日無間斷，可至無念之覺知的境地。不到此境地，自我無法滅盡。自我已滅而了無執著，就算看似觀物，其實一無所觀；看似進食，其實一無所食；看似聽聞，其實一無所聽；看似睡眠，其實並無睡眠。凡其所作所為，其實並無『作為』。」

一六四　無執著的偉大

一九四七年十二月五日

昨天的談話中，尊者敘述無執著的偉大。我說泰盧固文版的《薄伽梵往世書》第二篇，有關蘇卡瑜伽行者（Suka Yogi）方面，有一則很好的頌文，寫無執著，文中解釋拯救之道。承尊者囑咐，我朗讀這則頌文，其譯文如下：

在這個大地上，沒有美好的地方可以讓人躺下來嗎？
為何大地佈滿棉花呢？
那不是天地給予的雙手嗎？
為何這些各式各樣的器具用來吃喝呢？
不是有布衣、鹿皮及羽穗草可以穿嗎？
為何有眾多不同的精緻布料呢？
為何不住在洞穴裡呢？
為何有房屋及宮殿呢？
樹木不是會長出多汁的水果嗎？
河流不是會給予甜美的清水嗎？
善良的家庭主婦不是會給予施捨物嗎？
為何要服侍那些無明而又驕傲自大的人呢？
只因為他們的財富嗎？

尊者聽了很感興趣，語氣堅定地說道：「一點不錯。在這個國家的某個地方，有位我們的古聖人，也寫過類似的頌文：『喔，上主，祢給了我一隻手，放在頭下作枕頭，一塊布遮覆腰部，雙手用來吃飯，我還要什麼呢？這就是我最大的幸運！』這就是頌文的大意。真的可以說有這麼幸運嗎？甚至國王的至高偉大也希望有這樣的幸福，那是無以倫比的。有了這兩方面的體驗後，我知道這個跟那個的不同。這些床褥、長椅、我身邊的物品，這些都是束縛。」

「佛陀不也是這樣的榜樣嗎？」我說道。

尊者說道：「是的，他在王室宮殿裡時，擁有世上極盡奢華之物，但他仍然內心苦悶。為了排遣他的苦悶，他的父親又供給他更為奢華之物，但這些東西都無法滿足佛陀。在一個子夜時分，他離開妻兒，不在王室了。他刻厲苦行，約有六年，了悟真我，造福世界，成為一名托鉢僧。那是他在作為托鉢僧之後，他才安享莫大的幸福。實在說，他還能再獲得什麼呢？」

「他穿著托鉢僧的衣服，來到他自己的城邦，不是嗎？」一位師兄問道。

尊者說道：「對啊！對，他的父親淨飯王聽到他要回來，便裝飾王室的大象，帶領著他的全體將士，來到大道上迎接他。但是佛陀並沒有踏上大道，他走小道巷弄，並讓他的親近同伴沿街乞食，而他以托鉢僧的模樣走另一條路來到父親面前。他的父親怎會知道走到他面前的托鉢僧，就是他的兒子！但佛陀的妻子耶輸陀羅認出了他，要兒子去向父親跪拜，而她也一併跪拜。他的父親這才認出佛陀。然而，蘇鐸達那沒想到兒子是這般模樣，十分生氣，叫道：『真丟臉！這是什麼裝扮！一個最富有的人，會像這個樣子嗎？我受夠了！』同時，他很氣憤地瞪著佛陀。佛陀對父親尚未能脫離無明，深感遺憾，他凝神注視著父親，父親終於臣服。他跪拜在兒子的腳下，自己後來也成為托鉢僧。只有了無執著之人，才能知道無執著的力量。」尊者說道，他的聲音顫抖，深情無已。

一六五　探究真我：社會各階層人士所必要

一九四七年十二月七日

最近一些在馬杜賴任要職的人士來到這裡，待留數天。有一天他們前去古魯墓廟及帕瓦拉吉里洞（Pavalagiri cave），那是尊者很久以前待留的地方，在晚間吟誦吠陀經文之前返回這裡。誦完經文後，尊者告訴我們，當年他在帕瓦拉崑德魯神廟[143]的生活情形，並垂詢他們，是否看到這個或那個。他們其中一位成員向尊者說道：「尊者剛才告訴我們那些我們前去的地方，令人興味盎然，但是我們抵達帕瓦拉崑德魯神廟，進入那裡的房間時，我們就已經疲憊不堪了。尊者當年待在那裡，有一段時間，我們現在瞭解到，尊者一定全然了知這個身體不是他的。師父，像我們這種人如何能從物質的觀念中獲得拯救呢？若我們問，您會說：『若能持行探究真我，自問我是誰，那就夠了。』這對我們這種有家室又得工作的人，怎麼可能做到呢？若心思老是在俗世事務上，又怎麼會有平靜呢？」尊者安靜地聽著，始終沉默不語。

今天下午，我到道場時，有位道場居民跟尊者在話家常，說道：「昨天晚上，來自馬杜賴的人士問您問題，而您沒有作答。為什麼呢？以前，西瓦普雷克薩姆·皮萊寫一則頌文，開頭是'Udalinai veruthum'，我聽說您也是沉默無語。尊者，為什麼呢？這是否意味著人要遺世獨居像這樣，才能成為一位悟者嗎？」

「誰說的？」尊者答道，「心思的質性，取決於其過往的業行，此即心識印記。人是有能力在履行其職務工作之餘，持行探究真我，而終於成為悟者。迦納卡、瓦西斯塔、羅摩、克里虛那等及其他人，都是這樣的

143 帕瓦拉昆德魯（Pavala Kundru）是位於阿魯那佳拉山麓東邊，大神廟區北邊的一座獨立的小山丘，上面有主祀濕婆的神廟，拉瑪那於一八九八年九月移往這裡。拉瑪那的母親於同年十二月到這裡，首次探視離家的兒子。

範例。又，有些人似乎無法持行這個法門，但他們必須離群索居，以便能藉著探究真我，來成為悟者。這些人有商羯羅、薩南達那、蘇卡、瓦瑪德瓦等，皆是例子。探究真我對無論何人，都是必要的，它被稱為『人為的努力』。這個身體一生的行程，取決於我們的命運（今世業報）。對此，我們還能說什麼呢？」尊者又說道。

第四章 一九四八年

一九四八年一月十三日

一六六 心思運作引生的真我覺知

今天上午，一位道場的居民，名叫室利・桑德雷濕瓦若・艾耶（Sri Sundareswara Iyer），坐在尊者長椅旁邊，手中拿著一本書，看著尊者的臉，等待機會，然後輕聲地問道：「這本書有個地方寫著mano vritti jnanam，那是什麼意思？」

「意思是，除非心思運作（mano vritti），否則真我無法被知曉。他們說，『我們必須知道真我，我們必須知道真我，而我們已經知道真我了。』他們是怎麼知道真我的呢？且讓我們同意說，我們在存在裡，雖然這樣，難道不須要有某些心思運作（心念）來知道那個嗎？因此，心思運作而返內，便叫做智識（vijnana），心思運作而向外，就叫做無智（ajnana，非真知）。智識也叫做頭腦心思（chittam）。當頭腦的運作（心念）是返內的（antahkarana），那就應該叫做智慧（buddhi）或者『我在』。這些都總匯起來，就是內在機制（antahkaranam，內具），而『我在』是靜止不動的。但是，得力於這個內在機制，則五原元素（五唯）144乃

144 五原元素（panchabhtas，五唯），指構成物器世界的要素，屬微細物質，非吾人之感覺能識知，是有形物質之抽象、潛在的勢能。

成為現象存在。若對於內在機制之佐助而成為現象存在之現況，能夠加以屏棄，而使心思返內，則由此心思運作，能顯示真我之覺知（vritti janya jnanam），這就意味著，你將知道心思（心念）的源頭，而那個源頭或發起處，就叫做『我在之輝耀』或真我。然而，它僅能藉著心思而知曉之，這就是在說『除非心思運作，真我無法被知曉』的道理。那是意味著，這個心思是『純淨的薩埵質性（suddha satvam）』（suddha是純淨的，satvam是構成外在世界的三質性中最原初且最佳的質性）。它以其自身，有無數方式的呈現，而又如如不動，你可以用你喜歡的名字來稱呼，任何名稱都行。」尊者說道。

有一位人士，最近剛來道場，對此議題，密切注意，他向尊者問道：「師父，一位悟者除了尚有為他人之意欲之外，他已經沒有今世業報了，這是事實嗎？」「是的，道理是一樣的，今世業報、『意欲（iccha）、無意欲（anichha）及為他人之意欲（pareccha）』，對悟者及未悟者，都一視同仁。所體驗的也都一樣。所不同的，乃是悟者並未感覺到他有所作為，故他不覺得有什麼困縛，但是，未悟者認為他在作為，所以就會有困縛。唯獨心思，乃是困縛與解脫的原因，這句話出自《奧義書》所云（指唯唯獨心思，乃是困縛與解脫之原因），確認了心思是萬物之原因。自此心思而形成欲望，若欲望的原因之根源被找到，就沒有困縛了，而那個根源，就是真我。若其人知道他自己的真我，則不管欲望如何起伏，他永無苦惱。」尊者說道。

一六七　聖雄甘地之死

一九四八年二月六日

一月三十日的晚間，聖雄甘地死亡的消息，傳遍各地，因為婦女晚間不能待在道場，所以我是在家裡聽到消息。我在次日早上七時三十分到道場。收音機播放著祈禱辭。各報紙都刊載這項死亡的消息。尊者在閱覽報紙，並聆聽禱辭，說道：「祈禱者似乎渾身用盡了他的生命在禱告。」收音機播放著〈毗濕奴信徒〉的拜讚歌曲[145]，尊者悲傷地聆聽。

九時四十五分，尊者正要外出時，有位新聞記者進來，問他對這個悲劇事件的看法，以便刊之報端。尊者情緒悲痛，語帶哽咽，說道：「對於聖雄這樣的悲慘事件，每個人內心都很哀痛，我又能另外說什麼呢？誰能不悲傷呢？我若說了什麼，你們就報導出來，然後就有人會說，講了這些，又有何用呢？」這樣說著，尊者就送走了記者，逕自外出散步。他回到道場時，收音機又播放著〈毗濕奴信徒〉的拜讚歌曲，尊者聞之，不禁潸然淚下。

下午四時三十分，道場上的全體婦女齊聲合唱〈羅古帕蒂·羅嘉瓦·羅雷拉姆〉的拜讚歌曲[146]。尊者淚眼雙睫，指示我們繼續唱下去。下午五時，海螺的號角鳴起，鑒於聖雄的逝亡，在母親的神廟裡，搖著一盞特殊的阿拉提燈火。聖灰及硃砂呈獻上來，尊者敬謹納取。

前天，尊者在閱覽報紙時，向坐在他旁邊的人，說道：「你看，不久前不是出現一顆彗星嗎？報紙上寫，聖雄會死都是因為那顆星。所以，這是它帶來的第一個影響。」

145 〈毗濕奴信徒〉（*Vaishnava Janato*）的拜讚歌曲，是聖雄甘地生平喜歡聽的讚歌。十五世紀詩人Narsinh Mehta用古吉拉特語譜寫，內容敘述毗濕奴信徒的生平、理想及奉獻。

146 原註：〈羅古帕蒂·羅嘉瓦·羅雷拉姆〉（*Raghupati Raghava Rajaram*）這首拜讚歌曲，深受聖雄甘地的喜愛，常以合唱方式，讚美上主羅摩。

當尊者這樣說時，他的心裡到底在想什麼呢？他同時也拿起另一份報紙，閱覽之後，說道：「那個開槍的人，來到聖雄的面前，鞠躬後問他，『先生，今天您為何晚來呢？』聖雄答說：『因為某些工作耽擱了。』隨後槍手立即開槍。」然後，尊者引《羅摩衍那》的故事作比喻，說道：「羅摩殺死魔王羅波那（Ravana）後，他忘了必須前往瓦崑達，於是天上諸神商議派死神閻摩（Yama）前去找羅摩。閻摩身著修行者的服裝，很禮貌地說：『你要做的工作，現在已經做完了，請跟我到天庭去。』跟這個很類似，『印度已獲得自治，而你的工作也做完了，你為何還留在這裡呢？你不應該要回去嗎？現在都已經稍遲了。』因此，聖雄就要被送走。」

我問道：「您所講的故事，是來自《終篇羅摩衍那》（*Uttara Ramayana*）嗎？」

尊者：「是的，但不僅是那本的，還有別的書也寫到上主克里虛那的事例，毗耶達（Vyadha）的弓箭是上主致死的原因，這個情況跟聖雄很類似。」

昨天，哈林德拉那特·查托帕德耶[147]拿出一張聖雄甘地的照片，說道：「聖雄與尊者兩人，並未見面，實在很可惜。」

尊者：「不久之前，他來蒂魯瓦納瑪萊，有個集會為他安排在道場之外的山下道路上。這裡的人認為他在回去的路上會順道來道場，但由於群眾的壓力，他沒有來，便直接前往車站。後來，他似乎感到很遺憾。商卡拉爾·班克（Shankarlal Banker）很盼望能帶他來這裡。一九三八年時，拉金卓·普拉薩德[148]及詹姆那爾·巴賈吉[149]來這裡，也探訪史堪德道場，他們要促使聖雄有一天能來這裡，但後來都沒實現。若有人在薩巴爾馬蒂（Sabarmati，在古吉拉特邦），或在沃爾塔（Wardha，在馬哈拉施特拉邦），而感心神沮喪，聖雄常會告訴他說：『去拉瑪那道場，待上一個月再回來。』當羅摩史瓦米·雷德爾（Ramaswami Reddiar）就任馬德拉斯的首長時，便即刻馳訪聖雄，聖雄問他在道場有多久的時間了，他答說已超過三十年之久。聖雄說：『是這樣嗎？我曾三次設法前往，但都無法成行。』他又能怎麼樣呢？若他連片刻都不能一個人獨處，那他怎能前來這裡呢？」

尊者閱覽今天的報紙，上面報導說聖雄在悲劇發生的前一天晚上做了個夢，預感他的死亡，因此他迅速處理完他的公文，這還使他延遲了他的禱告。尊者對此論道：「是的，對悟者來說，怎麼會沒有預感呢？他們都知道，但不會告訴別人。」

一九四八年二月七日

一六八　一律平等

我們的姪兒提拉克（Tilak）從倫敦來這裡，迄今已十五天了。他考試的結果還沒公布，他的父親已寫信給他，要他趕快回家，於是他決定在上個月三十日，離開這裡。離去之前的晚上，他到雜貨店買了葡萄、椰棗等水果，要獻給尊者。三十日當天，我們把這些東西放在

147 原註：哈林德拉那特・查托帕德耶（Harindranath Chattopadhyaya）是印度知名詩人、愛國者Sarojini Naidu的弟弟，而他本人是位很優秀的詩人。

148 拉金卓・普拉薩德（Rajendra Prasad, 1884-1963），印度政治領袖，一九二〇年參與甘地不合作運動，一九五〇年被選為印度共和國第一任總統，一九五七年，再度連任總統。

149 詹姆那爾・巴賈吉（Jamnala Bajaj，1889-1942），印度企業鉅子、慈善家，為印度獨立而奉獻，是甘地親密的伙伴及跟隨者，創辦巴賈集團，擁有二十家企業公司。

盤子上，帶到道場，準備在早齋時奉上。廚房裡的人要我自己拿去，由於我沒有在齋堂端送食物的經驗，我便先把這些東西拿給尊者，他語氣略不悅，問我那是什麼東西，我說是我的姪兒帶來的水果，尊者頷首，說道：「好的，每一種給我一個。」我拿給尊者之後，同樣地也拿給其他的人，但我分發到最後，發現只剩下少許香蕉，於是隨侍就把香蕉切成小塊，平均分給最後的十個人。

尊者表達他的厭惡，說道：「這就是我不喜歡的，為何妳給東西，不能全部的人都份量均等嗎？」他開始數落一些類似的錯誤。大家吃完了後，都鴉雀無聲。當尊者按摩他的腳後，要起身時，提拉克和我上前去向他跪拜行禮，我向他說，提拉克要離去。尊者說道：「好，我知道了。水果端上來的時候，我想他已經通過考試了，所以他要回到他的出生地嗎？好極了。」這樣說著，他又對旁邊的人，指著我說：「她先給我，而不是先分給大家。」

我說道：「我很抱歉。我是新手，所以犯了錯誤。」

尊者說道：「沒關係，這就是我要告訴妳的原因。若妳分給大家之後，再分給尊者，這樣就會平均分配了。若是萬一沒剩餘的，那也無妨，因為我不需要什麼。若是大家都吃了，而我沒有我的份，我也會滿意。分給東西，一定要把握這個原則，這是個好的原則。若這裡所有的人，全都吃了，豈不等於尊者也吃了嗎？」

我說道：「確實如此。我很抱歉，我犯錯了。」

尊者說道：「沒關係，不要擔心，算不了什麼。」

我不知道你是否注意到道場每天三次鈴聲響起時，所有菜餚的小部分，包括伊底利米糕餅等，都拿出來餵食牛、雞、狗、猴子，以及許多當時在道場的貧民。若不這樣做，尊者不會來用餐，除非他們先被餵食，否則他不會安靜而不作聲。若松鼠和孔雀來了，就會給核果穀粒。假使有人不願意這樣餵食，尊者便無法忍受，並且說道：「好吧，你不高興的話，你就走吧。牠們來這裡，跟我們來這裡，都是一樣的。牠們得到食物，跟我們得到食物，也都一樣。你用尊敬的態度來給我們食物，說著『師父，師父』，卻用詛咒的心態來對待牠們。難道我們去買了牠們，而把牠們帶來這裡嗎？牠們來到這裡，跟我們來到這裡，是一模一樣的，為什麼要這麼不尊重牠們呢？」

尊者說了這些，只因為我忘了原則，所以犯下錯誤。在這裡，還有一件特別的事情，那就是尊者說：「水果端上來的時候，我想他已經通過考試了。」我們查證後，發現就在他說話的當天，倫敦那邊公布了考試結果。昨天，哥哥傳來電報，說小孩已通過考試了。

你看，悟者無虛言！

一九四八年二月八日

一六九　虛無主義者與不二二元論者

今天上午，我進入廳堂時，滿室寂靜，柱香的煙霧包覆著整個氛圍，香氣從四方瀰漫過來。尊者剛看完報紙，平靜安坐著。（隨侍）克里虛那史瓦米扭轉時鐘上的發條。不期然地，有個人說道：「虛無主義者與不二一元論者，一直在爭論個不停，究竟它們的差異在哪裡？」

時鐘「咚、咚」敲著，尊者微笑地說道：「你想知道二者見解的不同，就看這裡，剛才時鐘上了發條，開始運作，又敲了鐘響。『一定是有人扭轉發條，否則時鐘不能運作。』不二一元論者這樣說。『承認有個人在扭轉發條，也一定有個人在賦予那個人力量去行使等等。若在這個基礎上，一直探討下去，這樣會沒頭沒尾，因此並沒有一個作為者這個人。』虛無主義者這樣說。這是二者不同的見解，舉這條毛巾為例來說，毛巾與棉花，並不是分開的。那是什麼意思？棉花先改變成無籽的棉，然後變成紗，然後成為布。為了能夠這樣，一定要有個人，所以那個織工，就叫做作為者，而且承認各式的花色及各種的布料，都無異於那個最基本的東西，叫做棉花。同理，不二一元論者說，雖然有個作為者在形塑世上無數的萬物，但並無一物有別於那個『在』，名為『存在』。這裡有壺，有大有小，但都只是泥土。若有人打破了壺，我們說失去了壺。但失去了是指什麼呢？僅是指名稱與形相，當名與相俱失，而泥土依然是泥土。但是能夠把它製成壺，也要陶工存在。所以，不二一元論者說有個作為者，是當作充分條件來說。而虛無主義者說，不是這樣。這樣爭論下去，沒有最後的結果。假若他們能夠找到那個在爭論的人，這個問題，就沒有什麼困難了。」

「那麼，為何會有這些爭論呢？」提問者問道。

「那個因為一個人裡面的東西，必須要跑出來。人的裡面，有一些思想。」尊者說道。

有位師兄姐聽到這裡，便說道：「什麼，尊者？您說裡面的東西，是要跑出來的。那是怎麼出來的？裡面的是什麼呢？」

尊者微笑地說道：「除非裡面有某些東西，否則怎會有東西跑出來呢？除非裡面萌生了欲望，否則外面不會有什麼。欲望萌生在裡面，發展成龐然大物，最後跑了出來。」

一七〇　尊者的第一份手稿

一九四八年三月二十七日

當我抄寫這些信函的第二部分，開頭是 'drishtim jnanamayim kritva'，我不知道這個頌句的正確出處在哪裡，因此我比通常請詢尊者的時間早些來到道場。尊者安閒地坐著，我前去問他哪本書可找到這個頌句，他很和藹地告訴我。那個頌句在《光點奧義書》（*Tejobindu Upanishad*）裡，商羯羅在其《直接體驗》（*Aparokshanubhuti*）書中，也有同樣的敘述。

他所寫的頌句，尊者說道：「意思是，那個觀視不是專注在鼻尖或眉心，而應集中在所涉及的觀者、被觀者及觀視行為的所有屬性上，那個意義是，透過冥想而獲致了悟的目標，能使人知道自己的本質，並找到與至上靈性合一的道路，然後整個宇宙，呈現為全然的至上絕對（梵）。」

那本《直接體驗》放在圖書室裡，因為我必須請人去拿，所以一時還沒拿到。同時，我記不得這則頌句的全文，也不知道該怎麼辦。尊者察覺到我的狀況，就請隨侍去抽屜拿一本巴拉尼史瓦米的小筆記本。隨侍拿了出來，抖落本子上的灰塵，遞交給我。那是一本很小的筆記本，用馬拉雅姆文寫的，尊者拿了鋼筆及紙張，在上面寫字。我低語說道：「圖書室裡有一本《直接體驗》的書。」

尊者說道：「何必那麼麻煩呢？我自己把它寫出來。」說著，他從筆記本裡抄寫了兩則頌文。我欣喜萬分，向他問道：「您是抄寫商羯羅的頌文，還是只寫下您自己對頌文的解釋？」

「我只是從筆記本抄寫過來。」尊者說道。

「商羯羅所寫的大多數的小書，其頌文都是全部抄自《奧義書》。巴拉尼史瓦米要我把它們抄下來，並給他一些商羯羅的詩頌，但當時我們哪裡去找筆記本和紙張呢？我盡可能地收集每一張小紙片，黏貼起來，裝成一本筆記本，裡面寫著頌文，然後交給他。在這本小筆記本裡，所寫的頌文，是從商羯羅的十本書裡挑選出來的。」

「所以，這是第一本。」我問道。

尊者說道：「沒錯，當時，我們一無所有，只有一個壺，我們甚至連布巾也沒有。早期我們待在維魯巴沙洞屋時，巴拉尼自己有一條布巾，圍在他的身上。當時洞屋沒有鐵門，是有木門的木門，我們通常是從外面用一根小木條來閂門，然後去環山繞行，四處行走，大約一週或十天才回來，我們就用另一根木條把門打開。那是我們當時的鑰匙，不須要到處都要保管鑰匙！這本筆記本就是當時我們的隨身物。當巴拉尼史瓦米要圍上布巾時，他總是把這本筆記本對摺，塞在他的腰間裡，這樣我們就可以了。這本筆記本，就是我們筆記本『家族』的第一本。」尊者笑著說道。

「您寫的頌文，也是從天城體來的嗎？」另一位師兄姐問道。

尊者告訴他：「是，那個也是的，因為巴拉尼史瓦米要我寫。在那個時候，甚至後來，我都未曾為我自己寫任何東西。」

「為何尊者需要去做這些事呢？他都是為別人在做事。」提問者論道。

「是的，一點沒錯，」尊者說道，「從那個時候起筆記本『家族』就增加了，而這本筆記本，則是第一本。」他就把筆記本拿給我們看。

一七一 凱拉斯

一九四八年四月四日

今天上午，一位師兄姐帶來一本舊書上呈給尊者，書名是《培里耶往世書》[150]。尊者讀了桑德拉穆提前去凱拉斯的故事，說道：「桑德拉穆提抵達後，發現哲羅大君（Chera Raja）騎著馬，也同時到達。大君問他：『沒有我召喚你，你是怎麼來這裡的？』」尊者這樣說著，就唸讀了一則頌文。在場有位坦米爾青年，說道：「師父，凱拉斯在哪裡？」「凱拉斯！那正是我們當下所在的地方。首先，請告訴我，我們在哪裡。」尊者說道。

「不是那樣的，師父，您剛才讀的凱拉斯是桑德拉穆提去的地方，它是真的存在嗎？如果是真的存在，那到底它在哪裡呢？還請惠予答覆。」年輕人說道。

尊者說道：「我已經告訴你了，現在我們來到這裡，從這裡我們前去某地，若這全是真的，那麼那個也是真的。並且，一位師父坐在高台上，就像這樣，弟子圍繞著他，問了些問題，而他作答，也像這裡這樣。若你從身體的觀點去看，那就是這麼回事。若你從真理的觀點去看，那麼不論我們在哪裡，那個地方，就是凱拉斯，並沒有成住壞空的問題。若我們能如此了知，則這世上並無真實之事物，而凱拉斯，無所不在。」

「這又如何去理解呢？」年輕人問道。

「每個人都知道自己存在。你出生時、一歲、中年、年老，你都是存在的。『你』並無改變，改變的僅是

150 《培里耶往世書》（*Peria Puranam*，又名*Tiruttontarpuranam*）其義為偉大往世書，是坦米爾文的詩頌集，敘述六十三位濕婆虔愛派詩聖的生平事蹟。

你的身體。知道你的真我，始終是沒有變異的，這樣的說明，就足夠了。」尊者說道。

年輕人不再問這個議題，他另外問道：「據說，悟者沒有苦樂、身體疾病等。據說，桑達拉[151]及阿帕爾[152]看到神時，為之雀躍不已。甚至天鵝尊者羅摩克里虛那[153]如果沒有看到聖母的異象，就會十分悲傷，若看到異象，就會恍惚出神，不僅這樣，當天鵝尊者羅摩克里虛那的身體有疾病時，他總是向聖母哭訴，那又是什麼意思？悟者有苦有樂嗎？」

尊者答覆他，說道：「你說的這些，都是跟身體有關係的，不是嗎？你不可能用身體的疾病來判斷一個悟者，瑪尼迦瓦吒迦爾吟唱一則詩頌，大意是『喔，伊濕瓦若，祢在我尚未向祢祈求之前，祢就灑下祢的恩典給我，祢是何等的慈悲！縱然是這樣，為何我不感覺到哀傷呢？難道我的心是石頭做的嗎？我的眼睛，也沒有淚水，難道它們是木頭做的嗎？不只是這對雙眼，我還希望我的全身都充滿了眼睛，以便我能跟它們一同哭泣，這樣我就會很快樂。我盼望我的心能融化成水，以便跟祢結合。』這是頌文的大意。但是，那種哀傷是真正的哀傷嗎？有些人看到神的異象，便以欣喜若狂、呼天搶地來發洩情緒，有的人則喜極而泣。這跟天鵝尊者羅摩克里虛那是一樣的。『母親，祢是何等的親切，何等的慈悲！』他總是這樣說，而淚流滿面，有時候，他也縱聲大笑。不管怎樣，若我們要去知道他真正的境地，則我們應先知道我們自己的境地。」尊者說道。

那位年輕人並未罷休，又再問道：「師父，當他在狂喜的出神狀態時，他並不知道他身上的病痛，但狂喜過後，他就知道痛苦，而不斷地呻吟。悟者真的知道苦和樂嗎？」

「哦，這是你的疑問。首先你應探究你自己的事情，天鵝尊者跟你有何關係呢？他無須先得到你的認證，然後才成為悟者。他已是號人物了。孩童時期會隨著孩童之時而流逝，睡眠也會隨著睡覺之時而流去，在當下這個醒境時，至少要知道你是什麼，你在哪裡。至於凱拉斯或布洛卡，或瓦崑特[154]是什麼？何不等到你自己成為悟者後，再去知道？」尊者說道，而提問也就戛然而止。

一九四八年四月四日

一七二　受過教育的人

昨天，室利．薩維帕里．雷達克里虛南（Sri Sarvepalli Radhakrishnan）偕同其家人來這裡。他們向尊者觀視後，便前去城裡宏偉的阿魯那佳拉伊濕瓦若神廟，然後用餐完，稍事休息，他們回到尊者這裡，告以辭行。尊者藹然頷首，目送離去。我因為熟識其中的一位女士，便去他們的車子那邊送行，然後回到廳堂。我坐定後，尊者問我，他們是否走了，我說是的。尊者說道：「十年前，他們在這裡，普拉那瓦南達．史瓦米是他的大姪子。」

過了一會兒，尊者看到坐在我旁邊的一位歐洲女士跟一位古吉拉特女士在問我事情，於是他問我，她們

151 桑達拉（Sundarar），八世紀坦米爾詩聖，是知名的那衍納爾（Nayanar，濕婆虔愛派六十三位詩聖總稱）之一。

152 阿帕爾（Appar），七世紀坦米爾詩聖，也是知名的那衍納爾詩聖之一。

153 天鵝尊者羅摩克里虛那（Ramakrishna Paramahamsa，1836-1886）在印度加爾各答西郊，奉祀黑天女卡莉的神廟擔任祭司，潛修冥想，出神入定時，看見女神示現，其法門屬虔愛拜神，其言論載於*The Gospel of Sri Ramakrishna*一書，是印度靈修的經典作品。

154 原註：凱拉斯（Kailasa）：上主濕婆的世界。布洛卡（Booloka）：我們人類的世界。瓦崑特（Vaikunta）：上主毗濕奴的世界。

在說什麼。我說她們在問，雷達克里虛南是否有向尊者提問。

「哦，原來是這樣子，」尊者說道，「沒有提問，他們都是學問很好的人，知曉一切，他們在這裡還會要問什麼呢？」

一位安得拉邦的男士問道：「他上次來時，他是否有問什麼問題嗎？」

尊者：「沒有，上次來時，也是一樣。他從普拉那瓦南達．史瓦米那裡聽到有關我的所有事情。他來的時候，只是坐著，從未開口。」

一位師兄：「在外面，他的演講，氣勢很雄偉，為何他坐在這裡，不參與談話或討論呢？」

尊者笑著說道：「一九三八年時，拉金卓．普拉薩德來這裡，跟他的情形一樣。雖然他來這裡有四或五天了，他連一次提問也沒有，他總是安靜地坐在角落，閉著眼睛。只有一次，他要離開這裡時，他想知道我跟聖雄甘地的消息，他甚至請別人來幫他提問。」

師兄：「尊者好像說過，聖雄與其內在的真我，已在溝通交會了，而那個真我在這裡、在那裡及遍在各地，所以沒有什麼事情須要溝通的。是這樣嗎？」

尊者：「是的，確實如此。詹姆那爾．巴賈吉，當時也來這裡，跟他的情形也一樣，總是安靜地坐在角落，不讓人知道他坐在那裡。在清晨的時候，我們都在切菜，他也來加入我們的工作。只有在最後，他才問一些問題，以便能釋疑。」

師兄：「一九四四年，《伊耶尼史瓦里》（*Jnaneswari*）一書的英文譯者馬魯．蘇伯達來這裡，他也沒有問任何問題，是嗎？」

尊者：「不，當時有人在讀《梨布之歌》，馬魯．蘇伯達說道，每本書都在詳述成就者或精練的境地，但卻不言及修行者的境地，我就指示他看《虔誠者傳》裡，有關毗陀巴與智納斯瓦的討論，就只有這樣。他沒再提問。他是個知識豐富的人，像他這樣的人，還要問什麼呢？他們來這裡，是為了內心平靜。」

師兄：「薩提亞穆提（Satyamurthi）、蒂魯（Thiru）、卡利亞那蘇達拉．穆達利爾（Kalyanasudara Mudaliar）、伊耶尼亞爾（Jnaniyar）、布魯蘇．桑巴穆提（Bulusu Sambamurthi）、坦古圖里．普拉卡薩姆（Tanguturi Prakasam）、卡拉帕特拉史瓦米（Karapatraswamy）及許多其他人等，他們來這裡的時候，也都不發一言。但這些人，走了以後，發表演講，捶桌咆哮，有如獅子般，尊者。」

尊者：「是的，他們都是博學之士，有的是作家，有的是演說家。那耶納也像那樣。」

師兄：「所以，博學之士不會對尊者提問，只有我們這些擔心你跟他們在一起的普通人才會提問。但是，若我們不去問您，尊者，我們又怎麼能知道呢？」

尊者：「那也很好，沒有關係。」他又再度靜默下來。

一七三　禮敬

一九四八年四月六日

今天下午三時左右，一位男孩，年約四五歲，跟他的母親前來。她向尊者跪拜行禮後，坐了下來，男孩也同樣地跪拜，他一直不斷地在跪拜，尊者看了，不禁笑著對隨侍說道：「看吧，他對我一直在跪拜，可能他在想他做了之後，就可以做他喜歡的事了。他是個小孩子，知道什麼呢？他只是在模仿他的哥哥，但他一定會得到獎賞，他要的不過是一根芭蕉。他拿到了，就會停下來。給他一根吧。」給了他一根芭蕉後，男孩就去坐了下來。

不久之後，有個人前來，行八肢觸地禮（sashtanga namaskara），但久久沒有起身。後來旁邊的人才把他攙扶起來，他起身後，又一再致敬，被人勸說後，終於坐了下來。尊者告訴旁邊的人，說道：「行禮指視情況而跪拜數次。那能做什麼呢？行禮的真實意義，乃是消融心思。」

「八肢觸地行禮的意思是什麼？」師兄問道。「它的意思，是指身體的八肢部位，亦即雙手、雙足、雙臂、胸部及前額，在行禮時觸碰地面。人們行這種致敬的方式，其背後的意義據說是，『身體碰觸泥土，最後融入於泥土，而我裡面的那個「我」將繼續成為唯一的「我」。』那個涵義必須由自己去探究而知曉。若不知曉這個意義，而行這種禮，則沒有用處。人們行毫無意義的禮，想要保住他的利益：『師父必須要給予他們所欲的，不管那是什麼。要有一袋子的衣服或錢。』不管什麼時候，他們向我行禮，我都怕怕的。我必須對他們的厚愛，不勝感激。我的行事，必須根據他們願望，我必須實現他們的欲求。我知道他們心裡的意思後，我必須謹慎行事。不僅是這樣，人們向我鞠躬，就對我取得了某種權利。若像我們這樣的人，承受這樣的苦，那麼伊濕瓦若自己該怎麼辦呢？祂一定更是感激至極，不勝承載；他一定要根據人們的願望來行事；他一定要給予人們恩惠。身為師父，就有這麼多的麻煩了，那麼身為伊濕瓦若，又該怎麼辦呢？若有任何人不向我跪拜，那我最高興，因為我不須要對他不勝感激。一位悟者無須向任何人跪拜，也無須加惠於任何人，因為他的心思，始終融入本心，如如其在。他被視為無時不在行禮。有些人認為，他向悟者行禮，而悟者並未回禮，也沒有舉手來加惠他，便感到受冒犯，但事實上，在人們行禮之前，悟者已經謙卑地行禮了，他的心思，業已消融。甚至加惠於人也是這樣，其心思之融入，這本身就是加惠。悟者的心思始終在融入中，就是這樣，那又是在加惠誰呢？所加惠的，又是什麼呢？」尊者說道。

一九四八年四月八日

一七四　上師之足的神聖

今天下午，我前去尊者那裡時，我發現有人在唱一首歌〈上師之足的偉大〉（*Guru pada mahima*）。歌唱完後，尊者看著我，說道：「這些歌是塔特瓦拉耶史瓦米（Tatvarayaswami）譜寫的。妳聽過上師之足的神聖嗎？」「是的，我聽過這些歌，歌曲的內容，意義深長，我想一定是某些大人物寫的。」我說道。「歌曲的背後有段故事。」尊者說道。我便詢及那個故事是什麼，於是尊者向我們敘述這個故事如下：

「塔特瓦拉耶爾（Tatvarayar）與史瓦魯帕南達爾（Swarupanandar）決定從兩個不同的方向去尋找證悟上師。在出發之前，他們彼此約定，誰先找到證悟上師，誰就必須介紹給另一人。只是塔特瓦拉耶爾不論如何找尋，都找不到證悟上師。史瓦魯帕南達爾是塔特瓦拉耶爾的伯父，自然是個老人，他數次找尋後，十分疲憊，便在某處休息。他心想他無法再去尋找了，便向上主禱告：『喔，伊濕瓦若！我走不動了，所以祢應該派一位證悟大師給我。』他把心裡的負擔交給上主後，便靜坐在那裡。由於神的恩典，一位證悟上師前來，教導他了悟真我的真理。就是那個教導的要旨，譜成一首歌，名為《真理精義》（*tatva-saram*），那本書附帶著註釋，也出版問世，十分有名。但是伯父與姪兒的約定，無法實現，因為那位證悟上師很快就死了。在這樣的情況下，伯父自己來教導姪兒。史瓦魯帕南達爾只寫了一本書，但塔特瓦拉耶爾卻吟唱了無數的歌曲，

〈上師之足的偉大〉便是其中之一。雖然還可以找到許多其他的歌，但現在有些已佚失。」

一九四八年四月八日

一七五　什麼是解脫？

今天下午三時，一位安得拉邦的青年，面容憂戚，趨前向尊者說道：「師父，請容我陳述，我剛從班加羅爾來，我不知道如何冥想才能獲致解脫，因此很煩惱，請您務必教教我，幫我了解。」「現在你在做什麼呢？」尊者問道。「現在，我沒做什麼，師父，這就是我要請師父告訴我如何冥想的原因。」這位年輕人說道。「為何你要冥想呢？什麼是解脫呢？你要瞭解的解脫到底是什麼呢？為何這個觀念一股腦兒來到你身上呢？」尊者問道。

可憐的人啊，他不知道要說什麼，只好沉默無語，但從他的臉上，很清楚看得出他在為某些事情而憂心。稍過半晌，尊者以慈悲的眼色看著他，說道：「把你的心思守在你家的神明上，屏棄外來的思緒，持行冥想，或者把真我守在心思上而行冥想。若能做到，外來的東西將逐漸退散，而唯獨冥想存在，你就無須分別地去行冥想。對真我的冥想將會穩定而持續不斷下去。那個『在』（Is），就是冥想，此外別無獲致解脫這回事。擺脫外在的事物，其本身就是解脫。呼吸控制及其他靈修的行法，都僅是使心思專注在一物上而已。呼吸控制行法是把身體上遊蕩的心思守住。那就是何以要先行呼吸控制，然後再持咒、苦行等行法的道理。若可以控制呼吸，而能維持一陣子，則有助於持行探究真我。若能冥想家中的神明或其他形相，心思也會隨之受到控制。不管其行法為何，冥想本身會引導至對真我的了悟，那麼你就無須有持行者及持行的雙重面向，一切都將成為人之生命的自然狀態而已。」

那位年輕人聽了這些話，呆若木雞。尊者向身邊的另一位師兄說道：「看！叫祂伊濕瓦若（人格神）、阿特曼（真我）或者叫什麼都可以。祂是遍在而全知的，只是人無法看到祂。他們說，他們持行的結果是，要祂能突然來到他們的面前，若這樣的話，我也無可奈何了。我們都在祂裡面了，而我們在尋找祂，卻說道：『祂在哪裡呢？』那個小我膨脹了，到處惡作劇，看，這小我的能力有多大呀！」

一七六　大自然的光輝燦爛

一九四八年四月十一日

夏天來了，廳堂的空間已不敷使用，尊者整天都待在慶典廳裡。他長椅的背後，垂掛著竹簾，但昨天隨侍把竹簾捲起來，因為阻擋了微風吹拂，而我並沒有注意到這樣。今天上午八時，我到那裡，尊者安坐在長椅上，面向南方，好像是南方相濕婆達克希那穆提。背後的芒果樹遮覆著整個空間，宛如聖堂，而樹枝椏槎，嫩葉掩映，花卉嬌豔，宣告夏季的來臨。結實纍纍的小芒果，成串在綠葉與花梗之間，好像濕婆林伽，擺盪搖晃著，在他右邊的花園遮蔭下，百花遍地，巴豆樹的盆栽擺在緊接著他長椅的後面。在左邊，他們注水在一個泥盆裡，好讓麻雀歡天喜地地沐浴。長椅的兩側，站著兩隻孔雀，一隻是白色的，一隻是彩色的。點燃的柱香，飄散著芬芳的煙霧，撲鼻而來，師兄姐在此聚集。陽光穿透棚屋頂上的空隙，灑落在尊者的身上，顯得閃閃發亮，有如黃金。目睹這般燦爛的盛景，我甚至不知道照例要去跪拜在他面前。我呆立在那裡，為之讚嘆不已。

其中一位隨侍，羅摩強德拉·艾耶看了我許久，說道：「怎麼了？」我掩不住內心的欣喜，大聲喊叫：「師兄，你沒看到這個景象多麼美嗎？看大自然環繞著我們，大放異彩，對我們展現著它的璀璨之美！若把它拍攝下來，該有多好。」尊者垂詢到底是怎麼回事。「這整個場景實在太美了，我建議把它拍照下來。」我說道。艾耶也有同感，說道：「是的，我們應該拍張照片。」隨即尊者開始向我們述說一些他早期的生活：「你們都知道，我曾待在古魯墓廟旁邊的芒果莊園有一段時間。當時，我在芒果樹下有個小遮蓬，他們立起了某個像鳥巢的東西，越過我的頭頂，防止雨水淋到我身上，那裡的空間很狹窄，我睡覺時，腳都無法完全伸直。我像一隻在巢窩裡的鳥，幾乎整天都坐在那裡。巴拉尼史瓦米也有個遮蓬，就在我的對面。在那個偌大的園子裡，只有我們兩個人待在那裡。」

我引述一句話，說道：「『很高興看到年輕的上師跟年老的弟子一起坐在榕樹下。』我想通常都是這樣。當時，有人拍下照片嗎？」

「沒有，那個時候怎麼會有照相呢？」尊者說道，又對著隨侍說：「看，她說這個場景必須拍照。」「今天下午，我們會安排來拍照。」羅摩強德拉·艾耶說道。尊者望著樹木，又勾起了他的一些往事。尊者說道：「那棵芒果樹，也像這樣，結成小果實。不時掉落在我頭頂上的遮蓬，作『咚、咚』聲響。果實雖然熟了，但外皮還是青綠的。它們很熟了，就被採摘下來，儲放到完全成熟。就在這個時候，你知道會有什麼事發生！蝙蝠通常在夜間飛來，嚙咬全部的熟芒果，每個芒果都吃一點，然後丟下來，這些殘餘的芒果，便都是我們的了，這就是來自蝙蝠的聖食。」羅摩強德拉·艾耶聽到這些，便問道：「莊園的主人沒有給你們水果嗎？」「他對我們說，我們想要水果的話，可以從樹上採摘，但我們始終沒摘。你看，我們有蝙蝠的聖食。這些芒果在樹上熟了之後，非常香甜可口，那不就夠了嗎？那些遮蓬，以及那個大自然之美，給了我們無比的快樂。」尊者說道。

一九四八年四月十二日

一七七　首次洗澡及首次剃頭

昨天下午我寫信給你，談到尊者在慶典廳四周美麗輝煌的景象，我今天比往日稍晚到道場，尊者一看到我，就說道：「羅摩強德拉·艾耶和阿南達那羅延·饒一起，剛拍了照片。」

時值夏天，天氣燠熱，克里虛那史瓦米在尊者長椅背後的藺草蓆帳上灑水，也灑水在蓆帳後面的巴豆樹上。灑水的水滴落在尊者的身上，他搓揉著身體，說道：「看，他們在供奉我！」

這樁小事，似乎使他憶起了往事，於是他笑容滿面，又帶著合宜的體態，告訴我們下面這則故事：

「我抵達蒂魯瓦那瑪萊這個地方後，我有四個月沒洗澡了。有一天，我在阿魯那佳拉神廟區內，有位叫波努史瓦米（Ponnuswami）的信徒，他的妻子突然來我這裡，把我拖去坐下，用肥皂粉洗我的頭，又叫我洗澡。她不時前來神廟，所以我以為她那天是照常來神廟而已。沒想到她有備而來！那是我首次洗澡。」

「此後，您都每天洗澡嗎？」我問道。

「不是的。洗澡是不成問題的。是誰在使我洗澡呢？那個洗澡的人是誰呢？在這之後，約有一年的光景，都是這般同樣的情況。你知道，我在古魯墓廟待了一段時間，當時每天沒有很多人來那裡，並沒有人來打擾我。雖然這樣，但有位女士，名叫米娜克希（Minakashi）時常帶食物來給我。有一天，她帶了一個大鍋子來煮開水，我想她自己另有用途，但是她從籃子裡取出油、肥皂等物，說道：『師父，來這裡。』我沒移動，但她會沒有動作嗎！她拉著我的手臂，要我就坐，在我身上塗抹著油而洗澡了。我的頭髮，由於沒有清理而蓬亂不堪，就四散而垂了下來，好像獅子的鬃毛一樣。那是我第二次洗澡。後來，巴拉尼史瓦米來了，每件事都有所照料，就每天洗澡了。」

「這件事並沒有記載在傳記裡。」我說道。

尊者說道：「沒有記載，但確有其事，當時，並沒寫到這件事。剃頭的事情，也像這樣。我來這裡的當天剃頭，是有記載的。第二次剃頭是在一年半以後。我的頭髮長得十分蓬亂，糾結成像個籃子，以致小石頭或灰塵都積在那裡，使得我感覺我的頭是重重的。我的指甲又很長，看來嚇人。所以，有人來強迫我剃頭，我就順從了。當我的頭被剃乾淨了，我就懷疑我的頭是否還在，因為感覺頭變輕了，我搖晃著頭，確定我還在。這就表示，我的頭帶著多少的負擔。」

「在那一年半載的期間，難道沒有人來剃您的頭嗎？」一位師兄姐問道。

尊者說：「有的，他們設法來剃頭，當我待在蘇婆羅曼雅神廟（Subramanya Temple）時，有位人士，名叫尼拉肯塔·艾耶（Nilakanta Iyer），他是現在同名的執業律師的祖父，時常來那裡。有一天，他有備而來，而我以為他是跟往常一樣，所以閉目而坐。他站在我的面前，一聲不吭，我聽到背後有『踢、嗒』聲，於是張開眼睛，看到一位理髮師正在磨剃刀，我二話不說，立刻離開現場。可憐的人呀，他知道我不願意剃頭，也就走了。唯獨波努史瓦米的妻子不放過我，除非我洗澡。當時她拉著我的手臂，把我拖走，我又能怎樣呢？」

「或許她認為您像個小孩。」我說道。

「是的，」尊者說道，「還有一件事，那是當時我待在一棵茶樹下。有位二十歲的舞女，名叫羅莎娜瑪（Rathnama），有一天在往來神廟的時候，看到了我，她內心對我起敬，但又厭惡她自己的職業。她向她的母親說，除非她送食物給師父吃，否則她不進食，於是兩人都送食物來給我。但當時我在深沉的冥想中，縱然她們對我喊叫，我也無法睜眼張口。她們請路過的人，拉起我的手臂，想辦法把我叫醒，然後她們給了我食物，就走開了。羅莎娜瑪堅持在她每天進食之前，要先送食物給師父，她的母親說道：『妳很年輕，而師父也年輕，除非有人碰觸師父，拉著他，否則他不會醒過來的，但我們不能這樣做，怎麼辦呢？』羅莎娜瑪便請求她的表弟來協助，於是有了他的協助，每天就送食物過來。然而，一段時日過後，那位男孩親戚認為這樣有損尊嚴，便不再送食物來了，但是，她送食物來給我的心意很堅定。最後她向她的母親說，她自己每天送食物來，她想她也較老了，因此來搖醒我，給我食物，是無傷的。不久之後，她的母親去世了，而我也移到另一個較遠的地方，羅莎娜瑪無法走那麼遠的路來送食物給我，所以就放棄了這個心願。因為她必須仰賴她的職業為生，她只能設限在一個男人身上，然而她的心地純潔，她所屬的社群，跟她又有何干呢？她心無染著，又極虔誠，極不喜歡她的職業，也不願她的女兒步上後塵，於是把她給嫁了。」

說完故事後，尊者再度靜默下來。

一七八　一心不貳

一九四八年四月十四日

今天下午二時三十分，我到道場，尊者正在吃水果，一看到我，臉上就泛起笑容，我心想大概有什麼好消息。過了一會兒，他開始說道：「收到南美寄來的信函及相片。相片上有六男一女。坐在中間的女士，頭上頂了一張我的照片，有兩位男士坐在兩邊，四位男士站著。他們似乎是阿魯那佳拉協會（Arunachala Sangam）的成員。信函上這樣寫著：『尊者，我們不能前往參拜，只能在此向您致上崇高的敬意，並持行靈修。請您加持。』他們也附上已付郵資的信封。南美洲到底在哪裡呢？我們又在哪裡呢？」尊者說道。

「他們當中有任何人來過這裡嗎？」我問道。

尊者答道：「他們似乎沒來過這裡。我記得以前見過那位女士。他們是怎麼耳聞我的事蹟，我也不知道。他們在信上說，讀過我們的書，並行在靈修。南美是在美國南方的底端。他們向我致敬，為何這樣，我也說不上來。」

「虔誠並無距離的限制，是嗎？」我問道。

「沒有限制，確是這樣。那位女士拿著我的照片在她的頭上。她是怎麼知道我的？」尊者說道。

「太陽升起的時候，全世界不是都看到陽光嗎？」我說道。

「沒錯。七或八年前，有位女士，從歐洲來看我，她一抵達印度，不去別的地方，就直接到這裡來。在廳堂裡，坐了半小時後，她起身趨前，在我面前跪拜，然後出去，在道場逛了一下，就隨即離去。她直往可倫坡（斯里蘭卡首都），在那裡搭乘輪船，她寫信給我：『尊者，久聞大名，我渴望見到您。我的願望實現了，我現在並無欲望想見這個國家的其他任何人。因此，我搭乘這艘輪船離開。』她是這樣寫的，實在很奇妙。」尊者說道。

我向尊者說道：「持國[155]渴望看到梵天的形相，在上主克里虛那賦予的神眼協助下，他看到了梵天。梵天消失後，他告訴上主克里虛那，說道：『看到祢的神相後，我不想再看別的了，所以把祢賦予我的神眼拿去吧。』就像這樣，那位女士見過您之後，不想在印度再看別的了。就虔誠來講，並無男女之別，有嗎？」

「沒有，並無分別。」尊者說道。

一九四八年四月二十六日

一七九　虔愛法門

今天上午，一位坦米爾青年趨前向尊者問道：「師父，虔誠敬愛神是好的，不是嗎？那麼，為何不遵行虔愛法門？」

「誰說你不可以遵行呢？你可以這樣遵行。但你說要虔愛，這裡就有二元性了。難道不是有個人在虔愛，還有另一個被虔愛的個體，叫做神嗎？但生命個體並無自外於神，因此，虔愛意味著人愛自己的真我。為了這樣的愛自己的真我，《世天冥思》按照階段，舉例敘明：人最愛錢，但愛他的兒子，更甚於錢；愛他自己的身體，更甚於兒子；愛他身體的器官，更甚於身體；諸器官中，最愛眼睛；愛生命更甚於眼睛；愛自

155　持國（Dhritarashtra），《摩訶婆羅多》的人物，是俱盧族的父親，雙眼全盲，其弟般度王死後，代為攝政，後來引發俱盧族與般度族的戰爭。

己更甚於生命。姑且用這個事例說明：假設兒子出了差錯，政府要懲罰他，則父母會出錢，甚至賄賂來解救他。因此愛兒子是甚於愛錢的。若政府不接受錢，而說若父親代替處罰，可釋放兒子，那麼父親會說：『隨你怎麼處置這個孩子都可，他跟我無關。』因此，父親愛自己的身體更甚於兒子。假設有個人做了某事，當權者因而說要挖出他的眼睛，那麼那個人就會寧可身體被折磨，也要保全他的眼睛，所以寧願身體折磨，也不願喪失一個器官。若要對他斬首，除其生命，他寧願喪失眼睛或其他器官，也不願喪失生命，所以愛生命（元氣）更甚於器官。同理，若人渴望得到真我的幸福，必要的話，可喪失生命，所以珍愛我更甚於生命。因此，人虔愛神，此一觀念，端在使自己快樂；然而他是幸福的具體身相，而幸福即是神，那麼還有誰，是被愛的呢？愛本身就是神。」尊者說道。

「這就是我在問是否可以經由虔愛法門來禮拜神的原因。」提問者說道。

「那就是我剛才所說的，愛本身乃是神的實際形相。若說『我不愛這個，我不愛那個。』你拒絕了一切，所存留的只剩下實相，亦即天生本然的真我，那個就是純粹的福祉，叫完純福、神、阿特曼，或者隨你說，那個就是虔愛，那個就是了悟，並且那個就是一切。」尊者說道。

「您現在所說的，其意思是我們應拒絕外在壞的東西，也要拒絕外在好的東西，唯獨要虔愛神，但是人在其有體驗之前，有可能拒絕一切而說這個不好、那個不好嗎？」另一個人說道。

「說得也是。要拒絕壞的的，你必須愛好的，經過一陣子後，那麼好的，也會成為障礙，而須加以拒絕。因此，你必須去愛那個好的，這意味著你先去愛，然後拒絕你所愛的東西。若你拒絕了一切，則所存留的，便是只有真我了，那就是真實的愛。人若能知曉那個愛的祕密，就會發現這個世界充滿了全體的愛。」尊者說著，然後靜默下來。

一八〇 上師的恩典

四月十二日，一位來自維傑雅瓦達（Vijayawada，在安得拉邦）的人士，名叫甘加拉猶·瑪里卡朱那（Gangaraju Mallikarjuna），他曾不時造訪道場，今天偕同妻子及子女來訪。他有五個女兒，也有五個兒子排行在五個女兒之間，但都已身亡。他們要幫第六個兒子，在尊者面前行養哺式儀禮156。

只是這個吉祥日的兩天前，他們還在維傑雅瓦達時，孩子突然死了，當晚他們決定離開那個地方，於隔天凌晨三時，來到尊者的面前。

尊者對他們闡明生死的問題，俾抒解他們的悲痛，這時有位師兄姐問道：「師父，據說修練呼吸控制行法，其身體能活得長久些，而全然浸淫在這個行法之人，能使他們成為悟者，這是真的嗎？修練這種行法，是好的嗎？」

尊者溫和答道：「是，人修練這些行法，確實可活得長久些，但是成為悟者，是為了要活得長久嗎？商羯羅活到三十三歲，瑪尼迦瓦吒迦活到三十二歲，桑達拉活到十八歲，桑班達（智親）十六歲身逝。難道他們都不是悟者嗎？一個悟者真的不會愛他的身體。對於一個幸福的化身的人而言，身體本身，就是疾患。他在等待時間，擺脫這副身體。當他有了這副身體，他必須刷牙、必須走路、洗澡，並給予身體食物，此外

156 「養哺式儀禮」（annaprasana），嬰兒出生後第六個月所行的家庭儀禮，首次餵食固體食物。若期望其子將來得富貴，則餵以山羊肉；若期望有名譽，則餵以鳥肉；若期望其行敏捷，則餵以魚肉；若期望榮光，則餵以米飯。以上任何一物跟蜜乳攪和而餵食之，並唱誦子孫繁華、家庭富貴的咒語，向神祈禱。詳見高楠順次郎、木村泰賢著，釋依觀譯，《印度哲學宗教史》（新北市：台灣商務印書館，2017）254-255頁。

還要做許許多多的事情。若身上的癤疔長出來了，就必須清洗及塗藥，否則會化膿，發出臭味。同理，身體若不保持乾淨，它會生病。悟者看待他自己的身體，有如苦力看待自己背負的重荷。他期待到了目的地時，把重荷卸下，就是這樣，難道他們會藉著呼吸控制及青春永駐來保持身體、延年益壽嗎？那些行法都是追求神通靈力之人所採行的。我住在山上時，看過這類的通靈者，若有人去找他們，他們就要他坐下來，詢問他村子的名字、他父親、祖父、曾祖父的名字，並告訴他說，他們在他曾祖父的時代曾來到他的村子。很奇怪的是，這麼年長的人，不僅活得這麼長，而且還這麼強壯，而那個村民給他禮物後離去。這些手法，都是在使人認為他們很了不起，但是成為悟者的人怎會使這種手法呢？《瓦西斯塔瑜伽經》裡說到，羅摩從朝聖之旅歸返後，發現整個世界本身，就是苦難的根由，因此他把所有的東西都給了人，甚至包括吃喝的東西，而自己保持安靜不動。當維斯瓦米特拉（Viswamitra）要達薩拉塔（Dasaratha）派羅摩去守護他的祭獻儀禮，達薩拉塔說，羅摩像個瘋子，並描述他發瘋的徵狀，維斯瓦米特拉聽了之後，說很高興聽到這些徵狀，這樣的發瘋，很少人有，並說很想要看看他，請把他帶來。於是羅摩來了，向在場的每個人都跪拜行禮，然後就坐。

「維斯瓦米特拉看著他，並問他發瘋的原因，然後向瓦西斯塔說：『請教導羅摩真我的真知，那個真知是梵天教導你和我的。』瓦西斯塔同意。他在教導的時候，各地的通靈者也前來聆聽，他們心想，『羅摩這麼年輕，就獲得這麼多的真知，何等神奇！何等偉大！我們真是白活了。』你知道，這是怎麼回事嗎？」尊者說道。

「是的，確實如此，」另一位師兄說道，「有些人說，我們已活到五十歲了，還需要什麼呢？好像活得很長，是件了不起的事！」

「是的，」尊者笑著說道，「那是一種驕傲，有一則故事談到這個。從前，梵天一度自覺驕傲，他活得這麼長久。他去毗濕奴那邊，說道：『你沒看到我這個人這麼偉大嗎？我是所有眾生中最年老的。』毗濕奴告訴他，說並不是這樣，還有人活得比他長久，梵天說，那是不可能的，因為他是一切眾生之創造者。毗濕奴就帶他去看比他更年老的人。

「他們一起走著，來到一個地方，看到毛髮仙人[157]。毗濕奴問他的年齡，又問他打算要再活多久。

『哦！』毛髮仙人說道，『你要知道我的年齡嗎？好吧，且聽著，我來告訴你。

『這個宇迦（yuga）紀元，由許多個千年組成。全部的這些年分加起來，對梵天來講，就是一天一夜。根據這樣的計算，梵天的生命，就受限在一千年。當一位這樣的梵天死亡時，我身上的一根毛髮就會掉下來。對照已經發生的死亡來講，我的毛髮，也掉落了一些，但我還有很多毛髮。等我的毛髮全都掉光，我的生命也就結束，而我將死亡。』

「他們聽了後，驚訝之餘，又繼續走到八曲仙人[158]那裡。當他們告訴他上述的計算年歲時，他說當一位這樣的毛髮仙人死亡，他身上的一個歪曲肢節就會變直，若身上的所有歪曲肢節都變直了，他就會死亡。梵天聽了後，十分氣餒。還有許多類似的故事。只是，真正了悟了，還有誰需要這個身體呢？對一個悟者來

157 原註：毛髮仙人（Romasa Mahamuni），Romasa（音譯羅瑪薩），指充滿著毛髮。

158 八曲仙人（Ashtavakra Mahamuni），印度神話中的仙人，相傳他的雙手、雙腳、雙膝，以及頭、胸等八個部位都歪曲。他有兩個著名的弟子，一是祭皮衣仙人，後來成為偉大的瑜伽聖者，編有名著《百道梵書》（*Satapatha Brahmana*）。另一位是毘提訶國的國王迦納卡（Janaka），他與迦納卡的對話，編成《八曲之歌》（*Ashtavakra Gita*）。本書《真我信箋》第一百八十一則，是記載尊者敘述八曲仙人與迦納卡的對話。

講，他藉著了悟真我而安享無盡的幸福，為何還要有這個身體的負擔呢？」

師兄問道：「若無上師的恩典，能否獲得真知？甚至羅摩，他的早期生命，好像是個呆子，他是在得到上師的協助後，才成為悟者的。」

「是的，」尊者說道，「這又有何疑問呢？上師的恩典，絕對是必要的。這就是詩聖塔俞馬那瓦（Thayumanavar）在其詩頌要讚揚他的上師的道理，在另一則詩頌說道：『喔，上師之神，祢垂眼諦視時，老虎溫馴得像山羊，蟒蛇像松鼠，壞人成為好人，還有什麼事，不可能發生的呢？祢的靈眼慈視，萬物都為之善良。我如何能描述祢的偉大呢？』因此，他吟唱著。上師的恩典，是非比尋常的。」尊者說道。

聽了這些故事後，來自維傑雅瓦達的人士，欣喜萬分，說道：「我們何其幸福，上師的恩典已然灑落在我們身上！尊者告訴我們這些故事，並紓解我們的悲苦。」

一八一　八曲仙人與迦納卡的對話

一九四八年四月二十四日

兩天前，聽到八曲仙人故事的一位師兄姐，昨天上午向尊者問道：「昨天，您談到的八曲仙人（八曲身聖者），是那位教導[159]國王迦納卡的同一人嗎？」

尊者說道：「是的，《八曲仙人之歌》（*Ashtavakra Gita*）在北印度眾所知曉，但不是在南方。只是最近維斯瓦納坦把它譯成坦米爾文，才漸為人知。」

一位在場的安得拉邦男士說道：「那本書是泰盧固文的嗎？」

「是的，那是泰盧固文的，但這本書有關八曲與迦納卡的對話，也就是引發教導的部分，更為有趣。」

尊者說著，就告訴我們這則故事：

「你們或許知道，所有毗提訶國的國王們，都叫做迦納卡。其中一位迦納卡在他尚未獲得真知，而在修習的過程中，聽到一位學者朗讀下面的頌文：『至上之知，能在極短的時間獲得，甚至在一腳套上馬鐙後，第二隻腳套上第二個馬鐙之際就能辦到。』他便問那位學者，這是否是真的。學者說有可能做到，勿庸置疑。國王說他即刻派遣出他的馬來試驗經文所說的正確性，而學者也要為此負責。學者說他無法證明頌文的正確性，但確信聖書所載的經文是絕對正確的。國王生氣了，說若是無法證明，則所述這段經文，應該刪除。學者並無畏懼，說他對經書所述的真理，毫無懷疑，因此，他不再對此有任何抗辯。

「國王立刻將學者關入牢房，並要所有的學者前來都城。國王問他們有關經文的正確性。他們都說，那

159　原註：upadesa指授予真言或偈頌的教導。

是正確的。但國王要求他們證明時，他們像第一位學者一樣，都說他們無法證明，於是國王把他們全部都關入牢裡，並且下令，若有任何婆羅門種性人士，來到他的王國，就必須帶來他面前，若回答也是這樣的話，他們也要關進牢裡。消息傳遍各地，沒有一位婆羅門種性人士敢冒險踏足前來這個王國。過了不久，八曲仙人剛好經過那裡，正準備在一棵樹下休息，看到了兩位婆羅門種姓人士。他問他們誰是這個城邦的國王。他們答說：『你問那個國王，是要做什麼？你要進去這個城邦嗎？』他說他想要去那裡，所以問那裡的國王是誰。他們說：『師父，這個城邦的國王已經關了一些婆羅門人士，我們建議你不要去。若有婆羅門人士不幸進去了，他就會被問：『你能證明經文上說的，雙腳套上馬鐙之際，人就能成為悟者嗎？』假若他說他無法證明，那他就會被抓去關。』他感到十分好笑，說道：『喔！事情是這樣子哦？那麼請做一件事，抬著轎子，把我帶國王那裡去，我去證明經文是正確的，並把全部的學者釋放出來。』仙人坐在轎子，被帶到國王那裡，在國王面前，坐了下來。那時國王坐在議事廳裡。

「國王一看到仙人的臉龐，容光煥發，不禁想要向他禮敬，隨即國王在他面前，跪拜行禮，整個身子伸直趴在地面，八肢觸地，雙手合十，說道：『師父，您來這個地方有何目的？若我能做什麼的話，還請惠告。』仙人滿意國王對他的禮敬，說道：『這些學者犯了什麼錯，你要把他們關入牢裡。請先告訴我這個。然後我們再來考慮其他的事。』『他們無法證明經文說的真知能在一腳套上馬鐙後，另一隻腳套上第二個馬鐙時，這麼短的時間就能獲得。因此我把他們關起來。我這樣做，是為了要知道經文的真理。』國王說道。『真荒謬啊！』仙人說道，『僅僅無法證明，就說經文是不正確的。能這樣說嗎？我宣布經文上的每個字都是真的。』仙人說道。『若是這樣，我現在就派遣我的馬出來，請您證明經文的話是真的。』國王說道。『因為您的用意是善良的，我很高興。但我想你應該知道，若其人之資質能力尚未合適者，不能啟引他使之了悟。

若你要那個啟引的教導，你必須對我有充分的信心，首先要釋放所有在牢裡的學者，然後你騎馬前來森林，我會評定你的資質能力是否合適，然後再授予教導。』仙人說道。

「聽了仙人這番話，激起了巨大的信心，國王的渴望之情，為之澎湃不已，於是立即釋放所有的學者。八曲坐在轎子裡，國王騎在馬背上，偕同僚臣及隨從等人，來到森林裡。然後，他們停在一棵榕樹下，仙人說道：『何不遣送這些僚屬回去？難道這些人全都要接受教導嗎？』於是國王遣送他們回去，不願浪費時間，在得到八曲的允准下，他把一隻腳套在馬鐙上，正要舉起他的第二隻腳時，仙人說道：『等，等！舉起你的另一隻腳之前，你必須回答我的問題。』國王說好，八曲就問道：『所引用的經文，只述及了悟可在其人另一隻腳套上馬鐙的短時間內獲得，或者也還須要其他的事情？』仙人問道。國王說也不須要。仙人問說，若經文也述及獲得了悟，上師是必要的，這又如何？國王答說，這肯定是必要的。『若是這樣，為何你要求教導，還不先拜我為師呢？』仙人說道。國王則說，既然經文這樣述明，他便立刻拜仙人為上師。『有關敬師禮物呢？』仙人問道。國王說，他當下就把他的身體、他的心思、他的財富及他在世上擁有的一切都放在上師的聖足了，請求上師收下。

「八曲一聽之下，就跑到旁邊的樹叢躲了起來，而國王的一隻腳套在馬鐙上，動也不動。太陽下山了，他的臣僚正憂慮國王還沒回家，便前去森林探視。他們找到了轎子，但八曲不見了，而國王動也不動，像個塑像，他們面對面站著，看著這模樣，大臣前去問國王，何以這樣動也不動，但沒有回音。他們想八曲一定施以巫術，所以開始找尋他，但遍尋不著。於是只好放棄找尋，把國王送上轎子裡，帶回宮廷，讓他躺在小床上。他躺在床上，身體仍然動也不動。大臣們非常憂慮，指派騎兵前去搜尋八曲，命令捉拿不到他，就不要回來。

「國王不僅無法進食，連說一個字也沒辦法，甚至把水倒入他的口中，他也無咽下。王后及國王的親戚，看到這般模樣，內心萬分悲傷，這項消息傳遍了城邦，人民都覺得很恐怖。甚至太陽升起後，國王依然不能起身，八曲也不見人影，大家都在等待有什麼新的消息。一位隨侍約在落日時分出現，跟八曲一起坐在轎子裡。大臣們看了，怒不可遏，但又怕任何行事會引來對方的怨恨，而把事情搞砸了，只好恭敬地請詢仙人，是否對國王施以巫術。『對國王施巫術，我又能得到什麼？不管怎樣，何不去問你自己的主人呢？』仙人說道。『我們問了，但國王無法開口說話。這兩天來，他都沒有進食喝水，不管怎樣，請能讓他吃點東西。』大臣們說道。然後，仙人趨前走向國王，說道：『大君！』國王立刻說：『師父，有何指令？我做了什麼違背您的事呢？』仙人問道：『誰說你有做什麼事反對我。你什麼都沒做，沒什麼關係的，不要擔心，現在起來吃東西吧。』仙人說道。

「國王起身吃了東西，又動也不動地坐在那裡。『請發慈悲，讓我們的國王回復他原來的樣子。』大臣們說道。仙人允諾行事。仙人要他們出去，然後關上門來，向國王問，為何他動也不動地坐著。國王立即說：『師父，我對這個身體，毫無任何權利。這些腳、這些手都不是我的，而這個口舌，也不是我的。這些眼睛、耳朵及一切感官等，都不是我的。這個王國，也不是我的。事實上，我把我的身體、我的心思及我的財富，都交付您了。沒有您的指令，我無法做什麼事。這就是為什麼我會這樣子。』國王說道。

「仙人聽到這些充滿信心及虔誠的話，十分高興而滿意，便把手放在國王的頭上，說道：『我的好學生，我對你初步的測試，是要知道你是否能成為一位解脫者。現在，我可以確定你這位門徒是有資格接受教導。現在你是至上絕對的實相、一位了悟者，一切所應完成的，皆已告完成，一切所應接受的，皆已全然接受。』於是，國王跪拜在仙人面前，自己還不知他是怎麼成為至上絕對的實相，雖然他一頭霧水，莫名其妙。因此他問道：

『師父，請告訴我，如何了悟，如何解脫，如何放下執著。』

「《八曲之歌》的內容，是問答的體例。迦納卡因被教導而證悟真我，那個教導的結果是，整個黑夜過去了，但只是短暫片刻。

「太陽升起後，大門打開，大臣們及其他人都進來了，很高興看到國王神采奕奕。然後，偉大的仙人詢問王，是否還在懷疑經文說的另一隻腳在馬鐙上的短時間即可獲得真知，若他有任何質疑，他可派遣出他的馬來證明經文所言。國王滿懷感激及虔誠，說他的內心毫無疑惑，而經文所言，絕對真實。他再度感謝仙人對他的厚愛。這則故事，就是這樣。《八曲之歌》和《梨布之歌》一樣，都在教導證悟的至上境地，那就是說，當迦納卡把他的身體、心思及財富，都毫無保留地交付給上師時，他就融入在他自己的真我裡，而進入三摩地的境地。換言之，經由頌歌的教導，他得知他生命的真實本質，而他能在那個天生自然的本質上，如如不動了。」

「這跟瓦西斯塔教導羅摩是一樣的嗎？」我說道。「是的，是一樣的。但《瓦西斯塔瑜伽經義》的內容，是故事的體例。只有在這本書及《梨布之歌》裡，真我的本質實相，有更詳盡的闡述。」尊者說道。

一八二　梨布與尼達加

一九四八年四月二十五日

一位安得拉邦青年，昨天聽了尊者講述八曲仙人的故事，今天上午向尊者說道：「昨天談到八曲與迦納卡的對話時，提及《梨布之歌》，那本書是怎麼來的？」「哦，那個啊，梨布尊者對尼達加（Nidgha）的教導，其本身就是《梨布之歌》。」尊者說道。「梨布如何測試尼達加的故事，也是很精彩，不是嗎？」我說道。那位師兄聽到我這麼說，便請求尊者告訴他這個故事，尊者微笑頷首[160]。

「雖然梨布有一些門徒，但他對尼達加特別關愛，因為尼達加對經書有全盤的知識，心思又純正，對上師也很虔誠。雖然梨布在吠檀多哲理上，對他詳為講述，並解析箇中精義，但他的學徒心態仍使他深陷在命運的行事上，無法穩定地持守上師教導的真知法門。他奉行所有禳災祈福的儀軌，並跟當地人混居在一起，雖然他的住處，跟上師兩地遙隔，但上師對他的關愛，與日俱增。因此，梨布不時前去尼達加的住地，想知道他脫離禳災祈福的儀行的情形為何。有時，梨布會匿名微行前往。

「有一次，梨布喬裝成村民前往，發現尼達加站在路邊觀看國王離開官邸的王室隊伍出巡。尼達加沒注意到梨布從背後走過來，要來試探尼達加。梨布便說道：『這裡為什麼有這麼多人呢？』

尼達加：（並沒有轉頭向背後看，也不知道是誰在問話）大君在巡行。

梨布：喔！大君在巡行！誰是大君呀！

尼達加：你看呀，那個在大象上面的，就是大君。

梨布：什麼？你說什麼？你說大君在大象上面嗎？是的，我兩個都看到了，但哪一個是大君，哪一個是大象呢？

尼達加：怎麼這麼無聊呢？你說你兩個都看到了，難道你沒看見在上面的是大君，在下面的是大象嗎？

梨布：什麼？你說什麼？請說清楚一點。

尼達加：多無聊呀！跟你這種人講，實在很困難。同一件事情，我到底要跟你講多少遍呢？現在，聽著，在上面的是大君，在下面的是大象。現在你總該知道了吧？

梨布：很抱歉，請不要對我這種呆子生氣，我請你再多講一點。你說上面下面，先生，請告訴我確實的意思。

尼達加：（哈哈大笑）真可笑呀，你看那個在上面的，就是大君，那個在下面的，就是大象。你說你不知道什麼是上面、什麼是下面，那是什麼意思呢？

梨布：是的，是的！確是這樣，我看到了兩個。但我不明白上面跟下面的意思是什麼。

尼達加：（再也壓不住他的怒火）真無聊！這麼顯而易見，你都不能瞭解，那麼讓你明白的唯一辦法，便是實地操作了。現在我來操作。跪下，那麼你就會非常清楚了。

「那位村野老夫就遵命跪下，尼達加就坐在他的上面，說道：『現在，現在看看，你明白了嗎？我在你的上面，就像大君，你在我的下面，就像大象。對吧？你清楚明白了嗎？』

梨布：不，我還是不明白。我還是不明白。你說你在我的上面，就像大君，我在你的下面，就像大象。我最多只知道大君在上面，大象在下面，但你說『你』和『我』，那我就不能瞭解了。當你在說『你』和『我』的時候，你是對誰說話呢？請就這個，解釋清楚。

「他（梨布）講這些話的時候，態度沉著，語氣莊嚴。

「當尼達加聽到這些針對他的話語時，他瞭解到『你』和『我』的分離兩物是不存在的，二者皆沒入在

160 原註：梨布與尼達加的故事，記載在《毗濕奴往世書》（*Vishnu Puranam*）。

真我的意識裡。因此，他直覺地知道自己錯了，便降身跪在這位村夫的腳下，他知道這個人就是他的上師，使他的心思從外在的分別我見轉向真理，亦即真我。他大受開導，便雙手合十，深表感激，並對上師對他所做的一切，敬致謝忱。梨布又再度向他解說實相的境地，並曉以如何駐在真我。這就是《梨布之歌》的教導。在這部書裡，對於我及唯一的真我，有長篇的討論。」尊者這樣說道。

一九四八年四月二十八日

一八三　銀幕

昨天下午，一位師兄姐向尊者問道：「師父，據說了悟真我之人，沒有醒、夢、睡三境，這是事實嗎？」

尊者和藹以道：「是什麼讓你說他們沒有三境呢？說『我有個夢、我在深睡中、我是醒的』時，你必須承認你是在這三境裡，這就很清楚表示，你在這三境裡，都是存在的。若你現在如如其在，你是在醒境的，而這在夢境時，成為隱性的；當你進入深眠時，那個夢境會消失。你當時在那裡，現在在那裡，而且無時不在那裡。三境來來去去，而你始終在那裡，它就像銀幕，銀幕總是在那裡，一些圖像出現在銀幕上又消失，並沒有東西黏在銀幕上，而銀幕如如其在。同理，在三境裡，你的真我，如如其在。若你知道了這個，三境就不會困擾你了，正如同銀幕上的圖像不會黏在銀幕上，意即三境不會黏住你不放。你有時看到銀幕上有汪洋大海及無休止的波浪，但消失了。在同一時候，你看到銀幕上遍地烽火，那也消失了。這兩個場景都有銀幕在那裡，難道銀幕就被水淋濕了或被火焚燒了嗎？沒有東西能夠影響到銀幕。同理，在醒夢睡諸境所發生的事物，絲毫都不會影響到你，而你自己的真我，如如其在。」

提問者：「這是意味雖然人有醒夢睡三境，但這三境不會影響人嗎？」

尊者：「是的，就是那樣，這三境來來去去，但真我不受困擾，它僅此一境。」

提問者：「這是意味這樣的人在這個世上，僅是觀照者嗎？」

尊者：「沒錯。吠德亞楞耶在《十五論》第十章，就針對這一點，用燈光照明劇院舞台為例子來說明。當戲劇在表演時，燈光在那裡，毫無分別地一體照明著所有的演員，不管他是國王、僕役或舞者，也照明著觀眾。戲劇還沒上演時，燈光就在那裡，演出時及演出後，燈光還是在那裡。同理，內在的燈光，亦即真我，把光給了自我、心智、心思及潛在的心思，而光本身並無增減一分。雖然在深眠及他境，並沒有感覺到自我，但那個真我以無屬性而存在，持續在輝照其自身，就是這個意思。若人能探究真我，而知道他是誰以及他是什麼，那就不會再有任何疑惑了。」

一九四八年四月二十九日

一八四　作為者及作為

一位昨天已抵達道場的律師，來自拉亞拉希瑪（Rayalaseema，在安得拉邦的南部區域），今天上午約在九時，坐在尊者的長椅邊，向尊者問道：「師父，在《薄伽梵歌》裡，上主克里虛那首先說，萬物都被包含在『作為』裡而已，而其人的我，沒有角色扮演的餘地。後來，祂說祂自己是『作為者』、『作為』、『行事』，雖然『作為』在三者中最為重要，但其本身，並不具效能。若是這樣，萬物都依賴在那個『作為者』，也就是伊濕瓦若。那麼，為何祂先創造出『作為』，難道祂是對不同的人創造出不同的作為嗎？據說，後來每個人便根據他的命運，而各行其事。這種每個人各自不同的差異，為何一開始就有了？它是怎麼出現的？不僅這樣，若萬事萬物都交給『作為』（命運）及伊濕瓦若這個『作為者』（命運主宰者），那麼人為的努力，置於何處呢？若沒有人為的努力，那又何必說我們必須要了悟呢？那又是什麼意思呢？」

尊者說道：「是誰在問這個問題？是誰在萌起這個疑問？為何這個疑問會萌起？首先思考這個，然後找出答案。」

師兄：「師父，我只是問為何上主克里虛那要那樣說。」

尊者：「這就是我要說的。上主克里虛那到底對阿周那說了些什麼呢？祂告訴他，事情（行事）會根據那個『作為』（命運）而遂行，而我是『作為者』（命運主宰者），從上面來觀照整個事情。為何你要憂慮呢？那是你的身體在殺死你的親戚們。但你是這個身體嗎？不是的！那麼為何這個身體要困縛你呢？捨棄那個觀念吧。祂這樣說，這意味著，祂要阿周那去行事，但同時捨棄他在行事的感知，而這樣便是他的人為的努力。人去感知他是或不是這個身體，這是出於他的無明。人只有捨棄那個感知，亦即他是什麼，他就必須要加以屏棄。到底誰能這樣做呢？若經其努力，而屏棄那個困縛，那麼在伊濕瓦若這個『作為者』的諭命下，那個行動便自行作為。每個人皆有分配在其身上的工作，他會自然而然去做，為何要憂愁呢？阿周那覺得去殺他的親戚是不當的，他僅被告知要放下那個『作為者』的觀念而已。然而，阿周那終究要前去一戰。他聽了上主的話後，就不再有『作為者』的感覺，而心中的疑雲也沒有了。那件事情必須由那個特定的身體來施作而完成。甚至難敵[161]也像這樣。他並非不知道他的行動是否正確，他知道他的行動不是對的。但有股力量在牽引著他去做那件事。他還能怎樣呢？那件事情，必須由那個身體來做，並且完成。據說，他在臨終時，說了這些話。因此，很清楚的，有股至上大力在牽引著所有的人去執行他們的事情。擺脫『是我在作為』的感知，這本身就是人為的努力。所有的靈性修行，都朝向那個目標。」

另一位師兄姐：「是的，這個行動（命運行為）必定有個開端，但它是怎麼來的，並沒談到。」

尊者：「是的，但事情是一樣的。若問：『你是怎麼有這個東西？』你說你是因為『作為』而有的。你是怎麼生出來的？所能說的，也是因為『作為』而已。然而，若問這個作為是怎麼來的，別人就會向你說，你不該問這個問題。這是種子和樹木的定律。種子生出樹木，而樹木又長出種子，那麼那個種子是怎麼來的？就是這個問題，別人告訴你不該問。我們對此，能說什麼呢？這就是我總是要人們先找出他們是怎麼生出來的，以及生在哪裡的道理。」

> 喔，阿周那！上主駐在萬物的本心裡，萬物被設置在這個自動機體上，祂以其幻力，根據萬物之作為（命運），使其旋轉。
>
> 《薄伽梵歌》十八章六十一節

> 全力尋求祂唯一的庇護。喔，阿周那！藉著祂的恩典，你將獲得至上的平安及永恆的居所。

161 難敵（Duryodhana），《摩訶婆羅多》史詩中的人物，他是與般度族王子阿周那對立的俱盧族諸王子之首。

一九四八年四月三十日

一八五　納耶那與《拉瑪那之歌》

昨天下午二時三十分，談到一則頌文'Hridaya kuhara madhye'。一位師兄姐問尊者，那則頌文是否是尊者在史堪德道場時寫的。

尊者：「是的，寫此頌文時，我在那裡，一九一五年，我為了賈格迪斯瓦若·夏斯特里[162]而寫這則頌文。」

師兄姐：「是這個原因嗎？但《拉瑪那之歌》裡說是尊者自己寫的。」

尊者說道：「不，不，一九一五年，查圖爾瑪希亞[163]期間，賈加迪薩（即賈格迪斯瓦若）在史堪德道場。有一天，他在一張紙上寫下'Hridaya kuhara madhye'，手上拿著紙，就坐了下來。我問他那是什麼。他說他要寫一則頌文，但動筆後，就只寫出這些。我請他繼續寫其餘的，他說絞盡腦汁，但無能為力。隨後，他外出某處，就把字紙放在我的坐位底下。他回來之前，我便完成了那則頌文。頌文下面寫著『賈加迪薩』字樣，他一回來，我就拿給他看。他問我為什麼要寫他的名字，我說因為你賈加迪薩先開始寫的。他說若是這樣，他要那張字紙，於是把它取走，小心翼翼地保管著。當時他很年輕。

「後來，我寫下同樣的頌文，我坐在（史堪德）道場附近的一塊大石板上，大家圍繞著我，要我解說頌文的涵義。我答應他們，於是對他們解說了兩三個小時。賈加迪薩就趁這個機會，不久也寫了這則頌文的長篇頌釋，其體裁跟商羯羅的頌文一樣。那篇手稿，不知遺失在哪裡了。納耶那[164]撰寫《拉瑪那之歌》時，他曾取這則頌文，作為書中第二章的開端頌句。這就是整個事情的來龍去脈。我一向不會寫什麼，除非有個很好的理由。」

「您寫這則頌文時，跟納耶那寫《拉瑪那之歌》是否在同一時間？」有人問道。

「不，」尊者說道，「那是在以後的事，他寫《拉瑪那之歌》是在一九一七年七月。當時有件有趣的事情。在一九一三年時，他問了我一些問題，也學了一些。他把所學的東西完全牢記在心裡，當他在講述的時候，就會當場吟誦頌文，說那是《拉瑪那之歌》從第幾章到第幾章、從第幾頌到第幾頌，而這樣的情形，是在他開始動手寫《拉瑪那之歌》之前很久的事了。他這樣的虛張聲勢，沒有人敢說他唬人，因為他有強大的人格魅力，學識極為廣博而又多能。他一次又一次地吟誦，終於寫成了《拉瑪那之歌》。」

有人問道：「可曾有人問到那本《拉瑪那之歌》在哪裡，他又做了什麼嗎？」

尊者笑著說道：「誰敢向他挑戰呢？那是他的強項。甚至他完成了《拉瑪那之歌》後，你知道他都在做

---

162 有一則他的相關故事出現在第二章第十九則。

163 原註：查圖爾瑪希亞（Chaturmasya，字義是「四個月」）其間起自頞沙荼月（month of Asadha，六月至七月）裡的艾卡達西日（day of Ekadasi），也叫做薩耶那·艾卡達西（Sayana-ekadasi）；月亮漸盈的兩週內。其間終止於迦喇底迦月（month of Kartika，十月至十一月）裡的艾卡達西日（day of Ekadasi），也叫做烏塔那·艾卡達西（Utthana-ekadasi），月亮漸盈的兩週內。此期間正好是四個月，故稱為「查圖爾瑪希亞」。在這個期間內，人們應該行齋戒，俾棄絕感官享樂。

164 原註：瓦耶肯塔·加納帕提·夏斯特里（Kavyakantha Ganapathi Sastri）〔譯按：另一名稱是加納帕提·慕尼（Ganapathi Muni）〕，在道場上，尊者及其他信徒，皆暱稱他為「納耶那」（Nayana）。

什麼嗎？他總是引述一些不在《拉瑪那之歌》本子裡的頌句，作為講解的例子。若有人膽敢說，那些頌句並不在《拉瑪那之歌》的本子裡，他就會說，頌句是在增訂本的《大拉瑪那之歌》（*Maha Ramana Gita*）裡。他計畫要寫增訂本，但最後沒有實現。他常說他要寫《阿魯那佳拉五頌》（*Arunachala Pancharatna*）的頌釋，藉此展示他的博學，但最後也是沒有實現。」

「他在濕婆極成說[165]方面，似乎也是講同樣的話。」

尊者答道：「是的，那是他早期來這裡的時候。當時他對濕婆極成說，一無所知。濕婆極成說協會要在這裡舉辦研討會，並請他主持。他們也公開說，他是一位大學者，會對濕婆極成說講述一段話，他在開會當天的前四五天才被通知。開會日當天一大早，他來找我，對我說：『那些人請我出席濕婆協會，並發表演說，但我不知道濕婆極成說是什麼，也不知道其本質為何。』我因此拿出一本坦米爾文的書，書名《濕婆真知意識》（*Siva Jnana Bodha*）從中擇取十四則格言，解釋其意涵，並約略告訴他極成說的精義，那樣就可以了。他很聰明，很快就能掌握箇中要義，赴會去了。他有臨席編譜頌文的能力，故能充滿信心，引述自如，而他以坦米爾文演說，極具權威性，與會者無不嘆服他的識見精深又學問淵博。納耶那從研討會回來，說道：『今天我所講的，都在我的知識及能力所掌握的範圍內，這是由於尊者的恩典，而我未曾讀過的濕婆極成說，似乎都已在我的腦海裡了。』他有這樣的心智能力。」

有一位師兄姐說道：「他甚至在朗讀《烏瑪千讚頌》（*Umasahasram*）的當日前一晚，才準備好要怎麼唸。」

尊者答道：「是的，邀請函送給一些人，說某日要在阿坡塔神廟（Appetha Temple）朗誦《烏瑪千讚頌》，所以許多人甚至在前一天便到廟裡了。隔天上午，要朗誦頌文，但仍有三百則頌文尚待譜寫。納耶那來找我，說道：『天色破曉前，必須謄寫三百則頌文，怎麼辦？』『何必擔心呢？』我說道，『吃完飯後，就可寫成了。』『那麼，您務必要來我這裡。』他說道。我到了芒果樹洞[166]坐在一個角落，一直盯著他們看。納耶那坐在我的對面，要他的四個門徒做在他的旁邊筆錄，當場給予每個人每則頌文的部分頌句，終於在子夜時刻，完成了三百則頌文。」

師兄姐說道：「尊者盯著他們看，直到完成三百則頌文後，尊者便站起來，說道：『你們都把我說的給寫下來了嗎？』這是事實嗎？」

尊者點頭：「是的，是這樣的。我總覺得是我口述所有的頌文。」

師兄姐進一步問道：「納耶那更正了其他的頌句，但對這三百則頌文，並沒動到，這也是事實嗎？」

尊者點頭示意，然後又沉默了下來。

一八六　修練與無執著

一九四八年五月一日

我因為忙於裝訂簿本，今天上午到道場稍晚了些，時間約在九時。當時有些馬哈拉施特拉邦的人士，提

165　濕婆極成說（*Saiva Siddanta*），或譯濕婆經典派，Siddanta音譯「悉檀」，字義是極成說、宗義、定論。它是南印度濕婆派的哲學體系，主要經典是二十八部《濕婆阿笈摩》（*Saiva-Agamas*）及濕婆虔愛派詩聖的詩頌集。詳見摩訶提瓦著，林煌洲譯，《印度教導論》（台北市：東大圖書公司，2002）172頁。

166　當時納耶那住在那裡，離維魯巴沙洞屋東北方不遠處。

出一些問題。他們是昨天抵達道場的。尊者的應答，一氣呵成，極為流暢。他的話語，靈氣飽滿，有如恆河之水，滔滔不絕。有位師兄，把它譯成英文，我晚到現場，不無遺憾，於是急忙步入廳堂就坐。那個時候，正在討論修練（abhyasa）及無執著（vairagya）。尊者解說如下：

> 他應該逐步修練，以臻平靜，並堅定地妥為節制，把心思安住在神上。他不應把心思執著於其他外物。
>
> 《薄伽梵歌》六章二十五節

> 對於心思馳逐於外物，而躁動不安，務要加以遏制。他應一心專注在神。
>
> 《薄伽梵歌》六章二十六節

> 上主克里虛那啊！心思如此不定、浮動、頑固又強大，因此，我認為有如狂風，難以駕馭。
>
> 《薄伽梵歌》六章三十四節

對此而回應：

> 心思無疑是不定的，難以遏抑。阿周那，但經由冥想及漠然無應的修練，則得以駕馭之。喔，貢蒂[167]之子。
>
> 《薄伽梵歌》六章三十五節

上主克里虛那是這樣說的，因此，一位修行者必須有其修練及無執著。

有位提問者說道：「《薄伽梵歌》第二章說到，探究法門跟冥想一起持行，是最佳的，但在第十二章又說，虔愛法門是最佳的。這二者如何一致呢？」

尊者說道：「修行者首先要在真知法門上持行冥想，若他做不到，那其次就持行瑜伽，然後再廣施行善，最後則是虔愛。在這樣的步驟下，一個接一個持行，他就能夠採行最適合他的法門。上主克里虛那的意思是，取決於每個人靈性成長的程度，每個法門都是容易持行的。」

一八七　人之偉大

一九四八年五月二日

我把昨天討論的修練冥想與無執著等，寫信給你之後，我打算給你一些所引述的頌文，但不容易在《薄伽梵歌》裡找到。所以，我想最好的辦法，便是去問尊者。我在下午二時三十分，提早到道場，那裡並沒有太多人，我把我的一本《薄伽梵歌》拿給尊者，他不僅很樂意指出頌文的出處，也不厭其煩，再度向我解說其涵義。他在解說時，有一組來自安得拉邦的團體進來聽堂就坐，其中一人問道：「師父，獲致解脫最簡單的方法是什麼？」

尊者微笑地說道：「這正是我剛才在說明的。心思外馳時，就要轉向內在，把它安駐在真我的思維裡，

167 貢蒂（Kunti），在史詩《摩訶婆羅多》中，是般度王的妻子、阿周那的母親。

這是唯一的方法。」

另一位人士說道：「這樣做的話，若持誦羅摩的聖名，是否是好的？」

「當然是好的。」尊者說道，「不然，還有什麼更好的呢？持誦羅摩的聖名，其偉大是非凡無比的。」他看著我，說道：「妳知道南德奧的故事吧，據說他告訴一位信徒，說『若你要知道羅摩聖名的偉大，則你要先知道你自己的名字是什麼（知道自己的名字，這意味著知道自己真實的本質）、你是誰，以及你是如何出生的。除非你知道你的源頭，否則你無法知道你的名字。』這個概念可在南德奧用馬拉地語所寫的讚頌詩裡找到。有人用馬拉雅姆語寫《靈性羅摩衍那》[168]，其中有詳細的敘述。那本書述及安闍尼耶（Anjaneya，即神猴哈奴曼）前去尋找悉多（羅摩之妻）時，他在宮廷的議事廳裡，坐在一座高台上，面對著魔王羅波那，毫無畏懼地向他這樣說：『喔，羅波那，我授予你一項教導，讓你得到解脫，請仔細聽我言。全力奉獻訶利（毗濕奴別名），則個己我能純淨，這是確實無疑的。訶利無時不在本心的蓮心裡。自我既滅後，罪行也隨之告滅，其後，在此超越性的真我之知嶄然而起，此時純淨的心，加上真我之知所產生的幸福，將有「羅」、「摩」兩字有如咒語，它在你的內心裡不斷自行覆誦著。一個人擁有這樣的真知不管如何渺小，他還要需求什麼呢？因此，向毗濕奴的蓮花聖足禮拜，得以去除世上一切的怖畏，並以諸太陽的核心之光而耀然輝照。屏棄你心思的無明吧。』這些話語，載述在梵文版《靈性羅摩衍那》裡的兩三則頌文裡，但沒有像馬拉雅姆文版有其釋文。羅摩聖名的偉大，豈是普通尋常？

「但有件事，必須知道，那就是持誦聖名（持咒）的方法。所有的持咒行法，都說要先控制呼吸，然後持咒才得以遂行，換言之，必須控制心思。桑班達是濕婆的信徒，他在一則頌文裡，解釋持行濕婆五字真言的方法。大意是持咒者必須鎖閉身上的九個竅孔[169]，閉上並封住它們，否則心思會流逸而馳逐。封閉九個竅孔之後，才持行五字真言的咒語。若能控制感官，則能控制心思，亦即心思沒入，則如如在者，便是真我。其人若冥想於其真我，則那個咒語，便成為他自己的真我。」

「那個境界，就叫做無聲持咒嗎？」有人問道。

尊者：「那個在內在裡不斷持誦的，就是無聲的持咒。若是用嘴巴持咒，那又怎麼會是無聲的持咒呢？」

師兄姐：「每個人能否在每個時刻，都像那樣在持咒？」

尊者：「不，那是不可能的。這就是長者在說，你必須持行咒語，覆誦它一段時間，閱讀又書寫，然後心思轉向善行，並避免它跑到不良的習慣。《薄伽梵歌》也說，人應致力於修練並學習無執著，俾制止心思馳逐。持咒時，心思應逐漸地被凝注成一處。靈修上的所有行法，都在敘述那個心注一處。」

> 因為修練及無執著，心思乃被控制。
>
> 《帕坦伽利瑜伽經》

168 《靈性羅摩衍那》（*Adhyatma Ramayanam*）是十三至十五世紀梵文的作品，用不二一元論吠檀多的觀點詮釋史詩《羅摩衍那》，內容有六十五章，計四千五百則偈頌，記載濕婆與雪山女神的對話。

169 原註：九個竅孔（navadwara），指身上九個器官竅孔，如雙眼、雙耳、雙鼻孔、口、肛門及生殖器官。

阿帕爾170及其他信徒所寫的詩頌，大部分是屬於十行頌句（padikams）的形式，亦即用十行頌句敘述某個主題。昨天是阿帕爾的週年紀念日，桑德雷莎·艾耶及（隨侍）希瓦南達用十行頌句的兩或三行頌句，依序吟誦阿帕爾的詩頌，尊者向他們解釋每則頌句的涵義。當他們吟誦到阿帕爾在韋達蘭耶姆（Vedaranyam，泰米爾納德邦的城鎮）所寫的最後一則讚美的十行詩頌時，尊者說道：

「在朝聖之旅中，十二歲的桑班達和阿帕爾來到韋達蘭耶姆，他們看到韋達蘭耶姆神廟的大門緊閉。很久以前，古時吠陀神明化為人身，在這間神廟參拜上主、灑聖水、做法會，離去時，關閉大門，又加以密封。從此以後，沒有人敢去打開那個大門，於是人們在牆壁挖洞，側邊就臨時開了個小門，方便民眾進出。阿帕爾和桑班達詢問大門關閉的情形，神廟管理人向他們說明這個古人古事，並建議他們從側門進去。但他們不喜歡走側門，決定向伊濕瓦若禱告，請求打開大門。桑班達便請阿帕爾禱告，阿帕爾於是吟唱這則十行詩頌。伊濕瓦若很喜歡阿帕爾的讚歌，但祂似乎聽得入迷，以致忘了打開大門。當詩頌的讚歌唱到第九行時，大門還沒打開，阿帕爾不勝憂戚，唱了第十行頌句：『喔，上主！祢的心尚未融化嗎？』大門依然未開，他繼續唱第十一行詩頌，起頭是：『魔王羅波那用雙手舉起凱拉斯山時，祢用祢的一根小手指就把他打下來，他受苦一千年。祢都這樣做了，何以祢不對我大發慈悲呢？』唱到這裡時，伊濕瓦若自悔遲延行事，便立即打開了大門。」

尊者繼續說道：「他們進入神廟，禮拜上主後，便走了出來。阿帕爾要桑班達向伊濕瓦若禱告關上大門，桑班達才吟唱了一行詩頌，大門就砰了一聲關上。在這個場合，伊濕瓦若在考驗阿帕爾，故一直到他唱到第十一行詩頌，才回應他的禱告，但同時善待桑班達，在他只唱了一行詩頌時就馬上關門。不過，在另一個場合裡，桑班達受到嚴厲的考驗，而阿帕爾獲得優厚的待遇，那又是另一則故事了。」我問那則故事是什麼，尊者這樣敘述：

「伊濕瓦若在韋達蘭耶姆考驗阿帕爾之後，阿帕爾很傷心，於是以更虔誠的心來禮拜伊濕瓦若。其後，阿帕爾及桑班達都各自帶著隨從，踏上朝聖之旅，來到一個叫做蒂魯維里瑪萊（Tiruveelimalai）的村子。當時那個村子是女人在治理，他們不忍看到村民受苦，便和隨從待在靈修院裡，並分發食物給村民，他們身上當然沒有錢，於是便到當地的廟裡向伊濕瓦若禱告。伊濕瓦若接受他們的禱告，每天給予每個人一個沙弗林金幣[171]，放在門檻上。阿帕爾得到金幣，拿去買食物及其他必需品，並得以在中午之前村民來時，分發給他們。但桑班達得到的金幣，其成分比一般純金還低，只能兌換較少的東西，所以桑班達的隨從只好回到靈修院，經桑班達同意後，再到店裡採買所需物品，然後略為延遲，約在每天下午一時左右，才能分發給村民。

「這樣延遲分發的情形，被桑班達知道了。查問之下，才知道原因出在上主每天給他的錢幣是劣質的，他十分傷心，就跑到廟裡，去吟唱十首讚歌，起頭是『師父，為何祢給我的錢幣，不是純質的黃金！』然後慈悲化身的上主，說道：『阿帕爾對我的禮拜，用了他的頭腦、念頭、行動，而你只用了你的頭腦及念頭而已。（阿帕爾每天清理神像、行禮拜並做廟裡的雜役。）這只是在表明我對你們兩人有不一樣的處置。不用擔心，以後我會給你良質的錢幣。』從那天起，就給了他良質的錢幣。他們的傳記裡，有許多這樣的故事。」

170 阿帕爾（Appar），第七世紀，南印度泰米爾詩聖，歌頌濕婆，是六十三位卓越濕婆虔愛派的那衍納爾（Nayanar）詩聖之一。那衍納爾是六十三位詩聖的總名。

171 沙弗林金幣（sovereign），古錢幣，舊時一英鎊金幣，現已不用。

一八九　聖者阿帕爾

一九四八年五月五日

昨天我寫給你的信，談到韋達蘭耶姆神廟及金幣的故事後，我今天下午二時三十分，來到廳堂，發現還在討論阿帕爾的主題。

有位師兄姐向尊者問道：「阿帕爾這個名字，是由於桑班達叫他『阿帕』（Appah）而來的嗎？」

「是的，那是事實。他的父母命名他是瑪魯·尼基亞（Marul Neekkiyar），他的聲音很清純，後來有個名字，叫做瓦吉沙（Vageesa），不過主要還是桑班達叫他『阿帕』（父親），於是他就得了阿帕爾的名字。」尊者說道。

「他的出生地是哪裡？」另一個人問道。於是，尊者敘述有關阿帕爾故事的整個細節：

「阿帕爾出生在一個叫做蒂魯瓦姆爾（Tiruvamur）的村子，在濕婆教瓦拉拉（Vellala）族裔的蒂魯姆那帕迪（Thirumunaipadi）區域內。他父親的名字是普加茲那爾（Pugazhanar），母親的名字是瑪蒂妮雅爾（Madiniyar）。他只有一位姊姊，名叫蒂拉卡瓦蒂（Tilakavati）。他長大後，對所學的各方面，都很精通。蒂拉卡瓦蒂十二歲時，父母要把她嫁給國王軍隊裡的一位長官。時值戰爭，這位長官說，他歸來後會跟她結婚。這個時候，普加茲那爾逝世，而妻子瑪蒂妮雅爾一同殉葬[172]，姊弟兩人便無父母依靠。他們都在等待長官回來，但聞訊說長官在戰爭中死亡了。蒂拉卡瓦蒂要以娑提身殉，因為父母已經把她許配給長官，她認為她的身體就是他的了。瑪魯·尼基亞十分悲痛，跪在姊姊的腳下，告訴她，他將視她如同父親及母親，若她堅持要死在火葬堆裡，他也要這樣自殺。她念及弟弟應該好好活著，並應該有光明的前途，於是放棄了娑提身殉的念頭。

「雖然她未婚，但在居家時，一心專志在服侍濕婆神廟以及她自己的苦行。

「瑪魯·尼基亞瞭解物質的財富，不過是曇花一現。於是，他把所有的錢財、黃金及有價值的東西，全部捨棄，成為一位托鉢僧，離開住家，雲遊四方，來到帕塔利普蘭（Pataliputram，另一名Tiruppodiripuliyur，亦即古德洛爾〔Cuddalore〕）當時那裡有個重要的地方，便是薩瑪那·傑恩靈修院（Samana Jain Mutt）。由於命運的安排，他來到那裡，參加薩瑪那的組織，被賦予『達瑪闍那』[173]的稱號，成為靈修院的住持、大君的國師、王國的桂冠詩人，他因此就留在那裡。

「蒂拉卡瓦蒂在家鄉聽到這些消息，十分傷心。就到位於吉底拉（Gedila）河邊的家廟，向神明毗拉史塔伊濕瓦若（Veerasthaneswara）多次禱告，祈求拯救她的弟弟遠離邪道。有一天，至上伊濕瓦若出現在她的夢裡，說道：『喔，苦行者，妳可以不必擔憂了。妳弟弟的最後一世是位托鉢僧，但他並未妥善苦行，他的苦行，有個缺失，結果現在他參加了邪道的教派。現在我會使他受到胃痛之苦，以便拯救他，妳莫憂慮，放心吧。』

「隨即達瑪闍那（即阿帕爾）胃痛不已，靈修院裡精通真言及密教的人，用盡了辦法，都無治癒他，只好放棄希望。達瑪闍那不勝苦惱之餘，想起了他的姊姊，希望她能幫點忙，於是派人去把她接來。但她不願拋棄自己的法行，拒絕去薩瑪那靈修院。達瑪闍那聞悉後，很後悔當初自己拋棄了自己的法行，亦即濕婆教派，於是在靈修院裡的人都不知道的情況下，他帶了兩個隨從，悄悄地離開靈修院，前往他的家鄉。他回到

172 原註：娑提（Sati），指以身投入丈夫的火葬堆裡而犧牲殉亡。

173 「達瑪闍那」（Dharmasena），在《往世書》裡，是指曼達塔（Mandhata）國王之子。曼達塔國王在《往世書》中，是太陽朝代（Ikshaku dynasty，solar dynasty）的國王。

家敲門，叫他姊姊，她認出他的聲音，便打開了門。他隨即跪拜在她的腳前，請求她的原諒。她展臂接受，對至上伊濕瓦若的仁慈，欣喜萬分。她給了弟弟聖灰後，又教導他五字真言。他把聖灰塗抹在整個身體上，並不斷持誦著真言。

「蒂拉卡瓦蒂帶著她的弟弟到毗拉史塔伊濕瓦若的神廟，瑪魯．尼基亞伏身行禮。起身後，便用坦米爾文編譜讚歌，頌揚濕婆。十行詩頌的首行，起頭是'Kootrayinavaru'，而他的胃痛，隨即消失。這就是大家相信，吟誦這些讚歌能治百病的由來。

「從此以後，他在朝聖行旅中，都吟唱著他的十行詩頌。某次，他行至吉登伯勒姆，向那裡的濕婆神舞王禮拜並吟唱十行詩頌後，他和追隨者來到附近的西爾卡利（Sirkali）時，他聽說桑班達已經成為聖者了，因為他幼年時，喝了宇宙女神帕爾瓦蒂的奶。桑班達聽到他要來這裡，便帶著追隨者前去見他。兩人一見面，瑪魯．尼基亞隨即向桑班達跪拜。桑班達深情款款，雙手扶他起來，並叫他『阿帕』，以示尊敬。阿帕爾立即宣稱，他是桑班達的僕侍。從那個時候起，瑪魯．尼基亞被稱為『阿帕爾』。隨後兩人一起來到布拉姆普伊濕瓦若（Brahmapureeswara）神廟，桑班達請阿帕爾向上主禮拜，阿帕爾就吟唱他的十行詩。其後，他們又一起參拜一些神廟，也吟唱十行詩來讚美上主。你曾聽過韋達蘭耶姆及沙弗林金幣的故事，還有許多故事，類似這樣。桑班達和阿帕爾見面後，桑班達便前往帕塔利普蘭，跟薩瑪那靈修院這裡的人辯論，擊敗了他們，建立了濕婆教派。他們兩人，時常在一起。」

一九〇　南方相濕婆的意涵

一九四八年五月十九日

昨天是星期二，我早起前去環山繞行，回到家後，做完家事，我在上午七時三十分，前去道場。我向尊者跪拜後，一起身他就問我：「妳繞山後，這麼快就回來了？」

「我在七時繞行完回來，但稍遲些我才到家。」我說道。

「是這樣？妳是幾時開始繞行的？」尊者問道。

「上午三時三十分。」我說道。

「這麼早？還有誰跟妳一起去？」尊者問道。

「沒有人，我一個人去，我不害怕。」我說道。

「那沒關係，有什麼好怕的？當年我們環山繞行的時候，我們都只在夜間去繞行。」尊者說道。

一位師兄說道：「有一次你們去繞行的時候，有位師兄姐要解說〈南方相濕婆讚頌〉的意涵，而您只解說了一則頌文，天色就破曉了。」

尊者：「是的，那是很自然的事。若是要的話，有許多東西要說明。當年我住在山上時，巴拉尼史瓦米要我寫詩頌來解釋那些頌句的意涵。我也想寫些頌釋，但那個時候，本子被拿去印刷。後來，你們一位師兄姐派人向我趕著要一篇導言的東西，然後就沒下文了。」

「所以，我們註定要得到的詩頌，就是這些了。」一位師兄說道。

「今天，我在環山繞行的時候，我看到阿魯那佳拉神廟裡，南方相濕婆的神像腳下有一尊惡魔塑像，不知道為何這樣。同樣的情形，我在這裡的路邊以及安曼神廟（Amman Temple），也看這樣的南方相濕婆神像。那個意涵是什麼？」

「據說，那尊魔幻所造的塑像，叫做穆耶拉肯（Muyalakan），是達魯卡森林裡的苦行者向濕婆厲聲叫斥，濕婆將這個惡魔踩在腳下，並坐在上面。畢竟南方相濕婆是濕婆五個形相之一，若要隱喻解釋，可以說那個惡魔是自我或類似的東西。」尊者說道。

「自我並無形相可言，為何他們要這樣說呢？」我問道。

尊者：「甚至南方相濕婆，也不是意謂只有一個形相。在《南方相濕婆讚頌》裡，無相有其各種方式的描述，全都指向無形相。正如有了無相，則也有描述形相的。」

另一位人士，就此話題，說道：「據說，蟻垤仙人（Valmiki）有此名稱，是因為他從螞蟻垤堆裡出來，而毗耶娑有此名字，是因為他編排（毗耶娑是編排的意思）吠陀書，成為現在的體裁。但是，瓦西斯塔的名字又是基於什麼裡由呢？」

師兄：「《阿魯那佳拉五頌》中的第五則頌文之末句，有‘pasyan sarvam tavakrititaya satatam’，那是什麼意思？」

尊者：「那個意思是，以你自己的形相來觀萬物。」

師兄：「我還是不明白，可否您解釋整句頌文的意思？」

尊者：「好的，聽著。‘Tvayyarpita manasa’意謂把心思交付給你。‘pasyan sarvam tavakrititaya satatam’意謂無時不把萬物當作你的形相在觀看。‘tvam’意謂你自己。‘bhajate ananya preetya’意謂用全心之虔愛來禮拜你。‘saha’意謂他。‘jayatyarunachalatvayi sukhe magnah’意謂沉醉神的幸福裡，喔，阿魯那佳拉！並且在他的努力下而遂成。這就是整個頌文的意思。當心思沒入於真我，則萬物皆是真我的形相。因為他的真我是遍在的，無一不是，他乃禮拜他自己的真我。」

全句頌文如下：

他把他的心思奉獻給祢，始終以祢的身相來觀宇宙，他無時不榮耀祢、珍愛祢，而無異於真我。他是無可匹敵的師父，與祢合一。喔，阿魯那佳拉！沉醉在祢的幸福裡。

〈阿魯那佳拉五頌〉第五頌

一九一　服侍

一九四八年六月五日

一九四八年六月一日，是母親神廟大法會的日子。我於下午二時到道場。尊者剛從牛舍回來，坐在長椅上，那裡並沒有很多人，我向他致敬後就坐，范卡達拉南走進來，尊者一看到他就笑著，並看著我說道：「妳知道今天下午他做了什麼嗎？他對師父做了件大功德的服侍，那是無以倫比的服侍！」

范卡達拉南被指派接替羅杰格帕拉的位置，來管理圖書室及尊者的個人服侍，迄今約有一週。我以為他做錯了什麼事，所以很著急地問道：「怎麼了？他做了什麼事？」「為何妳要問我，他做了什麼事呢？何不去問他自己呢？」尊者說道。當我看到范卡達拉南時，他沉默不語，頭低低的，過了一會兒，尊者自己講出這件事：

「今天下午，午餐過後，我起身前去牛舍，在辦公室附近有一些人擋住了路，所以隨侍幫我開出一條路來。我不喜歡有人被打擾，於是決定從醫務室旁邊的路，前去山上，就這樣走著，在那個地方，到處都是使用過的大葉片，我想在這些凌亂的葉片之中行走，但這位老兄范卡達拉南急忙趕來，把大葉片拖走到一邊去，雖然這樣，葉片之間的路面有了行走的空間，但路面也弄得很髒亂，這樣我又怎能在上面走路呢？我是要仔細去看乾淨的路面，才踏腳下去，或者等路面清洗後再走呢？但是那個時候，有可能清洗整個路面嗎？看這位可愛的小子，真聰明而敏銳啊！」

我也笑了，向尊者問到底最後他是怎麼處理的。

尊者：「我必須前往而去，所以就走過去了，不然我還能怎樣呢？但事情並未就此罷了。他在把葉片放置在路邊一旁，蘇婆曼尼亞（Subramaniam）就把山邊靠近台階的另一邊的葉片拖走。他比那位小子更聰明，用嘴巴講，就能叫他們停下來嗎？不會的，他們的念頭是尊者走的路面上，所有的葉片必須立刻拖走，但從未想到，把葉片拖走了以後，整個路面就弄髒了。這是他們所做的服務，我一路在骯髒的地面上行走，回到廳堂之前，必先清洗我的雙腳及手杖。若不認為那是骯髒的，那也無所謂，但是這些人都知道那樣會弄髒，但就是視而不見。」

「原來是這樣。西方人或許不認為那是髒，但這裡人會這樣認為。不過那個時候不曾發生過這種事。」我說道。

於是，尊者說道：「是的，那是這樣的。有一次，有位歐洲人來這裡，跟其他的人一起用餐。餐後，他用他的手帕擦拭雙手，放回口袋，坐在那裡，直到我起身。在當時那些日子，所有的人都把用過的葉片丟到外面，因為這樣，整個地方，都弄得很髒。我一用餐完畢，便起身離開，他也起身而去，一路踏在骯髒的地面上行走。那裡的人開始抗議，但他又怎麼知道那些髒亂呢？這是真的。他無法知道這個，但我用英語告訴他。那是什麼呢？要瞭解我們的抗議，他應該知道那個葉片丟棄的地方，我們認為是髒的。他不知道那樣，便踩在那個地面上行走。後來，我告訴我們的人，說他不知道我們認為那些地方是髒的，因此錯不在他。真的，在他們的國家，並沒有這種事發生。所以，他們不把它當作骯髒來看。若你不曉得，那也無妨。若你知道那是不對的，那就有過失了。難道這兩個人今天這樣做，不知道會弄髒嗎？他們是知道的，但他們這樣做，是出於對尊者的奉獻。這真的是服侍啊！」尊者笑著說道。

「誰能服侍尊者而毫無瑕疵呢？」我說道。

然後，尊者說道：「那倒沒有什麼。我告訴妳另一件事。他們（指隨侍們）打擾了在辦公室附近正站立著或舒服坐著在彼此交談的人們，說道：『尊者要來了，讓路，起來。』我很容易可以走另一條路的，何必要麻煩到別人呢？這是服侍尊者的方式嗎？我們只是必須把工作做完，這樣有可能每件事都沒有缺失嗎？每個人都像這樣或那樣在做事。他們說：『尊者要這個、要那個。』於是對別人造成了麻煩及不便。尊者要什麼呢？難道給別人麻煩是尊者要的嗎？這些事都是用我的名義去做的。另外他們又說：『我們做每件事，都是為了使尊者高興，我們在服侍他。』喔！真貼心，又是何等的服侍啊！」

一九四八年六月十五日

一九二　慈悲的化身

因為夏天到了，尊者開始全天都只待在慶典廳裡。中午時分，天氣燠熱，隨侍把長椅移到北邊，那裡的兩側有芭樂樹的樹蔭，圍繫四周的香根草簾席，灑上了水。今天下午二時，我剛好去那裡，尊者的頭部及全身都披著一塊織布巾，安坐在那裡，除了克里虛那史瓦米之外，別無他人。他站在尊者的後面，手持著灑水壺，壺內裝滿著玫瑰水，他轉開蓋子，把灑水壺的玫瑰水灑在尊者的身上，就像細雨落下，尊者搓擦著身體，十分滿意，他看到我走進來，就說道：「看！他們在對我灌頂（abhishekam）。」說著，他就披上那塊織布巾，說道：「他們用這塊濕布巾披在我的身上。他們要在這四周繫上簾席，然後在上面灑水，這個地方，現在清涼得像烏塔卡蒙德[174]。」

我上前走近長椅旁，感覺很清涼。「從外在炎熱的天氣進來，這裡很涼爽。」我說完後，就回到我平常的位置。尊者略有所思半晌後，以憶往的心情，開始說道：

「當年我住在維魯巴沙洞屋時，中午就有一些低階種姓的婦女，來這裡取水，她們的頭上頂著很重的水瓶罐，非常吃力。這些貧窮人家，上午吃了少許的米粥，就爬上山來，取頭頂上一瓶罐的水。她們一到樹洞這裡[175]，便卸下身上的裝備，彎下身來，說道：『師父，師父，先把一大壺水澆在我們的背脊上。』我總是站在樹洞的外面走道上，當我盡情地對她們澆水後，她們都從疲憊中回復過來，並且說道：『喔，舒服多了！』然後，用雙手舀水喝，直到喝飽了，也洗了臉，在樹下休息一會兒，然後離去。她們單是這樣，就體驗了完全的滿足跟快樂。人只有在經歷炎熱之苦後，才會知道水的清涼爽快。」

「是尊者親自為她們澆水嗎？」我問道。

「是的，」尊者說道，「我知道她們在那個時刻會來這裡，所以我就準備好了水。她們又能怎麼做呢？她們不被允許觸碰穆萊帕爾水池（Mulaipal Thirtham）的聖水，而那裡又沒有其他的水可取。天氣的燠熱，是很難受的。她們沒有食物，除非賣了些草料，才能拿點錢。她們的家裡，還有小孩，必須趕快回去，照顧小孩。她們能怎麼樣呢？可憐的人呀！她們來這裡，只是希望師父能供給她們一些水。那個時候，我們也沒在煮東西。若有煮東西的日子，我們就倒很多水跟米一起煮，取出米粥，倒在一個鍋子裡，加上水隨意攪和一下，又放點鹽巴。若有乾薑，我也會摻在裡面。她們到這裡的時候，整個米粥水也涼了，這時把一杯的米粥水倒在她們的雙手裡，她們喝了，就覺得像聖品，然後離開。那個米粥的滋味，以及那個喝水的爽快滿足，只有她們知道。」語畢，尊者沉默之餘，不勝眷懷。

我一時也無話可說，便一直坐在那裡，看著那個慈悲的化身。一會兒後，我說道：「這件事並未記載在尊者的傳記裡，為什麼？」

「沒有，沒有寫在裡面，我不認為值得記載。」尊者說道。

「那麼就有很多類似這樣的事件，是沒有記載的！」我說道。尊者只是點點頭。

174 烏塔卡蒙德（Ootacamund），位於泰米爾納德邦內的山城，平均高度海拔二千二百六十八米，氣候宜人，平均氣溫在攝氏十五至二十度間，故拉瑪那說清涼得像烏塔卡蒙德。

175 一八九九年至一九〇五年期間，每年夏季，拉瑪那及同伴信徒便移往維魯巴沙洞屋東北邊下方坡地的芒果樹洞暫居避暑，並稍緩給水的問題。

一九三　牛隻拉西米的解脫

一九四八年六月二十日

我寫給你的信函中，有一函的標題是〈禮拜牛隻〉[176]，我敘述牛隻拉西米的尊貴，乃牛隻之王后，擁有尊者對牠全然的愛。對於這位王后，尊者視之為他自己的母親，在六月十八日星期五，賜予解脫。那天上午，我到道場，聽說拉西米病篤，恐怕拖不過今天，於是我直接去牛舍，甚至沒去看尊者。為小牛所設置的房間都清空了，拉西米躺在草鋪上。因為那一天是星期五，拉西米照例塗抹薑黃粉，並在頭額上點著硃砂的標記，頸部與頭角都掛著花環。范卡達拉南坐在旁邊，為牠搧風。拉希米躺在那裡，眼神莊嚴，滿室生輝。牠使我想起如意神牛[177]前去凱拉斯聖山，用牛奶向上主濕婆行灌頂之禮。

我前去尊者那裡，在他面前跪拜起身後，他用莊嚴神聖的眼神看著我。我把這個眼神視為指令，便說我願意去跟拉西米待在一起。他點頭示意，我便即刻前去。范卡達拉南把扇子交給我就走了。我坐在那裡，開始吟誦〈拉瑪那十二字真言〉（*Ramana Dwadasakshari*）及〈拉瑪那一百零八個聖名〉（*Ashtotharam*），拉西米顯然在傾聽著。

尊者照例在上午九時四十五分來到牛舍看拉西米，他坐在拉西米旁邊的草堆上，雙手捧著牠的頭，輕撫著牠的臉龐及喉嚨，然後把左手放在牠的頭上，用右手指按摩牠的喉嚨下至心臟，這樣子按摩，約有十五分鐘，他向拉西米說：「妳要說什麼？母親。妳要我單獨跟你在這裡嗎？我可以待在這裡，但要做什麼呢？因為妳是我的母親，所有的人都會跑來圍著妳。縱使是這樣，又何必呢？我可以走了嗎？」拉西米依然平靜，了無世間一切的牽絆及牠身上的痛苦，好像是在三摩地裡。尊者坐在那裡，滿懷慈悲，不願離去。我看到這般情景，內心澎湃不已，不禁喊道：「喔！母親阿樂葛瑪，何其大幸，現在拉西米，也是這樣。」尊者微笑看著我，這時，蘇巴拉曼尼亞前來，說道：「拉西米沒有立即的危險，所以十時三十分之前，醫師不會來。」「好的，所以醫師現在不會來，你有帶藥來要注射嗎？」尊者問道，又轉向拉西米，輕揉著牠的頭部跟頸部，並且說道：「妳說什麼？我可以走了嗎？」蘇布拉西米說道：「若尊者在牠身邊，牠會很高興。」「若是這樣，但要做什麼呢？」尊者這樣說著，並且直視拉西米的眼睛，又說道：「什麼？我可以走了？怎不告訴我？」拉西米用驕傲的眼神看著尊者，尊者看到的信息是什麼，我們不知道，但尊者起身就離去，說道：「看好不要讓蒼蠅飛進牠的嘴巴裡。」我確定他認為我們可以妥善照顧拉西米，所以他就很不情願地離去了。

有了尊者神性的觸摸，拉西米的呼吸開始淺息，身體也開始沒有搖動了。十時三十分，醫師前來，在拉西米身上注射，牠毫無感覺，好像身體不是牠的，此時絲毫沒有死亡的痛苦，牠的眼神平靜，眼色清澈。醫師把牠翻身，成為歡喜神牛南迪的姿勢，又在牠身上的癤疔上塗抹藥膏，離去時，囑咐我們牠的頭部要支撐好。十一時三十分，范卡達拉南用餐後回來這裡，他要我把拉西米的頭扶好，他會去拿更多的草秣。牠的舌頭觸碰到我的手，我感到十分冰涼。拉西米的生命來到拉瑪那尊者的聖足下，融入尊者了。

十分鐘過後，尊者進入牛舍，說道：「都過了嗎？」蹲在牠的旁邊，雙手捧著牠的臉龐，好像牠是個小孩，並且扶著，說道：「喔，拉西米，拉西米，」然後，對著我們，噙著眼淚，說道：「因為是牠，我們道場這個大家庭，今天才能發展到這個規模。」當我們都在讚美牠時，尊者問道：「我想醫師並沒有給牠太多

176 在本書上卷第二章第二十三則。

177 如意神牛（kamadhenu），印度神話，天神攪乳海時，出現的第一宗寶物，便是乳牛，被視為羅剎之女，其名為「妙香」，牠有願望滿足者之象徵，故又名「如意神牛」，乃一切公牛之始祖、一切乳牛之母親。詳閱施勒伯格著，范晶晶譯，前揭書，156-157頁。

的干擾，是嗎？牠是何時死亡的？」我們把詳情跟他報告。「很好，你們有注意到這個嗎？現在右耳最重要，直到昨天，牠都側躺在另一邊，因為癤疔的關係，牠必須翻身到另一邊來，現在這個耳朵出來了。看！人在迦屍城[178]死亡時，人們說上主濕婆會在那個人的右耳上輕聲低語。拉西米也是這樣，牠的右耳翻上來了。」尊者說道，並指著耳朵給大家看。這個時候，群眾圍聚過來，約過十五分鐘後，尊者起身，說道：「羅摩克里虛那史瓦米在最後這十天，都在說必須為拉西米造個好墳塚。」然後，尊者離去，前往廳堂。

一九四八年六月十八日[179]

一九四　牛隻拉西米的埋葬

今天整天都想念拉西米，我們照常用餐並休息。下午二時三十分，我去牛舍，尊者已在那裡，我看了拉西米的大體，牠的臉龐並沒有死亡的樣子。我們回到廳堂就坐，一直到傍晚，尊者向我們敘述拉西米的故事，並對有關人員指示埋葬事宜：「這件事跟母親的逝世一樣。直到完成灌頂之禮（淋聖水於大體上）前，臉色的光澤始終未退。人們一再地在大體上放置花環及樟腦，所以幾乎看不到大體，而道場各處都有拜讚的行禮，以及雙簧嗩吶的音樂。我們在夜間抬著大體下山，放在菩提樹下，有意在天亮時，葬在帕里（Pali）水池附近。但是，蓋墳墓的磚塊及石灰延遲運來，此時很多人聚集在那裡，並有盛大的場面。到了第十天，甚至有的店舖新開張，就是要看現在會有什麼事情。」有位師兄名叫哥溫達拉朱拉．舒巴．饒（Govindarajula Subba Rao）時常耳聞，覺得尊者不免過度重視拉西米的埋葬事宜，便說道：「我們在這裡看到動物比人類還多的解脫事例，尊者也多次告訴我們，牠們來這裡是要消除牠們的業障，看來牠們最好是由尊者來照料，會比我們來照料要好些。」

尊者解說道：「所有的事例，都能這樣說嗎？難道是有人刻意要這樣安排的嗎？我們又有什麼錢來這些事呢？當事情臨頭的時候，大家同時動手起來，而所有的物資就自然來了。整個事情，一下子就做好了。薩達西瓦．艾耶（Sadasiva Iyer）前天就到這裡，或許他特別為這個目的而來的，他知道建造墳塚的所有細節，現在他在現場，指示各項事宜。他說明天他就離去，這是他個人的榮幸，我們又能怎樣呢？若牠是隻普通的動物，早就被屠夫拖走了。拉西米的墳塚將會築成像聖者那樣的規模。看這隻白孔雀吧，有多少隻孔雀來來去去？牠們跟這隻都不一樣。這隻很溫馴，跟所有的人自然混在一起。哪裡是巴羅達呢？哪裡是阿魯那佳拉呢？[180]牠生在那裡，但來到這裡。是誰要牠來的呢？」尊者說道。

很久以前，面向山邊，靠近醫務室這裡，已立起一隻鹿、一隻烏鴉及一隻狗的墳塚。現在這裡的旁邊要挖個洞坑，拉西米塋地的工事要開始進行。

下午六時，一切就緒，一大堆人來了。有些人甚至坐在道場的圍牆上面，道場管理人用木頭的車子，帶著拉西米的大體來了。尊者也到了，坐在一張椅子上。拉西米的大體擺在他的正對面，師兄姐拿著水壺，把

178 迦屍城（Kasi），即古代迦屍國首都，昔稱貝拿勒斯，今名瓦拉納西，字義是「光的城市」。相傳五千年前興建。在西元四至六世紀曾為學術中心，十二世紀為王朝都城。

179 原註：本書信函，係以日期的時序來編號，但依日期而記述牛隻拉西米的解脫、埋葬及歷史，則依事件發生的次第而另作排序。

180 這隻白孔雀是先前巴羅達城邦王后致贈給拉瑪那道場的禮物。

水澆在拉西米的大體上，隨後，用牛奶、凝乳、酥油（醍醐）、糖及玫瑰水，對大體行灌頂之禮；燃起柱香，把一條絲布巾鋪在大體上，拉西米的臉抹上薑黃粉及硃砂，全身覆蓋著花環；獻上糖果，搖晃著阿拉提小燈。拉西米這樣被裝飾著，牠的臉龐煥發著美麗與魅力。

到了下午七時，師兄姐把大體緩緩降落在墓坑裡，齊聲哭喊：「訶羅[181]、訶羅、大神啊！」尊者顯然深受感動，他用手觸摸神聖的葉片後，道場管理人把葉片丟向拉西米的大體上；隨後，師兄姐灑上薑黃粉及硃砂粉、樟腦、聖灰、檀香膏、鮮花及鹽巴。最後，填土埋坑。埋葬完後，尊者回到廳堂，分發供養的聖食給大家，整件事情，宛如一場結婚典禮。牛隻拉西米不再在牛舍裡了，牠已從身體的桎梏中解脫，現在融入在拉瑪那尊者光輝的真我裡。

在夜間的凌晨，尊者用坦米爾文寫了拉西米的墓誌銘，在我們的請求下，他也用泰盧固文及馬拉雅姆文，各寫乙份。泰盧固文的頌文翻譯如下：

> 謹此記載，牛隻拉西米在薩瓦達里（Sarvadhari）之年，吉耶希塔星座（Jyeshta）半曜的第十二天星期五，於維薩卡（Visakha）星辰下解脫。

一九四八年七月二十四日

一九五　牛隻拉西米的故事

昨天下午四時，一位坦米爾青年來到廳堂。一位師兄看到他，就說這位年輕人就是致贈牛隻拉西米給道場那個人的孫子。「哦，是這樣，」尊者說道，「他知道拉西米去世了嗎？」那位年輕人說道：「我剛才聽到。師父，我去牛舍看拉西米時，有人告訴我了。我去拜過牠的墳塚後，才來這裡。」

在探詢他的來歷下，這位年輕人說道：「我是卡納曼格拉姆（Kannamangalam）村子的人，距離這裡約四十英里。我的祖父阿魯那佳拉姆·皮萊（Arunachalam Pillai）想要致贈一隻良種的乳牛給尊者，所以在一九二六年，他就帶了拉西米跟牠的母親來這裡。當時拉西米僅六個月大。我也一同跟著來，當時我很小。從那個時候起，我若因商務來這裡，我就會去探視拉西米，現在我聽到這個噩耗。」他離去後，尊者告訴我們下面的故事：

「你們知道他們帶了母牛及幼牛來這裡之後發生了什麼事嗎？『為何這些都要給我們？』我質問道。阿魯那佳拉姆·皮萊答說：『我很久就想要送一隻牛給尊者，我現在可以付之實現了，我歷經舟車勞頓，才把牠帶來這裡。師父，請收下吧。』我說：『你已盡到你的責任，把牠帶到這裡來了，但是誰來照顧呢？請你代表我們收容牠吧。』牛隻的主人說：『縱使你割斷我的喉嚨，我也不會把牠帶走。』

「聽到這樣，羅摩那塔·婆羅門佳里被激到了，就很熱心地說他自己要來照顧牛隻。『好的，就把它掛在你的脖子上吧。』我說道。因為幼牛是在星期五來這裡的，我們就把牠取名為拉西米（Lakshmi）。羅摩那塔照顧母牛及幼牛，約有兩三個月。拉西米很愛玩，盡情地跳來跳去，常踩壞了我們種植的菜園。若人有斥責牠，牠就跑來我這裡請求保護。我告訴他們，若他們在意的話，他們就應該加設圍欄，保護菜圃。羅摩那塔，這個可憐的傢伙，無法忍受干擾道場居民的這些麻煩事，於是便跟鎮上一位飼養牛隻的人，簽訂契約，

181 訶羅（Hara），濕婆神的別名。

委託照顧。那個人的名字，我記不得了。」

一位師兄說道：「他的名字，叫帕蘇帕提（Pasupati），是卡納拉人（Kannadiga，是卡納塔克邦的主要族群）。不久後，拉西米的母親死了。所訂立的契約是，若拉西米生了公牛，就要送給道場，若生了母牛，就留下來。」

尊者說道：「大概是這樣，大約一年之後，在一個日蝕的日子，他帶著拉西米及牠的幼牛來這裡洗澡。他先來看我，然後他跟牛隻及幼牛在帕里水池浴身後，便一起回家了。那個時候，拉西米看到了道場的整個環境，仔細記住來往的路線，於是開始每天來這裡。牠通常在上午來這裡，傍晚就回去，習慣在我的長椅旁邊躺下來。牠堅持要我親自給牠水果，除了山上的芭蕉之外，牠不吃別的東西。」

有人說道：「牠離開這裡之前，總是環繞著廳堂而行走，是這樣嗎？」

尊者答道：「就是這件事。當時我們在齋堂沒有設鈴響，我們不知道牠怎麼能夠在每天用餐的時刻，精準即時來到這裡，站在我的面前。我們通常是看到時鐘，然後才知道用餐的時間到了。牠前來這裡，對我們便成了信號。每天牠總是不情願地回到鎮上。」

在進一步追問下，我才知道，拉西米是在一九三〇年時，離開鎮上，永久待在道場。當時牠生有三隻牛，全是公的，按照契約，所有的牛隻全歸道場。當牠第二次懷胎時，有一天晚上，牠很不願意離開尊者而回家，就向瓦西斯塔的如意神牛南迪[182]一樣。牠留下眼淚，依偎在長椅邊。尊者顯然深受感動，用手輕撫牠的臉，說道：「什麼？妳說不要離開，妳要單獨待在這裡？那我要怎麼辦呢？」並看著其他的人，說道：「看，拉西米在泣訴，牠不願離開。牠有孕了，可能隨時會生。牠要走一段長路，然後明天早上再來這裡，也不能限制牠不來這裡。牠該怎麼辦呢？」最後，尊者對牠稍加勸誘，把牠送走了。就在那天夜晚，牠分娩了，而在這個時候，帕蘇帕提也有自己家庭上的困難。他再也無法承受拉西米這些生育上增加的負擔，於是他帶著牠及牠的三隻幼牛來送給尊者。拉西米一直躺在尊者的腳邊，不肯起來。尊者把右手放在牠的頭上按壓著，問牠是否願意永遠待在這裡。牠閉上雙眼，躺著不動，情態出神。尊者看到了，便向旁人說，牠似乎表示牠照料小牛的責任已經結束了，因為尊者已在負責照顧小牛了。

我把這件事情講給尊者聽，他也認同。「是啊，確是這樣，母親來跟我同住以後，開始就有規律的炊煮及進食，拉西米來這裡以後，就開始有規律的飼養及哺乳。後來三四年內，拉西米在每年的誕辰日，就生下一隻小牛給我們，然後就不生了，共生產九次。拉西米來到這裡之後，你們的師兄姐把各地的牛隻也都帶來放在這裡，以致牛隻的體格成長不佳。剛開始時，牠們被綁在遮棚下。後來，薩蘭·桑達拉姆·切提（Salem Sundaram Chetty）法官來這裡，決定要蓋一間牛舍，並擇定吉日良辰奠基。在當天訂定的時間半小時前，一切都就緒了，拉西米掙脫繫繩，跑來我面前，好像在告訴我，牛舍是為牠蓋的，而我理應在那裡。我起身後，牠就引領我到現場。在牛舍啟用的儀行時，牠也是這樣。牠總是多少瞭解全局，實在很有靈性！」

一九六　荊棘樹叢的解脫

一九四八年七月二十一日

有位師兄，昨天聽到尊者為拉西米的解脫寫了頌文，他在今天上午向尊者問道：「師父，我們親眼看到

182 原註：南迪是實現許願的聖牛，跟聖者瓦西斯塔住在一起。

動物及鳥類在您的面前解脫，若是這樣，那麼說只有人類才能得到解脫，這話並不正確，是這樣嗎？」

「怎麼了？聖書上說，大聖者給予荊棘樹叢解脫。」尊者笑著說道。這位師兄急切地問那位大聖者是誰，以及有關荊棘樹叢的故事為何，於是尊者敘述這則故事：

「在吉登伯勒姆，有位悟者，名叫烏瑪帕提·濕婆阿闍黎（Umapathi Sivacharya），他是詩人，也是學者。他因為修行極高，所以不太在意尋常的婆羅門行誼。因此，當地的學者們對他很不高興，特別是他既然博學而知曉所有印度宗教的戒律。他們禁止他住在鎮上，甚至不准他參訪廟宇，因此他就在城鎮外的一塊高地，蓋了一間小屋住下來。有位低階種性身分的人士，名叫皮坦·桑姆班（Pethan Samban）常把他所能得到的東西，都拿來供養他，並協助他。日子就這樣過去了。有一天，皮坦頭上頂著一綑木柴，要到迪克希塔（Dikshita）的茅屋。伊濕瓦若便喬裝成主管神廟的迪克希塔，手中拿著在棕櫚葉上書寫的頌文，在路上遇見皮坦，就把這張葉片頌文交給皮坦，告訴他要轉交給烏瑪帕提·濕婆阿闍黎，然後就消失不見了。

「皮坦就把頌文交給濕婆阿闍黎，他打開一看，發現第一行有個字語：『信徒的僕人，吉登伯勒姆的上主』，他讀了全文，隨即內心不勝虔敬，渾身顫抖。頌文的大意是：『這是來自吉登伯勒姆，亦即信徒的僕人，要給已立新體制的濕婆阿闍黎的信息。這是你的責任，要去點化啟引這位皮坦·桑姆班，不管他的種姓身分為何，也不管別人如何詫異。』

「他讀了信件，十分欣喜，為了遵從上主的諭命，他點化了皮坦，雖然他屬於低階種性，並且適時透過他的雙眼把靈力傳給皮坦，皮坦立即消失在聖光裡，濕婆阿闍黎自己也十分驚訝會有這種事，這時才知道皮坦的智慧。

「濕婆阿闍黎的敵人知道，他得到供養或他物，而對人施予點化，於是向政府當局申訴。說皮坦可能有犯錯，所以被濕婆阿闍黎燒死。國王及隨從來到那裡，察視詳情，濕婆阿闍黎出示上主濕婆舞王的頌文，並說他點化皮坦，而皮坦消失在聖光中。國王大感驚奇，問濕婆阿闍黎，他是否也可以點化荊棘樹叢，令其解脫。『可以啊！那有什麼好懷疑的呢？』濕婆阿闍黎說道。

「因此，他對荊棘樹叢，施予雙眼的靈力，隨即也都消失在潔淨的聖光裡。

「國王站在那裡，目瞪口呆之餘，說道：『這個好像是巫術，你說這張字條，是上主濕婆舞王寫的，那我們就去問祂。』濕婆阿闍黎指出，進入廟門處，有個禁止告示牌。國王說若有我陪同你濕婆阿闍黎，那就沒什麼關係。於是他們一同前去神廟。民眾聞訊，包括所有的學者、對整個事情好奇的民眾，以及相信他一定會受懲罰的敵對人士，全都蜂擁到神廟來，要親眼目睹這奇怪的景象。兩人一同進入神廟，濕婆阿闍黎不管國王，逕自在上主舞王面前搖晃著燈火，表示禮敬。這時大家發現，上主的兩邊，立著皮坦以及荊棘樹叢。學者們見狀，大為惶恐及懊悔，便跪在濕婆阿闍黎的腳下，請求原諒。他們用相應的禮數把他迎回村裡。這則故事，寫在《吉登伯勒姆的榮光》（*Chidambara Mahatmyam*）。」

一九四八年七月二十五日

一九七　貧窮的老婦人

今天下午三時，大家在尊者面前，再度談到拉西米。一位師兄說道：「阿魯那佳拉姆·皮萊購買牛隻拉西米的地方，並不是在卡納曼格拉姆，而是在古迪耶塔姆（Gudiyatham）。」尊者聽到這樣，就說道：「那個地方，也是姬萊佩蒂[183]所在的城鎮。」那位師兄問道：「她來到這個地方，是在什麼時候？」尊者微笑著，便向我們講述她的故事：

「我自己也不知道。當年我待在阿魯那佳拉伊濕瓦若神廟時，她住在山上，偶爾會來看我。我搬到維魯巴沙洞屋時，她也經常來我這裡，當時她住在古海．那瑪斯瓦雅神廟（Guha Namasivaya）的柱廊。那個時候的柱廊不像現在這樣，維持得很好，僅有一個木門及木門。她除了有一個土鍋之外，身無長物。她通常在土鍋內燒開水來洗澡，並且煮些蔬菜及食物。她需要什麼，就只有用那個土鍋來處理。她通常在日出之前，就到山上走動，帶回一些特殊的葉子，當作蔬菜來煮。她煮得很好吃，常帶一些給我，勸我要吃。每次她都這樣，從不錯失。有時我去她那裡，幫她煮東西及切菜，她對我很放心。她每天到鎮上挨家挨戶去乞食，拿了些米、麵粉、扁豆等，裝在一個大的開口土罐子。有一次，她想用那些麵粉、扁豆及蔬菜咖哩來煮粥，就說道：『師父，師父，昨天一位好心的太太給了我這些麵粉。我要做些粥，師父。』她以為我對燒煮東西一無所知。當她不在住處的時候，我去柱廊，打開門看到罐子裡有一些各式的食材，她是對我很放心，否則她不允許別人進入那個柱廊。若她手邊沒有蔬菜，她就會坐在那邊發愁。在這種情況下，我就爬到羅望子樹上，摘取一些嫩葉，拿來給她，因此她每天就給我一點吃的，她從不會拿來給自己吃。她總是帶來各種咖哩，說道：『師父喜歡這個。』她很虔誠而專注，甚至她已八十歲了，還在山上走動。我住在山上之前，她老早就住在那裡了。」

「她什麼都不會害怕嗎？」我問道。

尊者說道：「不會的，她有什麼要怕的呢?你們知道某一天發生了什麼事嗎?我前去史堪德道場，晚上待在那裡，巴拉尼史瓦米待在維魯巴沙洞屋，在深夜時，有個小偷進入她的住處，要偷走東西，她驚醒大叫：『那是誰？』小偷用手堵住她的嘴巴，她試圖用盡力氣叫喊：『啊！阿魯那佳拉！小偷！』她的叫喊聲很大，甚至我在史堪德道場，也聽得到。於是，我大聲叫回去，喊著：『我在這裡！我來了！那是誰？』一邊喊著，我就一路狂奔下山。途中我到維魯巴沙洞屋，我問巴拉尼史瓦米，他說：『我聽到一位老婦人從洞穴裡傳來叫聲，但我想是她在嘰哩咕嚕說些什麼。』當時也有一些人住在芒果樹洞及賈塔史瓦米（Jataswami）的洞穴，但好像沒有人聽到她的喊叫聲。

「那個叫聲被某人聽到了，阿魯那佳拉就要回應她的呼喚。」我說道。尊者頷首，說道：「小偷聽到我的喊叫聲，就跑走了。我們兩人到她的地方，問她小偷在哪裡，但沒看到什麼，我們就笑著說，那都是她的想像。她說：『不是的，師父，小偷在動我的東西的時候，我去制止，他就用手堵住我的嘴，不讓我喊叫。我使盡渾身力氣叫了出來，可能是這樣，你們就來了，而小偷聽了喊叫聲，就逃跑了。』那個地方沒有燈光，我們就點燃一塊木頭，察看整個地方，看到一個罐子，以及散落四處的一些零星東西。於是我們知道了這個實況。」

我說道：「她對神的信仰，非常深切。她的生命，不是普普通通的出世，是帶有意旨的。」尊者只是點頭，但沒說什麼。

迦詹德拉向上主毗濕奴發聲呼救，上主在瓦崑特一聽到，就急奔前往，解除了迦詹德拉的痛苦[184]，而上

183 原註：姬萊佩蒂（Gudiyatham）是為貧窮的老婦人，採集山上的綠葉，拿到果菜市場販賣，賴以維生。

184 故事載於《薄伽梵往世書》，敘述大象迦詹德拉（Gajendra）被鱷魚噛咬而痛苦哀號，上主毗濕奴聞聲前去搭救，以解其苦。

主事先也沒知會（妻子）吉祥天女，自己也沒有佩戴法器，例如海螺和輪盤185等。同樣的情形，尊者急奔前去搭救信徒。看看師父是何等擔心信徒！

一九四八年七月二十七日

一九八　信心

今天上午八時，一位熱心的師兄，帶來一本尊者在上面用坦米爾文字寫的筆記本，交給尊者。尊者應他的請求，指出一些詩頌，翻開數頁，讓他看其他的頌文，並解說箇中涵義。我一時聽不清楚，就用疑惑的眼神看著他，尊者注意到了，便提高聲音，說道：「不久之前，穆魯葛納用坦米爾文寫了兩則讚美毗濕奴的詩頌。一則是有關身體（Kayikam），另一則是有關辭藻（Vachikam）。這些詩頌的大意是：

『一、師父，祢化身為野豬，拱起淹沒在洪水裡的大地，拯救人們。我是大地之人，對於祢的至大善行，如何能妥為讚美呢？

『二、當眾神都向祢祈求拯救他們的時候，世界是一大片汪洋。祢化身為天鵝，鼓動雙翼，揮扇海水，海水退去，大地露出。對於祢的施作，我又如何有足夠的辭藻來讚美祢呢？』

「這是大意。

「寫完這兩則頌文後，他又堅持我要寫第三則有關心思的（Manasikam）頌文。於是我不得不寫了。就是這樣，我寫了這則詩頌，其大意是：

『喔，師父，為了解除大地的負擔，祢化身為黑天（克里虛那），藉著《薄伽梵歌》授與祢的教導，例如「當公義頹敗之時」，「為了保護有德之人」[186]，祢向我們確保，祢將有若干其他的化身。我讚美這樣的上主，以及祂的各種化身，而我又是誰呢？』

「這些讚美的字語，以及『我是誰？』，有好幾種意涵，各人有各人的解釋。我寫這些毗濕奴的詩頌，主要是出於穆魯葛納的堅持。他寫了有關身體的，以及有關辭藻的，然後說尊者應該寫有關心思的。他這樣說，我又能怎樣？」

我說道：「不然，還有誰能寫出有關心思的頌文呢？」

尊者看著坐在對面的一位男士，說道：「瞧，那位克里虛那史瓦米．艾耶（Krishnaswami Iyer）在《薄伽梵歌》上寫了頌釋，又在手稿上貼有黑天的圖像，要我在下面寫些字。於是，我用坦米爾文寫了'Parthan Therinal'的頌句，然後改成梵偈，讀出來是這樣：

> 身為帕爾塔[187]的馬車駕馭，上主授與他神的教誨。祈求慈悲化身並解除阿周那痛苦的祂，庇佑我們。

「這則頌句載於《薄伽梵歌珠寶集》（*Bhagavad Gita Ratnamalika*）。這是我僅寫過的兩則讚美毗濕奴的頌

185 毗濕奴身上有四項法器：海螺、輪盤、杵及蓮花。海螺代表五元素及生命起源。輪盤代表靈魂不斷自行更新。杵代表最初智慧及個體存在。蓮花有時被弓取代，代表運動的力量。詳見施勒伯格著，范晶晶譯，前揭書，37頁。

186 原註：見《薄伽梵歌》第四章第七及第八節。

187 帕爾塔（Partha）的字義是「普麗塔（Pritu）的兒子」。普麗塔是阿周那的母親貢蒂（Kunti）少女時的名字。故帕爾塔是指貢蒂的兒子阿周那。

文，而都是在上述的情況下寫的。」

一九九　評商羯羅《真我之智》

一九四八年七月二十八日

米納·努魯汀（Minna Nuruddin）先生，是位傑出的梵語學者及坦米爾詩人，用坦米爾文詩頌，譯寫商羯羅的《真我之智》（*Atmabodha*），並出版發行。他來訪道場時，呈送一本給尊者。尊者瀏覽後，叫人把書送到圖書室，我們從尊者的臉上，看出似乎有點不對勁。他曾把天城體的商羯羅《真我之智》存放在圖書室裡，但不時取出查閱。兩天下來，他都這樣。他拿著鉛筆在紙上寫下他自己的東西，我不知道他寫的是什麼。在本月十六日，他把最先的兩則頌文，譯成坦米爾文，用文巴體的格律寫出，並拿給我們看，我們都說，若能把全部頌文，都翻譯出來，該有多好。「何必呢？何必呢？」但接下來的兩天內，他又寫了一些，並且說道：「雖然我回絕了，無意寫這些詩頌，但這些詩頌不時輪番站在我的面前，我能怎樣呢？」我說道：「若您靈感來了，就寫下來，整篇詩頌一個月內就可能完成，這樣多好。」尊者說道：「有好幾個人已經寫了，為什麼我還要寫呢？」

我說道：「他們寫的東西，能像尊者寫的那樣嗎？」

到了（本月）十九日，他寫了一些，說道：「這些東西，好像適合給小孩看，我在無法拒絕大家的催促下就寫了。」

「我們不都是您的小孩嗎？」我說道。

本月二十日是毗耶舍滿月日（Vyasa Purnima）〔Guru Purnima day，滿月，敬師節〕，已完成了十三則頌文，尊者對范卡達拉南說道：「現在這些詩頌，不要被別人拿走，把它訂成一本簿子。」說著，他就寫了一則導讀的頌文，其大意是：

撰寫《真我之智》的商羯羅能有別於真我嗎？在我的內心裡，除了祂之外，還有誰能使我用坦米爾文來寫這些詩頌呢？

到了本月二十七日，全部六十八則頌文譯就，作總結時，尊者說道：「我曾在這本小簿子裡，這本我們四十年前第一件擁有的物品上，用馬拉雅姆文寫了這些詩頌，但不知為什麼從來沒想到要翻譯出來。」

一位師兄說道：「每件事情都會水到渠成。」

尊者笑著說道：「是的，就是這樣。若我現在寫一個東西，另一個就會出現，我又怎會覺得以前似曾讀過呢？有可能是某人已經寫了這些頌文了嗎？」

穆魯葛納：「不曾有人用文巴體的格律來寫這些詩頌。令人驚奇的是，尊者是一則頌句接著一則頌句，連番而出。據說，每逢一個劫188，吠陀文獻就會出現，好像它們在梵天的面前排排站。這些詩頌，也是像這樣。」

188 原註：劫（kalpa），指梵天之日，或千個宇迦天年（Yugas），其時程是世間的四十三億二千萬年。我們現在所駐在的劫（天年時程），是屬於白野豬劫（Svetha Varaha Kalpa）。

尊者說道：「是的，據說吠陀文獻是沒有開端（anadi）而出現的，這是真的。」

穆魯葛納：「《真我之知》189不是也沒有開端就出現的嗎？尊者毫不費力就自然寫出來了。」

尊者微笑說道：「沒錯。就像古代賈耶德夫190的故事中，有人出來宣聲他是這些詩頌的作者。」

師兄：「那則故事是什麼？尊者，請告訴我們。」

於是，尊者敘述這則故事如下：

「賈耶德夫的故事，記載在《潘都南迦虔愛者傳》191裡。他寫完《牧者之歌》之後，也用梵文寫了《薄伽梵往世書》。克隆查的大君（Krauncha Raja）耳聞及此，便請他到宮廷來朗讀《牧者之歌》，於是他前去朗讀。聽到的人，都大為讚賞他的文筆及論述，他因此聲譽鵲起，門庭若市。他的盛名遠播，連普里（Puri）的神明賈加那塔·史瓦米（Jagannatha Swami）也想來聆聽他的講述。於是，神明喬裝成一位婆羅門種姓人士前往。有一天，在講述的過程中，他進入國王的宮廷，向國王請安後，說道：『陛下，我是哥古拉·布林達192的居民，我是學者，精通所有的經文，我在世上一直在尋找一位跟我同等份量而且能夠討論經文的人，但迄今尚未找到，因此我很渴望有個切磋。我聽說賈耶德夫跟您在一起，所以我來這裡。請問他在哪裡呢？』當眾人指著賈耶德夫時，他說道：『喔，你就是賈耶德夫，讓我瞧瞧。我們來切磋一下你所研讀的經文吧。』並且用眼睛盯著他，說道：『你手中拿的是什麼？』二話不說，就瞬間從他的手上拿取一本說，說道：『喔！是《薄伽梵往世書》喲，那你是說書人（Pauranika）嗎？這本書是誰寫的？』賈耶德夫誠惶誠恐，又充滿著虔敬，說道：『先生，我不是個能跟您切磋的學者，我謙卑地在尋求一位像您這樣的長者的祝福。雖然我不敢在您面前說那本書是我寫的，但是不講真話，也是不對的，我必須承認，我是那本書的作者。』那位婆羅門人士佯作驚訝，說道：『什麼！若是這本書是你寫的，那請告訴我，我怎麼打從心底就知道這本書的內容了呢？』說著，他沒打開書本，就即刻逐章覆誦全書的內容。國王及在場觀眾見狀，為之目瞪口呆。賈耶德夫知道上主賈加那塔本尊前來對他加惠恩典，於是祈請祂現出毗濕奴的身相，佩戴著海螺、法杵及輪盤等物。上主喜悅讚歌，就顯現出賈耶德夫在其讚歌裡的多種不同的身相，接著祝福他之後，就消失不見。跟這個故事的情況一樣，有人或許跟我爭論，說他寫了《真我之智》！」

189 《真我之知》（*Atma-Vidya*），是拉瑪那應信徒要求而寫的六則詩頌，在表述認識真我之知，何其簡易。《真我之智》（*Atma Bodha*）是商羯羅用梵文寫的詩頌，拉瑪那在一九四八年（本則信函中顯示）把它譯成坦米爾文。

190 賈耶德夫（Jayadeva），十二世紀梵文詩人，以《牧者之歌》（*Gita Govinda*）的詩頌而聞名，這篇詩頌公認為虔愛派信仰的重要經典。

191 潘都南迦（Panduranga），即是神明毗陀巴（Vithoba）或毗鐸（Vithal）的另名。

192 哥古拉·布林達（Godula Brindavan），同義字語有Goloka，Gauloka，Goloka Virndavan，是上主克里虛那（黑天）童年的居住的地方。Gokula指牛群或牧牛者的住地。

二〇〇　合適的教導

一九四八年七月二十九日

今天上午九時四十五分，尊者正準備外出走路時，身體有點搖晃。在旁的隨侍不敢上前扶住他，因為知道他不喜歡這樣。這時，一位年老的師兄，從旁路過，想要上前扶他，尊者警示他，淡淡地說道：「你們都想要扶我，不要我跌倒，卻反而使我跌倒。免了吧。注意你們自己不要跌倒就好了。」這些話語，饒富深義。雖然尊者講了些普普通通的話，但話語中，深蘊真理，因此我就當場把它記錄下來。

同一時候，尊者走路回來，坐在他平常的座位上。一位年輕人，氣喘吁吁地來到廳堂。他想了又想，說道：「師父，我的心裡有一個問題，您能告訴我，那個問題是什麼嗎？或者您要我提問嗎？」尊者說道：「喔！是這回事啊！抱歉，我沒有這種靈力。有這種靈力的人，能夠讀出別人的心思。我怎麼會有這麼靈力呢？」那位年輕人想要說出：「若您不會這樣，那您偉大在哪裡呢？」這時有人制止他這樣說。我看到這情形，就上前跟尊者坐得很近。尊者看著我，說道：「看，這位年輕人問我，能否看出他心思上的問題！到目前為止，沒有人這樣問我，所以他的意思是要考驗我。來此訪客的意圖，在他進來的時候，就已經被知道了。他在這裡就坐的樣子，已經流露出他的意圖了。與其要考驗我，他何不考驗自己，找出他自己是誰呢？那樣不是比較好嗎？」

有位男士，剛好坐在那位年輕人旁邊，便就這個話題，說道：「師父，您說找到真我，是在生命中最偉大的事。但在我找到之前，持誦聖名，不也是好的嗎？我們可否就用這個行法來得到解脫？」

尊者說道：「是的，那是好的。那個行法會在適當的時間，邁抵目標。持誦聖名，能屏除外在的東西。若外在的東西都消除了，則剩下來的，便只有聖名，而那個所留存的，就是真我或神，或至上存在。持誦聖名意謂，我們把聖名賦予神，用那個聖名來叫祂。你把你喜歡的名字拿來賦予祂。」

師兄說道：「若賦予伊濕瓦若某些聖名，並祈求祂用特定的形相出現，伊濕瓦若會顯現出來嗎？」

尊者：「是的，祂會回應你，不管你用什麼聖名來呼喚祂，祂也會顯現出來，不管你用什麼形相來禮拜祂。你祈求，祂就顯現，賜福給你，然後消失，而你如如其在。」

我說道：「我認為尊者也會做同樣的事情。若我們祈求某些物質上的利益。」尊者沒有留意到我要說的話，又以避免被質問的方式，說道：「那就是神害怕顯現祂自己的原因。若祂來了，信眾便要求祂施作一切的靈力才肯罷休。他們不僅說：『把所有的東西都給我們。』而且又說：『不要把東西給別人。』這就是害怕的地方，那就是神遲遲不來信徒這裡的原因。」

另一位師兄：「大聖者也是這樣嗎？」

尊者：「無疑也是這樣。若顯示和順，人們就會在大聖者身上施予權威，他們會說：『我們要您做什麼，您就做什麼。』他們也會說：『別人不可以來這裡。』等等的話。」

師兄：「據說大聖者仁慈，一視同仁。為何他們對某些人和藹接納而回應，對另外的人，就不是這樣。若有詢及某事，對某些人就厲聲以道，對其他的人，又顯得冷漠呢？」

尊者：「是的。對父親來說，每個小孩都一樣，他希望他們都好。因此，他根據他們的秉性，用愛或怒來對待，因材施教。若孩子是溫馴的，則不加之以怒，也無須要求什麼，要用愛來勸導，溫柔給予他們所需要的。若孩子任性乖張，就須加以斥責，教他們規矩。若孩子傻傻的，則不必過於操心，讓他們自理。同理，大聖者要慈愛或嚴厲，取決於信眾的功德。」

二〇一　雌雄同體的濕婆

一九四八年七月三十日

今天上午，賈格迪斯瓦若・夏斯特里從馬德拉斯來這裡。大家正在議論偉大的阿魯那佳拉山是朝聖的中心時，他問尊者，為何帕爾瓦蒂在濕婆的半個身體上，尊者於是向我們講述故事如下：

「從前，有一天濕婆在凱拉斯山安坐著，帕爾瓦蒂為了好玩，從他的背後過來，用手蒙住他的眼睛，結果整個世界陷入黑暗，太陽與月亮都失去了光輝，世人為之恐懼而發抖，信眾向濕婆祈求能拯救於災難中，於是至上伊濕瓦若（即濕婆）立即打開第三隻眼睛，把民眾從恐慌之苦中拯救出來。帕爾瓦蒂嚇壞了，便趕緊放開她的雙手，至上伊濕瓦若未發一語，但帕爾瓦蒂嚇得發抖。這時上主和緩以道：『雪山女神（即帕爾瓦蒂），這無疑是祢在開玩笑而已，但整個世界因而失去了陽光與月光，看世人承受了多大的苦。祢或許認為只是一下子而已，但是我們的一分鐘，就是世間的億萬年，為何要開這種玩笑呢？』

「帕爾瓦蒂聽完至上伊濕瓦若的溫言責備後，知道自己的錯誤，深感歉疚，便祈求能准予從事苦行，俾贖己罪。至上伊濕瓦若說：『祢是世界的母親，祢並沒有罪，無須從事苦行。』她不以為然，她說她要在整個世上立下榜樣，去從事苦行，於是在獲准之後，便向南方啟程前去。當時，迦屍王國適逢旱災與饑荒，人沒有食物，苦不堪言。她在路上看到此一景況，深為憐憫。於是雪山女神憑著祂些許的願望，便創造了一座大豪宅，化名為安娜普納（Annapurna），以及鍋碗器皿上吃不完的滿滿食物，餵食上千民眾。不久之後，祂的名聲遠播全國，這時國王發現他的穀倉，蕩然一空，不知所措。國王耳聞窮人都被安娜普納女士餵飽，對於僅是一位女子便能如此作為，大感訝異，於是想要考驗她，就向她借貸一些稻米。國王得到的答覆是，借貸沒有問題，但國王必須過來這裡進食。為了考驗她，國王及大臣們便隱藏意圖而前往，並吃了她所提供的食物。當國王發現食物取之不盡、用之不竭，立刻知道這不是人的力量能辦到的，一定是出於某個神明的力量。於是餐後，國王前去跪拜在安娜普納的腳前，說道：『偉大的母親，祈請跟我們同住，並賜我們解脫。』聖母對此虔誠，感到欣慰，便現出祂本尊的模樣，說道：『我的孩子，我對你的虔誠，十分高興。我待在這裡時，你的國家將不會遭受到旱災之厄。這裡將會下雨，而且也不會有饑荒；但我不能待在這裡太久，因為我要去南方苦行。你要好好統治人民，祝你快樂。』國王說道：『雖然是這樣，我們希望祢能夠給我們膜拜。』聖母允諾後，便離去了。這就是她以安娜普納（其義為「足食」）而顯現，而她所停留的地方，現在是著名的安娜普納神廟。

「離開這裡之後，她來到南方的甘吉布勒姆（Kancheepuram），並用沙土塑造一尊濕婆林伽立石，加以禮拜，並曉得她的罪已赦免了。她又在民眾全體的祈求下，在那裡顯現為雪山女神，然後，她騎上神牛，說要到阿魯那吉里，於是就來這裡。雪山女神先到普拉瓦拉（Pravala）山麓的喬達摩道場。喬達摩的兒子薩塔南達（Satananda）一看見她，便十分虔敬請她進入道場，向她禮拜，並要她稍等，因為他的父親去林間採拾羽穗草，他要去請他回來。這時，喬達摩已在回家的路上，薩塔南達一見到父親，便很興奮地說聖母已來到我們的道場了。整座森林為之蔚然翠綠，百花綻放，果實纍纍。喬達摩驚奇之餘，問他的兒子，此事可真？薩塔南達用顫抖的聲音，說道：『聖母雪山女神本尊來了。』喬達摩同感興奮，渾身激動，便加快腳步回來，看到了帕爾瓦蒂，便向她禮拜。雪山女神在喬達摩的指導下，苦行一段時日後，摩訶提婆（Mahadeva，亦即濕婆）現身，說雪山女神凡所要求，祂都將賜予她。雪山女神很敬重地說，她將成為濕婆本尊的半身。她說道：『我再也無法活在這個分離的軀體。若再分離，我將會犯下另一個像這樣子的錯誤，而須經歷苦行，以及分離的痛苦。』至上伊濕瓦若（即濕婆）同意她的請求，於是成為雌雄同體的濕婆（或名「半女大自在天」）。這就是宇宙母親安巴成為濕婆的半身。」

尊者在講述這則故事時，顯然深受感動，他淚光隱隱，聲音顫動。故事講完後，他穆然靜默。

一九四八年八月二十六日

二〇二　愛護動物

今天下午三時，我們正在尊者面前談論事情時，一名陌生人提著一大籃水果來到道場，他在走進廳堂時，有隻猴子竊走一些水果就逃走了。尊者聽到外面的吵雜聲，也知悉詳情後，便笑著說，猴子拿走了一些水果，因為怕我們不拿來給牠。我們都笑了。

這個時候，有隻母猴，胸前帶著幼猴，走近水果籃，旁邊有個人大聲叫牠走開。尊者說道：「那是母親帶著小孩，何不給牠點東西，再叫牠走開呢？」但那個人沒聽到，猴子恐慌就跑走了，躲在一棵樹裡。尊者感到憐憫與不捨，說道：「這樣公平嗎？我們自稱是雲遊四處的出家人。但真正雲遊四處的出家人來了，我們卻趕他走，一點東西都不給他。真不公平啊！我們幾年來都在吃而生活。我們把東西儲存在房間，上鎖後把鑰匙帶在身上。但猴子可曾有屋子嗎？牠們能為明天而儲存東西嗎？牠拿到什麼東西就吃，然後隨處睡在樹上，不管走到哪裡，都把小孩揹在胸前，直到小孩可以走路，才離開小孩。到底誰才是真正的雲遊四處的出家者，是猴子還是我們呢？這就是公猴拿自己的一份水果的道理，那是公猴，沒有受到斥責。但這是母猴，牠能怎樣呢？」說著，尊者便溫言勸誘著那隻猴子，猴子上前，來到長椅旁邊站著，尊者態度親和，給了牠所要的全部水果，並打發牠走了。

一會兒過後，白孔雀來了，張開美麗的翅扇，尊者注視牠，對我說道：「瞧！牠們的耳朵並不明顯，通常耳朵有個大洞孔，現在牠們被展翅的扇屏遮住了。」我說道：「是這樣嗎？我不知道是這樣子。」然後，尊者說道：「我住在山上的時候，就觀察到這一點。當時，有兩隻孔雀跟我們在一起。雌孔雀時常在我的腿上睡覺。牠睡覺時，我觀察到這個。孔雀很少這麼接近我。牠們總是到處走動，但也不會離開我，習慣坐在我的旁邊，或睡在我的腿上，跟我很親密。那隻雄孔雀外出時，常叫雌孔雀跟牠作伴。雌孔雀像個小孩，總不願離開我而前去。」

我說道：「小女孩總是比較會黏著尊者，而尊者對她們也比較疼愛。」

尊者：「有一天，有個傢伙強迫把牠帶走，牠也沒有回來。發生了什麼事，我也不知道。有隻公雞在我的腿上，最後斷氣，於是我們在那裡為牠蓋了個墳塚。」

「牠真幸運啊！」我說道。「是的，是的。」尊者說著，又沉默了下來。

一九四八年九月十日

二〇三　快樂是什麼？

以前道場的醫師曾向尊者建議，改吃麥類食物，以取代米食，較有營養。這四五天來，醫師堅定表示，改食麥類，務必踐行，不可延緩。道場執事者來向尊者請求同意提供普里炸酥球（puri）。尊者拒絕，說普里脆餅球用很多酥油烹炸，並且也不須要花這麼多錢在這上面。執事者說，無須擔心花費，醫師也說有益尊者的健康，應該提供普里脆餅球。尊者說道：「請不要這樣做。若這個醫師說，麥食是好的，而另一個醫師說，麥食對尊者的健康是不好的，那個醫師也算是位好的醫師。難道我們不也應該得到他的同意嗎？對於這種事，我們能夠自己作主嗎？先問醫師吧。」

我們查詢那位醫師是誰，並且到底是怎麼回事，才知道他是庫房管理人蘇巴拉馬尼亞·穆達利爾（Subramania Mudaliar）。不久之前，食材中有一部分是麥類，因為大家不習慣麥食，不容易單獨處理，所以每天煮飯時，就把小麥和米同一比例混著煮，拿來給道場的人吃。然而，尊者堅持要吃麥，並且每天都吃。那位管理庫房的師兄，知道麥食會引生尊者體內不當的火氣，影響健康，便請尊者不要吃麥類，但是跟尊者說沒用，於是他就自行停止提供麥食給齋堂，而把麥類食物只拿給工人吃。

當醫師們質問他有關不利尊者健康的說法時，他拐彎抹角的說，道場拿到小麥時，都被蟲咬了，若讓尊者知道，尊者會堅持吃那些麥類食物，所以他別無選擇，只好給工人吃。尊者從牛舍回來後，知道了詳情，便略帶尖酸地說道：「喔！是這樣子？他的服侍多偉大呀！我們都該吃好的食物，但壞的麥類食物，就給可憐的工人！我想他們認為若告訴尊者，尊者會很高興才對，因為他們對尊者很虔誠，所以他們做了這麼高貴的行誼；但是把不適合我們吃的食物，就在我們的面前拿給工人吃，那是多麼可恥啊！這就是每個人的行事作為，這種無聊的事夠了吧。我不需要什麼炸酥球或這類什麼的東西，都拿去給工人，若他們吃了，不也是等於我吃了嗎？」

另一位師兄，就此話題，說道：「我們所關切的是，尊者身體的健康。」

尊者：「是的，那倒是真的。但是，健康是什麼呢？幸福是什麼呢？難道幸福只是在吃而已嗎？就以城邦的大君為例子。每天都為他烹煮豐盛而美味的佳餚，但他不時生病，也經常消化不良，對食物沒有胃口。他無法消化食物，而患胃痛。縱然他有很好的床鋪、精美的絲帳及柔軟的床墊，他也沒辦法睡得好，那又有什麼用呢？他經常憂愁這個或那個。但工人比國王快樂多了，他有什麼，就吃什麼、喝什麼，然後睡得很好，沒有憂愁。當他工作而額頭冒汗，他就有了頂好的胃口。縱使只是米粥，那個胃口就讓他享受像天上聖食的人間美味，他不須要為明天而未雨綢繆，所以他也無須為保護財物而憂愁。他舒服地躺在樹下，安享他的酣睡。」那位師兄說道：「但是，他自己並不認為他是個快樂的人。」

尊者：「這就是這個世界的問題所在，人睡在樹下，望著宮殿豪宅而遺憾他不能那樣享受，但其實他是個快樂之人。有一次，我在這裡看到一位工人，他挖土並把泥土置於路上，辛勤勞作，一直到中午，他飢腸轆轆之餘，在水池裡洗了手腳和臉。那裡有煮好的米飯，上面灑點湯汁，他拿了三把米飯，吞了下去，顯然大快朵頤，吃得一粒不剩。吃完了，他洗了碗，喝點水，就在樹下把胳臂當作枕頭打盹起來。我認為他真是一個快樂的人。若人是為了活著而吃，那麼所吃的食物，都會使人身強體健。若你是為吃而活著，那麼你會生病。」

師兄：「尊者說的，確實如此。但是一位大君遺憾他不能成為帝王，而一位帝王遺憾他不能為眾神之上主（Devendra）。他們並不覺得工人比較快樂，不是嗎？」尊者：「不，他們沒有那個感覺，那是妄見。若他們真有那個感覺，他們就成為悟者了。因為我對於他們二者都有體驗，所以我清楚知道那個幸福的價值。我實在告訴你，我住在維魯巴沙洞屋時，我僅吃別人帶來的東西，睡在一塊石板上，連一條布也沒有蓋在身上，而我體驗到無比的快樂，現在我吃佳餚美食，但我沒有當時那個快樂。這張小床、這個床鋪、這些枕頭，全都是枷鎖。」

二〇四　師父在哪裡？

一九四八年九月十一日

昨天尊者告訴我們，現在他並無當年睡在石板上時的快樂，一些師兄姐在得到尊者允許後，便前去史堪德道場，並在歸途中，看到了維魯巴沙洞屋。他們回到道場後，向尊者問，昨天所說的那塊石板是否就是現在在門口走廊的那塊，而那塊石板是否真的是尊者親自打造的。

尊者：「是的，那是真的。我們都認為那塊石板給訪客就坐用會很方便，於是我就用石頭及泥巴做了這塊石板，後來才又填入水泥。」

我說道：「聽說在建造這塊石板時，有位陌生人前來向尊者問師父在哪裡，而尊者打發他離開，就向他說師父去別的地方了，這是否屬實？」

尊者說道：「妳怎麼知道這件事？」並且笑了。我答說耶夏摩告訴我的。於是，尊者向我們敘述這件事情如下：「是的，這是事實。有一天早上，我搬了些石塊過來，準備些泥巴，正在堆砌成石板的平台。有個陌生人前來，問我：『師父在哪裡？』當時那裡，除了我一個人之外，並無他人。於是我就說：『師父剛去別的地方。』他又問：『他幾時會回來？』我說：『我不知道。』他怕師父很久才會回來，於是下山去了。在路途中，他遇見耶夏摩上山而來，耶夏摩問他何以要下山。他告訴詳情後，耶夏摩要他一同前來，她會指出師父給他看。耶夏摩上來後，把裝著食物的器皿放在洞屋裡，然後在我的面前跪拜行禮，起身後告訴那位陌生人，說：『這位就是，他就是師父。』那位人士，大感訝異。向我跪拜行禮後，對耶夏摩說：『他就是師父嗎？我剛才來的時候，他正在堆砌石板，我不知道他是誰，就問他「師父在哪裡？」，而他說「師父出去別的地方。」我相信他，所以就回去了。』於是，耶夏摩就揶揄我，說我誤導人家。我說：『喔，難不成妳要我在脖子上掛著牌子，說我是師父嗎？』」

師兄：「甚至您來到這裡之後，您好像也同樣地在誤導別人。」

尊者：「是的，那是事實。那個時候，我們並沒有什麼建物設施，僅有現在大家坐在這裡的這個廳堂，甚至這個廳堂，原先是建造成附有煙囪的廚房。我們的商穆甘姆．皮萊（Shanmugam Pillai），亦即哥帕拉．皮萊（Gopala Pillai）的父親和其他一些信徒等人，堅持要有一間廳堂給尊者安坐，就說建造廚房的事，可以稍緩些，於是拆掉已經建好的煙囪，而把建物改成這個廳堂。在這個廳堂與母親神廟之間，有間茅屋，供作廚房，旁邊靠近苦楝樹的地方，也有間茅屋，作為儲存室用。每天我們習慣很早就起床去切菜。有一天，我切菜時，把儲存室的門敞開，其他的人出去做雜務。這時有兩三個要去環山繞行的人，進來廳堂，看到長椅上沒人，就繞到儲存室來。他們這些人經常來道場。那些人跟這件事又有什麼關聯呢？當時我的頭包一條布巾，正在切菜，臉不易被看到。『先生，師父不在長椅上，他在哪裡呢？』他們問我。我說師父剛出去，一會兒就回來。他們怕等太久，延誤了環山繞行，就離開了。旁邊的人看到了，便問我為何要誤導他們。『我還能怎樣呢？』我說道，『難不成我要說我是師父嗎？』這種事情發生了好多次。」

我把這件事告訴一位早期就來道場的師兄，他說道：「不只這樣。妳知道，有位師父，名叫丹達帕尼，他很胖，肚子很大，穿著一條褐色的纏腰布，聲音十分宏亮。尊者常說，若在克利提凱的燈節[193]時守在門口，那就太好了，前來的民眾會把他當作師父，向他頂禮後就走開，不會打擾到尊者。所以，尊者總是忌諱招人耳目。」

193 克利提凱的燈節（Krithikai Festival of Lights），指泰米爾納德邦慶祝上主穆魯甘（Murugan）的節日。

二〇五　占星術

一九四八年九月二十日

幾天前，一位占星師來這裡，當天約在上午十時，他到道場，向尊者問了一些占星的問題，並得適當的答覆。我把他們的談話，簡述如下：

問：「師父，根據星象學的理論，預測未來的事件，可以用星座的效應來解釋，這是真的嗎？」

尊者：「一旦有自我的感知，一切皆為真實。若自我滅盡，一切皆為不真。」

問：「這是否意味著，對自我已滅之人而言，占星為不真實？」

尊者：「是誰在說占星為不真實？有觀者，才有觀視。若自我已滅，就算他在看，但他視若無睹。窗戶是開的，縱使有個人在觀物，但那是窗戶在觀物嗎？」

問：「若沒有了自我，那麼身體又如何日復一日地運作呢？」

尊者：「是的，那是這樣的。對我們來講，這個身體是房子。只有在房子裡面，才能好好照顧房子。因此，我們必須要瞭解，一旦在房子裡面，千萬要記住，房子跟真我是分開的，那麼就能安住在房子裡。若頃刻之間，忘卻了這個知道，自我感就會出現，而苦惱也就來了，世界萬物因此呈現為真實，若滅盡那些感知，即是滅盡自我。當自我滅盡，則（世上）萬物遂不為真實。凡會發生者，將會發生；不會發生者，就不發生。」

問：「您說凡會發生者，將會發生；不會發生者，就不發生。若是這樣，那為何要說必須行善呢？」

尊者：「行善，才會幸福。因此人說必須行善。」

問：「是的，那就是老一輩所說的，悲苦是外來的的道理。」

尊者：「沒錯，悲苦是外來的，只有幸福，才是天生自然的，萬物生靈都渴望幸福，因為他的本性就是幸福的實相。一切的修行，都在克服外來的悲苦。偶爾頭痛，就服藥來止痛。如果是慢性病痛，從出生到死亡都這樣繫附在身體上，那何必去祛除它呢？正如身上有癤疔或其他疾病，得由醫師治癒之；內心因種種困難導致的悲苦，也可經由針對目標的修行，加以克服。這個身體本身，就是疾患，其根源是無明。治療無明的藥，叫做真知，若能服用，一切的內在疾患皆立即消除。」

問：「修行能立即見效嗎？」

尊者：「有些能立即見效，有些則不能，取決於其強度或修行法門。若一心行善或作惡，結果會立即呈現，否則其結果是緩慢引生的。不管怎樣，都有後果，不得不然也。」

二〇六　山上的生活

一九四八年九月三十日

最近尊者把文巴體格律的《真我之智》頌文，改成卡利文巴體（kaliveba）的格律，重新譜寫。這些頌文在尊者面前，曾屢次討論，現在已印製成冊了。昨天下午，他向身邊的信徒，說道：「看，當年我們在維魯巴沙洞屋，巴拉尼史瓦米要我用馬拉雅姆文，在這小本子上寫一些商羯羅的頌句和教言。這篇《真我之智》也在那個本子裡面，其實我並不想在上面寫頌釋，但頌句不時湧現心頭，你們知道有一次發生了什麼事嗎？我們啟程要到阿魯那佳拉山的頂峰，隨身帶著煮飯和吃喝的東西，以便隨時隨地方便使用。那時我們住在維魯巴沙洞屋的時候，巴拉尼史瓦米待在洞屋，照料一切。我們抵達七泉洞（Edudonalu）時，天氣很炎熱。我們浴身後，煮飯燒菜。我們拿出燒煮的鍋盆，以及所有的食材，例如扁豆、鹽巴、酥油等，準備開火，這才發現沒有把最重要的東西帶來，那就是火柴盒。維魯巴沙洞屋離這裡很遠，沒有辦法去拿火柴盒來，況且，天氣很熱，大家也很餓。有人拿兩塊燧石，設法碰擊生火，但沒成功；也有人拿兩塊木頭用力摩擦，就像火祭儀式中點火那樣，但也沒成功。這時，《真我之智》的第二則頌文，在我的腦海裡油然而生：

बोधोऽन्य साधनेभ्यो साक्षान्मोक्षैक साधनम् ।
पाकस्य वह्निवत् ज्ञानं विना मोक्षो न सिध्यति ॥

「我把它唸出來，並用幽默的語氣，解釋意涵。」

另一位師兄說道：「我們不知道那則頌文的意思。」

尊者笑著答道：「你們要知道意思嗎？它的意思是，你無法燒煮任何東西，除非你有火。正如你無法獲得解脫，除非你有真知。」

「後來又發生了什麼事？」有個人問道。

尊者說道：「這時，有一些在山上割草的人，頭上頂著草堆，正要回家，我們這裡有人就透過其中一位割草人回去傳話。巴拉尼就把火柴盒託給要上山的伐木工人送來。後來我們點燃了火，煮飯燒菜，就用餐了。你知道是怎麼燒煮的嗎？米、扁豆和蔬菜都放在一個鍋子裡一起煮，然後加點鹽巴，這樣就成了一鍋大雜燴，我們事先就決定要這樣煮了。吃完飯後，我們略為休息，然後朝向頂峰前去。在步行中，為了使他們瞭解（第二則）頌文『真我之智與其他之知的致因之比較』（Bodhonya Sadhanebhyo），我不斷解說全部的意涵。抵達峰頂時，我對他們說：『你們看到我們剛經歷種種困難，才來到這裡。我們攀登了一些山坡，吃了大鍋飯後，再往前登陟更遠。燒煮飯時，我們沒有火，所以束手無策。同理，你們或許又教又學了很多東西，但沒有透徹瞭解，所以智慧並不成熟。有了真知之火，則世上萬物都融會貫通，消化下去，而來到至高的境地。』其後，我們在天黑之前，便直接回到洞屋。在當時那些日子，我們登上頂峰，並不覺得困難或疲倦。所以，我們經常隨興所至，就登山去。現在我回想起來，我還懷疑我是否曾登上山頂。」

「當時耶夏摩和其他人也經常跟您一同去，是嗎？」我問道。「是的，甚至還有個老婦人穆達利爾・佩蒂（Mudaliar Patti）常常跟著我們。她們兩人每天都帶飯來，從未遺漏一次。她們不願聽我的話，甚至我為躲開她們，就跑到別的地方去，但她們總能找到我。」尊者說道。我則說道：「我們只是走一趟路到史堪德道場，就抱怨腳疼了好幾天。這些老婦人每天頭上頂著一大堆東西，上山到史堪德道場，有時尊者剛好在別的地方，她們就跟到那裡，這真了不起呀！她們有強大的意念要跪拜在尊者的聖足前，這給了她們所需要的一切力量。」尊者默然頷首。

二〇七　跟孩童嬉戲

一九四八年十月十日

幾天前，卡瓦耶肯塔・加納帕提・夏斯特里的兒子摩訶迪瓦・夏斯特里（Mahadeva Sastri）來到這裡。尊者介紹他給大家認識。因為他現在住在這裡，昨天下午我們的談話，就說到他的父親卡瓦耶肯塔先生。尊者這樣說道：

「我住在維魯巴沙洞屋時，於一九〇三年某日，納耶那[194]跟他的家人來這裡，當時摩訶迪瓦，年約四或五歲。納耶那在我面前跪拜，並且要這個小男孩也要跪拜，他似乎沒聽到，也顯得不在乎的樣子，動也不動。納耶那也不太在意。突然，那個男孩全身趴在地上行禮，就像男孩行聖線儀式那樣，他把雙手放在耳朵上，然後碰觸我的腳。我不知道這個小男孩怎麼會知道這樣正確的跪拜行程，心想這恐怕是來自家庭的傳統。」

我說道：「是的，每個習慣，都來自其家庭傳統。」

尊者：「確是這樣。這位摩訶迪瓦改變了很多，我經常跟他談話。那些日子，我住在芒果樹洞時，納耶那邀請親近好友，在帕加阿曼神廟聆聽他吟誦〈烏瑪千詩頌〉，他的家人也來了。那時摩訶迪瓦八歲，我問他是否還記得我，他沒有回答，只是默默地走開去玩了。過了一會兒，友人來看我，在我面前跪拜行禮，並說曾來見我過一次，問我是否還記得他們，因為我記不得了，只好沉默以對。我一時想不起來上次見面的事，但他離去之後，摩訶迪瓦跑過來，說道：『師父，這些人到底先向您問了什麼？』我說，他們問我是否記得他們，因為他們曾來過一次，而我沒有回答，因為我不記得他們。他很快地說，他跟我一樣，也記不得我了。我聽了，覺得很有趣。

「你們知道，有一天我做了什麼嗎？我在帕加阿曼神廟對面的水池游泳，要從這端游到那端，摩訶迪瓦坐在我的背上，當我游到中途時，他就用力要把我壓下去，他興奮極了，大喊著：『啊哈！嗨！』好像牛車的駕駛在驅趕牛隻一樣，我也疲倦了，兩人似乎要沉了下去。當然我很擔心，若有意外務必要把他救起來，所以我設法用力游去，就游到了水池的另一端。」

我說道：「對於一個助人橫渡人世苦海之人，有那麼難嗎？」

另一位師兄問，尊者與納耶那是否常在潘達瓦（Pandava）水池游泳。

尊者答道：「是的，那也僅是在當時的那些日子裡。我們經常在游泳時，想要彼此超過對方，那真的很好玩。」

另一位師兄說道：「好像您也跟小孩玩過彈珠。」

尊者答道：「是的，那也玩過。那也是在維魯巴沙洞屋時的事，為了玩彈珠，而挖了個洞，那個洞現在還在。有時那些小孩帶來幾包甜食，我們都拿來大家分享。在排燈節的日子，他們總是幫我留一份甜食，帶來給我。我們也常一起放鞭炮，那真是太好玩了。」

我想起上主克里虛那在孩童時的嬉戲。甚至現在，若有孩童帶著玩具過來，尊者也會跟他們一起玩。

真理的了知者，遊走於世上，（外表上）好像是個孩童、瘋子或魔鬼。

《大格言珠寶項鍊》（*Mahavakya Ratnamala*）

194 原註：卡瓦耶肯塔·加納帕提·夏斯特里（Kavyakanta Ganapati Sastri），即卡瓦耶肯塔先生（Sri Kavyakanta），通常被稱為「納耶那」，在泰盧固文是父親的意思。（譯註：納耶那即是慕尼（Muni）的別名暱稱。）

二〇八　親炙苦行者

一九四八年十一月二十日

昨天下午三時，一位老婦人偕同其子女、孫子、孫女等人，來訪尊者。尊者一看到她，就微笑地說道：「喔，康蒂（Kanthi）！是妳嗎？我還以為是別人。」她走到尊者面前，態度親密，介紹她的諸多子孫。跪拜行禮後，回去坐在女眾的位置。尊者看著我，說道：「妳知道她是誰嗎？」我答說不知道。尊者於是告訴我們：

「某個城鎮，有位男士，名叫塞夏佳拉·艾耶（Seshachala Iyer），康蒂是他的女兒。這位女士，也是耶夏摩的姪女，名叫結拉瑪（Chellamma），是羅米史瓦若·艾耶（Rameswara Iyer）的女兒。她跟拉賈摩（Rajamma）她們年紀相若。我住在山上時，她們都很年輕，經常上山來看我。有時她們還帶著洋娃娃來，扮演娃娃的婚禮；有時她們攜帶米、扁豆等來煮飯，也給了我一份餐食。」

「我相信是這樣。尊者常跟她們一起玩嗎？」我問道。「是的，她們很隨興，要來就來，妳知道她們很年輕，所以很能自主。現在她有了個大家庭，不能說要來就可以來了。自從她最後一次來看我之後，迄今又隔了很久，我都認不出是誰了。」尊者說道。「您不只跟小男孩玩彈珠，您也跟小女孩玩童戲。她們生來就很幸運。」我說道。尊者點頭之餘，又敘述當年的時光：

「那個時候，結拉瑪來看我，她手上拿著一張字紙。我出於好奇，看了一下，發現上面寫著一則頌文：

若能親炙聖者，修行各式行法，有何意義呢？告訴我，當清涼的南風吹拂而來，扇子又有何用處呢？

「我把它譯成坦米爾文詩頌，起句是『親炙苦行者』（Sadhu sangathal）。後來，我把它放在《真理詩頌四十則補篇》（第三頌）裡。妳有散文的頌句，不是嗎？」我說是的，我有。

我問道：「結拉瑪是怎麼有那張字紙，為何她要拿給您呢？」尊者答道：「耶夏摩當時經常齋戒不食，說今天是第十一日（艾克達西日），或者是克利提凱日（紀念上主穆魯甘）等，而結拉瑪也跟耶夏摩一同齋戒不食，但結拉瑪很年輕，不食的結果對她很不好。耶夏摩通常都請她把飯送來我這裡。在某個克利提凱日，她送飯過來，而她在齋戒中。她不進食，我又怎麼能用餐呢？我告訴她，她這麼年輕，不宜太過齋戒，並勸她多少吃一點。隔天，她帶著食物上山來的時候，她發現那張字條，上面有一則頌文，於是就帶來給我看。我說：『妳看，上面寫的東西，跟我昨天告訴妳的話一模一樣。』她要我解釋箇中意涵，我就把它譯成坦米爾文，並解說給她聽。後來，她就放棄齋戒。她對我極有信心。甚至她上了年紀之後，她在紙上寫任何的文字，都以『室利．拉瑪那』做開頭。那些小孩，總是在我的面前，吟誦她們所學到的讚歌和詩頌。結拉瑪逝世後，她們都覺得失去了一位好姊妹。」尊者說道。

有位師兄說道：「尊者的傳記裡述及她的死訊傳來時，尊者顯然十分震撼，不勝悲痛。這是事實嗎？」尊者說這是事實，然後沉默了下來。你知道，尊者多次說過，一位悟者，與哭泣者一同哭泣，與歡笑者一同歡笑。

二〇九　在阿格拉哈拉乞食

一九四八年十一月二十日

今天下午從二時三十分起，尊者向我們敘述他早期來到道蒂魯瓦納瑪萊的一些事件。下午三時，甘伯倫·庫帕南·夏斯特里（Gambhiram Kuppanna Sastri）帶來結婚喜帖，交給尊者，並向他跪拜行禮。尊者跟他說了些結婚的事後，看著我，說道：「看來甘伯倫·謝夏雅要結婚了。這是結婚喜帖。」「是這樣嗎？」我說道。尊者微笑地說道：「你知道為什麼人們把姓氏取為甘伯倫嗎？」「我不知道。」我說道。

尊者：「這些人都是屬於阿卡南（Akkanna）及馬達南（Madanna）的族裔。戈爾康達（Golkonda）的統治者對他的大臣阿卡南及馬達南，賜予稱號為甘伯倫。這就是現在姓氏的由來。你知道在古德洛爾，有座巴格凡塔史瓦米（Bhagavantaswami）的墳塚，那位巴格凡塔史瓦米也是屬於這個族裔。」

提問者：「是這樣喔？那位巴格凡塔史瓦米是婆羅門種姓人士嗎？」

尊者：「是的，他是婆羅門種姓。他在古德洛爾附近，躺臥在某處，毫不在意自己的身體，他的外祖父蘇瑪桑德倫·皮萊（Somasundaram Pillai）剛好在古德洛爾，就把他帶回家照顧，直到他死亡。庫帕南跟家族的其他人，都一直在他身邊。這位史瓦米死後，他們才來跟我在一起。我想你們知道，他是甘伯倫·謝夏雅的兄長的兒子。」

提問者：「那個我知道。但是他們是安得拉邦人，他們又怎麼自稱為艾耶（Iyer）呢？」

尊者：「那是因為他們住在那個邦的某地區太久了，可能有好幾代。當年我待在古魯墓廟時，謝夏·艾耶的哥哥克里希那·艾耶（Krishna Iyer），就在那裡工作，擔任鹽場的檢查員。我離開古魯墓廟後，我到阿央庫南水池（Ayyankulam Tank）對面的阿魯那吉里那塔神廟（Arunagirinatha Temple）裡待一陣子。在此期間，某天晚上，我走到阿格拉哈拉住宅區[195]乞食，我停在克里希那．艾耶的屋前。他那時坐在墊子上，在燭光前，跟其他三個人在玩橋牌。當我拍手擊掌（尊者通常擊掌用來使屋宅主人注意到），他們都嚇了一跳。克里希那．艾耶感到不好意思，趕緊移開橋牌用具，盛著一些米飯給我，作為施物。那個時候，我不知道他們是誰。謝夏耶來到這裡之後，他才告訴我，克里希那．艾耶是他的哥哥。他的哥哥似乎對於師父來了，而自己竟在玩橋牌，深感懊悔。從此以後，他就完全斷絕玩牌了。」

提問者：「所以，師父在阿魯那吉里神廟時，經常自己出去乞食嗎？」

尊者：「是的，我通常是每天晚上出去。我在阿魯那吉里那塔神廟的時間，是在一八九八年八月或九月的時候。

「我一到那裡的時候，我就告訴巴拉尼史瓦米，說我要走我的路，他也應該去走他的，並把他送走。但當天晚上，他又回來了。雖然這樣，我還是獨自出去乞食。在夜間，人們總是提著燈在等我來，給我施捨物。謝夏耶的哥哥也是很親切地在等著我來。我在那裡，只待了一個月。因為那個地方，靠近阿格拉哈拉住宅區，等著要看我的民眾，越來越多。鑒於避免民眾引起騷動，我便去待在山上。那些日子，出去乞食，通常是令人興奮的經驗。我總是在一個地方，接受兩或三個手掌的飯，把它吃下，這樣經過三四戶人家，我就吃得很飽了，然後回家。」

提問者：「其他的家戶也在等你到來，但您沒來，或許他們會感到失望。」

尊者：「是的，就是這樣。所以隔天，我就到阿格拉哈拉住宅區的另一邊去，我想最後我在阿格拉哈拉

195 原註：阿格拉哈拉（agraharam），指由婆羅門種性人士所聚居的住宅區。

住宅區的乞食，我是沒有遺漏任何一戶人家。」

提問者：「那些人家一定是很幸運！」

二一〇　師父的蓮花聖足

一九四八年十一月四日

我不知道你是否注意到，尊師右腳掌上有一顆大紅痣。我很久以前也都沒注意到，有一天我才看到。你知道在冬天的期間，要點燃木炭爐，放在尊者旁邊來暖和他的手和腳。我怕爐子放太靠近，燒傷了他的腳底，所以關切地問他。尊者答道：「喔！沒什麼。我小時候，就有了。」當時，我並未加以重視。昨天，我跟阿樂美露阿姨（Alamelu，尊者的妹妹）談話，我提起了這個話題，她說道：「我看這顆紅痣，也曾一度煩惱，便問尊者，他笑著告訴我，那顆紅痣生下來就有了。他又說他離家出走後，叔叔用這顆紅痣來辨識他的身分。」

你知道我們讀神仙故事（凱希・馬吉里的故事196），都說偉人在肚臍上有一粒珍珠，他們的腳背上有朵蓮花。在我夢境中，也曾出現過尊者的雙腳。我懷著這個思緒，今天早上七時三十分便提早到道場，那時，尊者剛從牛舍旁的沐浴間回來，坐在他的長椅上。大家向他跪拜行禮後，我也跪拜後起身，站在那裡，一直盯著他的雙腳看。尊者注意到了。便問我什麼事。我說道：「沒什麼，我在看那雙腳，那是一位偉人的特徵。」「就這樣喔。」尊者說著，準備打開報紙閱覽，這時我說道：「阿姨問過您那顆紅痣的事，您說您離家出走時，您的叔叔用那個標誌來辨識你。」

尊者把報紙拿下來，盤著雙腿呈蓮花坐姿，答道：「是的，在《神的遊戲》（拉瑪那傳記）裡，你知道講到我的叔父舒巴．艾耶（Subba Iyer）去世，我的另一位叔父納里爾巴．艾耶（Nalliappa Iyer）當時住在馬杜賴，他從阿南瑪萊．泰姆普南（Annamalai Thampuran）那裡知道我在這裡，不管泰姆普南怎麼向他說，他都無法確認那是我，所以他來到這裡，就從這顆紅痣來確認我。」

「當時他是憂心如焚！」我說道。

然後，尊者說道：「他怎麼不憂心如焚呢？我們的父親死了後，他總是很細心呵護著我們。我這樣出走，他始終擔心我的安危。在此同時，舒巴．艾耶也過世了，照顧舒巴．艾耶全家的重擔，都落在他身上。那時他一聽到我在這裡，便極為關切，飛奔而來。舒巴．艾耶是很勇敢又有自信的人，但這個人他很柔順溫和。若是舒巴．艾耶來了，他不會鎩羽而歸，讓我留在這裡，他一定會把我綑綁起來，把我帶走。因為我命中註定要在這裡，在他活著的時候，大多時候都不知道我的下落，找到我一個月之後，他就過世了。納里爾巴．艾耶頗有靈性，而處事也很溫和，就讓我留在這裡，並說：『何必打擾他呢？』這樣說著，尊者又沉默下來。

「莊園的看守人羅摩．納基爾（Rama Naicker）好像不准他進入莊園？」我問道。

尊者：「是的，他不准我的叔叔進來，所以他寫了一張字條送進來。為了寫那張字條，他手上既沒有

196 凱西．馬吉里故事集（Kasi Majli Stories），泰盧固語的古老民俗故事，敘述凱西在旅途中的種種奇遇，富有機智，情節有趣。

帶鋼筆也沒有鉛筆，那怎麼辦呢？這位可憐的人！他拿了一根苦楝樹的樹枝，把一端削尖，又從多刺的梨樹上摘下一顆熟透的梨子，把它切開，拿著樹枝，沾著梨子的紅色汁液，寫在一張小紙上，送進來給我。最後他進來了，認知到我無法跟他一同回去。隨後他看到旁邊的花園，有位學者在對少數群眾講述某些書中的道理。於是前去探問我的情況。那位學者看我不學無術，什麼都不知道，就說：『那個男孩整天就坐在那裡，沒受教育，連粗淺的哲學概念也沒有。』因為我很年輕，我的叔父自然很擔心我沒學到什麼東西，將來可能成為一個什麼都不懂的人。於是他告訴這位學者說：『請您多關照我的姪子，可能的話，教他點東西。』就離開了。這樣，那位學者就一直認為我什麼都不懂，曾經有一兩次要教我，但我都不在意。後來，我在伊桑耶靈修院講述《薄伽梵歌精義》，那位學者也在場，跟我討論各項議題，聽我對《薄伽梵歌》的解說及闡釋之後，便說道：『喔！您太偉大了，我以為您不識字。』說著，他突然向我跪拜，然後離去。然而，納里爾巴·艾耶長久以來，一直因我缺乏教育，而引以為憾。」

我又問到他是否曾經回來過看尊者，尊者說道：「有的，我在維魯巴沙洞屋時，他曾回來過兩次。第一次，我都不說話。他回來這裡之前，我也曾跟人說過話，但我聽到他要來，我就都不說話了，因為我不願意跟一位像他這樣的長輩說話。但是，妳知道另外一次他來的時候，發生了什麼事嗎？有人要我解說《南方相濕婆讚頌》的涵義，當時我住在維魯巴沙洞屋，所以我就在那裡講解，每天我都面向門口坐著。那一天，我背對門口而坐，所以我不知道他來了，他靜悄悄地坐在外面，聽我講述。我們講到‘Nana chidra’的頌句，我解說並加以闡釋之後，他突然走到裡面來坐下。那時我能怎樣呢？我只能不以為意的繼續，毫不遲疑。他聽完之後，知道他的姪子不是個普通人，他對我所講述的主題很熟悉，因此不再擔憂我了。他離去時，十分滿意。在此之前，他始終是擔憂我。那是他最後一次來看我。從此以後，再也沒來過。他離去後幾天，就去世了。」尊者說到這裡時，聲音顫抖著。

「這件事並未敘述在傳記裡，為什麼呢？」我問道。尊者答道：「是有這件事，但他們沒來問我，而我也沒告訴他們。」

二一一 帕加阿曼—難近母杜爾迦

一九四八年十二月二十二日

今天星期二，是我環山繞行的日子，昨天晚上獲得尊者允准後，今天上午三時三十分便啟程前去繞山行走。我抵達帕加阿曼神廟時，太陽剛升起，因為天色尚早，我想從這裡，沿著山麓，穿過林間，這樣我能看到龜形石塊，那是尊者曾經在此停止心跳而休息的地方，然後走同樣的路線，回到道場。於是，我來到神廟對面的水池，那裡有個人在浴身，我問他神廟何時開門供參拜。

「我是僧侶，我現在就可開門。」他說道。我聽說尊者在早期常待在神廟裡，而我也曾來過這裡數次，當時滿懷期待，卻因僧侶不在，廟門未開，無緣進去廟裡。因此，這次我十分興奮，能有機會看個究竟。於是跟著僧侶走進廟裡，看到女神旁邊有喬達摩及其他仙人神像。我禮拜女神，接受聖灰及硃砂等聖物後，便循著山徑前去看龜形石塊，但我到那裡時，分辨不出那個石塊在哪裡，於是我沿著山路，回到道場。我向尊者跪拜起身後，他看到我的手上拿著小盒子，便問我那是什麼，我就把這趟的旅程，向他說明。

尊者看著在旁邊的桑德雷沙·艾耶，說道：「這些聖物是母親帕加阿曼帶來這裡的。」說著，他就拿來塗抹在自己的額頭上，又說道：「神廟的右邊有兩個房間，是新蓋的，妳看到了嗎？」我答道：「是的，我看到了。有人把它用作燒煮食物的灶房。」「是的，是的，那就是了。」尊者說道，「他們特別為了煮飯燒菜而建造的。建好的時候，我們想在環山繞行時，順道去帕加阿曼神廟紮營。廟裡的主事者很歡迎我們的蒞臨，安排新建的房子給我們待在那裡，並享受了那邊燒煮的佳餚。那正是我所需要的，而我們也在那裡行啟用的儀式。當年納耶那和我待在那裡的時候，廟內並沒有房間，我們一舉一動，都是在母神的神像面前進行。」

「她是怎麼得到『帕加阿曼』（Pachiamma）的名稱？」我問道。尊者說道：「帕加（Pachai）意謂翠綠色。當雪山女神帕爾瓦蒂來到喬達摩道場苦行，以安撫伊濕瓦若時，祂的形相是翠綠色的，而祂在那裡修練苦行。後來，據說祂前去環山繞行，並在不同的時間，待在不同的地方，繼續祂的苦行，最後融入在濕婆的身體，成為祂的半身相，這時人稱祂為『阿皮塔·庫加姆巴』（Apita Kuchamba）。」

「女神又是怎麼被稱為『難近母杜爾迦[197]？』」一位師兄問道。「據說，祂殺死一個名叫杜爾迦瑪（Duragma）的惡魔，於是取自那個名字，而稱祂為『難近母杜爾迦』。」尊者答道。那位師兄又問道：「在這個地方的杜爾迦神廟，有個卡德加水池（Khadga Tirtha），那是有什麼由來的？」

尊者：「據說，女神從這裡啟程，前去殺牛魔摩醯舍（Mahishasura）；殺死惡魔時，綁在惡魔頸上的濕婆林伽聖石就附著在她的手上，無法脫掉。她來到這裡沐浴，但這裡沒有水，於是她用她的劍，掘土取水，水便沛然湧出。她洗好了澡，也解開手中的濕婆林伽聖石，把它矗立在水池的旁邊，並用水池的水來膜拜它，然後驅除火靈，以示她殺死惡魔。此後，她就待在那裡加惠給她的信徒，而那個水池，有了終年不竭的水源。不管當地有多嚴重的缺水問題，那個水池，總是有水。」

師兄：「我們聽說，那間神廟的吉祥輪圖案[198]遭毀損時，尊者曾加以修補。」

尊者：「是的，當時我在維魯巴沙洞屋，杜爾迦神廟在辦盛大的壺水灌頂儀式。活動開始前，他們帶了吉祥輪圖樣來，對我說圖樣略有受損，要我修補，而我同意了。」

這樣說著，尊者又沉默了下來。

197 難近母杜爾迦（Durga）是濕婆之妻雪山女神帕爾瓦蒂的凶相化身，也是降魔女神，能戰勝惡魔，保護信徒。當其戰鬥時，形相凶狠，是位難以接近的母神，故又別名「難近母」。

198 吉祥輪圖案（Sri Chakra）或譯「壇城」，也稱「曼荼羅」（mandalas）。印度教怛特羅（密教）坐禪時用的線形圖案。在一個正方形的框架內，圍繞著一個蓮花形的圓環，圓環中有九個互相交織的三角形圖案，其中四個角向上，意指陽性；五個角向下，意指陰性，中間的原點，意指永恆。參閱施勒伯格著，范晶晶譯，前揭書，22, 199 ,232頁。

第五章 一九四九年

二一二 普里靈修院住持的蒞訪

一九四九年一月九日

約在一個星期或十天前，普里的商羯羅大師[199]來這裡。他與尊者的會面，顯得很特別。事先得悉大師要來道場之前，道場管理人為這次的會面，極盡用心佈置安排。你知道的白天的時候，尊者都待在慶典廳裡。大師蒞訪的當天，師兄姐在尊者的長椅上鋪上一張虎皮，並稍加裝飾。在長椅的旁邊，也為大師擺了一張舒適的椅子。下午三時，尊者外出走路，回來坐在他的長椅上，師兄姐照例向他跪拜行禮，然後就坐。大師在約定的時間抵達道場，先去要住宿的吠陀學校，稍事盥洗，然後由他的門徒陪同，來到尊者面前。

他到來時，尊者盤腿而坐，一如往常的蓮花坐姿，並顯示他的默然本色。大師持杖而來，向尊者行禮致敬，尊者點頭示意，接受禮敬，並懇請他坐在為他安排的座位上。但他不坐在那裡，而是坐在一張鹿皮上面，並且直視著尊者看。尊者也看著他，目不轉睛，眼神慈悲，默然無語。在旁的觀眾也一片沈默，有如大湖上平靜的止水。約莫半個小時，兩人就像這樣寧靜而凝止，交織著虔愛與慈悲的典範。此時，尊者的臉龐輝照著太陽諸神的萬丈光芒。由於光輝普照，目睹榮景的人，面容宛如盛開的蓮花，讚揚之聲，隨之響起，說道：「尊者的容顏何其燦爛！」顯然觸動了在場所有人的心弦，其中有人應聲而道：「現在若有人能夠拍照下來，該有多好。」這些聲音似乎干擾了大師，他起身後，很尊敬地向尊者請示離開，然後回到下榻處。

目睹這一切，我想起室利·達克希那穆（南方相濕婆）來到世上，點化商羯羅、薩南達那等人，其情景是「弟子年老，上師年輕」（"Virddah Sishya Gurur yuva"）。同樣的情況，對照大師的年邁，尊者就顯得是個年輕人，而這個場合在當時顯得相似極了。右側的一邊是花園，好像是南達瓦森林（Nandavanam），背面是阿魯那佳拉山，好像是凱拉斯山；左側是杏林樹，枝根槎枒，好像是榕樹，而前庭寬闊，群眾如海，臉色燦爛，有如蓮花，好像是瑪旁雍錯大湖。就像有句話說的：「大師以靜默講道，門徒的疑惑為之澄清。」當天，大師並未措一辭。他來訪之前，曾寫下對《阿笈摩》文的疑惑，文句是"Haragowri Samyoge. Avachhaya Yogah."，道場主事者認為大師蒞訪時，一時無法當面釋明，故沒有將尊者的看法回覆給他。因此翌日，大師向尊者詢及此，尊者答道：「那是什麼？它是很有名的文句。'Avachhaya Yogah'意指著力於做某事，亦即心思運作，成為純淨，融入於訶羅（濕婆的別名），而真我的影子落在那個著力點上，這就叫做'Avachhaya Yogah'。大師說他還是不明白。於是尊者慈祥的眼神落在他的身上，約半個小時，大師不由自主地闔上雙眼。他體驗到無法形容的幸福之餘，喜極而泣，雙手合十，高舉在頭上，說道：「尊者，我現在明白了。」並向我們保證在灌頂典禮的時候，再來訪。他偕同他的門徒，離開道場，往南方朝聖而去。

199 普里的商羯羅大師（Puri Sankaracharya）。八世紀的聖者阿迪·商羯羅（Adi Shankara）創立四大靈修院。每個靈修院的住持，名稱都是「商羯羅阿闍黎」（Sankaracharya）。普里（Puri）靈修院位於奧里薩邦，是東部地區的靈修院。南部地區，在卡那塔卡邦，有Sringeri Sharada靈修院。西部地區，在古吉拉特邦，有Dvaraka Kalika靈修院。北部地區，在烏塔拉汗邦，有Badri Jyotishpeetham靈修院。四個地區的四大靈修院，又下轄若干分院，其宗旨皆在宏揚商羯羅的吠檀多不二一元論及相關哲理。

二一三　西瓦岡格靈修院住持的蒞訪

一九四九年一月十日

普里的商羯羅大師離去後，大家自然說到他的到訪。有位師兄，向尊者問道：「在這些商羯羅系統組織的靈修院中，他是唯一來到這裡的住持嗎？」

尊者：「當年我在維魯巴沙洞屋時，西瓦岡格靈修院[200]的住持也來過。他是當今現任住持的祖父，他跟他祖父任住持的中間，還有兩位住持。」

師兄：「當時他有向尊者問任何問題嗎？」

尊者：「他要問什麼呢？他也是個有智慧的人，同時是位大學者。他一看到我，便向身邊的人說，『若有人是幸福快樂的，那個人就是拉瑪那。』」

師兄：「他待在尊者那裡嗎？」

尊者：「不，不，那是個特殊的際會。他跟他的門徒來到鎮上，投宿在旅棧，邀我去那個地方。我婉謝邀請，說才疏學淺，不值禮遇。他聞悉後，便偕同他的門徒，拿著一個大盤子，上面放著有蕾絲滾邊的披巾，以及禮金一一六盧比。[201]他上山來到我這裡時，我剛好從穆萊帕爾水池回到維魯巴沙洞屋的路上。在途中，我們在一棵樹下相會。他把盤子放在我的面前，請我收下上面的東西，但我沒收下。最後，他把禮金拿回去，說披巾在冬天時對我很有用，強迫我要收下。我心想太過直率回絕，恐不妥當，於是收下披巾。後來我把披巾的滾邊蕾絲撕掉，在邊緣加以縫補，遇有需要時，我就拿來披覆在我的身上。最近那個滾邊的蕾絲還在這裡。我收下後，他便即刻離開了。當時他已年邁，來這裡之後的幾天就去世了。」

師兄：「斯林吉里靈修院的住持，都沒有來拜訪你嗎？」

尊者：「沒有，那拉辛姆哈·巴拉提（Narasimha Bharathi）有幾次想來，但未能成行。他似乎經常在打聽我的消息。」

師兄：「他是安得拉邦人嗎？」

尊者：「是的，怎麼啦？」

師兄：「有個人名叫那拉辛姆哈·巴拉提，用泰盧固文寫了一些雪山女神的讚歌，優美而有哲理，我想知道是否就是那個人，所以這樣問。」

尊者：「或許是。他是位學者，也是詩人。」

師兄：「為何他不能來您這裡呢？」

尊者：「你也知道，他是靈修院的住持，他們有一些規矩。況且，他身邊的人不會隨隨便便允許這種事的。」

師兄：「若他執意要來，他身邊的人，又能奈何呢？」

尊者：「你說的話，有點奇怪。你說身邊的人，又能奈何呢？看看我的情況，他們用柵欄把我圍起來，雖然是木頭做的，但好像在牢房裡。我又不能跨越這個柵欄，他們特別派人來監視我，而且輪流監視，我不能隨意走動，他們就在那裡防著我。一個人走了，另一個人就會輪班來看著我，這些人跟警察有什麼兩樣呢？除了前者沒有穿制服之外，我們都在他們的保護之下。甚至我想到戶外，去接受大自然的召喚，他們一定尾隨在我後面，要來保護我。何況我的外出，又必須按照時間表才行。若有人想要讀些東西給我聽，或者

200 原註：西瓦岡格靈修院（Sivaganga Mutt），是四大靈修院中，在南部地區斯林吉里靈修院（Sringeri Mutt）的分院。

201 原註：依照習俗，靈修院的住持，對於有學問的人，都致贈禮金、披巾，以及頭銜等。

跟我說話，這都要事先得到辦公室的准許。你們把這個叫做什麼？這個跟牢房，有什麼分別嗎？對這位大師來講，差不多也是這樣。靈修院住持的頭銜，也是一種監獄。可憐的人啊，他能怎樣呢？」

師兄：「或許是因為這樣，伊濕瓦若得到的名稱是『在信眾的手掌中』（Bhakta Paradheena）。」

尊者：「正是這樣。若身為師父，就有這麼多的麻煩事，那麼伊濕瓦若的麻煩事，還要更多呢。無論是誰或用什麼名稱來召喚祂，祂都要回應。不論什麼形相，凡有要求，都必須依此形相前來。無論什麼地方，凡有要求，都必須待在那個地方。若祂被要求不可向前一步，則祂不管在哪裡，都必須在原地不動。這樣子完全要聽從任何人，那麼祂還有什麼自由可言呢？」

一九四九年一月十三日

二一四 接受點化

一位師兄，聽到有關西瓦岡格靈修院住持的會面，以及談到那拉辛姆哈．巴拉提，便向尊者問道：「很久以前，斯林吉里靈修院曾要尊者接受點化（啟引）。」

尊者：「是的，沒錯。那是我早期待在維魯巴沙洞屋時的事。一個叫夏斯特里（Sastri）的人，住在斯林吉里靈修院，有天早上，前來看我。他一看到我，就跟我談個不停。他去鎮上用餐之前，緊黏著我，兩臂交叉，很尊敬地說道：『師父！我有個請求，請聽我說。』我問是什麼，他說道：『師父，您出生就是婆羅門種姓的身分，難道您不依照正規程序來做個出家人嗎？這是古代傳下來的儀軌。您很清楚，還要我告訴你嗎？要把您歸在上師的行列裡，我是十分憂慮的。所以，若您同意的話，我會從靈修院裡，把必備的儀軌法器帶來這裡，對您施予點化，進入法門。若您不願穿整套的赭色長袍，而僅著纏腰布，我也尊重接受。您好好考慮看看，給我答覆。我要下山去用餐，下午三時回來。我們靈修院裡的人，都久仰您的偉大，他們請我來這裡探視您，務請惠允。」

「他離開後不久，一位婆羅門種姓的老人，帶著一捆東西來這裡。他的面貌，看起來很熟識。我從外面看不出那捆東西是什麼，但裡面有一些書本。他一進來，就把那捆東西放在我的正前面，好像是跟我很熟稔，說道：『師父，我剛來這裡，還沒洗澡，這裡沒有人幫我顧這捆東西，我就把它交給你了。』說完，他就離開了。他一離開，我正納悶怎麼這樣，但也想要打開那捆東西，看看那些書本。我打開後，看到一本天城體的梵文書，書名是《阿魯那佳拉之榮光》（*Arunachala Mahatmyam*），我先前並不知道這本書也有梵文的，驚訝之餘，便打開書來看，發現有則頌文是用伊濕瓦若的話語來敘述這個地方的偉大：

> 住在這個地方，位於方圓二十四英里以內的人們，亦即在這座阿魯那佳拉山丘上，縱使他們並未接受任何的點化，都將會融入於我，並解除一切的困縛，這是我的諭命。

「我一看到這則頌文，我想我可以來答覆那位夏斯特里了，於是趕緊抄下這則頌文，趁著那位婆羅門老人回來之前，把書放回去，捆好那些東西。晚間，夏斯特里回來這裡，我把那則頌文拿給他看。他是個有學問的人，並沒說什麼，並以最大的敬意，惶恐地向我行禮，然後離去。聽說他回去後，向（住持）那拉辛姆哈·巴拉提稟報一切。那拉辛姆哈·巴拉提對這位門徒的行事，感到遺憾，並告訴他們以後不要再這樣了。後來，我把這則頌文，譯成坦米爾文的頌句：'Yojanai munra mitala vasarku…'。現在這則頌句，置於《阿魯那佳拉五讚頌》[202]的開端頌文。很多人跟這種情況一樣，都要我皈依到他們的法門，僅是在口頭上說說的，我都說是的，是的，但從未同意接受點化。我總是都能夠避開被點化，甚至，寫那則頌文，也同樣是這樣。我從來沒有為我自己來寫東西。有人常找一些託辭來要我寫，但我寫東西，都是出自內心而寫的，就是這樣。」

師兄：「只有這則詩頌的背後，有這麼長的故事。」

尊者：「是的，每則詩頌，都有故事，若把它寫下來，可以編成一大本書。」

「若尊者同意的話，這些故事是可以寫的。」我說道。

尊者：「你沒有別的事可做嗎？」說著，他就換個話題。

師兄：「那位帶著一捆東西的婆羅門老人，後來有回來嗎？」

尊者：「我不記得他是否有回來，但那捆東西，不在那裡了。我得到我要的了，那還不夠嗎？」

師兄：「所以，那意味著上主阿魯那佳拉本尊，用那個身分形相，來到那裡。」

尊者只是默然點頭。

二一五　九寶石項鍊

一九四九年一月十四日

昨天一位年輕人聆聽有關接受點化的事件後，今天上午八時，他靠近尊者而坐，略有交談，說道：「以前有個人從吉登伯勒姆來，要尊者前去那裡觀視濕婆舞王。確有其事嗎？」

尊者答覆如下：「是的，是的，那是在一九一四年或一九一五年的事。有位吉登伯勒姆的僧侶聞悉我的種種，便前來這裡。他暫住在城鎮，但每天到維魯巴沙洞屋來。每次來訪，都談及一些事情，談話結束時，總是以吉登伯勒姆的虛空林伽為南部五大神聖的林伽[203]之一而顯得很得意，並勸我應該要前往那裡，去觀視上主濕婆舞王。就是這個關聯，我寫了帕迪耶姆格律韻詩〔以下簡稱韻詩〕的頌文'Achalane yayinum achavaithnnil'。（這則頌文是尊者於一九二三年之後，住在目前的道場而寫的。）

「頌文的意思是這樣：『天父（濕婆）雖然不動如山，但在薩巴（吉登伯勒姆）的地方，舞於安巴（母神）的面前，那就是濕婆的舞蹈。那個能量消退之後，請注意它變成阿魯那佳拉的火光。』這意思是說它光輝燦爛，但如如不動，較之於移動的安巴拉林伽（Ambara lingam）為優。那位僧侶看到了這則頌文後，便不再要求我前訪吉登伯勒姆了。」那則頌文後來作為《九寶石項鍊》（*Nava Mani Mala*）的第一則詩頌。

范卡達拉南說，《九寶石項鍊》裡的八則詩頌，或許也像這樣不經意而寫的。尊者笑著說道：「是的，是的，是這樣的。有一天，伊斯瓦羅史瓦米（Iswaraswami）唸讀一則泰米爾納德邦的詩人瑪哈卡瓦·

202 《阿魯那佳拉五讚頌》（*Arunachala Sthuthi Panchakam*），是拉瑪那於一九一四年期間，住在維魯巴沙洞屋時，譜寫的五篇對阿魯那佳拉的讚美詩頌。這五篇詩頌是：Akshara Mana Malai (The Marital Garland of Letters)、The Necklet of Nine Gems、Arunachala Padhikam、Sri Srunachala Ashtakam、Sri Arunacha Pancharatna。全文閱Arthur Osborne, ed., *The Collected Works of Ramana Maharshi* (Boston: Weiser Books, 1997)。pp. 48-70。

203 原註：印度南部五大著名的林伽是：Prithvi lingam在蒂魯瓦魯爾（Tiruvarur）、Appu lingam在傑姆布吉濕瓦倫（Jambukeswaram）、Tejo lingam在阿魯那佳拉姆（Arunachalam）、Vayu lingam在室利·卡拉哈斯提（Sri Kalahasthi）、Akasa lingam在吉登伯勒姆。

烏塔庫土爾（Mahakavi Ottakuthur）所寫的韻詩，並要求尊者也用相同的格律、相同的概念，譜寫一則韻詩。烏塔庫土爾寫那則韻詩是在向人們挑戰，並讚美他自己的學問，國王也因為這則詩頌賜予獎賞。伊斯瓦羅史瓦米要我寫，我就寫了。另外八則詩頌是分別在不同的場合寫的，然後合輯起來，現在成為這樣：

'Bhuvikkutpongidum bhuvicchor pungaran...'

「意思是：『有個著名的地方，布米那瑟伊濕瓦若・蒂魯丘立（Bhuminatheswara Tiruchuli），出生了聖人，是孫德倫艾耶（Sundaramayyar）和他的阿樂葛瑪（Alagamma）所生。上主阿魯那佳拉伊濕瓦若把我帶了進來。上主懷著無比的憐憫，心智輝煌，洋溢著慈悲，使我免於世上的苦難。』

「還有七則韻詩，也是因為某個原因或類似這樣的情形而寫的。」

「您是否也能告訴我們譜寫那些韻詩的原因嗎？」我說道。「我知道了，或許妳沒有別的事要做。」尊者說著，就轉移話題。我沒吭聲，心想這是我咎由自取的。

二一六　阿魯那佳拉山的異象

一九四九年一月十五日

今天下午，我提早在二時到尊者的廳堂，只有隨侍及幾個老師兄姐在那裡。尊者正跟他們閒話雜事。在交談中，有位師兄向尊者說道：「您有一次告訴我們，您曾看到這座山上有很高大的神廟、花園等地方，那時是您住在山上的時候嗎？」

尊者：「是的，當時我可能是住在維魯巴沙洞屋。我閉上眼睛，感覺我是在山上走路，朝東北方走去。我看到有個地方，那裡有一座美麗的花園、一間高大的神廟、一堵完善的圍牆，以及一隻大的神牛南迪（石雕）。那裡有很奇怪的光，感覺很舒服，當我注視著這些景物時，法會開始了，鈴聲響起，我隨即睜開眼睛。」

師兄：「先前尊者告訴我們，那裡也有個大洞穴。」

尊者：「是的，是的。那也是我住在山上時的事。我在山上四處走走，發現某個地方，有個很大的洞穴。我進入洞穴，看到一些瀑布、美麗的花園、園裡的水池、完善的步道、柔和的燈光等，一切都感覺非常舒服。當我又深入走進去，我看到一位仙人，坐在那裡，好像是南方相濕婆坐在水池邊的一棵樹下，他的身邊圍坐著一些聖者。他們問道，而他答覆他們，那個地方，我感覺很熟悉。就是這樣，我就睜開了眼睛。隨後不久，我看到一本梵文的《阿魯那佳拉往世書》，那裡有兩則上主濕婆所講述的頌文。「在那兩則頌文裡，描述了洞穴及仙人。我對於在出神的情境中所看到的景物，竟然寫在書本裡，感到十分驚訝。於是我把這兩則頌文，譯成坦米爾文：『Angiyuru vayumoli mangugiri yaga...』意思是：『雖然祢的形相是火，但祢遠離火，主要以山丘作為形相，廣施福佑於民眾。祢時常以仙人的形體，住在這裡。我眼前所見的洞穴，就是在祢的內在，裡面有世上所有的寶物。』最近阿迪·阿南瑪萊（在蒂魯瓦納瑪萊郊區的地名）的神廟在修繕翻新，據說神廟的聖壇密室裡，發現很寬廣的通道，有人想知道範圍有多大，結果看到通道延伸到這座山的中心，因為他們走不了那麼遠，便折返了。因此，我想到往世書上所描述的，以及通道所及的地方、被我所看到的景物，都是真的。據說仙人們每夜都從洞穴裡出來，經過通道，來到神廟向伊濕瓦若行禮拜，然後回去。就僅止於這樣嗎？最近，像這種事在這裡都看到了。我像往常一樣上山，走到那裡台階附近，便看到一座大城市，那裡有各式各樣的龐大建築，大街小巷規劃整齊，燈光良好，顯然是座很大的城市。有一次在開會，我跟查德威克少校（Chadwick）在一起，他當時還說：『尊者，一切都是如此自然顯明的！若我們說這些都是夢，又有誰會相信！』萬物之呈現，就好像它確實發生，而在此同時，我也睜開了我的眼睛。」

師兄：「這些真的全都是夢嗎？」

尊者：「我不能說，它是夢或者不是夢。究竟，真實的是什麼呢？」

二一七　大真我

一九四九年一月十六日

約在十天前，有位美國青年來到這裡。道場的人們知道他會攝影，便安排飼養在阿魯那佳拉伊濕瓦若神廟千柱殿的大象，帶來這裡慶典廳旁的空地上。尊者從洗手間那邊回來，站在大象旁邊餵食牠，這時美國青年拍攝下來。昨天上午十時過後，有人拿了相片給尊者看。大家也好奇地看著相片，並紛紛談到相片背面所寫的東西。因為我不知道他們在談論什麼，我便安靜而低調地向尊者探個究竟。

尊者：「沒什麼。相片的背面是寫著：『不知道身體的大真我，跟知道真我的大身體，在同一個地方。』」

師兄：「他這樣寫，其確實的意思是什麼？」

尊者：「意思很簡單。雖然大象有龐大的身體，但牠不知道真我。因為這個原因，不管餵牠什麼食物，牠總是不滿足地嗚嗚個不停。可能是這個或其他的理由，就說雖然是大的身體但不知道有真我。而我站立在那裡，身體搖晃，所以或許是這個或其他的理由，就說『我是不知道身體的大真我。』這或許是他的意思。」

師兄：「確實是這樣。尊者總是不在意身體，不是嗎？」

尊者（微笑）：「是的，是的。秦塔．迪克希杜魯寫過，我像是馬德拉斯博物館裡的塑像。蘇麗絲（Sowris）曾寫道，我像個塑膠娃娃，人們總是說像這個或那個。」

師兄：「我想賈達．巴拉塔[204]也似乎並不在意他的身體。」

尊者：「你所言甚是。」

師兄：「那是因為他是個不知道自己身體的大真我，所以他的名字就叫做賈達．巴拉塔嗎？」

尊者：「不然還有什麼呢？那也不是意味著，他懶散地躺在那裡，像是個死的東西。那是在說他是真我的人身相，但並不在意他的身體。」

可作為例子來說明的是，尊者早期靜坐在阿魯那佳拉神廟區時，不管在長葉馬府油樹下、花園裡、神轎放置處，或者這裡那裡，都不在意他的身體。往來經過的人們都說：「他坐在那裡，像個呆子，他一定是個瘋子。」而且一點也不會注意到他。尊者多次向我們說，對於這種閒言閒語，他總是很高興，而且希望這樣的發瘋能凌駕所有的人。情況不僅是這樣不在意身體而已，當道場管理人指示康猶史瓦米去擔任尊者的隨侍時，康猶史瓦米發現尊者的身體及頭部有顫抖及晃動的情形，所以在四下無人的時候，他問尊者：「尊者，雖然尚在中年，但很奇怪，您的身體及頭部有顫動的現象，走路時必須有一根木杖來協助。這是有什麼原因

204 賈達．巴拉塔（Jada Bharatha）。《薄伽梵往世書》中的重要人物、聖者，「賈達」（Jada）的字義是遲鈍、愚笨、無知。

呢？」尊者似乎帶著微笑，答道：「那有什麼好奇怪的？若把一隻大象綁在一間小屋裡，除了小屋會有各種騷動之外，還會有什麼呢？我的情形，也是一樣。」

你看到這些話語的深沉意涵嗎？他不對人透露箇中涵義，僅是不時幽默以道：「你沒看到嗎？你們有兩條腿，但我有三條。」

《大格言珠寶項鍊》述及悟者有言：

以盲者、啞巴、愚人，他行於世上。

一九四九年一月十八日

二一八　拙火能量—靈體

昨天上午，一位安得拉邦青年，偕同妻子，來到這裡。他是在前往喜馬拉雅地區之後，才來這裡。下午三時，他趨前向尊者問道：「師父，拙火（亢達里尼）的能量，是僅對修持瑜伽法門以獲得能量之人，才有可能呈現，或者對於修持虔愛法門之人，也能夠呈現出來？」

尊者：「誰沒有拙火的能量呢？當那個能量（薩克提、至上大力）被知曉時，它就叫做『全然覺知』（Akhandakara Vritti）或者『真我輝耀』（Aham Sphurana），每個人不論修持什麼法門，都會有其拙火的能量，只是名稱不同而已。」

提問者：「據說那個能量在五面向、十面向、百面向及千面向上，呈現其自身。五或十或百或千，到底哪一個才是真的？」

尊者：「能量只是一個面向，若說呈現在好幾個面向上，那也只是說法而已。那個至上大力（能量）只有一個。」

提問者：「有人說，要了悟到真我，必須把心思專注在心輪，有人說專注在頂輪，也有人說專注在海底輪。到底哪一個最重要？」

尊者：「都很重要，真我（阿特曼）遍及周身，有人說你應該在海底輪看著它，有人說在心輪看著它，有人說在頂輪看著它，不管它在哪裡，都是一樣的。但是，總的來說，出沒之處只有在心輪而已。」

提問者：「一位悟者是否能協助修持其法門之人，同時也能協助修持其他法門之人？」

尊者：「當然。他能協助無論修持什麼法門之人。這就好像是這樣，有座山在那裡，有許多路徑可以登山。若他要求人跟他走同樣的路、修同樣的法門，有人喜歡，有人不喜歡。不喜歡走這條路的，要求他只能走這條路，就會登不上山頭。因此，一位悟者協助人修行，不管用的什麼法門，人修持至中途，可能不知道其他法門的優缺點，但一旦登上山頂，坐在那裡看別人在登山，就能夠看到全部的路徑。他能夠告訴登山的人，移向這邊或那邊一點，或者避開窟窿。你看，對大家來講，目標是一樣的。」

這位年輕人並不滿意尊者的答覆，便一再問到拙火能量與怎麼升起拙火的問題。尊者顯然對這些問題，不甚措意，但被一再問起，便說道：「我怎麼知道那些法門呢？請向知道的人問吧。」於是那位年輕人放棄這個主題，另拾靈體（chinmaya dehas）的主題，說道：「我的上師某日，用他的靈體讓我看見，並對我說這個或那個。」又說他已死去的上師行奇蹟諸事。尊者不發一言，沉默了一陣子。最後，那位年輕人說道：「上主克里虛那是否仍以靈體而存在嗎？」

尊者耐心地答道：「靈體是指人體嗎？全然覺知（Chinmaya），是指覺知之光（Chit-prakasa），那是靈之光輝。那個光，始終是存在的。

阿周那，我是真我，位於萬物之本心裡。我是萬物的開端、中間，也是終點。

《薄伽梵歌》第十章第二十節

「難道這代表祂以這個肉身，處於萬物的本心嗎？它真正的意思是說，祂以『我在輝耀』位於萬物的本心裡。那個真我的輝耀，就是我們所謂的覺知之光或全然覺知。」

提問者：「這是在說其他的偉大仙人（原人神我）也是這樣嗎？還是說上主克里虛那的身體成為全然覺知，而以那個型態存在著？」

尊者：「哎呀！你認為是那個身體成為全然覺知，坐在某處，其實，整個世界是全然覺知，其存在如斯是也，難道是一個身體單獨而成為全然覺知嗎？異象（sakshatkaras）類似如此，人們說他們是從某處降生在於一副肉體。你遺漏或忽略那個無所不在的，反而說是顯現及異象。」

提問者：「我的上師說，拯救整個世界的偉人，將會出生。您能告訴我，他會在什麼時候出生嗎？」

尊者默然不作答。旁邊的一位師兄告訴這位年輕人，說道：「先生，你都不知道那位偉大的仙人正是坐在你的對面。你問偉大仙人何時出生，有何意義呢？你連這都不瞭解。要是有這麼多的疑惑，何不去問你的上師呢？你這樣夠了吧。你或許可以去找你那個在全然覺知中的上師，向他問個清楚。」

於是，那位年輕人安靜了下來，不再追問。

二一九　真我

一九四九年一月十九日

今天上午，我到道場時，一位師兄正在向尊者問話，而尊者答道：「先找到你是誰。」

師兄：「在開始探究真我，亦即『我是誰』之前，是否必須要捨棄世上一切的行動。」

尊者（微笑）：「你對於捨棄世上一切活動的觀念是什麼？坐著、起身、外出及進食，都是行動。這些行動中，你要捨棄哪一個？古人說你談到捨棄行動時，首先要捨棄你是作為者的感知。」

師兄：「商羯羅對於捨棄行動，推崇備至。」

尊者：「是的，他確實這樣，但他也有行動。他走遍各地，從一個村鎮到另一個村鎮，建立不二一元論。當時，並沒有鐵路，他徒步而行，那不是行動嗎？那個意義乃是，當一個人成為悟者，不管他的行動為何，都不影響到他。他的一切作為，都是為了世界的福祉。他作為一位悟者，捨棄的僅是自我的感知，亦即他在施作一切。在《薄伽梵歌》裡，薄伽梵．克里虛那說：

> 若我毫無事作為，則這些世界將遭毀滅；不啊，我便製造了種姓社會混亂及人類災難。
>
> 《薄伽梵歌》第三章第二十四節
>
> 阿周那，因為執著是不智的行為，所以要做明智之人，心無執著而行動，俾維護世界的秩序。
>
> 《薄伽梵歌》第三章第二十五節

「那個意思是說，若我無作為，無人會有作為，那將是種姓秩序的混亂，為何我要成為那個災難的事主呢？這就是我要有所作為的原因。當世人皆心懷欲望而行動，而我一無所欲以行之。這就是意旨所在。因此，對於捨棄行動的意義，應知曉感知之屬與行動之屬，二者判然不同，而就此知曉，保持無欲，同時無執著於任何行動，使自己僅是個觀照者。這就是捨棄行動。至於外在事為之捨棄，則無多大用處。」

師兄：「但是上主克里希那說過，祂是作為者，也是承受者。」

尊者：「是的，他這樣說過。但是聖者所說的作為與承受是有不同的意涵。對他們而言，『我』是指『真我』，而不是在說『我是這個身體』的那個『我』。」

> 阿周那，我是真我，位於萬物的本心裡。我是萬物的開端、中間及終點。
>
> 《薄伽梵歌》第十章第二十節

「那個叫做『我』的東西，是遍在一切的真我（阿特曼）。聖者所說的『我』，是指唯一真我以及身體的運作。無明者所說的『我』，是僅指身體而已，這是邪惡的習性。他們說：『我是伊濕瓦若，我應該被膜拜。』他這樣說，只是在招致苦惱。有關這個邪惡習性，在《薄伽梵歌》第十六章，有三則簡短的頌文，在《世天冥思》裡有整章都在敘述這個主題。古聖人在宣稱他是伊濕瓦若時，他並不是在說他的身體。那個真我，就是伊濕瓦若，那就是至上絕對（梵）、阿特曼等。那個始終如如其在的，就是阿特曼。根據《梵天之歌》（*Brahma Gita*），就那個『在』而言，就是指至上絕對，至於那個『不是的』，就是幻。若你觀視那個『不是的』，則那個『是的』，就如如其是而在。若了悟到那個在，那個在就是你的真我，這樣，就沒有那麼多的問題了。」

二二〇　互相詛咒

一九四九年一月十九日

一位師兄甫自蒂魯丘立（尊者出生地）參訪歸來，問道：「有棵菩提樹在蘇拉水池（Sula Thirtha）邊（水池的對面是蒂魯丘立的布米那瑟史瓦瑞神廟）。據說，喬達摩（Gautama）在那棵樹下修持苦行，這是真的嗎？若是這樣，他在那裡苦行的原因是什麼呢？」

「是的，那是真的，」尊者說道，「這件事記載在梵文版的《三叉戟往世書》（*Trisula Purana*）裡。喬達摩在商羯羅的建議下，前往阿瓦塔・克希特拉（Avartha Kshetra）修持苦行。但坦米爾文版的《蒂魯丘立往世書》（*Tirchuli Puranam*）卻有不同的記載。眾所周知的是，喬達摩詛咒因陀羅及阿訶鳌耶。因陀羅以喬達摩的形相，前去接近阿訶鳌耶（喬達摩的妻子），她不知他並非是她的丈夫，就隨之順從了。喬達摩不明究理，便詛咒她變成石頭。阿訶鳌耶極為生氣，說道：『喔，你這個愚蠢的修行者！不察真相，便詛咒我，甚至不說我何時可解除詛咒。告訴我，這個詛咒何時可解除，又如何解除呢？為何對我一點都不考慮，至少也要告訴我呢？』喬達摩於是告訴她，她要等到羅摩化身來到世上，加惠於她時，才能解除詛咒。隨即，她就變成一塊石頭。

「喬達摩離開了那個地方，每天試圖持行儀軌，但總是無法做到，因為他的內心，極為不安。他極力謹飭，但都無法平靜其心，而且情況愈來愈糟。他深入思考這件事，瞭解到他並未察明就詛咒他的妻子，而且想到她也以詛咒來回敬他，說『你這個愚蠢的修行者。』畢竟，她也是個偉大的女修行者。因此，這些話頗不尋常，勢必會以無法收回的詛咒發生在他身上。他想尋求伊濕瓦若的幫忙，藉著觀看『舞王跳舞』，以便解除詛咒。於是他前往吉登伯勒姆，在那個地方，他聽到天上微妙的聲音，說道：『我很樂意在三叉戟之地讓你觀看我的坦達瓦（Thandava）舞蹈。』喬達摩聞後，立即離開那個地方，徒步趕往特里蘇拉普拉。快要接近那個地方的時候，僅是遙望著，他的心便清澈而平靜了下來。他在那個地方，待了很久，修持苦行。最後，在阿陀羅（Ardra）星宿輝耀的達努爾（Dhanur）月裡，讓他觀看舞王的舞蹈。就是這個時候，傳說喬達摩住在這棵樹下，修持苦行。看完了伊濕瓦若（亦即濕婆舞王）的舞蹈，喬達摩向伊濕瓦若禮拜後，便返回他原先的住處，開始持行儀軌，一如往常。

「後來，阿訶釐耶在羅摩的聖足前，蒙受加惠而得潔淨，重拾她的正常形相，回到喬達摩這裡。喬達摩也很高興看到她回來，然後兩人前往阿瓦塔．克希特拉（亦即蒂魯丘立），俾能在回復正常的家庭生活之前，獲得伊濕瓦若的祝福。伊濕瓦若也讓他們觀看祂自己的『結婚喜慶』，同時祝福他們。當這些障礙都排除之後，喬達摩禮拜伊濕瓦若，然後偕同妻子，回到原先的住處，在那裡他們回復了他們的禮拜。這就是在坦米爾文版的往世書所敘述的事蹟。」

師兄：「有故事談到喬達摩也受到詛咒的影響嗎？我沒聽過這段。」

尊者：「互相詛咒的故事，僅見於《蒂魯丘立往世書》。在《羅摩衍那》裡，只述及薩塔南達（阿訶釐耶的兒子），當時他跟國王迦納卡在一起，從眾友仙人那裡聽到他母親在觸摸到上主羅摩的腳塵，便回復原先形相，禮拜羅摩後，回到她父親那裡。薩塔南達聞訊之後，很高興他們能團圓，但其他事情並未記載。」

師兄：「若是這樣，所述及的阿訶釐耶變成石頭，應該只是指她的心思，而非是她的身體。是這樣嗎？」

尊者：「是這樣，沒錯。若不是指心思，難道那是指身體嗎？只有普通的人，才會說她的身體變成一塊石頭，並且羅摩把他的腳放在石頭上，她就回復了原先的形相，那怎麼可能呢？那只是意味著心思失其覺知於真我，無法思及他物，而她呆若一塊石頭。那個呆滯，經由一位偉大仙人的凝視而化解。因為她本人也是位偉大的女修行者，所以她能夠很快就覺知到真我。她是以真我的具體形相來禮拜羅摩，這層內在的涵義，可在《羅摩衍那》裡找到。當羅摩的聖足踏進喬達摩道場，阿訶釐耶的心思就回復原狀，好像一朵花綻放盛開。」

一九四九年一月二十二日

二二一　真我的幸福

昨天下午三時，兩位朝聖的旅者前來道場，坐在尊者的面前。從他們的態度看來，他們顯然很想提問。過了半晌，其中一人說道：「師父，若我們瞑目端坐而行冥想，那倒還好，若睜開眼睛，外在的感知，就引起困擾。我們該怎麼辦？」

尊者：「睜開眼睛，到底發生了什麼事？若你使心思沉睡，其情況就像你在家睡覺時，把窗戶打開一樣，那也就可以了。」

師兄：「這個意思是說，心思必須遠離世上事務，但是不管我們怎麼努力，總是無法控制心思。」

尊者：「是的，那倒是真的。有個說法是，有個小孩一直跑去要抓自己的陰影，但抓不到而哭，他的母親就來，要他不要跑了。所以，心思也要防止馳逐。」

師兄：「用什麼方法，能夠加以防止呢？」

尊者：「心思應該用來聽聞及冥想吠檀多的講道，這樣就可防止它馳逐。」

師兄：「這個意思是說，人必須放棄世上的樂趣，而抓住真我的幸福。是這樣嗎？」

尊者：「至上幸福（Ananda），始終存在，唯一要放棄的，是世上的東西。若能放棄它們，則所存留的，就只有幸福而已。那個『存在』（IS），就是真我。哪裡還有什麼要去捉住那個『存在』的問題呢？那個就是你自己生命的本質。」

師兄：「那個本質，也叫做真我（Swarupa，實相）嗎？」

尊者：「是的，二者並無不同。」

師兄：「若說幸福就是真我本身，那麼到底是誰在體驗它呢？」

尊者：「這就是重點。只要有個人在體驗，那就必須說幸福就是真我本身。若沒有人在體驗，那麼哪裡還有誰在問幸福的問題呢？只有那個『存在』在焉。那個『存在』，就是至上幸福，那個就是真我。一旦幸福的感知，是有別於其自身，那麼就是有個人在詢問並體驗，但是若了悟到真我，則就沒有個己在體驗它。到底是誰在問呢？所問的是什麼？就一般的說法，我們必須說幸福就是真我，或者真實本質。」

師兄：「是的，師父，但是不管我們怎麼努力，這個心思總是無法駕馭，並掌握到真實本質，因為它是無法看到的。這要怎麼辦呢？」

尊者笑著，就把他的小指頭蓋在他的眼睛上，說道：「看，這根小指頭蓋在眼睛上，就看不到整個世界了，同理，這個小小的心思蓋住整個宇宙，也就看不到至上絕對（梵）了。看它是何等的強大有力啊！」

二三二　細身

一九四九年一月二十三日

今天下午三時，一位年輕人趨前向尊者問道：「師父，據說濕婆是在凱拉斯，毗濕奴是在瓦崑特，梵天是在真理世界（Satyaloka），而因陀羅及諸神是在神祇世界（Devaloka）。他們都在那裡，這是真的嗎？」

尊者：「喔！你要知道這個！但請先告訴我，你是存在的嗎？若你是存在的，他們必然也是存在的。若你不在了，他們也不在那裡。」

師兄：「據說有一些祖靈（Pithru Devathas），是在先人靈魂的世界裡，若逢其忌日（Sradh）而沒向祂們祭拜，祂們就會懲罰有關的人。這些祖靈真的每個都存在嗎？」

尊者：「那就是剛才我所說的，一旦你有自我的感知，你就是個作為者，那麼這些東西都是存在的。若自我消失無存，世上亦無一物可言。」

師兄：「鬼靈又是怎麼回事？」

尊者：「關於鬼靈，也是一樣。若世上有神祇，也就有鬼靈。若你是在存在裡，那麼萬物都是在存在裡。若你不是在存在裡，就無物在存在裡。探究你自己，就會發現萬物俱在你自己裡面。如此一來，就沒有這些疑惑的餘地了。」

師兄：「據說，人死後，他帶著細身（精微體）205，越過恐怖的冥河（Vaitharani），來到死神閻摩的世界，而死神的信差向這個細身展示未曾透露的秘密。到底是真的有閻摩的世界嗎？」

205 原註：細身（Yatana Sarira），指精微身，在夢幻世界中受苦樂折磨，甚至死後亦然（其實是指心思）。

尊者（微笑）：「啊！有天堂，就有地獄。若你存在，這些都會存在，反之亦然。首先告訴我，你是否在存在裡？這樣我們才來思考地獄存在的問題。」

師兄：「就是這樣，尊者在使用終極的武器206，現在我又能說什麼呢？」

尊者：「好吧，那我就不用它了。你愛問什麼就問吧。」

師兄：「細身的意義是什麼？」

尊者：「睡覺時，這個身體是無活動狀態。我們做夢，在那些夢境中，有時體驗幸福，有時體驗憂苦。身體在沉睡時，是誰在體驗這些呢？這必須承認是心思在體驗，那個心思，就叫做精微或細微之身。畢竟，當一個人死亡時，死的只是身體而已。」

師兄：「所以細身意指心思而已。」

尊者：「不然的話，那其他還有什麼在那裡去困擾身體，而不是去困擾心思呢？」

這樣說著，尊者沉默了下來。

二一三　服侍母親

一九四九年二月十四日207

現在進行的是灌頂儀式。208因此，在尊者面前談話的主題便集中在母親阿樂葛瑪。今天上午，辦公室人員帶來裝有恆河聖水的罐子（kamandalam，苦行者使用的木瓶或泥壺），說是師兄姐送來的。隨即，尊者向我們述說往日的時光。

「當年母親來跟我同住時，我住在維魯巴沙洞屋。那個地方，沒有什麼水，對她來講，極不方便。我們通常都到史堪德道場去洗澡，因為那邊有瀑布。你知道，她年紀大了，無法同行。我們有時有兩個大水壺，一個我們自己做的，另一個是別人帶來送給我們的。每個壺僅能取少量的水，我通常裝滿水後，兩手各提一個。她坐在那裡，衣著單薄，我則把水從她頭頂上澆下來，好像我們在對神像行灌頂儀式那樣。她就是這樣洗澡的。當時並沒有燒煮食物，有人會把她的衣服洗好，送回給她，就是這樣了。若兩個壺都裝滿了水，她的生活所需大概就可以了。」

「當時的壺，想必是很大。」我說道。

「是的，很大。」尊者。

「現在，後來那些壺怎麼了？」有師兄問道。

尊者：「有一個想必還在這裡，另一個在我們入住史堪德道場時，就不見了。當時我們住在維魯巴沙洞屋時，瓦里瑪萊·慕拉葛那（Vallimalai Muruganar）就常來探視我們，我們搬到史堪德道場後，他又來那裡。他嗓門很大，又愛聊天，他盯著那個壺看，知道向裴魯摩史瓦米（Perumalswamy）或者別人要那個壺沒有

206 終極武器（Brahmastram），指尊者在回答訪客提問時，常用「我是誰」的制式反問，並請提問者自行探究，找出答案。這項制式的反問，被信徒稱為「終極武器」，蓋此問題一解，則人生萬般疑惑皆解。本則信函，在此譯為「終極武器」，但在本書上冊第二十八則信函，另譯為「神性武器」或「神聖武器」，詞異而義同。

207 一九四九年二月十四日。拉瑪那於一九四九年初，發現左手肘一粒癤腫，有增大之勢，經醫師診視後，於二月九日施行第一次手術。本則信函寫於手術後第五天。

208 原註：灌頂儀式指從大壺倒水灑下的供獻儀式。當神廟新建竣工時，從廟宇樓頂上灑水下來，慶祝落成。

用，於是從我母親下手。母親是個單純的人，若有人向她諛言諂媚，說她在這世上是無人能比的，就能對他予取予求。他聰明得很，當然知道這一點。『母親，您生了一個鑽石般的兒子，在這世上，無人可比得上妳，您的兒子是非常偉大的人物，無可倫比。』等等，像這樣讚美她一陣子後，他終於說道：『若妳給我那個壺，我會把恆河的聖水拿來裝在這裡，並向妳行灌頂禮。』他一說完，她高興極了，就給了他那個壺。然而，在她的有生之年，他卻未曾帶來恆河的聖水。但是最近，約在十二年之前，他帶來恆河的聖水裝在壺內，並向她的神像行灌頂禮，因此也算實踐了諾言。那是她第一次用恆河的聖水接受灌頂禮。後來，有幾個人也用恆河的聖水來行灌頂禮，但都是從大壺分裝來的。我們剛收到的，也是分裝的。」

一九四九年二月十五日

二二四　虎皮

一位師兄，昨天聽完尊者說到那個壺，說道：「聽說有人曾向尊者索求尊者所坐的那張虎皮，當他拿走的時候，另外有人加以制止，這是否屬實？」

尊者微笑地說道：「是的，這件事發生在我們剛來這裡的時候，那年是一九二四年，或者大約在那個時候。有位苦行者來這裡看我，我剛好坐在一張虎皮上面。他的眼睛一直盯著那張虎皮，等到我身邊都沒人的時候，就對我說道：『師父，我要那張虎皮，請給我。』我說我不反對把虎皮給你，但是有人看到你拿走虎皮的話，他們不會沒有動作。他說現在這裡四下無人，他可以在有人看到之前，設法帶著虎皮走開。我說：

『好吧，請便，我就起來，你拿去吧。但是若有人看到了，前來制止你拿走，我可不負責。』說著，我就起身，他拿取虎皮，捲起來綁好，就要離開的時候，丹達帕尼·史瓦米剛好進來看到了，他說道：『真是亂來！尊者坐在那張虎皮上，你不可以拿走。』苦行者拒絕，說道：『我是得到尊者同意才拿的。』但是，丹達帕尼·史瓦米繼續抗議，說道：『尊者好端端地坐在虎皮上面，而你竟然要拿走，這樣對嗎？不，那是不可以允許的。』於是，兩人來到我面前，想要解決爭端。我告訴丹達帕尼·史瓦米，說苦行者強迫我給他那張虎皮，我就給他拿走，但我已警告他，若有人看到，是會來制止的。我讓他們盡可能自行解決紛爭。丹達帕尼·史瓦米指出苦行者的錯誤，說要求尊者離坐起身，而又要求尊者給他虎皮，這是嚴重失禮。最後，丹達帕尼·史瓦米制止了他拿走虎皮。」我們聽了，十分有趣，興味盎然。

一位師兄，說道：「尊者，您用很好玩的方式回應了他們兩個人。」

尊者：「不然要怎麼辦？有人帶來虎皮，請我坐在上面，我接受他的請求。另外有人來這裡，就說：『請起來，我要那張虎皮。』所以，我就起來。我有什麼損失呢？丹達帕尼·史瓦米制止苦行者拿走虎皮，當時他有力掌控。他們之間，可以解決爭端的，我何必困擾呢？」

師兄：「所以，尊者在這件事上，都沒有參與或站在哪一邊？」

尊者：「沒有。我沒有權利，我沒有困擾。」

二二五　尊者最喜歡的是什麼？

一九四九年二月十六日

有些人來到尊者面前，開始對探究真我感到興趣，便從事修行，但有些人來此四處看看之後，並不滿意，他們說道：「我們來修繕這個。」或者「我們來改進改進。」若他們來問尊者，他總是說：「是的，是的，無疑那是很好的，去跟辦公室討論。」若辦公室人員跟他們意見一致，又回去稟報尊者，尊者會僅是點頭，表示同意。若他們的意見不一致，轉來請教尊者的看法，他會說：「我不知道，你認為什麼是最好的，你就去做。」他們離去之後，他會告訴師兄姐說：「看，忽視了來道場的初衷，他們開始想要改革道場。若他們能改革自己，那就夠了。但他們不這樣，卻在說『我們要做這個，我們要做那個。』然後呢？若大家都同意，那也沒什麼問題。若他們說，辦公室人員不喜歡，而辦公室說的，他們不喜歡，這二者之間，我又能做什麼呢？另外，他們又來問，師父喜歡怎麼做？難不成我要去這些事情嗎？」

就像有個例子，是最近剛發生的事情。有位師兄姐來這裡，表示要提供一付護套給銅製鍍銀的的梅魯普拉史塔拉（Meru Prasthara）吉祥輪壇城209來使用，但辦公室當局要求的護套是用純銀的。雙方僵持不下，於是來到廳堂，請求尊者仲裁。代表道場當局一方的人員，很恭謹地趨前向尊者說道：「他們要為壇城的護套用銅製鍍銀的方式來做，但我們覺得用純銀的來做比較好。不知尊者對此事的建議為何？」

尊者：「我跟這個有何關係？用什麼方式做都好。你們二者意見一致去做，那就是最好的了。」

提問者：「師父，我們希望知道尊者喜歡我們去做什麼。」

尊者：「這正是我剛才所說的。你們彼此商量好去做，那就是我喜歡的了。若你們雙方各執己見，那我又能如何呢？」

提問者：「正因為我們各持不同的意見，我們才來探尋尊者最喜歡的是什麼。」

尊者：「喔，我明白了，你們要知道尊者最喜歡的是什麼！尊者最喜歡的，就是保持靜默，不做什麼。若堅持不同意見的人，拋棄了他的仁愛所體現的靜默，而來向我說道：『我們做這個』及『我們做那個。』並問我二者我較喜歡哪個，那我要怎麼說呢？若你們對要執行的事務，都已同意了，而來問我的意見，我就會說，那樣很好。但是，若你們的意見相左，那又何必來問我喜歡哪個呢？我所喜歡的，就是去知道我是誰，而能如如自在，並了知凡將發生的，必會發生，以及凡不發生的，必不發生。不是這樣嗎？你們現在知道尊者最喜歡的是什麼了吧？」尊者說著，又沉默了下來。

二二六　租來的房屋

一九四九年二月十八日

今天上午，一位年輕人從班加羅爾首次來到這裡，他似乎很著急要問一些事情，但一直找不到機會。最後，在下午三時，他趨前向尊者，說道：「師父，行冥想時，是張開眼睛好，還是閉上眼睛好？」

尊者（微笑）：「那就是你的疑惑嗎？你用你覺得較簡易的方式來做。」

提問者：「我一張開眼睛，外在事物就湧入我的頭腦。」

尊者：「要是閉上眼睛，難道那些東西就不會浮現了嗎？我們坐在這裡，頭腦看到很多東西，心思遙遊

209　原註：吉祥輪壇城，指象徵宇宙的圓輪。

四方去了。」

提問者：「是的，師父，這是真的。您應告訴我們，有什麼辦法能使我們不會看到這些地方。」

尊者：「萬物皆自行萌現而出。了知我們自己的真我，而如如其在，便無他物存在；若心思走作，萬物一一顯現。」

這位年輕人不瞭解尊者話語的意涵，坐在那裡，陷入沉緒，顯得垂頭喪氣。尊者看著他，心有不捨，便對坐在他旁邊的師兄姐，說道：「看，若我們是不存在的，那外面還有什麼要去看的呢？電影所呈現的景物，是存在於影片的膠卷上，膠卷轉啊轉的，景物於是顯現。我們能觀賞影片，是因為租到一間廳堂，豎起一幅銀幕、透過膠卷而投射的燈光，以及旋轉而展開的膠卷。若這些器物都移走，膠卷也沒旋轉展開，銀幕上的景物就不會存在。那個圖像及景物，全都來自於膠卷而已」。

「這個世界也像這樣。這個身體，好像是一間租來的房屋，生命個體靈（jiva）進入其內，演出一齣戲碼。生命的氣息呼吸，就好像大門的看門人，在睡覺時，個體靈去到他原本的地方，身體醒來時，個體靈又回來。同時，只要是看門人，也就是生命氣息還在，就沒有東西可以進入這個身體裡面。通常狗或小偷想要進入一間房子，必然會看這邊或那邊的門徑，若發現大門有看門人在，就會逃走，反之就會進入裡面，破壞一切。身體之於屋子，就像這樣。甚至個體靈離去，留下生命的氣息在看著這個身體，這時所有的人都會靠近過來看，他身體的氣息呼吸是否還在。若氣息仍在身體內，他們就說，主人還在裡面，然後就會走開。若發現沒有呼吸了，他們就介入，行使一切的作為。當個體靈不喜歡這間房子，就會離開，並把看門人一起帶走。他四處遊走，從一間房子到另一間，說這間不好、那間不好，喜新厭舊，放棄這些房子，以及跟他聯結的生命。然後，他瞭解到他自己的真我，才是最好的；並且很希望去探究他自己生命的真我，了悟而安住在真我裡。這種狀況下，那個觀看者到底是誰呢？」尊者說道。

一位偉大的瑜伽行者，其心思已滅，還有什麼行動須要施作呢？那個安住在他自己真實而超越的存在境地者，又是誰呢？

《教導精義》第十五頌

二二七　凡使人昏沉之物皆是禁忌

一九四九年二月二十日

四天前，我們收到一本《格里哈拉希米》月刊，尊者翻了幾頁看，就自己笑了起來。我想雜誌裡一定有些好笑的內容。尊者外出前，給了我這本雜誌，笑著說道：「大蒜厲害的功效，都寫在這裡面，請讀看看。」我把雜誌帶回家，閱讀後發現裡面有敘述如何烹煮大蒜、如何用蒜頭做醃菜、如何做酸辣醬，內文的結論是，沒有東西比得上大蒜的功效及益處。我讀了後，也忍俊不禁，瞭解尊者的笑點。今天下午二時三十分，我來到尊者面前，尊者微笑看著我。我一步入廳堂，他就說道：「嗯，妳讀了有關大蒜宏大功效的內文嗎？那裡不也有一則頌文嗎？」我答道：「是的，我讀過了。我們有句話，說大蒜具有的益處，連母親也無法做到。那則頌文也表達這樣的看法。」

尊者：「這種說法，在國內其他地區，也很流行。大家說它對身體很好，確實如此，它袪除風濕症，給予身體活力，對孩童的作用，就像不死甘露（amrit），而大蒜也以不死甘露而聞名。」

師兄：「它是怎麼得到那個名稱的？」

尊者：「它有個奇怪的故事。眾所周知，諸神與眾魔攪拌乳海，卻攪出不死甘露，眾魔正要帶著裝有不死甘露的瓶子逃走，諸神便求助於毗濕奴。毗濕奴就以莫希尼（Mohini）的美女形相，來到現場，建議大家都要有不死甘露，以解決紛爭。大家都同意了。首先分發給諸神，但似乎分發到後面的眾魔時，不死甘露可能不夠，於是眾魔之一的惡魔，便溜進諸神的行列裡，而莫希尼並未注意到，惡魔於是吞下不死甘露。這時太陽神與月亮神都看到了，便向莫希尼暗示惡魔有此行徑。莫希尼把舀取不死甘露的杓子擲向惡魔，杓子變成輪盤（Chakra，毗濕奴無敵的致命武器），砍斷了他的頭顱，但他已吞下了不死甘露，於是他的頭顱就變成九曜行星（graha），趁太陽與月亮受蝕的時刻，要向他們報仇。故事就是這樣。現在惡魔的頭顱被砍斷，他的軀體掉落下去，在過程中，幾滴不死甘露落在地上，據說那幾滴不死甘露，就長成了大蒜。這就是說大蒜有某些不死甘露的特性的原因，對身體是很好的。但因為它被惡魔接觸過，它就有答摩（遲鈍、昏暗）的屬性，若吃了它，會影響心性。因此對修行者是禁忌。」

師兄：「對於修行者，芥末及辣木不也是禁忌的嗎？」

尊者：「是的。西瓜、芥末、辣木及洋蔥等類似的蔬果，都是禁忌的。心思清淨純潔端在於其人食用純淨的食物，反之則否。若過度食用桑巴湯[210]、菜湯及煮沸的蔬菜，就會打嗝起『响响』、『嘿嘿』，導致消化不良。然而，只吃了一盤純淨的食物，就很容易消化，感覺很舒服，只是大家會重視這些勸誡嗎？」

師兄：「為何不重視這些勸誡呢？這不是很奇怪嗎。」

尊者：「這是事實，沒有人會注意這些勸告。每個人都說，他們要帶萊杜球及杰里比甜圈給尊者，但就是沒有人說，米跟胡椒水對尊者更好。他們帶了一大堆東西來給師父，但是為何師父需要這些東西呢？很久之前，丹達帕尼．史瓦米在這裡，當時烹飪的方式不一樣，大鍋通常放在火爐上。在中午之前，不管拿到什麼蔬菜，切好了後，全都放入鍋裡煮沸，做成桑巴湯，那時也沒有杓子來攪拌，我們用一根燒火的柴薪，稍加削修，就拿來攪拌鍋裡的蔬菜。這樣的烹煮，只是配菜，我們又在鍋裡摻入米飯就吃了，十分可口。那時烹煮的勞力也相對很少。後來，道場的烹飪規模擴大，必須要指派廚師來做菜。他們通常都在清晨來問我如何烹飪，我常告訴他們，『你們有米嗎？』他們說：『有。』『你們有水嗎？』『有。』『你們有鹽嗎？』『有。』『你們有醃菜嗎？』『有。』『有乳酪嗎？』『有。』『若是這樣，那你們還需要什麼？』我總是這樣說。從此以後，他們就不再來問我了，現在他們僅是告訴我們，『我們要煮這個，我們要煮那個。』而我就說：『好的，好的。』有時，我也給他們適當的建議。我有什麼損失呢？我沒有。只不過是放棄我自己在進食之前將全部配菜混成一團的習慣罷了。人在一起的時候，就有他們烹飪的方式，為何要他們為了我而困擾呢？」

一九四九年三月二日

二二八　獨處

很久以前，有位美國女士，名字是愛麗諾．波琳．諾伊（Eleanor Pauline Noye）似乎來過這裡一或兩次。十天前，她的友人，是位年老的美國婦女，來到這裡，並向大家說，她會在這裡待上一陣子。本月十七日是

210 桑巴湯（Sambar），印度南部一種菜湯，用秋葵、番茄、土豆、洋蔥、扁豆等各種蔬菜製成，又加入辣椒粉、葫蘆巴種子等調味。

灌頂典禮，此地民眾聚集，人滿為患，因為這樣，她無法有個安靜的環境。

今天是星期二，我前去環山繞行，來到道場時，比平常晚些。因此，我並不知道上午在尊者面前所發生的事情。下午三時，我到道場，向尊者跪拜後就坐，那位美國老婦人也進來。尊者看著我，說道：「那邊的老婦人寫了封信，今天上午拿給我看。信上說她想到喜瑪拉雅山去，跟動物在一起，並且獨處。現在這裡太多人了，她可能無法忍受噪音。昨天晚上，也有人來向我抱怨噪音，我告訴她，她甚至到森林去，也無法獨處，因為若是這裡有人，那麼那裡也會有動物，何必到喜馬拉雅山去獨處呢？」

我問道：「有句話，說道：『隱居時，心思平靜。』是專指心思嗎？」尊者：「是的，是這樣的。」

> 瑜伽行者平靜其身心，了無欲望，身無財產，孑然一身，而遺世獨居，務要將其心思持之於冥想，不可間斷。
>
> 《薄伽梵歌》第六章第十節

「那個意思是說，一位瑜伽行者必須安住在阿特曼這個秘處，了悟到除卻他的真我之外，並無一物，並將心思駐止於阿特曼上，而不逸離於其他事物。'Viviktadesasevitvam' 也是指這個意思。

> 對「我」專注其心，堅定虔誠，獨居於聖處，了無伴侶之歡娛。
>
> 《薄伽梵歌》第十三章第十節

「意思是，人必須安住在一個境地，那裡除了真我存在之外，別無他物，也不執著於外在世界，一心一意虔愛真我；住在一個了無思緒的地方，無執著於世上事物。」因此，獨處是指心思，而非指身體。若這裡有人，則那裡有動物，難道那裡就沒有噪音來打擾平靜嗎？有位美國人名叫海格，住在我們的帕拉卡圖[211]，約在十年之前，他也是基於同樣的理由，離開這裡，前去喜馬拉雅山，最近我們收到他的來函，說他要回來，並要在這裡獨居至身亡。很多人都像他這樣，他們說在這裡得不到平靜，於是離去。他們從一處至另一處，走訪各地之後，又回到這裡來。」

二二九　多薩捲餅

一九四九年三月六日

難近母杜爾迦神廟，從道場向西邊前去，在道路的右邊，約一化朗[212]的距離。最近神廟重新修繕，行灌頂灑水儀禮。有許多到神廟的民眾，也順道走訪道場。某日下午，隨侍拿了許多甜食，為數甚夥，說是師兄姐要給道場的，並請尊者允許分發給廳堂裡的人，因為這裡有很多人，若不分送出去，也不知道要怎麼辦。這個時候，一位老婦人來到道場，撐著手杖一路走來，帶著兩三個多薩捲餅放在榕樹葉編織的碗裡。她步入廳堂，就逕自走向尊者，說道：「師父，請收下這些多薩捲餅。很抱歉，我沒有好東西帶來這裡。」說著，她想要直接拿給尊者，旁邊的人制止她這樣，便說道：「請把東西放在別處。」她不悅而說道：「你安靜一

211 原註：帕拉卡圖（Palakothu）是位於道場西邊的一塊園地，有間神廟及一泓水池，有若干修行者住在那裡。一位名叫蓋伊．海格（Guy Haig）的美國人住在那裡，經常跟他所飼養的狗及猴子玩在一起。

212 化朗（furlong），前英國殖民地使用的長度單位，一化朗等於201.168公尺，或220碼，或1/8哩。

點，你是誰，這樣對我說話？你們只是最近才來傢伙。你們知道嗎？不是我造了這個座台給師父，讓他能坐在這裡嗎？現在卻說我不能靠近他。夠了吧！」大家對她的威勢，十分驚嚇。尊者伸出手來，很慈祥地接受她的供養，說道：「奶奶，他們是小孩子，不懂事，請別在意。妳用什麼麵粉做這些多薩捲餅呢？妳沒有姪子來妥為照顧妳嗎？妳是怎麼過生活的？妳是走路或坐馬車來這裡的？」尊者向她問安後，吃了多薩捲餅。這些煎餅並未烤得很好，但尊者吃得津津有味，好像這些捲餅跟聖品，沒有兩樣。

那位老婦人坐在那裡，萬分欣喜，感極幸福。隨後，尊者又要了一些甜食，每樣各取一份，說他這樣就夠了，並要隨侍把剩下的，分給在場的人，然後把自己剩下的那份，給了那位老婦人。老婦人起身，向尊者跪拜後，拿著她那份甜食，作為聖食而離去，說道：「別人是怎麼來照顧我的，這又有什麼重要呢？師父，感謝您的恩典，我販賣多薩捲餅，賴以維生，這樣我能度我餘生，也就可以了。」

她離去後，隨侍問道：「與其吃那些烤得不好的多薩捲餅，何不把那些拿來給我們，而您吃甜食呢？」尊者說道：「喔！你認為那些甜食會比多薩捲餅可口好吃嗎？若你們要的話，你們都去吃甜食，這些多薩捲餅可以給我。」隨侍聽了，無話可說。

尊者看著我，說道：「可憐的老婦人，她能做什麼呢？她把她僅有的都帶來了。當年我在山上的時候，她和她的丈夫常來看我，後來她的丈夫去世，她跟她的哥哥住在一起，她的哥哥也去世了，她哥哥的兒子不願照顧她，把她趕出去，她只好在別處居留，並以販賣多薩捲餅為生。就是她在母親墳地旁，打造了一個座台，而我時常坐在那裡，那個座台鋪有棕櫚葉。當時我總是坐在樹下，『嗨，師父坐在地上，被太陽曬著！』說著，她就拿個座台把它立起來。那個座台是她哥哥的兒子修繕難近母杜爾迦神廟的。她因年事已高，不常前來這裡。看看她要來這裡，那段路途有多遠，又要很吃力地撐著手杖！」尊者把所有的多薩煎餅，全都吃光，不留一點碎屑。

在另外一個場合，當尊者住在史堪德道場時，在排燈節的日子，師兄姐一大早就從鎮上前來，供養萊杜球、杰里比甜圈等甜食給他。時間約在上午八時，道場的人員剛油浴完，從師兄姐手中取來甜食，分發出去，作為聖食。正要吃那些甜食時，另一位師姐是老婦人，帶著水煮的粟米餐食前來，放在尊者面前。她在很年輕時，就失去了丈夫，經由她哥哥的協助，住在一間靈修院裡，她也施捨米粥給窮人及苦行者。尊者住在維魯巴沙洞屋時，她不時帶來煮好的穇子（ragi）粥給尊者。有一天，尊者告訴她，說穇子對身體較寒，應摻混些粗粒小麥粉（suji），從那天起，她就這樣摻混來煮穇子粥給尊者。因此，在這個節慶的日子，她像別人一樣，也帶了她煮好的食物過來。於是，尊者把食物放在一個大口的碗裡，加上水、乾薑、鹽巴及萊姆汁，摻混在一起，然後告訴分發食物的人，說他們可以吃萊杜球、杰里比甜圈等甜食，而他要吃自己摻混一起的食物，大快朵頤。師兄說道：「這裡有現成的美食，為何您要吃那個普通的東西呢？真不公平！」尊者說道：「什麼是不公平？像其他的東西一樣，這個食物我也可接受，我能怎樣呢？你要我把它扔掉嗎？」師兄答道：「何必扔掉呢？大家都吃一點，就可以吃完，尊者何必一個人吃呢？」

尊者：「說得好！但是這裡有現成的美食，誰會吃這個呢？過節的時候，大家總是不喜歡吃這種食物，何必去困擾別人呢？」

師兄：「若現在不吃，我們可以下午吃，何不留著晚一點才吃呢？」

尊者：「若留著晚一點吃，食物會腐壞，但甜食不會壞掉，把甜食留著，稍後大家都會吃掉，不待勸進。他們只須打開櫃子，就可拿來吃，但這個食物不然，留著就會一直擺在那裡，這就是為什麼我要自己把它吃完。她既然很虔誠地帶著這個食物來，我們能把它丟掉嗎？」

尊者自己把整個食物全吃完，誰知道這種事情在道場發生了多少遍呢？

二三〇　金手臂

一九四九年三月八日

今天上午，我來到尊者這裡之前，桑德雷沙．艾耶遞交一本書給尊者，尊者正在看那本書。尊者說道：「看，〈禮敬金手臂〉（*Namo Hiranya Bahave*）也收錄在這本書裡。」桑德雷沙．艾耶說道：「我不瞭解書中的細微要點，經尊者解說後，我才明白。」我問尊者，那個要點是什麼。

尊者（微笑）說道：「妳知道，我小的時候，有金手臂（Thangakkai）的名號。在〈那瑪肯〉（*Namakam*，一則吠陀頌文）裡，樓陀羅[213]早已有金手臂的名稱。雖然道場這裡的吠陀經文吟唱，每天在反覆持誦，但都沒有人注意到。我告訴桑德雷沙．艾耶，金手臂的名稱，對我來講並不是新鮮事。現在他把那本書拿來給我看。」

師兄：「尊者金手臂的名號，是怎麼來的？」

尊者：「每次不管什麼比賽，我總是絕對贏的，不管是摔角或游泳，或者是家裡雜事，所以他們叫我是金手臂。我姨媽要做薄餅或這類東西時，總是叫我去，要我先動手做。她很信任我，因為我很聽話，又不撒謊。我只一次對她說謊，那次是我來這裡的時候。」

師兄：「那次是怎麼回事。」

尊者：「當時我哥哥問我，要去哪裡。我告訴他，我要去學校上一門特殊的課程。吃完飯後，我向姨媽要鑰匙，也講同樣的謊話。她怎麼知道實情呢？我說什麼，她都相信。」

師兄：「這代表要做偉大的事情，有時必須說謊！」

尊者：「是的，若是為了世界的福祉，及情勢緊急所逼，就必須這樣，是不得不然的，哪裡有什麼說謊的問題呢？那是某股力量使人這樣說的。一旦有了目的，就須要作為，若無目的，則無須作為。就這件事例來講，我們可以免其作為，就像《瓦西斯塔瑜伽經》裡那則聖者與獵人的故事一樣。」

師兄：「那個故事是什麼？」

尊者：「在森林裡，一位聖者，靜坐在那裡，如如不動，但是他的眼睛是睜開的。一位獵人，襲擊一隻鹿，而鹿逃走，他一路追尋，看到聖者在那裡，就停了下來。那隻鹿逃到聖者面前，鑽進旁邊的矮樹叢。獵人看不到鹿，就問聖者：『師父，我的鹿跑來你這裡，請告訴我，鹿跑到哪裡去了。』聖者說不知道。獵人問道：『鹿跑到你的前面來，而你的眼睛是張開的，你怎麼能說不知道呢？』聖者答道：『喔，我的朋友，我們在森林裡，屬性都一樣的。我們都沒有自我（akankara），除非你有自我，否則你在這世上無法做事情，那個自我，就是心思，而那個心思，做盡一切諸事，它也使所有的感官去運作。我們確定並無心思，那個心思已消失不在好久了。我們沒有醒夢睡三境，我們始終在第四境。在那個境裡，我們一無所見。就是這樣，我們又怎能說有看到你的鹿呢？』獵人聽了，不知所云，只好離開，心想這都是瘋子的胡言亂語。」

213 樓陀羅（Rudra），吠陀文獻中的風暴之神，後來與濕婆合一。

二三一　化身出生

一九四九年三月九日

聽完尊者告訴我們，說他金手臂的名號，並非新鮮事，而那個名號也是樓陀羅在梵語Hiranya Bahu的稱呼。我不禁想起以前有一兩件類似的事情，於是我寫信給你，告訴你這些。

去年十二月十八日，我們歡慶尊者的生日誕辰時，克里虛那·畢克修寫了幾則詩頌讚揚尊者，這些詩頌並未在慶祝生日那天朗讀出來。慶生日過後，我被要求在尊者面前朗讀，頌文開頭的意思是：「喔！拉瑪那！讓您的名聲永在。」其結尾是：「讓您和出生永在。」當我讀到最後的部分時，尊者笑著，朝向克里虛那·畢克修看，並且說道：「很好，我要持續一直有生生世世嗎？」畢克修說：「為了我們。」達瓦拉吉·穆達利爾說道：「你是怎麼寫這些頌文的？你不要求他用這個肉身跟我們在一起，也就罷了，怎麼可以祈禱他一再出生呢？哪裡有尊者下一世的問題呢？」我轉向尊者，說道：「這些頌文，有什麼錯誤嗎？頌文說：『要去拯救好人。』」我這樣說時，尊者便就這個話題說道：「是的，那是真的。」

為了保護有德之士，為了剷除行惡之人，以及為了堅定確立正法（公義），我乃世世代代出生。

《薄伽梵歌》第四章第八節

「所以，我應該持續一再出生，太好了。」

「那要如何避免呢？」我這樣說，尊者僅是點頭而沉默。

一位師兄，賽耶德博士，在此長久修行，曾向尊者請教許多問題，也都得到適當的答覆，縱使如此，他個人尚未能有靈性的體驗。於是有一天，他極為傷心，來到尊者面前，說道：「尊者，雖然您向我們開示所有修行的法門，但我仍未能在靈性上有所體驗。您務必要給予我力量，否則我怎會有力量呢？」尊者說道：「你只能以修行而得到那個力量。在這件事上，誰能幫助你呢？」

賽耶德博士：「還有誰呢？尊者？不管我將有多少個出世，我都必須有尊者做為我的上師，而只有他能拯救我。我在任何時間、任何時代[214]，都不要其他的上師，若您答應我，助我得到解脫，那也就夠了。」

尊者顯然受到感動，他很慈祥地看了他（賽耶德博士），面帶微笑，把手托在他的下巴，那是他特有的姿態，然後背靠著枕頭，穆然沉默。

「尊者，好不好嘛？」賽耶德博士又說道。尊者僅是點頭而沉默。這位師兄視之為這就是尊者的福佑，感到滿意。

一九四九年三月二十五日

二三二　母親神廟啟用

承道場邀請，獲尊者首肯的僧侶們，於本月十三日，星期日凌晨，舉行祭祀女神的火供，以及九位處女的祭拜儀式[215]。十四日星期一是滿月之日，上千的民眾聚集在道場，道場當局宣佈灌頂典禮的先行儀軌，例

214 時代（Yugo，宇迦、紀元），印度教的時間單位，共有圓滿時、三分時、二分時，及鬥爭時等，共四個時代（宇迦）。

215 九位處女的祭拜儀式（Navakanyakas），是九夜節法會（Navaratri-puja）中重要的儀式，由九位處女（年齡在二歲至十歲）行祭拜禮。

如象頭神的祭拜，將在晚齋後開始，道場用耀眼的電燈，佈置四處，呈現凱拉斯（天境）的景象。僧侶與學者們所在的棚屋，到處繫掛著濕婆舞姿的圖像。道路的兩旁，都是店鋪。典禮的會場，裝飾著成串的綠葉，播放的音樂，在道場上響起，此起彼落。

下午八時，音樂停止。牛舍那邊傳來吠陀經文的誦聲，我正納悶那是什麼，便向那邊觀望，只見僧侶們跟隨著尊者從牛舍那邊走來，前去神廟，而那裡的祭祀儀式已經開始了。尊者進來，坐在長椅上，另一組的僧侶們吟誦著吠陀經文。普里的商羯羅大師也來了，他是兩天前就到道場，道場給他特別的座椅，安排他坐在尊者的旁邊。

其後，上百名婆羅門祭司，坐在遠處的一排座位上，伴隨著音樂，吟誦吠陀詩頌，使會場的氛圍顯得十分神聖莊嚴。這樣的氛圍，說比梵天的神殿還莊嚴輝煌，並不為過。尊者容光煥發，安坐在滿天星斗的天空下，冷光燦爛，遍及四方。民眾目睹之餘，為之心醉神迷。這似乎是上主阿魯那佳拉本身的燦爛林伽，呈現其形相。

道場管理人的兒子，范卡達拉南偕同妻子及婆羅門祭司，在隊伍的前面行進，走了過來。他們手捧著鮮花素果，放在尊者的聖足前。范卡達拉南向尊者跪拜行禮後，經尊者允許，坐在木椅上，開始典禮的儀式。然後，神廟雕刻師吠闍那塔·斯塔帕提接著行祭拜儀式。經尊者允許後，離開道場。然後，僧侶們與道場居民，一個接一個經尊者允許後，開始行象頭神的祭拜儀式。所有的祭拜儀式完成後，范卡達拉南及妻子向尊者跪拜後離去。

稍後，尊者起身，手持滿水的水壺，並和吟誦吠陀詩頌的婆羅門祭司們一起前去，來到新建神廟前的高台，他打開神廟大門，直入靈殿，那裡矗立著林伽，有吉祥輪圖型，他手觸林伽，加以端詳，並環繞著神廟，審視周遭，然後來到神廟前面的廳堂[216]。

那個地方，擺放一座精雕的石頭長椅，是要給尊者坐的。石椅的中央有蓮花圖樣，背面有「唵」的字型，兩側有兩隻石獅造型。石椅的四隻腳，皆雕刻神明化身的圖像，全是黃金色調。道場當局不只要尊者當天坐在那座石椅上，也要他在行灌頂儀式的那天坐在那裡，所以石椅上沒有鋪上坐墊。大家預期他只是來看一下石椅，然後離開，但沒想到他就坐了下來，大家委實大吃一驚，便在他面前，跪拜行禮。過了一會兒，尊者離開這裡，走進為吉祥輪壇城[217]而架設的棚屋，他在那裡觸摸所有的瓶壺等容器。約在上午十時，他回到慶典廳裡平常的位置上。

深夜二時，行瓶水啟靈儀式[218]及加塔薩帕南姆法會[219]。女神杜爾迦的祭祀（旃地祭，Chandi Yaga），遵照經書的儀軌，在僧侶們所在的棚屋內執禮進行。類似的儀軌，也在阿笈摩棚屋進行。因此在各處，都召喚了各種神明，而盛著聖水的瓶壺等容器，都放在定位，火供祭祀於是開始。除了火供儀行之外，另有不同的四組人員，吟誦四部吠陀經文[220]，這時吠陀的音樂，聞之悅耳，使得周遭的氛圍，為之安寧詳和，不禁令人想起宛若古代道場的氣氛，除了這些之外，還吟誦了《女神薄伽梵往世書》（*Devi Bhgavatam*）的詩頌。

---

216 廳堂，應是指新廳（New Hall）。

217 吉祥輪壇城（Sri Chakra Yaga），也稱為曼荼羅（Mandala），廣泛用於坐禪時的線形圖具，常見於寺廟地板的圖像。

218 瓶水啟靈儀式（Kalakarshanam），指法會中祈請至上大力將其靈力賦予瓶中的水，使能於行灌頂儀禮時，灌注靈力。

219 加塔薩帕南姆法會（*Ghatasthapanam*），是指慶祝女神杜爾迦的九夜節第一天的祭祀儀式。

220 四部吠陀經文，指《梨俱吠陀》（*Rgveda*，讚頌明論）、《沙摩吠陀》（*Samaveda*，歌詠明論）、《夜柔吠陀》（*Yajurveda*，祭祀明論）、《阿闥婆吠陀》（*Atharvaveda*，禳災明論）。見（日本）高楠順次郎、木村泰賢著，釋依觀譯《印度哲學宗教史》（新北市：台灣商務印書館，2017），30頁。孫晶著，《印度六派哲學》（台北市：大元書局，2011）26頁。

第二天，火供遵照同樣的儀軌進行。在上午七時及十時，和晚間的五時及十時，有祭祀的儀行。當天上午，牛舍的數隻公牛被牽到神廟來，那裡正在行祭祀，牛的頭角都塗抹著薑黃粉、聖灰，頸上掛著花環，一根林伽綁在其中一頭公牛的牛角之間。過程中，牛角上的林伽搖晃著，是儀軌的一部分，稍許過後，便將牛隻牽回牛舍，而林伽在播放的音樂及吠陀的吟誦聲中，也納入在神廟的法會行伍裡。繞行完後，林伽迎回神廟內。隨後，約甘巴（Vogamba）、維尼濕瓦若（Vigneswara）及迦絺吉夜（Kartikeya）的神像，也以同一儀式，迎入神廟。

第二天的夜晚，在十時三十分至子夜時分之間，尊者在齊誦吠陀經文聲下，將吉祥輪造型的立體壇城放在林伽聖石的後面。隨後，師兄姐持誦真言，也把立體壇城置於嵌有九顆寶石的適當位置，而另一個黃金立體壇城則放在林伽聖石的底下，用黃金密封起來；儀行恐耽誤行程，尊者在信徒的請求下，僅用手觸摸壇場，就回到他的座位上。隨後，其餘的神像，由別人一一安置妥當。

第三天一大早，行瓶水啟靈儀式，隨後各種神像都安置在嵌有九顆寶石的神位上。前述的石頭長椅也嵌有九顆寶石，特別為尊者準備就坐。

慶典活動最重要的部分在第四天。上午二時一大早，我就聽到播放的音樂，起床後前往道場，發現所有的人都睡在道場地上，人滿為患，沒有空間可以行走，因為音樂聲在不同的區域響起，睡眠惺忪的人們，才緩緩起身。由於連續三個夜晚的儀式已經結束，所以尚有其他的法會，像蘇瓦希尼法會（Suvasini Puja）、斯巴薩祭（Sparsahuti）及普那祭（Purnahuti）也在進行。當天上午，放置在神廟的水瓶，經適當儀式後，僧侶們把裝滿水的水瓶置於頭頂上，持誦真言，環繞著尊者而行，經其首肯後，登上神廟的樓頂，而尊者就坐在長椅上，所有的信眾都前來跪拜行禮。隨後，他被帶到祭祀行禮的棚屋，坐在一張椅子上，神廟的塔樓因聖水的灑注而潔淨神聖。接著，尊者被帶到廟內放置水瓶處，坐在神牛南迪前面的長椅上，然後立體壇場及母神林伽（Mathrubhuteswara Linga）皆行灌頂儀式。

灌頂灑注儀式之後，尊者回到座位，尼倫伽那南達．史瓦米是此次慶典活動的負責人，在尊者面前，被披上花環，以示尊榮。下午四時，阿育吠陀的醫師，來自班達羅爾的羅摩強德拉．饒在尊者面前發表演講，談到灌頂灑注儀式的裨益，略謂在火供中，使用含稀有藥材的柴枝，以真言加持而焚燒，人聞其氣味後，可治癒一切肺疾。他說這就是長者要我們參加祭祀的道理。

下午五時三十分，維耶亞拉加凡（K. Vijayaraghavan）博士，音樂獨唱，晚間八時之後，行灌頂儀式。一組唱蒂魯普加茲宗教歌曲（Thirupugazh）的歌手，一連四天在尊者面前，表演拜讚歌，這三天來，對貧民的供食，並無限量，並出動警察與志工協助貧民取食。尊者在隨侍陪同下，巡視供食的情況。攝影人員拍攝整個慶祝活動。活動在一段常誦的真言下結束。因為神廟前面廳堂的工事，尚未完竣，尊者在當天夜晚回到慶典廳裡。

一九四九年三月二十四日

二三三　灌頂儀式的安排

在安得拉邦，高大廟宇的建造是稀有的，而灌頂儀式，也是罕見。因此，有人要我密切觀察母親神廟的灌頂儀式，並詳述在信函裡。但是當時有許多周邊的活動，有可能從頭到尾仔細觀察到嗎？雖然這樣，我仍將所見所聞，寫信給你。

《神的遊戲》[221]書中，述及神廟及道場的緣起如下：

尊者住在山上時，他的母親前來跟他住在一起，是在一九一七年。她在那裡專心致力於修行，一段時日後，她已有高度成熟的靈性。一九二二年五月十九日，尊者知道她的生命即將終了，便將手覆按在她的胸口及頭上，防止生命元氣逸離身體，並用靈力加以導引，使之融入生命真我的阿特曼；因為母親的習性滅盡，個體靈魂，乃得解脫，於是宣布母親的大體已然神聖，埋葬在帕里水池之東。母親仙逝後第十天，師兄姐把尊者觸摸過的林伽聖石，立在墳塚上。墳塚旁也挖一個水池，稱為阿樂葛瑪聖池。後來，尊者離開山上的史堪德道場，來到現在居住的地方，這就是拉瑪那道場的所在。

加納帕提·慕尼在尊者面前所呈獻的吉祥輪立體壇城，放在林伽的旁邊，供人膜拜。十年之前，道場管理人決定要在墳塚地上，建造一座神廟。在興建神廟時，林伽是放置在靠近墳塚的一間小茅屋裡，每天固定行禮。林伽的旁邊，女神約甘巴的神像也在五年前安置妥當。尊者當年在帕加阿曼神廟的相片，也放在旁邊，供人禮拜。由於尊者的恩典，神廟的建造竣工，決定在一九四九年三月十七日，行灌頂儀式。這個吉祥日子，在象頭神（Vighneswara）的法會之後開始。道場管理人專注在這項工作上，而師兄姐們也全力協助他。一九四九年一月一日上午凌晨時刻，在音樂的伴奏下，為吉祥輪壇城奠下基石。隨後，正在安排瑜伽學堂的工事時，尊者剛好經過這裡，他被請坐在一把椅子上，而奠基的儀式也適時禮成。接著，有位師兄，名叫托皮爾·穆達利爾（Thoppiah Mudaliar）受任負責擔任這項工程的建造。道場管理人前去馬德拉斯尋求必要的採購，他在十二天之後回來。

所有的工事，在三月十二日完成。群眾開始一批接著一批湧進來。為了方便遠道的訪客，在道場大門的附近，搭建兩間大的茅屋。在第一間茅屋的前面，設有接待處。在高溫德爾（Gownder）的園地院內，為方便婦女，也搭建一間大茅屋。面對道場的空地上，設置志工和警察的駐留處。在道場裡，各建物的陽台上，都搭設遮棚，醫療所的西邊，也搭設茅屋及廚房，方便前來這裡參加慶典的婆羅門祭司、僧侶及其他正教人士。至於其他訪客及本地居民，則安排在普通齋堂及慶典廳裡。為了供食給貧民，製作印有尊者圖片的餐盒，在包斯（Bose）的園地院內，分發給貧民。兩輛消防車待命，但蒙尊者庇佑，沒有發生任何事故。只有在某日，消防車用水管噴水，清洗神廟的塔樓。整個場地，都裝燈點亮，十分合宜。羽穗草和木屑，堆積如山。四輪載貨的馬車，從各地運來一袋袋的米、蔬菜及芭蕉葉。政府高官乘車而來時，在默爾維（Morvi）客棧東邊的空地，設有停車場，方便停車。本地市政府及鐵路局，為訪客的交通事宜，實行特別的措施。道場上的全部人員，沒有人例外，都分派某些工作，普里的商羯羅大師，在兩個月前，先行抵達道場，傳話他要參與慶典活動。為了行灌頂儀式，象牙以及從各大河流汲取的聖水，都收集齊全。來自科摩林角[222]等地的若干袋聖沙，也送來了。阿魯那佳拉伊濕瓦若神廟的最高層祭司，同意每天前來道場，並帶來檀香膏及樟腦，參與灌頂儀式和其他法會。許多律師、醫師、工程師及一些政府高官都說，他們將會參加盛會。道場也收到若幾位城邦大君送來的九顆寶石。

灌頂儀式，意謂聖水灑落在神像，亦即接受祭祀、供養等，每天在小茅屋內舉行。這些神像將會安置在新的神廟裡。在新的神廟裡，林伽（聖石）安置在壇處上，在林伽底下，置有一座黃金的布普拉史塔拉

221 《神的遊戲》（*Ramana Leela*），是拉瑪那傳記的書，由信徒克里虛那·畢克修（Krishna Bhikshu）撰述。台北市紅桌文化有中文版譯本發行。

222 科摩林角（Kanyakumari），印度半島最南端的城市，旅遊勝地，以三面環海，海水三色而著稱。

（Bhuprasthara）吉祥輪立體壇城，另一座梅魯普拉史塔拉（Meruprashthara）立體壇城置於林伽後面指定的位置；所安置的諸多神像，有約甘巴、維格尼濕瓦若、迦締吉夜、旃地伊濕瓦若（Chandikeswara）、伐羅婆（Bhairava）、旃陀羅月神（Chandra）、蘇里耶太陽神（Surya）及九曜諸神（Navagrahas）等。這都是慶典的儀行。在安置諸神像之前，先行有大象頭神的法會、旃地祭、阿笈摩祭（Agama Yagam）等的儀式。這些儀式，都在一團聖火之前，遵循嚴格的吠陀儀軌及阿笈摩經文，而行禮完成。有關這方面，我將另外寫信給你。

一九四九年五月二十六日

二三四　向涼鞋禮拜

諸多人士虔誠籌辦灌頂儀式及慶祝活動，恪盡職責，使得慶典熱烈非凡，委實值得大加讚揚。道場人員、警察、各校的童軍、志工及上百位的師兄姐，都夜以繼日，投入工作，使得整個活動，大為成功。為了表揚一些重要的參與者，道場管理人尼倫伽那南達·史瓦米致贈禮物給僧侶、學者、道場人員及幾位師兄姐等，而其中最重要者，是神廟的雕刻師吠闍那塔·斯塔帕提，於是贈予一枚上面有尊者頭像的黃金獎章。

本月十九日的下午三時，尼倫伽那南達·史瓦米邀請斯塔帕提來到尊者面前，當尊者致贈他獎章時，這位斯塔帕提，極其虔誠，跪拜在尊者面前，說道：「我能在尊者面前服侍，至為幸運，這枚獎章會當作我們家裡的神明及救星，供我們膜拜，而尊者將庇佑我們。」尊者投以慈視，祝福著他。

本月二十日上午，還發生了一件事。吉達盧里·桑巴希瓦·饒（Giddaluri Sambasiva Rao）要在母親神廟前面的廳堂，向尼倫伽那南達·史瓦米的雙足禮敬。他帶來全新的赭色長袍，及帕達法會（Pada Puja，洗足儀式）所需的用品，同時請尊者來到廳堂，坐在長椅上，向尊者說出他的心意。然後，他勸說尼倫伽那南達·史瓦米前來這裡，並偕同一些婆羅門祭司也來，要他坐在廳堂中央的高台上。尼倫伽那南達·史瓦米很謙遜，說道：「所以你們都趁我沒防備逮到我，很虔誠喔。我是不會同意這種禮敬的，帕達法會是針對沒有自我的人，而不是有自我的人，我不值得這樣的禮敬。」說著他就走了下來，盤坐在地上。桑巴希瓦·饒無論如何都不讓他走，開始強迫他就範。師父陷入兩難，在這僵持不下的尷尬中，好像突然想到什麼事，臉色一變，注視著經學生，用顫抖的聲音說道：「所以，您的意思是，您不會丟著我不管。尊者的涼鞋放在林伽的旁邊，把它拿過來，向涼鞋行使祭拜吧。」

在道場行灌頂儀式之前，一位師兄曾帶來一雙鍍銀的涼鞋，交給道場。這雙涼鞋被尊者的蓮足穿過，之後就放在林伽的旁邊，供人禮拜。婆羅門的男童遵照道場管理人（即尼倫伽那南達·史瓦米）的指示，端著上面放有涼鞋的盤子走了過來，把涼鞋放置在管理人面前。桑巴希瓦·饒在涼鞋上行灌頂禮之後，尼倫伽那南達·史瓦米用布巾擦拭涼鞋，很恭敬地把涼鞋放回盤子上。經過一般儀軌後，赭色長袍放在涼鞋上面，整個盤子就交給尼倫伽那南達·史瓦米。他用眼睛觸碰涼鞋，並收下長袍，作為恩賜。他在接受的時候，說道：「看，因為你的強力請求，這次我接受了涼鞋的法會。這種儀式，不應施於任何人，這種事情也不應在尊者面前執行。」

從執行灌頂儀式開始，每天遵照〈摩訶尼耶薩〉固定行灌頂禮，淨化身心。在五月二日的星期一，等同於吠舍佉月第四天（Vaishakha Suddha Chathurthi），行曼荼羅（立體壇城）的灌頂禮（Mandalabhisshekam）。

若說在尊者這位存在、意識、幸福的化身之面前，舉行這麼偉大的法會，不禁令人想起這就猶如堅戰[223]在行國王即位的祭禮（Rajasuya Yaga），這個譬喻一點也不誇張。雖然我們在他面前做了許許多多的事，尊者見之聞之，只是關照而已，口頭上只說：「是的，是的。」他像永恆濕婆[224]，坐在長椅上，滿懷慈悲，觀視著前來他這裡的人們。

二三五　五個婆羅門人士的故事

一九四九年三月二十八日[225]

今天下午，我比較晚才去見尊者，我看著時鐘，指向三時三十分。尊者微笑著，正在回覆一位坐在身邊的新訪客，有關阿特曼幸福的問題，「首先請找出你是誰，若你知曉，則萬物皆是幸福。事實上，你的真我，本身就是幸福。」

一位道場裡的人接著這個話題，說道：「我之前請您賜福，讓我永遠都在幸福裡，您當時對我說：『幸福就是你的本質，就是你的真我，就是解脫。』」尊者微笑回答：「是的，是的。」說著，尊者朝室利尼瓦沙．饒醫師那裡看，並且說道：「你的看法呢？我們說去找醫師來，並給予藥劑，那是因為他生病了。否則，需要醫師做什麼呢？昨天身體健康，今天頭痛，因為頭痛，所以你說需要吃藥。為什麼要這樣呢？看著它，它就慢慢消失了，你又回到身體本來自然的狀態，幸福也同樣是這樣，你何必去渴求它呢？」

醫師說：「尊者常說，這些事情會來，是因為頭腦的關係，若你自己想要擺脫，這些事就消失了。《瓦西斯塔瑜伽經》也說，發生在人身上的事，都是自己頭腦欲望所招致，一切都是心思所創造的。但是，那是如何來的呢？尊者。」

「你說如何，十個婆羅門人士的故事，不就是在講這個嗎？那個故事，記載在《瓦西斯塔瑜伽經》裡。」尊者說道。

「能否請您說說那個故事？」另一位師兄問道。

於是，尊者欣然告訴我們這個故事。

「從前從前，創造者梵天，做完一整天的工作後，入夜便去睡覺。當黑夜過了，他便起床，晨間沐浴完後，他在開始白天造物之前，觀看天空，他看到有其他幾個世界。他的造物工作，做得很妥當，所以沒有理由出現這些世界。『什麼！世界理應是保持休眠的，要待我來創造，才能出現而存在！這些世界是怎麼出現而存在這裡的？』梵天大為驚訝之餘，以其心思的力量，召喚世界裡的其中一個太陽，問道：『這些世界是如何出現而存在的？』

「太陽答道：『喔，我的上主，祢是梵天，還有什麼事情祢不知道的呢？雖然這樣，若祢要聽我的，我就告訴祢。』這樣說著，他就開始敘述如下：『有位師父，他是位婆羅門種姓人士，跟妻子住在凱拉斯山附

223 堅戰（Yudhisthira），《摩訶婆羅多》中的人物，是般度王的長子。

224 永恆濕婆（Sadasive），其身包含五大基本原則，或五種宇宙動力：創造、維持、毀滅、救贖及解脫。又一說指以五種不同方式，展示其自身：新生者、仁慈者、中心之主、最高的本質及不佈者。見〔德〕施勒伯格著，范晶晶譯，《印度諸神的世界》（上海：中西書局，2016）75頁。

225 一九四九年三月，拉瑪那尊者的左手肘癤腫，經診斷為惡性腫瘤，於三月二十七日，施以第二次手術，這則信函所載內容，是在他接受手術的翌日，亦即三月二十八日。

近的城市，因為沒有子嗣，便向至上伊濕瓦若祈求有孩子，終於生了十個小孩。這些小孩適時成長良好，而都研習所有的經文。一段時間過後，雙親去世，男孩們不勝哀戚，他們沒有近親，因此不能繼續住在父母的房子。於是他們登上凱拉斯山，決定在那裡修行。他們開始就想要如何擺脫內心的哀傷。首先，他們認為財富可以給他們幸福，但又想到比他們財富更多的大有人在，於是打消了這個念頭。他們又想到國王，甚至是至高神王（Mahendra）的上主，但情況也一樣，因此他們認為這些都無法實現他們的目的。最後，其中最年長的男孩，說道：「創造萬物的，乃是梵天，所以梵天是這些當中至高者。」大家也有同感，說道：「達到梵天地位的方式是什麼？」大家想了一下，那個老大，說道：「這沒有那麼困難，心思是萬物的根本。所以讓我們都坐在寂靜的地方，集中心思於獲致梵天的境界，屏棄包括身體在內的一切事物。你們要持續感覺自己坐在蓮花上，光輝燦爛，你們在創造這個世界、又毀滅這個世界。我也會這樣來持行。」大家都欣然認同這個觀念。於是，他們把心思固守在「我是梵天，有四張臉孔」的觀念裡，非常堅定，以致於全然忘懷他們的身體。接著，他們的身體就宛如樹上的乾葉，剝落下來。由於他們心志的強烈，便出現了十個世界，而他們十個人，也都成為梵天。他們心志的力量，現在靜止在意識的虛空中，而我是十個世界之一的太陽。」說完後，太陽便退回到它的本位。這就是十個梵天的故事。《瓦西斯塔瑜伽經》書中，在〈新創造〉（Naveena Srishti）的章節裡有詳細的記載。」尊者說道。

「那個意思是說，若不斷渴求幸福，幸福就會降臨永駐，是這樣嗎？」那個提問者問道。

「是的，心願堅定，就會幸福永駐，但是頭腦不能有雜念。」尊者說完，又沉默了下來。

二三六　榕樹

甫出版的《神的遊戲》第三版，內容較之前一版本，有所刪削，也有所增補。尊者審閱內容，說某些敘事有誤，我把這件事告訴克里虛那·畢克修（該書作者），建議他在尊者面前訂正，方便日後再版。他早在灌頂典禮前就來這裡，最近他本人都留在道場。上個月二十九日，他得到辦公室允許，在尊者面前唸這本書，並加以更正。因此，上個月三十一日，他從下午二時三十分開始唸，尊者向他指出幾處修正，並且偶爾聊到一些事件，以致邊讀邊修訂的工作，最快在本月二日才能完成。尊者手臂腫瘤增生，於本月三日施以切除手術[226]。當天的唸書暫停，但醫師及道場當局允許當天可以唸書，所以又繼續，並且在其後兩天完成，而讀完後，克里虛那·畢克修，就離開這裡。

雖然他已離去，但大家在尊者面前，仍在討論這本書。昨天，一位師兄說，這本傳記書的泰盧固文版本與英文版本，有一些差異。尊者說道：「是的，確實這樣。克里虛那·畢克修每次來這裡時，都有修正一些，並經查核。撰寫英文版本的納雷辛荷（Narasimhayya）及撰寫坦米爾版本的蘇德南達·巴拉提（Suddhananda Bharati），兩人在寫書的時候，不曾前來這裡。」

我說道：「《神的遊戲》書中所寫的蜜蜂與榕樹的事情，各版本略有不同。我記得尊者曾告訴我們，尊

226 拉瑪那在一九四九年初，發現左手肘有腫瘤，於二月九日手術切除，切下的瘤經化驗後，確定為惡性，而於三月二十七日施以二度手術。其後第三度手術是在八月二日，這是知名信徒柯恩（S. S. Cohen）的日記所載，閱S. S. Cohen, *Guru Ramana* (Tiruvanamalai: Sri Ramanasramam, 2012)P124，139。但本書作者娜葛瑪在此記載四月三日施以切除手術。兩說有異，故置之存疑。

者看到樹葉後，才登陟山坡，當時受到蜜蜂螫咬。」

「是的，是的。某天上午，我無意間從維魯巴沙洞屋走下山來，繞著山走，突然想起我應該往上坡走，以便在潘加穆卡（Panchamukha）神廟與帕加阿曼神廟之間走捷徑。那裡，全是廣大的樹林，當我正在尋找路徑時，有一大片的榕樹葉，飄落在我在行走的山徑上。那張葉片之大，有如我們把好幾張榕樹葉縫合起來，拿來作為我們用餐的葉子餐盤。我看到了那張大葉片，不禁想到《阿魯那佳拉往世書》裡的頌文，講到瑜伽行者阿魯那吉里住在榕樹下。」

「那則頌文是什麼？」一位師兄問道。於是尊者誦述如下：

> 在山的北峰上，可以看到一棵榕樹，那裡有偉大的上主，以仙人的形相，永遠坐著。榕樹的廣大樹蔭，構成不死的神咒之護圍，其枝葉之延伸廣袤，象徵整個宇宙，涵蓋人類及諸神。

「我一想到那則頌文，便認為那片葉子一定是從那棵榕樹飄過來的，所以我應該循著葉子飄來的方向，前去看那棵樹。我繼續往山上走，不久看到一棵樹矗立在高處。正當我又要走的時候，大腿撞到一堆矮樹叢，打擾了樹叢裡的蜜蜂，蜜蜂就飛了出來叮我，我自認為是我冒犯了牠們，活該受罰。我一邊這樣想著，一邊站在原地不動。蜜蜂只叮我撞到樹叢的腿部，沒有螫我身體其他地方。牠們叮我，直到滿意後飛走，我這才繼續上路。這實在很奇怪，以致我忘了榕樹的事，而想走到七泉[227]這個地方，但是前面有三條很大而深的溪流橫亙其間，而我的臀部被叮咬得腫脹很痛，但我也設法橫渡這三條溪流，抵達七泉。後來我從七泉下山，來到賈達史瓦米待在那裡的洞窟，這時已是夜晚了，在此之前，我沒吃東西，什麼都沒有。他們給我少量的牛奶喝，我還吃了一些水果。待了一陣子後，我走到維魯巴沙洞屋，在那裡過夜。我的腿愈腫愈大。賈達史瓦米和其他的人，都沒注意到，但巴拉尼史瓦米看到了，就說道：『到底怎麼了？』我就告訴他事情的經過。隔天，他在我的患處，塗抹薑油。他在抹油時，發現我身上到處被刺傷，其中有一根刺，像鐵釘一樣尖硬。他費了很大力氣才拔掉，幫我敷藥。腫起來的地方，兩三天後就退了。」

「後來尊者有沒有去找那棵榕樹？」我問道。

「沒有，我再也沒有那個念頭。」尊者答道。

我說道：「後來韋克塔拉邁爾、穆魯葛納、康猶史瓦米等人，前去尋找那棵榕樹，但都鎩羽而歸。」

「是的，是的。那是愚痴（tamasha），當時妳也在這裡，聽說過這故事，不是嗎？」尊者問道。

「我聽說過，但不知道詳情。」我說道。

「那妳最好去問他們，他們會告訴妳的。若有人來告訴妳這些惱人的經驗，那也是很好的。」

一九四九年四月十二日

二三七　信徒的困頓狼狽

寫完尊者講述那棵榕樹之後，我正在想去向哪位尋找榕樹之處的師兄姐問個明白，這時不料康猶史瓦米於今天上午來看我。我把在尊者面前全部的談話，都告訴他，並說道：「我不知道為何尊者要我向你們問個清楚，請讓我知道個究竟吧。」他顯得吃驚，說道：「哎喲！那個呀，為何要問呢？神明知道我們吃了多少

227 七泉（seven springs），在阿魯那佳拉山上北方接近頂峰的地方，位於史堪德道場的上坡遠處。號稱有七處洞窟及泉水。但根據專研拉瑪那的權威學者大衛．戈德曼（David Godman）的說法，該地其實至多不超過五個。詳閱網路richardarunachala.wordpress.com/2008/10/07/secrets-of-arunachala-seven-springs。

苦頭啊。」「就是這樣，我想聽你說。」我說道。「好吧，妳且聽著，把它寫下來，對別人也是個好的教訓，以後就沒有人敢去做這樣的事了。」說著，他就敘述這件事情如下：

「這件事是在五六年前的了。那一年為了慶祝（尊者）誕辰，須要一些師兄姐來這裡。跟往年一樣，慶祝活動過後，我們都想要登上阿魯那佳拉山頂。當時約有二十五位師兄姐都表示整裝待發，於是就在前一天晚上，向尊者稟報我們的意圖。

「尊者告訴我們有關路徑及現有的設施之外，也無意間談到瑜伽行者阿魯那吉里所居住的那棵榕樹，也講到他跟妳講的在路上被蜜蜂螫到的那一件事。聽完了他的話之後，我跟穆納葛拉．韋克塔拉邁爾[228]都很想到那個地方去看看，但我們沒有向尊者表白。我們回到帕拉卡圖的住處後，韋克塔拉邁爾跟我開始籌劃這趟旅行。我們找一些人來商議，其中有穆魯葛納、卡利爾那桑德拉邁爾（Kalyanasundaramayya）、一位名叫湯瑪斯的歐洲人，以及他的朋友，是位扎明達爾[229]的青年，還有兩位新來的人士等，至於這個團體的其他成員，還不知道我們計畫的內容。我們很早就備妥必要的食物，上午我們來到朝向城鎮的台階那邊。我們八個人一組在此暫停，向其他的人說還有一或兩個人沒來，所以請他們繼續往前行。送走他們是個藉口，我們從這裡悄悄地離開，走帕加阿曼神廟旁的一條捷徑。扎明達爾的青年攜帶照相機，因為我們到那裡要拍照那棵榕樹給尊者看。我們在山坡上爬了又爬，尋找那棵榕樹，但都找不到那個地方。我們甚至爬不到頂峰，因為頂峰遙不可見。我們不知道是要向上爬或向下走，只好繞圈而行，大家都累了，最後困在一個地方，往下是個深谷，而那裡沒有一處是平坦的，可以坐下，也沒有地方可以倚靠著。當時正值中午十二時，灼熱的太陽，炙烤在我們的身上。韋克塔拉邁爾突然心臟怦怦地悸動，於是躺在草地上。穆魯葛納不知道人在哪裡，看不到他，大家納悶他去哪裡了，便去找尋，發現他在我們的後面趴在地上爬，他甚至連走路的力氣也沒了。我們幾乎只剩半條命，連說話的力氣都沒有。我開始感到憂心，因為我們此行，並未告訴尊者。若這裡有人三長兩短，我怎麼對尊者交代。我不敢面對他，心裡想著不如直接去北印度朝聖，不吃不喝，結束我的生命。在此之前，我從未向尊者禱告，來實現我的願望，但在這個場合，我打從內心深處，向他禱告，以解眾人之危。

「隨即就聽到有人在劈砍木頭的聲音，我們往聲音傳來的那邊看，看到遠處有個砍伐木頭的人。因為我們的喊叫聲達不到那個地方，我們其中一個人便揮著他的上衣，顯示我們的位置。我們這組人中，有一兩位是穿著長褲及外套，他誤以為我們是林務局的官員，就要拔腿逃跑。這時我揮舞著我們的赭色長袍，向他表明我們是道場的人，並向他保證不用害怕，他這才相信，走過來我們這裡。那個時候，我們已放棄了尋找那棵榕樹地點的希望，請他帶我們到頂峰或七泉的地方，他告訴我們，並沒有路可以到頂峰，他僅能帶我們到七泉，但是前面隔著三條很深的溪流，很難橫渡過去。雖然是這樣，他仍協助渡河，他用手牽著我們，一個接一個，幫我們渡過這三條溪流。渡過溪流後，我們坐在對岸上，已經完全精疲力竭，動也不能動。在這個時候，由於尊者的恩典，下起毛毛細雨，雨水給了我們大大的舒暢，而重拾活力。從七泉那邊我們俯視著早先登山的那些人，但他們看不到我們。他們吃點東西後，便開始尋找我們，並擔心我們的安危。最後他們看到了我們困頓狼狽的窘境，他們就高聲喊叫，而我們也聞聲回應，那位伐木人士就帶領我們前去他們那邊。

228 穆納葛拉・韋克塔拉邁爾（Munagala Venkataramayya），係《對話真我》（*Talks with Sri Ramana Maharshi*）書中拉瑪那與信徒訪客對話的記錄者。

229 扎明達爾（Zamindar），波斯語「土地所有者」之意。是印度的世襲貴族，擁有廣大土地及耕種的農民。在英屬印度時期，有權向農民徵稅。

「我們的衣衫髒破而身體有瘀傷，狼狽不堪，顯然易見。他們先給我們水果吃，並且知悉詳情，又看到照相機及熱水瓶之後，說道：『若你們從熱水瓶裡喝了凝乳，那就無大礙了，但至少你們拍了那個地方的照片嗎？』這時我們才知道我們有帶照相機來，但我們全都忘記了我們有照相機。

「我們休息一陣子後，便下山回到維魯巴沙洞屋。我們認為，我們不應這麼邋遢去見尊者，所以我們這些人就逗留到日落時才下來。我到帕拉卡圖，想先洗個澡，然後到尊者那裡，但那位扎明達爾青年及韋克塔拉邁爾逕自到尊者那裡去，隔著一點距離，向尊者跪拜行禮。他們離去後，尊者看到他們邋遢的模樣，便向身邊的師兄姐，說道：『看看他們，看他們的模樣，好像發生了什麼事情。』

「就在這個時刻，我到了那裡。我跪拜起身後，尊者就焦慮地問我，『發生了什麼事？我看到他們兩人，一臉驚恐的模樣，全身沾滿血滴，而且衣衫髒亂。』我很恭敬地把所發生的事情，一五一十向他稟告。尊者責備我的所作所為之餘，說道：『你這樣做，是妥當的嗎？若你先來問我，我會告訴你不要去，去刺探大仙駐在的秘處，難道不是一件錯誤的事情嗎？看看那些蜜蜂這麼激烈螫我，縱然我是無意間踏入這個地方。從此以後，我再也不去那邊。我向你們講了那些地方的事情，那是我的錯誤。』我雙手合十，以懺悔的心情，說道：『尊者，這是我的過錯。尊者向我們講述這座山上偉大而有趣的事情時，我總是十分好奇，想要去那些地方，探個究竟。現在，那個欲望沒有了。而我去那裡，並沒有適時告知尊者，也受到了適當的懲罰。從此以後，我再也不會做這種傻事了。』這就是我請求尊者原諒的原委。」康猶史瓦米說道。

二三八　邪惡的習性

一九四九年四月十三日

約在一週前，尊貴的拉邁爾瑜伽士來到這裡。今天上午，他坐在尊者面前說道：「尊者，有些人說：『我們已是悟者，我們在有身解脫者（Jeevanmukta）的境地。』但是，他們只能靜坐個一分鐘後，就到處亂跑。這樣怎能是有身解脫者呢？」

尊者說道：「那是什麼？難道那羅達[230]及其他有身解脫者，不也是這樣嗎？有身解脫者在世上到處走動，那有又什麼不對？萬事之發生，都是根據其人之今世業報（命運）。」

「並不是這樣的，尊者，像那羅達這樣的人，在成為有身解脫者之後，周遊世界，吟唱天上的音樂，是為了世界的福祉，而這些人並不是那樣。他們雜處於世上諸多欲望與憎惡的事務裡，竟然自稱是悟者及有身解脫者。怎麼能那樣呢？」這位師兄說道。

尊者說道，「這是你要問的，是嗎？我知道了，那就是眾所知悉的邪惡的習性（魔性），在《世天冥思》書裡，有幽默性的描述。待會兒，我把它唸出來。」說著，尊者就要范卡達拉南去把《世天冥思》拿來，翻到聊邪惡的習性章節，請他唸出來。尊者說道：「看，請注意，你讀的時候，不要笑出來。你要大聲唸出來，不要自己喃喃低語。看吧，你開始笑了，不要笑，就讀吧。」他略為控制自己，就開始唸讀。我只是記錄其中的要點。

230 那羅達（Narada）是吠陀書上的聖者、吟遊詩人，在四處旅行中，吟唱音樂、講述故事，以上主的智慧來啟迪人們，在《摩訶婆羅多》史詩中，曾向堅戰講述故事。

「對修行者而言，有關邪惡習性所顯示的障礙是，他們經常認為他們已去除了邪惡習性。例如，他會說：『你是個墮落的瑜伽行者、沒有用的傢伙，儀軌是這樣嗎？這是不用懷疑的，甚至教你這些儀行的上師，也是個墮落的人。從明天起，你不用來我這裡了。走開。

「『你這傢伙，在我面前跪拜，救你自己吧。從我們的蓮花座下，拿點聖水回去，救你自己吧。除了服侍我們之外，哪裡還須要探討吠檀多呢？若你膜拜我們，你的欲望，都會實現。除了我們之外，不要服侍別人。你這傢伙，若你不把你所有的一切給予我們這裡其中一人，那你就不用來我們這裡了。看吧，有人從不照顧我們，我們就說他是活不久的，因此他就消失成為灰燼，同樣的，其他的人喪失了他的財富，也有人接受我們的教導後，從不照顧我們，後來也就成了灰燼。除了像我們這樣偉大之外，還有誰能知道我們的偉大呢？我們能知道過去、現在及未來。我們全部的時間，都在保護世界。我們賺了很多錢，都捐出去作為慈善。我們知道每個人的內心都有欲望，那些欲望來時，示現在我們的面前，我們便知道某人會倒大霉、某人會發大財。這樣，我們確實知道未來會發生的事情，而我是仙人，我乃伊濕瓦若，還有誰比我更高階呢？大家務必要來侍奉我。只有靠我，人才能實現欲望。若不經過我來實現欲望，那麼他們會墜入罪惡的深淵，他們很快會因犯下違抗上師的罪而內心不安。要當心哦。』」

書中還有若干內容像這個章節，其結論曰：「欲望與憎惡是阻礙靈性求道者進步的原因。故一心想要獲致解脫者，必須修持『探究真我』，並屏棄這些情緒，若其人所修行的，是聽聞、冥思等，他可能在這一世無法得到解脫，但其修行不會平白浪費掉。他將經過那個修行，而進入高階的生命，獲致心地純淨，從而出生為一位至上絕對的成就者（Brahmanishta），然後，他又一再持行聽聞、冥思及其他等，將會在適當的時機，證悟真知。」

范卡達拉南唸讀完了這一章節後，尊者看著原先提問的人，面帶微笑，說道：「現在，先生，你聽到了這些內容了，是嗎？」那位師兄說道：「是的，我聽到了，但這裡面說到若有障礙，就不能獲致解脫，縱使他修持聽聞、冥思等。又說那些修行不會平白浪費，並能引導他到高階的生命。但是，若不從事聽聞、冥思的修行，而持續他的不當修持，那會有什麼事發生？」

「那會致使他毀敗。你曾聽過納胡沙[231]失去帝國，而成為千年蟒蛇的故事嗎？」尊者答道。

一九四九年四月十四日

二三九　視榮辱無異之人

一九四五年六月或七月的某個時候，一位歐洲青年，從尼拉吉里（Nilagiri，奧里薩邦的城鎮）前來。他來的時候，是早上七時三十分，尊者正在用簡餐。那位青年把帶來的一籃水果交給廳堂裡的隨侍之後，便趕緊前往齋堂。這時他的錢包掉了，但他沒注意到。一位來自阿納恩塔普爾（Anantapur，在安得拉邦）的雷迪爾[232]老人目睹了整個狀況，想等他從齋堂回來才告訴他。這時，一位頭額有那瑪印記[233]的毗濕奴信徒正好走

231　納胡沙（Nahusha）是月種王朝（lunar dynasty）的國王。年輕時，受教於聖者瓦西斯塔，並研讀吠陀經文。後來，受到仙人阿格斯提亞（Agastya）的詛咒，成為蟒蛇。

232　雷迪爾（Reddiar），是操泰盧固語及坦米爾語的族群，居住在泰米爾納德邦、朋迪切里及斯里蘭卡等地，屬中小型農耕及販賣商等之人士。

233　原註：那瑪（Namam），是毗濕奴信徒在其頭額上所塗抹的種姓印記。

進來，就拾取那個錢包。那個老人看到這樣，就告訴他，說錢包是那個歐洲人的。那位毗濕奴信徒說：「我是代表他的，他要我拿著，我會交給他。」他這樣說著，老人就不疑有他，而他隨即進入齋堂，從那裡就不見人影，沒人知道他去哪裡了。

那位歐洲青年從齋堂回來後，告訴在場的人說，他的錢包遺失了。那位老人就向他說，有個頭額上有那瑪印記的人欺騙了他。在場的所有人，都四處去找尋那位騙子，但沒有結果。錢包裡有十個盧比。這件事是我在上午七時四十分來道場之前發生的。我聽完那位雷迪爾老人所說的整個事情後，便進去廳堂，尊者正微笑地說道：「看，這位男士致贈十盧比給那位偉大的毗濕奴信徒。」有位在廳堂裡的人士說道：「那位看到錢包的人會很高興，心想那是尊者給他的。」尊者說道：「那位遺失錢包的人，也會覺得是尊者偷的。」

大約在那個時間，一些師兄姐自遠處而來，他們浴身完後，捧著一個大盤子，上面有水果及甜食，到尊者面前，跪拜行禮後就坐。過一會兒後，他們起身說要到阿魯那佳拉神廟去，然後再回來，其中一人，雙手合十，說道：「師父，我在做某些工作時，我向尊者禱告，那件工作，就很成功。這是尊者的恩典使我成功。」他讚揚尊者良久之後，便跟其他的人一同去神廟。不久他回來，尊者看著我們，微笑地說道：「他心想的事情，後來成功了，那是因為他的往昔業力，但他一直在說，是由於尊者的恩典。另一個人從事某項工作，但因其業力，而沒成功，他就指責尊者，說尊者一點都不幫忙他。毀譽參半而來，我都必須接受。」

另一件有趣的事情，發生在昨天。道場收到一封英文的郵寄信函，裡面指控尊者幾件事情，還詆譭尊者。下午尊者在休息的時候，道場當局拿給尊者看。在下午三時，穆魯葛納、維斯瓦納特．婆羅門佳里及其他師兄姐一進入廳堂，尊者就告訴他們這封信函，然後看著范卡達拉南，說道：「請到辦公室去，把那封信拿來，給這裡其中一人唸出來，以便大家都能聽得到。」范卡達拉南略有躊躇，因為他認為沒有必要這樣。

於是尊者說道：「為何你說沒有必要呢？你不時都在讚揚我，說著：『師父、師父。』但你讀了那封信後，現在就知道我這個作師父的處境了。」范卡達拉南不為所動。尊者看著他，說道：「為什麼呢？為什麼你還猶豫呢？若有人寫信來讚美尊者，你拿到信就大聲朗讀，好讓大家都聽到。為何這次不要這樣？」這樣說著，尊者看著我們，說道：「看他是怎麼行事的。當有人寫信說尊者很偉大，他就唸讀出來，但他不要這封信被唸出來。為什麼呢？」

穆魯葛納說道：「姑且擱置那封信，何必唸出來呢？」

尊者說道：「喔！是這樣啊！你們都已經彼此串通好了。若是這樣，我又何必那麼麻煩呢？」這樣說著，尊者帶著寬容的微笑，沉默了下來，我們都認為瑪拉史瓦米（Mallaswamy）、賈達史瓦米等人因為無法容忍尊者榮膺的盛名遭受詆誹，都比不上尊者平心處置毀謗的這件事情。《薄伽梵歌》第十二章第十八、十九則頌文，是很好的說明：

> 他對敵友、榮辱，一視同仁；對冷熱、苦樂，同等看待，了無執著。
>
> 《薄伽梵歌》第十二章第十八則
>
> 他視榮辱，一也。凡所來者，審思之而安之。心無執於家室，亦無繫於心思，對我滿懷虔誠，那人是我所鍾愛者。
>
> 《薄伽梵歌》第十二章第十九則

二四〇　帕塔拉林伽（地窖裡的林伽）

一九四九年五月十日

尊者的傳記述及，他早期到這裡的時候，常靜坐在阿魯那佳拉神廟裡千柱廊殿地窖內林伽聖石的旁邊，當時他全神貫注，被蟻蟲蚤蚊叮到流血，仍渾然不覺。你還記得，我們去看過那個地窖及林伽。那裡年久失修。最近，泰勒亞可汗太太（Mrs. Talayarkhan）決定要把那裡翻修成一間精美的神祠。她集資委託承包商麥斯爾斯·塔拉波爾公司（Messrs Tarapore & Co.）這項工事。在母親神廟的灌頂儀式之前，就已竣工，但啟用儀式拖延到灌頂儀式之後。

灌頂儀式結束過後，泰勒亞可汗太太安排帕塔拉林伽（Patala Linga）神祠的啟用儀式，由印度總督室利·C·賈拉戈巴拉查里（Sri C. Rajagopalachari）主持，在本月四日上午八時三十分舉行，並廣邀各界民眾觀禮。印度總督及其一行人尚未抵達之前，許多警察分批已先行到來，道路也經整修，並插國旗。千柱廊殿清洗得十分乾淨。觀眾從四方八面前來這裡。整個城鎮，熱鬧非凡。知悉政府總督要來，馬德拉斯的首長和巴瓦那加爾（Bharangar，在古吉特邦）的城邦大君及夫人也來參與盛會，並且要造訪道場，前來觀視尊者。市政府當局及警察在道場也做了必要的佈置。

印度總督在預訂的時間，從火車站直接來到神廟，行啟用儀式之禮，致詞讚揚拉瑪那尊者之後離去，行前傳話給尊者，說有要事緊迫，未克拜訪道場。他離去後，民眾前來聚集在神廟。上午十時三十分，巴瓦那加爾大君夫婦來到尊者面前，虔誠跪拜，並和尊者晤談，極為恭謹，停留約半小時，接受聖食後離去。

有位師兄目睹（帕塔拉林伽）神祠啟用的全部儀禮活動，向尊者說道：「在千柱廊殿裡，找不到有任何地窖，究竟有什麼理由說那裡有個地窖呢？」尊者說道：「不是的，那裡本來沒有地窖，後來有地窖存在，是因為某人死亡，埋在那裡，也立了一塊林伽。過了很久以後，那個地方興建千柱廊殿，但並未動到林伽，林伽就一直放在那裡。後來地面的部分隆起而升高了，而千柱廊殿也高高地矗立在那裡。這就是林伽在廊殿底下，而成為好像是地窖的原因。後來，才又做了石階往那裡去。當年我在那裡時，到處都是灰塵。除了廊殿上有大象，地窖裡有我之外，沒有人到這裡來。」我們聽到後來變成地窖的整個情況後，都感到十分驚訝。

尊者也告訴我們一些事情，說那裡的牆壁上刻有一些文字，敘述曷薩拉（Hoysala）帝國的克里虛那德瓦拉亞（Krishnadevaraya）國王，建造這座廊殿，刻文上又載述這位國王的一些德政。聽完了之後，阿南達那羅延・饒醫師及一些師兄姐便前往那裡，拿到原始刻文的印本，並在他的書裡發表出來。在一九四四年六月，我從蒂魯丘立回來這裡的時候，尊者向我說了一些類似這樣的軼聞。以後我有空時，我會把這些東西寫在信上給你看。

一九四九年五月十二日

二四一　藥物自己來了

約在一週前，道場收到一封瑪德薇・阿瑪（Madhavi Amma）郵寄的信函，這樣寫道：「我聽到尊者的身體，日愈虛弱，我的禱告是您應該喝番茄汁或柑橘汁。」

尊者看了信函，告訴我們內容，並且說道：「這是什麼建議呀！她是個富婆，她要什麼東西，她都付得起。我怎能付得起呢？雖然這樣，縱使她喝盡這些東西，又能多身強體健呢？她老是抱怨這邊痛那邊痛的，她人也不過這麼小一個而已。為何她自己不喝這些東西呢？」

當天晚上，阿育吠陀醫師羅摩強德拉．饒，從班加羅爾來到這裡，尊者知道他到了廳堂，就對身邊的人，說道：「看，羅摩強德拉．饒要來了，他一定帶了一些藥物來，我每次看到他時，都不覺得我看到一個人，總覺得我看到藥物。」這時，羅摩強德拉．饒步入廳堂，在尊者面前擺著一大瓶的藥物，並跪拜行禮。他一起身，尊者就笑著說道：「我沒有向你們說什麼，藥物就自己來了嗎？」羅摩強德拉．饒雙手合十，用祈請的姿態，說道：「那不是藥物，尊者，那是阿里斯坦（Arishtam，一種蒸餾提煉的綜合營養液），尊者的身體很衰弱，服用這瓶營養劑可增強體力，祈請服用。」

尊者說道：「好吧，服用這個能夠身強體壯，那你自己為什麼不服用呢？看看你自己這麼瘦弱！先照顧你自己，強壯起來吧。以後再來談我的。」他轉向我們，詼諧地說道：「看看他吧！他都不能讓自己健康一點，卻說要讓我健康！」醫師聽了啞口無言，只好離開去辦公室。隔天，尊者把那瓶營養劑，分給他身邊的每個人一盎司的劑量，而他自己也服用一盎司的劑量，說道：「看，那位羅摩強德拉．饒比我們都瘦弱，所以給他多幾盎司，看他會不會更加強壯。」

這件事之後的四或五天，承造商薩塔戈帕．奈杜（Satagopa Naidu）從班加羅爾來這裡，帶了幾瓶冰果露的東西，請平常坐在靠近尊者身邊的人代為上呈，說在夏天時，每天都要給尊者，因為有益增強體力。薩塔戈帕來到道場，待上幾個月，花了上千的盧比，並對道場的建造，捐獻很多錢，但從未來到尊者的面前。若你問他為什麼這樣，他說他沒有什麼話要說。這又是虔愛奉獻的一種。

尊者一看到那些果汁奶凍的瓶子，笑著說道：「他跟羅摩強德拉．饒一定商量過，為何要把這些東西給我們呢？他是有錢人，喝得起這些。請告訴他，把這幾瓶放在他的房間，他自己每天吃一點。」

「這些東西是帶來只給尊者吃的。」有位男士說道。

尊者說道：「那麼我們來做一件事。」說著，他就拿了一個大鍋子，裝滿了可以喝的水，然後把冰果露倒入水中，並要在場的每個人都來取一杯喝，他又另外倒了一杯，要給薩塔戈帕喝，以便他能消除疲勞。剩下的冰果露，隨後又分給道場的人。

一九四八年，一位坎普爾（Kanpur，在北方邦）的師兄，名叫肯楠（Khanna），用郵包寄了一些罐頭，是一種阿育吠陀配方的超級食物（Chyavanaprash），說是他特別調製要給尊者服用，可增進尊者的體力。尊者說若對他能增進體力，對別人也能增進體力，於是尊者把它分送給道場的人在早齋食用，而他自己也跟別人一樣，食用同等的份量。

假若有些食物而別人不要，例如坎吉飲料[234]和冷飯，大部分都是尊者吃掉。若有精緻的食物像甜食，人人皆愛，他就把大部分的份量讓給別人，而自己只吃小小的份量。這種一律平等的精神，誰能比得上他呢？唯獨他能夠跟他自己比。

二四二　研習吠陀

一九四九年五月十六日

234 坎吉飲料（Kanji），一種發酵的飲料，用水、黑葫蘿蔔、甜菜、芥菜仔及阿魏香料（Heeng）等，調製而成的紅色飲品，在印度灑紅節（Holi）時製作。

室利尼瓦沙·饒醫師來這裡的時候，通常都會跟梵文學校的男孩一起吟誦吠陀經文。兩三天前，他來到這裡，繫著兜提寬褲像學生的模樣，跟學生坐在一起，於晚間吟誦吠陀，一如往常，尊者以前看過好幾次，但都沒說什麼。那天晚上，他看著醫師笑了出來。我想這必定事有蹊蹺。當經文吟誦完畢，醫師起身，尊者就說道：「先生！你在這類場合，寬褲都這樣穿，還是正統穿法？」[235]

醫師略為緊張，說道：「我通常都是正統穿法，有時打結起來，像今天這樣。以後，我會把它穿好。」尊者說道：「我不是這個意思，是因為一般學者吟誦吠陀都是正統打結的穿法，所以才這樣問你。況且你是馬哈拉施特拉人，而且也已婚。我只是好奇，想知道你是否習慣那種款式。」醫師說道：「不，尊者，從明天起，我將只穿那種款式的。」從那一天開始，他穿著兜提寬褲的款式，就跟已婚者的一樣。

至於吟誦吠陀經文，若有人唸錯，尊者會婉轉稍予糾正。一九三八年，有位師兄是馬拉亞利人，名叫桑卡倫（Sankaran），用馬拉雅姆文寫了一本尊者的傳記，拿來給尊者，並說道：「我們想要出版這本書，在出版之前，請尊者過目。」尊者告知身邊的人說，書上某處須要修正，隨後便在某處略加更正。這本書的某處說，所有種姓的人士都能研習吠陀。尊者看到這裡，便在研習（adhyayana）的字語上寫入「練習」（abhyasa）字語，而書上的敘述語成為所有種姓的人士都能練習吠陀。當時，羅摩那塔·艾耶（Ramanatha Iyer）在廳堂，耳聞及此，並不知道「練習」與「研習」兩字有別，因此有些人便以為尊者認可所有種姓都能研習吠陀。在尊者進入廳用餐時，桑卡倫就趕緊回家，一心想要告訴康猶史瓦米這件事。

那段日子，康猶史瓦米和羅摩那塔·艾耶，住在往帕拉卡圖的道路旁邊的一個房間，兩人用餐後坐在陽台的平台上，討論雜事。羅摩那塔·艾耶說道：「聽著，康猶史瓦米，從明天開始，你也可以研習吠陀，尊者今天已有定論。」尊者通常餐後步行到帕拉卡圖，返途中正好經過這裡，聽到了這些話，便說道：「什麼？

那是我的定論嗎？我從未說過所有的種姓都能研習吠陀。」

兩個人聽到這些突如其來的插話，大為驚恐，於是起身，雙手合十，羅摩那塔·艾耶說道：「這在剛才不久，尊者已認可桑卡倫寫的傳記，說所有的種姓都能研習吠陀。」「是的，我是看了那本書，但我有修正，把『研習』的字語，改成『練習』。」尊者說道。「研習與練習，有何不同？」他們問道。「怎麼會一樣呢？吠陀意味真知，所以我說真知之練習（Vedabhyasa），這樣而已，但我從未說是可以研習的。」尊者說道。羅摩那塔·艾耶答道：「我還是無法瞭解二者的區別。現在只有尊者對我詳細解說，我才能瞭解整個意思。除非明確敘述所有種姓都不能研習吠陀，否則一般人不能明白其義。」尊者說道：「讓大家用自己喜歡的方式來瞭解，我們何必擔憂呢？難道這個世上的諸多誤解，我們都要負責嗎？」這樣說著，尊者就往道場走去。

二四三　世上的責任

一九四九年五月十七日

尊者表達過看法的，除了研習吠陀類似議題，也包括世俗職責（Lowkika Dharma）等議題。有位年輕女士，名叫拉賈瑪（Rajamma），是位師姐。她是蒂魯帕普里尤爾·克里盧那史瓦米·艾耶（Thiruppapuliyur Krishnaswami Iyer）的女兒。最近她不時前來道場，她在鄰近道場的拉瑪那社區租屋獨居。她似乎與丈夫有

235　原註：正統款式的兜提寬褲，是一塊纏腰布圍繞著下身，一端繞在兩腿之間，並捲起在背面打結，這是馬哈拉施特拉人及其他人穿著的兜提寬褲，而已婚男子也這樣穿著。

歧異，並無子女，她於一九四五年出走，說要永遠待在尊者這邊。她是她雙親唯一的女兒，可能他們年邁或有其他原因，她的雙親無法來這裡長久居留。她的雙親認為，他們這位年近中年的女兒不宜待在這裡，便寫信給她，要她跟丈夫在一起，或者跟他們同住。他們並不反對她偶爾前來觀視尊者，但不願意她長久待在這裡。她也常向尊者述說這些事情，並說不想回去。

有一陣子尊者保持緘默，好像他未曾耳聞，但最後有一天，他說道：「看這裡，妳有長輩要妳去那裡，而妳堅持要待在這裡，妳可以隨妳喜歡去做，要待在這裡，或要前去那裡，何必問我呢？妳的父母很久以前曾來造訪這裡，若他們來了，而問我：『師父，這是怎麼回事？』我能回答他們什麼呢？」她對尊者所說的話，感到沮喪，就出去了。隨後，尊者看著羅摩強德拉·艾耶，說道：「她的父母要她跟丈夫在一起，或者跟他們在一起，她來向我們說這些，究有何用呢？我又能做什麼呢？難道他們不會認為師父不但沒好好勸導她，反而要把她留在身邊嗎？雙親兩人，也都老了，而僅有她這個孩子。到底是誰要她拋棄責任，一個人待在這裡的？到底是誰要她來這裡的？」

你知道，我早期待在這裡的時候，無論甚麼時候當你的家裡遇有困難時，我總是到你那裡去，然後適時回來。一九四五年時，你寫信給我，說我的嫂嫂生病，而你亂糟糟的，但你並沒有要我過去，然而在信上，你說嫂嫂在生病中不時想要能看到我。我把那封信的內容唸給尊者聽，並告訴他，我會寫信給你，等你的回函後，便前去你那裡。那是因為你信上沒有要我去。不過，尊者對此並不高興。他告訴我，我應該以我最喜歡的方式去做。我注意到這一點，便立即說當晚我就啟程前往，然後尊者答道：「是的，那樣很好。」這個時候，羅杰格帕拉·艾耶走進廳堂，問我是否要去我哥哥的地方。尊者說道：「是的，她去那裡，他們都會很高興。她去是很好的。一個人生病受苦，一直要她的小姑前來，難道她不應該去嗎？」

不久之前，一位青年，他跟孫德倫．艾耶（尊者的父親）有很親近。他跟父母爭論，說他不要結婚，所以他來這裡。他來這裡，倒是無妨，但是一開始他就到非婆羅門種姓的區塊去就坐並用餐，道場管理人不喜歡他這樣，要他做待在婆羅門種姓的保留區塊。他不要這樣，反而說在尊者面前，沒有種姓的區分。道場管理人設法勸導，說道：「對尊者是無妨的，因為他已捨棄一切了。但你並沒有棄世啊？要是你的父母聽到了，他們會怎麼說呢？」但他不在乎勸導，又爭論起來，彼此言詞交鋒。尊者默然觀照全局，無動於衷。那個年輕人按捺不住，趨前向尊者說道：「人來到尊者面前，不應該拋棄種姓的區別嗎？」

「喔，你認為重要的只有這件事嗎？那代表其他的事情，你都已經拋棄了嗎？若是這樣，這件事也可以拋棄。這樣一來，還有什麼拋棄與否的問題呢？問題自行消失了。你說怎麼樣呢？你都把所有的區別都拋棄了嗎？」尊者問道。於是這位年輕人一聲不吭，便到婆羅門種姓保留的區塊坐下。後來，他結婚有了孩子，開始工作，也不時來這裡觀視尊者。

從這裡可以清楚知道，只要人還有自我，還有愛恨情仇，尊者就要人履行他在世上的責任。

一九四九年五月二十二日

二四四　一律平等

立體壇場灌頂儀式，於吠舍佉月第四天，亦即一九四九年五月二日，在母親神廟裡舉行，而昨天是吠舍佉月第九天（Vaishakha Bahula Navami）有大祭拜（尊者母親週年忌日）的儀式。當時神廟的前面廳堂[236]，幾近完工。因此，道場管理人跟助理商議，請尊者在這兩天期間待在前面的廳堂裡。於是尊者在二十日下午來到那裡。那一天我剛好較往常提早到。我正要進門時，看到廳堂有不尋常的活動。我急切地步上走廊，看到尊者坐在長椅上，他的臉色不像平常那樣有光彩，我正納悶是什麼原因，但無法去向人問個究竟。

道場管理人和他的友人及一些重要人士，置身在一些道場的工作同仁當中，而管理人站在尊者面前，說了某些話，尊者僅含糊地說著：「是的，是的。」在這種情況下，我躊躇不前，便站在走廊上。尊者從窗戶看到我來了，並見我趑趄不進廳堂。十分鐘過後，大家都離開了，只有（隨侍）希瓦南達在尊者身邊，而最近來道場的兩三個人，坐在較遠的一邊。尊者注視著廳堂的天花板，以及外面堆砌起來大石頭。我走了進去，向他跪拜後起身。尊者看著我，以和藹的口吻說道：「妳看到這個了嗎？他們用四邊四面牆，把我監禁起來。他們不讓其他的人進來，使我成一名囚犯。看！沒有任何人可以進來的餘地。」這樣說著，他仰頭望著天花板，那裡沒有出入的窗口，說道：「牠們（松鼠）怎麼進來呢？」他一直盯著天花板。我瞭解他觀看事情的方式，但啞然無語，佇立一旁，他身旁的希瓦南達說道：「道場管理人及其他人認為，若尊者待在這裡，就不會受到外面的日曬雨淋。」始終盯著天花板看的尊者，一聽到希瓦南達講這句話，便脫口說道：「好吧，若我們要講求舒適，難道那不是以別人的受苦作為代價嗎？松鼠、猴子、孔雀、牛隻，都沒機會進來這裡。這不是意味著我們剝奪牠們的權利嗎？大家都認為師父在這裡，一定是幸福滿滿。那要怎麼辦呢？」尊者的聲音顫抖。隨侍順著話頭，說道：「是的，那是真的。只有人才能進來，但動物及鳥都不能自由進來。」尊者不發一語。

不久之後，一些有財勢的師兄姐進來，面對尊者而坐著，但一或兩位在他們後面的人，就不敢進來。尊者從窗口看到了，便向隨侍說道：「看到了吧，看看那些人。你說人們很容易進來，但是所有的人有進來的餘地嗎？有錢人習慣看到高大的建築，有燈光、電扇、摺疊式的門及其他富麗堂皇的家具，所以能夠泰然自若，走了進來。但是像我這樣的窮人，就不敢進來了，因為他們覺得這個地方是給有錢人住的。他們若走了進來，會害怕別人說三道四，所以就悄悄地離開，像你所看到的那些人那樣，他們只好從窗口窺視一下。這裡面哪裡有他們的地方呢？看看那些窮人，真可憐！」尊者無法再說下去，只好沉默了下來。

傍晚一到，他就要他的一些隨侍出去，並且說晚上是牠們全部（猴子、孔雀等）都會來這裡的時間。「牠們或許認為師父溜走了，不知跑到哪裡去了。你們去吧，牠們多可憐！去吧，至少給牠們一點東西再回來。」隨侍餵食牠們之後，一回來這裡，尊者就以顫抖的口吻問道：「你都全部餵食了嗎？牠們可能認為，師父已遺棄牠們，遠走高飛到一個舒適的地方，並且坐在那裡，一個人很快樂。或許牠們認為我已忘記牠們了。這裡並沒有牠們前來的空間。怎麼辨呢？」無論何時，若有動物或鳥類來接近他，他總是說：「我們並不知道牠們是誰。」但從不會冷漠看著牠們。若隨侍忽視牠們，他不會容忍，並且說道：「這是不好的，你只看到軀體外殼的皮膚，而沒看到軀體內在的那個人。你覺得自己很了不起，而別的動物很渺小，就把牠們趕走。牠們來這裡，其情況跟我們來這裡是一樣的，為何牠們不能跟我們有同等的權利呢？」因此，他常斥責隨侍他們。這間新廳有燈光、電扇、鐵門、守衛及設備，而動物及窮人都不能進來，無怪乎尊者對他們十分同情。你看，看待眾生，一律平等，這對尊者來講是自然不過的了。

236 前面的廳堂，應指新廳（New Hall）。母親神廟與新廳，幾乎同時完工。

二四五　善待動物

一九四九年五月二十三日

一九四六年某天下午二時，道場備妥一些點心，分發給師兄姐，也拿了少許給尊者。尊者吃了，喝了點水，出去後又回來，這時一些猴子來到他長椅旁邊的窗戶。尊者看到了，就要隨侍去拿一些點心，說猴子會很喜歡吃。隨侍去了又回來，說廚房裡的人不願給，他們沒有準備這麼多的點心給猴子。「喔，那麼我們拿什麼給牠們呢？」尊者說道。「這是配額的時候。」一位師兄說道。「若有配額的時候，那麼我們有配額，為何牠們（猴子）就沒有配額呢？若猴子也能拿到配額卡，則問題就解決了，牠們會吃得比我們更津津有味。若牠們沒有配額，我們怎能有配額呢？我們在吃東西的時候，要看看這些孩子（即猴子）是怎麼在看我們的。」尊者說道。於是，牠們也都得到了一份點心。

從那個時候開始，尊者總是在猴子拿到東西之後，他才接受。在早期的做法，似乎是在分發東西之前，先把要給牠們的東西拿出來。後來在這中間的過程中，因為尊者有所指責，這樣的作法也就取消。在過去，像慶祝誕辰或大祭拜時，尊者總是要看到有某些東西已經分別拿出來，做成球狀，放在籃子裡，然後拿到帕拉卡圖去。他通常獨自坐在那裡，把球狀的食物，一個接一個遞給猴子。在一九三九年，他六十歲生日慶祝活動（Shashtiabda-purthi）時，曾拍攝一張這樣的照片，若端詳著照片，可看到他容光煥發，令人感動。

你知道在一九四六年，發生了什麼嗎？松鼠跑到他的長椅上來要腰果吃。腰果通常放在尊者旁邊的罐子裡，但裡面沒有了。只好另外給腰果粉粒，但松鼠不願吃，用盡方式表達不滿。「我們沒有腰果了，我親愛的，怎麼辦呢？」尊者說著，並設法好言勸誘。不，牠們不受安撫，爬過尊者的腿上及手臂，持續表達不悅。於是尊者要克里虛那史瓦米去庫房找看看，是否還有腰果的庫存。克里虛那史瓦米去了，拿了少許腰果回來。「就只這些嗎？」尊者問道。克里盧那史瓦米說，他們那天晚上要做大米布丁，所以只能給這麼多。尊者聞之不悅，說道：「原來這樣。若奶粥放少一點腰果，難道會減損口味嗎？真可憐，這些松鼠不喜歡別的東西，實在讓我擔心。管庫房的人不願給腰果，說要放在奶粥裡，若奶粥沒放腰果，誰在意呢？看看這些孩子要為腰果而苦惱！」就是這樣，本來要放在奶粥裡的腰果，就進了松鼠的肚子了。同時也放進他身邊的罐子裡（為以後餵食松鼠用）。

當天晚上，阿南達那羅延・饒醫師，從馬德拉斯帶來兩維斯[237]（約四、五公斤）的腰果，說這些腰果是要給松鼠吃的。尊者就向克里盧那史瓦米說道：「看看這個，松鼠得到牠們要的東西，不用再求你了。這些腰果就是他們的財產，要保管好，注意不要拿去庫房，小心看好。」

一九四七年一月某日上午，約在九時，牛隻拉西米急促走進廳堂，牠的腿、身體及尾巴都是泥土，鼻孔流血，還有斷了一半的繩子纏繞在牠的脖子上，牠逕自走到尊者就坐的長椅旁邊。隨侍對牠的滿身汙泥，進來廳堂，說了些嫌惡的話。但尊者很慈祥地說：「讓牠來，讓牠來，牠來這裡，到底是怎麼回事？」他對牛隻說：「來，我親愛的，請靠近一點。」這樣說著，他就把手輕輕地放在牛的身上，拍拍牠的脖子，看著他的臉，說道：「這是什麼？牠在流血！」其中一位隨侍說道：「最近他們把繩索穿過牠的鼻孔。」

「喔！是那個原因？所以牠跑來這裡，向我抱怨，那不是對牠很痛嗎？牠無法忍受痛苦，就來向我訴苦，也顧不了沒洗身體。怎麼辦呢？給牠一些米漿糕或是什麼吃的。」尊者說道，對牠的安危，甚表關懷。隨侍給了牠一些芭蕉，安撫牠回去。我到廚房拿了點米漿糕給牠，牠離開這裡，回到牠的地方時，十分滿

237 維斯（visa, viss），傳統緬甸的重量單位。

意。

我們都回到廳堂就坐後，尊者看著廳堂，說道：「你們來到我這裡，不是跟你們心中有苦惱有關係嗎？牠也是一樣。為何牠來這裡，只是身上有泥巴，你們就要不高興嗎？當我們有了困難，還會考慮我們的服裝是否妥當，或者我們的頭髮是否有梳理嗎？」

尊者對孔雀的疼愛，更不用說了。他不僅對這類溫馴的動物，特別關懷，他對蟒蛇也一樣關心，在道場還給牠們遮棚。這類事情，不僅在傳記的書上有記載，我們更是在這裡親眼目睹。先前我曾寫信給你，說到有關小老虎的事情。因為帕塔拉林伽的啟用儀式，訂在四日，因此許多訪客會來道場，特別是政府首長及夫人會來。道場當局認為，場地恐怕不敷容納這麼多人，於是在慶典廳裡，尊者長椅右邊的地方，架設一間棚屋來作活動使用。約在一週之前，亦即四月底，克里虛那史瓦米便安排在這間棚屋作為吟誦吠陀經文使用，同時也可容納婦女坐在這裡。這間棚屋，是新搭建的，四邊都擺放巴豆樹的盆栽，也綁上香根草蓆，並定時灑水，因此這個地方，相當涼爽。那間棚屋搭建好之後，約過四天，某日下午我剛好到那裡，比平常稍早些，尊者也從外面回到這裡。當時那裡，都沒有人。我上前向他跪拜後，坐在棚屋下。一條青綠的蛇，從尊者長椅旁邊的巴豆樹葉空隙爬了出來，滑行一段距離，爬上棚屋的屋頂，在那裡很舒服的安頓下來。我一點都不害怕，只是靜靜地盯著那條蛇看，同時也看著尊者。他注意到我的心情，便微笑地對我說道：「牠來這裡，是因為這裡涼爽。」我說道：「牠來這裡多久了呢？」尊者答道：「我午餐後回到這裡，大概那個時候，牠就來這裡了。牠在這間棚屋到處溜躂，也到巴豆樹裡出入。像這樣牠來這裡，已有三天了，大約在下午二時三十分溜走。」

我說道：「牠一定是個偉大的靈魂。當尊者獨自一個人的時候，牠用這樣的形體來服侍尊者。」我正這樣說話時，克里盧那史瓦米走了進來。

克里盧那史瓦米：「我不知道該怎麼辦？牠每天都來這裡，尊者說我們不可以趕牠走。」

尊者：「牠來了又怎麼了？牠有傷害到我們嗎？」

克里盧那史瓦米：「牠倒沒有對我們怎麼樣，但是這個地方，有很多人會來，不是很危險嗎？」

尊者：「但牠在下午二時三十分就走了，不是嗎？」

克里盧那史瓦米：「現在還好，但慶典活動那幾天，整天都是人。」

尊者：「喔，那是你害怕的！」說著，尊者看了那條蛇，也看了我，而我也看了那條蛇，並看了尊者，說道：「牠一定是來這裡要服侍尊者，但是牠用這樣的外形（指身體）而來，就一般民眾來講，對牠會有麻煩，但就牠來講，對一般民眾也會有麻煩。」

尊者：「可能會這樣。」

於是，尊者很慈祥，目不轉睛地看著蛇，有好一陣子。隨即在我們談話時，那條蛇原本靜止不動，卻快速滑行下來，溜進花園，不見蹤影。尊者凝視牠的時候，我們並不知道牠是接受到什麼訊息。時鐘在半個鐘頭的時刻上敲起聲響，師兄姐排隊前來，在尊者面前跪拜行禮。尊者的視線略有轉移，但很快又回到正常狀態，而那條蛇，再也不見了。

這裡有很多事情，足以顯示尊者的住處是個安全的地方，不僅對弱者及窮人，而且對不會說話的動物，全天候都是這樣。在這方面，我將另外寫信告訴你更多的事情。

二四六　無助者的庇護所在

一九四九年五月二十四日

你記得在一九四三年之前，舊廳的南邊有道門，正對著尊者就坐的長椅，以及南面牆上的窗戶，而今已改成一道門。師兄姐通常從南門進來，觀視南方相濕婆化身的尊者後，從北邊的門出去。一些師姐通常坐在南邊，正對著尊者。隨著時光過往，訪客日增，婦女及孩童開始坐在那裡，而孩童自然會有騷動。此外，一九四三年之後，各式各樣的訪客一直在增加，甚至一些貧窮的婦女帶著小孩來拜見尊者，而小孩在那裡灑尿，做母親的也不拿乾布擦拭乾淨，甚至拿乾布給較現代化的女士，她們也不願惹麻煩去清理地面，於是，隨侍只好前去清理。他們一再勸導，並想阻止這些沒有文明教養的人進來廳堂。然而尊者不論如何，都不同意。於是他們想不讓女眾坐在廳堂裡，而安排坐在走廊上。我間接耳聞及此，內心感到很難過。我告訴他們：「只因一兩個人的行為沒有教養，你們就懲罰所有的女性，不許坐在裡面嗎？我們信任尊者，千里迢迢而來，請不要懲罰所有的女性，若有必要，我來清理地面。」從那時起，我便照料這項工作。縱使這樣，他們仍不滿意。終於有一天，他們去向尊者說，他們要安排女眾坐在外面。尊者問說，為何男眾坐在廳堂裡面，女眾要坐在外面呢？隨侍說，他們照料來來去去的婦女，實在很困難。尊者說道：「廳堂裡的什麼工作是為了尊者的？若尊者坐在對面的扁桃樹下，那就沒有問題。不管孩童做什麼，大家都不會有什麼麻煩或擔心。」尊者都這麼說了，他們就放棄了隔離女眾的想法，而換成在一邊的窗戶改成門，把另一邊的門改成窗戶。從此以後，婦女有了就坐的地方，正對著尊者的聖足。

類似的事情，發生在一九四六年。當時在梵天大慶典（Brahmotsavam）期間，我被派擔任婦女的志工。我曾寫信告訴你，說在慶祝活動的第三天，尊者立刻將已備妥的座位移到慶典廳裡。此後在下午的休息時間，他也不願回到廳堂。那邊的長椅四周，甚至沒有竹簾，只有綁一條繩子，以防止下午前來的村民蜂擁在他的身邊。這些民眾通常在鎮上閒逛後，來到尊者的面前時，已經累了，有的坐在地面上伸直著腳，有的高聲交談見聞，有的躺在地面，打呼睡著了。這種現象，通常發生在中午十二時至下午二時之間。有的母親在哺乳時睡著了，放其他的小孩到處亂跑去玩耍。若要設法把這些人打發走，尊者總是說道：「可憐的人！他們一定四處閒逛了很久，現在要休息。你們怎能趕他們走呢？讓他們待在這裡吧。」

下午二時後不久，我到那裡，那時他們正在離去。克里虛那史瓦米跟其他人，必須清理他們待過的地方。克里虛那史瓦米實在無法忍受吵雜聲，便請尊者去坐在廳堂，但尊者不答應。

克里虛那史瓦米：「小孩子搞得一團髒，誰要來清理呢？」

尊者：「請母親自行清理，就可以了，並且告訴她們以後要注意。」

克里虛那史瓦米：「誰去告訴她們呢？若在國會裡，就有女性志工來照料女性的訪客。」

我（瞭解尊者的指示）：「她們會聽我的話嗎？」

尊者（冷淡）：「為何不聽呢？外面的人一定會聽從妳的指示。」

我：「那就好了，我會去告訴她們。」

尊者：「可憐的人！他們來這裡，只是要看師父。務必使他們在這裡方便。」

我從那天起，就遵照尊者的指示，照料我的工作。這樣的安排，十分便利，辦公室裡的人考慮後，也確認我做這項工作。在這十天期間，尊者要以這樣的方式來觀視眾人，他對他們充滿著仁慈的關懷。因此，我認為我也應該對他們做更多的服務。

你知道的，在慶祝生日誕辰、盛大祭祀活動及其他節慶的時候，尊者不來用餐，除非開始分發食物給貧民，並且過程中已分發一半，他才用餐。在過去，像這樣的節慶活動時，除非舀出最後一杓的食物給貧民後，他才進食。直到最近，師兄姐們向他陳情後，他才在分發食物至過程的一半後，他就用餐。每天在中午前，以及敲響鑼聲之前，米飯跟其他食材揉成一團球狀，就已經送出去了，以便分發給貧民。這種常例，沿習很久。但是在最近，分發食物是在用餐的時候，或者在餐後。有一天，尊者看到一位貧民在樹下爭先恐後，怕拿不到餐食。隔天，敲響鑼後，尊者便從座位上起身，前去貧民聚集的樹下，站在那裡，說道：「若你不先給他們餐點，我就不去齋堂。我要跟這些人站在一起，伸出我的手，跟他們一樣要飯，拿到一球的食物。我吃完後，直接到廳堂去就坐。」從那天開始，餐食先送出給貧民後，他們才在齋堂裡敲響鑼聲。

你知道，一九四七年二月的某一天，發生了什麼事嗎？一位窮人來到廳堂，正對著尊者而站立。因為尊者正在寫字，沒有注意到他。隨侍要他離開，但他不走。「若你不走，何不坐下來呢？」隨侍他們這樣說，但他仍然不為所動。尊者抬起頭來，一臉疑惑地看著他。「師父，我不要什麼東西，我現在肚子餓得要命，請給我一把米飯，滿足這個要命的飢餓。」尊者目示隨侍，照他的意思去做。「這麼小的事情，還要向尊者要嗎？我們去拿。」其中一位隨侍說道，並帶他到廚房去。他們離開後，尊者看著廳堂裡所有的人，說道：「你們看到了嗎？因為他是個很窮的人，他沒有其他的欲望，只有填飽他飢腸轆轆的肚子而已。這樣，他就滿足而走了。他走了，躺在一些樹下，睡得很甜。我們哪裡可以得到像他那樣的滿足呢？我們有許許多多的欲望。若滿足了一個欲望，另一個欲望又起來了。因此，哪裡有機會能滿足我們這麼多的欲望呢？」

這還不清楚嗎？在尊者的面前，對弱者、無助者及窮人，全天候都有個庇護處所。

二四七　住在前廳（新廳）

一九四九年六月三日

尊者在大祭祀日整天待在母親神廟的新廳，晚間回到慶典廳。新廳的建造在一週後竣工。有些師兄姐認為慶典廳對尊者較為舒適，便向辦公室的人，陳明此事。然而，道場管理人希望尊者應該只坐在新廳裡，於是，他在某日上午，偕同隨侍去告訴尊者，說在逝瑟吒月的第五天（Jyeshta Suddha Panchami），亦即一九四九年六月一日上午十時，他要安排尊者去坐在新廳的長椅上，希望尊者能欣然就坐。尊者以慣常不在意的態度，說道：「這件事，我又能說什麼呢？你要我去哪裡坐，我就去坐。」「這就是我們都來向您請求去新廳的原因。」他們說道。尊者點頭同意。

本月一日的上午，前廳（新廳）的地面四周，都用石灰粉加以裝飾設計，而成串的綠葉繫成一排，掛在各門戶及窗戶上。長椅上鋪著緞布包覆的絲棉墊褥，靠背處放著一個大枕頭。絲質的罩單包著墊褥。整個裝飾，十分講究。灌頂儀式及其他的法會都在神廟裡舉行。鈴聲響起，內有樟腦的阿拉提燈火搖晃著，上午九時四十五分時，尊者從牛舍回來，由一瓶聖水前導，並有婆羅門祭司吟誦吠陀經文，來到前廳，恭請他坐在長椅上。吟誦著〈那卡瑪那〉及其他真言，並搖晃著樟腦油燈，師兄姐在他面前行跪拜禮之後，尊者坐在為他安排的長椅上。

我坐在廳堂裡，看到的整個場景如下：

吠德亞楞耶[238]用吉祥輪壇場的形狀建造一座城市，但沒有成功，但寫下文字，說未來的帝王會建造

238　吠德亞楞耶（Vidyaranya），十四世紀Vijayanagara帝國的締造者。《十五論》（*Panchadasi*）的作者。

成功。加納帕提．慕尼帖記在心，於是寫下《阿魯那佳拉八頌》（*Arunachala Ashtakam*），頌文首句是"Sree chakrakriti shona shaila vapusham"。

根據這句頌文，他說道：「這座山丘本身，便是曼荼羅壇城的形狀，所以這就是吠德亞楞耶所意指的地方。拉瑪那尊者是帝王，其他的，便是周遭要建造房屋。」這樣說著，他就為預訂的王國草擬方案，但很可惜，方案尚未執行，他便去世了。然而，道場管理人在尊者母親的墳地上建造神廟，使前廳成為帝國的首要地方，又打造一座石椅，好像是維克拉瑪克[239]國王的王座，要給尊者就坐，這些都是根據加納帕提．慕尼偉大的夢想。他的願望已然實現，而拉瑪那尊者是瑜伽行者中的帝王，安坐在那裡，宛如真實的永恆濕婆。

當我沉入在我的思緒時，斯塔帕提跟其他人走了進來，手捧著一個盤子，上面有水果、鮮花及其他吉祥物品，來給尊者觸摸，然後他們穿過南面的門口出去。我不知道這是怎麼回事，尊者一直盯著那個方向看。我想知道詳情，便走出去，看到門口正對面的空地上，有塊巨大的石頭。他們在石頭上塗抹薑黃粉及硃砂，石頭上面擺著花環及剖開的椰子，點燃樟腦，並開始雕鑿石頭。我向旁人問那是在做什麼，他告訴我，是要做尊者的雕像。我聽了內心感到疑慮，為之忐忑不安。你或許要問為什麼？我感到不安的是，眾所周知，尊者現在病了[240]。在這種情況下，我不知道為什麼要有雕刻塑像的想法。我試圖用一些解釋來安慰自己，便回到尊者面前就坐。尊者注意到我的疑慮，以及我內心的不安。在這個時候，雕鑿塑像的儀式已完成，他們全都走了進來，而齋堂的鈴聲也響起，大家又散開出去，然而我的內心，一直不安。下午三時，我進入廳堂，尊者告訴我一些故事，使我忘卻這件事情。我將在另一封信上，敘述這些事情。

二四八　獨立生活的快樂

一九四九年六月三日

有關今天上午雕鑿塑像儀式的情景，使我縈懷不去，今天下午三時前，我前去道場。因為尊者外出，我便站在廳堂裡等他回來。鋪在長椅上的絲棉墊褥，因為是全新的，所以很光滑。雖然墊褥很厚實而密縫，有一個大枕頭擺在一邊，使尊者能扶著手臂，另一個大枕頭放在後面作為背靠，第三個則置於腳下，這使得實際就坐的空間就大為減少。正當我自忖著尊者怎麼能坐在那裡的時候，他走了進來。他坐在墊褥上，用手略壓著墊子，看著隨侍，說道：「看這個墊子，從這邊滑到那邊！因為是昂貴的墊褥，大家一定會認為尊者坐得很舒服，但其實坐在上面，不可能放鬆休息。為什麼要這個呢？我若坐在石頭上，會更舒服。真的，比起當年我在維魯巴沙洞屋時，自己用石頭及泥巴做成一塊平台，坐臥其上的快樂，今天坐臥在這些墊褥及枕頭上，實在一點都不快樂。人們聽到苦行者的故事，總是認為師父住在茅屋裡，躺在石板上，過得很苦，於是他們大驚小怪，而我不認為坐臥在這些墊褥及枕頭上，會有絲毫的快樂。若能像故事中的苦行者那樣，我收集一些類似我在維魯巴沙洞屋時的石頭，不管去哪裡，我就把這些石頭鋪成像這樣的墊子，那麼那個地方，就是一個石塊的平台。在慶典廳裡，甚至這裡，那是石頭的長椅。我跟這個長椅之間的唯一障礙，就是這個墊褥。但還有一個，腳下的枕頭，側邊的枕頭，背面的大枕頭，這三個幾乎硬得像石頭一樣。所以這就很像苦行者的故事，不須要從別處搬來石頭，我的石頭床已經在這裡了。」

239 維克拉瑪克（Vikramarka）國王，另名維克拉瑪蒂亞（Vikramaditya），是古印度傳奇的國王。

240 在此之前，拉瑪那經歷兩次手臂切除腫瘤手術。

一位師兄說道：「尊者現在所說的苦行者的故事，到底是什麼呢？」於是，尊者敘述故事如下：「一位大聖者，以苦行者的身分生活，坐在森林裡的一棵樹下。他總是有三塊石頭帶在身邊，他睡覺的時候，一塊放在頭下，一塊放在腰際，第三塊放在腳下，然後用一塊布巾蓋在身上。下雨的時候，身體在石頭上面，所以雨水流在底下，落在布巾上的雨水，也會流下來，因此不會打擾他的睡眠，總是睡得很好。當他要就坐的時候，他把三塊石頭湊在一起，好像是個爐床，坐在上面很舒服，因此蛇及其他爬蟲不會騷擾他，而他也不會騷擾牠們，因為牠們通常只是穿過石頭下面的間隙。若有人帶食物給他，他就吃。所以他沒有憂愁。

「有位國王，前來森林打獵，看到這位苦行者，心想：『好可憐呀！他睡在這些石頭上，那是要怎麼調整身體，才能舒適，這對他來講太苦了。我要把他帶回去，至少跟我在一起一兩天，讓他舒服些。』這樣想著，他回王宮後，便派兩位他的士兵，帶著轎子及轎伕來，指示他們要恭謹地邀請苦行者，並帶他前來王宮。國王又說，若不能順利帶他前來，他們將受到懲罰。他們來了，看到苦行者，就告訴他，說國王命令他們帶他進宮，所以他必須來。他表示不願意，他們就說，若空手而歸，他們必會受到懲罰。因此，他們哀求他一同去，因為這是唯一解決之道。由於他不願意自己的緣故而使他們受到麻煩，於是他同意跟他們一同前去。但他臨行前，有什麼東西要打包的呢？只有一條纏腰布[241]，一條布巾及三塊石頭。他把纏腰布摺起來放在布巾裡，把那三塊石頭放在布巾裡並捆綁起來。『這是什麼？』這位師父帶著一些石頭要去國王的王宮！他是瘋了或怎麼了？這些士兵心頭納悶著。不管怎樣，他帶著那捆東西，上了轎子，前往王宮。國王看到那捆東西，心想是他個人的隨身物品，便恭敬地帶他進入王宮，款待餐食，並安排一張有絲棉床墊的折疊床，讓他可以睡在上面。可是苦行者打開那捆東西，取出三塊石頭，鋪在床上，用他的布巾蓋在身上，就跟往常一樣睡了。

「次日上午，國王來了，很恭敬地向他鞠躬，問道：『師父，您在這裡很舒服嗎？』

「師父：是的，我心無所求，所以一直都很快樂。

「國王：不是這樣的。師父，您在森林裡，睡在那些石頭上，實在很苦。這裡的這個床鋪和這個房子，一定會給您快樂。所以我才這樣問。

「師父：那裡的床跟這裡的床是一樣的，而這裡的床跟那裡的床，也是一樣的，我到每個地方，都很快樂。任何時候，我都不會有所求，不論是關於我的睡眠，或是我的快樂。

「國王感到不解，看著那張小床，發現上面有三塊石頭，於是立即向他跪拜，說到：『喔，聖者！我不知道您的偉大，卻把您帶來這裡，想要讓你快樂。我不知道你始終都在幸福之境，以致我有這樣的愚行。請原諒我，並祈請祝福我。』他糾正自己的過失後，允許苦行者過自己的生活方式。這就是苦行者的故事。」

「所以，在大聖者的眼裡，自由自在的生活，才是真正幸福的生活。」一位師兄說道。「還有別的嗎？生活在一座高大的建築裡，就像這樣，簡直是牢獄的生活，只有我是A級的囚犯。當我坐在像這樣的坐墊，我如坐針氈，哪裡還有平靜和舒服呢？」尊者說道。

隔天，那張坐墊就拿走了，而在長椅上鋪上普通的坐墊。雖然是這樣，有人認為，還是讓尊者能自由生活，像苦行者那樣，會比較好。但是，尊者必須單獨待在那裡，好像是信徒的籠中鸚鵡，因為信徒不讓他自由。

241 原註：纏腰布（Kaupeenam）：一小塊布，通常是小的長條布，包裹著身體私密處。

二四九　風扇

一九四九年六月四日

昨天晚上，尊者外出要回來的時候，一些比較現代化的師兄姐，把新廳裡的風扇，全都打開，很舒服地坐在那裡，等待尊者回來。他一回來，就抬頭往上看，坐在長椅上時，向隨侍問誰把全部的電扇都打開了。隨侍指著坐在那裡的人，說道：「他們要我們開風扇，我們就開了。」

「我知道了。你們做了一件大事呀！若他們覺得悶熱，那麼開他們坐的地方的風扇就夠了，何必全部都開呢？」尊者問道。「他們說全開，會很舒服。」隨侍說道。「是這樣嗎？那麼這些風扇要耗費多少電量！電費帳單有多貴呀！這些費用為何要花在我們身上呢？夠了，夠了，停下來吧。」尊者說道。「他們要求風扇至少開到吟誦吠陀經文結束後。」克里虛那史瓦米說道。「喔，是這樣嗎？他們是有錢人，可以坐在他們的屋裡，使用風扇的費用超過我們的十倍以上，我們何必那樣呢？何必那樣炫耀呢？用手揮的扇子在那裡，而我們也有手，那些風扇都停下來吧。」尊者說道。就這樣子，除了那些人上方的風扇沒關掉之外，其他的風扇全都關了。

我在這裡早期的日子，亦即一九四一年到四二年，某人帶來一個電風扇，要給尊者使用。「何必這個風扇呢？普通的扇子就可以了。我們有手，若有需要，我可以自己搧，何必要這些東西呢？」尊者說道。「這不是有點麻煩嗎？若使用電風扇就不會有什麼麻煩了。」那位師兄說道。「什麼麻煩？若使用普通的扇子，我們可以有我們需要的微風。電風扇吹出太多的風，而且有颼颼的噪音，況且要耗費一些電，所以有電費。我們何必要辦公室去負擔花在我們身上的費用呢？」尊者說道。「我們帶來電扇，師父，有得到辦公室的允許。」那位師兄說道。「喔，是這樣嗎？那麼就給辦公室吧，他們在辦公，需要電扇。為何我需要電扇呢？」

尊者說道。那位師兄不再說什麼，就留下電扇而走了。

因為那是一個桌上型的電扇，所以就放在尊者長椅的旁邊。若天氣悶熱時，有人去開電扇，這時尊者立刻說道：「就只這件事，我說你不應該把它放在這裡。若你要電扇，你拿到你那邊去。」若沒有人去關上電扇，他就自己用一根竹竿去關掉。尊者連一個電扇都不允許了，難道他會同意使用這麼多的電扇嗎？要有人使用許多電扇，他會說既然這麼悶熱，他應該用扇子來服侍這位信徒。去年五月，尊者的手臂，施以鐳針，范卡達拉南及其他隨侍為尊者搧風，被他責備了好多次。

一九四九年六月五日

二五〇　無欲

我在昨天及前天寫給你的信中，談到尊者不願使用華麗的墊褥、枕頭、墊扇等物，你知道在一九四六年九月有慶祝活動，紀念尊者抵達阿魯那佳拉五十周年。當時慶典前一個月，巴羅達城邦的大君夫人，曾用郵包寄來一件天鵝絨的披巾，是用銀線及金線刺繡的。辦公室請羅杰格帕拉．艾耶送到尊者那裡，他是辦公室的人員。他拿了披巾給尊者看，要鋪在長椅上，但尊者不許他這樣做。師兄要把披巾放在尊者的腳下，尊者立即收回他的腳，盤起腿來，於是師兄只好把它擺在尊者倚靠的枕頭上。尊者隨即不再靠枕，移坐在長椅的中央，以蓮花之姿，盤腿而坐，不發一語。

那位師兄心想，再怎麼做也沒有用，於是把披巾摺好，拿回辦公室。師兄離開後，尊者一如往常安坐著，說道：「這些都是穿上衣、外套、頭巾的人搭配造型的東西，我哪裡需要這些呢？我坐在這種東西上面，有如坐在有刺的梨樹上。按照古老的說法，我有個裸身又有個光頭，這些東西對我何用呢？這條毛巾就是我的絲質披巾以及我的刺繡上衣了。」

「某些地方，是有使用到這些東西的，這就是或許他們要送來這些東西的緣故。」一位師兄說道。「或許是這樣，但我以什麼地位來使用這些東西呢？我是個窮人。對我來講，甚至現在我所擁有的，都太過分了些。這張長椅、這些墊褥、這些靠枕等，何必有這些東西呢？你們不會同意的，但你們不知道，我若把這條毛巾鋪在地上而坐著，那有多麼快樂呀！」尊者說道。「您說的毛巾，都不會比現在的毛巾大！」穆達利爾說道。「何必要大的呢？這條毛巾有半碼的寬度，四分之三碼的長度。洗完澡後用來擦乾身體，綽綽有餘；在太陽下走路，拿來披在頭頂上；天冷時，可圍在頭部，也可鋪在地板上就坐，用大條的毛巾，還能再做什麼呢？」尊者說道。

有些富人帶來銀製的大杯子及盤子，要給尊者使用。尊者對這些東西，連碰也不碰。若經由辦公室送來，則請人退回到辦公室；若該人直接拿來，則退回給其人，加納帕提·艾耶（Ganapati Iyer）醫師的太太賈納姬·阿摩（Janaki Ammal）知道這些東西不被接受，便透過一位師兄，送給尊者一雙木製涼鞋，上面有銀製的配件。尊者手摸著涼鞋，並看著銀製的配件，說道：「他們是有錢人，涼鞋而有銀製的配件，是適合他們，但不適合我們，所以，請送回給他們。告訴他們，『師父已經觸摸了涼鞋，那就可以了。』我有雙腳，那是神給予我們的，何必要這些裝飾品呢？把他們的東西拿回去。」說著，他就送回這些東西。

暫且不說穿銀製配件的涼鞋的問題，他甚至連普通的涼鞋也沒穿。在夏天高溫下，他腳底燙傷時，仍赤腳走路，拒絕使用任何東西來保護他的腳。不久之前，從辦公室前往牛舍的路面鋪設水泥地，尊者在盛夏步行其間，一些師兄姐不願看到他走路辛苦，於是在那條路的地面上灑水，但尊者制止他們，說道：「為何你們要為我浪費這麼多的水，把水灑在地面上呢？架設個遮棚，提供旅人飲用水，豈不更有用處！為何有兩三個人要為了我而浪費時間跟水呢？請不要這樣做。」於是，他們就停止灑水，然而這整條路都架設了遮頂。若為了他而掛上香根草簾蓆，並在上面灑水，尊者都會講同樣的話。

像這樣一位氣度恢宏的棄世者、偉大的原人，難道還有欲望要銀製涼鞋、緞布墊褥、絲質枕頭及其他飾品嗎？何必要有這些限縮自由的奢華物呢？無欲乃是他的飾物，而濕婆聖灰則是他的榮光。

一九四九年六月二十六日

二五一　朝聖與繞行的重要

過去這段時間，尊者的身體，始終並不安康，我為此內心憂慮，不知道要怎麼辦才好，於是我決定去環山繞行，不僅是在平常的週二去，也要在週五去繞行，向阿魯那佳拉祈禱保佑尊者的健康。我作此決定，於是在週四的晚上，向尊者說明上午我要去環山繞行。「明天？妳不是都在週二去嗎？」尊者問道。「不，明天是週五。」我說道。他似乎明白我的心意，就說道：「是的，是的。」

一位師兄，最近來道場，也待了一陣子，說道：「這裡有些人常常去繞山，這是有什麼偉大的事呢？」尊者告訴他跟環山繞行有關的故事如下：

「這種環山繞行的偉大，在《阿魯那佳拉往世書》裡有詳細敘述。上主南迪基薩（Nandikesa）問永恆濕婆類似環山繞行的問題。永恆濕婆這樣說道：『環繞著這座山而行，是很好的。繞行（Pradakshina）這個字，有其特殊意義。字母Pra代表除去種種的罪愆；da代表實現願望；na代表從真知得到解脫。若能環山繞行，你走一步，那一步就給予這個世界幸福；走兩步，就給予天庭幸福；走三步，就給予可邁抵的最高天界幸福。應保持靜默，或行冥想，或持誦聖名，或行拜讚而繞行，全程憶念神。應緩步行走，好像懷有九個月身孕的婦女一樣。母神安巴曾在這裡苦行，她在克利提凱日，晚上六時環山繞行。當她一看到聖火，便迅即融入上主濕婆。』書上述及聖火節慶的第三天，濕婆偕同追隨者前去繞行。一個人從環山繞行而得到的喜悅及幸福，實在很難形容。這時身體疲憊了，感官也無力了，而全身的活動都消融於內在，因此極可能會忘懷自己，而頓入冥想的境地。當他繼續行走，身體就自然和諧起來，好像在坐定的狀態，身體因而改善健康。此外，山上有些種類的藥草植物，微風吹過那些藥草而呼吸進入體內，對肺部是有益的。因為那裡沒有車輛往來，所以無須擔心要讓路給車輛通行，人可悠然隨意而步行。

「那些日子，我們環山繞行時，都很興奮。我們隨時想去，就去繞行，特別在有節慶的時候。途中若我們覺得作菜吃飯太晚或太累了，我們就中止繞行，並沒有硬性規定說要在甚麼地方停下來，所以沒有什麼好擔心的。當時還沒有鐵路的旅行之前，所有的朝聖之旅，都是用走路的，他們並沒有觀念說在什麼時間要到什麼地方，或者應該在什麼地方停留多少時間。有句諺語說，到迦屍（即貝拿勒斯）的人，跟到火葬場（Kati）的人是一樣的。只有不希望回來的人，會前去迦屍，他們身上帶著家當，一路上沉浸在冥想裡，累了就停下來，然後再上路，在村子的郊外通常有休憩屋，所以朝聖者無須進去村子。若沒有休憩屋，他們就去廟宇、洞窟、林間及岩石堆裡，那裡有現成的遮蔽處。那些朝聖者走路時，一心在神，別無他物，於是沉浸在阿特曼（真我）裡。環山繞行，也是這樣的意義，身體成為燈，而自行在走路，無須感知於我們在走路，若你在端坐時，無法沉入於冥想，則你去繞行，便可自動地沉入。那裡的環境及氛圍，就像那樣。不管那個人如何說不能去行走，只要他環山繞行，走了一遍，他就想要一再地去走，而你越走，你越有興致，停不下來。一旦他習慣了繞行的快樂，他就不會放棄。看娜葛瑪！她通常每週二繞行一次，現在她要在週五去繞行。她在夜裡一個人去繞行，一點都不害怕。」

「有位苦行者，名叫卡那帕（Kannappa），似乎是每天都在繞行。」一位師兄說道。「是的，是的。他在晚上八時啟程，因為那時沒什麼馬車。他上路時，就吹起海螺聲響，民眾聽到聲音，便讓路給他走。路上還有一些設施，給眼盲的人使用。」尊者說道。

「尊者偕同師兄姐在夜間環山繞行的時候，尊者常看到成群的精靈，這是否事實？」有人問道。「是的，這些都有寫在傳記裡。」這樣說著，尊者沉默了下來。

二五二 經書

一九四九年七月二日

尊者移住在新廳後，道場管理人決定把圖書放在舊廳裡，於是作了一些大的櫃子，並且也決定這些圖書由哥溫達拉朱拉·舒巴·饒管理，而隨侍范卡達拉南留下來單獨服侍尊者，於是范卡達拉南把圖書的事務移交給舒巴·饒，而坐在新廳跟尊者在一起。

前天下午三時，尊者從牛舍回來，看到舊廳內有些櫃子，書籍也攤在那裡，隨後就進去新廳。他坐定在長椅上，看著范卡達拉南，說道：「怎麼了，助理圖書員，你把東西都移交出去，然後來這裡嗎？」范卡達拉南回答是的。尊者鑒於范卡達拉南心中不免有些遺憾，為了使他釋懷，因而述說如下：「古人曾說，廣博的書本知識，是心思橫生蔓延的原因。它不會帶你邁抵目標。閱讀經書而成為學者，或許能使你得到名望，但也摧毀了內心的平靜；而內心的平靜正是求道者證悟真理及獲致解脫之所必要的。一位解脫的求道者應該瞭解經書的精義，也應該屏棄閱讀經書，因為不利於冥想。這就好像是接受穀實而拋棄穀糠。成堆的書本放在許多大櫃子裡，而你究竟能讀多少呢？書本汗牛充棟，而宗教不勝枚舉，人而窮其一生，單就敘述一個宗教的所有書籍，也無法讀完，哪裡還有時間去踐行呢？你越讀書，則你越想要進一步再讀。這樣的結果是，去跟擁有書本的人一直討論下去，而時間也花在這裡，但他們終究無法邁向解脫。我來到這裡的頭兩年，除了瞑目靜心之外，我看了什麼書呢？又聽了什麼吠檀多的講道呢？」

一位早先來到廳堂的人，說道：「師父，您一定要賜予內心的那個平靜。」尊者微笑答道：「喔！是那個嗎？首先找出心思的意義是什麼。若你去探究，心思自己就會消失，而存留下來的那個，就是平靜。然後你就知道，始終都在那裡的那個，就叫做平靜。甚至吠陀經文的開頭用『清靜』（Shanti），結尾也用『清淨』。不管什麼時候，他們吟誦吠陀，都一直在覆誦『清淨』、『清淨』、『清淨』的字語，但沒有人想要去知道這些字語的涵義。若他們瞭解箇中涵義，他們就會知道起頭是清淨而結束也是清淨，則清淨必也存在二者之間，而整個都是清淨的。因此，他們在開始的時候，心思一定要平和安靜。」

范卡達拉南說道：「商羯羅在其《真我之智》，也講了同樣的話，他描述悟者是阿特曼拉瑪（Atmarama，字義享受者），而悉多（羅摩之妻）是平靜。

瑜伽行者已跨越虛幻之海，並斬絕好惡之魔，現在統合成為平靜，歡喜在真我裡，以其自己的榮光而如如其在。

《真我之智》五十頌

請問是這則頌文嗎？」「是的。」尊者說道。

「最近，有位人士曾來觀視尊者，寫信給我，說他回去靜坐冥想時，似乎看到一道光，耳聞有聲。他不知道那是什麼。他要我向尊者說這個，並把您的看法回函給他。」范卡達拉南說道。

「不論看到什麼亮光，或聽到什麼聲音，必定有個人在看在聽。請他去找出那個人是誰。他不應操心那些外在的東西。若他能探究那個見光的人，則那些外在東西的思維都會消失不見。這樣一來，就不必在意或操心那些東西的出現或消失。若無真我，那些東西就不會在那裡，也就沒有人會懷疑他自己的真我。人離卻了這種確然如實的真我，而心懷疑惑，並費盡辛苦去釐清那些質疑，讓他去質疑那個心生疑惑之人吧！」尊者說道。

「若是藉著探究『我是誰』，而消弭了一切的見聞體驗，那麼還須要經書與修行嗎？」范卡達拉南問道。

「若閱讀經書，能與學者辯論，並自感得意，不過這對修行而言是沒有用處的。不論何時，若有思維萌起，就要探究是誰有了這個思維，對此而回應的答案，便是平靜。除了自己的真我之外，尚有何物呢？不論你的所見所聞為何，那個就是至上絕對、那個就是阿特曼，那個就是真我。」尊者說道。

二五三　不二一元的感知

一九四九年七月十日

最近一位安得拉邦的男士來到這裡，討論《薄伽梵往世書》裡，(大象)迦詹德拉獲救的故事，他並且朗讀波塔南(Pothana)用泰盧固文寫的《薄伽梵往世書》中的一些詩頌。然後，他問尊者有關迦詹德拉觀見神(Sakshathara)的看法。尊者微笑說道：「你知道，迦詹德拉祈禱能夠死裡逃生，而你所唸讀的詩頌描述到神，說祂是沒有任何屬性的。例如出生、罪惡、形相、行動、破壞等性質；也說祂是遍在的。那意思是說，他是以祂的全然圓滿來向至上阿特曼(至上真我)祈禱。當他來到一個境地，除了至上阿特曼之外，他一無所見，亦即他所觀見的，到處都是至上阿特曼。若是這樣，那麼造成痛苦的是誰呢？遭受痛苦的人又是誰呢？主體如此圓滿了，去說神從瓦崑特的林園中的堡壘出來，有何意義呢？這樣除了是一個概念之外，還有什麼呢？你可以說它是觀見神，或者什麼，隨你喜歡。」

「若是這樣，那麼所有的觀見神，都僅是個概念而已嗎？」那位師兄問道。「從二元論的觀點，那是觀見神，但從不二一元論的觀點，那些都是概念而已。」尊者說道。

不久之前，一些安得拉邦人前去朝聖，來到這裡，待了幾天。其中一位女士，在廳堂裡不時吟唱巴德拉德里·羅摩達斯[242]的歌。某日，她吟唱的歌，開頭是'Ikshvaka kulatilaka'，那首歌說羅摩達斯製作這個珠寶、那個珠寶，花費這麼多、花費這麼多，之後又唱的歌是說，羅摩達斯製作一些飾物，室利·羅摩強德拉(Sri Ramachandra)戴上了它們，很得意地出去。尊者一聽到這裡，便看著我們，說道：「室利·羅摩強德拉有要求這些飾物嗎？這都是信徒自己的心願，何必指責羅摩強德拉呢？」

「若要指責，就去指責神。歌曲是這樣說的。」一位師兄說道。

「那也沒關係，阿帕爾[243]也向神禱告，用同樣的方式來指責祂，但他的指責較為委婉。此外，他的詩頌也說『我做了這個飾物和那個飾物。』他是誰在做那個飾物呢？它的意思是說，他是有別於神的某個人。」尊者說道。

「一旦有個神、有個信徒，自然會有那個感覺。」那位師兄說道。

「是的，一旦有二元的感知（Dvaita Drishti），就會這樣。但在不二一元的感知下，你就不會有這樣。你是我的真我，而我是你的真我。有了這種感知，誰是作為者呢？所作為的，又是什麼呢？」尊者說道。

「那就叫做至上虔愛（Parabhakti），是嗎？」那位師兄問道。

「是的，是的。」尊者默然點頭。

二五四　真知祭事

一九四九年七月二十六日

前天上午，古倫·蘇巴拉瑪耶來過這裡，他來的時候，都一直跟尊者談個不停。今天上午也是這樣，他一如往常，跟尊者講話，說道：「我要來這裡時，我在馬德拉斯下車，前去娜葛瑪的哥哥D·S·夏斯特里的房子，那時他們正在討論《薄伽梵歌》。」

242 巴德拉德里、羅摩達斯（Bhadradri Ramadas），另名Kancharla Gopanna，十七世紀上主羅摩的信徒，也是卡納蒂克（carnatic）音樂的譜曲人。

243 阿帕爾（Appar），第七世紀坦米爾詩聖，歌頌濕婆。

尊者說道：「是的。他們在討論之前，全都到這裡來過。現在他們在讀哪一章呢？」

蘇巴拉瑪雅答道：「他們在讀第四章〈真知瑜伽〉。當時我坐在那裡，書上說獲致真知之後，其人所為的行動，是至上絕對的行動（Brahmakarma），而萬物都是祭獻（Yagna）。為了解釋這一點，便唸讀了《薄伽梵歌》第四章第二十五節至第三十節的頌句，並說明瑜伽行者如何行各種祭獻而融入於至上絕對。『供獻』（Juhvati）字語，是用來指萬物都被祭火耗盡，以便最後融入於至上絕對。書的註釋文說 'Shrotradeen indriyanyanye samyamagnishu juhvati'，意思是他們被感官控制。但我不十分明白。尊者或許樂意詳加說明。」

尊者當時斜倚在長椅上，便坐起說道：

有人把聽聞之感知等，作為祭物，供獻給自我控制之火。其他的瑜伽行者，把感知之聲音及他物，供獻給感官之火。

《薄伽梵歌》第四章第二十六節

「執行這些供養的方式，首先說明如上。並且，

其他人把他們所感知及生命元氣的運作，供獻給點燃智慧而又以自我控制為形式的瑜伽之火。

《薄伽梵歌》第四章第二十七節

「這個意思是說，感官及生命元氣的活動都供獻給總制[244]之火。述說及此，又更進一步說，生命元氣好像呼吸之氣能，供獻給吸氣，而吸氣供獻給生命五遍行氣（Vyana），用這個方式，一個供獻給另一個。所

供獻的，不僅是生命元氣及感官，還有幼童供獻給男童，男童供獻給青年，青年供獻給中年，中年供獻給老年；而生命元氣的吸氣及呼氣，也是這樣。因此，這是一個供獻給另一個的持續過程，這樣的運作，人並未察覺。若以覺知而為之，就叫做真知祭獻（Jnana Yagna）。」尊者說道。

另一位師兄，加入討論，說道：「據說，為了執行這種真知祭事，必須摧毀生命不潔的東西。如何剷除呢？」

尊者答道：「你想知道如何摧毀嗎？

आत्मानमरणिं कृत्वा प्रणवं चोत्तरारणिं ।
ज्ञाननिर्मथनाभ्यासात्पाशं दहति पंडितः ॥

《卡伕亞奧義書》（*Kaivalya Upanishad*）

它的意思是真我作為牧豆樹下層的樹枝[245]及唵聲，而把牧豆樹上層的樹枝拿來不斷互相撞擊，因而摩擦生出真知之火，至上本體的悟者便焚燬了無明的困縛。人若能這樣知曉，並付之實踐，則能摧毀生命不潔的東西。」

那位師兄說道：「但是，尊者常告訴我們行『我是誰』的探究真我，才是最重要的，不是嗎？」尊者答道：「事情是一樣的。要行探究，則須有某個人，亦即有個人及有個真我在那裡。它們以下層樹枝及上層

244 總制（samyama）是瑜伽八支行法中，最後三支行法：專注（執持）、冥想（靜慮）、三摩地（等持）等之總括，稱之為「總制」，所謂總制之火，意指臻及此三支行法之境。

245 原註：Arani意指牧豆樹（Sami tree）的樹枝，用來摩擦，俾點燃聖火。

樹枝，來明辨之，而探究本身，就是撞擊摩擦。人若持續這種摩擦，便能生出稱為靈智（vijnana）的火，而把視萬物有別於真我的無明之困縛，焚燬淨盡，那也意味生命不潔的東西，被摧毀了。然後，我乃以真實的『我』，如如其在，那就是解脫。就是這樣，它被叫做『真知祭事』或者這樣的事。」這樣說著，尊者沉默了下來。

二五五　呼吸控制法

一九四九年八月二日

兩天前你來到這裡，向尊者請教，而尊者有所答覆。這裡一位師兄向我說，他沒有聽清楚你的提問及尊者的答語，因此要我把整個對話都寫下來給他看。於是，我把它寫了下來，現在附上其他的信函，一併寄給你，以便讓你看內容是否正確。

上個月二十八日，下午四時，你坐在尊者旁邊，你們的對話如下：

你：「在〈蓋亞曲咒語〉裡，有'Dhiyo yonah prachodayat'，那是什麼意思？」

尊者：「Dhi意謂心智，yah是那個、輝耀，mah是我們，dhiyah是心靈，prachodayat是教導。字義就是這樣，不是嗎？它是說由於心智的關係，那些感知被牽引而致使行動。」

你：「對修行來講，呼吸控制法是必要的嗎？」

尊者：「是的，是的。在著手執行任何工作之前，你先控制你的呼吸，不是嗎？有人說：『三口水

（achamya），調呼吸。』那個意思是先行阿肯瑪那246，然後集三口氣，持意念（例如，觀想工作的宗旨），再持誦時間、日期、地點等，你必須先行呼吸控制，然後再持〈蓋亞曲咒語〉。每項持咒，都是一樣的，你必須先調控呼吸，但你不應就停在那裡，若在調控下，保持呼吸匀稱，然後持咒一段時間後，你就會瞭解到真正的咒語的什麼。」

你：「有人說行呼吸控制法，並沒有什麼用處。」

尊者：「說的也是。對不成熟的心智來講，是說要控制呼吸，來行冥想或持咒，但對於成熟的心智而言，冥想是最主要的事。若其人吸氣而後閉氣，想要藉此來控制呼吸，他會因此而憋住不舒服。」

你：「那個意思，就好像一隻鳥在籠子裡（Jala Pakshivat）。」

尊者：「是的，就是這樣。但對心智不成熟的人而言，除非他先練習控制呼吸，否則無法控制他的心思。那就是在說要先行控制呼吸，一直到控制心思的道理；甚至在控制心思之後，你也不能在控制呼吸上停止下來。對心智成熟的人來講，呼吸控制是自然而然的，那是因為最主要的就是呼吸這件事，它自行而持續行之，不管你是在持咒或冥想，心思始終專注著。若能這樣，呼吸就會自動地調控下來。一切的修練，都是在心思的專注上。」

你：「人在行冥想時，整個身體會呈現發熱，為何會這樣，那是好的嗎？」

尊者：「是的，難道不會這樣嗎？當心思專注了，呼吸的動作就停止，這樣身體就會感覺發熱。那又怎樣？一陣子後，就會習慣。」

246 原註：阿肯瑪那（achamana）指行宗教儀禮之前，先啜飲三口手掌中的水。

你的妻子，當時也在場，她就這個話題，問道：「持咒跟行冥想，二者是否一樣？」

尊者說道：「是的，不斷持咒，一段時日後，就會知道咒語真正的意涵，那叫做冥想。聽見自己的起心動念，就叫做持咒；若心思獨然其在，就叫做冥想；而全然了知，就叫做真知。」

一九四九年九月二十日

二五六　幸福與美麗

佩達帕瓦尼（Reddaparavi，在安得拉邦）地區的一位扎明達爾[247]人士，是道場的常客，他的夫人偕同子女，於上個月來到這裡。她在這裡待了一個月，幾天才前離去。某天晚間，吟誦吠陀經文完畢後，她趨前向尊者問道：「不久之前，我在夢境中觀見尊者，並給予我教導。從此以後，我了知我的真我，但並不穩定。我該怎麼做呢？」

尊者（感到有趣）：「不穩定的話，那麼它跑到哪裡了呢？那個不穩定的，到底是誰？」

扎明達爾女士：「那個（了知）是不穩定的。」

尊者：「若是不穩定，那麼它跑到哪裡去了呢？」

扎明達爾女士：「因為身體的疾病及家庭的煩惱，使得我擁有的體驗並不穩定。」

尊者：「原來這樣，才這樣說。那些要來的，就來了，那些要走的，就走了，而我們是如如其在的。」

扎明達爾女士：「您一定要賜予我力量，讓我能如如其在。」

尊者：「妳已經了知真我了，不是嗎？這樣其他的東西，都會自行消失。」

扎明達爾女士：「但是它們並沒有消失。」

尊者（微笑）：「我知道了。它們將會消失，但習性存在很久了，盤踞在裡面。若透徹了知習性在那裡，習性就會逐漸消失。」

扎明達爾女士：「尊者務必要賜予我力量，好讓它們消失。」

尊者：「我們看著吧。」

隔天，大約在同一時間，她很謙遜地站在尊者面前，說道：「尊者，一位已婚婦女，是否可以待在上師處，不管待上多久的時間都可以，她可以這樣嗎？」

尊者：「人所在之處，就是上師。」

扎明達爾女士（仍未信服）：「人應該把整個世界，都當作至上絕對來看待，或者應該把自己的真我，看作最重要的？」

尊者：「我們是存在的，而世界是至上絕對，那還有什麼要當作至上絕對來看待的呢？」

她很驚訝，呆立在那裡，於是尊者慈祥地看著她，進一步解說：「正如妳所知道，我們無疑是存在的，而世界也是以至上絕對而存在。既然這樣，那還須要把它當作至上絕對來看待嗎？我們應該使我們的眼識成為遍在的至上絕對。古人說'Drishtim jnanamayim kritva pasyeth brahmamayam jagat.'世界正是我們所觀視的。若以物質來觀視，世界就是物質的；若以至上絕對來觀視，世界就是至上絕對。這就是我們要改變我們的看

247 扎明達爾（Zamindar），是印度的世襲貴族。在英屬印度時期，有權向農民徵稅。

法的原因。若無銀幕，難道妳能看到影片中的圖像嗎？若我們如如其在，萬物就能自行調整成了那樣的狀態。」

她大為欣喜，十分滿意，走了出來，坐在走廊的石階上，正對著尊者的長椅。尊者以其獨特的體姿，坐在長椅上，默然寧靜，一如往常，他的面容帶著微笑。她望著尊者臉上的光輝，不禁說道：「啊！真美的尊者！」一位師兄耳聞及之，便趨前向尊者說道：「她在說尊者真美呀！」尊者略為點頭，說道：「濕婆姆．桑德倫（幸福、美麗）[248]。」看這樣的表述，涵義有多麼深厚呀！

一九四九年九月二十四日

二五七　穆達利爾奶奶

穆達利爾奶奶跟耶夏摩一樣，每天送飯給尊者。她昨天晚上去世，融入於拉瑪那尊者的蓮花聖足裡。今天下午，她葬在岡德蓋的房子那區。她出生在一個村鎮，叫做蒂拉耶底（Thillayadi），鄰近卡萊卡爾（Karaikal，在朋迪切里）。她是屬於托達曼達拉．穆達利爾（Thondaimandala Mudaliar）的種姓族群。她的名字是阿蘭卡拉塔瑪妮（Alankarathammani），有一個兒子，名叫施比亞．穆達利爾（Subbiah Mudaliar），及一個媳婦，名叫卡瑪西（Kamakshi）。他們三個人都在服侍一位出家人。那位出家人在一九〇八年或一九〇九年時去世。那位出家人在臨逝前一天，他們懇求他能告訴他們的未來該如何。他告訴他們說，他們的未來在阿魯那佳拉。

後來在一九一〇年時，她偕同她的兒子及媳婦來到這裡。當時，耶夏摩已經在每天供給食物給尊者，而阿蘭卡拉塔瑪妮也同樣開始供給食物。在適當的時候，她也同樣給師兄姐準備齋飯。兒子及媳婦都協助她準備。過了不久，兒子捨棄一切，在蒂魯帕南塔爾（Tiruppananthal）靈修院成為出家人，並成為吟遊詩人，四處遊走。媳婦卡瑪西專心服侍尊者，毫不在意丈夫的遺棄。她在一九三八年至一九三九年間去世。

奶奶沒什麼錢，家裡的事務也無人幫忙。尼倫伽那南達史瓦米、康猶史瓦米、倫迦納塔．岡德（Ranganatha Gounder）及其他人，看到他的窘境，深為同情，勸她說：「現在妳年紀也大了，可不用再操心送飯給尊者，道場有些茅屋給人住，妳可以在這裡吃飯，坐在尊者面前，閉目靜坐。若妳願意的話，我們可以送飯到妳住處，在家裡待著吃飯就好。」她答道：「不管有多艱困，我都不會放棄這項神聖的工作。我若沒錢，我可撐著拐杖走著，到十戶的人家要飯，拿來給尊者，然後我才吃，我沒辦法空手無事。」這樣說著，她淚光隱隱轉身而去。康猶史瓦米、岡德及其他師兄姐對她深為憐憫，便給她一些金錢上的資助，使她能夠繼續供獻餐食給尊者。後來，倫伽史瓦米．岡德（Rangaswami Gounder）蓋了兩間屋子，現在康猶史瓦米住在那裡，附帶有約定載明康猶史瓦米得終身住在這裡，但在他不住了之後，這些房子應讓出來給苦行者住；倫伽史瓦米．岡德捐了一些財產，作為房子維修用，並安排這位老奶奶住在那裡。在她逝世前的最後幾天，她的兒子雖然已經棄世，成為出家人，並且是吟遊詩人，也回到她身邊，協助她送飯給尊者。以這樣的行誼，一位信徒禮敬尊者一生，自任職責，無日無之，永無失落，迄於末日。

248 原註：濕婆姆．桑德倫（Sivam Sundaram）意指以真我為形相之美。Satyam-Sivam-Sundaram及Sat-Chit-Anandam都是描述阿特曼（真我）或至上絕對的名稱。

奶奶跟尊者在一起，十分自由自在。早期我在這裡的時候，她通常自己服侍尊者用餐。她總是在葉片上放一把咖哩，及一把米飯。有一天，尊者指責她，說：「妳放了太多，我怎吃得完呢？」她以好友老交情的口吻說道：「怎麼會太多呢？師父，就這麼一點點而已。」「還有別的東西要吃，我的胃能容納那麼多嗎？」尊者說道。「這都是頭腦的事情，師父。」說著，她照樣服侍著他取食，然後離開。尊者不禁莞薾，對身邊的人說道：「你們看到了嗎？她用我的錢幣（指教誨）來還給我。」

最後兩三年，她請別人送飯過來，並且不再親自服侍尊者用餐，因為她的眼睛失明。有人告訴她，說尊者的身體，現在非常瘦弱[249]。她認為這是她沒有親自送飯的緣故。於是有一天，她來看尊者，趨前到尊者面前，用雙手摀住眼睛，悲傷地說道：「喔！身體怎麼瘦成這個樣子！」「誰告訴妳的，奶奶，我很好啊。妳所聽的，全是錯的。」尊者說道。老婦人在廳堂裡第一排為婦女就坐的地方，坐了下來。過了一會兒，尊者起身外出。你知道，尊者起身時，在場全體都要起身。她就靠著門邊，站在門口。尊者走近她時，尊者笑著說道：「奶奶，我瘦了嗎？看看我多健康！很遺憾妳看不見。」說著，他走了出去。

由於延誤病情，她完全失明，什麼東西都看不到。雖然這樣，約在四個月前，她很想來看尊者，有位師兄姐就帶她來到尊者面前。尊者身邊的人，說道：「奶奶，妳都眼盲，看不見尊者了，為何要來呢？」她答道：「雖然我看不到尊者的身體，但尊者可以看到我的身體，對我來講，這就可以了。」她聽到尊者的手臂在手術過後，腫瘤又再增生，她內心之憂苦，實在無法形容。耶夏摩去世後，尊者曾說穆達利爾奶奶還健在，而她現在也去世了，尊者覺得解脫，因為現在他重大的責任卸下了。她實在很幸運，但對她的去世，我不禁為之哀傷。

一九四九年十一月十二日

二五八　前往蒂魯丘立朝聖

我去馬德拉斯住你那裡，經過兩週之後，回到這裡，我發現尊者身體的狀況，變得相當不好。因此為了讓他能充分休息，除了吟誦吠陀的時間之外，不准有人待在他那裡。因為來的人很少，所以我無法寫信給你，向你述說師兄姐的提問及尊者的答語。既然有了這些困難，我便翻閱以前我寫的筆記，發現有一則在尊者面前的記事，是尊者一再述說的。我寫這些信之前，早就寫了筆記，於是我把筆記上的內容抄寫過來，寫給你看。

你聽過尊者及其雙親的肖像設置在尊者出生地蒂魯丘立的孫德倫故居。那是在一九四四年六月或七月的事，在師兄姐的協助下，道場當局開始修建，執行工程。為了要修繕房子，道場管理人跟一些師兄姐，於一九四五年一月十七日啟程前往蒂魯丘立，在動身赴往之前，他邀請我們一同跟他去，說那裡有一些供旅行的設備可以使用。尊者的妹妹阿樂美露及其他婦女跟我，也一同前往。雖然我極不願意離開尊者，因為他對我來講，就是神的化身，但我被勸服跟他們一同前往。我們此行有二十個師兄姐，自然十分有趣。

要到蒂魯丘立，必須在馬杜賴下火車，然後經由阿魯普科泰（Aruppukottai）搭公車行三十英里到那裡。因為道場管理人在馬杜賴有公務要辦，我們就在此地待了兩天，住在克里虛那穆提·艾耶（Krishnamurthy Iyer）的家裡。晚上，我們跟道場管理人一同去米娜克希（Meenakshi）神廟參拜，也看到六十三尊聖者的神像；尊者年輕時，屢次站在這些神像面前，不勝虔敬之情，而淚流滿面。隔天上午，我們一些人去普魯摩

249　此時距尊者辭世，僅不到七個月。

（Perumal，即毗濕奴）的神廟，那是三層樓的建築，上主與願之王（Varadaraja）有三個不同的姿態，我們都上前膜拜。然後我們就詢問尊者證悟真知的神聖房子在哪裡，當晚一位師兄及尊者幼年友人帶我們去那間房子，是位於西邊的喬克那特（Chokkanatha）街十一號。我們進入那間老房子，從旁邊的樓梯上去樓上的房子。「這就是尊者證悟真我的房間。」那裡的人說道。他們又指著一個地方，那是尊者在當天上午十一時離開馬杜賴時，就坐之處，以及他受老師處罰而抄寫貝恩英文文法（Bain's Grammar）的地方，和他頓入冥想的地方。我滿懷虔誠，雙眼淚盈，為之哽咽。我處在不知悲或喜的境地裡。尊者在《真理詩頌四十則補篇》裡，寫下：

> 是誰在出生？了知那個出生者在探究「我從何而生」，則他出生在他存在的源頭。至上聖者永恆地出生，一而再地日復一日出生。

既然尊者出生的方式，如上面所述，乃是為了世界的福祉，這個地方一定是何等的神聖而福佑！

尊者從這間小房子開始，他在用完餐後，坐在椅子上，寫下一則短箋，放在他旁邊的櫃子裡之後，便捨棄一切，他的哥哥很生氣而責備他，說道：「為什麼要做這些事（寫字和讀書）的時候，一個人就像這樣子（坐著不動）呢？」當時尊者深入沉醉在冥想裡，在那個地方證悟真知之後，上主阿魯那佳拉似乎不願意他在那裡再待上六個星期以上。上主佛陀在森林住了六年之後悟道，然後日夜從事苦行。那個地方，就是眾所周知的菩提伽耶，現在成為朝聖之地。然而，就拉瑪那尊者的事例來說，他的證悟，毫無費力，而是在城市中一條小巷弄的一間普通房子裡，並且他在小房間內，身邊都是他的親戚圍繞著，豈不奇妙！

這樣的一個聖地，尚未廣為人知，我感到十分遺憾，雖然這是尊者從少年轉變成安享真我的拉瑪那（Atmananda Raman）的地方。從這個地方開始，他帶著知名的神聖武器「我是誰」，前往阿魯那佳拉，化解了偉大學者的謎思，他們一直在爭論，卻無實際的體驗。不過，我深具信心的是，由於尊者的恩典，這個地方像在蒂魯丘立的孫德倫故居，也將成為朝聖之地。我在房間內，虔誠跪拜後，走到旁邊的陽台。然後走下樓梯，在那裡我遇見一位老婦人，她的名字是舒巴嬤（Subbamma），七十五歲。她告訴我，尊者離家出走時，她住在這裡的同一條街上，也告訴我們一些尊者幼年的情形。我離開她後，來到住宿的地方。

次日上午，我搭公車前往，經過阿魯普科泰，接近蒂魯丘立時，首先看到布米那瑟伊濕瓦若神廟的塔樓。車子經過神廟及院區圍牆之後，抵達孫德倫故居，便停了下來。我們全體都下車，進入尊者在這裡出生的房子，看到尊者蓮花坐姿的相片，置於他的父親和母親的相片中間，我們在相片前面，虔誠跪拜，內心極為欣喜。我們以及來看我們的一些人，人數約在四十名，就在這間房子裡用餐。我們在休息的時候，一些晚到的人前來，說這間房子經常高朋滿座，像當年桑德倫．艾耶（尊者的父親）在的情況一樣。

在這三天期間，我們在岡汀耶河（Koundinya River）浴身、觀視迦梨女神（Kaleswara）、參拜布米那瑟神及其伴侶薩哈亞瓦里（Sahayavalli）神，繞行普雷拉亞魯卓（Pralayarudra）、向拜拉維神（Bhairavi）跪拜及其他地方，都是尊者幼年常去的地方。其後，從蒂魯瓦納瑪萊來的一些人，有一部分去拉梅斯瓦拉姆朝聖，道場管理人跟他的同事，因公務關係，留在原地，而我既不留在原地，也不去拉梅斯瓦拉姆，於二十二日晚上來到馬杜賴。隔天上午我又啟程出發，所以我回到尊者這裡。我尚未回到這裡之前，道場的人透過克里盧那穆提．艾耶的來函轉達，已經知道喬克那特街上的房子。大家都在問，也很樂意從我這裡聽到一些事情。就在我們去參訪之後，道場在瓦納帕提城邦大君（Wanaparti Raja）的資助下，購買了那間房子。我談到我此行的詳細過程時，我內心的喜悅，實在難以形容，甚至超過我親眼目睹該地的快樂。此外，尊者問我是否看到這個或那個時，他告訴我一些當年他少年的事情。這些事情並沒有寫在傳記裡，所以我把它紀錄下來。我會在寄給你的另一封信裡，談到這些事情。

一九四九年十一月十四日

二五九　少年時期的日子

我從蒂魯丘立回來的當天上午，跟道場的所有人不免有一陣子的寒暄問好。下午約在二時，我比往常略早來到尊者面前。我向他拜跪起身後，他便問我：「妳有在紹拉水池（Shoola Theertham）浴身嗎？」

我：「沒有，現在那裡的水並不好，我們在稍遠的地方浴身。」

尊者：「是的，現在這個時候，那裡的水並不好。在磨祛月（Magha）的磨祛星座日子，那裡的水會漲高起來。神明的灌頂儀式會在那天舉行。那天是梵天的大節慶（Brahmotsavam）之第十天。那一天，神像會恭送到柱廊殿，用三叉戟水池（Trisula Theertha）的水行灌頂禮。灌頂儀式完後全部的民眾都到水池去浴身。我在年輕的時候，跟大家一起去，在水池的石階上劃記號，以便知道每年水漲多少，這十分有趣。在十天之前，水就開始漲，通常每一天漲到淹蓋一個石階，到滿月當天，水位也就漲滿了水池。對我們來講，那很好玩。有人說那裡的水漲得並不和緩，我們這裡的人，去年去測量，發現水位的升漲還算適當，他們很得意地說：『《往世書》上所敘述的，果然不假。』」

我：「人們說那一天，恆河女神、亞穆納河女神（Yamuna）及辯才天女（Saraswati）也都會來那裡，是這樣嗎？」

尊者：「是的，在地方往世書（*Sthalapurana*，地方古誌）裡有這樣的記載。只要祭司的灌頂儀式過了，水就會以每天一石階的速度流下來。我們通常是神廟旁的卡里亞那的柱廊殿（Kalyana Mandapam）玩遊戲。有時學校的班級也在那裡上課。妳去那裡看了嗎？」

我：「是的，我去看了。那裡有位叫穆提普拉帕・慕達利（Muthirulappa Mudali）先生的人，是尊者少年時的朋友。他帶我們去看了那些地方。我也看到一些泰盧固人，住在你房子的右邊。他們保存一張尊者的照片，並對它禮拜。」

尊者：「喔，那些人！當時我大半天都待在他們家裡。比我年長的，或年紀跟我相仿的，現在都已去世了。其中只有一個，比我年輕，現在還在。我常跟他們交談，所以會講泰盧固語。」

我：「這是否就是你習慣上稱爸爸為『納耶那』，跟泰盧固人一樣的原因？」

尊者：「不是的。那是拉克希瑪那・艾耶（Lakshmana Iyer）的緣故。他熟稔泰盧固文，他教我用『納耶那』來稱呼爸爸，我開始用『納耶那』來叫爸爸後，大家也就跟著叫他『納耶那』。拉克希瑪那・艾耶很疼我。大家都叫我的名字是『維克達拉瑪』，而唯獨他叫我『拉瑪那』和『拉瑪尼』，最後，那個名字成為固定的。」

羅杰格帕拉・艾耶：「加納帕提・夏斯特里（即慕尼）尊成您為『拉瑪那・馬哈希（大悟者）』（Ramana Maharshi）時，他知道這件事嗎？」

尊者：「不，他怎麼會知道呢？經過很久以後，我跟他的交談中，我才告訴他這件事。就是這樣。」

我：「那位拉克希瑪那·艾耶是住在您房子的左鄰嗎？」

尊者：「不，不，他住在我們房子左邊方向的區域，他因為要轉車，所以到這裡來，他在安得拉邦工作很久了，因為這樣，所以他的泰盧固語，講得很流利。他怕他會忘記泰盧固語，所以只用泰盧固語跟我對話。現在在我們房子主持祭祀儀式的卡爾普拉·桑德拉·巴塔（Karpura Sundara Bhattar）家族，當時是住在我們房子的隔壁。卡爾普拉·桑德拉·巴塔的父親，現在仍健在。妳見到他了嗎？」

我：「是我，我看到他了。他現在很老了。」

尊者：「但他比我年輕兩三歲。他有兩三個過繼的兄弟，年紀都比我大，他們時常來揶揄我。有一天，他拿一根甘蔗及一把刀，他自己不會砍甘蔗，要他的哥哥們幫忙，但他們不理會，便走開了。他在那裡哭，我覺得很可憐，就拿了甘蔗，用刀子砍下去。我砍到手指，流血了。雖然這樣，我很同情他，因為他在那裡哭，而年紀又很小，於是我設法把甘蔗砍成小片段。我用濕布包紮我的手指，但仍血流不止。當時是午餐時間，我被叫去吃午飯。我回來後，坐著吃飯，但仍無法用手抓菜飯混著來吃，我的父親幫我混合菜飯，隨後他用繃帶包紮我的手指，傷口直到一個月後才癒合。」

我：「所以，尊者從小就有助人及憐憫的本性。」

尊者：「沒什麼，那算什麼呢？」說著，並換個話題，尊者又說道：「他們是祭司，你看，所以，輪到他們去卡里亞那（柱廊殿）行法會時，他們通常在家裡準備食物，然後請這些男孩送到廟裡，有時我也跟他們一起去。我們時常在岡汀耶河浴身；把整瓶的水倒在廟裡的林伽上；用稟報的方式（Nivedana）供獻食物，然後把供食吃完。神廟旁有個村子，叫帕里瑪坦（Pallematam），那裡的孩童，也來加入我們這裡玩。我通常玩到傍晚，然後回家。」

我：「桑德拉穆提[250]住在那裡，不是嗎？」

尊者：「是的，他只是從那裡往上走到光樹之林（Jyotirvanam）。」

我：「要是河流的水漲滿了，您要怎麼辦？有別的路嗎？」

尊者：「不，只有那條路。不過，河水只漲到腰際而已。若有洪水時，我們就坐船。這時，男孩就不外出，而長輩們自己去。過幾天後，河水就會消退。你們沒在那裡浴身嗎？」

我：「我們有浴身。我們不知道為什麼，那裡的水，聞起來不好，最好不要喝。」

尊者：「確實這樣，最好是不要喝。聽說那裡的水含有硫黃，若在那裡浴身，對皮膚的疾病是很好的，就這樣而已。有一本《往世書》裡記載，說有位國王，名叫蘇瑪希塔拉（Somaseethala）在那裡浴身，治好了痲瘋病。有一次，我身上發癢，母親就要我每天去那裡浴身。那條河流是經年有水流入，不會中斷的。甚至在夏季時，水會流到某些角落去，似乎是岡汀耶在那裡修持苦行，因為那裡沒有水，所以他向濕婆祈求水，從此以後，誕生了這條河水，經年溪流不斷，而以『罪惡的滅除者』（Papahari）的名稱流駛著。既然這條河流是由於岡汀耶而誕生的。於是就以『岡汀耶河流』（Koundinya River）而聞名。」

我：「在《神的遊戲》傳記裡，說那個地方，是以岡汀耶聖地（Koundinya Kshetra），而廣為人知，是這樣嗎？」

尊者：「是的，是的。當岡汀耶在那個地方修持苦行時，有人寫到智親[251]出生在他們的家庭。這也有敘

250 桑德拉穆提（Sundaramurthi，又名美相）是九世紀濕婆派的詩聖。

251 智親（Jnanasambandar），七世紀濕婆派的詩聖。

述在《神的遊戲》裡。」

我：「若是這樣，智親是屬於岡汀耶父系血統的人嗎？」

尊者：「是的，這就是我們的范卡達．克里盧那亞（Venkatakrishnaya，亦即《神的遊戲》作者克里盧那．畢克修的本名）在《神的遊戲》裡，用『克里盧那．岡汀耶』（Krishna Koundinya）作為他的名字的原因。他寫道，尊者是誕生在岡汀耶聖地，有條河流，叫做岡汀耶；其首要門徒加納帕提．慕尼是岡汀耶的後裔。有些人認為，尊者的前世是智親。正如智親是岡汀耶的人，而所有岡汀耶的族人，都是瓦西斯塔的人，而瓦西斯塔家族的所有人，都是不二一元論者，故師父屬於這個家族。因此《神的遊戲》裡，有這樣敘明：『我寫拉瑪那的傳記，而我也是岡汀耶的人，我們都屬於相同的族裔，都是不二一元論的家族。』這就是克里盧那亞這樣寫在傳記裡的原因。』」尊者微笑地說道。

我：「喔，那是個理論嗎？」

尊者：「是的，就是這樣，加納帕提及其門徒首先撰述他們的族裔。克里盧那亞也是門徒之一，這也是另外一個原因。」

一位門徒：「地方往世書裡，並沒有詳細記載。」

尊者：「不是的，它記載在《室建陀往世書》的部分章節裡，梵文的古文稿也有記述；坦米爾文的《往世書》裡，有簡短的記載。在《光樹之林的榮光》（*Jyotirvana Mahatmyam*）裡也有記載，在坦米爾文版裡有一些故事，述及這個聖地。若有人把這些資料合輯起來，寫成散文，那也很好。」

羅杰格帕拉．艾耶：「維斯瓦納特．婆羅門佳里或許可以來寫？」

尊者：「誰知道呢？他必須先願意看完所有的這些《往世書》，然後才能寫。」

師兄：「我們應該向他說，然後看看。」

尊者：「好吧，去做吧。」

那天晚上，維斯瓦納特・婆羅門佳里一進來，尊者就微笑對他說，所有的師兄姐都認為若他能用散文撰述《三叉戟古榮光》（亦即蒂魯丘立的往世書），那該有多好。後來，維斯瓦納特・婆羅門佳里閱讀所有相關的往世書，並在尊者的協助下，翻譯部分相關的文字，用坦米爾語的散文，寫了《三叉戟古榮光》也很快就出版。納格那耶用泰盧固文，也寫了詩頌，但尚未出版。

一九四九年十一月二十一日

二六〇　協助一件美事

你記得在一九四六年三月至四月間，我把《虔愛者傳》中毗陀巴與智納斯瓦的對話，譯成泰盧固文。那是在一個特殊的情況下寫的。在一九四四年時，馬魯・蘇伯達前來這裡，而後離去，有位師兄把成就者與修行者辯論的英譯文寄給他，而我也有意把這篇文字翻譯成泰盧固文，蘇巴拉瑪耶和范卡達克里盧那亞在這裡時，我在尊者面前，詢問他們有關這篇文字。他們說道：「妳能講流利的坦米爾語。最好是妳有一篇坦米爾的文本，請別人唸，由妳自己把它寫下，而不是我們從英文翻譯成坦米爾文。」說著，就把這項工作交託給我，他們就走了。

尊者知道這件事，有一天在我的面前，告訴穆魯葛納。當時尊者外出，穆魯葛納看著我，說道：「現在照尊者所說的看來，妳似乎有很多有關坦米爾文的工作要做。妳何不學習坦米爾文呢？若是別的語文，我就不會要求妳去學習。一般情況下，尊者只用坦米爾語文來說及寫，這就是我建議妳學習坦米爾文的原因。」我把這項建言視為是尊者的諭命。於是我拿到一本《巴拉波迪尼》[252]以及一本在圖書室裡的坦米爾文對照泰盧固文的字典。我不斷參照內文，慢慢地寫下字母系統，又把這些字母，寫了一遍又一遍，約一週的時間學習讀和寫。我不想去讀初級課文，像狗與狐狸之類的，而要求圖書室管理員給我一本《虔誠者傳》。管理員給了我一本。當他拿給我時，尊者注視著書本，說道：「妳已學習讀坦米爾文了嗎？」我說：「我學了一點。」並告訴他這一切的經過。尊者說這樣很好，但問我為何一開始就要拿這本《虔誠者傳》呢？我告訴他，選擇虔愛者的故事，因為讀起來有趣。尊者又問我，是否想讀毗陀巴和智納斯瓦的辯論。當我表示我願意去讀時，尊者便要我去拿那本書來，說他要指出有關的內文給我看。於是，我把那本書拿給他，他便指出書中有關的內文，並用紅墨水作記號。他隨口問我，是否可以翻譯成泰盧固文。我告訴他，我僅是閱讀而已，但不敢確定是否已充分瞭解，而能把它譯成泰盧固文。他說若我要譯成泰盧固文，我應找一些坦米爾人士來協助，那麼我就可以做了。

後來，我把尊者的建議，告訴維斯瓦納特·婆羅門佳里，並請他協助我，而他也答應了。然而，他一再拖延，幾天過後，仍是那樣子。某天晚上，他突然來向我說：「我們來翻譯但不要告訴尊者，妳看好嗎？若我們告訴他，他就會自找麻煩，加以修正，這樣會使他相當勞累，這對他虛弱的健康來講，我們就增加了他本來可以避免的負擔，妳的看法呢？」我向他說，工作應該會完成，事情會自然遂行，我們不必擔心。於是我們開始工作，一直到晚上十時，大功告成。你知道同一時間發生了什麼事情嗎？因為當天是月之中旬，天色明亮，一些歐洲人想要在月光下去環山繞行，他們去找尊者，請求協助指引其中一位知道山路的人士，尊者看了他身邊的人之後，就說最好是找維斯瓦納特協助，因為他懂英語，於是派人去找他。道場的人，一個接一個到帕拉卡圖，尋遍各地，都找不到他。尊者納悶他到底去哪裡了，沒有人可以給他任何可靠的信息，隨後道場的人到拉瑪那社區去，找遍全部的房子，那裡是他經常去的地方，但仍然不見他的蹤影。尊者只好另外派人作歐洲人的嚮導。

維斯瓦納特在晚上十時後，回到他的房間，鄰居告訴他剛才發生的事情。維斯瓦納特心想，這件事不能再瞞著尊者不說了，於是隔天一大早，他就直接去找尊者。尊者一看到他，就問他昨晚他是否去鎮上了，因為在拉瑪那社區裡，找不到他。維斯瓦納特於是告訴尊者他的行蹤。尊者聽了後，就說道場的人沒有去娜葛瑪的家找他，因為他不常去那裡。尊者又問他，在那裡他閱讀了哪些東西。他又能說什麼呢？他不得不全盤托出。尊者聽到毗陀巴跟智納斯瓦的議論文字已全部譯就後，就笑著說道：「我明白了，就是這件事呀！不管怎麼樣，一件美事完成了。很久以前，娜葛瑪就要求能把它譯成泰盧固文，而譯文看來也沒什麼錯誤，畢竟這是件美事。沒有事先告訴我，這也無妨。但是你不向鄰居告訴你的去向嗎？看有多少人在找你而十分著急。」尊者說道。

隔天上午七時三十分，我一如往常，前去道場。尊者一看到我，就自己笑了起來，我一時會意不過來。我跪拜起身後，他問我前晚翻譯的工作是否完成了。我感到驚訝，不知如何回答。這時，尊者告訴我，說今天清晨他已從維斯瓦納特那裡聽到這件事了，尊者並且手指著在場的維斯瓦納特。我看著維斯瓦納特，他微笑但不發一語。隨後尊者向我要一份譯文的文本，我說還沒抄寫好。尊者就說，等我有空的時候才寫。

252 《巴拉波迪尼》（Balabodhini），印度幼童讀寫的啟蒙讀本。

尊者外出後，維斯瓦納特·婆羅門佳里便告訴我所發生的事情始末，說道：「我們本來要悄悄的翻譯，不讓人知道，但現在每個人都知道這件事了。誰能瞞得過尊者呢？他向我們要一份譯文，現在我們可不用害怕了。好好抄寫一份，就拿給他吧。」

尊者不時向我要譯文，我終於給了他一份，他還給我時，譯文上有妥適的修正，後來你才知道這一切所發生的事情。尊者建議，譯文應該出版，作為《真我信箋》第一部的附錄，而你也同意這樣。因此，你看，當有人要做一件美好的事情時，尊者總是會協助他。

二六一　欺騙的外表

一九四九年十二月八日

一九四四年的某日下午，一些師兄姐在尊者面前閒聊，話題談到欺騙的外表，就議論紛紛。一位師兄向尊者說道：「有些人裝飾著各式各樣虛偽的外表來欺騙這個世界。」

尊者說道：「是的，不是有些人，而是有許多人。那有什麼呢？人若裝上虛偽的外表，那是他們自己的心思，最後他們要倒霉的。他們開始會害怕別人會怎麼看他們，於是他們的心思便成為他們的敵人。若人們想要用虛偽的外表來欺騙別人，他們最後會欺騙了自己。他們心想：『我們這樣計畫並欺騙了別人，因此我們顯得聰明了。』帶著這樣的驕傲，他們更肆無忌憚，愈騙愈大。東窗事發時，他們的行事終於被知道了。這個時刻到來，他們終於崩潰，這是他們被自己欺騙的行徑所致。」

正當大家在猜想尊者心中所指的人是誰時，拉邁爾瑜伽士說道：「師父，這使我想起一件事，我記得讀到某個地方，說尊者曾一度被塗抹潘加那瑪姆[253]的標誌，這是真的嗎？」

尊者答道如下：「是的，那是我早期住在山上的時候。當時有一些毗濕奴派的信徒常來我這裡，強迫我要塗抹那瑪姆，因為沒什麼損失，也就塗抹了。不僅這樣，你知道我曾一度做了什麼事嗎？當時在阿魯那佳拉神廟裡，正在建造卡里亞那柱廊殿，那是九夜節的時候，一組拜讚人員在神廟裡安置要祭拜的神像。他們逼迫我要跟他們一同去看這些擺設。我怕有人會認出我來，便開始做各樣的勞務服侍。我穿上巴拉尼史瓦米的兜提寬褲，身上加上一件外套，頭額塗抹那瑪姆，看起來像一位毗濕奴派的信徒，就跟他們一同去了。神廟裡的執事者跟我很熟。我想要避開他們，但在大門就被認出來了，他們在我後面，說著：『師父，師父，您也來這裡看師父嗎？您自己不就是師父嗎？』怎麼辦呢？我覺得我欺騙了自己，我想要設法閃避他們，進入廟內，但眾人的眼光就只看著我一人。我既沒看到柱廊殿，也沒看到什麼東西。我想要轉身，趁人不注意就回去，但那裡的主祭司在門口又把我逮住。『師父，師父，您穿這樣來這裡嗎？啊哈！真好啊！師父！請等一下。』說著，他制止我離開，並向他的助理，說道：『你們呀！去拿一個花環過來，拿檀香膏來，把聖食拿來。我們的偉大師父來了，穿著上主克里虛那的服裝。這是我們無比的榮幸。』這樣說著，他們開始用神廟的儀軌接待我，於是我設法避開他們的注意，趕緊離開。後來，我試了幾次看可不可以騙過他們，但只要一靠近神廟，就一定被認出來，並且用神廟儀軌接待我，對我禮敬有加，於是我就不再嘗試，也不再進入神廟了。每件事情，都是這樣。若你用你真實的形貌，你可以待在任何地方，都無所畏懼；若裝飾外表去欺

253 原註：潘加那瑪姆（Panganamam），是毗濕奴信徒塗抹的特殊身分的標誌。

騙別人，那每分鐘都會害怕別人來識破自己的虛偽。心思便成為自己的敵人，糾纏著你。」尊者說道。

一九四九年十二月十二日

二六二　妳們的事情都完成了嗎？

一九四三年至一九四四年間，有位安得拉邦的年輕女士名叫阿拉美露，來自哥印拜陀（Coimbatore，在泰米爾納德邦）。當時她的丈夫剛去世，她便由她的哥哥陪同前來。她沒有子女，她和她的母親之前來過。每次來都在道場待上十或十五天，每天下午二時帶著一些甜食來給尊者及師兄姐。尊者多次告訴她們，不用這樣，但她們不聽，還是每天帶一些東西來，說道：「這些東西，我母親很喜歡，而我也很喜歡，因為我的哥哥來，所以必須要帶來。」這一次，她們在鎮上租屋，要待上一個月，一如往常，帶來甜食。或許因為她們處在困境，這次尊者並沒有說什麼。看到這樣的情況，她們以為尊者喜歡這樣，於是準備了更多的食物。最後，在她們離開道場之前，前去尊者那裡，說道：「我們明天要走了。」

尊者笑著說道：「喔，是這樣？妳們的事情都完成了嗎？」這個問話的意思，她們一時會意不過來，便說道：「我們家裡還有一些事情，家裡的人寫信要我們回去。」

尊者說道：「好，那麼妳們來這裡要辦的事情，都完成了嗎？還有什麼待辦的嗎？」她們不知怎麼回答，一臉困惑地站在那裡。

然後尊者說道：「不是這樣的。妳們說要走了。妳們做完各式的甜食，還有什麼事情還沒做的嗎？這就是我要問的。」我們都笑了，母親及女兒無法回答，雙手合十站在那裡。「沒有關係，妳們可以走了。」她們向尊者跪拜後離去，尊者便看著羅摩強德拉・艾耶，說道：「我之前告訴她們，要知道前來這裡的目的時，她們不願意聽我的話，我向她們說了好幾次。為甚麼會這樣子呢？又有什麼用呢？每天她們只想著準備尊者喜歡的甜食。難道她們是為這個而來這裡的嗎？那些事情會讓尊者高興嗎？很多人都做同樣的事情，他們忘記了他們來這裡的目的。怎麼辦呢？」

二六三　石灰粉裝飾地面

一九四九年十二月十四日

一九四四年某個節慶的日子，一些婦女來把米浸泡在水裡，加以研磨，成為米漿，用來塗抹裝飾道場的地面。尊者從牛舍回來時，對身邊的人，說道：「看這些人，看她們在做什麼，她們專心在做那些事。怎麼走呢？讓她們做吧。小心走路，不要踏到圖案上。她們正在無比虔誠地製作，我們怎能踏在上面呢？」說著，他小心翼翼地走過，沒有碰到那些圖案，然後坐在廳堂裡。

隨後，尊者看到一位老婦人用乾石灰粉，在廳堂正對面的石階底下，細心地塗畫圖案。尊者很親暱地叫她奶奶，她就欣然上前過來，尊者說道：「看這裡，奶奶，妳費了這麼大的勁在塗飾地面，那是米的粉末嗎？」她答說那只是石灰粉。尊者說道：「多可惜呀！這對螞蟻並沒有用處，那邊的婦女也在做同樣的事，這只是在浪費時間。她們的工作，一點都沒有用處，她們用米糰作的泥膏黏在地面上，螞蟻沒辦法吃。塗飾地面的真實意義，乃是餵食螞蟻。若拋棄這個法的意義，而只用石灰粉，不僅螞蟻不能吃，若有差錯，螞蟻一靠近來，聞到強烈的刺鼻味道，也會致死。為何要這樣呢？請至少添加一點米的粉末。」

一位安得拉邦的男士問道：「在達努爾瑪沙月，也就是十二月至一月的月分裡，地面用米粉末來塗飾，那是為了要餵食螞蟻嗎？」

尊者說道：「是的，當然呀！新鮮的稻米收成，歡天喜地，用米的粉末來塗飾地面，餵食螞蟻。這項習俗由長輩傳下來，是基於仁愛生物。但現在有誰在理會這項傳統呢？他們現在做很多事，都只是為了好看而已。」

一九四九年十二月十六日

二六四　愚行

一九四二年至四三年間某個時候，室利·賈格迪斯瓦若·夏斯特里的兒子，在馬杜賴的吠陀帕塔沙拉學校（Vedapatasala）就讀，於假日來訪。他很年輕，長髮披肩，或許他想顯得很時尚。他向尊者跪拜起身後，尊者就說道：「喔，是你嗎？我看到你的頭髮，我還以為是別人。喔！我的天！看你這個樣子！誰會相信你是賈格迪斯瓦若·夏斯特里的兒子呢？」男孩聽了很不好意思，隔天來到廳堂時，他只剩一簇短髮。尊者看了便說道：「是的，那就對了。若是賈格迪斯瓦若·夏斯特里的兒子，單身而住在上師的家裡（Gurukula），留著不得體的頭髮，難道不會有負面批評嗎？」

一九四三年，古倫·蘇巴拉瑪雅偕同五六歲的女兒，來到這裡。你知道，她沒有母親。尊者看到她的頭髮留著兩條辮子，便說道：「什麼小孩呀！只有兩條辮子嗎？何不前面再加兩條，在頭的中央又有兩條呢？」說著，尊者笑了。以前尊者看到有小孩也這樣留著辮子，他曾有同樣的說法。現在，這個小孩感到害羞，走到我這裡來，把辮子梳理成一束，然後走到尊者那邊。尊者微笑著，說這樣很好，並向她的父親，說道：「看，歐洲的婦女來到這裡，她們穿著沙麗，束髮起來、插上鮮花，這樣像我們這裡的婦女一樣，但我們這裡的人，卻要用她們的風格，怎麼辦呢？」

一九四三至四四年，有位歐洲人，名叫馬基佛先生（Mr. McIver），常住在這裡。在排燈節的某日，他穿著一件沙連（Salem）款式的絲邊傳統裙褲，上身著一件同樣布料，在尊者面前跪拜，頭額塗抹聖灰及硃砂，走出廳堂外面，以蓮花坐姿，瞑目坐在那裡。尊者從窗戶看著他，笑了起來，這個時候，羅杰格帕拉·艾耶來到廳堂，尊者笑得很大聲，說道：「看那個，馬基佛·夏斯特里來了，他在那裡，在那邊坐著。真的，現在若有人看到他，能說他不是一位夏斯特里姓氏的人士嗎？你們都穿著西裝及長靴，而不是穿裙褲，他把自己打扮成這樣，就像是一位夏斯特里姓氏的人士，現在只差一條聖線[254]而已。既然現在都不戴聖線了，那麼基於這個理由而現在沒有聖線，那也不成問題。看看他！」

尊者不論在何時，跟本地的印度人講話時，通常都使用他們的語言，亦即坦米爾語、泰盧固語、馬拉雅姆語，但從不講英語。雖然他們知道這一點，但我們的一些年輕人卻用英語來向尊者提問。有時，在廳堂

254 聖線（或稱「祭祀繩」）：印度男孩，在成為學生階段，要行啟蒙禮（Upanayna）。儀行中，吠陀師父要在男孩的身上綁上掛於左肩，由三股綿組成的一條聖線，並授予吠陀真言。詳閱Cybelle Shattuck著，楊枚寧譯，《印度教的世界》。（台北市：貓頭鷹出版社，1999），101-102頁。

裡，並沒有人來翻譯，或者很困難翻譯。若是有這樣的情況，我們就會問他，為何他不用自己的語言來提問，這時尊者就會說道：「你們想要知道，為何他用英語來問我嗎？那是因為他想要測試尊者，他們有了一些英語的知識，難道所有的人不也應該要知曉英語嗎？不僅這樣，他們是真的認為在這種重要的事情上，雖然他們的語文並不很好。但他們對那個語文的迷戀，使他們的感覺是那個樣子。可憐的人呀！他們能做什麼呢？」

一九四九年十二月二十四日

二六五　拜讚

一九四三年十二月，也就是達努瑪薩姆月[255]，有一組拜讚團體，於環山繞行時，前來道場，在尊者面前跪拜後，繞著廳堂而行拜讚儀式，然後離去。他們走了之後，羅杰格帕拉·艾耶向尊者問道：「當年尊者住在帕加阿曼神廟，有人籌辦一個大規模的拜讚團體，邀請尊者與會，有這件事嗎？」

尊者說道：「是，確有這件事。當時鎮上瘟疫流行，所引發的肆虐災情，傳記裡已有載述。疫情過了之後，鎮民跟前來除疫的人員籌辦了一個大規模的拜讚聚會。因為他們當中，有些重要的人士，曾常來看我，便邀請我參加拜讚，但我予以婉拒，而他們不同意，強迫我要與會，所以我去了，只是去看看整個場面。當時我住在帕加阿曼神廟，你知道，那裡有個水池，面對著神廟。他們在鄰近水池邊的空地上搭起一些帳蓬，在那裡辦起拜讚的活動，然而，那個拜讚並不是一般的儀式，一點都不是。在偌大的帳蓬裡，中央是開放的空地，椅子和板凳圍繞在週邊，像馬戲團的帳蓬那樣。他們帶來食物，當作茶會，並把全部的食物有系統地排置，像是展覽。他們帶來的花環，多到沒有限量。收稅員、稅務官員及警察等，全都在那裡。他們為我安排一個特別座位。我一到場，他們全都站起來，向我鞠躬，請我坐在台上。他們要把花環披戴在我的身上，但我婉拒，說花環應披戴在他們自己的貴賓身上。他們就照我的話做。這時，他們還沒開始行拜讚。等我坐定下，他們來向我請求准予開始行拜讚。一組人行拜讚後，另一組人接續行拜讚，同時其他的人吃東西、喝汽水及飲料等，在旁休息。這樣一直到凌晨，吃東西和行拜讚，連番進行，我是唯一不吃東西的人，也沒做什麼，只是坐在那裡。他們並沒有強迫我做什麼，這樣我很滿意，覺得很好。天色破曉時，活動全都結束，一個人影也沒有，大家都走了，只剩下帳蓬。喔，他們熱情洋溢，興高采烈。」

「所以，甚至在那個時候，尊者依然受到極高的尊敬。」羅杰格帕拉·艾耶說道。

「是的，他們不執行拜讚，要等到我來才開始。」尊者說道。

「這件事有記載在傳記裡嗎？」我說道。

「怎麼了？這樣不是就已經夠了嗎？何必要全部都告訴他們呢？」尊者說道。

「我們不知道還有其他的什麼事情，而我們不曉得的。」尊者微笑著，沉默了下來。

255 原註：達努瑪薩姆月（dhanurmasam），在十二月中旬至一月中旬之間，向上主毗濕奴行禮拜，將獲福佑。在此期間，通常是在凌晨時刻，行拜讚儀式。

二六六　藥油及奶油

一九四九年十二月二十六日

一九四四年九月或十月的某時，尊者收到一本阿育吠陀的小本書籍，由阿彊達・拉克希米帕提（Achanta Lakshmipati）撰寫。尊者閱讀後，拿到按照書上配方調製的樟腦藥草油塗在他腿上肌肉疼痛的部位。有些師兄姐看到了，便說那羅延藥草油比較好，也有師兄姐說，大那羅延藥草油[256]更好等等。克里虛那史瓦米聽了這些建議，十分惱火，說道：「我們到底要塗多少藥油呢？我們不論怎麼塗抹，疼痛還是沒有減輕。」尊者說道：「喔！他們在討論各種不同藥油的優點比較，你又何必惱火呢？」

克里虛那史瓦米說：「現在剛塗抹藥油，你們不能安靜嗎？若每個人都說要用不同的藥油，那我又怎麼處裡呢？那些藥油我們不知塗抹多少遍了，疼痛就這樣就治好了嗎？」

尊者：「沒有。不過你塗抹藥油時，不用執意要治好疼痛。若你執意，為何疼痛不會祛除呢？因為疼痛還沒消失，所以他們建議別種的藥劑，要是都不痛了，他們還會給建議用這些東西嗎？」

克里虛那史瓦米：「現在用樟腦藥油，疼痛有減輕了些。為何他們建議用別的，來干擾我呢？」

尊者：「但是你能確定用這種藥油，疼痛就可以完全治好嗎？」

克里虛那史瓦米：「我們不敢這麼說，但我們要試試看。」

尊者：「是的，就是這個事了。若你使用這種藥，而執意疼痛藥完全消失，那麼疼痛必然要消失才對。但同時你擔心若疼痛消失了，你就不能再觸碰尊者的腿了。這就是你塗抹藥油而不希望疼痛完全消失的原因。既然這樣，那個疼痛又怎麼會消失呢？」

某日下午三時，一位師兄正要前往馬杜賴，帶來一罐藥膏，說可以塗抹在尊者的腿上，減輕疼痛，若尊者要持續使用這種藥膏，他可以從馬杜賴帶一打這種藥罐來。尊者答道：「夠了，我現在用的樟腦藥油很適合，何必要這麼昂貴的藥呢？若每餐能規律進食，就不需藥物了。使用藥物後，病痛不見，但又復發，這是因為飲食不規律的關係，那也是必然的。」那位師兄說道：「若是那樣，飲食能夠規律適當，那也可以，何不至少這樣來做呢？」

「是的，先生。那也很好，但我能規律我的飲食嗎？每當我想要簡餐進食，外加胡椒水時，他們就說今天是乞食的日子，我不可避開瓦達豆餅[257]和大米布丁，那是當天必備的東西。」

「提供食物的人來到尊者面前，他們給尊者的東西，多於給予別人的，無疑這是出於他們的虔誠，但又要怎麼辦呢？我必須吃掉。若是這樣進食，就會引生一些疾病，像這樣的疾病能用藥物來治好嗎？這種疾病必也自行治癒。有一次，我住在山上的時候，我患嚴重咳嗽，喝了很多藥水，但都沒用。我走下山，待在那裡，我不知道是否風吹著山上藥草的關係，我的咳嗽就自己好了。樹林本身，充滿著查凡那普拉希[258]，而現在的疾病，也會這樣治好。這一罐就夠了，請不要再多帶來。」尊者說道。

一位師兄說道：「師父，有些人在三摩地出定外，僅靠奶油維生，我們確實看過這樣的人。他們是怎麼辦到的？」

尊者笑著說道：「啊哈！若有人在葉片上放一把奶油，然後把它吃掉，你看他再來還會有食慾嗎？若是

256 樟腦藥草油（Karpura Thailam）、那羅延藥草油（Narayana Thailam）、那羅延藥草油（Mahanarayana Thailam），都是阿育吠陀療法著名的用油，以芝麻油為基底調配而成。

257 原註：瓦達（vadai），一種糕餅，用扁豆糊、黑色鷹嘴豆、綠色鷹嘴豆等，一起磨成粉末，調製膏狀，然後油炸。

258 查凡那普拉希（Chyavanaprash），一種阿育吠陀草藥劑，用芝麻油、酥油、糖、蜂蜜與各種草藥熬製而成，含多種營養。

這個目的，人就不須要從三摩地裡出定，任何人都可以吃奶油。也有一些藥草，若是吃了，便一點都不覺得肚子餓。有些人把這些藥草放在口袋裡或袋子裡，一直不斷地吃著，這樣一來，他們怎麼會有胃口呢？這時人們就說，這位師父活著不吃不喝，他是個偉大的人。因此他就成為一位大師父。」

一九四九年十二月三十日

二六七　裝訂書本

有些人帶來古老的聖書，書況很不好，上呈尊者，請他檢閱內容。尊者檢閱內容之餘，通常會把書紙排列好，有破洞的地方，妥為黏貼好，內容若有闕文，也會手寫文字補好，使得書本煥然一新。有些人送來的書本，紙頁是鬆散的，只用線繩綁起來，要求檢閱後，加以整理固定。在這種情況下，尊者通常是把紙頁妥為剪開，用漿糊黏貼，加以針縫，裝訂起來，並在書封上黏貼一張白紙，寫上書名，字跡之美，宛如珍珠，又在書名底下劃條紅色墨水的橫線，就這樣小心翼翼地保存著書本。

一九四二年時，古倫·蘇巴拉瑪耶送來一本舊書《珍珠詩集》（*Amuktamalyada*），由克里虛那迪瓦拉耶（Krishnadevaraya）撰寫，向道場請求尊者加以閱讀，並存放在道場圖書室裡。那本書的書頁都鬆開了，也有汙損，而且殘破不堪。尊者立即把整本書整理好，裝訂整齊，封面貼上白紙，用粗體字寫下書名，看起來比印刷的還要好，書名下用紅色墨水劃橫線，看起來像一本新書；遞給我時，說道：「現在看起來如何。」那本書，美如剛結婚的新娘，於是我寫了詩頌，很恭敬地把頌文放在尊者的手上。

一九四三年六月或七月的某個時候，你記得我受託在尊者面前，撰寫有關泰盧固文的東西。那段日子，因為世界大戰，缺乏紙張，我從你家拿了你銀行簿記的所有打字紙，他們只在紙的一面上打字，所以我用背面來寫字。我寫泰盧固文，用這些紙來抄寫賈格迪斯瓦若・夏斯特里以天城體寫的《拉瑪那供奉儀軌》（*Ramana Puja Vidhanam*）。尊者看了後，問我這些紙從哪裡拿來的。我告訴他實情。「妳做得很好，很多人就把這樣的紙都丟棄了。我可以用它來寫東西。我通常都用別人丟掉不用的紙。通常紙上只寫一面，寫字的那一面可以互相黏貼起來，那麼沒寫字的那一面就大可利用，把它們裝訂成一本簿本。我們像這樣製作了好多次，何必浪費那些字紙呢？」尊者說道。

一位師兄問，納耶那丟在垃圾桶的紙，尊者把它撿起來，裝訂成一本簿本，這是否事實。尊者答道：「是的，那是事實。你知道，納耶那住在帕拉卡圖時，跟我們在一起。他離開那裡時，他把所有不用的紙張全部丟棄。他習慣在紙上只寫半面，另一半面空白，他的筆記本很多是只寫半頁的。既然是這樣，他還會在意那些紙張嗎？這些紙全部丟到垃圾桶去了。某日午餐後，瑪德瓦跟我照例外出，看到一堆紙張。因為我們不願浪費紙，我們就把還可利用的紙張撿取起來，適當剪裁，加以縫合，成為一本簿本，小心保存，那就幾乎是一本全新裝訂的本子。納耶那回來後，要一本筆記本來寫東西，我就叫瑪德瓦去拿那本裝訂的本子給他。我不吭一聲，自己好笑，但瑪德瓦說道：『納耶那，這本子的紙張，是你不要而丟棄的，尊者看到了，叫我把還可用的紙撿起來，我就去撿了。尊者把這些紙張裝訂成這本簿本。』納耶那聽了，十分驚奇。我通常只把這樣的紙張裝訂成筆記本。」

第六章　一九五〇年

一九五〇年一月三日

二六八　待在哪裡呢？去哪裡呢？

約莫在一九四三年至一九四四年間，一位跟大家都很熟識的師兄，在拉瑪那社區蓋了一間房子，在喬遷新居的慶祝儀式前，來到尊者面前，很低調地說道：「若尊者能到我家，那該有多好。」尊者微笑地說道：「這是什麼請求！尊者要去哪裡呢？何不認為，不管誰來慶祝，都是尊者在慶祝呢。儘管去做，完成喬遷新居儀式吧。」尊者用這些話送他走了之後，便對身邊的人說道：「你們看到了嗎？他說尊者必須到那裡去，每個人都這樣說，我還能去哪裡呢？」

另一位師兄說道：「有人說，母神巴拉塔神廟在建造的時候，尊者應該去安奉基石，這是事實嗎？」

「是的，是的。那是五六年前的事。當時並沒有來邀請，什麼都沒有，但報紙刊登尊者會去參加典禮，並已保留貴賓席。有許多人來問我，我是否要去。我給他們的答覆是，『待在哪裡呢？去哪裡呢？我去不了哪裡。』」尊者答道。

「有一次是安排到蒂魯帕蒂，他們不是這樣嗎？」另一位師兄問道。

尊者答道：「是的，那是真的。當時我住在維魯巴沙洞屋，我的上半身都沒穿衣服，不知什麼原因，那一年蚊子特別猖獗，賈耶拉曼（Jayaraman）買了一條很好的披巾，強迫我要披上，但我不要。他等了一陣子，披巾依然摺好在那裡。蚊子的騷擾，並未減退。我身邊的一些人於是自行商議好，也不通知外面的人，準備離開這裡，前去蒂魯帕蒂。他們告訴我，我們要走這條路去，也要同一條路回來等。我點頭同意他們所言。他們擇定一個吉日啟程，打包好一切，在動身之前，來向我說：『師父，我們該走了嗎？』我說：『是的，去了就回來。』『那尊者呢？尊者能去哪裡呢？他要待在哪裡呢？』我說道。他們說道：『我們無法忍受這些蚊子的騷擾，您知道的。』我說道：『若你們無法忍受蚊子騷擾，你們可以去又回來，但這是為了我而你們要去的嗎？我可曾說過我無法忍受蚊子騷擾嗎？』他還能在說什麼呢？他們心想再爭論下去也沒用，於是放棄了行程，開始強迫我要披上披巾。賈耶拉曼的兒子，在當時是個年輕小伙子，他每天來這裡，身上總是圍著一條舊布巾。我心想我若不披上什麼東西，來防止蚊子叮咬，他們絕不罷休，於是我告訴他們，我可以披上那條舊布巾，把那條新的披巾給那個小伙子，作為交換。他們還能怎麼樣？他們心不甘情不願地拿那條新披巾去換舊布巾，而我就披上了那條舊布巾。那就是我在身上披上布巾的開始。當我披上那條有刺感的那種布巾後，蚊子就不敢再靠近我了，而那條布巾，也很暖和。」尊者說道。

另外一位人士問道：「似乎有人要您答應他，帶您去周遊全國，以便宣傳和講道。」尊者答道：「是，那是史瓦米．拉傑史瓦拉南達。你知道，幾年前他時常住在這裡，那個時候，他計畫全印度之旅，到一些重要的地方，我們去發表演講、行程上如何安排一輛特別的火車、在不同的地方，要待上幾天等等。我始終聽他發言，保持緘默。他把我的緘默，誤以為是認可。他終於安排了頭等車廂的火車之旅，打包好了一切，說道：『師父，我們該走了嗎？』『是的，當然呀！去了就回來。』我說道。『您一定要在全印度人的面前，講述不二一元論的教義，師父。』他說道。『是這樣嗎？我能做什麼呢？待在哪裡呢？去哪裡呢？我沒有地方可去。』我說道。他聽了，一臉吃驚，莫名其妙。

「早期汽車來到這個國家時，有人買了汽車，開來這裡，說道：『只要尊者坐進汽車裡，我們就開去繞山，馬上回來。請上車吧。』我坐進這種東西後，我要去哪裡呢？」尊者說道。

《大格言珠寶項鍊》載曰：

古往今來，上下四方，有如最後的洪流，我無處不在。還要我做什麼，去哪裡，接受什麼，屏棄什麼呢？

一九五〇年一月十五日

二六九　在馬杜賴的男孩時期

我曾寫信給你，說到（一九四五年）我去蒂魯丘立[259]。當時道場管理人去修繕尊者出生的地方，也說到當時有一些婦女跟他一同前往，而我回來後，尊者對我講述了一些他當年孩童時期的事情。當時我們也看到了尊者在馬杜賴證悟真我的房間。當我向尊者說，有位名叫舒巴嬤的老婦人，對我講了一些尊者在那裡的事情，尊者要我向他詳述情形。

我說道：「她告訴我，說尊者從馬杜賴離家出走時，她就住在同一條街上；又說從尊者當時的行為看來，就有眾生平等的感覺，然後又說到一些事情。」

「是什麼事情？」尊者問道。

我說道：「尊者所住的房子，似乎並沒有足夠的供水，所以必須到對面的房子去提水過來。那個時候，尊者經常幫姑媽提水，並做些家裡的雜務」

尊者說道：「是的，姑媽不能手提大的水桶，她只取半小瓶罐的水，有時不夠家裡用，所以我常去提大桶的水。所以呢？」

我說道：「您的母親聽到這件事時，似乎有點不高興，據說曾抱怨她的兒子都做些粗重的工作。有一次，她來馬杜賴，也是去提水，她無法提大桶的水，就叫尊者去提大桶的水來。尊者提水來的時候，聽說尊者曾這樣說著：『妳說姑媽不對，而妳現在又做了什麼呢？』這是真的嗎？」

尊者笑著，說道：「是的，是的，但那又怎麼了？現在各地方都有水龍頭，當年那個時候，用水十分困難。維加河（Vaigai River）距離喬克那塔街很遙遠。我們最初住的房子，離河流很近，我們住在那裡時，每天都到維加河浴身。每當夏天來臨時，河裡的水就會乾涸，我們在晚上就到那裡去，在河床上挖出大量的泥沙，以便大的瓶罐可以伸進去，隨後我們在泥沙上玩耍，我們玩完遊戲時，泥沙的溝渠，注滿了水，我們就在水裡浴身，然後回家。我們每天所挖的溝渠，對其他的人也很有用。」

我說道：「大聖者所玩的遊戲，對別人也有其用處。」

尊者說道：「也沒什麼。但請告訴我，妳去過與願之王（Varadaraja Perumal，毗濕奴的另名）的神廟，不是嗎？妳一定有看到神廟三個樓層的每個樓層，都有三面矮牆。我們所有的男孩經常跑在第三層樓去玩捉迷藏和別的遊戲。從第三層樓的窗戶看下去，可以看到一座大水池，我們常去水池裡，比賽游泳，而我總是

259 詳見本書信函第二五八則〈前往蒂魯丘立朝聖〉，一九四九年時一月十二日。

贏得比賽。那個水池的水，流向蒂魯帕蘭昆德拉姆（Tirupparankundram，馬杜賴西南方的城鎮）。」

我說道：「我在《神的遊戲》裡讀到尊者跟別的男孩，在蒂魯帕蘭昆德拉姆，飽食一頓。這對我們來講，是不可能去那裡的。」

尊者說道：「那是要去蒂魯丘立的途中，我們只是稍微大快朵頤了一下。在馬杜賴附近，還有類似的地方，像帕蘇馬萊（Pasumalai）、那加馬萊（Nagamalai）、耶努加馬萊（Enugamalai）及其他。我們有時去那裡。《哈拉希亞之榮光》[260]有記載這些地方的偉大。」

我問道：「您去過阿拉加爾神廟（Alagar Koil），是嗎？」

尊者答道：「是的，是的。從馬杜賴前去，約十二英里。那裡有一間很大的神廟，每天兩次供獻沙克萊米粥（Sarkarai Pongal）給上主。米粥好吃極了。有一次，我到那裡，跟別人一同拿了少許米粥，我希望能多拿一些，但我不好意思多要，所以沒說。妳知道另一次我去的時候，發生了什麼事嗎？廟宇禮儀師的小孩放假要回家，我便陪著他們，整天都跟他們在一起，他們輪到要執禮行儀，他們住的房子跟廟宇有四個化朗[261]的距離。晚上的祭祀活動結束後，他們帶了一大盤的米粥回來。他們一看到我，認為我是個強壯的小伙子，舉重若輕，於是就把那個大盤放在我的頭頂上，然後他們嘰嘰喳喳，往前走了。妳知道，那個盤子有多重！我頸部的肌肉開始酸痛。那時是夜晚，天色很暗，盤子不能掉下來，因為裡面是神明的聖食，但我能怎樣呢？我是最後才來的，而又要求更多的米粥。我想這就是神明對我的處罰，所以我就設法撐住，一直到家。」

我說道：「難道沒有別人可以拿著那個盤子，走一小段路嗎？」

尊者答道：「不，他們一路走著，完全專心在談論他們自己的事情，怎麼會想到我呢？」

我說道：「或許尊者並沒有說盤子很重，無法撐住。」

尊者說道：「我怎麼能那樣呢？那是預先註定我要用頭去頂著的，所以我就去頂。隨後，他們給我一大舀的米粥，放在葉片上。我吃了一些，感覺很噁心，但畢竟是聖食，不能丟掉，我只好把它吃完。至於其他的人，碰也不碰。隔天，他們把米粥送給僧人。每件事都是這樣，若是供給很充足，那就沒人要。」

我說道：「所以尊者頂著盤子，心情就跟賈達·巴拉塔[262]扛著轎子一樣。」

尊者說道：「那是什麼呢？他們只是認為我孔武有力，可以輕鬆頭頂著。他們哪裡還知道什麼呢？」說著，他就換個話題，開始告訴我們有關與人摔角、玩彈珠及其他男孩的遊戲。這些事情都記載在《神的遊戲》裡。

一九五〇年一月二十日

二七〇 解脫女孩

以前有位尊者的師兄，名叫普圖姆巴卡、室利克里虛那耶（Putumbaka Srikrishnayya），用詩頌撰寫上主倫加那塔（Ranganatha）的師兄達努德莎（Dhanurdasa）的傳記，他把這本書獻給尊者。他另外也寫了一

260 《哈拉希亞之榮光》（*Halasyamahatmyam*），哈拉希亞（Halasya）是地名，崇祀濕婆。

261 化朗（furlong），一化朗等於兩百公尺。

262 原註：賈達·巴拉塔跟尊者一樣，是位在世的悟者，並且是不受俗事拘束的解脫者（Avadhuta）。

些詩頌給尊者。開篇的詩頌大意是：「師父，我的克莉提女孩（Kriti Kanya）〔把詩頌比擬作少女〕，除了尊者之外，已拒絕所有的求婚者。我決定要恭謹地把這位女孩獻給您。請接受她，並祝福我們。」在最末的詩頌，他寫道：「您已成為我的女婿，我和您共享結婚喜慶，我因此獲得祝福，而我將離開您。正因為您的求婚而贏得解脫女孩（Mukti Kanya）〔把解脫比擬作少女〕，請不要忽略了我可愛的小孩。」263

道場發生這件事情時，我在鎮上，人不在現場。我一回來後，尊者就告訴我有關這件事：「看，我似乎是跟解脫女孩結婚了。他指令我不可忽視他的女兒。請讀這些詩頌。」說著，尊者要我唸讀詩頌。除此之外，尊者總是很幽默地敘述這件事情，後來，這本詩頌書籍的作者來了，尊者開玩笑地說道：「我的岳父來了，妳見到他了嗎？」不久之後，瑪哈德瓦·夏斯特里前來，尊者出示這些詩頌給他看，並要他唸讀出來。

尊者有位信徒，名叫拉瑪娜瑪（Ramanamma），她不知道這些詩頌，只是好玩的，她得到尊者的允許，把書帶回去抄寫。隔天上午，我到尊者那裡，看到尊者手上有一本書。尊者一看到我，就微笑地說道：「看，那位女士坐在那邊，昨天她拿了這本書，說要抄寫這些《克莉提女孩之供獻》的詩頌，今天晚上，她把抄寫的詩頌帶來，說要唸讀給我聽。我說：『那樣就可以了，不用讀出來，妳留著吧，每天吟誦一下。』另外有一天，瑪哈德瓦前來，我拿給他看，只是好玩，他當場唸了這些詩頌。那還需要什麼呢？那位女士一定心想師父很喜歡這些詩頌，所以立即要抄寫下來，那不是她真的要這些詩頌，她的真正意圖只是要在廳堂裡朗讀出來。」說到這裡，尊者笑了。我說道：「若有人用幽默的方式來寫尊者，說他是小偷、呆子、騙子，而拿來開玩笑。那麼，會有人開始認為尊者就像這個樣子。」尊者答道：「是的，是的。若寫這些詩頌的人，又進而寫道，讀這些詩頌的人，能獲得嫁女兒的功德，那就真的太聰明了。」

四五年前，倫加那塔·艾耶的妻子，她也是師姐，給尊者一本她的兒子所寫的書，書名是《拉瑪那的婚禮》（*Ramana Kalyanam*）。她的丈夫是尊者童年的玩伴。整本書都是詩歌，書上描述尊者是新郎，而新娘是解脫女孩。有一天，她在廳堂裡吟唱這些詩歌，歌裡對有關婚禮的全部事情，都詳細譜寫，例如婚禮的進行、花環的交換等。在這一點上，尊者看著我們，說道：「你們都看到我結婚了嗎？我在這裡，玩著鮮花，交換花環，聽著歌曲，並配合禮儀，在行婚禮。這些人都很悲傷，因為師父這些日子來，都沒結婚。那就用這個方式，他們最後來填補缺憾。大家就好好聆聽這些詩歌吧。」尊者笑了。

一九五〇年二月四日

二七一　幾件小事

蒂魯內爾維利市（Tirunelveli，在泰米爾納德邦）當局決定蓋一棟建物，紀念著名的已故詩人蘇婆羅曼尼雅·巴拉提（Subrahmania Bharati），並於一九四七年十月十二日，在埃塔耶普拉姆城鎮（Ettaiyapuram）揭開他的肖像，城邦大君宣布開幕，由羅摩史瓦米·雷德爾（Ramaswami Reddiar，國會領袖）揭開詩人巴拉提的肖像。到了最後的五六天，羅杰格帕拉·艾耶及克里虛那史瓦米已收集了巴拉提的照片及報紙登刊的建物的剪報。他們忙著黏貼在厚紙板上，要把建物的照片貼在巴拉提照片的底下。尊者給了各方面的建議，也加入協助他們。這項工作在十一月十一日完成，並拿給尊者看。尊者微笑說道：「嗯，現在你們要做的，是在

263 本則記事，在另一書《日處真我》（Day by Day with Bhagavan）也有記載。詳見蔡神鑫譯，《日處真我》（台北市，紅桌文化，2019）20-21頁。

厚紙板的上下兩端蓋上兩張布巾，像窗簾那樣，並繫著繩子等。讓羅杰格帕拉·艾耶扮演印度總督羅杰格帕拉佳里的角色，而克里虛那史瓦米·雷德爾扮演羅摩史瓦米·雷德爾的角色。正當埃塔耶普拉姆的活動開始的時候，你們兩個人拉開照片上的簾子，那麼活動在這裡也算是兩邊同步進行！」

一九四七年某日，下午從二時三十分至四時，尊者對一位從北方來的信徒，講解事情。隨侍拿著尊者的手杖及水壺，站在他的前面，暗示尊者外出散步的時間稍晚了些。尊者搓揉著他的腿，說道：「等，等，羅摩巴克塔·哈奴曼（Ramabhakta Manuman）的父親（亦即風神）緊握著我的腿，他不是普通人，不會馬上放開，他會慢慢來，等一會兒。」然後，尊者用少許油擦揉他的膝蓋後起身。在場的一些人知道尊者的雙關語，在說他僵硬的關節是由於風襲所致，大家都對他的詼諧式講話，都會心一笑。

尊者一回到廳堂，就坐在長椅上，一位師兄把一些馨香放在香爐裡，焚香的煙薰太濃烈了些，撲到尊者的臉孔，他覺得很窒悶。「我們打開窗戶好嗎？」一位師兄建議。尊者說道：「就這樣吧，讓它就這樣。我們在廟裡焚香，都把煙薰往神像那裡搧風，好讓煙薰圍繞著神像，你在這裡焚香的觀念也是這樣，要看師父享受煙薰。此外，這些煙薰會自己散開，現在何必去驅除呢？」正當尊者說到這裡時，一位師兄用手在揮搧著香爐裡的餘燼，突然整個香爐冒出火來，我們唯恐火焰傷及尊者。但尊者微笑地說道：「是的。現在都好了，香已燒了，燈也搖了，現在法會的儀軌都也完成了。」然後，尊者沉默了下來。

一九五〇年一月六日

二七二　辣椒的偉大

一九四七年四月的最後一週，道場收到泰盧固文的月刊《巴拉提》（*Bharati*），裡面有一篇文章述及帕爾南德（Palnad，在安得拉邦貢土爾區的地方）的辣椒。文章上說辣椒能治療痰多引起的胸悶，幫助消化，是很好的補品。作者又說，辣椒對身體的療效，可健腦益智，在調製許多藥品上，是很有用的材料。他也引述權威人士來支持這個論述。尊者要我讀這篇文章，並叫道場的醫師來，說道：「看這裡，你們要我減量辣椒，《巴拉提》的這篇文章，說到辣椒的效能。現在娜葛瑪要唸這篇文章，請仔細聽。它預防生痰，是良好的滋養補品。辣椒有很多的助益效用。」這樣說著，尊者要范卡達拉南保存好這一期的《巴拉提》。

我跟范卡達拉南，都很納悶為何尊者要我們特別保存這一期的月刊。十天過後，退休的外科醫師加納帕提·艾耶（Ganapathi Iyer）的妻子賈娜基·阿摩（Janaki Ammal）偕同幾位女士，前來道場待上幾天。某日下午三時左右，她向尊者說道：「尊者，您看起來很虛弱。您必須完全不吃辣椒，而只吃有營養的食物。辣椒使身體的系統乾燥。」並且引述一些事例來支持她的說法。雖然在場有人說辣椒對尊者不會有任何傷害，但她仍然力陳其說。

旁邊有人想要打斷她說話，此時尊者說道：「要有耐心。她是外科醫師的太太。醫師開醫藥處方給病人，她開食療處方給病人。你又怎能知道這些事呢？」然後，尊者轉向她，說道：「妳說辣椒不好，但《巴拉提》有篇長文盛讚辣椒的好處。我應聽誰的建議呢？等一下，他們會唸這篇文章給妳聽，妳就可以了解了。根據妳的說法，辣椒使人身體虛弱，但按照這篇文章的敘述，帕爾南德的雷迪族人（印度原住民族群），身強體壯，因為他們吃了很多辣椒。仔細聽這些細節。」說著，尊者要范卡達拉南拿出月刊，讀出那篇文章。

那位女士再也沒話可說。

二七三　大涅槃[264]

一九四八年十一月，尊者左上臂的小癤腫，日愈腫大，到了一九四九年二月一日時，腫成像彈珠般大。道場醫務室的主治醫師是商卡拉·饒醫師（Dr. Sankara Rao），以及一位退休的外科醫師，名叫室利尼瓦沙·饒醫師。他們向尊者指出這粒癤腫，並建議要施以小手術割除，但尊者不同意。然而癤腫快速增長，醫師極為憂慮，乃略施強迫，使尊者同意割除，於是在一九四九年二月九日，施以第一次手術。

所有的師兄姐都要尊者把繃帶遮蓋起來，不讓外面的人看到。但是尊者的上半身有衣料可蓋嗎？有穿襯衫嗎？尊者唯一的東西，是一條白布巾，約半碼寬，四分之三碼長，他把它繞在頸部上繫綁著，遮蓋繃帶，繃帶透過空隙，仍可觀見。若有人鼓起勇氣，向他問到底怎麼了，他總是笑著說，他的手臂帶著一個臂鐲，或者說臂上生了個林伽，或者那是史威耶姆布林伽[265]。過了一段時間拿開繃帶，人們說傷口癒合了。但他們忘了在這段期間的一九四九年三月十七日正是灌頂儀式活動最繁忙的時候。慶祝活動一結束後，所有的人才知道腫瘤又生長了。有人建議用綠葉和無花果樹的汁液，施以醫治。也有人帶藥膏來，敷抹其上。一九四九年三月二十七日，來自馬杜賴的雷格瓦查理醫師（Dr. Raghavachari）及若干醫師說，這些處置，皆無療效，必須再行手術，剷除腫瘤。他們離去時，說必須施行第二次手術，並允諾於一九四九年四月三日再回來這裡。

我有點害怕，懷著祈禱的心情，向尊者懇求，說道：「為何要有這些手術呢？為何您不用您自己的處方來醫治呢？就像當年您治好您的黃疸症一樣。」

尊者答道：「他們都是很有名的醫師，讓他們來醫治。」

我說他們已經施行手術過了，但沒成功，並問尊者，何不尊者自己來醫治呢？尊者答道：「這一次就這樣，若再生腫瘤，我們再來看看。」

一九四九年四月三日[266]，我們在尊者面前討論手術的細節時，醫師來了。尊者一看到醫師，就說道：「看，醫師來了。」然後準備伸腿起身。尊者在展示他教導的實務面，凡必發生者，則將發生，凡不發生者，則將不發生，然後他以堅定的口吻，說道：「是的，那個要發生的，縱使我們說不，也不會停下來。」說著，他就從長椅上下來，前往醫務室。手術過後，一直到一九四九年五月中旬，一切都相當滿意。但此後，大家又充滿焦慮與憂灼，因為拆線後，手術的部位開始出血，腫瘤並未治好，而又顯示是惡性的。

有人建議，腫瘤曝曬在陽光下，有益療癒，於是在一九四九年六月，醫師讓尊者坐在牛舍後面的地方，拆開繃帶，使傷口暴露在陽光下一陣子。在這樣的場合，尊者對惶恐不安的師兄姐，說道：「看，這樣多好！它像珍貴的紅寶石，成為我手臂上的飾物。看，它有多鮮紅！在陽光照射下，燦爛生輝。看看它！」若

264 大涅槃（Brahmanirvana），本則記事從一九四九年初，拉瑪那左上臂發現腫瘤，至一九五〇年四月十四辭世為止，概述其間之醫療及尊者的病情。原書並無日期，也無編號。編號係譯者添加，成為第二七三則。

265 原註：史威耶布林伽（Swayambhu Lingam），是從地上自己生出而萌起的林伽，跟上主濕婆，息息相關。

266 拉瑪那第二次手術的日期，根據信徒柯恩（S.S. Cohen）的日記，係在一九四九年三月二十七日。但娜葛瑪的記載是在一九四九年四月三日。雙方日期不一，或許娜葛瑪是泰盧固人，其日期是根據泰盧固的年曆，而柯恩是伊拉克猶太人，使用的年曆不同。

有人看到在出血，而憂傷以道，他總是說：「何必擔憂呢？讓血流出來，那是紅寶石。你看，好像是希爾曼塔卡曼尼寶石[267]一樣，這裡也每天生產黃金。不同的是，那個所產出的黃金，是黃色的，而這個是紅色的，看它流出多少血。」若有師兄姐祈求他能醫治自己，他則說道：「我跟這個有何相干呢？」或者說「我能怎樣呢？」

一九四九年七月五日，有位老人，來自鄰近村鎮的瓦魯凡（Valuvai），他是位知名的阿育吠陀醫師，施以某種綠葉的汁液，並包紮傷口。他在施藥之前，審視惡性腫瘤後，憂傷地說道：「喔，尊者！這個腫瘤真嚴重！這是癌症。萬萬不可觸摸，為何你容許動手術呢？我若先知道，我就用含有藥性的綠葉敷在上面，加以治癒。師父，現在太遲了。」

一九四九年七月一日晚上，尊者離開醫務室，回到廳堂時，他的身體開始晃動，雙腳不穩，步履也顯得蹣跚。他感冒發燒了，勉強走到廳堂，盤坐在長椅上。我們都十分警覺，並憂心地看著他，這時年歲已高的珊塔瑪（Santhamma），身為一位長年跟著尊者的信徒，實在按捺不住，脫口說出：「喔，這個身體呀！」尊者一聽到這句話，就說道：「喔，這個身體！怎麼了？發生了什麼事？它在晃動，它晃動什麼呢？」這樣說著，他克制晃動，看著這位師姐，說道：「那是舞王濕婆[268]的舞蹈，妳又何必害怕呢？若每天給妳觀視的身體是靜態的，那麼今天給妳觀視的身體是舞姿的。何必這樣大驚小怪呢？」說著，他端坐在那裡，穆然靜默。這時開始吟唱吠陀經文。

一九四九年八月七日，古魯史瓦米·穆達利爾醫師（Dr. Guruswami Mudaliar）親自來這裡，督導第三次手術，我已寫信向你說到，從那一天起，在尊者面前的提問及答話，都很少了。在一九四九年十二月十九日最後一次手術之後，尊者並沒有進入新廳或舊廳，他待在大廳對面的一間小房間裡。在施以順勢療法之後，開始試以阿育吠陀療法。穆斯醫師（Moos，一位來自喀拉拉邦的著名的阿育吠陀醫師）醫治尊者後，感到氣餒，他在一九五五年三月三日，撰寫讚美詩，頌揚尊者，並以毗濕奴的千聖名號，每天吟唱。有些師兄姐，行拜日法會，有些人則開始持頌〈嘛利安羯爾祈請文〉（*Mrityunjaya Japam*，或譯〈濕婆神咒〉），向死亡征服者濕婆禱告）。正如同他已經把身體交給醫師，任其處置而說「是的，是的」，他也接受師兄姐以聖水及聖食的方式來供獻。

他們持誦完〈嘛利安羯爾祈請文〉後，前來問尊者，是否可以辦嘛利安羯爾火供（濕婆火供），他點頭表示同意。他們走了之後，尊者便對范卡達拉南，說道：「滅絕自我而駐在真我，乃是嘛利安羯爾火祭。《女神超越之道》（*Devikalottaram*）第十六及第十七頌說道，人不應沉溺在真言（祈請文）、火供及這樣的行事裡。《真知遍在之道》（*Sarvajnanottaram*）第三十五頌，述及駐止於真我，此一本身，便是真言、神明、點化（啟引）、苦行、火供及冥想。」

在此同時，有位師姐行旃地火供[269]，另一位女士點燃聖燭，以撫慰薩尼（Sani）〔即印度神話中土星人格化的神，審判之神〕。在阿魯那佳拉神廟裡，有些人執灌頂之禮，而其他人行祭祀拜神。

一九五〇年三月十七日，尊者有嘔吐，感覺不適，就沒有進食。他的妹妹阿樂美露聞悉，前來探問，說道：「喔，尊者！您好像都沒有吃東西，今天的布丁很好吃，但您一口也沒吃。」尊者溫言回應，請她離開。

267 原註：希爾曼塔卡曼尼寶石（Syamanthakamani）是一種極珍貴的寶石，據說每天產出八卡車的黃金，可使佩帶者，免於任何的危險及災厄。

268 原註：舞王濕婆（Nataraja），是濕婆的別名，三大主神之一。祂在出神時，以手足舞蹈而聞名。

269 旃地（Chandi，字義：野蠻的），指女神難近母杜爾迦。

自從確定罹癌之後，只要我能去看他，我都向尊者祈禱，說道：「請您自己把這個病治好，為了我們，留在這個世上。」尊者總是婉言安慰我。當施以第三次及第四次手術時，我表示我的惶恐與不安，尊者不時說沒什麼好憂慮的，也沒有什麼重大的錯誤。因此，不論病情如何嚴重，也不論其他的人如何焦慮沮喪，我總是認為尊者在向我暗示，這個病不要緊。這個自我的念頭籠罩著我整個人，使我昧於病情殘酷的現實，我遂相信他最後必定會治癒的。

一九五〇年三月十九日是陰曆的新年。自從我來道場以後，新年當天，我都要向尊者奉上一條毛巾及一件纏腰布，並安排當天在道場上的乞食活動。因為我不願意今天就放棄不做，所以我在一九五〇年三月十八日的晚間七時，攜帶毛巾及纏腰布，由我們郵務長拉賈·艾耶陪同，進入小房間。尊者瞪著我看，我靜靜地把布巾放在桌上，並說明天是烏加迪（Ugadi，新年元旦），尊者就說道：「烏加迪到了？吠克魯提[270]（一九五〇年份的新年名稱）到了？」他的聲音聽起來有點奇怪，含混不清。我無法解釋什麼原因，但似乎有不祥的預兆，令我悲痛欲絕。兩位隨侍站在一旁，十分吃驚。我也不知道要說什麼，只得喃喃而語：「若我放棄往例的行事，恐怕不好。」尊者說道：「喔！那是什麼？」並且望著他身邊的隨侍安傑伊耶魯（Anjaneyalu），說道：「把這些布巾收好，娜葛瑪帶來的，明天似乎是新年元旦。」說著，他就很和藹地讓我們離開。當隨侍把布巾拿走時，我靠近長椅，向尊者問道：「手臂現在怎麼樣？」尊者說道：「怎麼樣，我又怎麼說呢？」我告訴尊者，說道：「您一定要把自己治好。」尊者答道：「嗯，現在我說不上來。」我極為謙卑地祈求，說道：「您怎能這樣說呢？尊者。」他或許認為，若不告訴我赤裸裸的真相，我是不會放棄希望的，於是他以慈悲的眼神看著我，說道：「嗯，醫治好，醫治什麼呢？」我說道：「哎唷！不能治好嗎？」尊者答道：「嗯，治好？治什麼呢？現在怎麼能治好呢？」先前確認沒什麼好擔憂的，並且不會有事的，但當我聽到這些話時，先前的確認，頓時幻滅，我渾身恐懼，為之戰慄；我不禁雙眼淚流，哽咽無語。當我正設法平靜自己，開口想問我們未來的命運時，有人從辦公室匆忙前來這裡，要處理一些緊急事務，而外面的吵雜聲，又使我驚慌，於是連想問的問題也沒問，就走了出去，慢慢地走回到我住的小屋。隔天上午，我想前去尊者那裡，要問他最後的遺言，但一直都沒有機會，而尊者的聲音，一直迴響在我的耳際，說道：「烏加迪到了？」似乎在說：「一切都過去了。」烏加迪這個特殊的際遇之聲，使我這些年來，聽聞而安享尊者神品的所有聲音，在此劃下句點。

一九五〇年四月十四日晚間，我於六時三十分，排隊等候觀視尊者。當我走上去，面對著尊者就坐的房間門口的高台上，佇立在那裡一會兒，我的視線集中在他身上，內心禱告，向他說道：「喔，上主啊，您起碼投射一次您慈悲的目光給我，好嗎？」尊者的眼睛，緩緩睜開，從那個眼神裡，一道慈祥的目光，落在我身上。我何其幸運！那是最後一次，得到他慈悲的觀視。

當晚八時四十七分，室利·拉瑪那，光，開悟的化身，離開了這個塵世。

這位上師神明，一度是我的母親、我的父親、我的上師、我的神明，這些年來都在庇佑著我，而那個偉大靈魂的駐在，今已滅息，我有如泥像，呆在那裡，沉入在無可言喻的哀傷與悲痛。

這些信函，於一九四五年十一月二十日開始撰寫，藉著尊者的恩典，這些日子來，不曾中斷，而持續下去。在尊者化身降世的終了，我也將結束這些書信的寫作。

270 泰盧固年曆列有六十組的年分名稱：稱為吠克魯提（Vikruti）的年分是在一八九〇、一九五〇年、二〇一〇年、二〇七〇年。

OM TAT SAT

唵　那個　存在

印度靈性導師
拉瑪那尊者的道場生活紀實

真我憶往

Letters from and Recollection of Sri Ramanasramam

蘇孋·娜葛瑪（Suri Nagamma）著
D.S. **夏斯特里**（D.S. Sastri）英譯
蔡神鑫 譯

前言

一些偉大信徒的苦行到了完全成熟的階段時，他們會因神的恩典，再降生在這個世界。當他們完成所負的任務，便又歸返而去，這一類型的人物，有庫瑪拉史瓦米（Kumaraswami）、庫瑪里拉巴特塔（Kumarilabhatta）、智親（Jnanasambandar）及拉瑪那尊者（Sri Ramana Maharshi）。

在本世紀裡，沒有人能像十字真言（Neevevarovo telusuko，字義：找出你是誰）那樣簡明扼要，教導不二一元論。

我們敬愛的室利·娜葛瑪（Sri Nagamma Garu）待在道場，安住在這位卓越上師的聖足下，長期安享福佑，記錄這裡所發生的每一樁行事，用簡明易懂的文字，把尊者經常闡述的偉大真理，公諸於眾，讀者經由她的書籍《信函》及《生活》，業已知其梗概。

當時撰寫上述兩書時，有些所發生的行事，尚付闕如，現在都記述在這本憶往文集裡，願有識之士，能閱讀之，並體驗無比的快樂！

史瓦米·尼爾維卡帕南達（Swami Nirvikalpananda）

一九七八年六月十二日

於羅摩克里虛那靈修院（Ramakrishna Mutt）

拉賈穆德里（東哥達瓦里區[Rajahmundry East Godavary Dt.]）

自序

一些師兄姐表達他們的願望，希望能聽到拉瑪那尊者有趣的談話及神品般的叮囑，而其中一位是我的哥哥夏斯特里（D. S. Sastri）。一九七六年二月，我在馬德拉斯，接受一次手術，我的哥哥、他的女兒瓦珊塔（Vasanta）及她的丈夫羅摩克里希那（Ramakrishna），對我誠摯照顧，真情服侍；手術之後，在鈷放射治療期間，我的哥哥經常坐在我的旁邊，上午閱讀《薄伽梵歌》，晚間閱讀《薄伽梵往世書》。在那個場合，我思潮湧現，便述說一些在尊者面前所發生的往事，他把這些事情記錄下來，但尚未收存在《來自拉瑪那道場的信函》（中文版譯為《真我信箋》）及《我在拉瑪那道場的生活》，雖然後來他勸我把它寫成一本書，但我在當時並無體力與熱誠來做這件事。

一九七六年五月十日，我應我妹妹的兒子薩瑪（G. R. Sarma）及其妻妮爾瑪拉（Nirmala）的邀請，前往班加羅爾，俾能靜養康復，就在此時，拉瑪那道場的加尼桑（Ganesan，拉瑪那弟弟的次子）寫信給我，要我仔細回想並用敘述的方式，寫下有關拉瑪那尊者的所有憶往諸事，以便道場能夠適時出版，然而我並無心志或體力能坐下來撰寫，所以回信給他，說若我有足夠的體力前往道場，待上一段較長的時間後，我就接下這份任務。

一九七六年十月十二日，我妹妹的女兒普蕾芙拉（Prafulla）及其丈夫阿瓦達尼（S. V. Avadhani）邀我去孟買，易地療養。當時在那裡，當地的拉瑪那協會（Ramana Kendra）的祕書蘇瑪桑德倫（P. V. Somasundaram），提議於一九七六年十月二十一日召開協會師兄姐的聚會，並要我出席講話。我告訴他，我不習慣當眾演講，他說我可以把想講的話寫下來，他會請我的姪子翻譯成英文，然後在聚會中宣讀出來，如此盛情邀約，我別無選擇，只好同意。一九七六年十一月十八日，我在孟買納瑞曼角（Nariman Point）一帶，銀行大樓外面的公園，坐在一棵菩提樹下。那裡是我姪子居住的地方，我開始寫下這些憶往諸事。我覺得這是尊者的召喚，我不應該再忽視了，這就是我提筆再寫的緣由。

四年之前，我撰寫《我在拉瑪那道場的生活》，因為時間太短，一時疏失，在撰述時，內容或許略有重複，尚祈讀者在這方面，多加包涵。

蘇孋．娜葛瑪

一九七八年一月一日

於蒂魯瓦納瑪萊 拉瑪那道場

一　來，我們走吧

在拉瑪那的傳記《拉瑪那傳》（*Ramana Maharshi*）及《真我真知之道》（*Path of Self-Knowledge*）裡，述及尊者在維魯巴沙洞屋時，他的母親前來一兩次，又述及一九一二年母親在那裡居留約有十天而生病了，當時他譜寫四則詩歌，向上主阿魯那佳拉祈禱，這可能是唯一被知曉的事例，他以禱告而影響生命事件的進行。母親的發燒退了，也回到瑪那馬杜萊（Manamadruai）的住家。一九一六年，家裡橫遭困厄，而她也厭惡這種生活，遂再度走訪阿魯那佳拉，這一次她執意要跟拉瑪那住在一起，直到她的生命終了。因為她不敢確定是否能獲准跟拉瑪那住在維魯巴沙洞屋，於是她先暫時待在耶夏摩的家裡，然後跟耶夏摩及一些師姐，不時前去探視拉瑪那。過了不久，她表明說，她要永久跟拉瑪那待在洞屋。尊者聞悉後，沒說什麼，照管道場（洞屋）的其中一位隨侍表示反對，因為他覺得尊者可能不喜歡這個想法，也可能就這樣離開這裡，而不再回來。這是尊者對他的親戚，包括母親在內，眾所周知的態度，此外，若母親這個特例一開，則其他的婦女，像耶夏摩及穆達利爾．佩蒂也可能會有特例。因此，所有的隨侍師兄，意見一致，都說在任何情況下，婦女不准待在洞屋。

當這項反對的意見告知之後，耶夏摩及其他婦女斷然說道：「我們永不會要求獲准待在道場，若母親能獲准待在那裡，那就夠了。她已年邁了，無法每天登陟山丘，她年歲這麼大了，還能到哪裡去呢？從今以後，尊者要照顧她。」因為沒有任何人能忖度尊者的心思，也害怕任何建議會改變道場的既有傳統，隨侍師兄他們堅持拒絕母親的請求，於是她極為懊惱，起身就要離開道場。尊者看到這樣，深受震撼，也立身而起，牽著母親的手，說道：「來，我們走吧。若此地不能待，別地自有待留處。」就在當下，道場裡的同居信徒跪在他的腳前，害怕他也一起離開他們，便懇求他待下來，說道：「請不要到別處去，祈請您跟母親也待在這裡。」從此，母親就尊者住在一起。

隨著時間流駛，母親因為尚有潛在習性，總是說最好能有這個東西或那個東西，而尊者也輕聲責備，說道：「母親，若妳要吃住舒適，可到另一個兒子那裡；若要心靈舒適，則可待在這裡。」當然她選擇後者。她使自己適應道場艱辛的生活，而在任何環境下，都無念頭要到其他的地方。她一直待在那裡，孑然一身，直到相當年邁，而尊者以其神恩，使其解脫，印證了《奧義書》的誡命「敬母如神」（"Matrudevo Bhavah"）。

當我從康猶史瓦米那裡，聽到母親待在洞屋的事情經過時，我問他這件事為何尊者的傳記沒有記載。他說道：「確實沒有記載。」我又用同樣的話去問尊者，正如你問我的一樣，向他說道：「何必呢？道場裡的人，意見不一，我不喜歡把事情公諸於眾。」我又說，可能還有一些事情像這樣的，尊者說道：「是的，還有許多事情，外人不知道的，又能怎樣呢？」

我對於這類的事情，天性喜歡公諸於眾。有一天，我向珊塔瑪及施巴拉克希嬤嬤說了這件事，她們是在廚房工作的師姐。她們向我述說另一件事情如下：「尊者和母親在史堪德道場住下來之後，尊者的弟弟秦南史瓦米來到阿魯那佳拉，棄世出家，開始過著四處乞食的生活。不久後，他來跟尊者和其他隨侍師兄待在一起。我們還記得，尊者待在史堪德道場，一直到母親逝世。母親知道來日無多，便在尚未昏迷之前，把尊者叫到身邊來，將秦南史瓦米的手放在尊者的手上，說道：『看，我親愛的，這個孩子不知道是非，不要讓他離開你，好好看著他，這是我最後的希望。』這樣說著，就把她第三個兒子託付給尊者照顧，尊者遵照母親的囑咐，就時常盯著秦南史瓦米。秦南史瓦米若有任何差錯，尊者總是很有技巧的解決問題，後來，秦南史瓦米成為道場的管理人，而秦南史瓦米對尊者也極虔誠而高度尊敬。

這在秦南史瓦米身為道場管理人，負責道場的行政時，尊者對他的照顧，十分明顯。若秦南史瓦米指摘師兄姐犯錯，而師兄姐前來向尊者訴苦，尊者會慈祥地看著他，並用其獨特的方式，述說一些有趣的故事，以抒解他的情緒。若這樣之後，師兄姐仍在抱怨，尊者就說道：「誰知道管理人是否聽過這個故事呢？」

關於使他母親解脫的事，正如前面所述，另有一件事值得敘述。當早期的師兄巴拉尼史瓦米臨逝前，尊者想要使他能解脫，所以把手放在他的頭部和心臟處，但他的習性太強，無法融化，試了一陣子後，尊者把手拿開，最後放棄努力。過了幾年之後，在母親臨逝的事例，尊者同樣把手放在頭部及心臟處，而母親的習性逐漸消退，尊者持續按著手，一直到生命完全滅息，於是他使母親解脫，加持成功。在牛隻拉西米臨逝時的事例上，尊者常告訓我們，生命的所有往昔事件，都會湧現上來，跟母親的情形一樣，而母親的事例是消退了，但在巴拉尼史瓦米的個案，並沒有消退。當我指出，尊者手按在牛隻拉西米身上，並沒有像母親的情形都樣，一直到斷氣為止。他說道：「喔，那個啊！拉西米還有什麼欲望呢？只有在太多的欲望時，那些欲望會一直留到死亡為止。」所以，尊者要我們知道，牛隻拉西米是動物，並沒有習性，不像我們人類那樣。就只有這三個生命的事例，我們知道尊者在他們生命終了時刻，施展其恩典。

二　廚師

一九四二年某個時候，一位師兄問尊者，說何以《四十讚頌》[271]僅有四十則頌句，但其韻律卻不一樣。尊者用類比的方式，說道：「喔，那個啊！納耶那要寫《拉瑪那百讚頌》（*Ramana Satakam*），以十則頌句合成一組，各組的韻律皆不相同，並就某個主旨，而選擇不同的韻律。他開始用一個韻律來寫一則頌句，然後逐漸增加頌句，後來他想再寫，但無法完成，直到他去世時，他僅寫了四十則頌句，我把這些頌句合輯起來，稱為《四十讚頌》，這就是每天上午在吟唱吠陀經文之前所朗誦的頌文。怎麼辦呢？他所寫的東西，類似這樣，都沒有完成。這是他做事的方式。」「頌句中有一兩處，一連著十則頌句，都用同一個韻律，這是怎麼來的？」師兄問道。「是的，是的，在十則頌句的段落裡，他用輕鬆的語氣，僅寫了兩則頌句：『喔，出家人的上主啊！你像個廚師，侍奉神明。』『你摧毀人類獸性的自我，並為上主濕婆炊煮食物。』你看，那是意味我是個好廚師，納耶那把我說成是一個廚師。真奇怪！可能（上主）阿魯那佳拉伊濕瓦若當時仍在吃人類未炊煮的食物，而現在他說我是個炊煮高手。納耶那的意思是說，我很會烹飪，所煮的食物也很美味，並供奉給上主，太好了！祂進食時，能大快朵頤，實在是位好廚師。」尊者微笑地說著。

三　稱號

一九四四年，我在筆記本上抄寫所有的泰盧固文詩頌時，無意間看到一則杜爾巴·蘇婆羅瑪尼耶·夏斯特里（Durbha Subramanya Sastri）所寫的讚詩，就拿給尊者看，尊者向我指出裡面的一則詩頌，說道：「看！

他所寫的是在說，『你這個傻子，你在山上各洞窟裡苦行，所獲得的珍貴真知，卻沒有取得著作權來保護，任其四處散落。』所以，他說我是個傻子。是的，那很好。好像是這樣。」我們都覺得尊者的話很有趣，當時，維那科塔·范卡達拉南曾用泰盧固文寫下一篇詩頌，我們在諸多字紙中找到。詩頌的大意如下：

他是阿樂葛瑪的小孩，這個小孩很溫馴，他很細心，他很聰明。
他十分寡言，但一脫口說話，便咳唾成珠；他了無觀視，但凡有觀視，便存乎真我。
他餵飽你，使你免於饑餓，但不顯露拯救之道；
他四處走動，了無執著；他不炫耀無執之道。

詩頌裡還有一些頌句，是同樣的語氣。我問范卡達拉特南是在何時寫這些詩頌的，尊者說道：「喔，那個啊！妳來道場之前，他就來這裡，待上一段時間了，他在離去之前，謄寫這些詩頌，拿給我們。妳看，他說我是個『馬雅迪』（mayadi，能使人放下戒心的人）。是的，人們給了我這個或那個稱號，誰在乎去追問呢？」尊者微笑地說道。幾天之後，蘇麗絲有一篇文章刊登在泰盧固文的月刊上，那一天負責郵件的室利尼瓦沙·毛尼（Srinivasa Mowni）帶來那本月刊及寄來的一些郵件，尊者看完信函後還給他，他把月刊留在尊者那邊，笑著說道：「好一個竊賊，尊者！」尊者看完月刊的文章後，把月刊遞給我，說道：「看，蘇麗絲在月刊有篇文章說到我，把它大聲朗讀出來，好讓在場的人都能聽到。」我便全文朗讀，讀到文章的結尾，作者寫道：「最後，尊者把我吞掉，亦即我全部的自我，好一個竊賊！」當我讀出來時，所有聽得懂泰盧固文

271 《四十讚頌》（*Chatvarimsat*），是指《拉瑪那四十讚頌》（*Ramana Chatvarimsat*）。

的人都笑了。尊者也微笑地說道：「毛尼拿這份月刊給我，隨即就說『好一個竊賊，尊者！』也不告訴我是怎麼一回事，就笑著走了。我正奇怪是什麼事讓他這樣說，等我看完這篇文章後，才知道是那樣[272]。我不知道我到底真的是什麼樣的人。薩瑪（Sarma）說，我是個傻子，維那科塔說我是個『馬雅迪』，蘇麗絲則說我是個竊賊。他們一定是在確認我究竟是個什麼樣的人，而納耶那已經給了我廚師的稱號。是的，這些稱號或是別的，都是很好的稱號。」這樣說著，他逗得我們都笑了，而他也加入我們的哄堂大笑。

四　這位堅定的信徒真是幸運！

一九四六年某時，S．杜賴史瓦米．艾耶（S. Doraiswamy Iyer）來到道場，他在馬杜賴執業律師，相當成功，賺很多錢之後，放棄執業，把所有的錢都捐給奧羅賓多道場，並住在那裡，成為道場居民。他不時前來拉瑪那道場。有一次，杜賴史瓦米來到廳堂，坐在那裡時，我正在把頌揚尊者的泰盧固文讚詩抄在筆記本上。他看到尊者不時叫我，並指示我抄寫泰盧固文的讚詩或其他的東西。他似乎觀察到尊者叫喚我的時候，所流露的父愛很特別，所以在尊者離開廳堂，而我也離開後不久，他在我未覺察下，逕自在我的後面，吟唱知名作曲家蒂亞格拉賈[273]的唱和讚歌[274]：「莎巴里[275]怎麼這麼幸運？這位堅定的信徒，真是幸運啊！」我聽到背後突如其來的歌聲，大為詫異，便轉身去看，發現他正微笑地注視著我。我問他為什麼他要這樣唱歌。他手指著我，說道：「是的，阿嬤（Amma，對女士的尊稱），我在說這位堅定的師姐，多麼幸運，我們雖然向尊者問了各種的問題，但尊者從未問過我們一次。但對妳來講，尊者問了妳，說道：『娜葛瑪在哪裡？』而且不時問到妳。妳是何其幸運啊！」對此，我自然深受鼓舞。

一九五四年，我離開道場，搬到安得拉邦定居，每年一或兩次前來道場，待上幾個月。在一個場合裡，當時可能是一九五七年，我待在尊者的廳堂，為時比往常久了些，我的思緒全都是尊者，突然之間，我聽到背後有個很像尊者叫喚的聲音傳來，「娜葛瑪在哪裡？」我驚訝之餘，轉頭回看，發現達瓦拉吉·穆達利爾正微笑對著我，他看到我眼眶盈淚，說道：「尊者總是這樣叫喚妳，不是嗎？」我情緒平靜後，說道：「是的，哥哥，你說的完全正確，剛才我還以為是尊者在叫我，迷惘了一下！就這樣子吧，至少從你的口中，我再次聽到這麼令人安慰的話。對我來講，是多麼美好的一天啊！杜賴史瓦米·艾耶就是從尊者那裡聽到這句話，他才吟唱：『這位堅定的信徒，真是幸運啊！』那些美好的日子，已然逝去，不復返了。」我說道，而穆達利爾也有同感。作為師兄的他，對於我的不勝噓唏，感同身受。

272 「好一個竊賊，尊者！」的記事，也見於達瓦拉吉·穆達利爾（Devaraja Mudaliar）著《日處真我》（*Day by Day with Bhagavan*）中文版書，32-33頁。

273 蒂亞格拉賈（Tyagaraja，1767-1847），又譯為提耶迦羅闍，是印度卡那提克（Carnatic）音樂的著名作曲家，歌曲頌揚上主羅摩。

274 唱和讚歌（Kirtan，音譯柯爾坦），指虔愛派信徒以對唱的方式吟詠，內容有抒情詩頌及祈請文。

275 莎巴里（Sabari，字義是堅定的信徒），莎巴里（Sabari）是《羅摩衍那》中，對上主羅摩極為虔誠而堅定的一位信徒的名字。今對虔誠而堅定不渝的信徒，皆泛稱為莎巴里，意指堅定的信徒。

五　無須適用在婦女

按照傳統規定，良家婦女在生理期間，不得閱讀或書寫，我遵行這項規定已有多年。我在這三四天期間沒去道場，因此道場接受各方人士要求抄寫的泰盧固文文件，堆積如山。尊者看到這個現象，已有一段時間。我第四次在道場缺席之後，尊者就此有了評論，那一天郵件寄來一些讚詩，必須在廳堂朗讀後，立即抄寫下來。這些讚詩一如往常放在尊者手中時，他看著羅杰格帕拉·艾耶，說道：「喔！這些文件收到了，但娜葛瑪不在。她每兩個月，都要請假三次，甚至一位邦國的總督或許也要請假，不光是婦女而已。他們高興不來就不來，但我們必須有個原因，好吧。把這些文件和筆記本拿去給她。她有空的時候，可以抄寫。請她先把文字校訂好，因為要馬上送去印刷廠。最好是你回來的時候，也把文件一併帶回來。」於是他派人把文件送來給我。不久，羅杰格帕拉·艾耶就帶來文件，並微笑地告訴我尊者所說的話。他給了我文件後就走了。先前我對生理期間有關讀寫的諸多疑惑，在當天便煙消雲散，我採取尊者的權威觀點，便立即著手校正文字。隨後，把送來的文件，抄寫在筆記本上，我沐浴潔淨之後，便前往道場，把這些讚詩放在尊者的聖足前，他露出慈祥的微笑，欣然接受。

六　何必憂傷呢？

尊者誕辰始終是重要的年度事件。慶祝活動的前一天，在廳堂裡有朗讀頌揚尊者的讚詩，而晚上有餐會。有些師兄姐是當天上午前來，當晚離開，但一些老師兄姐是在前一天就到，待了一天之後才走，以便有較多的時間跟尊者在一起。因此，一連三天，道場顯得十分忙碌又熱鬧。

在十二月間的誕辰慶祝日來臨時，古倫·蘇巴拉瑪耶、克里虛那·畢克修及其他人，都會在四或五天前先來道場幫忙，我本來想可以花點時間跟他們討論尊者，但很遺憾在　辰慶祝活動日的前一天上午，我有生理月事，我內心十分不悅，便坐在我房子的門廊上，對於我跟他們失之交臂的遺憾，感到焦慮。因為我沒有在往常的時刻出現在道場，蘇巴拉瑪耶便來我住的地方找我，詢問原因。我說明了我的困難之後，他講了些安慰的話就走了。尊者一看到他，就說道：「是怎麼回事？娜瑪葛怎麼沒來？」蘇巴拉曼耶說明我沒來的原因後，又說我非常灰心而沮喪。「為什麼呢？她何必傷心呢？她可以坐下來冥想。」尊者說道。蘇巴拉曼耶於午餐過後，前來看我，並告訴我尊者的話。從那天起，我便有了確切的看法，就是不管在任何情況下，都不要妨礙到持行冥想，而重要的是要擺脫心思的不潔。這對寫作上，也是很好的。尊者的話語，無疑是項教誨，又帶著他的恩典及仁慈。

七　齋戒

在我開始寫作的那幾天，發生了一件重要的事情。在吉祥的日子裡，例如是迦剌底迦月的星期一或濕婆節（Maha Sivarathri）的日子，我通常都行齋戒，而且當天要抄寫的文字特別多，好像是在考驗我。我若在現場的話，尊者就特別仔細看這些文字，不只是瀏覽而已，於是羅杰格帕拉·艾耶就質問何必這麼麻煩，細看這些文字，不如把它交給娜葛瑪。尊者不回應這個質問，而我只是去向他要文件，他很勉強地拿給我。這樣的情況，約有一或兩次後，我想起了耶夏摩的姪女結拉瑪在特定的日子放棄齋戒的情形，她認為服侍尊者比執意於齋戒還更為珍貴。結拉瑪無意間手上拿著一則頌文，我將之披露於下：

若與聖者為伍，則無須宗教上的齋戒。有涼風吹拂，何須扇子呢？

康猶史瓦米在特定的節慶日子，有時遵行齋戒，因此在這樣的情況下，尊者不交付他任何工作，並且說道：「他在行齋戒禁食，身體虛弱，怎能要他工作呢？」康猶史瓦米聽到這句話，就放棄齋戒，說道：「夠了，這樣夠了，難道遵行齋戒比服侍師父還偉大嗎？」

有一次，一位師兄向尊者問及齋戒及其意義。尊者對他投以慈祥的目光，說道：「若所有的感官感知之運作，都已屏棄，則心思便注於一處，這樣的心思，專注在神上，那就是齋戒（Upavasam）。upa，意謂『靠近』，vasam意謂『住在』。他要住在哪裡呢？他將住在他的真我裡。欲望乃心思的食物，在齋戒時，要捨棄欲望。了無欲望，便了無心思，其所留存者，則是真我。能『齋戒』其心思者，無須『齋戒』其身體。」尊者說道。

那位師兄又問道：「為何人們說，應遵行火供、獻祭、灌頂儀式、供養，並在這些場合中，行齋戒呢？」尊者答道：「那些都是次要的。對於其人無法齋戒其心思者，正如前面所述，則建議他在身體上齋戒，俾能淨化其心思。若其人甚至連齋戒（禁食）都無法持行，則建議他行拜讚及誦聖名、持咒。這些全都是好的。」

八　拿去給那些已經吃過的人

一九五〇年一月，尊者左手肘的腫瘤增生，因為所有的各種醫療，皆告失效，所以施以順勢醫療。順勢醫療的醫師跟其他的醫師一樣，都懇請尊者在開始治療之前，先自己治療自己，並說醫師自己所能做的，實在有限。當時，我僅食玉米，而非米飯，因為在一月分裡，市場上有新鮮的農作物，我便用玉米製作一些脆餅，跟前年所作的一樣，照例要拿來供獻給尊者，而我自己則只煮玉米來吃。尊者對玉米脆餅，十分歡喜，不管什麼時候，我拿來供獻，他都吃得津津有味。現在他生病了，辦公室當局宣布若無事先准許，不得提供任何食物或醫藥給尊者，有鑒於此，我先去問醫師，他們不表反對，於是我製作一些脆餅，放在一個大的黃銅盒子裡，約在早齋時刻的一小時前，到辦公室。當我告訴他們，說醫師並無反對尊者吃脆餅，我想把脆餅交給廚房裡的人，好讓他們在早齋時分給尊者及其他人。道場管理人及其他的人，並沒說什麼，而我也不知道要怎麼做，於是把脆餅交給廚房裡的桑塔孃，讓她們隨意處理。在那些日子裡，尊者並沒有到齋堂用餐，也不知道那裡有什麼事。因為道場當局沒去問醫師，也不願把脆餅拿給尊者，於是就只分給師兄姐。尊者的隨侍之一，羅摩強德拉·艾耶在早齋時吃了脆餅，前來向尊者說：「娜瑪葛作了一些脆餅，在齋堂裡分發，拿給每個人。我們都吃了，非常可口。」尊者說道：「喔！是這樣嗎？這些脆餅很好吃，可是在沒有醫師的允許，我不能吃。」

因為我很想知道這些脆餅是否拿給了尊者，下午我就去問羅摩強德拉·艾耶。「不，他們沒有拿給尊者，可能是怕醫師不准。」他說道。我聽了十分懊惱，便對他說，我已經得到醫師的允許，而也知會辦公室了。我回到家後，十分傷心。後來，羅摩強德拉·艾耶悄悄地告知尊者說我已得到醫師的允准，並在交給廚房裡的人之前，也告知辦公室了。「噢！是那樣嗎？」尊者說道，並讓事情就那樣子。十天之後，道場當局得到醫師的允准通知，就拿著脆餅來給尊者，說道：「醫師允准您吃這個，請用。」尊者顯然不高興，說道：「噢！若娜葛瑪拿來的，我就不能吃；若你拿來的，我就能吃，是這樣嗎？她拿來之前，已經得到醫師的允准，而唯獨你不相信她。難道我現在應該相信你嗎？我應該要相信嗎？這種無聊的事夠了。拿去給先前已吃過的人吧。我不要這些東西。」這樣說著，他對這些脆餅，碰也不碰。

我在一九四〇年開始吃玉米，一直到一九五〇年為止，後來不適合我，從此我就再也沒吃了，可能在我的前世之一，我把玉米當作食物，供獻給一些苦行的聖者，以維持其身體，有十一年之久，因此，我在這一世得以優先把玉米當作食物，並服侍在尊者的聖足下。

九　無花果

上述的事件過後幾天，我的嫂嫂託付前來這裡的人，帶來一些無花果，並交待說拿一些給我，其餘的要給尊者，因為她知道尊者很喜歡無花果。我把無花果小心清洗，晾乾後放入好立克的瓶子。我不能拿給尊者，因為道場當局禁止師兄姐送尊者任何食物。這一次我甚至不想去請求他們的許可，雖然我對此感到懊惱，何況水果保存得很好，所以也無須趕緊送出去。我甚至連一小口也不吃，因為我不喜歡在供獻給尊者之前，自己先吃。尊者的順勢療法仍在進行中。有一天，我去道場，略微早於下午四時，那個時候，尊者接受探視的時間是上午八時至十時，以及下午四時至六時。我到那裡的時候，在涅槃室（小房間）的走廊間，尊者已被安排坐在鋪有墊褥的一張桌子上，那一天，尊者走出來，坐在平台上，那裡約有五百名師兄姐，男女老幼都有。在走廊的南向，有塊較低的平台，許多婦女包括我在內，都坐在那裡。室利尼瓦沙·毛尼在下午四時三十分來這裡，拿出要送發出去的信函給尊者看。尊者看了其中一封信後，便朝我這裡，盯著我看，我不知道他為什麼這樣。當他這樣看了兩、三次時，他身邊的S·杜賴史瓦米及其他人在竊竊私語，想知道到底是什麼事。毛尼從尊者那裡取回信件便離開，他一走後，尊者朝向我這裡，說道：「看，順勢療法的醫師允准我可以吃無花果、葡萄還有其他乾果，所以這些人寫信給你在馬杜賴的哥哥D·S·夏斯特里，要送一些過來，剛才我就是在看那封信。」我十分驚訝，鼓起勇氣，立刻說道：「是那樣嗎？真奇怪！我的嫂嫂不久前送來一些乾無花果，說要送給您，但我沒帶來，因為我怕不允許拿來給您，於是我把這些無花果清洗乾淨，晾乾後小心保存在玻璃瓶裡。」尊者很慈祥地看著我，說道：「是這樣？現在放在妳家裡嗎？」我說是的，但還在猶豫是否當場就回去拿過來的時候，尊者說道：「喔！我知道了。那些東西還在妳的屋裡。那又何必擔心呢？為什麼他們要寫信到馬杜賴呢？」我聽到這樣，再也坐不住了，不管後果如何，起身說道：「我馬上去拿來。」

我回家後又回來，歷時約十分鐘，帶了一瓶無花果。尊者看到我回來，便告訴他的親身隨侍倫加史瓦米，說道：「來了，娜葛瑪帶來水果罐，去接過來。」於是倫加史瓦米走到走廊的邊緣，伸手來接，而我是在低處的地方拿給他。尊者立刻打開瓶蓋，拿了一些出來，並要倫加史瓦米拿小刀給他，切成小塊，然後就吃了。圍繞在他身邊的人看了，大為驚奇，尊者把裝有剩餘無花果的水果瓶遞給倫加史瓦米，要他好好保管，否則他們又要到處寫信去要求提供。「我們能夠說，現在我們已經有了，我要的話，隨時可以吃了。」尊者說道。倫加史瓦米看著我，問我是否要將空瓶子帶回去，我說不必。這時恩典朝向著我，直撲而來，我喜出望外，無以復加，雙眼為之喜極而泣。尊者看著我，好像在說，「妳的願望現在實現了，是嗎？」而他瑩亮的雙眸，宛如翡翠，閃耀著光芒，自不待言。

在場的人，對此大為驚奇，因為尊者從未自己吃東西而不分享給他身邊的所有人，但在這個時候，這樣的場合卻是這樣。因為如此頗不尋常，我欣喜若狂，直上雲霄。我不禁想起上主羅摩接受堅定的信徒莎巴里給祂美味的水果，那也是她保存很久，等待上主的到來。我也感覺到杜賴史瓦米·艾耶於一九四六年，逕自在我的背後吟唱「莎巴里怎麼這麼幸運！這位堅定的信徒真是幸運啊！」在某種意義上，已然成真，而同是那位杜賴史瓦米·艾耶，本人也在現場，目睹整個場景，並對我投以極為慈善的目光。

十　心有所思，事乃呈現

一位能跟尊者親暱談話的師兄，看到道場上某些師兄姐有不妥的舉止，於是向尊者問道：「尊者，為何有些人在您莊嚴的面前，是這樣的舉止呢？」尊者微笑地答道：「那還能有別的嗎？內在的東西會跑出來，你看吧，若不是內在的東西，就不會跑出來。若有好的東西，就會跑出來，同樣的，若是壞的東西，也會跑出來。沒有任何東西可以鎖在裡面太久。」「那意思是說，在悟者或聖者面前，其行為是鏡子的映現。內在有什麼東西，就會反映到外在來。是這樣嗎？」那位師兄問道。「是的，就是這樣，坐在我對面那個人的思緒，從我這裡反映出去。那是什麼呢？人們聚在一起的地方，這樣的事情，就必然會有，那是不由自主的。」尊者說道，若干這類性質的事情，我姑舉一例如下：

道場遷移到山下時，阿南瑪萊（Annamalai）就負責建造的工事。有一天，每個人在廳堂裡都很安靜地坐著冥想，他進來廳堂，向尊者跪拜起身後，尊者就問他，那一面特殊的牆壁是否完工，以及那個新的房間是否開工。一位師兄看到這樣，說道：「尊者，為何阿南瑪萊一來這裡，您就只問他工程的事情？」「那是你的疑惑嗎？他進來這裡時，他是以阿南瑪萊這個名字個人進來的嗎？他代表著工程事務進來的，我能怎樣呢？任何人帶著觀念，來我這裡，那個觀念對我就是鏡子的反映，我就那個主題來跟他說話，他就滿意。他不能坐在這裡冥想，他不覺得遺憾，因為他唯一掛念的，是工程的事務，我若問他這方面的事，他就十分滿意。這就是長者所說的：『心有所思，事乃呈現。』（'Yadbhaavam Tat Bhavati'）。」尊者說道。

十一　教導之精粹

有一次，一位師兄問道：「上主克里虛那在《薄伽梵歌》下面這則頌文中所說的教導之要義是什麼？」

paritranaya sadhunam vinasayacha dushkrutam

dharmasamstapanarthaya sambhavami yuge yuge

尊者（面容微笑）：「這有什麼困難？它的意思是說，為了保護有德之士，為了消滅邪惡之人，以及為了建立公義法則，我乃世世代代降生。這很容易瞭解。」

師兄：「我要說的不是這個，尊者，上主克里虛那說：『我將出生，我將保護。』這意思是在說祂將一而再地出生嗎？」

尊者：「喔，這是你的疑惑嗎？聖者說的『我』，並不是指身體。那個『我』意味著我連同我之機能（ahamkarana），而我之機能衍成我之感知（ahankara）〔ahamkarana 指頭腦、心智、心念、自我感〕。從我之機能中，脫穎而出的，乃是阿特曼（真我）。我若向外，則我成為世界。我若向內，則我成為遍在（我之輝耀）。」

師兄：「若是這樣。經文說若無今世業報，就不會出生在這個世界，那麼至上真我（Paramatma）的今世業報問題又從哪裡來的呢？」

尊者：「無須質疑經文。至上真我是了無行動的。祂怎麼會有你所說的今世業報呢？對於你的疑惑，頌文裡面有答覆。頌文說：『當壞人傷害了好人，好人便用法會、持咒、苦行、獻祭及行善等來向神禱告，祈求解除壞人加諸在他們身上的厄難。壞人的惡行及好人的善行，其結果都引生今世業報，而神降生世上，以化身的形相，是為利益眾生的今世業報（parecchа prarabdha），此為眾所皆知』。」

在另一場合，另一位師兄問道：「堅定不移者[276]的涵義是什麼？」

尊者：「堅定不移者是指不從其真實的本質中滑落之人，他是聖者，其心與真我合一。堅定的尋道者（Askhalita brahmachi），也是同一涵義。駐止於至上絕對（Brahman，梵）之人，其心不會從至上絕對中滑落下來。」

師兄：「慧師凱夏（Hirsheekesa）是什麼意思？」

尊者：「慧師凱夏指感知（indriyas）。伊莎（Eesa）指上主。所以，慧師凱夏意謂感知的上主。所描述上主的名號，不一而足，其涵義各自有別。」

在另一場合，一位師兄談到《薄伽梵歌》，說道：「‘dievi hyesha gunamayee’這則頌句是在說，對我虔誠奉獻之人，必能克服我的幻象，其涵義為何？」

尊者：「在講同樣的事情。」

dievihyesha gunamayi mama maya duratyaya
mameva ye prapatdyante mayametham tharanthi the

《薄伽梵歌》第七章第十四節

「意思是：『我的偉大幻象，由三質性組成，很難越過。然而，唯獨在我庇護之下的人能跨越過去。』那些在我庇護之下的人，意指他們持行探究真我，並在『我』之庇護下，能跨越幻象。這就是頌句的涵義。」《薄伽梵歌》中，在這則頌句之後，另有一則頌句述及四種虔愛：

chaturvidha bhajanthe mam janah sukritino arjuna,
artho jignasu artharthi janeecha bharatarshbha

《薄伽梵歌》第七章第十六節

「意思是：『有四種善人對我虔愛禮敬。喔，阿周那！求世上財物者、受苦難者、尋道者及智者。』緊接著這則頌句之後，又有一則頌句：

276 堅定不移者（Achyuta），是上主克里虛那諸多名號之一。

thesham jnani nityayukta ekabhaktir visishyate
priyo hi jnaninotyartham aham sa cha mama priyah:

《薄伽梵歌》第七章第十七節

「意思是：『這四種人之中，以智者最佳，他無間與我合一，具有專一的虔愛；因為我極珍愛智者（他了知我的實相），而他也極珍愛我。』你知道，悟者最珍愛的，就是『我』，他只禮敬那個『我』。他珍愛我，而我珍愛他，意思是說阿特曼（真我）始終在說『我』，而那個『我』是珍愛的。同理，在《薄伽梵歌》裡，凡是說到『服侍我、臣服於我、我是萬物一切』等，都是在指阿特曼實相（真實本質），而不是指持著海螺、輪盤、杵以或有四隻手臂的形相。全部的聖者所指稱的『我』，都是指阿特曼實相，而非身體形相。對他們而言，真我之昭然在此，莫此為甚。」這樣說著，尊者沉默了下來。

十二　真言啟引

有一次，一位師姐自稱受到尊者的委任，要她以真言啟引去教導別人。她就召集了一些信徒，圍繞在她身邊。不久，這個啟引教導的聚會，演變成喧嘩的場面，其中有教示及講道等，後來，這位女士加以神聖化，她不僅穿著昂貴的絲綢沙麗，也使人膜拜她為上師。一位拉瑪那道場的人剛好回故鄉，遇見這位女士的門徒。他駁斥這些用尊者的名義所為的謬誤傳教。他確信尊者從未指示任何人用他的名義去宣傳教導，也不會有現在這類行事。這些門徒不理會他的抗議，確信尊者指派這位女士來傳教。他們認為，她是聖母的化身，絕不會說謊。這位師兄姐返回道場後，向尊者稟報這件事，並問尊者是否曾有這樣的指派。尊者答道：「我怎麼知道呢？我從未對任何人說過這樣的話。」「若是這樣，我可以前去那裡，告訴那裡的人，停止用您的名義傳教嗎？」尊者微笑地說道：「那是什麼想法呀？假設你去向他們說，尊者從未指派任何人來傳教，他們或許會說，尊者是以微妙的方式來指示的，或者他們會說尊者出現在她的夢中，並指示她來教導。這樣的話，爭辯就沒完沒了。他們會停下來不做嗎？她甚至可能會來這裡，向我質問道：『師父，您在這樣這樣的日子，不是來到我的夢裡，告訴我這些嗎？或者難道您沒有用你的靈體來我這裡，告訴我這些嗎？』就這樣來向我挑戰，那時又能做什麼呢？若要說『不』，就一定要有證據。誰能跟他們爭辯呢？」就這樣，那位師兄姐遂不再有任何行動。

十三　一個小孩

一九四四年至一九四五年間某時，一位師兄名叫索瑪桑德倫·皮萊，前來阿魯那佳拉，有意長住道場。他的妻子，也是尊者一位很好的信徒，然而她的虔愛方式，性質很特別，尊者出現在她的夢境中，是一個小孩的形相，因此她寫了一些詩頌，是關於餵食小孩，幫他洗澡放進搖籃裡，哼歌哄他入睡等。她在廳堂裡，吟唱著這些歌，有時出神而昏厥，進入渾然忘我之境。在這樣的情況下，她的親戚便把她帶回家，並深信這是神的福佑。尊者看了整個情景，感到有趣，但保持緘默。有一天，她帶來一個搖籃，擺在廳堂裡尊者的正對面，還放了一張尊者的小照片在搖籃裡面，她搖著搖籃，哼唱起搖籃曲來。她的身邊也放著一個內有備用小床及小孩衣服的麻布袋。廳堂裡的人看著這些東西，都很好奇。我步入廳堂時，便用疑惑的眼神看著尊者，尊者壓抑著他的笑容，跟往常一樣穆然而坐，而我也安靜就坐，她搖完了搖籃，吟唱一些歌後，便收拾這些東西，跟她的家人一起離開。她一走後，尊者看著我，說道：「妳來了！她當我是小孩，現在在撫養我，或許因為沒有人來照顧我，她就帶我回家，餵我喝奶，幫我洗澡，把我放在特別為我準備的床上，哼著搖籃曲，哄我入睡。她說『來，我的小孩，我要給你餵奶，我要幫你洗澡，我要給你食物，我要把你放在床上睡覺。』她在我面前做了這些事，又能對他們說什麼呢！人們總是用先入為主的概念，做各式各樣的事情。我們只能靜靜地看著他們。」尊者說道。

十四　康猶史瓦米的蒂魯帕蒂[277]之行

尊者住在山上的時候，有位師兄是馬拉亞利人[278]，帶著當時還很年輕的康猶史瓦米來，向尊者說道：「師父，這個小男孩來我們這裡，說他不要跟著他的父母，也不要留在他長大的村子，要跟我們在一起。他在很小的時候，就不留戀這個世界，是個十分聰明的少年，但他跟我們在一起，又有什麼好處呢？我們想若他能跟像您這樣的聖人在一起，那就很好，所以我們把他帶來這裡。請能允許他跟您在一起。」於是他們把康猶史瓦米託付給尊者後，就離開了。從幼小的年齡起，他就很聽話、溫順，所以尊者叫他：「康猶、康猶。」後來，其他的人，也都這樣叫他，最後便成為他永久的名字。他長大後，展露其出色的聰穎。

尊者從史堪德道場搬到現在的地方，尊者的隨侍人數逐漸增加，而信徒的成員也同樣在增加。當時是丹達帕尼．史瓦米負責道場的管理，他也主掌廚房的庶務。那個時候尊者在廚房裡工作，在他底下好像是個助理，若丹達帕尼要煮食材做酸辣醬，尊者便把食材磨碎好；若米和扁豆泡水隔夜後，尊者就要在翌日清晨磨成米漿。當時，尊者是做這種工作。

有一次，尊者在研磨米粒和扁豆成為米漿時，他的手起了水泡，康猶史瓦米看到了，十分同情，就請尊者不要磨了，但尊者沒聽他的話。康猶史瓦米就向丹達帕尼請求不要派這份工作給尊者，但也沒用。這個時候，丹達帕尼拿了一籃子的酸豆葉，用辣椒略微炒過，就把整個東西交給尊者，要他磨成酸辣醬。尊者就動手研磨，不顧他的手已經起了水泡，康猶史瓦米看不過去，就向尊者說道：「請不要再磨了，若您再磨，我就不吃酸辣醬。」尊者不理會他的反對，繼續研磨，直到製成酸辣醬。當天用餐時，有一道酸辣醬，康猶史瓦米拒絕取食。尊者看到了，從此以後，若有人來看尊者，尊者便叫人去向康猶史瓦米問道：「我能跟這個人談話嗎？」其他的時間，尊者就問說：「我可以外出看看大自然的呼喚嗎？我可以用餐嗎？」等，他用這樣的方式來嘲弄康猶，做什麼都要得到允許。他的隨侍向他問道：「為什麼要這樣呢？尊者。」他說道：「是的，我必須按照他的指示來做事，否則他就不吃飯。若他要我站著，我就站著，若他要我坐著，我就坐著。在每件事上，我都必須要按照他的指示。他拒絕吃酸辣醬，就只因為我不顧他的反對，還繼續研磨。這就是這些人的行事作風，他們來這裡，要作修行者，卻想要指使我們。若全部按照他們的指示，什麼事情也就都順利了。」

277 蒂魯帕蒂（Tirupati），安得拉邦的城市，是祭祀毗濕奴的七大聖地之一，曾被評為印度旅遊最佳遺產城市。

278 馬拉亞利人（Malayali），屬達羅毗荼族的原住民，居住在喀拉拉邦，操馬拉雅姆語。

聽到了這些話，康猶史瓦米內心十分沉重而沮喪，他的心情極為鬱悶，決意他日要離開這裡，前去朝聖。於是，他向尊者請准前往蒂魯帕蒂，尊者未置可否，反而給他一些工作，讓他整天忙碌，避免准他前去。有一天，尊者突然要去環山繞行，要康猶陪伴同行，康猶唯恐尊者起意反對他去朝聖，而希望能在環山繞行之後准予離去，他便事先打包好衣物，隨身攜帶，以便直接去火車站，而不回道場。尊者看到了這個情況，故意走得比平常還慢，結果走到繞行終點的城鎮時，火車已經鳴聲嗚嗚開走了。尊者看著康猶，微笑地說道：「康猶，那裡有一班你要搭的火車，趕快，跑去趕上。」在場的所有師兄姐，都笑了起來，尊者說道：「事情不能這樣。當他還是個小男孩的時候，有個人或許是他的師父，把他帶來託付給我照顧。現在他說要離開我，他要去哪裡呢？若是他的師父來問我，『我的徒弟在哪裡呢？』我要怎麼對他交待呢？」故事就這樣結束，而他朝聖的念頭也打消了，這只是顯示著他心繫尊者的恩典。

隨後，師兄姐向尊者恭敬表示意見，說道：「康猶十分傷心，所以他要前往蒂魯帕蒂，俾得到心靈的平靜。若尊者不寬恕他，他又怎能待在這裡呢？」尊者笑著說道：「好奇怪呀！我所說的話，口氣都很輕淡低調，畢竟他有做什麼錯事嗎？他不忍看到我手起水泡，若再研磨勞作下去，會更惡化，於是勸止我。這樣不算大錯。告訴他打消這些朝聖的愚蠢念頭。要是他的師父來了，問起他的徒弟，我又能說上什麼呢？」從此之後，尊者對他的態度，就變成很正常了。

康猶史瓦米對我敘述這個事件後，說道：「阿嬤！這個事件之後，我曾到過一些地方去朝聖，但始終無法找到心靈的平靜，直到我回到阿魯那佳拉才安定下來。這是尊者的恩典。」一直到今天，康猶史瓦米還待在道場。

十五　阿魯那佳拉之榮光

早期我在道場期間，亦即一九四二年至一九四三年某個時候，我獲得尊者允許，從圖書室拿了一本泰盧固文版的《阿魯那佳拉之榮光》回家。我看了這本書後，用一張全新的包裝紙把書本包好，小心翼翼地手寫工整的字「阿魯那佳拉之榮光」，並交到尊者手上。他把書本拿過來這邊看、那邊看，顯得很高興。我不知道他為什麼會那麼高興。

不久，羅杰格帕拉．艾耶進來，尊者微笑地說道：「這裡，看這個。娜葛瑪把借去的書，歸還給我們了。通常婦女在我們這裡把書借去，她們都把書本擺在食物罐的開口上，結果罐口的痕跡弄髒了封面，但娜葛瑪不是這個樣子。她用乾淨的紙把書本包好，拿回來的時候，書況更佳，不僅這樣，她還把書名寫在上面。看她做得多好。」

羅杰格帕拉．艾耶因為不懂泰盧固文，於是就問上面寫的是什麼。「什麼？她說『阿魯那佳拉之榮光』，你也知道她是個詩人，所以取了個她喜歡的新名稱。她說Mahatyam、Mahatyam（榮光）。」尊者說著就笑了。

我不明白這樣有什麼錯誤，心想最好還是去問明白，於是我誠惶誠恐地問道：「那個有錯嗎？我並不知道。」尊者又笑了，說道：「榮光的字是Maahaatmyam，而不是Mahatyam，看妳在上面寫的是什麼。」他指出來給我看，並親自加以更正。我自言自語，說道：「喔，偉大的上主！我們在一生當中。犯了多少的錯誤！那是您的恩典，一次又一次前來拯救我們，並庇護著我們！」

十六　拉瑪那千聖名

一九四三年時，有一次，道場收到來自內洛爾師兄姐的來函，說這幾年來，他們都在那裡舉辦尊者的誕辰慶祝活動，他們希望能在慶祝活動中，有禮拜尊者肖像的儀式，他們也想備有儀軌中的真言，祈盼道場能寄給他們。尊者看完這封信後，遞給賈格迪斯瓦若·夏斯特里。早先在此之前，夏斯特里好像曾經寫過《拉瑪那千聖名讚詩》(*Ramana Sahasranama Stotram*)，但這篇讚詩遺失不見了，一直就沒找到，現在，信函中有特別的請求，不僅是要讚詩，也要有儀軌中所用的真言，夏斯特里欣然接受，並且熱誠地表示自己會處理這整個事情。於是他積極著手這項工作。

內洛爾的師兄姐得悉事情正在進行中，便不時來函提醒有關此事，夏斯特里遂快速地完成儀軌所需的真言與讚詩。他完成了這項工作後，便來請尊者准許在廳堂先行尊者禮拜儀式。尊者笑著說道：「喔！這是你的想法，要我坐在這裡，以便你對我行禮拜嗎？」「不是的，尊者，不是對您，而是您的蓮花聖足。」夏斯特里答道，尊者立即把腳縮了回去，說道：「罷了，這種無聊的事也就罷了。回家吧，對肖像行禮拜吧。拜腳和拜頭，為何在這裡做呢？」他一時無法回答，只好遵照尊者的指示，在他的家裡對尊者的肖像行第一次的禮拜，然後把讚詩的本子放在尊者肖像的前面。我們都認為，這對被稱為聖者之人，是個很好的教訓，他們接受信徒的禮拜，而忘了他們跟信徒一樣，同屬血肉之軀，都是五元素組成的，終究會朽滅，與信徒無異。

禮拜的儀軌以梵文天城體寫成，但內洛爾人要泰盧固文版的，因此尊者要我翻譯出來。我個人對天城體的知識有限，若有疑問，必須找人來協助，隨後尊者親自通篇閱讀，並適時加以修正，終於我寫好了一份文本，送到內洛爾。他們在一九四四年印刷出來，現在道場的書店裡，可看到這樣的文本數冊。維斯瓦納特·

史瓦米（*Viswanatha Swami*）撰寫的《拉瑪那一〇八聖名讚頌》（*Ramana Ashtottaram*）也在當時的禮拜中吟唱。道場也出版那本書，有兩三種語文的版本，現在書店裡可以買到。

尊者拒絕任何對他個人的膜拜，不自今日始，當年他在古魯墓廟時，坦伯蘭史瓦米（Thambiranswami）一度要對他的身體行禮拜，他當時噤語，不與人交談，於是用木炭在牆壁寫下：「這都是這個身體所需的。」字語給他看。坦伯蘭不明白文字的意思，所以在翌日安排禮拜。尊者再寫下：「這只是要餵飽肚子。」然後在舉行儀式的時候，他就避開那個地方。於是坦伯蘭便放棄了對尊者個人的禮拜。這些事情都記載在泰盧固文版的《神的遊戲》書裡。除此之外，穆達利爾．佩蒂、耶夏摩還有其他婦女總是帶來花環和鮮花，想要把花環掛在尊者的脖子上，而把鮮花放在他的腳前，並加以膜拜。當時他住在史堪德道場，尊者認知到這種情況，就把他的肖像懸掛在隔壁的房間裡，說道：「到那邊去，讓妳們的願望實現吧。」因此，她們只是對著肖像行禮。他無一時刻，都不會輕易慫恿任何人，使之認為身體等同於真我。

十七　加尼桑

一九四三年至四四年期間，道場管理人秦南史瓦米的兒子范卡達拉南住在鎮上，每天到道場來，做分派給他的工作。他的第二個兒子加尼桑，當時還是個小男孩，年約七八歲。有一天，他從學校回家時，遇到一位開車的猶太女性，她認識他的家人，於是搭上她的車去兜風。因為孩子並沒有在平常的時間返家，家人十分著急，便去尋找他。他們在學校附近及其他地方，都找不到。有一兩個人來到道場尋找，並告知尊者，孩子走失了。尊者打發他們回去，說孩子在某處，不用擔憂。有位師兄姐坐在尊者旁邊，說道：「那個男孩平常都在這裡玩，向象頭神、上主克里虛那及其他神明的神像禮拜，真可憐！他到底去哪裡了呢？」尊者笑著說道：「何必擔憂呢？他在某處閒逛。從家裡出走，就是身處在大家庭裡，這沒什麼好奇怪的。」不久孩子找到了，他長大後，取得碩士學位，在孟買工作的時候，厭倦這樣的生活，便捨棄一切，也沒有告知任何人，其行蹤最後來到迦屍，他的父親前去把他帶回家，但他不願找份有薪水的工作，也不願結婚安定下來。來自馬杜賴的師兄姐以及在道場裡的師兄姐，都告訴加尼桑說：「這些全都不要在意，你只要待在道場，照料道場的庶務，那就可以了。」於是，他回到道場，現在是道場月刊《山徑》（*The Mountain Path*）的執行編輯，就他的事例來說，尊者的話語，說他從居家處出走，成為出家人，就是身處在大家庭裡，這也實現了。聖者的話語，有其先知，從無虛言，這是真的。他們的預言絕對會適時印驗。

十八　妳的興致沖沖滿意了嗎？

在一九四四年至四五年間，阿特曼庫里．哥文達佳里（Atmakuri Govindachari）及布魯蘇．桑巴穆提來到道場。他們抵達前一天，我們都知道他們要來，我認識桑巴穆提，但不確定他是否還記得我，因為他現在已是知名的政治領袖，我跟平常一樣的時間，前去道場，而桑巴穆提及其友人已觀視過尊者，並到道場院內的客房去了。我向尊者跪拜起身後，他說道：「桑巴穆提一行人已經來了，最好去看看他們是否安頓好了，他們在道場附近不遠。」我說是的，於是前去那裡。他們兩人剛洗完澡，準備要到尊者的廳堂。桑巴穆提一看到我，就說道：「阿嬤（對婦女的尊稱）！您已經來了，我還想要打聽您的消息，因為您的哥哥謝夏德里．夏斯特里說妳在這裡。您能待在道場，真是非常好。」這樣說著，他就把我介紹給哥文達佳里，然後兩人前去觀視尊者。我告訴他們，說尊者要我特別來看看他們是否安頓好了，或有任何的需要。他們說一切都很安適。我們就前往廳堂，哥文達佳里因有要務，先到辦公室，而桑巴穆提因為視力有障礙，我便緩步引導他進入廳堂。他向尊者跪拜後，說道：「師父，娜葛瑪的哥哥夏斯特里告訴我，她在這裡，我們都很高興她待在這裡。像我這樣的人，也可能會有殊勝的因緣住在您的道場，蒙受您仁慈的照顧嗎？」尊者頷首，並請他就坐。

他坐定之後，哥文達佳里拿出一張紙，上面有頌揚尊者的讚詩，遞交給尊者。尊者環視著周遭在找我，我便起身到尊者那裡，他把紙交給我，要我唸讀出來。我竭盡所能用最清晰的聲音，配合適當的停頓，好讓在場的所有人都能瞭解詩意。桑巴穆提聽了後，非常高興，向尊者說我唸得很好，尊者帶著柔和的眼神，說道：「是的，是的。若是散文，她會唸得更好。若我拿到秦塔．迪克希杜魯等人寫的散文，我都只請她來唸。她唸出來時，文字所描述的活靈活現，在我們的面前，道盡了一切。」我對此充滿珍愛的講評，聞之雀躍，看來，只有神會知曉。

訪客決定在隔天晚上搭夜車回去，所以翌日上午，我比平常早到，向尊者跪拜，但他們還沒來這裡，我便到他們的房間。在那裡，我無意間說到尊者的手寫字跡很美，宛如珍珠。「您能拿給我們看嗎？」他們問道。「喔，當然可以。」我說道，並且比他們早一點來到廳堂，我逕自從尊者長椅旁邊的書架上拿了本子，上面有他的筆跡。尊者疑惑地看著我。「他們要看尊者的筆跡，而我說我可以拿來給他們看。」我說道。尊者笑了，說道：「是這樣嗎？但是為何要給他們看這些呢？」我不知道怎麼鼓起勇氣來回應，但也答道：「若給他們看了，會怎樣呢？他們要看，我拿去給他們看了，就會把本子拿回來。」於是，我拿了《真理詩頌四十則》及《教導精義》的原稿。「是的，好吧，妳好像沒有什麼事要做。」他說道，並繼續閱覽手邊的報紙。他允許我來拿本子，我樂不可支。我把本子拿給知名的訪客看，他們當時站在廳堂的外面。他們看了十分高興，並說能夠有幸觀賞，是因為我的緣故。隨後我把本子拿回來，放在原來的地方，這時尊者說道：「妳的興致沖沖滿意了嗎？」「他們多麼高興呀！」我說道。「所以，有人來這裡，妳都會這樣做嗎？」尊者問道。「不是的，只有對真正有興趣的人，我才這樣。」這樣說著，我回去就坐。尊者望著我，流露出父親慈祥的眼神。

十九　憤怒與憎惡

一位師兄姐問我：「憤怒與憎恨，從外表或許看不出來，但潛伏在裡面，這樣會有害處嗎？」於是，我想起一九四四年至四五年間，在尊者面前所發生的一件事情。一位女士，來自安得拉邦，前來道場，待上一段時間，她虔愛的性質，非常等殊。她的觀念是，尊者是上主克里虛那，而她是女牧牛者。然而，在這裡她覺得她的觀念無處可用，因為尊者出生就是梵行者（brahmachari），而且是存身在世的解脫者（Jivanmukta），但當時她不願把自己的觀念，自己留著就好，反而將它公開出來，並且還寫信給尊者。對於這種信件，尊者通常不予理會，但尊者卻把這些信紙拿給我去唸出來。他對這種芝麻小事，毫不在意，但我看了這些惡毒的文字後，便按捺不住了，於是我輕聲斥責了這位女士。她惱火了，便開始對我寫各種骯髒卑劣的信函。尊者看了信函後，笑著說道：「這些信都是她寫的，全都只在講妳。」並把信紙遞給我。我非常苦惱，但能怎麼辦呢？最後，有一天，我噙著眼淚，向尊者說道：「我無法看這些信件，而又默不作聲。讓她自作孽吧，請不要再拿她的信給我。」「好吧，我不會再拿給妳了。」尊者說著，就不再把她的信拿給我了。

幾天過後，那個女士開始撕裂自己的衣服，在街道上亂跑狂叫，這或許是她內心不平衡，或是故意的。尊者知道了這件事，說道：「務必要有人來憐憫她，幫她做點什麼，不然她怎麼能回復正常呢？」尊者的話語，我視之為指示，於是我向一些較富裕的安得拉邦的師兄姐講這件事，得到他們的協助，便發了電報給她的丈夫，並且安排一個人來照顧她，直到她的丈夫來到這裡。幾天後，她的丈夫來把她帶走。不久之後，她寄了一封掛號通知給道場上我們四五個人，說我們對她獲致神通，出於嫉妒，指稱她是瘋子，所以要提起訴訟，控告我們誹謗。她隨後又帶著她的律師來到道場。尊者對律師詳加解釋事情原委後，律師對我們語多歉意，並責備她，說道：「真無聊！夠了，夠了。」然後離去。她知道再也無法恫嚇別人，於是她離開了自己在安得拉邦的家鄉。

後來，在一九四九年十一月某時，我收到她寄來的信函，詢及尊者的健康，因為她收到尊者健康的緊急告知。她在信上寫道：「我聽說尊者的健康不好，請讓我知道他的現況。我以前曾經寫信中傷妳，對此我感到抱歉。妳是尊者真正的孩子。請原諒我，並請惠予即速回覆我。下面是我的地址。」我向尊者報告這封信，他僅簡單地說道：「是這樣嗎？」然後沉默了約三天。在這三天期間，不管什麼時候，我向他跪拜行禮時，發現他沒有平常的慈祥眼神，這使我想到，他臉色不高興的原因，或許是因為我對這位女士仍然懷有怨恨，以致心不潔淨，沒有回信給她。於是，我立刻買了明信片，寫信給她。「現在尊者的健康，沒有什麼要特別擔心的，若有憂慮之情事，我會再寫信告訴妳。」我寄出明信片後，來到尊者面前，當我向他跪拜起身後，他以慈祥的眼神看著我，我向他說，我已寄出回函給那位安得拉邦女士，他以喜悅的口吻，說道：「是的，是的。」並叫喚在場的倫加史瓦米、薩耶南達及其他隨侍，說道：「看，她已經寫信給那位泰盧固的女士，那位女士寫信來給娜葛瑪，說『我以前曾經中傷妳，現在我知道我錯了，請原諒我，請讓我知道尊者的健康狀況。』娜葛瑪剛才寄回函給她。所以那位女士，現在表達了她的歉意。」從此之後，尊者用和藹而寬宏的眼神朝著我看，而我為之喜不自勝。所以，這就是住在上師聖足下的結果：所有不淨的心思，這樣就一掃而空。

我向那位安得拉邦的師姐敘述這件事情時，說若有憤怒與憎恨存於心中，棄世絕對不可能是真實的。那位女士對於在尊者面前有不淨的念頭，而尊者對這樣的人仍待之以憐憫與寬容，感到十分驚嘆。有句話說，聖者是失落者的救主，這已在尊者的面前，有其明證。雖然那位女士的表現，實在不可理喻，但尊者不時以慈悲來對待她；他用他獨特的方式來使我瞭解，我不應該對她心懷任何惡意。他用冷漠的態度來對待我，直到我對那位女士拋開憤怒與憎惡。對於他這般的慈悲，我們夫復何言！

二〇　他是個大君，不是嗎？

廚房裡的服務人員在服侍尊者時，通常比服侍別人還特別用心。尊者注意到這種不合宜的差別待遇，也設法規勸他們。有一次，郵務長拉賈．艾耶（Raja Iyer）明知故犯，尊者用不以為然的眼色看了他一眼，但當時沒說什麼，所以拉賈．艾耶依然如故。

有一天晚上，牛奶布丁準備好了，秦南史瓦米發現特別好吃，便向拉賈．艾耶暗示可以給尊者稍多一點，所以拉賈就給了稍多。尊者忍不住，脫口說道：「這真是的！又是這樣無聊，同樣是猴子的詭計，為何你給我的，比別人多呢？你來舀給尊者時，杓子是滿滿的，但你去舀給別人時，杓子的量只有一半。我要多少遍告訴你不要這樣子呢？沒有人要聽我的話。有人杓子在手，就像稅務員那樣，很有權力，肆無忌憚。他是給飯的，而我們是吃飯的，不管他給的是什麼。他的手是高高在上，而我們的手是低低在下。我們必須看他的眼色來行動，照他的決定來吃飯，然後放低一點。」尊者用這樣的口氣，一直說者，嚴厲責備相關的人員。

幾天以後，郵務室收到一件包裹，裡面是一些藥物，是寄給室利尼瓦沙．饒醫師的。當時室利尼瓦沙．饒醫師剛好外出在鎮上，而那些藥物是特別指定要給尊者用的。然而，拉賈．艾耶並未察覺，便保管下來，等室利尼瓦沙．饒醫師回來。尊者的隨侍告訴拉賈．艾耶，說那些藥物是特別要給尊者的，請他送過去，但拉賈．艾耶拒絕這樣。尊者知道了這件事，當我下午到道場時，尊者就說道：「是的，先生，是的，他本人是個大君[279]，不僅僅是大君，還是個金吉的大君（拉賈．艾耶是金吉（Ginjee）村的人，故眾人皆知是金吉的大君），除此之外，他是個郵務長，不管誰是大人物，都必須去他那邊，不然拿不到信件，甚至拿不到匯票及

279 他本人是個大君（Rajah）。Rajah（城邦大君）字與音都和拉賈（Raja）的名字一樣，拉瑪那用雙關語嘲諷拉賈身為郵務長，權力很大，儼然是個大君。

包裹，因此大家必須服從他；在他身邊走動時，必須有適當的尊敬與重視。就是這樣，或許我們必須去他那裡，告訴他那些藥物是我們要用的，並請求他把包裹送給我們。現在誰會做這種事呢？不要操心啦，就忘記吧。」因為我不知道這件事，所以我無法接話來說什麼，於是就向克里虛那史瓦米問個究竟。他告訴我事情的原委。隨後，拉賈聽到了尊者的談話，便送來包裹，並向尊者深致歉意，但不為接受。當室利尼瓦沙．饒醫師回來了，他和拉賈，並且帶著包裹，來到尊者面前跪拜，請求原諒，然後尊者和藹地收下包裹。畢竟，尊者是信徒的朋友。

二一　秘書

一九四三年至一九四四年，我開始把零散的詩頌，用泰盧固文抄寫在筆記本上，而尊者也把他隨後收到的詩頌交給我抄寫，無意間他就跟我討論到有關付印泰盧固文本子的事情。我也被指派看管圖書室，負責借書及還書的事務。我既然做了所有的這些工作，尊者就不時叫我過去並交付我做一些工作，後來，我開始撰寫我的《真我信箋》（直譯《來自拉瑪那道場的信函》），因此，我比其他師兄姐更為接近尊者。

這些都不算什麼。有一天，達瓦拉吉．穆達利爾調侃地說道：「娜葛瑪是尊者的泰盧固文秘書。」因為我不喜歡他的說法，我抗議道：「我親愛的師兄，若你還尊重我的話，請收回這句話，為何要有這些指派呢？畢竟，我又為尊者做了什麼工作呢？說實在的，我有為尊者做什麼工作嗎？」「不是這樣的，我親愛的師姐，他收到任何泰盧固文的文件，難道不是都交給妳嗎？妳負責所有泰盧固文的工作，所以我叫妳是他的泰盧固文秘書。」他說道，我請求他不要那樣叫我，但他不聽。終於有一天，我告訴他，「若你繼續叫我秘書，我要讓你站在尊者面前，我去向尊者抱怨。」我想這樣的威嚇可以收到預期的效果，但他是那種可以輕易被嚇到的人嗎？

隔天上午，尊者看完所有的郵件後，照例外出後回來。他面對著巴拉羅姆·雷迪（Balarama Reddy），安坐在長椅上，這時達拉瓦吉·穆達利爾突然進來，向尊者跪拜起身後，笑著說道：「尊者，娜葛瑪說，今天她要讓我站在您的面前來指控我。」穆達利爾又笑容滿面，轉向我這邊，說道：「是的，開始妳的指控吧，我現在就站在尊者的面前。」「所以，這是你發動的，好吧。我能怎樣呢，尊者。他揶揄我，說『娜葛瑪，秘書、秘書。』我好幾遍請他不要這樣，但他不理會我的懇求。尊者有什麼重大的工作需要秘書呢？」不等到我說完，穆達利爾就哈哈大笑，說道：「是的，我確實是這樣說。這是有事實根據的。娜葛瑪是尊者的泰盧固文秘書，而穆魯葛納是尊者的坦米爾文秘書。我這樣說，有什麼不對？」他講完就離開廳堂，尊者只是笑著，不發一語。

巴拉羅姆·雷迪便就這個話題，說道：「無論怎麼樣，尊者並無工作，何需秘書呢？」我說：「這正是我要說的，尊者並無工作，何需兩位秘書娜葛瑪和穆魯葛納呢？不管什麼微小的工作，我們去做都是在滿足自己而已，否則工作有什麼值得一談的呢？我向他說了多少次，若他有任何意見，自己知道就好，不必高調說什麼指派。但他堅持這樣。所以，我想應該讓尊者知道，希望能對他有制止的效果。就是這樣而已。」尊者笑了，說道：「我已經被貼標，說我是個沒有工作的人。」「是的，正是這樣。這就像有句話說：『當一個人沒有工作做，就會有十個人在他底下工作。』」我說道，大家聽了，都笑得很開懷。儘管事情的過程是這樣，穆達利爾仍然不放棄，繼續叫我秘書。

二十二　我明白了，那才是真正的目的

當年尊者住在山上的時候，一位來自馬杜賴附近的學者，經常前來拜訪他。他用梵文寫了一本尊者的傳記，書名《拉瑪那的遊戲史詩》（*Ramaneeya Vilasa Mahakavyam*），面交給尊者。這本書甚至在現在的道場成立時，仍未出版，直到一九四五年左右，我來道場時，道場才出版此書。因為是梵文版的，只有少量印行。這裡的人看了此書，都認為很有趣。約在那個時候，吉達盧里·桑巴希瓦·饒剛好來這裡，所以他也看了這本書。他在閱讀時，發現書中有九則讚美尊者的詩頌。於是在某天下午，當尊者旁邊沒有人的時候，他向尊者說，這九則詩頌，寫得很好，請您用泰盧固文抄寫下來。他留下這本書就離開了，約在下午二時，我照例去尊者那裡，跪拜之後，他叫我過去他那邊，給我看這本書，說道：「看，這本維斯瓦納特·夏斯特里寫的傳記，裡面有九則讚美我的頌文，桑巴希瓦·饒要有泰盧固文版的，他請我把頌文抄寫下來，而不要由別人來寫。妳能為我抄寫嗎？」「是的，我會小心抄寫在筆記本裡，但我對天城體，不甚瞭解。我若寫錯，尊者可以修正。」我說道。他給了我這本書及抄寫所需的紙張之後，顯得若無其事，一如往常，好像他的責任已經了了。

我以我對天城體有限的知識，細心抄寫這些詩頌，隔天交給尊者。他通讀過後，修正一兩處的文字，把文紙交回給我，指示我要拿給桑巴希瓦·饒。桑巴希瓦·饒看了紙上的文字後，大叫道：「哎喲！他把這項工作交給妳嗎？我是希望他親自抄寫這些頌文，以便我能保存有他筆跡的文紙。這是我請他抄寫的原因，否則，我可以很容易找別人做這項工作。」我告訴他，我不知道這件事的來龍去脈，我只是執行尊者的指示。於是，他大失所望地拿了這些文紙。我回來後，向尊者報告經過。「我明白了，那才是真正的目的。所以，

他是要一些有我筆跡的一些文紙，以便保存。每個人都是這樣。早期我不太在意這種事。現在，我無法好好寫字，我寫字時，手會顫抖，怎麼辦呢？就是因為我無法寫字，所以我請妳來抄寫。」尊者說道。

一位師兄指著我，說道：「她現在不是負責所有泰盧固文的工作嗎？」「是的，是的。她來這裡之後，我就不再做有關泰盧固文的文書了。她負責一切，雖然大家都知道這樣，但為何有人還要我用泰盧固文來抄寫呢？這真是奇怪。」尊者說道。

二十三　這個不也是到法院去嗎？

一九四六年至四七年某時，收到新聞事件說，喬烏爾塔拉姆（Courtallam，在泰米爾納德邦）的噤語師父歸天了。尊者聽到後，告訴我們一些有關他的事情，以及他良好的品性。一位新來的師兄，問道：「那位師父到底是誰？有人說他是安得拉邦人，是嗎？」尊者答道：「是的，是的。他是安得拉邦人，他出家前的俗名是希瓦耶（Sivayya）。他首次來看我的時候，我住在維魯巴沙洞屋，此後他不時前來，我想大概有好幾次。後來他出家，南下朝聖，來到喬烏爾塔拉姆，成為一位大師父。他在那裡設立一所有神廟的靈修院。」羅杰格帕拉·艾耶說道：「據說他獲致許多神通，這是事實嗎？」「是的，他似乎曾經點石成金，展示給人看。」另一位師兄說道。尊者雖然聽到這些談話，但緘默不語。

其後數天，師兄姐在尊者面前，又繼續談論這個話題，有一天，一位師兄說道：「好像在喬烏爾塔拉姆的這所靈修院，其所有權、控制權跟產權，起了些糾紛。」另一位師兄答道：「是的，是的。起了糾紛，好像是那位逝世的師父曾立下遺囑，說只有安得拉邦的尼約吉婆羅門種姓[280]的人，才能接任院內的住持，但坦米爾人士抗議，宣稱：『畢竟這所廟院是由坦米爾人捐獻的，所以我們有權決定繼任者。』此一事件鬧到法院。」「什麼！到法院去？」羅杰格帕拉·艾耶叫道，並看著尊者說道：「雖然有遺囑，這件事仍要送到法院。」尊者微笑地說道：「是的，就是這樣。財產不斷累積，還有別的事會發生嗎？為什麼呢？這個（指拉瑪那道場）不也是到法院去嗎？」羅杰格帕拉·艾耶雙手合十，很謙卑地說道：「我們有遺囑，不是嗎？」「是的，先生，是的。是有一份遺囑。首任者是秦南史瓦米，再來是維卡圖（Ventattu），再來是桑德倫（Sundaram）等，都要按照遺囑來運作，那又算是什麼呢？這個不也是到法院去嗎？」這樣說著，尊者沉默了下來。

最後，喬烏爾塔拉姆廟院的事件，根據噤語師父遺囑的條款解決了，而這裡也是用同樣的方式解決。尊者辭世後，道場管理的問題送到法院，法院裁決管理權要依照遺囑的條款，保留在秦南史瓦米家庭的手上。縱然這樣，仍有一些爭論在法院審理，所以，尊者所說的話，已然成真。真奇怪！聖者的話語，從不失誤。

二十四　把話告訴她們，然後看她們是否有留意

一九四三年八月，我的住家，從鎮上搬到拉瑪那社區的拉滋·切提爾（Raju Chettiar）院內的一間屋子。我來到蒂魯瓦納瑪萊後，每天早上習慣喝咖啡。住在新房子時，供應牛奶的時間稍晚些，有時甚至在上午八時或九時才到。當時我沒事可做，一大早便去道場。有位女士，很自大，一直都很早就到那裡，總是有兩三

個女士跟她在一起。當我坐在齋堂後門的某處，她們都坐在大門的前面，正面對著尊者的浴室間。按照道場行事的規則，當尊者從浴室間出來時，便會響起早齋的鈴聲，這時尊者會直接步入齋堂。尊者表示過好多次，他要走進齋堂時，有些師兄姐沒有用餐而面對著他在等候，他感到很尷尬，他說道：「看那個，那些人站在那裡，肚子空空的，甚至早上還沒喝咖啡，而我要進去享用餐點，實在很難為情。」大家對他的話語，不當一回事。有一天，他吃完早齋後，前去山上，看到我站在後門，他不捨地說道：「看，娜葛瑪也站在那裡，她晚上都沒吃東西，看起來很疲倦，她也還沒喝咖啡，因為送牛奶的人晚來。我怎能開懷用餐，而讓這些人餓肚子呢？怎麼辦？」他好像說了兩三次。

幾天之後，我從尊者的隨侍羅摩克里希那史瓦米（Ramakrishnaswami）那裡聽到這些話，「哎呀！我若知道這樣會帶來尊者的苦惱和為難，我就不會到那邊了。」我說道，並且從那天起，就不去那邊了。我只有在尊者晨間去山上散步回來之後，才到道場。羅摩克里希那史瓦米似乎把這件事告訴尊者。據聽說尊者說道：「喔！我知道了，你已經告訴娜葛瑪了。好吧，但也請你告訴其他的女士，然後看會有什麼事發生。」「當然要說，我要去把話告訴她們，看她們是否有留意。」羅摩克里希那史瓦米很篤定地說道。於是，隔天，他就告訴了她們。但她們這些人會在意他的話嗎？她們反而向他抗議，說道：「管好你自己吧，我們站在這裡，你有損失嗎？我們不是為了你的咖啡而來這裡的，這都是你自己在胡扯，尊者不會這樣說的。」當尊者後來知道這樣，不禁捧腹大笑，說道：「所以，你對她們說了。你說她們會聽你的話。難道這些人會像娜葛

280 尼約吉婆羅門種姓（Niyogibrahmin）是印度婆羅門種姓的次階種姓，原居住在安得拉邦、吉泰倫加納邦，其傳統職業是農耕及僧侶，但今已擴及世俗的各項職業。

瑪那樣，能理智納言嗎？如果你又再說下去，她們就會說尊者允許她們站在那裡。假若你說尊者不會允許這樣的，她們又會說，尊者不是明示，而是默許這樣。若是這樣，而你也不相信，則她們又會說尊者在她們的夢裡告訴這樣。到時，你又能怎樣呢？這就是她們的行事。」尊者說道。

二十五 上師的聖食[281]

一九四五年至四六年的某個下午，我於下午稍晚才來到道場，一些師兄姐聚在那裡，在啃食某些東西，經探詢下，他們告訴我，一些椰子熟了，掉落在地上，熟的椰子肉很香甜，所以就拿來吃。「是這樣嗎？」我壹邊說，一邊往尊者那裡去。尊者左手拿著椰子肉，也在吃著，一看到我，就說道：「她來了，娜葛瑪來了，也拿一點給她。」「哎呀！都沒有了。」他身邊的人叫喊道。

通常在下午的時候，若有人拿東西來這裡吃，我總是在這段時間過後，才來尊者這裡，而尊者也把他手上的一點東西拿給我，但他手上東西的份量很少，我會敬謝而回絕，然後到廚房裡去吃。這一次，我也想要這樣做，便朝向廚房那邊看了一下，尊者注意到這樣，就叫喚著我，說道：「聽著，妳到那裡是拿不到的。那些都在這裡快被吃光了，過來靠近一點，很好吃。」我就照他的話，走了過去，尊者把他手中整個東西都要給我，我婉拒表示，這樣他全都沒了，他說道：「沒有關係，我已經吃了很多。給妳的部分，是剩下來的。」我把它當作至上聖食而接受之，並吃得津津有味。這對我來講，簡直就是天上神品。我的喜悅，無以復加，因為這是從尊者手中，不待請求而接受到的聖食。我的快樂，實在無法形容。這才是真正的上師之剩食（Guroruchistam），而非上師用完餐後，從其餐盤上取得的剩食。這或許是當天尊者要教導我們的。

當年住在山上以及在道場早期的時候，尊者總是參與廚房的工作，所以有些師兄姐也像這樣，從他手中拿到聖食，但自從我來這裡之後，從未有這樣的情形。所以，那一天，我從尊者手中拿到他吃剩下來的一部分，大家都認為我那個特別的好運，乃是我前世帶來的善果。

二十六　婦女出家

一九四六年至四七年期間，卡瑪科提靈修院[282]的住持，在其前來阿魯那佳拉的行程中，投宿在鎮上的客棧。在阿魯那佳拉神廟及其他地方，有安排他發表一些公開演講。一些學者陪伴他前來道場，而道場也有一些居民前去拜訪靈修院。

有一天，卡祿里．維拉巴德拉．夏斯特里（Kalluri Veerabhadra Sastri）來見尊者。他是位著名的梵文學者，以及「永恆之法」[283]的有力倡導人。因為他曾在馬杜賴我哥哥家，講述《薄伽梵歌》數個月，我跟他熟識。他憶起我們的相識，便問我可曾去參見過卡瑪科提的師父，說實在的，除了尊者之外，我不願去參見任

281 原註：聖食（Prasad，供品）指供獻給神明的食物。

282 卡瑪科提靈修院（Kamakoti Peetam），位於泰米爾納德邦的甘吉布勒姆（Kanchipuram）。據說商羯羅大師晚年在此居住。

283 永恆之法（sanatana dhaarma），融合《吠陀》聖書及《奧義書》的哲學宗教思想，也契合《羅摩衍那》及《薄伽梵歌》的教導。是廣大印度教徒接受的簡明教義，主張人應以真我作為最高的精神原則，來力行公義。聖雄甘地於一九二一年，使用「永恆之法」這個名稱。

何人。雖然這樣，但我無意對他如此說，於是小心謹慎地說道：「師父不願意見到像我這樣的人，也就是尚未剃髮的婆羅門種姓的寡婦，不是嗎？」「是的，確實這樣。但妳可以在公開場合，隔著一段距離來看他。」他說道。我答道：「就修行來講，若上前靠近，去跟長者談話，那是有益的，但僅是遙望著他們，又有何用呢？」他同意我這一點。

後來，某日上午，我聽說那位靈修院的師父前去環山繞行途中行經道場，道場的師兄姐，紛紛猜測他是否會步入道場，我不願涉入這種討論，就前去就坐在尊者面前。

約在上午九時，聽說師父走到道場附近，於是道場的人都到大門口等候，只有尊者和我，仍待在原處，尊者問我，為何我不跟大家一起去。我說因為師父不願見到像我這樣的人（亦即留著頭髮的婆羅門種姓寡婦），我不希望對他及他身邊的人製造困擾。尊者點頭認同，慈悲地看著我，沉默無語。稍後不久，那位師父跟隨行人員在道場門口停了一會兒，張望一下，就離開了，道場的人，回來報告他走了。當天在一個公開的集會裡，師父講了很多話，說每個宗教組織的首長，都必須遵守現行的傳統，但對於超越人生規劃四階段[284]的人（Athyasramite），則不受此限制。一位無染於世而已解脫的悟者（Avadhuta），就是這樣的人，但要達到那個境界是很難的，只有像拉瑪那尊者這樣偉大的靈魂，才有可能。

四五天之後，拉傑·夏斯特里（Raju Sastri）和一些精通吠陀的學者，以及每天從鎮上來的人，比通常時間早些來到道場，要在尊者面前吟唱吠陀經文，並在母親神廟持誦〈摩訶尼耶薩〉[285]。他們告訴尊者，他們接到師父的指示，禁止他們在母親神廟行摩訶尼耶薩法會（大潔淨法會），師父說：「婦女行淨儀是不允許的，而母親墳地及所立的林伽，也是有違經文，所以不應在廟裡行摩訶尼耶薩法會。」於是，尊者說道：「《拉瑪那之歌》裡，在回應維莎拉克希嬤嬤[286]透過納耶那來提問時，我對這個問題，已有適當的答覆，亦即婦女經由修行真知而成為棄世的苦行者（parivrajakas），她們的出家或墳地，皆非在禁止之列。現在，還有什麼可說的呢？」然而他們問道：「我們應該怎麼回覆給師父呢？」「你們何必憂慮這種辯解及對方的說詞呢？一旦他是靈修院的住持，他就必須遵守並執行靈修院的規定，所以他適時發出禁令。我們最好是靜靜地進行我們的儀行，你們當中有人要來就來，其他的人也可以離開。何必掀起這些疑惑呢？」尊者說道。

他們完全信服尊者所說的話，於是吟唱吠陀及摩訶尼耶薩儀軌，照常進行。我把《拉瑪那之歌》第十三章，有關維莎拉克希嬷嬷的提問及解說，轉述如下：

> 若婦女安住在真我而有阻礙，那是經文禁止她們出家成為苦行者嗎？287
>
> 《拉瑪那之歌》第十三章第五則頌句

> 若一位婦女，在世時已證解脫，突然身亡，什麼才是合宜的行事呢？火化或埋葬？
>
> 《拉瑪那之歌》第十三章第六則頌句

---

284 人生規劃四階段。吠陀書載及人生規劃四階段（asramas）：梵行期、家庭期、森林期、遊方期。

285 〈摩訶尼耶薩〉（*Mahanyasam*）字義是大淨化。持誦此一偈頌，意義在潔淨自己的身心靈，並頌揚濕婆，祈求福佑。

286 維莎拉克希嬷嬷（Visalakshmamma）是納耶那（即慕尼）的妻子。

287 此則頌句，另有譯文是：「婦女在安住其真我，因為有其障礙而無法出家成為苦行者，那是經文所允許的嗎？」詳見S. Sankaranarayanan trans., *Sri Ramana Gita*（Tiruvannamalai: Sri Ramansramam, 1998）p.176

拉瑪那尊者，乃一切經文大旨的了知者，傾聽這兩則問題，裁決付語如下：

《拉瑪那之歌》第十三章第七則頌句

因為經文並無如此禁止的規定，故婦女安住在真我，而全然成為成熟的苦行者，乃無謬誤。

《拉瑪那之歌》第十三章第八則頌句

至於解脫與真知，對於男女，並無二致。婦女此身在世時，已證解脫，不必火化，因為其大體即是神廟。

《拉瑪那之歌》第十三章第九則頌句

火化在世解脫的男性之大體，據說將遭凶厄，火化在世解脫的女性之大體，亦同然也。

《拉瑪那之歌》第十三章第十則頌句

二十七　迦梨女神

一九四九年第四次手術後，尊者的起居移至神廟對面的一間小房間，作為涅槃室。因為房間的空間十分有限，隨侍不能像以前那樣，坐在他的面前。於是，我在神廟與我的住處之間，無目的地徘徊走動。

有一大下午，我在徘徊踱步，憂心尊者的健康時，我注意到座落在我的住處與道場之間大馬路旁的迦梨女神廟有些活動的雜音。我想是行某種特別的儀軌。但我又聽到羊隻的哀叫聲，我想那一定是宰羊獻祭，這樣的叫聲，我在家裡午休之前，就時有所聞，但我並不寄以特別的注意。現在，尊者的健康，已使大家極度憂心，我覺得羊隻的哀叫聲是不好的預兆，於是開始懷疑為什麼要在這麼靠近道場的地方，行這樣的動物獻祭。我懷著這樣的思緒，來到道場，照例問候尊者的健康。回家時，看到迦梨女神的神像正滴流著血汁，看起來很恐怖。當時那裡沒什麼人，我不禁恐懼發抖，渾身出汗。我告訴自己，「喔，神啊！為何要宰殺這隻無辜的動物，而又在居民住宅的地方呢？在道場神聖的鄰處，以宗教之名而行野蠻之舉，是否恰當？尤其現在尊者在病篤中。」我認為這種獻祭，無論如何，都必須停止，於是把我的想法告訴道場上的一些師兄姐。我建議應該採行某些步驟，來制止這種獻祭。他們都說：「喔，不可以！祭祀迦梨女神的人擅長於秘術，若我們說了不利他們的話，他們可能用秘術靈力來對付我們，進而加害我們。最好是遠離他們。」因此，沒有人膽敢就這件事採取行動。我等了兩三天，獻祭的活動逐日加劇，羊隻的哀號聲，聞之令人心痛，我想我別無選擇，只有前去尊者那裡，請求指導。

於是，某日上午，我向克里盧那史瓦米及尊者的其他隨侍說明這件事情。當天下午，尊者身邊沒有人，我前去尊者面前跪拜後，起身站立，他看著我，似乎要問我什麼事。我惶恐地說道：「本地迦梨神廟在進行宰羊獻祭，場面很恐怖，以前沒這麼惡劣。在這間房間也可能聽到羊隻的哀號聲，真令人心痛。我實在無法忍受血流滴在迦梨神像的景象。」尊者眼神柔和，對我說道：「是的，這裡也聽到哀號聲，但沒有人在這件事上採取行動。怎麼辦呢？」我告訴他，我已接觸道場的一些師兄姐，並表達我對這麼鄰近道場而宰殺動物的憂心，也建議他們應該採取行動，加以制止，但他們害怕迦梨女神的膜拜者，認為這些人精於秘法及巫術，我向他說，法律有規定禁止在住宅地區宰殺動物，而我們這個地區，最近已發展起來了，是應該採取行動了。我也告訴他，說若別的師兄姐不願跟我一起去抗議，如果尊者允許的話，我願自己承擔起這件事情。尊者耐心地聽我說完後，說道：「去徵詢大家一起去抗議不好，我們等著看看，膜拜者是否注意到我們的抗議。不用害怕去跟他們講這些話。」聽了尊者這樣說，我頓時覺得勇氣倍增，好像被賦予一頭大象的力量。我回到家後，提起精神，寫了七或八則讚美迦梨女神的詩頌，大意是：「喔，母神，這個地方是祢的兒子拉瑪那所居之處，為何祢要出示以躁動及昏暗的形相，而不是純淨的形相呢？若祢喜歡肉身作為獻祭，何不取我的頭顱作為獻祭呢？取不會講話的動物，作為獻祭，對祢是否合宜呢？若祢飢餓，何不取椰子、水果及甜食呢？這裡也有豐收節的慶祝活動。尚請留意我的禱告，滿意這些純淨的食物，而捨棄躁動及昏暗的食物。聽到羊隻哀號的叫聲，不只是我，還有祢的兒子拉瑪那，都感到心痛而悲傷。」我徹夜不寐，寫了更多的詩頌，而旨義相同。

天色破曉時，我向我的房東拉傑·切塔爾說到這些獻祭的事情，以及尊者的談話。透過他的辦公室，我們向神廟的僧侶陳情，並懇切告訴他們，若地區荒涼而無人居住，或許得以執行動物獻祭，但現在這個地區屋宅林立，人群聚居，這些獻祭活動，就必須停止。我們甚至告訴他們，說尊者對這件事情，深感遺憾。他們聽了之後，先支吾其詞，然後表示歉意，於是我告訴他們，區稅務行政官員及其他地方官員不久會來道場，若他們執意這樣，我就會把這件事向他們報告，因為法律規定不可在住宅區行這樣的獻祭活動。他們由於害怕法律規定和地方官員，也或許是因為尊者，便立即停止獻祭。我又自掏腰包，做了一些路標，放置在明顯的地方。當我告訴尊者這些事情，他聽了後，十分高興，帶著讚許的眼神，說道：「這樣很好，那件事行之多年了，沒有人要處理，一天比一天惡劣。怎麼辦呢？終於停下來了。」

從此以後，那間神廟的動物獻祭就停止了，而所有的祭拜都改用純淨的食物來替代，每個人都認為，那是尊者的旨意使我得以成功執行這項任務。

二十八　堅忍

在本書《真我憶往》的自序文中，我已述及一九七六年二月，我在馬德拉斯接受癌症手術，然後前往班加羅爾及孟買靜養復元。當時看來，我似乎已回復到健康的狀態。然而，在一九七七年二月，我的左手臂後面開始疼痛，逐漸蔓延到頸部，人們說可能只是風濕的症狀，但我自己卻很懷疑。

我妹妹的兒子，G. R. 夏斯特里醫師，當時在巴羅達的一家石油化學公司擔任資深主管，邀請我去他家療養，於是我去那裡。約在一個月後，我原先手術的腫瘤部位復發，而且疼痛加劇。當地的醫師說，這是我鈷放射治療的手術後的現象，不久就會消失；但是腫瘤反而增生，而且又疼痛。於是，我別無選擇，只好回到孟買，請專家治療。

在孟買，諮商一些癌症專家，作了詳細的檢查之後，他們說腫瘤的本質是癌，不必考慮進一步的切除手術。唯一的希望要放在鈷的放射治療，雖然成功的可能性是有疑問的。於是，立即施以鈷的放射治療，但療效不大，也就停了下來。全部對抗療法的醫師都認為沒有希望，無法醫治，束手無策。此時，雖然服用止痛鎮靜劑，仍然十分疼痛。這是在一九七七年五月期間。

因為醫療已經沒有什麼希望了，我便日夜向尊者禱告，請求他給我力量，以便能夠堅忍承受痛苦，我也寫了一些祈求的頌文。禱告及冥想成為我唯一的庇護。我的體力逐漸減退，遂幾乎成為纏綿病榻。因為在孟買，對我並無合適的照護，我的姪子薩瑪付了機票費用，決定要帶我搭飛機前去班加羅爾。

就在這個時候，拉瑪那道場董事長室利·T·N·范卡達拉南偕其夫人剛好前來孟買，探視在這裡工作的兒子，他們跟室利·R·維克達拉曼及其夫人於一九七七年五月十四日下午前來拜訪我。室利·R·維克達拉曼是孟買國防預算的會計長官，也是尊者的一位大信徒。他於餘暇時，行順勢醫療，治療病患。他們對於我的病況所經歷的痛苦都十分憂心，我把對尊者的祈禱，以求解脫痛苦的文紙，當面交給董事長。室利·維克達拉曼看到這樣的病況，便把我姪子阿瓦達尼（Sri S. R. Avadhani）拉到一邊，問他是否可以嘗試處理順勢治療。因為全部對抗療法的醫師都放棄希望，而我們也想嘗試順勢療法，所以這樣的建議，對我們來講，是項神的旨意。我們便一口答應。這件事情，似乎是尊者派他的信徒維克達拉曼特別為了醫治我而來的。當天晚上，維克達拉曼準備藥材，因為他的住處離我們很近，隔天上午，他就過來，開始治療。那一天是一九七七年五月十五日，星期天。

從那天起，他每天來一或兩次，嘗試一種藥物後，再換另一種藥物。治療初期的階段，疼痛加劇，而且腫瘤爆開，他看這是好的徵狀，於是藉著尊者的恩典，繼續治療，直到疼痛逐漸消退。在這個時候，有位派西人師兄來我這裡，無意間告訴我，說他的太太死於癌症，但有一位西藏醫師據說醫治癌症很有療效，然而那個藥物無法用在他太太的案例上，因為當時她的病症發現太晚了。他說那位藏醫有位代表，人在孟買，他可以帶他過來我這裡，兩天之後，蘇瑪桑德倫，及來自紐約的阿魯那佳拉·巴克塔·巴格瓦塔（Arunachala Bhakta Bhagavata）和一位來自加拿大的師兄前來探望。這時，那位藏醫的代表也來了。那位代表看了我的症狀，說他的師父要親自視診，才能醫治；而藏醫現在在西藏，我必須去那裡，或者安排他來孟買。我叫道：「喔！去西藏！我還準備要去一趟凱拉斯（聖山）之旅，正等著伊濕瓦若最後的召喚呢。現在，有尊者的信徒在醫治，我很滿意。」

兩三個月後，那位來自加拿大的師兄、蘇瑪桑德倫及一些師兄姐來我這裡，當時我的身體依然很疼痛，但堅持要我唸一些東西，好讓他們錄音，拿回加拿大去運用。到了六月十四，疼痛減輕了很多，我也有了足夠的體力，可以外出散步。當我告訴維克達拉曼，說我準備要去一趟凱拉斯朝聖，他卻打翻了我的計畫，冷冷地說他的藥物有療效，他正要送藥過來給我，而我不應去凱拉斯朝聖。我不知道，是由於他對尊者有極大的虔誠，或是尊者的恩典透過他在運作，腫瘤漸漸變小了，而疼痛也逐漸消退了。我逐日恢復體力，開始可以像以前那樣自由行動。在孟買早先來看過我的一些師兄姐，都斷定地表示，除非發生奇蹟，否則是不可能治好，而原先檢查症狀的孟買知名醫師，也幾乎不能相信這樣的結果。

我待在孟買，直到一九七七年九月，我的親戚陪我來到維傑亞瓦達（Vijayawada，在安得拉邦），我在那裡待了兩個月，清空了我的「拉瑪那之屋」的房子後，離開那裡，來到馬德拉斯。湊巧室利·R·維克達拉曼也調職到馬德拉斯來，所以我從他那裡取得所需的全部藥物；我也把這些憶往記事的文稿拿給我的哥哥D·S·夏斯特里看，然後於一九七七年十一月二十七日晚上，我來到阿魯那佳拉聖地。隔天一大早，我便去道場，在尊者墳地前跪拜行禮。這真是奇蹟，我本來準備要去凱拉斯朝聖，卻來到阿魯那佳拉朝聖，而又能再次在尊者墳地前跪拜。看來命運真的很奇妙，我何其幸運，能再度待在道場，並在道場當局的指示下，撰寫我的往日憶事。

我的手寫文稿，由一位師兄姊加以謄寫並準備付印。在這個吉祥的瑪卡拉·桑克倫提[288]的日子，我謙恭

288 瑪卡拉·桑克倫提（Makara Sankranti），是祭祀太陽神蘇里耶的節慶日子。

地把這些文稿放在拉瑪那尊者的蓮花聖足下。

唵 南摩 薄伽梵 室利 拉瑪那耶

蘇孋·娜葛瑪

一九七八年一月十四日

於拉瑪那道場

附錄一

拉瑪那尊者生平事略

拉瑪那尊者（Sri Ramana Maharshi, 1879-1950），幼名維克達拉瑪・艾耶（Venkataraman Iyer），一八七九年十二月三十日誕生在印度南方泰米爾・納德邦（Tamil Nadu），蒂魯丘立（Tiruchuli）小鎮。十五歲時，有位親戚長者來訪，告以來自聖山阿魯那佳拉（Arunachala），位於蒂魯瓦納瑪萊（Tiruvannmalai）城鎮；從此，聖山之名，便在維克達拉瑪的內心深處，啟發靈動，縈懷不去。翌年（一八九六年），維克達拉瑪在馬杜賴（Madurai）的叔父家裡，身歷瀕死經驗，引發對生命真我的探究與開悟。

同年八月二十九日，他隻身離家前往聖山所在地的蒂魯瓦納瑪萊。一九〇一年，他與若干同伴信徒，居留於阿魯那佳拉山腰處的維魯巴沙洞屋（Virupaksha Cave）。此期間，有慕道者加納帕提・慕尼（Ganapati Muni），問道於他，拉瑪那（開悟後，改稱「拉瑪那」）打破長期噤語，金口開示，其弘深精奧的教導，乃源源而來，慕尼盛讚之餘，公開宣稱：「讓舉世皆知，他是薄伽梵・拉瑪那・大悟者（馬哈希）。」（Bhagavan Sri Ramana Maharshi），從此以後，拉瑪那被尊稱為「薄伽梵」、「大悟者（馬哈希）」，阿魯那佳拉的聖者之名，乃遠播於印度，確立為靈性上師的地位。

一九一六年，拉瑪那遷居於維魯巴沙洞屋上坡處的「史堪德道場」（Skandashram），一九二二年，拉瑪那母親仙逝，葬於阿魯那佳拉南邊的山腳下，范卡達拉南前來拜祭者眾，寖然形成聚落，乃建立「拉瑪那道場」（Sri Ramanaramam）。拉瑪那在道場的舊廳（Old Hall），朝夕安坐在廳內角落的長椅沙發上，凝定於淵默之中，平淡和易，靜默無語，或隨機應答，信徒及訪客，翕然宗之。一九四九年，拉瑪那左手肘突生一粒癤腫，鑒於惡性腫瘤，施以四次手術，終告不治，於一九五〇年四月十四日晚間，平靜謝世。拉瑪那在世七十一年的歲月，居留於聖山阿魯那佳拉五十四年期間，有二十八年坐鎮在聖山南麓的拉瑪那道場，啟示世人，教澤綿延，迄未衰替。

◎本文摘自蔡神鑫《真我與我》〈生平篇〉（台北市：紅桌文化，2014）

附錄二

延伸閱讀書目

真我與我

本書是全球第一本完整記述拉瑪那尊者生平與教誨的中文書籍，內容涵蓋：

—生平篇：完整記錄尊者少年時突然悟道、棄世修行、教化世人的過程。

—對話篇：尊者對全球信徒有關人生、修行的開示及對話。

—粹言篇：精選尊者語錄。

對話真我．上下卷

本書記錄拉瑪那與信徒訪客的對話內容，期間自一九三五年至一九三九年，凡六百五十三則對話，皆從真我立說，在此總攝教誨，而教義深長，在尋求真理的道路上，是十足珍貴的指導標竿。

日處真我

本書收錄一九四五年至一九四七年間，拉瑪那在道場與信徒訪客的對話及重要見聞記事，是了解尊者其人其事不可多得的第一手資料。本書與《對話真我》被全球拉瑪那信徒視為珠聯璧合，是有關拉瑪那的對話書籍中之經典作品。

真我宣言

這本拉瑪那教誨的書籍，於一九三九年出版後，在拉瑪那道場傳閱甚廣，風評甚佳。因為內容扼要而樸素，尊者的教誨精警而出塵，迄今仍為全球尋道者熱愛的讀物。

真我三論

本書合輯三篇拉瑪那尊者的經典重要專文：〈我是誰〉、〈探究真我〉、〈靈性教導〉，是了解其教誨的入門讀本。今日拉瑪那道場對全球的訪客，都建議閱讀這三篇專文，足見其重要性。

稀世珍寶

編者嚴選拉瑪那教誨的精華，凡十三個主題：幸福、真我與非真我、心思、探究我是誰、恩典與上師、了悟真我、命運與自由意志等，精警扼要，語語珠璣，是拉瑪那教誨書籍中最精簡的讀本。

國家圖書館出版品預行編目(CIP)資料

真我信箋：印度靈性導師拉瑪那尊者的道場生活紀實 / 蘇孋．娜葛瑪 (Suri Nagamma) 著；蔡神鑫譯．-- 初版．-- 臺北市：紅桌文化，左守創作有限公司，2022.07
352 面；14.8*21 公分．--（真我；9）
譯自：Letters from Sri Ramanasramam volumes I, II & letters from and recollections of Sri Ramanasramam.
ISBN 978-626-96032-1-3(平裝)

1.CST: 拉瑪那 (Ramana, Maharshi) 2.CST: 印度教 3.CST: 靈修

274　111008256

Letters from Sri Ramanasramam

Chinese Translation by Sheng-hsin Tsai

undertablepress.com
117 Dazhi Street, 5F, 10464 Taipei, Taiwan

眞我9

真我信箋

印度靈性導師拉瑪那尊者

的道場生活紀實

Letters from Sri Ramanasramam VOLUMES I, II

& Letters from and Recollections of

Sri Ramanasramam

作者　蘇孋・娜葛瑪Suri Nagamma

譯者　蔡神鑫 Sheng-hsin Tsai

美術　Lucy Wright

總編輯　劉粹倫

發行人　劉子超

出版者　紅桌文化／左守創作有限公司

http://undertablepress.com

104 臺北市中山區大直街 117 號 5 樓

Fax: 02-2532-4986

印刷　約書亞創藝有限公司

經銷商　高寶書版集團

114 臺北市內湖區洲子街 88 號 3 樓

Tel: 02-2799-2788　Fax: 02-2799-0909

書號　ZE0156

ISBN　978-626-96032-1-3

初版　二〇二二年七月

新台幣　七九九元

法律顧問　詹亢戎律師事務所